Albert Tanner, Hans Badertscher,
Rita Holzer, Andreas Schindler und
Ursula Streckeisen (Hrsg.)

Heterogenität und Integration
Umgang mit Ungleichheit und Differenz in Schule und Kindergarten

Albert Tanner, Hans Badertscher, Rita Holzer,
Andreas Schindler und Ursula Streckeisen (Hrsg.)

Heterogenität und Integration

Umgang mit Ungleichheit und Differenz in Schule und Kindergarten

Bibliografische Information der Deutschen Bibliothek

Die Deutsche Bibliothek verzeichnet diese Publikation in der Deutschen National-bibliografie; detaillierte bibliografische Daten sind im Internet über http://dnb.ddb.de abrufbar.

ISBN 10: 3-03777-040-6
ISBN 13: 978-3-03777-040-5

Umschlaggestaltung: Markus Traber, St. Gallen

Inhaltsverzeichnis

Einleitung *(Albert Tanner und Martin Wehrle)* — 9

Heterogenität und Integration im Bildungssystem — 15

Differenz und Ungleichheit – verkannte Herausforderungen für Bildungsinstitutionen? *(Cristina Allemann-Ghionda)* — 17

Gleichheit und Anerkennung als Leitmotive interkultureller Pädagogik *(Georg Auernheimer)* — 29

Schulischer Bildungsauftrag und die Grund- und Menschenrechte von Angehörigen religiös-kultureller Minderheiten *(Judith Wyttenbach und Walter Kälin)* — 46

Aspekte der Entwicklung und Problemlage der Integration *(Georg Feuser)* — 65

Thesen zu: Gemeinsame Erziehung, Bildung und Unterrichtung behinderter und nichtbehinderter Kinder und Jugendlicher in Kindergarten und Schule (Integration) *(Georg Feuser)* — 73

Standards und Kompetenzen in der Lehrerinnen- und Lehrerbildung unter besonderer Berücksichtigung der Multikulturalität *(Cristina Allemann-Ghionda)* — 78

Ungleichbehandlung und Gerechtigkeit – ein Beitrag zur Klärung wesentlicher Kriterien für ein gutes Bildungssystem *(Thomas Kesselring)* — 91

Benachteiligungen von Kindern und Jugendlichen mit Migrationshintergrund   107

Das deutsche Bildungssystem – für die Einwanderungsgesellschaft disfunktional *(Georg Auernheimer)*   109

Migrationsbedingte Vielfalt als Ressource für die Gestaltung schulischer Bildungswirklichkeit *(Erol Yildiz)*   123

Warum gehören die Schulkinder von Migranten zu den Verlierern der Bildungsexpansion? *(Rolf Becker)*   135

Von der Sekundarstufe I zur Sekundarstufe II: Schweizerische und ausländische Jugendliche im Übergang zur Lehre und zum Gymnasium *(Romano Müller)*   143

Selektion und Heterogenität   175

Lehrkräfte zwischen pädagogischen und selektionsbezogenen Aufgaben *(Ursula Streckeisen, Denis Hänzi, Andrea Hungerbühler)*   177

Argumentationen von Lehrkräften angesichts von Beurteilungsdilemmata *(Manfred Lüders)*   191

Über die Rationalisierung gescheiterter Bildungskarrieren *(Winfried Kronig)*   203

Bildungsbiographien   215

Behinderte Bildungskarrieren. Zur Dekonstruktion von Körper und Behinderung in biografischen Erzählungen von Frauen *(Clemens Dannenbeck und Claudia Franziska Bruner)*   217

„Ich bin nicht eine, die schnell aufgibt" – Biographien von Jugendlichen ausländischer Herkunft zwischen sozialem Ausschluss und sozialer Mobilität *(Anne Juhasz)* — 227

„Man hat einfach gedacht, man habe genug Zeit" – Berufsfindungsprozess und Chancenstrukturen *(Simone Suter)* — 241

Heterogenität in der Schulklasse — 253

Prozesse von Integration und Ausschluss bei Jugendlichen – eine Ethnographie in der Schule *(Michaela Heid und Gisela Unterweger)* — 255

Altersgemischte Lerngruppen – Umgang mit Heterogenität *(Xavier Monn)* — 266

Integration an Mehrklassenschulen *(Beatrice Friedli)* — 276

Lernziel Zusammenleben und zusammen lernen unter Bedingungen der Vielfalt *(Ruth Bielmann-Gerber)* — 287

Sprachliche Heterogenität und der monolinguale Habitus der plurilingualen Schule *(Ingrid Gogolin)* — 291

Schrifterwerb und Mehrsprachigkeit: Das Sprachspiel als Grundlage eines integrativen Sprachunterrichts *(Gerlind Belke)* — 300

Umgang mit Konflikten — 315

Schulische Gewaltprävention – ein Blick auf unterschiedliche Perspektiven und ein Einblick in verschiedene Konzepte und Handlungsmöglichkeiten *(Tina Hascher, Françoise Alsaker, Andi Geu, Kathrin Hersberger, Stefan Valkanover, Ruedi Welten)* — 317

Zum Umgang mit Fremdenfeindlichkeit und Rassismus in der Schule *(Miryam Eser Davolio)* — 344

Interkulturelle Konflikte: Ursachen, Folgen und erste Handlungsansätze   355
(Gabor Kis)

Zusammenarbeit Regellehrkraft und Ambulant tätiger Heilpädagoge   364
an der Tagesschule Bern-West (Zita Wigger und Ennio Gasparoli)

Erfahrungen mit Integration in anderen Ländern   379

Eine Schule für alle – 25 Jahre Integration in Südtirol   381
(Michaela Dorfmann)

Zur Integration von SchülerInnen ausländischer Herkunft im schwedischen   389
Schulsystem – Unterschiede und Gemeinsamkeiten mit dem Schulsystem
in der Schweiz (Ingeborg Kriwet)

Integration von fremdsprachigen Kindern und Jugendlichen im Rahmen   400
der Schule in Finnland (Kaarina Kaunisaho)

Angaben zu den Autorinnen und Autoren   405

Einleitung

Albert Tanner und Martin Wehrle

Umgang mit zunehmender Heterogenität in der Schule

Alle Kinder und Jugendlichen unbesehen ihrer Herkunft, ihres Geschlechts oder anderer Verschiedenheiten in ihrer Entwicklung und ihren Fähigkeiten zu fördern, ihnen die individuell bestmöglichen Bildungschancen zu gewähren, gehört zum Grundauftrag von Kindergarten und Schule. Im Vergleich zu anderen Ländern können in der Schweiz Kindergarten und Schule die unterschiedlichen Voraussetzungen, welche die Kinder fürs Lernen und den schulischen Erfolg mitbringen, nur mangelhaft ausgleichen. Viele Schülerinnen und Schüler sind aufgrund ihrer sozialen Herkunft, ihrer Sprache und Kultur benachteiligt. Späte Einschulung, frühe Selektion sowie der hohe Anteil von Kindern, die nicht in ihrer Muttersprache unterrichtet werden, sind zentrale Ursachen für diese geringe Chancengleichheit im schweizerischen Bildungssystem.

Diskussionen um Heterogenität als Phänomen schulischer Realität sind alles andere als neu. Die „Verschiedenheit der Köpfe" war schon für Johann Friedrich Herbart um 1800 das zentrale Problem des Schulunterrichts. Sein Zeitgenosse Ernst Christian Trapp empfahl deshalb, das Unterrichten „auf Mittelköpfe" auszurichten – ein Vorschlag, der auch im schweizerischen Bildungssystem erfolgreich umgesetzt wurde. Das Ausrichten auf das Mittelmass, aber auch der Versuch, durch Selektion die „Verschiedenheit der Köpfe" einzuschränken, um dadurch die Homogenität der Klassen zu erhöhen, vermag jedoch als Bildungskonzept immer weniger zu überzeugen.

Dass Heterogenität, Ungleichheiten und Differenzen stärker als noch vor zwanzig oder dreissig Jahren auf allen Schulstufen zum Problem geworden sind, ist aber auch eine Folge der Individualisierung und Pluralisierung unserer Lebenswelt. Der beschleunigte soziale und kulturelle Wandel in den letzten Jahrzehnten hat die Unterschiede zwischen den Schülerinnen und Schülern aber nicht nur grösser, sondern auch sichtbarer gemacht. Familienformen und Geschlechterrollen, soziale und kulturelle Herkünfte, religiöse Zugehörigkeiten, aber auch die familiären Werthaltungen und Lebensstile sind vielfältiger und unterschiedlicher als früher.

Die Erfahrungen, die Kinder und Jugendliche in ihrem privaten Umfeld sammeln, sind ebenfalls individueller, ja widersprüchlicher geworden. Gleichzeitig haben sich aufgrund der höheren Mobilität neue Differenzen und Ungleichheiten entwickelt. Entsprechend stark unterscheiden sich die Kinder und Jugendlichen in ihren Interessen, Erwartungen, Kompetenzen, ihren Lernvoraussetzungen und Lernhaltungen, ihrer Motivation, aber auch ihrer Ein- und Unterordnungsbereitschaft, die sie mit in die Klasse bringen. Kurz, die „Verschiedenheit der Köpfe" der Kinder und Jugendlichen ist grösser und bunter geworden. Daran kann die Schule nichts ändern, sie hat sich damit zu arrangieren und zu lernen, innovativ und produktiv damit umzugehen.

Aber nicht nur die „Verschiedenheit der Köpfe" hat zugenommen, auch die Erwartungen an Kindergarten und Schule sind gleichzeitig heterogener und anspruchsvoller geworden. Mehr denn je ist Eltern klar, dass schulischer Erfolg eine Grundvoraussetzung für die Berufslaufbahn, ja für die Selbstverwirklichung ihrer Kinder darstellt. Auch daran kann die Schule nichts ändern. Mehr denn je sind damit aber die Lehrkräfte aller Stufen gefordert, ungleiche Lernvoraussetzungen auszugleichen, um so jedem Kind die bestmöglichen Bildungschancen zu bieten.

Wenn sich die Schweiz jedoch nicht länger den Luxus leisten will, das Potenzial des vorhandenen „Humankapitals" ihrer Jugend nur teilweise auszuschöpfen, so muss sie stärker auf eine integrative Schule hinwirken. Sie muss ein Schul- und Bildungssystem entwickeln, das mit den verschiedenen sozialen und kulturellen Erfahrungen der Kinder und Jugendlichen, ihrer unterschiedlichen Leistungsfähigkeit und Leistungsbereitschaft besser umgehen und ihre Heterogenität produktiver fürs Lehren und Lernen nutzen kann.

Die Beiträge

Die im Band zusammengefassten Referate wurden im Herbst 2004 an der von der Lehrerinnen- und Lehrerbildung Kanton und Universität Bern (die mittlerweile in die PHBern überführt wurde) veranstalteten zweiten Berner Studien- und Kongresswoche gehalten. Obwohl der Fokus auf kulturellsprachlichen Differenzen lag, wurden auch Differenzen in den körperlichen und geistigen Lernvoraussetzungen in die Analysen mit einbezogen. Die Autorinnen und Autoren stammen aus den unterschiedlichsten Fachgebieten: interkulturelle Pädagogik, pädagogische Psychologie, Behindertenpädagogik, Bildungssoziologie, Ethnologie, Philosophie, Sprachwissenschaft, Rechtswissenschaften. Ergänzt werden die wissenschaftlichen Sichtweisen und Analysen durch Berichte von Praktikerinnen und Praktikern aus Schule, Sozialarbeit und Beratungsinstitutionen.

Im ersten Teil *Heterogenität und Integration im Bildungssystem* analysieren namhafte Vertreterinnen und Vertreter der interkulturellen und integrativen Pädagogik, unter welchen Bedingungen Differenz – in Theorie und Praxis

– zu Ungleichheit wird. In der historischen Rückschau wird deutlich, wie sich abwechselnde Paradigmen die Debatte geprägt haben; Cristina Allemann-Ghionda (Universität zu Köln) unterscheidet eine Abfolge von vier Paradigmen: „Defizithypothese", „Differenzhypothese", „Diversitätshypothese" und „Gleichheitshypothese". Aus dem interkulturellen und dem antirassistischen Diskurs entlehnt Georg Auernheimer (Universität zu Köln) zwei Leitmotive, die für die Interkulturelle Pädagogik unverzichtbar sind, nämlich Anerkennung und Gleichheit. Auf viel diskutierte Fragen der Grund- und Menschenrechte in Bezug auf die Schule geht der Beitrag von Judith Wyttenbach und Walter Kälin (Universität Bern) ein. Sie argumentieren, dass der Prozess der Integration erleichtert werde, „wenn Kinder [aus Migrantenfamilien] die öffentliche Schule besuchen können, ohne in Konflikte mit den Eltern oder dem eigenen Gewissen gestossen zu werden". Aus diesem Grund kommen sie zum Schluss, „dass Ausnahmen von bestimmten Vorschriften integrierend wirken können, ohne dass deshalb gleich die Grundwerte des Staates aufgegeben werden oder in Gefahr sind". Georg Feuser (Universität Bremen) fordert in seinen 10 „Thesen", dass (Regel-)Kindergärten und (Regel-)Schulen für alle so gestaltet werden, dass jedes Kind/jedeR SchülerIn ohne sozialen Ausschluss und ohne persönliche Etikettierung als ‚defekt', ‚abweichend' oder ‚behindert' seinen/ihren individuellen Voraussetzungen gemäss umfassend gefördert und unterrichtet wird". Thomas Kesselring (PHBern) diskutiert die Frage, in welchen Fällen eine Ungleichbehandlung von SchülerInnen gerechtfertigt sei, mit Hilfe der philosophischen Positionen von Peter Singer und von John Rawls.

Der zweite Teil *Benachteiligungen von Kindern und Jugendlichen mit Migrationshintergrund* geht der Frage nach, warum Jugendliche mit Migrationshintergrund in der Schule nach wie vor benachteiligt werden und wie sich diese Benachteiligungen auf den Übergang von der Schule zur Lehre oder zum Gymnasium auswirken (vgl. dazu den Beitrag von Romano Müller). Dabei richten die Autoren ihren Blick besonders auf das (deutsche) Bildungssystem mit seiner frühen Selektion, das für die Einwanderer „disfunktional" (Georg Auernheimer) sei: „[W]eil es ihm offenbar weniger als anderen Systemen gelingt, ungünstige Startbedingungen auszugleichen, [fördert dieses System] *die Spaltung der Gesellschaft entlang ethnischer Grenzziehungen.*" (Auernheimer). Erol Yildiz fordert in seinem Beitrag, dass sich die schulische Bildungswirklichkeit den interkulturellen Erfahrungen der Schülerschaft stärker öffnen müsse: „Wenn Migration ein wesentlicher Aspekt der gesellschaftlichen Entwicklung ist, sollte sie im Unterricht ein Hauptthema sein." Skeptisch beurteilt Rolf Becker (Universität Bern) den Stand der Forschung zur Erklärung von Bildungsungleichheiten: „Trotz forcierter Forschung in den letzten Jahren ist die *Entstehung* von primären und sekundären Herkunftseffekten für die Migranten noch nicht gänzlich geklärt (...), so dass weitgehend offen ist, worauf Bildungsungleichheiten zu Ungunsten von Migrantenkinder hauptsächlich beruhen."

Die Benachteiligung gewisser Schülergruppen bei Selektionsentscheiden wird vor allem im dritten Teil (*Selektion und Heterogenität*) aufgezeigt. Die Position der Lehrperson wird dabei als Dilemma interpretiert, zwischen den beiden zentralen Aufgaben Fördern und Auslesen einen Ausgleich finden zu müssen. Zur Bewältigung dieses Dilemmas muss die Lehrperson auf „kulturell übermächtige Deutungsmuster" (Ursula Streckeisen et. al.) zurückgreifen. Auch der Beitrag von Manfred Lüders richtet das Augenmerk nicht auf die „diagnostischen Schwächen des Lehrerurteils", sondern auf die Rahmenbedingungen des Lehrerhandelns. Von einem „Schleier des Leistungsprinzips" spricht Winfried Kronig in seinem Beitrag, in dem er aufgrund eigener Untersuchungen zum Schluss kommt, dass „sich die Bildungsinstitutionen eher des Leistungsprinzips bedienen, als dass sie sich nach ihm zu richten versuchen würden".

Der Verlauf individueller *Bildungsbiographien* von behinderten Frauen und von Jugendlichen mit Migrationshintergrund wird im vierten Teil mit Hilfe der Interpretation narrativer Interviews genauer untersucht. Clemens Dannenbeck und Claudia Franziska Bruner stellen in der heutigen Gesellschaft zwar „fortschreitende *praktizierte* Integrations- (…) und Toleranzdiskurse" fest, aber auch unter diesen verbesserten Bedingungen kommt es doch immer wieder zu Ausschlussprozessen. Die Beiträge von Anne Juhasz und Simone Suter sind der Frage gewidmet, wie Jugendliche ausländischer Herkunft die entscheidende Schwelle des Übertritts ins Berufsbildungssystem meistern, „welche Rolle soziale Ressourcen spielten und wie gesellschaftliche und sozialisatorische Bedingungen auf den individuellen Berufsfindungsprozess wirken können" (Suter).

Mit der *Heterogenität in der Schulklasse* und den Möglichkeiten verbesserter Integration im Unterricht befassen sich die sechs Beiträge des fünften Teils. In teilnehmender Beobachtung nähern sich Michaela Heid und Gisela Unterweger der Frage an, wie „Prozesse von Integration und Ausschluss" unter Jugendlichen ablaufen. Gerade auch Jugendliche „richten sich dabei einerseits nach gesellschaftlich dominanten Vorgaben von ‚Normalität' in den jeweiligen Bereichen, handeln aber (…) auch selber aus, was unter Normalität zu verstehen ist". Aus eigener langjähriger Erfahrung an Mehrklassenschulen schöpfen die Beiträge von Beatrice Friedli und Xavier Monn. Da in einer altersgemischten Klasse „Individualisierung, innere Differenzierung und offener Unterricht (…) zwingend" (Friedli) seien, sehen sie in dieser Schulform bessere Voraussetzungen für die Integration aller Kinder als in Jahrgangsklassen. Die Schulleiterin Ruth Bielmann-Gerber stellt konkrete Massnahmen zur Integration an der Schule Schwabgut im Westen von Bern mit ihrer sehr heterogenen Schülerschaft vor. Ingrid Gogolin analysiert anhand einer Unterrichtssequenz, dass „Unterricht, der auf einem monolingualen Habitus aufruht, das Lernen behindern [kann], das in multilingualen Konstellationen stattfindet". Eine Möglichkeit aus der Sprachdidaktik, diesen „monolingualen Habitus" zu überwinden, sieht Gerlind Belke im kreativen Einsatz des Sprachspiels.

Weitere vier Beiträge zeigen im sechsten Teil verschiedene Handlungsmöglichkeiten im *Umgang mit Konflikten* unter einer heterogenen Schülerschaft auf. Tina Hascher et. al. sehen in einem „Klima der Akzeptanz und vor allem des Verständnisses für individuelle Unterschiede (…) eine Voraussetzung für ein mobbingfreies Leben im Klassenverband. Durch die wertfreie Thematisierung von individuellen Ressourcen, Vorlieben und Unterschieden können die Kinder stolz auf Unterschiede sein, Verständnis für und sogar Freude an der Vielfalt erleben". Miryam Eser Davolio empfiehlt den Lehrpersonen, bei rechtsextremen Tendenzen unter ihrer Schülerschaft nicht nur auf der Ebene der Schule einzugreifen, sondern es müssten sich „alle zivilgesellschaftlichen Kräfte einer Gemeinde miteinander vernetzen und gemeinsam vorgehen". Wie die „Taskforce interkulturelle Konflikte" (TikK) bei sog. interkulturellen Konflikten interveniert, schildert der Beitrag von Gabor Kis. Von der Zusammenarbeit einer Regellehrperson und eines schulischen Heilpädagogen berichten Zita Wigger und Ennio Gasparoli. Sie halten fest, dass „Zusammenarbeit (…) grundsätzlich nicht verordnet werden [darf] (…). Trotzdem soll in Richtlinien der Aspekt, dass erst ein integrierter AHP etwas zur Integration der SchülerInnen beitragen kann, deutlicher hervorgehoben werden".

Im abschliessenden siebten Teil werden *Erfahrungen mit Integration in anderen Ländern* geschildert, in denen schulische Integration selbstverständlich praktiziert wird: Italien (Michaela Dorfmann), Schweden (Ingeborg Kriwet) und Finnland (Kaarina Kaunisaho).

Heterogenität und Integration im Bildungssystem

Differenz und Ungleichheit – verkannte Herausforderungen für Bildungsinstitutionen?

Cristina Allemann-Ghionda

1 Differenz, Ungleichheit und Heterogenität – heute und gestern

Als roter Faden ziehen sich durch diese Studien- und Kongresswoche die Begriffe Differenz, Ungleichheit und Heterogenität. Vielleicht ist es nicht unnütz, zur Einstimmung kurz auf das heutige Verständnis dieser Begriffe einzugehen. Differenz (Unterschied) versuchen wir in der heutigen Zeit neutral zu verstehen – neutral im Sinne von nicht wertend, mit keinem Hierarchiedenken verbunden. Ungleichheit beinhaltet eine negative Wertung. Wir möchten nicht, dass Differenzen oder Unterschiede zu ungleicher und ungerechter Behandlung führen, und wir bemühen uns, etwas zu tun, damit es zum Beispiel im pädagogischen Bereich in dieser Hinsicht besser wird. Heterogen bedeutet nach einem gängigen Universallexikon „ungleichartig, aus Ungleichartigem zusammengesetzt". Es liegt auf der Hand, dass Bildungseinrichtungen meistens mit heterogenen Gruppen arbeiten, da Menschen untereinander viele Unterschiede aufweisen – Unterschiede, die zum Teil genetisch bedingt sind, zum Teil aber, wie wir heute wissen, sozial konstruiert werden. Bis heute weiss niemand wirklich, wie gross der Anteil des Genetischen und des Sozialen ist.

Insofern mutet es irgendwie seltsam an, dass in jüngster Zeit das Thema der Heterogenität immer häufiger zur Diskussion gestellt wird, als ob Heterogenität etwas Neues oder etwas Besonderes wäre. Lehrpläne, Studienordnungen, Tagungsprogramme nennen ausdrücklich die Heterogenität als „Problem", als Handlungsfeld, manchmal auch als Merkmal der Normalität.

Tatsache ist: Wir sind alle mit Heterogenität konfrontiert – und wir sind alle Bestandteil davon. Wie der Kölner sagt: „Jeder Jeck ist anders." Jeder von uns ist „anders". Es ist nicht so, dass manche Menschen zu den „Betroffenen" gehören und andere nur darüber sprechen, ohne „betroffen" zu sein. Denn in den Bildungseinrichtungen – vom Kindergarten bis zur Universität – sind alle „in" Heterogenität eingetaucht. Die spannenden Fragen sind: Was machen die Strukturen aus der Heterogenität? Wie ist jede einzelne Lehrperson darauf vorbereitet, mit Differenz zu arbeiten? Wie erleben Kinder und Jugendliche Differenz und Ungleichheit?

Differenz entlang der Kategorien Geschlecht (beziehungsweise Gender) und soziale Herkunft (beziehungsweise Klasse) war in der Pädagogik schon in früheren Epochen Gegenstand von Kontroversen. Lange hat die angeblich „andere" Natur der Frauen die Diskussion bestimmt. In der Pädagogik hat Rousseau den Diskurs einflussreich in die Richtung gelenkt, dass die biologische Andersheit der Frauen auch ihre Erziehung zu prägen hat. Die Klassenunterschiede wurden bis zur Aufklärung als „natürlich", von einem höheren Wesen gewollt, verstanden. Lange nach der Französischen Revolution finden sich noch offizielle Texte, in denen unterschiedliche Bildungsgänge für die verschiedenen Stände der Gesellschaft verteidigt werden mit der Begründung, dass eine gleiche Bildung für alle gegen eine „natürliche" Ordnung verstossen würde (Beckedorff, 1993).

Die Geschichte lehrt uns: Das politische Postulat der gleichen (oder der fast gleichen) Bildung für Mädchen und Knaben ist kaum älter als zweihundert Jahre (Condorcet, 1968). Die Vorstellung, dass Arm und Reich das gleiche Recht auf Bildung haben, ist auf der bildungspolitischen Ebene noch jünger. Ihre Verwirklichung steht in vielen Bildungssystemen noch aus.

Seit der Mitte des 19. Jahrhunderts – mit der Begründung der Soziologie – wurde die Differenz zwischen den sozialen Klassen (später nannte man sie Schichten) thematisiert. Erst seit der zweiten Hälfte des 20. Jahrhunderts setzt sich die Idee durch, dass die Differenz unter den Geschlechtern zum grossen Teil gesellschaftlich konstruiert wird. Geschlecht wird eindeutig als soziale Kategorie – als Gender – definiert und analysiert (Jacobi, 2004). Etwas später – zwischen 1960 und 1970 – wurde das Thema der Differenz auch zwischen Angehörigen verschiedener Kulturen oder ethnischer Gruppen zur wichtigen Kategorie (Camilleri, 1995). Differenz – das können wir nach dem heutigen Verständnis sagen – wird zum grossen Teil gesellschaftlich konstruiert, egal ob wir von ethnischer Zugehörigkeit, von sozioökonomischen Unterschieden, von Gender oder von individuellen Eigenschaften sprechen. Differenz wird aufgrund sozialer Rollenerwartungen und Zuschreibungen, aber auch aufgrund institutioneller Weichenstellungen oft zum Problem gemacht – und genau diese Frage interessiert uns aus bildungspolitischer und aus pädagogischer Sicht.

Seit Jahrzehnten wird darüber diskutiert, wie es dazu kommt, dass Differenz in der Gesellschaft und in Bildungseinrichtungen oft ungünstig wahrgenommen und zu Ungleichheit gemacht wird. Der Bildungserfolg ist nicht gleich verteilt, das Postulat, ja das Versprechen der „Chancengleichheit" (oder der Chancengerechtigkeit) ist kaum eingelöst, jedenfalls bei weitem nicht in allen Bildungssystemen verwirklicht, so dass nach wie vor von einer „Illusion der Chancengleichheit" die Rede sein kann (Bourdieu und Passeron, 1971).

In der bildungstheoretischen Diskussion und in der bildungspolitischen Debatte über Differenz und Ungleichheit haben sich mehrere Schwerpunkte herausgebildet. Differenz und Ungleichheit können sich auf mindestens fünf Kategorien oder Kriterien beziehen:

1) Gender und Geschlecht: Unterschiede zwischen Mädchen und Knaben – biologisch und sozial konstruiert;

2) Ethnie: Unterschiede zwischen „Einheimischen" und „Ausländern" (damit verknüpft sind die Kriterien Kultur, Nationalität, Herkunftssprache, Religion);

3) Rasse: Unterschiede zwischen „Weissen" und „Farbigen" oder „Europäern" und „Nichteuropäern";

4) Klasse: Unterschiede zwischen Kindern aus mehr oder minder privilegierten oder benachteiligten Schichten (damit verknüpft ist das Kriterium des Bildungsniveaus der Eltern);

5) Individuelle Merkmale: Persönlichkeit, Begabung, Lernverhalten; darunter sind alle Unterschiede zu subsumieren zwischen Kindern, die aufgrund individueller Voraussetzungen und Geschichten, infolge einer Krankheit oder einer Behinderung, oder aber besonders ausgeprägter Talente, mehr oder weniger verstehen und lernen sowie leisten können oder wollen.

Zu jeder dieser Kategorien, die auch Schwerpunkte der Differenzdebatte darstellen, gäbe es sehr viel zu sagen. Zum Beispiel müsste ausgeführt werden, dass Begabung und Intelligenz sehr komplexe und umstrittene Begriffe sind, bei denen die Verflechtungen zwischen genetischen Dispositionen und sozialen Umständen besonders bedeutungsvoll sind (Gardner, 1998). Zur Erinnerung: In den USA wird immer wieder die Debatte über den angeblich niedrigen Intelligenzquotienten der Farbigen angeheizt (Rhyn, 1995), obwohl aus wissenschaftlicher Sicht dem Begriff „Rasse" jegliche Legitimität abgesprochen wird. In diesem Rahmen fehlt die Möglichkeit, auf jede einzelne Kategorie einzugehen. Ganz allgemein kann festgestellt werden: Keine Einzelperson ist ausschliesslich Mädchen oder Knabe, niemand ist in erster Linie „Ausländer" oder „Einheimischer", nie ist jemand nur ein Kind aus einem Arbeitermilieu oder aus dem Bildungsbürgertum. Jede Person vereint in sich Merkmale verschiedener Art. Die gleiche Vielschichtigkeit finden wir daher in jeder Gruppe. Wenn wir sagen: „Diese Klasse hat 70% Kinder mit einem Migrationshintergrund und etwa zur Hälfte Mädchen und Knaben", müssen wir zugleich der Frage nachgehen, welche individuellen Eigenschaften und Fähigkeiten diese Kinder auch noch haben, wenn wir nicht oberflächlich sein und in die Falle der Kulturalisierung, der Genderstereotypisierung oder des Sozialdeterminismus geraten wollen. Individuen sind komplex, Gruppen sind vielschichtig, und genau deshalb sind Prozesse der Diskriminierung ebenfalls vielschichtig.

2 Wie wird Differenz zur Ungleichheit? Paradigmen in Theorie und Praxis

Die nächste Frage lautet: Wie wird in der Theorie und in der Politik über Differenz und Ungleichheit gesprochen? Wenn wir das Beispiel der soziokulturellen Differenz nehmen, lassen sich in der theoretischen Diskussion (die sich früher oder später auch bildungspolitisch niederschlägt) verschiedene Paradigmen erkennen. Etwas vereinfachend möchte ich folgende Paradigmen oder auch Stadien der Thematisierung von Differenz benennen:

Paradigma oder Stadium der Defizithypothese:

Hier wird soziokulturelle Differenz als Störfaktor betrachtet. Dem Kind fehlt die Sprachkompetenz, oder es kann sich nicht angemessen, gemäss der geltenden Norm verhalten. Defizite müssen kompensiert werden. Daher soll eine kompensatorische Pädagogik entwickelt werden. Dieses Paradigma oder Stadium ist für die sechziger bis Anfang der siebziger Jahre typisch. Das war die Zeit der Ausländerpädagogik.

Paradigma oder Stadium der Differenzhypothese:

Hier wird soziokulturelle Differenz als normale Erscheinung, ja sogar als Chance betrachtet. Kinder aus „anderen" Ländern oder Kulturen werden als „anders", aber nicht als defizitär betrachtet. Der Unterricht soll die unterschiedlichen Kulturen und Sprachen einbeziehen. Es soll eine emanzipatorische Pädagogik entwickelt werden. Dieses Paradigma ist für die Zeit seit Mitte der siebziger Jahre typisch. Seither wird der Begriff der Interkulturellen Pädagogik verwendet.

Paradigma oder Stadium der Diversitätshypothese:

Hier wird die soziokulturelle Differenz als wichtiges Thema behandelt und zugleich mit anderen Formen der Differenz in Beziehung gesetzt: Gender, Religion, Individualität, in manchen Ländern auch Rasse. (An dieser Stelle muss daran erinnert werden, dass der Begriff Rasse in deutschen und französischen Diskursen nur mit äusserster Zurückhaltung benutzt wird. Dagegen ist es in der englischen und der nordamerikanischen Pädagogik überhaupt nicht verpönt, das Thema Rasse anzusprechen). Dieses Paradigma oder Stadium ist für die Zeit ab Beginn der neunziger Jahre typisch. Daraus ergibt sich eine Pädagogik der Diversität oder der Vielfalt, die ebenfalls emanzipatorisch (und nicht kompensatorisch) ist.

Das Paradigma der Defizithypothese gilt in der bildungstheoretischen Diskussion als überholt. Auch in bildungspolitischen Dokumenten werden wir kaum defizitorientierte Aussagen finden. Allerdings finden wir in der schulischen Organisation und in der Unterrichtspraxis sehr oft Angebote und Verhaltensweisen, die defizitbetonend und ausländerpädagogisch oder Mädchen gegenüber diskriminierend sind.

Innerhalb des zweiten und des dritten Paradigmas (Differenz- und Diversitätshypothese) finden wir unzählige Varianten und Diskussionen, auf die hier nicht eingegangen werden kann. Die Interkulturelle Pädagogik und die Pädagogik der Vielfalt haben auch sehr viel Kritik hervorgerufen. Hier können wir festhalten, dass die Interkulturelle Pädagogik und ihre Nachfolge-pädagogiken (Pädagogik der Vielfalt, pluralistische Pädagogik, transkulturelle Pädagogik usw.) für sich den Anspruch erheben, sich an ALLE zu wenden. Es sind keine Sonderpädagogiken für Minderheiten.

Ein viertes Paradigma scheint sich abzuzeichnen: *Das Paradigma der Gleichheitshypothese.* Hier treten sämtliche Differenzen in den Hintergrund. Das Individuum ist wieder im Mittelpunkt – weniger seine Zugehörigkeit zu einer Gruppe (nach Kultur oder Religion oder Schicht definiert). Ziel ist eine Pädagogik der Gleichbehandlung ungeachtet der Unterschiede, die vorliegen können. Aus diesem Paradigma geht eine Pädagogik der Egalität hervor (vgl. zu den vier Paradigmen Allemann-Ghionda, 2002a, 468–487).

Es versteht sich von selbst, dass bei den Paradigmen zunehmend ein korrekter Umgang mit Differenz angestrebt wird – sei es aus Gründen der Anerkennung und des Respekts, sei es um allen den Weg zum bestmöglichen Bildungserfolg zu ebnen.

Interessant ist es nun zu beobachten, dass diese Stadien der Reflexion zumindest teilweise auch in der Debatte über Gender und Bildung zu erkennen sind. Auf ein Stadium der Kompensation von Defiziten der Mädchen (die in der Bildungsbeteiligung hinterherhinkten; die mathematisch nicht interessiert und weniger erfolgreich waren usw.) folgte das Stadium der Hervorhebung der unterschiedlichen Sozialisationen und Lernkulturen. Auf die Koedukation folgte das Stadium der Infragestellung der Koedukation. Die gegenwärtige Genderdebatte arbeitet wieder mehr mit dem Begriff der Gleichheit als mit dem der Differenz (Badinter, 2004). Elisabeth Badinter provoziert, indem sie die sozial konstruierten Unterschiede zwischen Frauen und Männern in Frage stellt, ja negiert. Sie kritisiert den „Differenzfeminismus". Im deutschsprachigen Raum wird eine Diskussion über bisherige Begriffe (etwa: Sozialisation) und gendergeleitete Differenzierungen geführt (Hagemann-White, 2004). Auf mögliche pädagogische Folgen einer radikalen Negierung von Unterschieden komme ich noch zurück.

Wie wir wissen, ist die pädagogische Praxis nur selten identisch mit der Theorie. Bildungspolitische Richtlinien brauchen ihre Zeit, bis sie umgesetzt werden können. Und so kann es sein, dass die Grundsätze der Integration und der Gerechtigkeit selbst in Bildungssystemen, die sehr fortschrittliche Gesetze haben, in der Praxis hie und da auf Widerstand stossen, weil es immer schwer ist, sich von dem zu trennen, was „sich bewährt hat" (auch wenn es sich überhaupt nicht bewährt hat).

3 Differenz und Bildungserfolg – eine Erfolgsgeschichte?

Wenn wir nun betrachten, was sich in den letzten fünfzig Jahren in der Praxis des Bildungserfolgs verändert hat, dann können wir feststellen: Die Situation der Mädchen hat sich vor allem in den OECD-Ländern (also auch in der Schweiz) ausserordentlich verbessert. In diesem Sinne ist Differenz nicht zur Ungleichheit der Bildungschancen geworden. In den fünfziger und sechziger Jahren gab es in Deutschland eine fiktive Figur, die das Schulversagen verkörperte: das katholische Arbeitermädchen vom Lande (Pross, 1969). Nach dem ersten PISA-Bericht (OECD, 2001) wissen wir: Die Verkörperung des Schulversagens ist nicht mehr das einheimische, katholische Arbeitermädchen vom Lande, sondern der Knabe aus der Unterschicht oder aus einem bildungsfernen Milieu, der am Stadtrand zu Hause ist. Wenn er einen Migrationshintergrund hat und die offizielle Unterrichtssprache nicht beherrscht, kann das ein erschwerender Faktor sein. Auch das „muslimische Arbeitermädchen vom türkischen Lande" (Weber, 2003, 268) kann es schwer haben. Bestimmte Merkmale werden zu erschwerenden Faktoren gemacht. Im Wechsel von der Figur des „katholischen Arbeitermädchens vom Lande" zum „ausländischen (vielleicht muslimischen?) Arbeiterknaben und dem Arbeitermädchen aus einem südlichen Land" ist die Verschiebung der Problematik der Differenz und Ungleichheit verdichtet.

Nun darf aber nicht der Schluss gezogen werden, dass die Benachteiligung der Mädchen „ein erledigtes Problem ist" (Nyssen, 2000). Die Differenzdebatte hat sich wohl verlagert, und die Probleme sind etwas anders verteilt – vor allem seitdem Migration die Bildungsinstitutionen massgeblich prägt. Die Koedukationsdebatte ist bei weitem nicht abgeschlossen, und sie wird dadurch komplexer, dass Klassen aus Mädchen und Knaben mit verschiedenen sprachlichen, soziokulturellen und religiösen Hintergründen bestehen. Die Frage, warum Mädchen in Mathematik und Physik in den meisten Ländern (aber nicht in allen!) weniger gut abschneiden als Knaben, bedarf der Vertiefung. Und ein weiterer Punkt: Zum Glück gibt es neben einer grossen Anzahl von schwierigen schulischen Laufbahnen auch immer mehr Knaben und Mädchen, die ungeachtet ihres Migrationshintergrundes die Schulpflicht erfolgreich beenden. Immer mehr absolvieren eine gymnasiale Bildung oder lernen einen Beruf. Als Beispiel: In den Kantonen Basel-Stadt und Genf (beides Stadtkantone) gestaltet sich der Bildungserfolg der italienischen und spanischen Jugendlichen der zweiten Generation viel positiver als im Landesdurchschnitt (Bolzman, Fibbi und Vial, 2003). Und dennoch: Selbst innerhalb dieser erfolgreichen Gruppe kann es zu Diskriminierungen kommen. Eine neuere Untersuchung von Martina Weber mit dem Titel „Heterogenität und Alltag" zeigt, wie türkische Mädchen auf der gymnasialen Oberstufe (die Untersuchung wurde in einer norddeutschen Grossstadt durchgeführt) von manchen Lehrpersonen mit ausländerfeindlichen und sexistischen Bemerkungen sowie Misserfolgserwartungen beleidigt werden – aber nur, wenn die türkischen Mädchen aus einem nicht privilegierten Elternhaus kommen (Weber, 2003).

Der Pygmalion-Effekt gehört zu den wirksamsten, aber auch zu den unbewusstesten Faktoren, die Differenz in Ungleichheit umwandeln. Neben institutionellen Schulreformen, die unbedingt notwendig sind, ist daher die gründliche Professionalisierung der Inhalte der Lehrerinnen- und Lehrerbildung – auch im Bereich der pädagogischen Psychologie – ein zentraler Ansatzpunkt.

Der Kindergarten, die Schule und auch die Universität und die Pädagogische Hochschule müssen sich damit auseinandersetzen, dass es keine „normalen", keine „Standardkinder" gibt. Kinder weisen bereits sehr früh Unterschiede auf. Diese sind teilweise angeboren – das ist kaum zu bestreiten. Zum Teil aber kommen Unterschiede zustande durch den unterschiedlichen Erziehungsstil der Familien, durch die inzwischen sehr diversifizierte Zusammensetzung derselben, durch die wirtschaftlichen, soziokulturellen und sprachlichen Hintergründe, die in fast keiner Gesellschaft homogen sind, durch die Rollenerwartungen in der Gesellschaft, in der Familie und bis in das Klassenzimmer hinein. An die Stelle eines Konsenses über Werte und Normen (der – sagen wir – bis zum Stichjahr 1968 weitgehend gegeben war) ist eine Individualisierung und eine Pluralisierung der Lebensstile gerückt. Kinder der „just-do-it-just-feel-it-Generation" sind Individualisten, die zugleich dem Charme einer global identischen Jugendkultur erliegen. Wer den Film „East is East" gesehen hat, wurde zudem daran erinnert, dass selbst „homogene" Kulturen von Migranten (im Film ging es um eine gemischte, muslimisch-westliche Einwandererfamilie in einer englischen Provinzstadt) hybrid sind. Diese Herausforderung berührt auch Vorstellungen und Erwartungen gegenüber Erziehung, Schule und Autorität – auf beiden Seiten: in der Familie und in der Schule oder im Kindergarten.

4 Faktoren des Bildungserfolgs: ein komplexes Modell

Der Bildungserfolg (oder Misserfolg) kann niemals einseitig erklärt werden. Wenn wir uns in die Logik einer Differenz- oder einer Diversitätshypothese begeben, müssen wir zugleich mitbedenken, dass viele Faktoren mit im Spiel sind. Helmke und Weinert (1997, 86) haben versucht, die Wechselwirkungen der verschiedenen Elemente grafisch darzustellen (vgl. Abbildung 1).

Abbildung 1: Faktoren der schulischen Leistungen

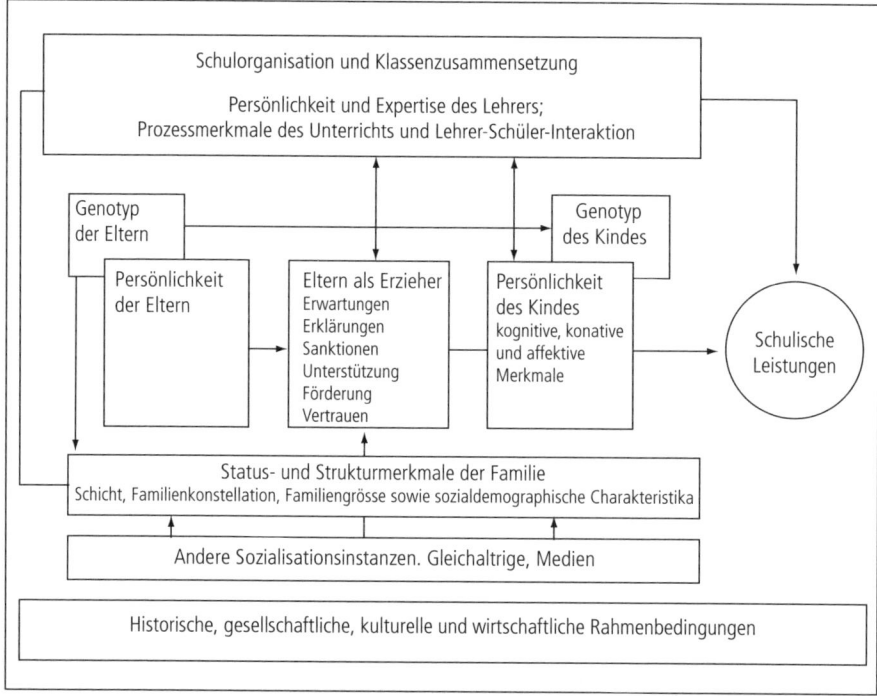

In diesem Schema wird gut sichtbar, dass es keine Monokausalität gibt. Alle Faktoren beeinflussen einander, sie sind interdependent. Den Eltern wird in dieser Darstellung ein zentraler Platz eingeräumt und eine herausragende Rolle und Verantwortung zugeschrieben, was durch die Grösse des Kastens unterstrichen wird. Möglicherweise ist diese Darstellung einseitig kulturell geprägt. Sie widerspiegelt den Stellenwert, der in deutschsprachigen Bildungssystemen dem Elternhaus zugewiesen wird. Dies darf aber nicht zur Schlussfolgerung verleiten, dass die ganze Verantwortung für den Bildungserfolg tatsächlich den Eltern zugeschoben werden muss. PISA hat bestätigt, dass die soziale Herkunft immer noch die Lesefähigkeit und somit die Grundlage des Bildungserfolges massgeblich bestimmt. In vielen Bildungssystemen definiert sich die Schule allerdings als die Instanz, die für das Lernen und die Bildung der ihr anvertrauten Kinder *hauptsächlich* verantwortlich ist. Aus dieser Sicht wäre der Kasten „Eltern" kleiner darzustellen. Die vorschulische Erziehung und die Schule haben ihre Verantwortung voll wahrzunehmen.

In Modell von Helmke und Weinert können wir die Komplexität der Differenzen nicht erkennen, aber wir können uns das, was wir über diese Komplexität wissen, vorstellen. Die Kategorien der Differenz nach Gender, Ethnie, Rasse, Klasse, Individualität müssten durchdekliniert werden.

Es ist bekannt, dass es beim Übergang von der Grundschule zur Sekundarstufe I Unterschiede zwischen ethnischen Gruppen gibt. Aus Gründen, für die es bisher keine Erklärung gibt, sind beispielsweise Kinder von griechischen MigrantInnen seit Jahrzehnten erfolgreicher als Kinder von italienischen oder türkischen MigrantInnen (Kristen, 2002). Es ist ausserdem bekannt, dass der Bildungserfolg der sogenannten „Secondas und Secondos" besser ist, wenn sie die schweizerische Staatsangehörigkeit besitzen (Bolzman, Fibbi und Vial, 2003). Das lässt darauf schliessen, dass die ethnische Zugehörigkeit in der Schule und vielleicht bereits im Kindergarten eine grosse Rolle spielt – bei der Integrationsbereitschaft der Kinder, aber auch bei den Einstellungen und Verhaltensweisen der Lehrpersonen den zugewanderten Kindern und Jugendlichen gegenüber. Die Forschungslage ist aber so, dass bisher kaum bekannt ist, warum es zu diesen ethnischen Ungleichheiten kommt. Erst vertiefende Untersuchungen mit Hilfe eines komplexen theoretischen Rahmens wie derjenige von Helmke und Weinert, der auch die Variablen Kultur, Gender, Klasse beziehungsweise sozioökonomischer Hintergrund einbezieht, werden wirklich erhellen können, warum und wie es zu Ungleichheiten und Diskriminierungen kommt.

5   Antwort auf die Herausforderung der Differenz, Heterogenität und Ungleichheit: Integration statt Separation

Seit langem lautet in der bildungstheoretischen Diskussion die Antwort auf die Herausforderung der Differenz und Heterogenität: Integration statt Separation. Bildungssysteme haben in dieser Beziehung sehr unterschiedliche Strategien entwickelt, wie vergleichende Untersuchungen zeigen (Allemann-Ghionda, 2002). PISA hat bestätigt, dass die soziale Herkunft immer noch die Lesefähigkeit und somit die Grundlage des Bildungserfolges massgeblich bestimmt (s. auch: IZA, 2004a, IZA, 2004b). Am besten werden sozial ungleiche Startbedingungen in Frankreich und im flämischen Belgien aufgefangen. Hier wird uns vor Augen geführt, dass das kulturelle Kapital (Bourdieu, 1992) einer Familie kein unabwendbares Schicksal darstellt, sondern dass die Bildungsinstitutionen sehr wohl etwas für die Chancengerechtigkeit tun können. Das Bildungswesen der sechzehn deutschen Bundesländer wurde im September 2004 nach Erscheinen des OECD-Berichtes „Bildung auf einen Blick" (OECD, 2004) einmal mehr daran erinnert, dass die frühe Selektion aufgegeben werden sollte zugunsten einer differenzierten, qualifizierten Förderung aller Schülerinnen und Schüler. Auch in der deutschsprachigen Schweiz machen sich die Auswirkungen der frühen Selektion noch bemerkbar. Das Bildungssystem des Kantons Bern hat seit einigen Jahren den Weg der Integration eingeschlagen. Die Auswirkungen werden etwas auf sich warten lassen – wie bei jeder Reform.

Im Hinblick auf die Kategorien der Differenz, die ich unter Punkt 2 genannt habe, möchte ich in der gebotenen Kürze folgende Perspektiven aufzeigen:

1) *Ethnokulturelle, sprachliche und sozioökonomische Differenz:* Kindergarten und Schule haben die Aufgabe zu integrieren und *allen* zum Bildungserfolg zu verhelfen. Darin sind sich auf dem Papier alle einig. Der oft zwei- oder mehrsprachige Hintergrund der Kinder erscheint aber vielen Lehrpersonen eher als Hindernis, unter anderem weil die Arbeitsbedingungen nicht immer optimal sind. Alles, was die neuere Forschung über frühkindliche Zweisprachigkeit und bi- oder multikulturelle Identität, über den Zusammenhang zwischen sprachlicher Entwicklung und Bildungsniveau der Eltern an Wissen zutage gefördert hat, muss in die tägliche pädagogische Arbeit einfliessen. Das bedeutet keineswegs, dass Erzieherinnen und Lehrpersonen mehrsprachig werden sollen. Das bedeutet vielmehr, dass jede Interaktion, jede pädagogische Handlung, jedes Gespräch mit Eltern jenes Wissen im Hintergrund haben muss. Die Förderung der deutschen Sprache ist eine richtige Priorität, aber sie darf nicht gegen die Förderung der Zwei- und Mehrsprachigkeit ausgespielt werden. Interkulturelle Erziehung darf nicht zur Betonung von Differenzen führen, die teilweise imaginär sind, sondern interkulturelle Erziehung ist eine zur Pluralität hin erweiterte Bildung für alle (Allemann-Ghionda, 1997).

2) *Gender und sozio-ökonomischer Hintergrund:* Aus der Forschung wissen wir, dass sich der sozio-ökonomische Hintergrund bei Mädchen und Knaben im Bildungsprozess nachteilig auswirken kann (aber nicht muss). Das geschieht, wenn Bildungssysteme nicht ausdrücklich und wirksam etwas dagegen tun. Der Nachteil kann sich je nach ethnischer Zugehörigkeit ausgeprägter auswirken. In diesem Sinne besteht eine Affinität zur Kategorie Kultur/Ethnie/Sprache, die ebenfalls im Zusammenhang mit dem sozialen Status relevant wird. In einigen Bereichen scheint jedoch die soziale und ethnische Herkunft keine Rolle zu

spielen, nämlich wenn es um die Leistungserwartungen in Sprache und Mathematik geht (Keller, 1998).

Über Differenzen zu reflektieren darf nicht dazu führen, dass Differenzen herbeigeredet werden. Andererseits: Den gegenwärtigen Trend, Differenz zu negieren und Gleichheit zu betonen, halte ich für riskant, weil dadurch spezifische Bedürfnisse ausgeblendet und Fehler des Bildungssystems vertuscht werden. Es ist notwendig, dass Erzieherinnen, Kindergärtnerinnen und Lehrpersonen in ihrer Aus- und Fortbildung über die vielen Aspekte der Differenz mehr Wissen und mehr Handlungskompetenzen als bisher erwerben.

Alle Bildungssysteme bemühen sich gegenwärtig, Standards festzulegen, und zwar nicht nur höchste, sondern auch mittlere und minimale Standards (Klieme u. a., 2003). Dabei wird nicht zu umgehen sein, sich genau Gedanken darüber zu machen, wie die vielen Aspekte der Heterogenität einbezogen werden vom Moment der Festlegung von Standards bis zum Moment der Beurteilung von schulischen Leistungen (Allemann-Ghionda, 2002b) – auch in mehrsprachigen und soziokulturell heterogenen Klassen, die ja in den meisten Einrichtungen der vorschulischen und schulischen Bildung die „Normalität" darstellen und demonstrieren.

6　Literatur

Allemann-Ghionda, Cristina (1997), Interkulturelle Bildung, *Zeitschrift für Pädagogik*, 36, Beiheft, 107–149.

Allemann-Ghionda, Cristina (2002²a), *Schule, Bildung und Pluralität, Sechs Fallstudien im europäischen Vergleich*, Bern usw.: Lang.

Allemann-Ghionda, Cristina (2002b), Von der Rute zum Portfolio – ein internationaler Vergleich, in: Heinz Rhyn, Hrsg., *Beurteilung macht Schule, Leistungsbeurteilung von Kindern, Lehrpersonen und Schule*, Bern: Haupt, 121–141.

Badinter, Elisabeth (2004), *Die Wiederentdeckung der Gleichheit. Schwache Frauen, gefährliche Männer und andere feministische Irrtümer*, München: Ullstein.

Beckedorff, L. v. (1993), Beurteilung des Süvernschen Unterrichtsgesetzentwurfs (um 1819/1822), in: Heinz-Hermann Schepp, *Die Schule in Staat und Gesellschaft. Dokumente zur deutschen Schulgeschichte im 19. und 20. Jahrhundert*, Göttingen & Zürich: Muster-Schmidt, 113–123.

Bolzman, Claudia; Rosita Fibbi und Marie Vial (2003), *Secondas - Secondos. Le processus d'intégration des jeunes adultes issus de la migration espagnole et italienne en Suisse*, Zürich: Seismo.

Bourdieu, Pierre (1992), Ökonomisches Kapital – Soziales Kapital – Kulturelles Kapital, in: Pierre Bourdieu, Hrsg., *Die verborgenen Mechanismen der Macht. Schriften zu Politik und Kultur I.*, Hamburg: VSA, 49–79.

Bourdieu, Pierre und Jean-Claude Passeron (1971), *Die Illusion der Chancengleichheit. Untersuchung zur Soziologie des Bildungswesens am Beispiel Frankreich*, Stuttgart: Klett.

Camilleri, Carmel (1995), Sociétés pluriculturelles et interculturalité, in: Carmel Camilleri, Hrsg., *Différence et cultures en Europe*, Strasbourg: Conseil de l'Europe, 85–103.

Condorcet, Marie Jean Antoine (1968), Rapport et projet de décret sur l'organisation générale de l'Instruction Publique (1792), in: Arago, M. F., *Œuvres, Nouvelle impression en facsimilé de l'édition Paris 1847–1849,* Band 7, Stuttgart/Bad Canstatt: Fromann, 455.

Gardner, Howard (1998[2]), *Abschied vom IQ. Die Rahmentheorie der vielfachen Intelligenzen,* Stuttgart: Klett-Cotta.

Hagemann-White, Carol (2004), Sozialisation – ein veraltetes Konzept in der Geschlechterforschung? In: Annedore Prengel, *Handbuch Gender und Erziehungswissenschaft,* Bad Heilbrunn: Klinkhardt, 146–157.

Helmke, Andreas und Franz Emanuel Weinert (1997), Bedingungsfaktoren schulischer Leistungen, in: Franz Emanuel Weinert, Hrsg., *Psychologie des Unterrichts und der Schule,* Hogrefe: Verlag für Psychologie, 71–176.

IZA (2004a), *How Equal Are Educational Opportunities? Family Background and Student Achievement in Europe and the United States,* IZA Diskussion Paper No 1284.

IZA (2004b), *PISA Results, What a Difference Immigration Law Makes,* IZA Discussion Paper No 1021.

Jacobi, Juliane (2004), Geschlecht, in: Jürgen Oelkers, *Historisches Wörterbuch der Pädagogik,* Weinheim und Basel: Beltz, 422–442.

Keller, Carmen (1998), Die Geschlechterthematik aus der Sicht der Lehrpersonen der Sekundarstufe I, *Bildungsforschung und Bildungspraxis,* 20 (1), 115–134.

Klieme, Eckhard; Hermann Avenarius, Werner Blum, Peter Döbrich, Hans Gruber, Manfred Prenzel, Kristina Reiss, Kurt Riquarts, Jürgen Rost, Heinz-Elmar Tenorth und Helmut J. Vollmer (2003), *Zur Entwicklung nationaler Bildungsstandards,* Bonn: Bundesministerium für Bildungsforschung.

Kristen, Cornelia (2002), Hauptschule, Realschule oder Gymnasium. Ethnische Unterschiede am ersten Bildungsübergang, *Kölner Zeitschrift für Soziologie und Sozialpsychologie,* 54, 534–552.

Nyssen, Elke (2000), Benachteiligung von Mädchen – ein erledigtes Problem? In: Klaus-Jürgen Tillmann, *Schule am Ausgang des 20. Jahrhundert. Gesellschaftliche Ungleichheit, Modernisierung und Steuerungsprobleme im Prozess der Schulentwicklung,* München: Juventa, 59–79.

OECD (2001), *Lernen für das Leben. Erste Ergebnisse der internationalen Schulleistungsstudie PISA 2000,* Paris: Organisation für wirtschaftliche Zusammenarbeit und Entwicklung, Zentrum für Forschung und Innovation im Bildungswesen.

OECD (2004), *Bildung auf einen Blick,* Paris: Organisation für wirtschaftliche Zusammenarbeit und Entwicklung, Zentrum für Forschung und Innovation im Bildungswesen.

Pross, Helge (1969), *Über die Bildungschancen von Mädchen in der Bundesrepublik,* Frankfurt am Main: Suhrkamp.

Rhyn, Heinz (1995), Psychometrie und Bildung. Der Intelligenzquotient als Sozialindikator? *Zeitschrift für Pädagogik,* 41, 765–779.

Weber, Martina (2003), *Heterogenität im Schulalltag, Konstruktion ethnischer Unterschiede,* Opladen: Leske & Budrich.

Gleichheit und Anerkennung als Leitmotive interkultureller Pädagogik

Georg Auernheimer

1 Einleitung

Einerseits beobachtet man heutzutage geradezu einen Boom des Interkulturellen quer durch die Fakultäten. Und auch ausserhalb der Universitäten ist ein Markt entstanden, auf dem alle möglichen Anbieter die Vermittlung interkultureller Kompetenz versprechen. Andererseits verhalten sich die pädagogischen und sozialen Institutionen vom Kindergarten bis zum Seniorenheim immer noch recht gleichgültig gegenüber der interkulturellen Programmatik. Oder aber diese wird in einer Weise umgesetzt, dass man als Vertreter der Interkulturellen Pädagogik die eigenen Intentionen kaum wieder erkennt.

Wie erklären sich diese Phänomene? Für die mangelhafte Umsetzung der Programmatik sind wahrscheinlich mehrere Faktoren in Anschlag zu bringen: die Vernachlässigung des Themas in der pädagogischen Ausbildung, der Mangel an Materialien und Handreichungen, die allgemeine Unbeweglichkeit der Institutionen und mehr noch die politische Realitätsverleugnung. – Bis heute will Deutschland sich nur halbherzig als Einwanderungsland verstehen.[1] – Aber wir müssen doch auch selbstkritisch die Interkulturelle Pädagogik befragen. Und da ist anzunehmen, dass für die mangelhafte praktische Umsetzung auch der Umstand verantwortlich ist, dass das Programm lange Zeit nicht unmissverständlich genug formuliert worden ist. Die Fokussierung des Kulturellen hat kulturalistische Deutungen nahe gelegt. Und diese haben gerade engagierte pädagogische Fachkräfte oft daran gehindert, die interkulturelle Pädagogik ernst zu nehmen (Auernheimer u. a., 1996). Um dem zu begegnen, müssen auch die Dominanzverhältnisse in den Blick genommen werden, die viele Beziehungen bestimmen, die als interkulturell definiert werden. Das spricht für eine Synthese mit der antirassistischen Pädagogik, die primär den strukturellen Rassismus in den Brennpunkt der Aufmerksamkeit gerückt hat.

Die beiden Leitmotive, die mir beide für die Interkulturelle Pädagogik unverzichtbar erscheinen, Anerkennung und Gleichheit, verdanken sich zwei Diskurssträngen, nämlich dem interkulturellen und dem antirassistischen Diskurs.

---

1   Dass die Einwanderungssituation auch in der Schweiz weithin verleugnet wird, hat ein Referendum aus jüngster Zeit gezeigt, mit dem die erleichterte Einbürgerung von Menschen mit Migrationshintergrund mehrheitlich abgelehnt worden ist.

2 Historische Rückblende

Die Interkulturelle Pädagogik, ein heute noch recht disparates Unternehmen, kann sich auf verschiedene Ursprünge berufen. Da war erstens, vor allem im schulischen Sektor, die „Ausländerpädagogik" der 70er Jahre. Daneben wurde zweitens in der Dritte-Welt-Pädagogik der interkulturelle Gedanke entwickelt. Wichtige Anstösse kamen drittens aus dem Jugendaustausch und der mit einigen Austauschprogrammen verbundenen Begleitforschung. Viertens wären die Konzepte für die Arbeit mit rechtsextremen Jugendlichen zu nennen. Nicht vergessen werden darf die interkulturelle Sozialarbeit. Und schliesslich wird man neuerdings die Fremdsprachendidaktik als zusätzlichen Diskussionsstrang hinzufügen müssen. Überschneidungen in der Zielsetzung ergeben sich auch mit der so genannten Europaerziehung.

Es handelt sich um unterschiedliche Problemlagen, auf die in diesen Arbeitsfeldern pädagogisch reagiert wurde. Ausserdem waren sie von unterschiedlichen gesellschaftlichen Diskursen bestimmt.[2] Die „Ausländerpädagogik" war die Antwort auf die mit der Arbeitsmigration verbundenen Herausforderungen für die Schulen. Durch Sondermassnahmen sollten die Defizite, besonders die Sprachdefizite der Ausländerkinder behoben werden, um sie schulisch zu integrieren, genauer: um ihnen den Anschluss an das normale Schulprogramm zu ermöglichen. Dabei sollte aber gleichzeitig gemäss damaliger Politik ihre Rückkehrfähigkeit gewährleistet bleiben, was ein – allerdings sehr begrenztes – Eingehen der Pädagogik auf die Herkunftskulturen nötig machte. Im Schulalltag wurde dies in der Regel arbeitsteilig gelöst. Die Herkunftskulturen waren nämlich Sache des Muttersprachunterrichts (Auernheimer u. a., 1996). Die interkulturelle Idee war dabei noch fern, sie wurde erst in den 80er Jahren propagiert. Nicht ohne Interesse ist dabei, dass das Motiv der interkulturellen Akzeptanz das Motiv der kompensatorischen Erziehung gerade in einer Phase in den Hintergrund drängte, als sich zunehmend die dauerhafte Marginalisierung der Migrantenfamilien, jedenfalls eines Grossteils von ihnen, abzuzeichnen begann. Die Überwindung der Ausländerpädagogik ist insofern nicht nur ein Fortschritt gewesen, als oft in dem Bemühen, die defizitäre Sicht auf Migranten zu überwinden, die Notwendigkeit von Hilfe und Förderung übersehen worden ist. So betrachtet, stellt sich das Programm der interkulturellen Erziehung oder Bildung als zumindest ambivalent heraus. Richtig war freilich die Abkehr von der einseitigen Problemdefinition der

---

2 „Diskurs" ist zum Modewort avanciert. Diskurs ist aber nicht gleichbedeutend mit Debatte oder Diskussion. In der hier und weiter unten verwendeten Bedeutung bezeichnet der Begriff Aussagesysteme in einem bestimmten historischen Kontext, die bestimmen, was Thema sein kann. Ihre Institutionalisierung legt auch fest, wer zu Aussagen, Fragen, Kritik befugt ist. Sie sind also machtdurchwirkt in weitesten Sinn des Wortes.

Ausländerpädagogik, die erst überwunden wurde, als Ende der 80er Jahre die Institutionen kritisch in den Blick genommen wurden. Die interkulturelle Erziehung drohte bis dahin zu einer „shake-hands-philosophy" zu verkommen. Kritiker erhoben denn auch schon früh den Vorwurf, durch die Fokussierung kultureller Differenzen trage man dazu bei, die strukturelle Benachteiligung der Migranten zu dethematisieren (vgl. dazu Auernheimer, 2003, 40).

In Grossbritannien wurde die Antiracist Education (ARE) als Gegenkonzept zur Multicultural Education (MCE) formuliert. Letztere wurde von den Vertretern der ARE, zum Teil Pädagogen aus der „schwarzen" Community[3], zeitweise scharf kritisiert. Die Kritik verdient noch heute Aufmerksamkeit. Die Verfechter der ARE wandten sich erstens gegen die Kulturalisierung der Minderheitenfrage. Man setze ein unangemessenes Vertrauen in das Kennenlernen anderer Kulturen. Der Effekt eines auf kulturelle Begegnung ausgerichteten Unterrichts sei zweifelhaft, was die Effekte des Rassismus in der Schule und im Berufsleben anbelange. Die kulturelle Differenz stehe zu sehr im Mittelpunkt der Aufmerksamkeit. Aufgrund der Neigung, die „Schwarze" Kultur auf einige leicht fassliche Artefakte zu reduzieren, wie Kunst, Religion, Esskultur, werde der Stereotypenbildung Vorschub geleistet. MCE musste sich zweitens den Vorwurf des Paternalismus gefallen lassen (Auernheimer, 2003, 150 f.).

Der Hauptvorwurf an die Adresse der MCE aber lautete, sie *individualisiere* das Problem des Rassismus. Denn im Verständnis der MCE sei Rassismus primär ein Produkt von Unwissenheit, verfestigt durch negative Einstellungen und Vorurteile. Der Individualisierung und Psychologisierung setzten die Verfechter der ARE eine gesellschaftliche, politische Sichtweise entgegen. Sie wandten sich gegen die Tabuisierung von Rassenschranken, forderten „political education", politische Aufklärung also, und die Aufhebung institutioneller Diskriminierung.

Dieser Auseinandersetzung, die es im deutschsprachigen Raum in dieser Schärfe und Breite nicht gegeben hat, liegt die äusserst bedeutsame Annahme zugrunde, dass das Verständnis zwischen Gruppen kaum gefördert werden kann, wenn die Struktur ihrer Beziehung zueinander unberücksichtigt bleibt. Wenn soziale Benachteiligung und Diskriminierung nicht wenigstens zu Bewusstsein gebracht werden, sind die Chancen zur Verständigung gering. Das Wissen über fremde Denk- und Verhaltensmuster begünstigt dann eher die Stereotypenbildung.

In der Pädagogik mit der Dritten Welt war schon früh ein Bewusstsein für diesen Zusammenhang vorhanden, weil man sich mit den Folgen des Kolonialismus auseinandersetzen und die Ansprüche der nationalen

---

3 „Schwarz" (Black, meist gross geschrieben) bezeichnet in diesem Diskurs nicht die Hautfarbe, sondern alle diskriminierten eingewanderten Minderheiten in Grossbritannien.

Befreiungsbewegungen und neuen Staaten anerkennen musste. Das Problem der ungleichen Terms of Trade auf dem Weltmarkt und der ökonomischen Abhängigkeiten war ein Aspekt der kritischen Analyse. Man setzte sich ausserdem von evolutionistischen Geschichtsvorstellungen ab und bemühte sich um ein neues Weltbild, das nicht mehr eurozentrisch sein sollte.

Die Folgen sozialer Marginalisierung waren in der interkulturellen Sozialarbeit, ihrem Auftrag entsprechend, präsent. Hilfe zur Selbsthilfe kann sie nur leisten, wenn den Klienten mindestens elementare Rechte zustehen. Deshalb gerät auch die Sozialarbeit mit Flüchtlingen leicht zur Paradoxie. Hier ist allerdings, anders als in den anderen Arbeitsfeldern, nicht Bewusstseinsveränderung der Adressaten das pädagogische Ziel. Interkulturelle Kompetenz wird hier als Element pädagogischer Professionalität angestrebt.

Im Bereich des Jugendaustausches entwickelte sich keine vergleichbare Sensibilität für problematische Asymmetrien und deren Auswirkung auf interkulturelle Beziehungen. Erstens stand die pädagogische Arbeit dort noch in der idealistischen, dem Gedanken der Völkerverständigung verpflichteten Tradition, die nicht ganz ohne Naivität war. Zweitens war der Jugendaustausch fast ganz auf Europa und die USA beschränkt, so dass das Problem ungleicher Beziehungen nicht virulent wurde. Kaum auszublenden dagegen waren hier die belastenden Kollektiverfahrungen aufgrund der vorausgegangenen Kriege und die früheren Feindbildkonstruktionen, deren Überwindung erklärte Absicht war. Im Fall der deutsch-israelischen Beziehungen war und ist die Täter-Opfer-Konstellation noch wesentlich belastender. Die Erfahrung des Holocaust macht unbefangene Begegnungen (fast) unmöglich.[4] In der Begleitforschung zu Austauschprogrammen wurden jedoch nicht die problematischen Kollektiverfahrungen, sondern die *Kulturdifferenzen* in den Brennpunkt der Aufmerksamkeit gerückt. Neben dem Umgang mit differenten „Kulturstandards" (Thomas, 1991) wurden höchstens noch gegenseitige Stereotype zum Thema gemacht.

Demgegenüber richtete sich die pädagogische Arbeit gegen den Rechtsextremismus seit Ende der 80er Jahre vor allem gegen Ideologien der Ungleichheit, zum Beispiel den Sozialdarwinismus, – Ideologeme, die nach Heitmeyer (1987) zusammen mit Gewaltakzeptanz rechtsextreme Einstellungen bestimmen. An seinen Analysen orientierten sich viele Konzepte in diesem pädagogischen Feld.

Wenn man die verschiedenen Diskussionsstränge und vor allem auch die Kontroverse zwischen der Multicultural Education und der Antiracist Education Revue passieren lässt, um daraus eine Lehre für heutige Konzepte zu ziehen, dann gelangt man zu der Einsicht, dass sich interkulturelle Bildung

---

4 Die Schwierigkeit, wenn nicht Unmöglichkeit einer unbefangenen Beziehung zwischen Menschen jüdischer Herkunft und Deutschen beziehungsweise Österreichern ist Thema des lesenswerten Romans „Gebürtig" von Robert Schindel.

nicht in der Aufklärung über Vorurteile und Kulturunterschiede erschöpfen kann. Wo Strukturen der Ungleichheit – und entsprechende Gesellschaftsbilder –, aber auch kollektive Erfahrungen ausgeblendet werden, wird die Problematik kulturalistisch verkürzt.

Anerkennung ist nur möglich auf gleicher Augenhöhe. Deshalb muss dieses Leitmotiv mit dem Gleichheitspostulat beziehungsweise mit dem Bewusstmachen von Ungleichheit verknüpft sein. Anerkannt werden sollen übrigens nicht Kulturen, sondern die Identitätsentwürfe der Menschen und die dafür bedeutsamen kollektiven wie individuellen Geschichten, Symbole und kulturellen Praxen. Wir müssen auch da, wo die *kulturellen Differenzen* im Brennpunkt der Aufmerksamkeit stehen, die Komplexität heutiger Verhältnisse beachten.

3 Kulturelle Differenzen in der Postmoderne

Kulturen werden nicht mehr naiv gelebt. So gewiss Regeln und Deutungsmuster im Alltag normalerweise nach wie vor nicht thematisch werden, sondern selbstverständlich gelten und die Reziprozität der Erwartungen bestimmen, so sind doch alle Kulturen inzwischen reflexiv geworden. Codes und Regeln können in Frage gestellt werden, ihre Bedeutung wird diskursiv verhandelt, Traditionen werden unterschiedlich ausgelegt und haben unterschiedliche Grade von Verbindlichkeit. Zwar bestand schon immer in jeder Kultur eine gewisse Differenz zwischen gesellschaftlicher Bedeutung und subjektivem Sinn (Leontjew, 1982), heute aber kann der oder die Einzelne sich das jeweils verfügbare kulturelle Repertoire sehr selektiv zu eigen machen, sich persönliche Anleihen aus anderen Kulturen holen und so einen recht individualistischen Lebensstil ausbilden. Dabei ist nur sekundär von Interesse, dass jemand vielleicht die Habitualisierung kultureller Eigenheiten bei sich selbst unterschätzt. Der wohlgemeinte Versuch der Anpassung oder des Eingehens auf die Kultur des anderen kann jedenfalls die gute Absicht gerade verfehlen.

An dieser Stelle sei kurz auf die notwendige Unterscheidung zwischen *Habitus und Identität* aufmerksam gemacht. Unter Habitus verstehe ich mit Bourdieu das Gesamt der meist schon in früher Kindheit inkorporierten Schemata des Wahrnehmens, Bewertens, Handelns, ein generatives, und zwar kultur- beziehungsweise milieuspezifisches Strukturierungsprinzip (Bourdieu, 1976). Diese im sozialen Umgang verinnerlichten Dispositionen können aber nicht – wenn man der identitätstheoretischen Tradition seit George H. Mead und Erikson folgt – mit Identität und speziell kultureller Identität gleichgesetzt werden. Denn Identität ist nach Erikson als eine, zuerst in der Adoleszenz gestellte, „Entwicklungsaufgabe" und Leistung des Subjekts zu verstehen, genauer als eine „Syntheseleistung". Der oder die Einzelne setzt sich hier zum einen ins Verhältnis zu sozialen Zuschreibungen und Erwartungen, zum anderen zur eigenen Lebensgeschichte, also auch zu dem, was ihm oder ihr bisher habituell geworden ist. Er kann zum Beispiel zu seiner Herkunftssprache ein sehr unterschiedliches Verhältnis einnehmen. Man kann von Zuhause mitgebrachte Geschmacksvorlieben kultivieren, verleugnen, ihnen heimlich huldigen usw. Ebenso kann man mit ethnischen Askriptionen seitens der Umwelt unterschiedlich umgehen. Das Spektrum reicht von der Selbstethnisierung bis zum radikalen Assimilationsversuch.[5]

Für die Identität des Einzelnen ist – jedenfalls in interkulturellen Kontakten – nicht nur die individuelle Biographie, sondern auch die Geschichte der Gruppe – sei es Nation oder Minorität – von Bedeutung. Auch zu ihr muss sich der oder die Einzelne auf die eine oder andere Weise ins Verhältnis setzen. Das Spektrum ist breit wie bei anderen Akten der Selbstdefinition. In einigen Fällen – prototypisch dafür Deutsche und Juden – wird schnell einsichtig, dass der Einzelne der Geschichte seines Volkes nicht entfliehen kann. Aber unter Migrationsbedingungen sind die Verhältnisse auch in dieser Hinsicht nicht immer so eindeutig. Welcher Kollektivgeschichte ist ein Maghrebiner in Frankreich verbunden oder eine Berlinerin türkischer Herkunft?

Man sieht, Identität und Differenz werden hergestellt, aber sie sind keine blossen Konstrukte im Sinn realitätsunabhängiger Vorstellungsbilder.

Was den Umgang mit sozialen Zuordnungen betrifft, so wird dieser nicht unabhängig davon sein, ob und inwieweit jemand sich da oder dort, d. h. im einen oder anderen sozialen Kontext, als handlungsfähig erlebt. Dies hängt zum einen davon ab, welche Rechte und Handlungsoptionen ihm zugestanden werden und zum anderen davon, ob er die Fähigkeiten und Orientierungsmuster erworben hat oder erwerben kann, die man braucht, um sich im jeweiligen sozialen Feld, in der jeweiligen Kultur bewegen zu können. Mecheril (2003) unterscheidet daher drei Dimensionen, die das Feld der „Zugehörigkeit" speziell für Minderheitenangehörige konstituieren: die formelle und informelle „Mitgliedschaft", die „habituelle Wirksamkeit" und die „biographisierende Verbundenheit". Letztere kann nach ihm nur in dem Mass erwartet werden, in dem Mitgliedschaft zugestanden wird und sich „Wirksamkeit" entfaltet. Wir stossen hier wieder auf das Erfordernis gleicher Rechte und Partizipationschancen. Aber man muss an dieser Stelle auch darauf aufmerksam machen, dass unsere Gesellschaft den Zuwanderern bisher kein akzeptables „Identitätsangebot" gemacht hat (Hoffmann, 1996), weil sie multiple Identität nicht oder kaum akzeptiert. Unsere Sprache verrät das. Sie hält zwar die Bezeichnung „Deutsch-Amerikaner" bereit, kennt aber keinen „Türk-Deutschen".

---

5   Das angedeutete Grundverständnis von Identität teilen auch zeitgenössische Identitätstheoretiker aus der Psychologie (Keupp, 1998) und Soziologie, speziell der Interaktionistischen Rollentheorie (Krappmann, 1971).

Wir finden in der Einwanderungsgesellschaft und im Zeichen der Globalisierung generell recht komplexe Verhältnisse vor, die es erschweren, auf kulturelle Differenzen angemessen einzugehen. Die postkolonialen Autorinnen und Autoren sprechen wahrscheinlich für viele, wenn sie für sich einen „dritten Raum" (Homi K. Bhabha, 1997) zwischen den Kulturen in Anspruch nehmen. Das individuelle Identitätsmanagement ist, so meine Annahme, von der Identitätspolitik oder „Repräsentationspolitik" (Hall, 1994) der jeweiligen Bezugsgruppe beziehungsweise der jeweiligen Bezugsgruppen beeinflusst. Hier ist nicht nur an die Identitätspolitik von Minderheiten zu denken, sondern auch an die mit der Bildung von Nationalstaaten immer schon vollzogene Konstruktion von Selbst- und Fremdbildern.[6]

4 Drei Schwerpunkte von interkultureller Pädagogik

Man kann nach Intentionalität und Thematik mehrere Schwerpunkte von interkultureller Pädagogik unterscheiden. Ich möchte drei ins Zentrum rücken, in denen die beiden Leitmotive Anerkennung und Gleichheit unterschiedlich gewichtet sind. In der *„multiperspektivischen Allgemeinbildung"* kommt besonders stark das Anerkennungsmotiv zum Tragen, in der *antirassistischen Arbeit* das Gleichheitsmotiv. Denn Rassismus fungiert ja als Rechtfertigung von Ungleichheit. Die *Förderung interkultureller Kompetenz* strebt Verstehen und Dialogfähigkeit an und muss sich daher auf Anerkennung und Gleichheit stützen. Insbesondere der Dialog setzt ein „equal footing" voraus (Manifest, 2001), d. h. eine gleichberechtigte Beteiligung.

Die drei Schwerpunkte unterscheiden sich nicht nur nach Zielen und Themen, sondern auch hinsichtlich der jeweils angemessenen Zugänge oder Methoden. Bei der multiperspektivischen Allgemeinbildung ist die Bewusstseinsbildung durch Wissensvermittlung und Konfrontation mit anderen Kollektivgeschichten, Weltbildern, Lebensweisen oder Sprachen zentral. Wissen ist auch für die antirassistische Zielsetzung wichtig, zum Beispiel Wissen um Mechanismen „institutioneller Diskriminierung". Aber zugleich ist dort erfahrungsbezogenes Lernen wichtig, das Aufgreifen von

---

6   Bei dem „Kampf der Kulturen", den Huntington (1996) als Zukunftsszenario entworfen hat, geht es, wenn man seine Ausführungen genau liest, vorwiegend um eine identitätspolitische Auseinandersetzung. Das wird besonders deutlich am Islamismus, der als ideologischer Gegenentwurf gegen die westliche Moderne und als Reaktion gegen die Übermacht des Westens interpretiert werden kann. Die Frage, welche Attribute bis hin zum äusseren Erscheinungsbild einen Muslim oder eine Muslima auszeichnen, wird dabei von den islamischen „Reformatoren" relativ unabhängig von historischen, auch regional unterschiedlichen Traditionen entschieden. Zu einem Gutteil haben wir es mit erfundenen Traditionen zu tun.

kritischen Situationen, die Thematisierung von subjektiven Befindlichkeiten, von Ängsten usw. Denn Rassismen haben neben der gesellschaftlichen eine psychische Funktion. Ein ganzheitlicher Ansatz wird schliesslich vor allem dort propagiert, wo es um den Umgang mit kultureller Differenz oder Fremdheit geht. Hier wird ein situatives, kasuistisches, handlungs- und erfahrungsorientiertes Vorgehen bevorzugt. Die Lernenden sollen an „critical incidents", realen oder fiktiven Situationen mit prekärem Charakter, Deutungen probieren und ihre Gefühlsreaktionen prüfen. Rollenspiele sollen Empathie fördern oder das Handlungsrepertoire erweitern helfen. Interaktionsspiele sollen das Äussern von Gefühlen erleichtern und damit die Selbstreflexion fördern, unter Umständen auch gruppendynamische Prozesse bewusst machen (Holzbrecher, 1997).

4.1 Multiperspektivische Allgemeinbildung

Der Ansatz einer „multiperspektivischen Bildung" wurde zunächst im Rückgriff auf die Geschichtsdidaktik vor allem für den Geschichtsunterricht gefordert (Göpfert, 1985). Wie eine Geschichtsschreibung „von unten" die Erfahrungen und Leistungen der unteren Klassen darstellen wollte, so sollte der Geschichtsunterricht die Kollektiverfahrungen und kulturellen Leistungen anderer Völker berücksichtigen. Das Prinzip der Multiperspektivität ist zudem massgebend geworden für Konzepte der interreligiösen Unterweisung, des interkulturellen Kunst- und Musikunterrichts oder für das Programm der „Begegnung mit Sprachen" (engl. „language awareness"). Das Ziel multiperspektivischer Bildung ist, kurz gesagt, die Dezentrierung unserer Weltsicht. Exemplarisch soll bewusst gemacht werden, wie projektiv unsere Bilder von „den anderen", zum Beispiel von den „Orientalen" sind. Vor allem gilt es, die Perspektive der anderen einzunehmen, sich die Kollektiverfahrungen von Minderheiten oder aussereuropäischen Gesellschaften, aber auch deren Leistungen zu vergegenwärtigen. Multiperspektivische Bildung lässt den Gedanken der „Bereicherung" durch interkulturelle Begegnung hinter sich oder schliesst, besser gesagt, das mögliche Missverständnis, es ginge nur um das Aufgreifen attraktiver Elemente der Fremdkultur, deutlicher aus.

Und ebenso wird hier Toleranz im Sinne blosser Duldung durch Anerkennung abgelöst. Anerkennung hat eine kritische Haltung gegenüber dem eigenen Orientierungssystem, einen geschärften Blick für Rationalitätsdefizite und Widersprüche in der eigenen Kultur und Gesellschaft zur Voraussetzung. Verlangt ist Wachsamkeit gegenüber den eigenen Wahrnehmungsgewohnheiten.

Thema einer multiperspektivischen Geschichtsbetrachtung in der Sekundarstufe könnten beispielsweise die Kreuzzüge sein, die Geschichte einer zweihundertjährigen Intervention, bei deren Studium bewusst werden kann, wie einseitig in unserem, durch den Schulunterricht immer neu bestätigten Kollektivgedächtnis die Begegnungen mit der islamischen Welt gespeichert sind. Denn das unvoreingenommene Studium der historischen Fakten nötigt zur Korrektur der tradierten Version von der Verteidigung der Heiligen Stätten. Auch Phasen friedlicher und produktiver Koexistenz von Kulturen, speziell Religionen, sind zu beleuchten. Das bekannteste Beispiel, das mittelalterliche Andalusien unter maurischer Herrschaft, könnte geeignet sein, Skeptiker zu überzeugen, dass speziell Islam und Christentum einvernehmlich zusammenleben können. Wenn man andererseits die Kulturbeziehungen zwischen Europa und den islamischen Gesellschaften über einen längeren Zeitraum verfolgt, so können die wechselnden Fremdbilder zum Nachdenken anregen. Dasselbe gilt für unser Verhältnis zu China oder Indien. Hier werden positive und negative Projektionen sichtbar.

Zur Überwindung des Eurozentrismus ist es nützlich, sich darüber klar zu werden, was wir alles den kulturellen Leistungen „der anderen" verdanken: die Importe der zahlreichen Nutzpflanzen aus dem Orient, vor allem aber aus der Neuen Welt, die inzwischen geschätzten Heilmethoden der fernöstlichen Medizin, das System der Ziffern einschliesslich der Null, das wir den Arabern und Indern verdanken, die Bereicherung unserer Musikkultur, was Instrumente und musikalische Formen angeht.

Im Bereich der Religion ist zu unterscheiden zwischen Formen des interreligiösen Dialogs, in den Heranwachsende verschiedener Religionszugehörigkeit verwickelt werden können, und einer an der Religionswissenschaft orientierten Betrachtungsweise, bei der man Unterschiede und Gemeinsamkeiten von einem dritten Beobachterstandpunkt her auszumachen versucht. Themen bei beiden Herangehensweisen können zum Beispiel sein: Gottesvorstellungen, Formen des Gottesdienstes, die Stellung der Frau, Sexualität und Körperlichkeit.

Schliesslich kann auch das Sprachenlernen multiperspektivischer Bildung dienen. Das Lernen fremder Sprachen veranlasst nicht nur implizit immer zum Sprachvergleich, sondern fremde Sprachen machen mit fremden Welten vertraut. Wenn man Wilhelm v. Humboldt folgt, für den die Sprache „das bildende Organ des Gedankens" war, dann entspricht der Pluralität der Sprachen die Pluralität der Weltansichten. Explizite Sprachvergleiche können bewusst machen, dass man sich für bestimmte Sprechhandlungen recht unterschiedlicher sprachlicher Mittel bedienen kann. Sie können auf unterschiedliche Kommunikationsweisen, Formeln und Rituale aufmerksam machen, womit auch interkulturelle Kompetenz gefördert wird.

Als das Medium multiperspektivischer Bildung schlechthin könnte man die Literatur bezeichnen. In erster Linie zu nennen sind Reiseliteratur, Migrantenliteratur und die Werke aussereuropäischer SchriftstellerInnen. In deren Erzählungen begegnen uns fremde Lebens- und Denkweisen nicht klischeehaft, sondern individualisiert. Die Multikulturalität jener Gesellschaften und die Einflüsse Europas werden ebenso sichtbar gemacht wie die Wirkungen und Nachwirkungen der Kolonialherrschaft. Verstehensgrenzen werden ebenso deutlich wie das menschlich allzu Menschliche, das uns bei allem Unterschied manchmal vertraut vorkommt. In der Schule können Kinder- und Jugendbücher, zumal Übersetzungen aus aussereuropäischen Ländern, eine solche Funktion erfüllen (vgl. dazu Eckhardt, 2004). In der Reiseliteratur werden fremde Welten primär aus der Perspektive des Reisenden erfahren. Die Lernchance liegt darin, den Umgang mit Fremdheit, auch in seinen problematischen Varianten, aus der Distanz heraus reflektieren zu können.

Abschliessend sei zusammengefasst, was die Ziele speziell multiperspektivischer Bildung sind: Sie soll auf der einen Seite Einblicke verschaffen in die kulturellen Leistungen „der anderen", deren Beitrag zu unserer Kultur verdeutlichen, aussereuropäischen Gesellschaften als zeitweise geschichtsmächtigen Subjekten Anerkennung verschaffen und auf der anderen Seite dazu verhelfen, mit dem fremden Blick auf die europäische beziehungsweise westliche Expansion und auf unsere zivilisatorische Mission zu schauen, die Opfer der anderen wahrzunehmen. Dies ist auch zugleich ein Beitrag zur politischen Bildung. Multiperspektivität meint im Übrigen die Einsicht in die Vielfalt menschlicher Kreationen und die Erkenntnis eigener fragwürdiger Entwicklungen in unserer Gesellschaft, eventuell verbunden mit der Entdeckung von Möglichkeiten, von anderen Kulturen zu lernen.[7]

4.2 Antirassistische, politische Bildung

Antiracist Education in der angelsächsischen Version richtete sich vor allem gegen den strukturellen Rassismus auf dem Weg politischer Aufklärung. Entsprechende Ansätze in Deutschland, überwiegend für die Arbeit mit rechtsextremen Jugendlichen entwickelt, hatten mehr den Alltagsrassismus im Auge. Die britischen Konzepte haben inzwischen Elemente des Diversity-Ansatzes aufgenommen (vgl. Quehl, 2000), der die Vielfalt der Differenzlinien und die Heterogenität von Identitäten ins Zentrum rückt, und zwar immer mit der Frage von Macht und Abhängigkeit verbunden. Dies wird insbesondere bei der Gender-Thematik unumgänglich. In Deutschland

---

7   Oft genannt wird hier im Zeichen des Programms einer „nachhaltigen Entwicklung" der Umgang mit der Natur. Vermutlich ist da aber einige Skepsis angebracht, weil die Beendigung des Raubbaus an der Natur eine radikale Änderung unserer Wirtschaftsweise verlangte. Problematisch, aber naheliegend sind hier Tendenzen zum Exotismus als Glorifizierung „ursprünglicher" Lebensweisen oder ein Eskapismus, wie er aus der New-Age-Bewegung bekannt ist. Immerhin mag aber das Wissen um historische Alternativen die Suche nach zukunftsträchtigen Alternativen und das Engagement dafür stärken.

ist das Bewusstsein gewachsen, dass Rassismus nicht auf einige jugendliche Problemgruppen beschränkt ist.

Ein Grundzug rassistischer Auffassungen und Praktiken besteht in der Zuschreibung von Wesenseigenschaften an eine Gruppe von Menschen, die als eine durch fixe Merkmale charakterisierte Einheit vorgestellt werden, was oft schon im Sprachgebrauch, nämlich in der Verwendung des Singulars, zum Ausdruck kommt („der Türke", „der Jude"). Im Hinblick auf die von Epoche zu Epoche und je nach sozialem Kontext unterschiedlichen Funktionen, Wirkungsweisen und Opfergruppen (Juden, Schwarze, Roma, Muslime) sprechen vor allem angelsächsische Autoren von Rassismen im Plural.

Die Unterstellung von kulturellen Wesenszügen erfüllt dabei die selbe Funktion wie biologistische Begründungen. Man kann behaupten, Gruppen von Menschen seien kulturell bedingt nicht zu den gleichen Leistungen fähig, und damit Ungleichheit und Ausgrenzung legitimieren. Die Unterstellung der Unverträglichkeit von Mentalitäten oder Kulturen, beispielsweise von „abendländischer" und orientalischer Kultur, kann die Forderung nach Grenzschliessung, Segregation oder Rückführung von Immigranten rechtfertigen.

Rassismen haben politische und psychische Funktionen. Ihre politische Funktion besteht in der „Naturalisierung gesellschaftlicher Verhältnisse", das heisst, sie lassen die gegebene Ordnung als natürlich begründet erscheinen und legitimieren damit Privilegien, Machtansprüche, Ausgrenzungspraktiken. Die subjektiven Funktionen oder psychischen Gewinne für die Individuen bestehen – komplementär dazu – in der Bestätigung ihres Status, allgemein in der Selbstbestätigung, in der Rechtfertigung diskriminierender Handlungen, in Sinngebung und Welterklärung („Das Weltjudentum …", „Die Ausländer …"). Nur wenn und solange ideologische Angebote subjektiv funktional sind, sind sie attraktiv. Die gesellschaftliche und die subjektive Funktionalität erklären gleichermassen die Vielfalt der inhaltlichen Erscheinungsformen je nach historischer Konstellation, sozialer Gruppe und Schicht. Die Vielfalt ist auch bedingt durch die jeweils verfügbaren Denktraditionen und Bilder, die in den gesellschaftlichen Diskursen transportiert und transformiert werden. Da Diskurse unsystematisch sind und die Individuen je nach Bedürfnis Diskurselemente aufgreifen, sind die Bewusstseinslagen ambivalent und widersprüchlich, was für pädagogische Ansätze wichtig ist. Ein geschlossenes rassistisches Weltbild findet man wohl höchstens beim harten Kern der Rechtsextremen.

Da rassistische Vorstellungen tief sitzen, Bestandteil des kollektiven Bewusstseins sind und, wie die Vorurteilsforschung zeigt, emotional verankert sind, werden reine Aufklärungsstrategien skeptisch beurteilt. Mit der selben Vorsicht sind umgekehrt aber wohl antirassistische Konzepte einzuschätzen, die nur auf die subjektive Betroffenheit abzielen. Am erfolgreichsten ist nach den bisherigen Erfahrungen ein ganzheitlicher Ansatz, bei dem Instruktion in eine Atmosphäre von Akzeptanz und Vertrauen eingebettet ist. Am besten ist es, wenn die Lernenden, durch ein gutes Lernklima ermuntert, gesellschaftliche Missverhältnisse und eigene Ängste und Vorurteile selbst entdecken.

Im Hinblick auf die so genannten „ethnischen Konflikte" der Gegenwart sind auch Ethnisierungsstrategien ein wichtiges Thema heutiger politischer Bildungsarbeit. Diese rekurrieren ebenfalls auf kulturelle Differenzen, meist auf Unterschiede der Sprache und/oder der Religion, beziehungsweise auf vermeintliche Differenzen kultureller Art. Sie unterscheiden sich von den Rassismusvarianten durch fehlendes oder schwach ausgeprägtes Machtungleichgewicht.

Aus mindestens zwei Gründen muss antirassistische Erziehungsarbeit auf mehreren Ebenen ansetzen, nämlich sowohl im Hinblick darauf, dass Rassismen eine politische und eine psychische Funktionalität haben, als auch im Hinblick auf ihren Doppelcharakter als strukturellen und individuellen Rassismus. Deshalb muss sie bei der Aufklärung über gesellschaftliche Strukturen und Diskurse ebenso ansetzen wie bei der Selbstreflexion (Leiprecht, 1992).

In erster Hinsicht ist die politische Bildung wichtig. Einschlägige Themen sind beispielsweise: Ausländerrecht, Bildungsbenachteiligung von Migrationskindern, Motive und Ursachen heutiger Migrationsprozesse im globalen Zusammenhang, das krasse Wohlstandsgefälle zwischen dem Norden und dem Süden, dem Westen und dem Osten, die Ethnisierung von Konflikten in vielen Regionen. Viele dieser Themen können auch schon in der Grundschule altersgemäss anhand von Geschichten über individuelle Schicksale aufgegriffen werden, wobei allerdings sehr darauf zu achten ist, dass die Kinder die andere Welt nicht als zu fremd erleben und Mitleidseffekte vermieden werden. Sonst würden das binäre Schema „wir – die dort" und die Asymmetrie der Beziehung gerade bestätigt. Dass auch problematische Diskurse über Minderheiten schon Grundschülern begreiflich gemacht werden können, zeigt Debbie Epstein an Praxisbeispielen aus englischen Schulen. Zum Beispiel untersuchten die Kinder, darunter selbst viele „Blacks", die Darstellung von Schwarzen in ihren Schulbüchern (2000, 204 f.).[8]

Wollen LehrerInnen die Selbstreflexion ihrer Schüler fördern, so müssen sie bei sich selbst anfangen. In dieser Hinsicht ist die pädagogische Zielformulierung „Vorurteile überwinden" recht fragwürdig, weil sie Pädagogen dazu verleitet, für sich selbst die Freiheit von Vorurteilen in Anspruch zu nehmen, was häufig so weit führt, dass sie sich nicht einmal ihr Befremden angesichts abweichender Wertvorstellungen oder Verhaltensweisen eingestehen. Damit

---

8   Die gemischte Zusammensetzung der Klasse ist hier eine nicht zu vernachlässigende Kontextbedingung.

ist oft ein missionarischer Eifer verbunden, der eine problematische Beziehungsstruktur reproduziert (Cohen, 1994), aber auch die Widersprüchlichkeit der Bewusstseinlagen von Schülern missachtet. Nicht jede rassistisch erscheinende Äusserung verrät rassistische Einstellungen (Hatcher & Troyna, 2000). Cohen (1994), der sehr bemüht ist, die antiracist education von Moralisierungstendenzen frei zu halten, verfolgt mit seinen Vorschlägen zur Medienarbeit das Ziel, die Schüler die Subjektivität und den Konstruktcharakter ihrer Wahrnehmung entdecken zu lassen. Er hat zum Beispiel die spielerische Arbeit mit Fotos probiert. Denkbar wäre aber auch, Szenen aus Geschichten unter der Frage zu diskutieren „Wie hätte ich da gehandelt?". Die Gefahr des Moralisierens könnte bei entsprechender Wachsamkeit vermieden werden, obwohl man sich darüber im Klaren sein muss, dass es schwierig ist, den verborgenen Subtext mancher Klassendiskussion zu bemerken.[9] Das Problem stellt sich wahrscheinlich auch, wenn man wie Epstein (2000) die Diskriminierungserfahrungen von Mitschülern aufgreift.

4.3   Die Förderung interkultureller Kompetenz

Bei diesem Ansatz wird ein besserer, unbefangener Umgang mit Differenz oder Fremdheit angestrebt. Es sollen also Begegnungen erleichtert werden, die durch Differenz der Orientierungsmuster, oft verbunden mit einer asymmetrischen Beziehungskonstellation, verunsichernd wirken. Manchmal werden Irritationen auch ganz einfach durch symbolische Identitätsmarker verursacht, die problematische, wenn nicht gar bedrohliche Fremdbilder evozieren. Exemplarisch dafür steht das Kopftuch von muslimischen Mädchen und Frauen.[10]

Dabei ist noch einmal daran zu erinnern, dass heute die durch Sozialisation und Lebensweise bedingten und damit habituell gewordenen Unterschiede für interkulturelle Kommunikationsprobleme vermutlich weniger von Bedeutung sind als Differenzen, die das Ergebnis von individuellem Identitätsmanagement beziehungsweise der Identitätspolitik von Gruppen sind, wobei auf je eigene Traditionselemente oder vermeintliche Traditionen zurückgegriffen wurde. Ein britischer Autor spricht von „Ethnizität an sich" und „für sich". Selbstverständlich ist die Differenzwahrnehmung auch das Ergebnis sozialer Zuschreibungen. Insofern sie zur Selbstethnisierung der

---

9   Die ungewollten Nebenwirkungen eines gut gemeinten Unterrichts zu Minderheitenfragen verdeutlicht die diskursanalytische Untersuchung von Susanne Horstmann (2002) mit dem verräterischen Titel „ … dass man sie nicht gleich umbringen soll, sondern erst mal gucken".

10   Den Begriff „interkulturelle Kompetenz", der bisher meist im Kontext von Professionalisierung gebraucht wird, verwende ich hier allgemeiner für Bildungsansätze.

jeweiligen Gruppe beitragen, gewinnen sie soziale Realität. Daher ist die Reflexion unserer Selbst- und Fremdbilder bedeutsam.

Darüber hinaus ist die Sensibilisierung für Ungleichheit für diesen pädagogischen Schwerpunkt wichtig; denn interkulturelle Beziehungen werden meist weniger durch die Differenz der Kulturmuster belastet als durch Machtasymmetrien und entsprechende Kollektiverfahrungen, also zum Beispiel durch Diskriminierungserfahrungen, die AusländerInnen bei uns machen. Zumindest lässt sich sagen, dass Kulturdifferenzen erst durch die Asymmetrie einer Beziehung ihre Brisanz gewinnen. Daher betreffen interkulturelle Missverständnisse in der Regel die Beziehungsebene. Dies gilt selbst für die Kommunikationsstörungen, die durch Unterschiede der kulturellen Scripts[11] bedingt sind; denn diese sind mit selbstverständlichen Erwartungen verbunden, deren Enttäuschung als Missachtung usw. gedeutet wird. Dies wird zum Beispiel passieren, wenn jemand die gewohnte Form der Begrüssung nicht beachtet beziehungsweise eine ungewohnte Form praktiziert (Auernheimer, 2003, 107 ff.).

Solchen Kommunikationsproblemen liegt aber noch die Verunsicherung durch das Fremde voraus, was zu Vermeidungsstrategien verleitet. Je mehr man sich jedoch aus dem Weg geht, desto eher werden gegenseitige Stereotype und Vorurteile verfestigt. Insofern trägt schon die Herstellung von Kontakten in einem pädagogischen Arrangement viel zur interkulturellen Begegnung bei (vgl. Wagner u. a., 2002). Da Kontakte nach Erkenntnissen der Sozialpsychologie nur bei Statusgleichheit und unter gemeinsamen Zielsetzungen Vorurteile reduzieren helfen, müssen sich zumindest innerhalb eines pädagogischen Arrangements die TeilnehmerInnen als Gleiche verstehen und behandeln. Entscheidend ist, dass Gefühle der Befremdung und erst recht Konflikte zur Sprache gebracht werden. Interaktionsspiele, Rollenspiele oder Anstösse zum Austausch von autobiographischen Erfahrungen können hier hilfreich sein.

Ziele dieses Ansatzes sind das Eingeständnis der Befremdung, die Reflexion von Vorurteilen, das Bewusstwerden der eigenen Kulturgebundenheit, ein besseres empathisches Verstehen, aber auch die Einsicht in Verstehensgrenzen. Unter Umständen muss man auch, speziell bei gesellschaftlich bedingter Asymmetrie, die Schwierigkeiten einer unbefangenen Begegnung akzeptieren lernen. Besonders anspruchsvoll ist die Befähigung zum Dialog über divergente Weltbilder, Wertvorstellungen und Normen, zum Beispiel über kulturell unterschiedliche Geschlechtsrollenmuster. Hier wird es auch darauf ankommen zu lernen, dass zum Beispiel Emanzipation auch auf anderen Wegen als den uns vertrauten angestrebt werden kann,

---

11 Scripts, wörtlich Drehbücher, fungieren als die in der Regel nicht thematisierten, insofern verborgenen Drehbücher unseres Alltagslebens. Sie umfassen Rituale, Kommunikationsmuster, Handlungsstrategien, rollenspezifische Verhaltensweisen.

ohne dass wirkliche Differenzen unter den Teppich gekehrt werden sollten. Anlässe, die das Schulleben selbst bietet, um den interkulturellen Dialog zu lernen, sollten genutzt werden, wobei es wichtig ist, dass die Lehrperson ein positives Modell abgibt.

5 Schluss

Die Chancen, dass die Konzepte interkultureller Bildung und Erziehung praktisch umgesetzt werden und gesellschaftlich Wirksamkeit entfalten, stehen in einer Zeit, in der viele Konflikte ethnisch artikuliert werden und die Rede vom „Kampf der Kulturen" zur sich selbst erfüllenden Prophezeiung zu werden droht, nicht gerade günstig. Dieser Realität müssten pädagogische Programme zumindest Rechnung tragen. Dass aber gerade die *gesellschaftliche* Dimension interkultureller Beziehungen in den Curricula zum Teil noch vernachlässigt wird, hat die Analyse deutscher Lehrpläne ergeben. Die pädagogischen Bemühungen zielen ausschliesslich auf *individuelle* Einstellungen ab, ohne deren Verhaftetheit in gesellschaftlichen Strukturen und Diskursen, zum Beispiel Mediendiskursen, zu berücksichtigen.

Die interkulturelle Programmatik kann ausserdem nur erfolgreich sein, wenn die pädagogischen Institutionen vom Kindergarten an aufwärts den Ideen der Gleichheit und Anerkennung verpflichtet sind. Das betrifft ihre Strukturen und Curricula. Die kritischen Fragen unter dem ersten Gesichtspunkt beziehen sich unter anderem auf die Auslesemechanismen im Bildungssystem und die darin angelegten Möglichkeiten institutioneller Diskriminierung. Unter dem Aspekt der Anerkennung sind Monolingualität und Eurozentrismus kritisch zu hinterfragen (vgl. den anderen Beitrag von Auernheimer in diesem Band). Wenn die Selektionsmechanismen Migrationskinder als besonders leistungsschwach erscheinen lassen, wird das Gesellschaftsbild der Heranwachsenden (und natürlich auch der Pädagogen) davon nicht unbeeinflusst bleiben. Dieser heimliche Lehrplan des Rassismus konterkariert die Bemühung um interkulturelles Verstehen. Wenn die Idee der *Anerkennung* mehr als ein verblasenes Ideal sein soll, muss es die Curricula bestimmen – und auch die Stellung der LehrerInnen für die Herkunftssprachen.

Die institutionellen Rahmenbedingungen halte ich für entscheidend, damit die interkulturelle Programmatik nicht nur den akademischen Diskurs bestimmt, vor allem auch damit sie nicht verzerrt umgesetzt wird. Hier ist die Bildungspolitik gefordert. Aber auch die einzelne Einrichtung kann einiges in Richtung interkultureller Orientierung unternehmen (Auernheimer, 2003, 163 ff.).

6 Literatur

Auernheimer, Georg (2003³), *Einführung in die Interkulturelle Pädagogik*, Darmstadt: Wiss. Buchgesellschaft.

Auernheimer, Georg; Viktor v. Blumenthal, Heinz Stübig und Bodo Willmann (1996), *Interkulturelle Erziehung im Schulalltag. Fallstudien zum Umgang mit der multikulturellen Situation,* Münster u. a.: Waxmann.

Bhabha, Homi K. (1997), Verortungen der Kultur, in: Elisabeth Bronfen u. a., Hrsg., *Hybride Kulturen. Beiträge zur anglo-amerikanischen Multikulturalismusdebatte,* Tübingen: stauffenburg, 123–148.

Bourdieu, Pierre (1976), *Entwurf einer Theorie der Praxis auf der ethnologischen Grundlage der Kabylischen Gesellschaft,* Frankfurt/M.: Suhrkamp.

Cohen, Philipp (1994), *Verbotene Spiele. Theorie und Praxis antirassistischer Erziehung,* Hamburg: Argument Verlag.

Eckhardt, Juliane (2004), „Rassistische" und „antirassistische" Tendenzen in alten und neuen Kinderbüchern – literaturwissenschaftliche Überlegungen zum didaktischen Wirkungspotential, in: Marlies Grosse Holthaus und Katharina Köller, Hrsg., *Interkulturell lernen – erziehen – bilden,* Münster: Lit-Verlag, 63–82.

Epstein, Debbi (2000), Kulturen des Klassenzimmers in der Veränderung – Die Arbeit mit Kindern, in: Thomas Quehl, Hrsg., *Schule ist keine Insel. Britische Perspektiven antirassistischer Pädagogik,* Münster u. a.: Waxmann, 197–238.

Göpfert, Hans (1985), *Ausländerfeindlichkeit durch Unterricht,* Düsseldorf: Schwann.

Grimm, Sabine (1997), Einfach hybrid! Kulturkritische Ansätze der Postcolonial Studies (Teil I), in: *iz3w,* Aug. 97, 39–42.

Hall, Stuart (1994), *Rassismus und kulturelle Identität,* Ausgew. Schriften 2, Hamburg: Argument Verlag.

Hatcher, Richard und Barry Troyna (2000), Ethnisierungsprozesse und Kinder, in: Thomas Quehl, Hrsg., *Schule ist keine Insel. Britische Perspektiven antirassistischer Pädagogik,* Münster u. a.: Waxmann, 134–159.

Heitmeyer, Wilhelm (1987), *Rechtsextremistische Orientierungen bei Jugendlichen. Empirische Ergebnisse und Erklärungsmuster einer Untersuchung zur politischen Sozialisation,* Weinheim u. München: Juventa.

Heringer, Hans Jürgen (2004), *Interkulturelle Kommunikation. Grundlagen und Konzepte,* Tübingen u. Basel: A. Francke.

Hoffmann, Lutz (1996), Der Einfluss völkischer Integrationsvorstellungen auf die Identitätsentwürfe von Zuwanderern, in: Wilhelm Heitmeyer und Rainer Dollase, Hrsg., *Die bedrängte Toleranz,* Frankfurt/M.: Suhrkamp, 241–260.

Holzbrecher, Alfred (1997), *Wahrnehmung des Anderen. Zur Didaktik interkulturellen Lernens,* Opladen: Leske & Budrich.

Horstmann, Susanne (2002), „ ... *dass man sie nicht gleich umbringen soll, sondern erst mal gucken" Diskursanalytische Untersuchungen zur interaktiven Beziehungskonstitution und damit verbundenen Konstruktion des „Anderen" in Unterrichtsgesprächen.* Bd. 1, Frankfurt/M.: IKO Verlag.

Huntington, Samuel P. (1996), *Der Kampf der Kulturen. Die Neugestaltung der Weltpolitik im 21. Jahrhundert,* München u. Wien: Europaverlag.

Keupp, Heiner (1998), Diskursarena Identität, in: Heiner Keupp und Renate Höfer, Hrsg., *Identitätsarbeit heute. Klassische und aktuelle Perspektiven der Identitätsforschung,* Frankfurt/M: Suhrkamp, 11–39.

Krappmann, Lothar (1971), *Soziologische Dimensionen der Identität,* Stuttgart: Klett.

Leiprecht, Rudolf (1992²), *Rassismus und Ethnozentrismus bei Jugendlichen*, DISS-Texte Nr. 19, Duisburg: Duisburger Institut f. Sprach- und Sozialforschung.

Leontjew, Alexej N. (1982), *Tätigkeit, Bewusstsein, Persönlichkeit*, Köln: Pahl-Rugenstein.

Manifest (2001), *Brücken in die Zukunft. Manifest für den Dialog der Kulturen*, Frankfurt/M.: S. Fischer.

Mecheril, Paul (2003), *Prekäre Verhältnisse. Über natio-ethno-kulturelle (Mehrfach-) Zugehörigkeit*, Münster u. a.: Waxmann.

Quehl, Thomas (Hrsg.), *Schule ist keine Insel. Britische Perspektiven antirassistischer Pädagogik*, Münster u. a.: Waxmann.

Thomas, Alexander (1991), *Kulturstandards in der internationalen Begegnung*. Saarbrücken: Verlag für Entwicklungspolitik.

Wagner, Ulrich; Rolf van Dick und Kirsten Endrikat (2002), Interkulturelle Kontakte. Die Ergebnisse lassen hoffen, in: Wilhelm Heitmeyer, Hrsg., *Deutsche Zustände. Folge 1*, Frankfurt/M.: Suhrkamp, 96–109.

Schulischer Bildungsauftrag und die Grund- und Menschenrechte von Angehörigen religiös-kultureller Minderheiten[1]

Judith Wyttenbach und Walter Kälin

1 Die Schule im Spannungsfeld zwischen Bildungsauftrag und religiösem Erziehungsrecht der Eltern

Sollen streng christliche Eltern in Deutschland ihre Kinder vom Biologie-unterricht dispensieren lassen können, damit sie nicht der „schädlichen" Evolutionstheorie ausgesetzt sind? Müssen jüdische Lehrer beim Unterricht die Kippa ablegen? Soll ein muslimisches Mädchen in der Schweiz vom koedukativen Schwimmunterricht dispensiert werden? Dürfen französische Schulmädchen das „islamische" Kopftuch im Unterricht tragen? Ist es zulässig, in öffentlichen Schulen Morgengebete abzuhalten?

Diese Fragen haben in den vergangenen Jahren die Schulbehörden und Gerichte verschiedener Länder beschäftigt. Rechtliche Auseinander-setzungen über stark moralbelastete, symbolhaltige und persönlichkeitsnahe Themen wie z. B. die Vermittlung von Werten in der Kindererziehung und der schulischen Bildung zeigen, dass die kleinen Kulturkonflikte des Alltags-lebens heute auch über die Grundrechte ausgetragen werden. In den meisten dieser Gerichtsfälle hatten sich die Eltern gegenüber den Behörden auf ihre Religionsfreiheit beziehungsweise ihr religiöses Erziehungsrecht berufen. Zwar bieten auch die Grund- und Menschenrechte keine einheitlichen und definitiven Lösungen für diese komplexen Probleme an; dies zeigt sich schon nur an der höchst unterschiedlichen Rechtspraxis von Ländern mit starker Einwanderung. Über die konkreten Fragestellungen im Einzelfall hinaus reflektiert jedoch die Gerichtspraxis die tiefer liegenden Muster beim Um-gang mit Anliegen von Minderheiten. Weil die Grundrechte fundamentale Werte des Verfassungsstaates darstellen, bieten sie die Möglichkeit, über die Grundlagen und Werthaltungen nachzudenken, die Gesetzgebung und Praxis bestimmen sollten.

Kulturell-religiöse Spannungsverhältnisse, die zu gerichtlichen Ausein-andersetzungen führen, sind nicht nur ein Phänomen der Immigration. Wie eine reiche Gerichtspraxis, die z. T. weit ins 20. Jahrhundert zurückreicht, zeigt, existieren auch in der eingesessenen Bevölkerung Minderheiten und

---

1 Dieser Beitrag wurde ebenfalls in der juristischen Fachzeitschrift Allgemeine Juristische Praxis AJP 3/2005 veröffentlicht.

Gruppierungen, die sich auf kulturelle Werte und Praktiken berufen, die nicht mehrheitsfähig sind. So haben beispielsweise deutsche Katholiken wiederholt verlangt, dass ihre Kinder von einzelnen Schulfächern zu dispensieren seien. Daher ist es nicht richtig, im Zusammenhang mit Grundrechtsproblemen in der Schule nur von den eingewanderten Minderheiten zu sprechen: „Alte" und „neue" Minderheiten stellen den Verfassungsstaat vor ähnliche Herausforderungen im Schulbereich. Da die Probleme religiös motivierter Kleidung in der Schule sowie Dispensationen von einzelnen Schulfächern in den vergangenen Jahren besonders kontrovers diskutiert worden sind (und immer noch diskutiert werden), konzentrieren sich die beschriebenen Beispiele vor allem auf diesen Bereich.

2 Gerichtspraxis zur religiösen Ausrichtung der staatlichen Schule

Während die Schulen in Ländern wie Griechenland und Finnland religiös ausgerichtet sind beziehungsweise sein dürfen, halten sich andere Staaten wie die USA und Frankreich streng an den Grundsatz eines laizistischen Schulwesens. Die meisten westlichen Staaten beziehen in dieser Frage eine Zwischenposition; sie tolerieren zwar gewisse religiöse Akzente in der Schule, beachten ansonsten aber die Regel, dass der Staat in der Schule weder missionieren noch überhaupt für oder gegen eine bestimmte Religion Position ergreifen darf.[2] Das deutsche Bundesverfassungsgericht fasst diese pragmatische Haltung, die in verschiedenen europäischen Ländern zu finden ist, folgendermassen zusammen:

„Die dem Staat gebotene religiös-weltanschauliche Neutralität ist indes nicht als eine distanzierende im Sinne einer strikten Trennung von Staat und Kirche, sondern als eine offene und übergreifende, die Glaubensfreiheit für alle Bekenntnisse gleichermaßen fördernde Haltung zu verstehen. Art. 4 Abs. 1 und 2 GG gebietet auch in positivem Sinn, den Raum für die aktive Betätigung der Glaubensüberzeugung und die Verwirklichung der autonomen Persönlichkeit auf weltanschaulich-religiösem Gebiet zu sichern (...). Der Staat darf lediglich keine gezielte Beeinflussung im Dienste einer bestimmten politischen, ideologischen oder weltanschaulichen Richtung betreiben oder sich durch von ihm ausgehende oder ihm zuzurechnende Maßnahmen ausdrücklich oder konkludent mit einem bestimmten Glauben oder einer bestimmten Weltanschauung identifizieren und dadurch den religiösen Frieden in einer Gesellschaft von sich aus gefährden (...). Auch verwehrt es der Grundsatz

---

2 Vgl. Kälin, 2000, 141.

religiös-weltanschaulicher Neutralität dem Staat, Glauben und Lehre einer Religionsgemeinschaft als solche zu bewerten."[3]

Was rechtliche Auseinandersetzungen über die religiöse Ausrichtung der Schule anbelangt, hatten sich die Richterinnen und Richter bisher vor allem mit der religiös motivierten Kleidung von Lehrpersonen, religiösen Symbolen im Klassenzimmer und religiösem Unterricht an öffentlichen Schulen zu befassen. Insbesondere die Kleidung der Lehrerinnen und Lehrer war bereits mehrmals Grund für kulturell motivierte Auseinandersetzungen vor Gericht. Überhaupt sorgt das Kopftuch in den Schulstuben in ganz Europa für angeregte rechtliche und politische Diskussionen, so auch in der Schweiz:

Eine muslimische Lehrerin wurde Ende 1996 von den Genfer Schulbehörden angewiesen, im Unterricht das Kopftuch abzulegen. Damit war sie nicht einverstanden und machte vor Bundesgericht geltend, diese Anweisung verletze ihre Religionsfreiheit. Drei Interessen waren dabei abzuwägen: Das religiöse Interesse der Lehrerin, die religiösen Empfindungen der Schülerinnen und Schüler, die mit den Ansichten der Lehrerin konfrontiert waren, sowie die Interessen des Staates. Das Bundesgericht entschied den Fall auf der Grundlage des Grundsatzes der *weltanschaulichen Neutralität* des Staates, der aus dem Religionsartikel der Bundesverfassung abgeleitet und in der Schweiz relativ streng durchgesetzt wird. Es schützte die Auffassung der Genfer Behörden und wies die Beschwerde der Lehrerin ab. Es betonte, die weltanschauliche Neutralität der Schule verpflichte die Lehrkräfte, die Überzeugungen der Schülerinnen und Schüler und ihrer Eltern zu achten. Beim Tragen von starken religiösen Symbolen durch Lehrerinnen und Lehrer sei diese Neutralität nicht mehr gewährleistet.[4] – Gleiches müsste nach der Rechtsprechung des Bundesgerichtes auch für andere starke beziehungsweise gut sichtbare religiöse Symbole wie die jüdische Kippa, sichtbar getragene, grössere christliche Kreuze oder die Bekleidung einer Nonne gelten. Wie starke von schwachen religiösen Symbolen abzugrenzen sind, dürfte in der Praxis allerdings nicht immer einfach zu beantworten sein. Ebenfall zu bedenken ist, dass Angehörige gewisser Glaubensrichtungen mehr deutlich sichtbare Symbole verwenden als andere (z. B. traditionalistische muslimische Frauen, Sikhs und orthodoxe jüdische Männer), was nicht bedeutet, dass Lehrpersonen dieser Glaubensrichtungen mehr religiöse Überzeugung in den Unterricht einfliessen lassen als z. B. streng gläubige Christinnen und Christen.

Die Lehrerin zog den Entscheid des Bundesgerichts an den Europäischen Gerichtshof für Menschenrechte weiter. Dieser gab den Schulbehörden und dem Bundesgericht Recht: Er führte aus, in einer demokratischen, pluralistischen Gesellschaft könne es notwendig sein, die Religionsfreiheit

---

3 BVerfGE , Urteil vom 24.9.2003, 2 BvR 1439/02, § II, 4, b.

4 BGE 123 I 296.

einzelner Personen zu beschränken, um die Religionsfreiheit aller anderen zu schützen. Denn, so sagten die Strassburger Richterinnen und Richter weiter, die Religionsfreiheit garantiere nicht nur den religiösen Glauben, sondern auch das Recht von Eltern, *keinen* Glauben zu haben und sich zu *keiner* religiösen Gemeinschaft zu bekennen. Daher sei die Auffassung der Schweizer Behörden zulässig, dass das Prinzip der religiösen Neutralität der Schule verlange, eindeutige religiöse Einflüsse vom Schulalltag auszuschliessen. Das Interesse der Lehrerin am Tragen ihres Kopftuches müsse gegen die Interessen der Eltern und Schülerinnen sowie die Neutralitätsanliegen des Staates abgewogen werden. Diese Abwägung ergebe klar, dass der Lehrerin ein Verzicht auf das Kopftuch zuzumuten sei.[5]

In Deutschland hat das Bundesverfassungsgericht im September 2003 entschieden, dass die Bundesländer grundsätzlich berechtigt sind, Lehrerinnen und Lehrern das Tragen bestimmter religiöser Symbole wie Kopftücher zu verbieten, sofern dieses Verbot korrekt in den Schulgesetzen verankert wird.[6] Die Bundesländer Niedersachsen (§ 51 SchulG), Baden-Württemberg (§ 38 SchulG), Saarland (§ 2a SchoG), Bayern[7] und Hessen haben inzwischen von dieser Möglichkeit Gebrauch gemacht. Niedersachsen, Baden-Württemberg und Saarland verbieten das Verkünden von religiösen Auffassungen oder Zurschaustellen religiöser Zugehörigkeit durch Lehrpersonen, sofern dadurch das Prinzip der staatlichen Neutralität im Schulwesen beeinträchtigt wird. Während diese Ansätze in Übereinstimmung mit der schweizerischen Praxis von einer generellen Neutralitätspflicht der Schule gegenüber *allen* Religionen ausgehen, betreffen die im Oktober und November 2004 erlassenen hessischen beziehungsweise bayrischen Regelungen nicht alle religiösen Zeichen und Kleidungsstücke, sondern privilegieren christliche Symbole.[8] Anders als in der Schweiz beriefen sich die deutschen Befürworterinnen und

---

5   EGMR, Dahlab v. Switzerland, Appl. No. 42393/98, 15.2.2001.

6   BVerfGE , Urteil vom 24.9.2003, 2 BvR 1439/02.

7   Verabschiedet vom Bayrischen Landtag am 11.11.2004.

8   § 86 Hessisches SchulG (ähnlich auch hessisches Beamtengesetz): „(3) Zur Gewährleistung der Grundsätze des § 3 Abs. 1 haben Lehrkräfte in Schule und Unterricht politische, religiöse und weltanschauliche Neutralität zu wahren; [(...)]. Insbesondere dürfen sie Kleidungsstücke, Symbole oder andere Merkmale nicht tragen oder verwenden, die objektiv geeignet sind, das Vertrauen in die Neutralität ihrer Amtsführung zu beeinträchtigen oder den politischen, religiösen oder weltanschaulichen Frieden in der Schule zu gefährden. *Bei der Entscheidung über das Vorliegen der Voraussetzungen nach Satz 1 und 2 ist der christlich und humanistisch geprägten abendländischen Tradition des Landes Hessen angemessen Rechnung zu tragen.* Für Lehrkräfte im Vorbereitungsdienst kann die zuständige Behörde auf Antrag abweichend von Satz 2 im Einzelfall die Verwendung von Kleidungsstücken, Symbolen oder anderen Merkmalen zulassen, soweit nicht zwingende öffentliche Interessen entgegenstehen." Der Bayrische Landtag verabschiedete am 11.1.2004 ebenfalls eine Gesetzesnovelle, die christliche Glaubenssymbole von der Regelung ausnimmt.

Befürworter eines Kopftuchverbotes nicht in erster Linie auf den Wunsch nach staatlicher Neutralität in Religionsangelegenheiten, sondern auf den Kampf gegen „Fundamentalismus" und „Frauenunterdrückung".[9]

Nicht nur die Bekleidung der Lehrerinnen und Lehrer, sondern auch andere religiöse Symbole in den Klassenzimmern haben in der Vergangenheit in Deutschland und in der Schweiz für Gerichtsentscheide gesorgt: Eine Tessiner Gemeinde wollte in jedem Klassenzimmer ein Kruzifix an der Wand anbringen. Verschiedene Eltern und einzelne Lehrerinnen und Lehrer waren damit nicht einverstanden und fühlten sich in ihrem religiösen Empfinden verletzt. Das Bundesgericht hielt die Absicht der Schulgemeinde für verfassungswidrig, weil Kreuze als Dekoration nicht mit dem Grundsatz der religiösen Neutralität der Schule vereinbar seien. Es führte aus, es sei begreiflich, dass jemand, der die öffentliche Schule besuche, in der Zurschaustellung eines solchen Symbols den Willen sehe, die Auffassungen der christlichen Religion im Unterrichtsstoff zu verwenden.[10] Ähnlich argumentierte 1995 auch der deutsche Bundesverfassungsgerichtshof. Er entschied, dass das Aufhängen von Kreuzen oder Kruzifixen in den Unterrichtsräumen von öffentlichen Schulen (in Bayern) gegen die Religionsfreiheit verstosse.[11] Mit vergleichbarer Begründung haben in der Schweiz und in Kanada Behörden und Gerichte zudem Morgengebete und Bibellesungen an öffentlichen Schulen ausserhalb des Religionsunterrichts untersagt.[12]

Eine religiös neutrale Schule ist zweifellos für Angehörige verschiedenster Glaubensrichtungen eher zugänglich als ein staatliches Schulwesen, das deutliche Signale zugunsten der einen und damit zulasten der anderen Religion aussendet, sei es nun durch die Kleidung der Lehrpersonen oder die Gestaltung der Unterrichtsräume. Ebenso klar ist aber auch, dass Verbote alle Glaubenssymbole gleichermassen treffen sollten und Anhängerinnen und Anhänger einer bestimmten Religionsgemeinschaft nicht gegenüber den anderen benachteiligt werden dürfen. Unter diesem Blickwinkel scheint die neuere Schulgesetzgebung der deutschen Bundesländer Hessen und Bayern fragwürdig, die christliche Symbole von der restriktiven Regelung ausnimmt. Man darf gespannt sein, wie das deutsche Bundesverfassungsgericht gegebenenfalls die neuen Gesetze beurteilen wird. Das Gericht hat in einem früheren Entscheid nämlich betont, dass die Schule zwar einen Religionsunterricht anbieten, jedoch als Institution keine Verbindlichkeit christlicher Glaubens-

---

9 Siehe die Zitate aus dem Mitbericht der hessischen Regierung und von deutschen Politikerinnen und Politikern zum neuen Gesetz auf Spiegel online, 17.10.2004, www. spiegel.de

10 BGE 116 Ia 252.

11 BVerfGE 93,1.

12 Schweiz: BGE vom 19.1.1993, siehe ZBl 94 (1993), 219 ff.; Kanada: Zylberberg v. Sudbury Board of Education, (1988) 65 OR (2d) 641 (C.A.).

inhalte beanspruchen dürfe und schulische Ausrichtung und Erziehungsziele nicht christlich-konfessionell fixiert sein dürften.[13]

3 Gerichtspraxis zum Umgang mit religiös-kulturellen Anliegen von Eltern und Schülerinnen beziehungsweise Schülern

Von religiöser Indoktrination im Schulstoff, religiösen Dekorationen der Klassenzimmer und religiös motivierter Kleidung der Lehrpersonen zu unterscheiden sind Anliegen, die der Religionsfreiheit von Schülerinnen und Schülern beziehungsweise deren Eltern entspringen.

3.1 Bekleidung der Schülerinnen und Schüler

In der Schweiz, Grossbritannien, den USA und in Deutschland wurde das Tragen des islamischen Kopftuches, der Kippa (jüdische Kopfbedeckung) oder eines Turbans bei Schülerinnen beziehungsweise Schülern bisher weitgehend toleriert. Das englische House of Lords entschied beispielsweise, dass eine Privatschule einem Sikh nicht verbieten dürfe, während des Unterrichts einen Turban zu tragen. Ein Verbot von Kopfbedeckungen treffe die Angehörigen dieser Glaubensgemeinschaft übermässig und stelle deshalb eine Diskriminierung dar.[14]

Wesentlich restriktiver ist Frankreich, das im Februar 2004 das Tragen von religiösen Symbolen an den öffentlichen Schulen gesetzlich verboten hat.[15] Frankreich setzt damit seine Politik strengster Laizität fort, die schon früher das Tragen von islamischen Kopftüchern an Schulen stark einschränkte. Die neue Regelung vermag nicht wirklich zu befriedigen: Zwar verbietet das neue Gesetz *sämtliche* starken religiösen Symbole in der Schule – Anlass für das Verbot war jedoch die Angst vor einem zunehmenden Einfluss radikalerer Kräfte unter den eingewanderten Muslimen auf die öffentliche Schule, und Angehörige dieser Glaubensrichtung und einiger anderer Religionen (Sikhs und Juden) werden im Vergleich mit christlichen Religionen überdurchschnittlich von der neuen Regelung getroffen. Der Conseil d'Etat, das oberste französische Verwaltungsgericht, hat in seiner bisherigen Rechtspre-

---

13 BVerfGE 41,29.

14 House of Lords, Mandla v. Dowell-Lee, 24.3.1983 (EuGRZ 1983, 532). Zur Rechtsprechung englischer Gerichte im Bereich der Anliegen religiöser Minderheiten siehe A. Bradney, Religions, Rights and Laws, Leicester/London/New York, 1993, S. 59.

15 Loi relatif à l'application du principe de laïcité dans les écoles, collèges et lycées publics, 10.2.2004. Verboten sind : « le port de signes ou tenues par lesquels les élèves manifestent ostensiblement une appartenance religieuse ».

chung die Ansicht vertreten, dass religiöse Symbole in der Schule lediglich dann verboten werden dürften, wenn sie ostentativ der Provokation oder der Propaganda dienten.[16]

Auch der Europäische Gerichtshof für Menschenrechte hat sich bereits mit diesem Thema beschäftigt. Im Fall *Sahin gegen die Türkei*[17] hatte er die Frage zu beantworten, ob ein gänzliches Verbot sichtbarer religiöser Symbole an einer öffentlichen Universität mit der Garantie der Religionsfreiheit, wie sie in der Europäischen Menschenrechtskonvention enthalten ist, vereinbar sei. Die Universität Istanbul hatte einer Studentin die Zulassung zur medizinischen Fakultät verweigert, weil sie nicht bereit gewesen war, ihr Kopftuch in den Räumlichkeiten der Universität abzulegen. Der Europäische Gerichtshof für Menschenrechte führte dazu aus, der türkische Staat wolle mit dem Verbot den religiösen Frieden gegen den wachsenden Einfluss islamistischer Extremisten sichern und zudem den Grundsatz der Geschlechtergleichstellung berücksichtigen. Dies seien an sich legitime Gründe für die Beschränkung der Religionsfreiheit. Ob ein solches Verbot dafür in der Türkei wirklich notwendig sei, könne der türkische Staat besser beurteilen als der Gerichtshof. Gerade in Fragen der religiösen Ausrichtung des öffentlichen Bildungswesens habe jedes Land eine andere Tradition, weshalb den Staaten in diesem Bereich ein besonders grosser Ermessensspielraum zukomme und der Gerichtshof auf eine eingehende Prüfung der Umstände verzichte. Staatliche Massnahmen dürften jedoch weder den Pluralismus gefährden, noch andere Garantien der Europäischen Menschenrechtskonvention verletzen oder das Recht auf Religionsausübung gänzlich negieren.[18] Im Ergebnis vertrat der Gerichtshof die Auffassung, dass das Kopftuchverbot der Universität Istan-

---

16 Conseil d'Etat, Affaire Kherouaa, 2.11.1992 (Recueil Dalloz Sirey 1993, 108); Affaire Yilmaz, 14.3.1994 (Recueil Dalloz Sirey 1995, 135). Aus der Rechtsprechung unterer Instanzen: Tribunal Administration Cergy-Pontoise, Affaire Nasri, 6.2.2003. Zur Frage des Missionierens in öffentlichen Schulen: Conseil d'État, Affaire Mehila, 2.4.1097; Affaire Ligue islamique du nord et époux Chabou et autres, 14.11.1996. In einem Gutachten von 1989 hat der Conseil d'Etat definiert, unter welchen Umständen religiöse Handlungen oder Symbole an Schulen verboten werden können. Es handelt sich dabei um jene, die: «par leur nature, par les conditions dans lesquelles ils seraient portés individuellement ou collectivement, ou par leur caractère ostentatoire ou revendicatif: – constitueraient un acte de pression, de provocation, de prosélytisme ou de propagande, – porteraient atteinte à la dignité ou à la liberté de l'élève ou d'autres membres de la communauté éducative, – compromettraient leur santé ou leur sécurité, – perturberaient le déroulement des activités d'enseignement et le rôle éducatif des enseignants, – enfin troubleraient l'ordre dans l'établissement ou le fonctionnement normal du service public.»

17 EGMR, Leyla Sahin v. Turkey, Application no. 44774/98, 29.6.2004.

18 A.gl.O., § 102 f.

bul als angemessene Massnahme zur Verfolgung eines prinzipiell zulässigen Zwecks angesehen werden könne.[19]

3.2 Dispensationen an Feiertagen

Dispensationen an Feiertagen haben in der Schweiz bis Ende des 20. Jahrhunderts immer wieder zu Diskussionen Anlass gegeben; heute jedoch verfolgt die Schweiz eine sehr liberale Praxis. Während das Bundesgericht 1940 entschieden hatte, dass Adventisten nicht gestützt auf die Religionsfreiheit die Befreiung vom Schulbesuch am Samstag verlangen könnten,[20] hielt das Gericht Anfang der 90er Jahre fest, dass die Kantone die religiösen Freiheiten durch Bestimmungen in ihren Schulgesetzen nicht weiter beschränken dürften, als dies durch öffentliche Interessen geboten und verhältnismässig sei.[21] Dispensationen an religiösen Feiertagen werden auch in anderen europäischen Ländern relativ grosszügig gewährt.[22]

3.3 Dispensationen von einzelnen Fächern und gänzliche Befreiung von der Schulpflicht

Ein deutsches Gerichtsurteil von 1987 befasste sich mit dem Begehren von Eltern, die Angehörige der palmerianischen Kirche waren (einer Abspaltung von der katholischen Kirche). Sie hatten verlangt, dass ihre Töchter ganz vom Sportunterricht zu dispensieren seien, da ihre Religion den Frauen verbiete, Hosen zu tragen. Das Gericht entschied, die Kinder seien vom Sportunterricht zu befreien, wenn das Hosentragen für sie mit unzumutbaren Glaubens- und Gewissenskonflikten verbunden sei.[23] 1993 gelangte ein anderer Streit um die Befreiung einer 12jährigen islamischen Schülerin vom gesamten koedukativen Sportunterricht bis vor das Bundesverwaltungsgericht. Dieses entschied entgegen den Vorinstanzen und der Schulkommission, dass die Jugendliche vom Unterricht zu befreien sei, sofern der Staat nicht einen geschlechtergetrennten Sportunterricht anbieten könne.[24]

Vor einigen Jahren verlangte auch in der Schweiz ein muslimischer Vater die Dispensierung seiner Tochter vom Schwimmunterricht, weil das (leicht bekleidete) Baden zusammen mit den Knaben mit den Pflichten der Frau in der islamischen Religion nicht vereinbar sei. Während die Schulbehörden

---

19 A.gl.O., §114.

20 BGE 66 I 157.

21 BGE 117 Ia 311.

22 Frankreich: Conseil d'Etat, Affaire Consitoire Central des Israélites de France et Autres, Recueil Dalloz Sirey 1995, 481; Deutschland : BVerwGE 42, 129.

23 Verwaltungsgerichtshof München, 6.5.1987, 7B86.01557.

24 BVerwGE, 94, Nr. 8, 82 ff. (Urteil vom 25.8.1993).

und die kantonalen Beschwerdeinstanzen das Begehren abgelehnt hatten, gab das Bundesgericht dem Vater recht und befreite das Mädchen aus religiösen Gründen vom Schwimmunterricht.[25]

Wie sieht es mit einzelnen Lehrinhalten aus? Hat der Lehrplan auf religiöse Empfindlichkeiten Rücksicht zu nehmen? Im Jahr 2003 hatten Eltern aus Frankfurt ihre fünf schulpflichtigen Kinder aus der Schule genommen, um sie fortan zu Hause am Küchentisch zu unterrichten. Die Eltern, Angehörige einer christlichen Glaubensgemeinschaft, nahmen Anstoss nicht nur am Inhalt des Sexualkundeunterrichts, sondern auch an der Vermittlung der Evolutionstheorie. Die Eltern wurden gebüsst, weil sie sich weigerten, die Kinder wieder in die öffentliche Schule zu schicken. Gegen diese Busse erhoben sie Beschwerde. Das Oberlandesgericht Frankfurt am Main führte in Übereinstimmung mit der Vorinstanz aus, dass aus der Glaubensfreiheit kein Anspruch folge, sich nicht mit wissenschaftlichen Erkenntnissen befassen zu müssen, die der eigenen religiösen Überzeugung widersprechen. Schüler und Eltern würden auf ausgewogene Weise mit der Bandbreite unterschiedlicher Auffassungen und Lebensweisen konfrontiert und die Schulwirklichkeit entspreche nur dem, was die Kinder sowieso in der Gesellschaft wahrnehmen würden.[26]

Ein sehr spezieller Fall, der die gänzliche Befreiung von der Schulpflicht betraf, stammt aus den USA. Mehrere Eltern aus der religiösen Gemeinschaft der Amish[27] hatten beantragt, dass ihre Kinder von den letzten zwei obligatorischen Schuljahren vollständig zu dispensieren seien. Sie waren der Ansicht, dass ihre Kinder zu stark von ihrer religiös geprägten Gesellschaft entfremdet würden, wenn diese auch nach dem 8. Schuljahr noch die öffentliche Schule besuchen müssten. Dies verletze ihre Religionsfreiheit. Aus der Perspektive des Kindes ist man hier mit der Frage konfrontiert, ob das Amish-Kind den *Anspruch hat, in die Gesellschaft der Amish integriert zu sein* oder ob es ein *Recht auf Teilhabe an der Gesamtgesellschaft* hat – und ob der *Entscheid darüber einzig den Eltern zustehen soll.* Die unteren Gerichtsinstanzen lehnten das Begehren ab. Daraufhin gelangten die Eltern an den Supreme Court, d. h. an das oberste Verfassungsgericht. Das Gericht stellte in seinem Entscheid von 1972 fest, die Schulpflicht liege im öffentlichen Interesse und müsse besonders hoch gewichtet werden. Sie gelte allerdings nicht absolut, sondern sei gegenüber dem Schutz des religiösen Empfindens der Eltern abzuwägen. Die Amish hätten seit Jahrhunderten ihren Lebensstil nicht geändert, was sie angesichts des radikalen Wandels ihrer Umwelt immer häufiger in Konflikt

---

25   BGE 119 Ia 178.

26   Oberlandesgericht Frankfurt, Entscheid Bauer, 29.7.2004, 2 Ss 139/04.

27   Zu Konflikten der Amish mit den staatlichen Behörden in den USA: Norgren/Nanda, 1996, 119 ff.

mit dem Staat führe. Im Fall der obligatorischen Schulpflicht während der Pubertät sei dieser Konflikt nicht nur schwer, sondern unausweichlich. Das Gericht führte weiter aus, dass die gruppeninterne Sozialisierung der Jugendlichen den Amish überhaupt erst ermöglicht habe, einen stark bäuerlichen und religiös geprägten und äusserst einfachen Lebensstil zu bewahren, der jenem ihrer Gründer, der Gegentäufer in der Schweiz des 16. Jahrhunderts, noch stark gleiche. Die Ausbildung der Amish sei, wie die Erfahrung zeige, durchaus geeignet, die Kinder zu guten, selbstverantwortlichen und arbeitsamen Bürgerinnen und Bürgern zu erziehen, zwar nicht im Rahmen des modernen Lebens, aber für die traditionelle und stark religiöse Lebensform dieser Gemeinschaft. Da es sich nur um die letzten zwei Schuljahre handle, sei das Interesse des Staates weniger hoch zu gewichten als jenes der Amish.[28] Zu diesem Entscheid ist anzumerken, dass die betroffenen Kinder von den Gerichten nicht zu ihren Wünschen und Ansichten befragt worden sind.

Insgesamt weniger grosszügig mit Dispensationen ist wiederum Frankreich. Aufgrund der strengen Laizität der Schule geht der gesamte französische Lehrplan inkl. Turn-, Schwimm- und Biologieunterricht der Religionsfreiheit grundsätzlich vor.[29]

4 Die Funktion der Grundrechte: Verteidigung der eigenen (kulturellen) Identität gegen Anmassungen der Mehrheitsgesellschaft

Wie sind diese Fälle zu beurteilen, und welche allgemeinen Erkenntnisse für den Schulalltag lassen sich aus ihnen ableiten?

In all den genannten Beispielen hatten sich die Eltern beziehungsweise Schülerinnen und Schüler gegenüber dem Staat auf ihre verfassungsmässigen Grundrechte berufen, insbesondere auf ihre Religionsfreiheit und das religiöse Erziehungsrecht. In der Schweiz verleiht Artikel 15 der Bundesverfassung jeder Person das Recht, ihre Religion und weltanschauliche Überzeugung frei zu wählen. Darin enthalten ist das Recht, diese Religion alleine oder mit anderen Personen zusammen auszuüben und einer frei gewählten Religionsgemeinschaft beizutreten beziehungsweise religiösen Unterricht zu erhalten. Umgekehrt darf niemand gezwungen werden, einer Religionsgemeinschaft beizutreten oder religiösem Unterricht zu folgen. Was „Religion" ist und welche Glaubensinhalte und Praktiken zu einer bestimmten Religion gehören, hat nicht der Staat zu entscheiden. Damit sich Personen auf die Religionsfreiheit berufen können, genügt es gemäss der Praxis des Bundesgerichts, dass die

---

28 Wisconsin v. Yoder, 406 US 205, 219 (1972).
29 Conseil d'Etat, Affaire X., 9.10.1996 (Recueil Dalloz Sirey, 1996, 247).

betreffenden Menschen eine „Vorstellung über die Beziehung des Menschen zum Göttlichen, zum Transzendenten" beziehungsweise zu „letztverbindlichen Gehalten" geltend machen. Eine religiöse Auffassung ist also nicht, was „der" Katholizismus oder „der" Islam vorschreiben, sondern wie die Gläubigen für sich selbst diesen Glauben interpretieren. Die Religionsfreiheit schützt Kulturen und Religionen nicht als klar definierbare Einheiten. Stehen religiöse Kleidervorschriften zur Diskussion, geht es nicht darum, ob „der" Islam von Frauen verlangt, ihren Kopf zu bedecken, oder ob die Bibel verlangt, dass Mädchen Röcke tragen. Es geht vielmehr um die Frage, ob ein Mensch, der aus *seiner oder ihrer Sicht* eine solche Pflicht bejaht, an dieser Pflichterfüllung gehindert werden darf, weil höher gewichtete öffentliche Interessen (wie z. B. die allgemeine Schulpflicht) oder der Schutz von Rechten Dritter (z. B. die Bildungsrechte der Schülerinnen und Schüler) dies verlangen.

Die Grundrechte der schweizerischen Bundesverfassung, aber auch die in den internationalen Abkommen verankerten Menschenrechte wie z. B. das Recht auf Bildung, die Religionsfreiheit oder das aus dem Recht auf Privatleben und der Religionsfreiheit abgeleitete Erziehungsrecht der Eltern sind Abwehrrechte des Menschen gegen ungerechtfertigte staatliche Eingriffe. Alles staatliche Handeln hat sich an ihnen auszurichten. Unter Umständen begründen sie auch einen Anspruch auf spezielle staatliche Leistungen und auf Gewährung staatlichen Schutzes gegen private Übergriffe. Mit ihrer individualistischen Ausrichtung geben sie den Menschen die Möglichkeit, die eigenen Überzeugungen und die individuelle Lebensführung gegenüber Zugriffen der Mehrheitsgesellschaft zu verteidigen: Die Mehrheitsgesellschaft stellt allgemeinverbindliche Regeln auf; die Grund- und Menschenrechte von Minderheiten können jedoch verlangen, dass genau von diesen Regeln eine Ausnahme gemacht wird. Das Bundesgericht hält dazu fest:

„Angehörige anderer Länder und anderer Kulturen, die sich in der Schweiz aufhalten, haben sich zweifelsohne genauso an die hiesige Rechtsordnung zu halten wie Schweizer. Es besteht aber keine Rechtspflicht, dass sie darüber hinaus allenfalls ihre Gebräuche und Lebensweisen anzupassen haben. Es lässt sich daher aus dem Integrationsprinzip nicht eine Rechtsregel ableiten, wonach sie sich in ihren religiösen oder weltanschaulichen Überzeugungen Einschränkungen auferlegen müssen, die als unverhältnismässig zu gelten haben."[30]

Somit schliesst das Verfassungsrecht nicht aus, dass Konflikte zwischen Grundrechtsansprüchen und Gesetzesrecht entstehen können, sondern rechnet mit ihnen. Wie die dargestellte Gerichtspraxis zeigt, existieren im Rechtsalltag folgende Arten von Grundrechtskonflikten:

---

30   BGE 119 Ia 178, Erw. 8.d.

- Konflikte, weil der Staat einer Person die *individuelle Freiheit beschränkt* (z. B. Verbot für Lehrpersonen, religiös „besetzte" Kleidung zu tragen).
- Konflikte, weil sich jemand aus religiösen oder kulturellen Gründen *von einer gesetzlichen Pflicht dispensieren lassen* möchte (z. B. Begehren für Dispensationen an Samstagen für Adventistinnen und Juden).
- Konflikte, weil eine Person aus religiösen oder kulturellen Gründen eine *spezielle Leistung* vom Staat verlangt (z. B. spezielle Nahrung für muslimische beziehungsweise jüdische Kinder in Tagesschulen und für Jugendliche in staatlichen Internaten).
- Konflikte, weil sich jemand aus religiösen oder kulturellen Gründen *diskriminiert* fühlt (z. B. Entlassung einer Lehrerin wegen ihrer religiösen Überzeugung).
- Konflikte über den *Umgang mit Schutzpflichten* des Staates gegenüber den Kindern und Jugendlichen (z. B. Eingriffe des Staates in das Erziehungsrecht der Eltern ausserhalb des schulischen Bildungsauftrags).

Um bei solchen Konflikten die Grundrechtsansprüche der Betroffenen zu schützen, stehen dem Staat verschiedene Ansätze offen. Dies kann geschehen:

- indem die *Freiheitsrechte respektiert* werden: Religionsfreiheit, Erziehungsrechte der Eltern und Familienfreiheit gelten auch für Angehörige von Minderheitenkulturen (z. B. Respektierung der Kleidung und der Ernährungsgewohnheiten).
- indem *Ausnahmebewilligungen* erteilt werden: Wenn der Staat Ausnahmen von einer Regel einräumt, kann dies die Integration von Schülerinnen und Schülern beziehungsweise deren Eltern in die staatliche Institution Schule erleichtern (z. B. Dispensation von jüdischen Schulkindern an Samstagen). Voraussetzung ist allerdings, dass die Aufgabenerfüllung der Schule dadurch nicht allzu stark erschwert wird.
- indem der Staat gewisse *Leistungen* erbringt: Der Staat kann durch besondere Leistungen die kulturellen beziehungsweise religiösen Bedürfnisse einzelner Personen berücksichtigen (z. B. besondere Nahrung am Mittagstisch).
- indem das Prinzip der *Rechtsgleichheit* und das *Diskriminierungsverbot* beachtet werden: Grundsätzlich hat der Staat alle Menschen ungeachtet ihrer ethnischen, religiösen oder sonst kulturell geprägten Herkunft gleich zu behandeln. Das Diskriminierungsverbot verlangt andererseits aber auch, dass dann Ausnahmen zugelassen werden, wenn eine Anwendung an sich neutraler Regelungen (die also alle Menschen scheinbar gleich verpflichten oder berechtigen) zu einer nicht gerecht-

fertigten einseitigen Belastung oder Herabsetzung von Angehörigen einer bestimmten ethnischen oder religiösen Gruppe führt und damit eine sogenannt *indirekte Diskriminierung* bewirkt (so betrifft das generelle Verbot von Kopfbedeckungen während des Unterrichts Sikhs und muslimische Mädchen und Frauen besonders stark).

In allen diesen Fällen stellt sich allerdings die Frage, wo die Grenzen der Grundrechtsansprüche liegen, d. h. wann das individuelle Interesse an der Religionsausübung oder einem religiös geprägten Lebensstil vor öffentlichen Interessen oder Rechtsansprüchen anderer Privater zurückzutreten hat. Gerichte in der Schweiz und in anderen Ländern ziehen diese Grenze auf der Grundlage einer sogenannten Güterabwägung: Sie prüfen, ob in einem konkreten Fall die privaten Interessen an der Grundrechtsausübung oder die ihr entgegenstehenden öffentlichen Interessen oder die Rechte Dritter im konkreten Fall wichtiger sind.

Tabelle 1:   Interessen und Rechte von Kindern, Eltern und Staat

Rechte des Mädchens	Rechte der Eltern	Interessen und Aufgaben des Staates
Recht auf Grundschulbildung: angemessener und unentgeltlicher Unterricht *Verbot der Diskriminierung* gegenüber den Knaben in der Klasse *Gebot der Gleichbehandlung* mit den anderen Mädchen in der Klasse *Anhörungsrecht:* Rücksichtnahme auf die Meinung urteilsfähiger Kinder und Jugendlicher *Religionsfreiheit* (wobei die religiöse Zugehörigkeit bis zum 16. Altersjahr von den Eltern bestimmt wird) *Verbot der Diskriminierung* aufgrund der Ethnie, Religion usw.	*Erziehungsrecht:* Sitte und Moral, Weitergabe der Tradition, soziale Werthaltungen (abgeleitet aus dem Schutz des Privat- und Familienlebens) *Religiöses Erziehungsrecht:* Bestimmung der massgebenden religiösen Normen, Weitergabe der religiösen Identität (Religionsfreiheit) *Privatschulfreiheit:* Recht, das Mädchen auf eine Privatschule zu schicken *Diskriminierungsverbot* *Auswanderungsfreiheit:* Wegzug ins Ausland	*Schulischer Bildungsauftrag* *Rechtsgleiche Durchsetzung der allgemeinen Schulpflicht* *Schutz der Grundrechte von Eltern und Kind* = Abwägen der Interessen *Gleichstellungsauftrag:* Sexuelle Aufklärung im Interesse der Geschlechtergleichstellung *Integration von Ausländerinnen und Ausländern und von religiösen Minderheiten:* Entsprechende Ausgestaltung des Bildungsangebots *Gesundheitsvorsorge* durch Sexualkundeunterricht (Verhütung, Krankheiten, HIV usw.)

5 Abwägung der Interessen: Integration und Kindeswohl

5.1 Rechte des Kindes, der Eltern und des Staates

Bei der Güterabwägung in schulischen Konfliktfällen, die von den Gerichten oder Schulbehörden vorgenommen werden muss, geht es einerseits um die Gewichtung der öffentlichen Interessen gegenüber den Interessen der Eltern. Andererseits müssen aber auch die Rechte von Eltern und Kind gegeneinander abgewogen werden, wenn diese nicht übereinstimmen. Wir finden hier sogenannte multipolare Grundrechtskonflikte, in welchen sich die Rechte von Eltern und Kindern und die Interessen des Staates in einem Dreieck gegenüberstehen.

Illustrative Beispiele für die Vielzahl von Interessen, die es abzuwägen gilt, sind Fälle, in welchen Eltern für ihre Töchter bei den Schulbehörden um Dispensationen vom Biologieunterricht oder von der Menschenkunde und insbesondere vom Sexualkundeunterricht ersucht haben. Man ist versucht, derartige Fälle in der heutigen Zeit für weltfremd zu halten. Tatsächlich aber haben solche Anliegen z. B. in Deutschland[31] die Behörden bis hin zu oberen Gerichtsinstanzen beschäftigt. Stellen Eltern ein Begehren dieser Art, stossen die Interessen des Kindes, der Eltern und des Staates aufeinander (vgl. Tabelle 1).

Dieses Beispiel zeigt sehr gut, dass neben der Abwägung der Interessen von Eltern, Kind und Staat noch *weitere Konfliktkategorien* hinzukommen: Grundrechtskonzepte wie jenes, auf welchem die UNO-Kinderrechtskonvention von 1989 beruht, betrachten das Kind als *Individuum* in der Gruppe, mit eigenen Interessen und Rechten. Dieses Konzept passt zu einer liberalen Vorstellung prinzipiell freier Individuen. Die Idee von freien, mit Rechten ausgestatteten Persönlichkeiten innerhalb der Gruppe „Familie" lässt sich

Tabelle 2: Drei parallele Konflikte bei Fragen der Rechte von Kindern in Einwanderungsfamilien

Autonomie der Eltern Erhalt und Weitergabe der religiösen/ kulturellen Identität $\longleftrightarrow$	*Staatliche Regulierung* Verbote und Pflichten im Familien- und Schulrecht
Erziehungsrecht der Eltern $\longleftrightarrow$	*Individuelle Rechte der Kinder und Jugendlichen*
Traditionelle Familienkonzepte Familie als Einheit unter „eigenem Gesetz" $\longleftrightarrow$	*Liberale Auffassung von Grundrechten des Individuums* auch innerhalb der „Gruppe" Familie

31   Amtsgericht Bonn, 5.7.1988, 74 OWi 26 Js 1094/88 419/88; BVerfGE 47, 46 ff.

nicht reibungslos auf andere Kulturen übertragen, in welchen die Familie als Einheit unter straffer Leitung über die Bedürfnisse des Individuums gestellt wird. Ist der Staat mit Fragen der Rechte von Kindern in Einwanderungs-familien konfrontiert, stehen wir daher im Grunde vor drei parallelen Konflikten, die in Tabelle 2 dargestellt sind.

5.2 Vorrang des Kindeswohls

Wie kann in diesem Spannungsfeld divergierender Interessen vorgegangen werden, um sachgerechte Lösungen zu finden?

Die wichtigste Leitlinie dazu findet sich in der Kinderrechtskonvention. Art. 3 der Konvention verlangt, dass in allen Verfahren und Angelegenheiten, die ein Kind betreffen, sein Wohl vorrangig zu berücksichtigen ist. Art. 3 definiert allerdings nicht näher, wie der unbestimmte Begriff „Kindeswohl" zu füllen sei. Die spezifischen, in der Bundesverfassung, der Kinderrechtskonvention und den Menschenrechtsabkommen verankerten Garantien enthalten eigentliche Konkretisierungen des Kindeswohls. Im Vordergrund stehen hier die Bildungsrechte des Kindes, sein Recht auf Privat- und Familienleben, sein Recht auf diskriminierungsfreie Behandlung durch die Schulbehörden und die Achtung seiner Religion (wobei in der Schweiz die religiöse Zugehörigkeit bis zum 16. Altersjahr durch die Eltern bestimmt wird). Am Kindeswohl hat sich alles staatliche Handeln auszurichten: Ausgangspunkt der Güterabwägung ist somit nicht die Rechts- oder Interessenposition der Eltern oder des Staates, sondern der betroffenen Schülerinnen und Schüler. Dieser Ansatz steht nur in scheinbarem Widerspruch zum Erziehungsrecht der Eltern oder dem Bildungsauftrag des Staates: Beide Positionen dienen nämlich nicht nur Eigeninteressen. Das Erziehungsrecht der Eltern hat sich am Wohlergehen des Kindes auszurichten und der Bildungsauftrag des Staates verfolgt vorrangig das Ziel, die Bildungsrechte des Kindes zu verwirklichen.

Angewendet auf Anliegen religiös-kultureller Minderheiten im Schulbereich stellen sich somit folgende Fragen:

– Wie zentral sind die *Bildungsinhalte*, die z. B. durch eine teilweise oder gänzliche Dispensation betroffen sind,
– für die weiteren Bildungs- und Berufschancen des Kindes?
– für die Förderung der Integration des Kindes in den Schulbetrieb, in die Berufswelt und in die Mehrheitsgesellschaft in einem weiteren Sinne?
– Welche Auswirkungen hat ein negativer Entscheid auf das *Verhältnis des Kindes zu seiner Familie*?
– Wie gross ist sein Loyalitätskonflikt?
– Wird es von seiner religiösen/kulturellen Herkunft entfremdet?

- Wie ist seine Abhängigkeit von den Eltern einzuschätzen (Alter und Reife des Kindes)?
- Wie gross ist das Risiko, dass das Kind aus der öffentlichen Schule genommen wird und dadurch seine Bildungschancen beeinträchtigt werden (Rückkehr in den Heimatstaat, Beendigung der nachobligatorischen Schule, Anmeldung in einer religiös ausgerichteten Privatschule)?
- Was für Auswirkungen hat ein Entgegenkommen der Schulbehörden auf die *Stellung des Kindes in der Klasse*?

Je wichtiger die Bildungsinhalte sind und je stärker die Stellung des Kindes im Klassenverband durch eine Ausnahmeregelung beeinträchtigt würde, desto eher hat das Erziehungsrecht der Eltern vor dem Bildungsauftrag der Schule zurückzutreten. Umgekehrt müssen die privaten Interessen dann überwiegen, wenn die Verweigerung der Dispensation das Verhältnis des Kindes zu den Eltern schwer belasten würde oder weniger wichtige Bildungsinhalte betroffen sind.

Es sind nicht nur die *kurzfristigen* Folgen einer Entscheidung einzubeziehen, sondern auch die *längerfristigen* rechtlichen und tatsächlichen Interessen des Kindes. Bei der Klärung dieser Fragen ist es zentral, die betroffenen Kinder oder Jugendlichen anzuhören und auf ihre Meinung Rücksicht zu nehmen. Art. 12 der Kinderrechtskonvention hält diesen Grundsatz ausdrücklich fest: Ist ein Kind in der Lage, die Umstände einer Situation zu erfassen und die Tragweite eines Entscheids zu beurteilen, müssen seine Ansichten ernst genommen werden. Wünscht das urteilsfähige Kind, das Bildungsangebot ohne Ausnahmen oder Einschränkungen zu nutzen (entscheidet also entgegen den Anliegen seiner Eltern), ist in aller Regel, d. h. wenn nicht besonders gewichtige Gründe dagegen sprechen, den Wünschen des Kindes zu folgen.

In vielen Fällen dürften auch *Kompromisslösungen* gefunden werden, die eine Balance zwischen Bildungsauftrag, dem Anliegen der Eltern und den Interessen des Kindes finden. So wäre es beispielsweise in den Dispensationsfällen, die die Menschenkunde betreffen, sachgerecht, eine generelle Dispensation für das ganze Fach zu verweigern, hingegen spezifische Freistellungen von den Lektionen Sexualkundeunterricht einzuräumen.

5.3 Wie wichtig ist es, in der Schule schwimmen zu lernen?

Als das Bundesgericht vor einigen Jahren ein muslimisches Mädchen aus religiösen Gründen vom Schwimmunterricht dispensierte, wurde sein Urteil in der Öffentlichkeit erwartungsgemäss kontrovers diskutiert. Kritikerinnen und Kritiker argumentierten, es missachte den Grundsatz der Gleichbehandlung von Mädchen und Knaben und leiste einem patriarchalischen, konservativen und frauenfeindlichen Menschenbild Vorschub. Auf den ersten Blick mögen diese Argumente ihre Berechtigung haben: Wenn man bedenkt, wie zentral die Schule für die Förderung von Mädchen und für die Förderung gleichstellungspolitischer Zielsetzungen der Gesellschaft insgesamt ist, können bei diesem Entscheid gemischte Gefühle aufsteigen. Die Fälle, die vor Gericht ausgetragen worden sind, zeigen in der Tat, dass ein grosser Teil der Thematik gewissermassen „geschlechtsspezifisch" ist. Religiöse und kulturelle Ansichten spielen vor allem im privaten Leben eine Rolle: Bei der familiären Rollenverteilung, der Sexualität, der Moral und der Fortpflanzung. In all diesen Bereichen haben kulturelle oder religiöse Regeln weit grössere Auswirkung auf Frauen und Mädchen als auf Männer. Aus integrationspolitischen Überlegungen ist das Urteil dennoch richtig: Der Vater hätte seine Tochter bei einem anderslautenden Entscheid unter Umständen aus der öffentlichen Schule nehmen, zurück in ihr Heimatland schicken oder eine Privatschule besuchen lassen können. Gerade in einem Alter, in welchem ein Kind noch stark von der elterlichen Wertehaltung abhängt, sind zudem auch seine eigenen Gewissenskonflikte zu berücksichtigen: Das Kind wird zu einem Verhalten gezwungen, von dem es weiss, dass es von seinen Eltern aus starken moralischen Gründen abgelehnt wird. Das Bundesgericht hat dazu treffend bemerkt, dass dieser Konflikt nicht ohne Auswirkung auf das Befinden der betroffenen Kinder bleiben kann:

„Das Interesse des Schulbetriebes ist abzuwägen gegenüber dem Interesse der Gesuchsteller, als Familie ihren Glaubensvorstellungen nachleben zu können. Diese stehen vor der Alternative, entweder einem staatlichen oder einem religiösen Gebot zuwiderhandeln zu müssen (…). Dadurch entsteht nicht nur die Gefahr eines Gewissenskonfliktes, sondern auch einer Auseinandersetzung zwischen Schule und Familie, unter der insbesondere das betroffene Kind leiden könnte."[32]

Überdies ist zu bedenken, dass von der Dispensierung nicht grundlegende Bildungsinhalte betroffen waren, die für den Zugang zu weiterer Bildung, für die Integration des Mädchens in das Berufsleben und seine allgemeine Zukunftsgestaltung von zentraler Bedeutung wären. Schwimmen kann auch im privaten Rahmen erlernt werden; zudem betraf die Dispensierung quantitativ gesehen relativ wenig Schulzeit.

Dispensationen erlauben es den Eltern in solchen Fällen, ihre Kinder weiterhin in die öffentliche Schule zu schicken. Dies dient nicht nur der Integration, sondern stellt langfristig die Akzeptanz der grundlegenden Werte des Verfassungsstaates und der Mehrheitsgesellschaft besser sicher als der Zwang zum Rückzug in das kulturelle Ghetto ethnisch-religiös geprägter Privatschulen. Auch scheint naheliegend, dass gerade frauenpolitischen Anlie-

---

32   BGE 117 Ia 311, 318.

gen eher Rechnung getragen werden kann, wenn das Mädchen weiterhin die öffentliche Schule besucht, in welcher sie mit den unterschiedlichsten Lebensauffassungen in Berührung kommt, die sich eben auch am Grundsatz der Geschlechtergleichstellung orientieren.

5.4 Assimilationszwang und Desintegration

Warum ist es so zentral, das Integrationsziel bei solchen Entscheidungen vor Augen zu haben? Erfahrungen klassischer Einwanderungsgesellschaften wie bspw. den USA oder Kanada zeigen, dass Assimilierungszwang Rückzug in ethnische Gruppensolidarität und damit Abgrenzung bewirken kann.[33] Nur vordergründig wird den Eltern die Anpassung abgenötigt. Der Staat sollte hingegen ein Interesse daran haben, dass Eltern und Schülerinnen und Schüler auch über das Schulwesen in die Gesellschaft integriert werden; denn Integration stellt sicher, dass die Menschen am Arbeits- und Wohnungsmarkt, an den Entscheidprozessen und dem Statussystem einer Gesellschaft teilhaben können und nicht marginalisiert sind. Eine Integration in die Strukturen einer Gesellschaft ist aber nicht möglich ohne eine gewisse Öffnung für die grundlegenden Regeln und Werte dieser Gesellschaft. Dieser Prozess wird erleichtert, wenn Kinder die öffentliche Schule besuchen können, ohne in Konflikte mit den Eltern oder dem eigenen Gewissen gestossen zu werden. Während die religiöse Neutralität der Schule selber und ihrer Lehrpersonen angemessen erscheint – sofern alle Religionen gleich behandelt werden –, ist zweifelhaft, ob ein Verbot gewisser Kopfbedeckungen, Halsketten beziehungsweise Kleiderfarben bei Schülerinnen beziehungsweise Schülern wirklich dem Frieden dient und nicht vielmehr der Segregation in die Hand spielt und einer kulturellen Verkrampfung Vorschub leistet. Diese Praxis verkennt, dass Ausnahmen von bestimmten Vorschriften integrierend wirken können, ohne dass deshalb gleich die Grundwerte des Staates aufgegeben werden oder in Gefahr sind.

Angehörige kultureller Minderheiten sind in der Regel daran interessiert, in das Bildungswesen integriert zu werden; wenn aber z. B. auf ihre religiösen Pflichten keine Rücksicht genommen wird, führt dies für sie zu einer massgeblichen Beeinträchtigung. Die Weigerung des Staates, auf ihre religiösen Anliegen Rücksicht zu nehmen, würde sie entweder zur Assimilation und damit zur Aufgabe eines wichtigen Teils ihrer eigenen Identität zwingen, oder, falls sie an ihrer Praxis festhalten, gesellschaftlich an den Rand drängen und in ihrem Misstrauen gegenüber der Mehrheit bestärken.

Unter der Zielsetzung der Integration ist es viel sinnvoller, den Eltern in gewissen Bereichen Autonomie einzuräumen, um ihnen eine langsame Öffnung

---

33   Vgl. Kälin, 2000, 164 ff.

gegenüber dem „Fremdartigen" zu ermöglichen und dadurch längerfristig die Integration der Kinder und Jugendlichen zu begünstigen. Ein Entscheid, der vorübergehend gewisse Bildungsrechte des Kindes beeinträchtigt, kann schlussendlich zu seiner Integration und damit z. B. zur Verwirklichung bildungs- und gleichstellungspolitischer Postulate beitragen.

6 Literatur

Kälin, Walter (2000), *Grundrechte im Kulturkonflikt*, Zürich: Verlag Neue Zürcher Zeitung.

Norgren, Jill; Serena Nanda (1996²), *American Cultural Pluralism and Law*, Westport/London: Greenwood.

Spiegel online, 17.10.2004, www.spiegel.de

Aspekte der Entwicklung und Problemlage der Integration[1]

Georg Feuser

Unter Aspekten des Zusammenhangs von „Heterogenität und Bildungschancen", in dem „Differenz" und „Ungleichheit" aus verschiedenen Perspektiven zu thematisieren sind, sehe ich – kurz zusammengefasst – vier Entwicklungen, die massgeblich zu berücksichtigen und aufs Engste miteinander verknüpft sind. Es sind dies (1) die im Begriff der *Integration* gefasste Entwicklung der gemeinsamen Erziehung, Bildung und Unterrichtung behinderter und nichtbehinderter Kinder und Jugendlicher in Regelkindergärten und -schulen, (2) die *Selbstbestimmt-Leben-Bewegung* der Behinderten selbst, (3) die *neue Lebenswert- und Euthanasie-Debatte* und (4) die Reaktionen auf die *OECD-Studien,* allen voran die PISA-Studie. Zu den einzelnen Momenten:

1 Die Entwicklung der Integration

Die Entwicklung der Integration im deutschsprachigen Raum vollendet ihr drittes Jahrzehnt.

Eine *erste Phase* war gekennzeichnet durch die Bemühungen von Eltern und einiger weniger Fachleute, den gesellschaftlichen und fachlichen Diskurs um Heterogenität und Gleichberechtigung im Bildungssystem anzustossen. Vor allem sollten Kinder, die als behindert klassifiziert und dadurch quasi automatisch aus dem regulären Bildungssystem ausgegrenzt waren, in dieses zurückkehren und in Zukunft nicht mehr aus diesem ausgegrenzt werden können. Die Anfänge lagen in praktischen Integrationsversuchen in Kindergärten beziehungsweise Kinderläden, die 1975 in der Fläming-Grundschule in Berlin eine erste schulische Fortsetzung fanden. Es ging um die Legalisierung von Differenz im Bildungssystem und darum, die durch dieses produzierte und in diesem fixierte Ungleichheit zu minimieren beziehungsweise zu überwinden. Entsprechende Analysen der Funktionen des Bildungssystems in Deutschland gehen schon auf das Ende der 60er und den Anfang der 70er Jahre zurück. Wir konnten damals unschwer nachweisen, dass z. B. der Besuch einer Sonderschule für Lernbehinderte anhand einiger Parameter der

---

[1] Statement im Rahmen einer Plenarveranstaltung zur Thematik „Heterogenität und Bildungschancen. Differenz und Ungleichheit aus verschiedenen Perspektiven" im Rahmen der Berner Studien- und Kongresswoche 2004.

sozialen Lage der Familien der Kinder so zuverlässig vorhersagbar war, wie das nur mittels des Faktors der Intelligenz bestimmbar schien.

Eine *zweite Phase* würde ich durch die Entstehung einer breiten Bewegung für Integration kennzeichnen, die in der Bundesrepublik Deutschland in die Bundesvereinigung „Gemeinsam leben – gemeinsam lernen" mündete und in Österreich unter dem Motto „Gesetz statt Gnade" geführt wurde (heute „Integration: Österreich"); dies verbunden mit einer Ausweitung der Schulversuche im Bereich der Primarstufe in Deutschland und der gesetzlichen Absicherung der Integration in der Pflichtschule in Österreich. Ausser in Bremen (dort flächendeckend ausgebaut) blieb die Kindergartenintegration in der Folge extrem vernachlässigt und nur wenige Schulversuche drangen in die Sekundarstufe vor, meist nur an Gesamtschulen. Kennzeichnend für diese zweite Phase sind auch erste gesetzliche Regelungen der Integration in einigen Bundesländern der BRD, die Kulturhoheit haben. Sie wurden sehr begrüsst, erfüllten ihrer Funktion nach, getreu dem Motto „Teile und herrsche", aber dominant den Schutz des Bestands des vertikal gegliederten Systems und förderten, wie wir heute deutlich erkennen müssen, die Expansion der Integration praktisch nicht.

Heute, in einer *dritten Phase*, sehe ich die Integration mehr denn je in die Hände der Lehrpersonen selbst gelegt. Dies sowohl hinsichtlich der weiteren Entwicklung des Regelschulsystems als integratives als auch hinsichtlich der Aneignung der für Unterricht in heterogenen Klassen erforderlichen Kompetenzen, vor allem entwicklungs- und lerndiagnostische sowie didaktische. Dazu gehört auch die Übernahme eines beträchtlichen Masses an Verantwortung, Bildungschancen für Kinder insgesamt, also auch im Kontext interkultureller Pädagogik, auszuweiten. Das bedeutet, die Verantwortung für einen entsprechenden Wandel von der Homogenität zur Heterogenität im Bildungssystem nicht nur bei den Politikern zu sehen oder an die Ressourcenfrage zu delegieren, sondern sie aktiv selbst wahrzunehmen und zu begreifen, dass Heterogenität sowohl eine Chance für das Bildungssystem darstellt als auch innerhalb dessen durch die Differenz von Lehrenden und Lernenden hinsichtlich Alter, Entwicklungsniveau, Geschlecht, Sprache, Kultur und Religion neue Bildungschancen eröffnet. Die zentrale Ressource ist dabei die eigene Veränderung. Integration fängt in den Köpfen an! Aus der Sicht einer Behindertenpädagogik wäre entsprechend die Enthospitalisierung vor allem von in Heimen langzeit untergebrachten Menschen mit geistiger Behinderung und tiefgreifenden Entwicklungsstörungen nachholend zügig einzuleiten und ihre Förderung, Erziehung und Bildung durch integrative Massnahmen wohnortnah im Regelschulsystem zu realisieren.

Es habe ein Paradigmenwechsel stattgefunden und die Heil- und Sonderpädagogik sei, so wurde viel diskutiert, durch die Integrationsbewegung in eine Krise geraten. Ich sehe weder das eine noch das andere. Dass eben dies nicht der Fall ist, ist ihre eigentliche Krise.

2 Die Selbstbestimmt-Leben-Bewegung

Am Ausgangspunkt der heute nach US-Vorbild dominierenden „Selbstbestimmt-Leben-Bewegung" stand in Deutschland vor allem die durch Franz Christoph initiierte, von den Betroffenen selbst als „Krüppel-Bewegung" bezeichnete Initiative. Sie war von Anfang an auf die Befreiung aus der Bevormundung der Nichtbehinderten und ihrer formalisierten Machtapparate orientiert, zu denen auch die rüden Ausgrenzungs- und Separierungspraxen des Bildungssystems gehören. Die Ideologie eines für behinderte Menschen erforderlichen „Schonraumes", gepaart mit durch Mitleid kaschierten Interessen der Behindertenorganisationen wurde entlarvt. Das brachte die „Krüppel-Bewegung" von Anfang an auch zur Integrationsbewegung in ein kritisches Verhältnis insofern, dass aus der Geschichte heraus befürchtet wurde, die Integration strebe – um es kurz zu sagen – eine Art Gleichmacherei aller an und baue derart auf der Negierung von Heterogenität und Differenz auf, dass die Betroffenen wiederum ihrer Identität beraubt werden – nur auf eine andere Weise, als es ihre Ausgrenzung und Verbesonderung tat. Man könnte auch sagen, dass mit Beginn der Integrationsbewegung eine Art Retraumatisierung beschädigter Identität durch die Mechanismen der „Institutionen der Gewalt", wie sie Franco Basaglia bezeichnete, befürchtet und in Folge einer erneuten Vereinnahmung der Behinderten durch die Nichtbehinderten Widerstand entgegengesetzt wurde.

Der daraus resultierende, sehr fruchtbare Diskurs fand in den 80er Jahren seinen Höhepunkt. Er wurde auch im Rahmen nationaler und internationaler Fachtagungen ausgetragen und stellte nicht selten die Tagungen, die fein säuberlich von Nichtbehinderten über Behinderte geführt wurden, vom Kopf auf die Beine. Die heute oft getätigte Aussage „Nichts über uns ohne uns" trägt einen Kernkomplex dieser Debatte in die Gegenwart hinein. Heute würde ich die vielschichtigen und vielfältigen Strömungen der Behinderten-Bewegungen unter dem Anspruch „Selbstbestimmt Leben" zusammenfassen. Er fasst ein menschliches Grundrecht, das vor allem Menschen mit schweren Beeinträchtigungen und tiefgreifenden Entwicklungsstörungen trotz verfassungsmässiger Garantien noch immer weitgehend vorenthalten bleibt. Dieser Anspruch kann nicht als Bittstellerei abqualifiziert oder, was oft der Fall war, als Ausdruck nicht bewältigter Behinderung der Betroffenen oder ihrer Familien diskreditiert werden.

Dass der Personenkreis schwer Beeinträchtigter von der Behindertenbewegung selbst vertreten wird, ist aus meiner Sicht ein bis heute nicht gelöstes, weil partiell auch noch tabuisiertes Problem. Besonders im historischen Prozess von der Überwindung der „Vormundschaft" über die „Betreuung" hin zum Diskurs über „Assistenz" wird diese Problematik in neuer Weise deutlich. Die Durchsetzung der Wahrnehmung des behinderten Menschen als Experte in eigener Sache und Chef seiner Assistenzen auf der einen Seite wirkt nicht minder spaltend nach der anderen hin, die hohe Assistenzbedürfnisse hat, aber durch die vorliegenden schweren Beeinträchtigungen nur äusserst begrenzt als Auftraggeber von Assistenz in Erscheinung treten kann. Wir sind noch weit davon entfernt, behinderte Menschen als gleichwertige und gleichberechtigte Mitbürger anzuerkennen, wie immer Art und Schwere ihrer Behinderung auch sei – und diese Anerkennung in einem Assistenzbegriff zu fassen, der Autonomie nicht untergräbt und gleichwohl ethisch zu verantwortende advokatorische Handlungen im Begriff und Prozedere der Assistenz zu fassen vermag. Ich würde behaupten, dass dies gegenwärtig eine der sehr zentralen Fragen im Verhältnis von Behinderten und Nichtbehinderten ist, von deren Beantwortung abhängt, inwieweit die Behindertenbewegung und die Integrationsbewegung gemeinsame Ziele herausbilden und zu einer wirksamen Gegenkraft in einer Gesellschaft werden können, die sich im letzten Jahrzehnt eindeutiger denn je zu einer egomanisch-separierenden entwickelt hat. Das würde auch Klärungen z. B. insbesondere hinsichtlich der „Empowerment-Bewegung" erforderlich machen, die seitens der Nichtbehinderten die Selbstbefreiung sog. Geistigbehinderter propagiert, wo doch diese, also wir es sind, die sie in Unmündigkeit und Abhängigkeit weit jenseits dessen halten, was ich mit dem Zusammenhang einer „advokatorischen Assistenz" beschreiben würde. Die Empowerment-Bewegung ist wohl die in sich selbst widersprüchlichste und eher deklamatorisch, als dass sie Lösungen für ihre eigenen Forderungen hätte. Auch das begriffliche Jonglieren zwischen „Integration" und „Inclusion", wie es in den letzten Jahren modern geworden ist, hilft hier nicht. Es scheint mir eher ein magischer Versuch zu sein, durch eine neue Etikettierung die Mängel des Integrationsverständnisses beheben zu wollen, das in vielen Bereichen – wiederum verkürzt gesagt – im Bildungssektor über eine modernistische Passung des separierenden Bildungs- und Schulsystems an ein aufgeklärteres Verständnis von Heterogenität und Differenz nicht hinausgekommen ist und Integration allenfalls als eine Addition von Heil- und Sonderpädagogik und Regelpädagogik versteht und nicht als grundlegende Reform des Erziehungs-, Bildungs- und Unterrichtswesens, wie ich diese von Anfang an konzeptionell entwickelt und didaktisch bestimmt habe und wie sie in Bremen auch über ein Jahrzehnt praktiziert werden konnte.

3 Die neue Lebenswert- und Euthanasie-Debatte

Ich habe bereits zweierlei gestreift: Die Frage der schweren Beeinträchtigungen und die gesellschaftliche Tendenz egomanischer Selbstverwirklichungs- und Perfektionierungsideologien des Menschlichen unter Ausschluss sozialer Verantwortung, verbunden mit der Tendenz zu massiver gesellschaftlicher Separierung. Für Deutschland erlaube ich mir die Aussage, dass die Integrations- und Behindertenbewegung in dem Masse erstarkte, wie gesellschaftliche Separierungstendenzen, die jetzt im politischen Taumel der Globalisierung und der nationalstaatlichen Deregulierung vor allem im Gesundheits-, Sozial- und Bildungsbereich noch einmal sehr verstärkt werden, zugenommen haben. Das verdeutlicht, dass die Entfaltung dieser beiden Bewegungen auch als Gegenkräfte – und anders habe ich mich an deren Entwicklung von Anfang an nie beteiligt – zu diesen gesellschaftlichen Trends unserer Epoche zu begreifen sind. Das zeigte sich ein erstes Mal deutlich im Rahmen der sog. Singer-Debatte um die Frage, ob es moralisch geboten und ethisch begründbar sei, schwerst beeinträchtigtes Leben zu töten, um das Glück aller zu mehren – wesentlich durch die Beendigung der mit diesen menschlichen Zuständen verknüpften Leiden –, da dieser Personenkreis ohnehin keine Option auf eine eigene Zukunft habe. Dies durch die Definition, dass menschliches Leben auch nicht-personales sein könne und nur personales menschliches Leben dem verfassungsmässig garantierten Lebensschutz unterliege. Was nun ein personales Leben begründe, verdichtete sich in den letzten Jahren von Kriterien einer mangelnden „Orientiertheit in der Zeit" letztlich hin zu bestimmten Graden „intellektueller Reife" im Sinne von Bewusstsein und damit zu neurowissenschaftlich zu begründenden Kriterien.

In diesem Diskurs, der als bio-ethischer aufgefasst und wesentlich auch von der Medizin mitbetrieben wird – die unbenommen schwierige Fragen, ich möchte einmal sagen, der Lebenszeit des „Sterbens" zu klären hat, um nicht gleich die üblichen Auffassungsklischees zu aktivieren – finden die Tendenzen gesellschaftlicher Ausgrenzung, die im Kern monetärer Art und Kosten-Nutzen-Fragen sind und durch die erwähnten Bereiche wissenschaftlich kaschiert werden, ihre Fortsetzung – nun allerdings, und das meine ich auf dem Hintergrund der Geschichte meines Landes nicht zynisch, hin zur Frage der Integration derer, die in der Gesellschaft keinen Nutzen haben und ohne Nutzen keinen Wert und ohne Wert keine Würde, in das Reich der Toten.

In Bezug auf schwerst beeinträchtigte Personen bleibt die Partizipation an Bildung von vornherein negiert. Sie wird durch den Bildungsreduktionismus der Heil- und Sonderpädagogik meist nicht einmal im separierten Bereich der Sonderinstitutionen gewährt. Die Differenz der derart nicht Normalen zu jenen, die sich Normalität dank ihrer Definitionsmacht selbst zuschreiben und sie anderen aberkennen, wird als unüberbrückbar wahrgenommen und die resultierende Angst massiv abgewehrt – am wirksamsten durch die Vernichtung des Anderen. Dieser wird als „andersARTig" wahrgenommen und fällt so aus der Gattung Mensch und aus dem Schutz der menschlichen Gemeinschaft heraus, die ihrerseits in erheblicher Weise eines Gemeinsinns verlustig geht. Differenz und daran gekoppelte Ungleichheit werden hier zum zentralen Kriterium eines im wahrsten Sinne des Wortes vernichtenden Ausschlusses.

4 Der PISA-Schock

Ein viertes Moment ist heute im Zusammenhang von Heterogenität und Bildungschancen von Bedeutung: Die Ergebnisse der OECD-Studien – vor allem der PISA-Studie, die in Deutschland, so würde ich resümieren, nur noch vergleichbar mit dem Sputnik-Schock der 60er Jahre, eine Bildungsdebatte ausgelöst hat, die – meiner Analyse nach – so vehement in die falsche Richtung weist, wie sie geführt wird. Ich kann nicht umhin, die PISA-Ergebnisse als willkommenen Anlass zu sehen, längst intendierte bildungspolitische Absichten, nun mit dem Alibi der PISA-Befunde, ohne Diskurs von oben nach unten durchsetzen zu können. Sie sind, kurz zusammengefasst, gerichtet auf noch frühere Selektion und Separierung in weitgehend nicht mehr durchlässigen, parallel organisierten Bildungssystemen, auf Gleichschaltung der erwarteten Leistungen und der Leistungsmessung, was Heterogenität deutlich Bildungschancen entzieht und individuelle Differenz negiert, die allerdings auf der anderen Seite, im Sinne der (Hoch-)Begabtenförderung, die in neuer Weise ins Rampenlicht tritt, hofiert und im Bildungssystem honoriert wird.[2] Anders gesehen: Wo man Leistung und gesellschaftlich verwertbaren Nutzen von Schülern erwartet, wird homogenisiert und Differenz negiert. Wo man von Schülern nicht mehr viel erwartet und wo sich die in ihrer psychischen Entwicklung beeinträchtigten Kinder aus inkompletten, arbeitslosen und armen beziehungsweise sozial randständigen Familien – bildungsferne, wie es neudeutsch heisst – zusammenfinden, wird integriert.

Derweil kann diesen Studien selbst bei vorsichtiger Interpretation eher das Gegenteil dessen entnommen werden, was zur Behebung der sichtbar gewordenen Bildungsmisere angestrebt wird und sie zu wesentlichen Anteilen verursacht hat.

---

2 So ist in Bremen jüngst eine 6-jährige Grundschule mit anschliessender Sekundarschule, die die Haupt- und Realschule zusammenführt und eine 4-jährige Grundschule mit anschliessendem eigenständigem Gymnasium Gesetz geworden.

Ich resümiere:

–   Dass Ressourcen endlich sind und es stets um Verteilungskämpfe geht, ist trivial, aber empirisch richtig und verdeutlicht, dass es zu kämpfen gilt – um die Entfaltung einer Pädagogik, in der *alle* Kinder und Schüler in Kooperation miteinander *alles* lernen dürfen, jede und jeder auf ihrem beziehungsweise seinem Entwicklungsniveau und unter Gewährung der jeweils erforderlichen Hilfen.

–   Dass es „normal ist, verschieden zu sein", wie unser ehemaliger Bundespräsident von Weizsäcker, in der Integrationsszene viel zitiert, hervorhob, ist nur trivial, weil insofern falsch, als die Aussage den heute für lebende Systeme wissenschaftlich nicht mehr haltbaren Normalitätsbegriff verwendet. Er impliziert einen substantiellen, biologistisch-naturhaften Begriff von Behinderung und in der Folge Ausgrenzung, auch wenn der Absicht nach gemeint sein mag, dass diese zu überwinden sei. Das Gegenteil von „richtig" ist eben meist nicht „falsch", sondern die gute Absicht. Diese so versöhnend klingende Aussage erfasst die Verschiedenheit individuell nicht als Differenz und kollektiv nicht als Heterogenität, an der sich Bildung zu orientieren hat und veranlasst, nichts zu tun, befriedet also, weil es ist, wie es ist.

–   Erforderlich sind: Qualifizierte Aus-, Weiter- und Fortbildung der Lehrerschaft unter besonderer Berücksichtigung entwicklungsdiagnostischer und didaktischer Kompetenzen; evaluationsbasierte Beratung; Fähigkeit zur Wertschätzung kultureller Pluralität; frühzeitige Beachtung der Bildungssituation von Kindern mit hohen sozialen und psychischen Belastungen und von Migranten; eine Prozessorientierung des Unterrichts und der Schulentwicklung und nicht nur ein Wechsel von der Input- zur Output-Orientierung.

Die Begriffe dieser Tagung sind weder selbstredend noch sich selbst interpretierend, sondern mit jenem Bedeutungsgehalt geladen, der ihnen im jeweils sie gebrauchenden Zusammenhang verpasst wird. Die Begriffe sind oft schillernd wie Seifenblasen und können in den Kanon sinnentleerter Sprachfloskeln eingereiht werden. Sie maskieren ihre eigene Bedeutung und bleiben für alles benutzbar. Die resultierende Konfusion, die Eltern oft überfordert und Lehrer paralysiert, weil sie allzu oft wenig geneigt sind, analysierend an das heranzugehen, was sie an Informationen erreicht, erleichtert den politischen Durchmarsch in eine noch differenziertere Gangart der Separierung, in der nur die Differenz derer, deren Ausbildung Output-orientiert hinsichtlich ihrer Verwertbarkeit als effizient eingeschätzt wird, mit Bildungschancen verbunden ist.

Ohne Erkenntnis, dass Behinderung eine soziale Konstruktion ist, die begrifflich nur in der Interpretation, dass jemand in seiner Lebensführung, seinem Bildungsgang, seinem Lernen usw. behindert wird, den realen Sachverhalten entspricht, bleiben Bemühungen um Heterogenität, Differenz und Bildungschancen zumindest für die Gruppe derer, die als behindert gelten, Schall und Rauch. In der Grundsatzerklärung zum „Europäischen Jahr der Menschen mit Behinderungen 2003" von „Selbstbestimmt Leben" Österreich heisst es: „Behinderung liegt dann vor, wenn man auf Grund von faktischen Beeinträchtigungen diskriminiert wird und es einem daher nicht möglich ist, wichtige persönliche und soziale Erfahrungen zu machen und einem eine chancengleiche Teilhabe an der Gesellschaft verwehrt wird. Behinderung ist ein Faktum, das keiner Bewertung unterliegen darf, sondern ist ein Aspekt in der Vielfalt des Menschseins."

5 Literatur

Basaglia, Franco (1978²), Die Institutionen der Gewalt, in: Franco Basaglia, Hrsg., *Die negierte Institution oder Die Gemeinschaft der Ausgeschlossenen*, Frankfurt/M.: Suhrkamp, 122–161.

Basaglia, Franco et. al., Hrsg. (1980), *Befriedungsverbrechen. Über die Dienstbarkeit der Intellektuellen*, Frankfurt/M.: Europäische Verlagsanstalt.

Christoph, Franz (1983), *Krüppelschläge. Gegen die Gewalt der Menschlichkeit*, Reinbek bei Hamburg: Rowohlt.

Christoph, Franz (1990), *Tödlicher Zeitgeist. Notwehr gegen Euthanasie*, Köln: Kiepenheuer und Witsch.

Döbert, Hans (2003), Merkmale der bei PISA erfolgreichen Schulsysteme, *Pädagogik*, 55, 47–50.

Erzmann, Tobias (2003), *Konstitutive Elemente einer Allgemeinen (integrativen) Pädagogik und eines veränderten Verständnisses von Behinderung*, Frankfurt/M. u. a.: Lang.

Feuser, Georg (1989), Allgemeine integrative Pädagogik und entwicklungslogische Didaktik, *Behindertenpädagogik*, 1, 4–48.

Feuser, Georg (1995), *Behinderte Kinder und Jugendliche. Zwischen Integration und Aussonderung*, Darmstadt: Wissenschaftliche Buchgesellschaft.

Feuser, Georg (1997²), *Wider die Unvernunft der Euthanasie. Grundlagen einer Ethik in der Heil- und Sonderpädagogik*, Luzern: Schweizerische Zentralstelle für Heilpädagogik.

Feuser, Georg (2000), Zum Verhältnis von Sonder- und Integrationspädagogik – eine Paradigmendiskussion? Zur Inflation eines Begriffes, der bislang ein Wort geblieben ist, in: Friedrich Albrecht, Andreas Hinz und Vera Moser, Hrsg., *Perspektiven der Sonderpädagogik. Disziplin und professionsbezogene Standortbestimmung*, Berlin: Luchterhand, 20–44.

Feuser, Georg, Hrsg. (2003), *Integration heute – Perspektiven ihrer Weiterentwicklung in Theorie und Praxis*, Frankfurt/M. u. a.: Peter Lang.

Feuser, Georg und Heike Meyer (1987), *Integrativer Unterricht in der Grundschule*, Solms-Oberbiel: Jarick Oberbiel Verlag.

Feyerer, Ewald und Wilfried Prammer (2003), *Gemeinsamer Unterricht in der Sekundarstufe I. Anregungen für eine integrative Praxis*, Weinheim, Basel, Berlin: Beltz.

Schnell, Irmtraud (2003), *Geschichte schulischer Integration. Gemeinsames Lernen von SchülerInnen mit und ohne Behinderung in der BRD seit 1970*, Weinheim und München: Juventa.

Thesen zu: Gemeinsame Erziehung, Bildung und Unterrichtung behinderter und nichtbehinderter Kinder und Jugendlicher in Kindergarten und Schule (Integration)

Georg Feuser

1. Integration umschreibt die Idee vom Erhalt beziehungsweise der Wiederherstellung gemeinsamer Lebens- und Lernfelder für behinderte und nichtbehinderte Menschen, um der Erweiterung der Entwicklungsmöglichkeiten aller willen. Dies verbunden mit dem Ziel der Schaffung der Kultur einer inklusiven Gesellschaft, aus der niemand mehr wegen Art oder Schweregrad seiner Behinderung, seiner Nationalität, Kultur, Sprache und Religion ausgegrenzt wird.

2. Integrativer pädagogischer Arbeit geht es (in Anlehnung an Edouard Séguin, 1812–1880) um
    – die „Wiederherstellung der Einheit des Menschen in der Menschheit" und
    – die „Wiederherstellung der Einheit unserer zusammenhanglos gewordenen Mittel und Werkzeuge der Erziehung". Sie ist Reformpädagogik.
    Die Forderung von Condorcet (1743–1794), Erziehung und Bildung „so gleich und so allgemein, andererseits aber für jeden individuell so vollständig wie möglich zu gestalten, um niemandem höheren Unterricht zu verweigern" (verhandelt in der Nationalversammlung 1789), kann als ein zentraler Ausgangspunkt einer Reformpädagogik gesehen werden, die heute im Sinne der „Integration" fortzusetzen ist. Ihre Ziele lassen sich als Bemühen um „Humanisierung" und „Demokratisierung" des gesamten Erziehungs-, Bildungs- und Unterrichtswesens zusammenfassen.

3. Integration erfordert, dass (Regel-)Kindergärten und (Regel-)Schulen für alle so gestaltet werden, dass jedes Kind/jedeR SchülerIn ohne sozialen Ausschluss und ohne persönliche Etikettierung als „defekt", „abweichend" oder „behindert" seinen/ihren individuellen Voraussetzungen gemäss umfassend gefördert und unterrichtet wird. Sie realisiert die endgültige Absage an eine durch Prozesse der Selektion und Segregation gekennzeichnete pädagogische und therapeutische Praxis dadurch, dass allen von „Behinderung" und/oder „psychischer Krankheit" betroffenen Kindern und Jugendlichen

- die volle Teilhabe an den gesellschaftlichen Gütern und am sozialen Verkehr garantiert bleibt,
- sie an den Orten/in den Stadtteilen, an/in denen sie leben, zusammen mit ihren nichtbehinderten Alterskameraden, Nachbarn und Freunden Kindergarten und Schulen besuchen können (Prinzip der Regionalisierung),
- und dort alle speziellen Hilfen, pädagogischen und therapeutischen Erfordernisse gewährt bekommen, derer sie für ihre weitere Persönlichkeitsentwicklung bedürfen (Prinzip der Dezentralisierung).

4. „Behinderung" verstehen wir als Ausdruck jener gesellschaftlichen, ökonomischen und sozialen Prozesse, die auf einen Menschen hin zur Wirkung kommen, der durch psycho-soziale und/oder biologisch-organische Beeinträchtigungen gesellschaftlichen Minimalvorstellungen und Erwartungen hinsichtlich seiner individuellen Entwicklung, Leistungsfähigkeit und Verwertbarkeit in Produktions- und Konsumtionsprozessen nicht entspricht. Sie definiert folglich einen sozialen Prozess und ist in diesem selbst wiederum eine wesentliche Variable. Was wir an einem anderen Menschen als „Behinderung" wahrnehmen, kann, systemisch gesehen, verstanden werden als entwicklungslogisches Produkt der Integration einer System-Störung in das System mit den Mitteln des Systems; dies nach Massgabe seiner Biographie im Sinne der integralen Akkumulation der Ausgangs- und Randbedingungen seines Lebens. Sie ist Ausdruck der Selbst- und Aneignungstätigkeit des Systems und seiner Kompetenz in bezug auf seine Welt-Mensch-Beziehung; *mithin von ihm hervorgebracht, aber nicht aus ihm selbst geworden.* Unter pädagogischen Aspekten kann „Be-Hinderung" als Ausdruck dessen verstanden werden, was ein Mensch mangels angemessener Möglichkeiten und Hilfen und durch vorurteilsbelastete Vorenthaltung an Inhalten und sozialen Bezügen nicht lernen durfte und als Ausdruck unserer Art und Weise, ihn wahrzunehmen und mit ihm umzugehen.

5. „Integration" bedeutet pädagogisch (in gleicher Weise für Kindergarten und Schule), dass
   - *alle* Kinder und Schüler (ohne Ausschluss behinderter Kinder und Jugendlicher wegen Art und/oder Schweregrad einer vorliegenden Behinderung) in Kooperation miteinander
   - auf ihrem jeweiligen Entwicklungsniveau
   - nach Massgabe ihrer momentanen Wahrnehmungs-, Denk- und Handlungskompetenzen
   - an und mit einem „gemeinsamen Gegenstand" (Projekt/Vorhaben/Inhalt/Thema)

— spielen, lernen und arbeiten.
Integration ist kooperative (dialogische, interaktive, kommunikative) Tätigkeit im Kollektiv.

6. Integration begründet eine Allgemeine (basale und kindzentrierte) Pädagogik. Sie ist insofern eine
basale Pädagogik, als sie Kinder und Jugendliche aller Entwicklungsniveaus, aller Grade der Realitätskontrolle, Wahrnehmungs-, Denk- und Handlungskompetenzen ohne sozialen Ausschluss zu lehren und mit ihnen zu lernen vermag;
eine *kindzentrierte* Pädagogik, als sie
— die Subjekthaftigkeit des Menschen (im Sinne seiner Biographie) und damit die Heterogenität einer jeden menschlichen Gruppierung voraussetzt und
— die Lehr- und Lernangebote an den Gesetzmässigkeiten menschlicher Entwicklung orientiert, d. h. unter Berücksichtigung der „aktuellen Zone der Entwicklung" eines Kindes/Schülers sich mit diesem handelnd in Beziehung setzt und das Lehren und Lernen auf dessen „nächste Zone der Entwicklung" (Vygotskij) orientiert; und eine
allgemeine Pädagogik, als sie unter den vorgenannten Bedingungen keinen Menschen von der Aneignung der für alle Menschen in gleicher Weise bedeutenden gesamten gesellschaftlichen Erfahrung ausschliesst, was lern- und unterrichtsorganisatorisch bedeutet:
— „Gewähren" anstatt „vorenthalten",
— „Handeln" anstatt „behandeln" und
— pädagogisches Handeln „spezialisieren" (differenzieren durch entwicklungslogisch-biographisch orientiertes Individualisieren) anstatt Kinder/Schüler „segregieren".
Sie kann folglich prinzipiell auf eine Trennung zwischen Regel- und Sonderkindergarten beziehungsweise Sonderschulen und verschiedene Regelschulformen verzichten.

7. Integration bedarf zu ihrer Realisierung im Feld der Pädagogik einer „Entwicklungslogischen Didaktik", die vier Momente im Sinne eines nicht zu unterschreitenden und unveräusserlichen didaktischen Fundamentums ausweist, nämlich
— eine durch biographisch-entwicklungslogische und -bezogene „Individualisierung" zu realisierende „Innere Differenzierung" (– sie konstituiert das Humanum einer Pädagogik) und
— (nach Massgabe des vorgenannten Humanums) die „Kooperative Tätigkeit" (der Subjekte einer sozialen Gemeinschaft mit dem Ziel der Realisierung der Qualitäten eines Kollektivs) an einem „gemeinsamen Gegenstand" (– sie konstituiert das Moment des

Demokratischen). Der „gemeinsame Gegenstand" ist nicht das materiell Fassbare, das letztlich in der Hand der Kinder und Schüler zum Lerngegenstand wird, sondern der zentrale „Prozess", der (im Sinne des „Elementaren" und „Fundamentalen" der Klafkischen Bildungstheorie, sowohl verstanden als Objekt- wie als Subjekt-Kategorien von Welt) hinter den Dingen und beobachtbaren Erscheinungen steht und sie hervorbringt.

8. Integrative Pädagogik ist auf allgemeiner Ebene insofern
   - demokratisch, als alle Kinder alles lernen dürfen und insofern
   - human, als dies unter Zurverfügungstellung aller erforderlichen materiellen und personellen Hilfen auf die einem jeden Kind mögliche Art und Weise ohne sozialen Ausschluss erfolgen kann.

   Integrative Pädagogik verlangt folglich nicht „individuelle Curricula" (z. B. gesonderte Lehrpläne für verschieden behinderte und nicht-behinderte Schüler), sondern „individualisierte" und das Lernen in Projekten (Vorhaben) und in Formen offenen, zieldifferenten Unterrichts (am „gemeinsamen Gegenstand"). Nur ein solcher Unterricht ermöglicht, dass
   - sich jedes Kind wahrnehmend und handelnd in das Geschehen einbringen kann,
   - das Tun des einen das des anderen beeinflusst und mitbedingt, wodurch jedes Kind für jedes andere Bedeutung gewinnen kann und
   - sich alle Kinder subjektiv als kompetent und wichtig für die Gemeinschaft erfahren können, d. h. eine Identität mit dem anderen aufbauen, am Du zum Ich zu werden (Martin Buber).

9. Integrative Erziehungs- und Unterrichtspraxis erfordert organisatorisch
   - das Prinzip der Regionalisierung: Den wohnort-/stadtteilbezogenen, im unmittelbaren Lebensumfeld aller Kinder und Jugendlichen möglichen Besuch von Kindergarten und Schule,
   - das Prinzip der Dezentralisierung: Die materiellen und personellen Hilfen sind am Ort des Lebens und Lernens und dort nicht isoliert z. B. in Therapieräumen, sondern eingebettet in das Gruppen-/Klassengeschehen zu gewähren,
   - das Prinzip des Kompetenztransfers: Im Zusammenhang mit der unverzichtbaren Team-Arbeit aller pädagogischen, therapeutischen und mitarbeitenden Fachkräfte (z. B. persönliche Assistenzen) unterschiedlichster Ausgangsberufe und Berufserfahrungen beziehungsweise dem Team-Teaching von Regel- und SonderschullehrerIn geht es (im Rahmen der Vorbereitung,

Durchführung und Auswertung der gemeinsamen Arbeit und im Interesse deren Optimierung und hochgradigen Abstimmung) um den Austausch über und um die wechselseitige Aneignung von Kompetenzen der Kolleginnen und Kollegen – und

– das Prinzip der integrierten Therapie: Therapeutisch einzulösende Bedarfe der Kinder und Schüler sind schon bei der gemeinsamen Planung der Vorhaben so zu berücksichtigen, dass sie direkt im Gruppen- und Unterrichtsgeschehen zum Tragen kommen und von den Kindern und Schülern als Hilfen bei Tätigkeiten erfahren werden können, für die sie in der kooperativen Tätigkeit motiviert sind. Darüber hinaus können sie für alle Kinder und Schüler präventive Qualitäten gewinnen.

10. Pädagogik und Therapie erkennen im integrativen pädagogischen Arbeitszusammenhang die als „pathologisch" erscheinende Tätigkeitsstruktur eines Menschen, gegen die immer antherapiert wurde, als entwicklungslogisches Produkt, als eine unter den gegebenen Bedingungen seiner Biographie optimal herausgearbeitete Aneignungsstrategie und Handlungskompetenz. Ausgehend von dieser geht es darum, neue Tätigkeitsstrukturen zu entfalten und eine Verbesserung der Realitätskontrolle anzustreben, d. h. auf Erweiterung und Stabilisierung der Autonomie und Identität des Betroffenen auf dem ihm nächst erreichbaren Entwicklungsniveau hinzuarbeiten. Entwicklung ist primär abhängig von der Komplexität des jeweils anderen und erst in zweiter Linie von den Fähigkeiten und Mitteln des eigenen Systems; dabei geht es primär um das, was aus einem Menschen werden kann und wiederum erst in zweiter Linie um das, was er/sie im Moment – aus seiner/ihrer Biographie heraus – gerade ist.

Das „Besondere" der Pädagogik, derer wir für Integration bedürfen, liegt nicht in der „Besonderung" der Kinder und Schüler, sondern im „Allgemeinen" der Grundlagen menschlicher Entwicklung und menschlichen Lernens, im „Allgemeinen" einer basalen, subjektorientierten Pädagogik. Dieses „Allgemeine" herauszuarbeiten, ist das Spezielle unserer Arbeit; es in der „Besonderung" (der Kinder und Schüler) zu suchen, ist ein Irrweg!

Einen Weg ohne Integration zur Integration wird es nicht geben (das beweisen die Geschichte der Pädagogik und der Heil- und Sonderpädagogik in gleicher Weise); er bedeutet immer Selektion und Segregation. Das gilt auch für die als Integration beschriebenen und praktizierten Modelle: für das „Koop-Modell" und das Modell „Förderzentren" mit Schülern. Integration ist Ziel und Weg zugleich!

Standards und Kompetenzen in der Lehrerinnen- und Lehrerbildung unter besonderer Berücksichtigung der Multikulturalität[1]

Cristina Allemann-Ghionda

1 Einleitung

Die neuen Studienordnungen für die Lehrämter (Grundschule, Sekundarstufe I und Sekundarstufe II) im Bundesland Nordrhein-Westfalen (NRW) werden zur Zeit an allen Universitäten umgesetzt. Neu an diesen Studienordnungen sind vor allem fünf Dinge:

1) Die Modularisierung und offen gelegte Strukturierung, die nichts anderes als eine Vorstufe der Bachelor/Master-Reform ist, welche voraussichtlich im Wintersemester 2006/2007 in Kraft treten wird.

2) Die ausdrückliche verbindliche Nennung der Dimensionen Heterogenität und Gender (neben weiteren ebenfalls sehr wichtigen Themen wie Medien u. a.).

3) Die Verschränkung zwischen Praxisphasen und „Theorie" (besser gesagt: Erwerb von Wissen) während des Studiums.

4) Klare Vorgaben zum Anteil der Fachdidaktik, der Sozialwissenschaften und der Psychologie.

5) Die Vorgabe, ein „Kerncurriculum" der Erziehungswissenschaft zu erstellen, das für alle Lehrämter und alle Universitäten verbindlich sein wird. Das bedeutet: Alle Universitäten von NRW müssen sich verständigen, um in der Lehre einen gemeinsamen Kern von Inhalten anzubieten.

Mit anderen Worten: Es werden einige, zunächst sehr allgemeine Bildungsziele (Standards) genannt, die unabdingbar sind, damit Lehrpersonen zeitgemässere Kompetenzen erwerben als bisher und besser in die Lage versetzt werden, den vielen Herausforderungen der Pluralität gewachsen zu sein.

Die Ausbildung der Erzieherinnen erfolgt in Deutschland noch nicht an Hochschulen, aber es besteht aus meiner Sicht ein grosser Bedarf, ähnliche Überlegungen anzustellen und mittelfristig auch diese Berufsgruppe an der Hochschule auszubilden, wie es in den meisten europäischen Ländern und in der Schweiz an der Universität Genf der Fall ist. Denn bereits im Kinder-

---

1   Dieser Text ist die stark überarbeitete Fassung eines Vortrages, gehalten am 16. Juli 2004 im Rahmen einer Tagung des Lehrerbildungszentrums der Universität zu Köln.

garten sind Gruppen sprachlich und soziokulturell heterogen – hier fängt die Bildungsarbeit an. Die gegenwärtige Reform der LLB in Nordrhein-Westfalen halte ich für sehr vorteilhaft im Hinblick auf eine bessere Vorbereitung der Lehrpersonen unter Berücksichtigung der Dimensionen der Pluralität und Heterogenität, weil sie ein Ende der Beliebigkeit begünstigt. Allerdings birgt die weitere Entwicklung in Richtung Bachelor/Master das Risiko einer Verflachung und Reduktion der Inhalte, die überhaupt noch gelehrt werden können.

Nun möchte ich mein Konzept in Bezug auf Standards und Kompetenzen vor dem Hintergrund der Multikulturalität und der sozialen Heterogenität in Bildungsinstitutionen erläutern.

2 Was bedeutet „Multikulturalität und soziale Heterogenität"?

Jede Person, die in der heutigen Zeit im Schuldienst (einschliesslich der vorschulischen Erziehung, die in Deutschland und in der deutschen Schweiz im engen Sinne nicht als Bestandteile des Bildungssystems gelten) arbeitet oder sich auf diese Aufgabe vorbereitet, befindet sich – ob sie es bewusst wahrnimmt oder nicht – in einem multikulturellen, mehrsprachigen und soziokulturell heterogenen Umfeld. Gemeint sind hier nicht nur Schulen in Ballungsgebieten mit einem besonders hohen Anteil von Arbeitsmigrant/innen. Vielmehr ist es so, dass die heutigen Bildungsinstitutionen – von der vorschulischen Erziehung bis zur Hochschule – sich jederzeit und überall mit Mehrsprachigkeit und soziokultureller Heterogenität auseinandersetzen müssen. In den westeuropäischen Ländern haben Schätzungen zufolge bereits ein Drittel aller Menschen unter 35 Jahren einen familiären Migrationshintergrund (erste, zweite, dritte Generation), und mehrsprachige Biographien prägen das Erleben dieser Menschen (Fürstenau, Gogolin und Yagmur, 2003; Oksaar, 2003; Tokuhama-Espinosa, 2003). Global betrachtet ist mindestens die Hälfte aller Menschen zwei- oder mehrsprachig. Individuelle und kollektive Mehrsprachigkeit sind also für sehr viele Menschen alles andere als fremde Phänomene. Arbeitsmigration ist jedoch nur eine der Ursachen der Multikulturalität, genauer: der soziokulturellen Pluralität und der Mehrsprachigkeit in der Gesellschaft. Zahlreiche Länder – wie etwa die Schweiz – kennen eine historisch gewachsene, intranationale Mehrsprachigkeit. Die europäische Integration und die internationale Mobilität verstärken den Trend der zunehmenden individuellen und gesellschaftlichen Mehrsprachigkeit und vermehren die Gelegenheiten des interkulturellen und des internationalen Austauschs. Soziokulturelle und sprachliche Pluralität manifestiert sich entlang vier „Erscheinungsformen der soziokulturellen und sprachlichen Pluralität" (Allemann-Ghionda, 2004a, 88 ff.).

Im Hinblick auf die Definition von spezifischen Kompetenzen möchte ich hier folgende Unterscheidung vornehmen:

- *Zum einen* haben die Lernenden heute fast nirgendwo die gleiche geographische Herkunft und sprachliche Sozialisation, denn Binnenmigration ist ebenso verbreitet wie internationale Migration und Mobilität im Rahmen befristeter Aufenthalte. Dem Kontakt mit „anderen" Sprachen und „fremden" Lebensweisen kann sich heute kaum jemand entziehen. Die soziale Durchmischung ist in der heutigen Zeit viel stärker als in früheren Epochen – auch als Folge und zugleich als mitbestimmender Faktor der Bildungsexpansion – eine „normale", akzeptierte, jedenfalls nicht rückgängig zu machende Tatsache. Im 19. Jahrhundert erfolgte der Aufbau der nationalen Bildungssysteme mit dem Auftrag, kulturelle und sprachliche Homogenität zu bewahren und herzustellen. Das Klassen- und das Standesdenken wurde in den Bildungsinstitutionen noch nicht in Frage gestellt – von einigen Ausnahmen abgesehen. Auch wenn im Weltbild und im Wunschdenken mancher Lehrpersonen und vielleicht auch mancher Bildungspolitiker/innen ein mentales Konstrukt der kulturellen Homogenität, der einsprachigen „Normalität" und der sozialen Kompaktheit vorherrscht und das Handeln prägt: Multikulturalität, Mehrsprachigkeit und soziokulturelle Heterogenität bilden den Normalfall. Dies gilt selbst dann, wenn eine Institution der LLB in einem scheinbar monokulturellen Umfeld angesiedelt ist. Daher wäre es anachronistisch, von einer homogenen Schülerschaft auszugehen, wenn man über die Kompetenzen der Lehrpersonen nachdenkt.

- *Zum anderen* sind die Bildungsinhalte zumindest in Westeuropa vor allem nach dem Zweiten Weltkrieg aufgrund verschiedener Prozesse immer weniger monokulturell und immer weniger national geworden. Nicht zuletzt dank Impulsen internationaler Organisationen (UNESCO, Europarat) haben sich viele, vielleicht die meisten bildungspolitischen Programme und Bildungssysteme in Westeuropa so weiterentwickelt, dass die Inhalte der allgemeinen Bildung sich schrittweise weg vom Nationalismus hin zu einer (wenn auch vorsichtigen) internationalen Öffnung bewegt haben. Besonders gut lässt sich diese Feststellung am Geschichtsunterricht beobachten (Stradling, 2001). Aber auch die Bedeutung der Mehrsprachigkeit in der Bildung hat kontinuierlich an Bedeutung gewonnen. Nach dem Zweiten Weltkrieg verstärkten sich diese Tendenzen. Die Europäische Integration lieferte und liefert immer noch gewichtige Argumente für eine wissenschaftsbasierte, wirksame und lebensnähere Didaktik der Sprachen (Europäische Kommission, 1996; Europäische Kommission,

1997). Unter der Ägide des Europarates haben Sprachwissenschaftler/ innen – wobei Kollegen aus der Schweiz besonders aktiv waren – ein Instrument der Beschreibung sprachlicher Kompetenzen entwickelt, das auch zugunsten besserer, d. h. effektiverer Fremdsprachendidaktik eingesetzt werden kann und soll: den europäischen Referenzrahmen, aus dem das Europäische Sprachenportfolio hervorgegangen ist (Council of Europe, 2000). Im Rahmen der Förderung der Mehrsprachigkeit wird darüber diskutiert, wie die Sprachen der Migration, die in einigen Fällen zugleich auch Sprachen der Europäischen Union sind, im Curriculum ihren Platz finden können. In der Schweiz ist seit einigen Jahren von einem Gesamtsprachenkonzept die Rede.

Die Bildungstheorie integriert diese Aspekte der Multikulturalität (Adressaten und curriculare Inhalte) zwar nur teilweise, aber immer mehr; die intendierten Curricula (Lehrpläne) sind kontinuierlich an die Entwicklungen angepasst worden, die hier nur flüchtig skizziert werden konnten. Darauf komme ich unter Punkt 3 zurück. Die Strukturen der Bildungssysteme und die tägliche Unterrichtspraxis passen sich allerdings nur zögerlich an (Allemann-Ghionda, 2002).

Das ist die Ausgangslage, von der eine Definition der Ziele und Standards der LLB sowie der Kompetenzen auszugehen hat.

3 Internationale und interkulturelle Ansätze in der Erziehungswissenschaft

Der internationale Horizont, die Begleiterscheinungen der Globalisierung und die multikulturelle sowie interkulturelle Dimension bilden den Referenzrahmen der heutigen Entwicklungen in Bildung, Erziehung und Sozialisation (Allemann-Ghionda, 2004a). Die Erziehungswissenschaft ist im Begriff, weniger lokal und national und zunehmend international, aber auch transnational zu werden (Hörner, 1999; Schriewer, Henze, Wichmann, Knost, Taubert und Barucha, 1999). Vor diesem Hintergrund müssen viele pädagogische Fragestellungen interkulturell und international angegangen werden, weil sonst der Bezug zum realen Lauf der Dinge verloren geht. Das bedeutet nicht, dass das Lokale nicht mehr wichtig ist, sondern dass das Lokale und das Partikulare als Teil globaler Entwicklungen zu sehen sind.

4   Internationalität und Interkulturalität in den Lehrplänen der Schulen und im Hochschulwesen

Neuere Untersuchungen haben ergeben: In den meisten Bundesländern haben die Lehrpläne der Grundschule, der Sekundarstufe I und II und im Sekundarbereich die Lehrpläne der verschiedenen Schultypen die Dimension der Interkulturalität einbezogen. Den entscheidenden Impuls gab 1996 die Kultusministerkonferenz mit ihren Empfehlungen zur interkulturellen Bildung (KMK, 1996). Die „interkulturelle Idee" (Allemann-Ghionda, 1997) wird von den Verfassern der Richtlinien und Lehrpläne zwar unterschiedlich interpretiert, und es werden verschiedene „Perspektiven" bevorzugt (Neumann und Reuter, 2004). Aber die interkulturelle Idee ist auf eine Weise präsent, die vor dreissig Jahren, als in Europa erstmalig der Begriff der interkulturellen Erziehung auftauchte, noch Wunschdenken war. Die Verknüpfung zwischen allgemeinen Prinzipien und Standards einerseits und konkreten Hinweisen für die didaktische Umsetzung andererseits ist in den meisten Lehrplänen noch eher vage. Es muss noch einiges getan werden, bis mehr Klarheit herrscht über das, was die Ausbildung interkultureller Kompetenz in der Schule und für die einzelnen Fächer bedeutet, und wie sie lehrbar wird. Eines können wir hier festhalten: Eine allgemeine Bildung, die auch Interkulturalität und Pluralität einbezieht, mobilisiert (wie Bildung schlechthin) Ressourcen in verschiedenen Bereichen: im kognitiven, im affektiven, im sozialen und im Handlungsbereich. Das hat Folgen für die Ziele und Inhalte der LLB.

Neben der Interkulturalität ist die Internationalisierung der zweite, wichtige Begriff, der seit einigen Jahren und immer häufiger in Verbindung mit der Globalisierung in der bildungspolitischen Diskussion genannt wird.

Seit einem Jahrzehnt wird in Nordrhein-Westfalen in bildungspolitischen Dokumenten die Internationalisierung der Bildung mit Nachdruck angesprochen (Bildungskommission Nordrhein-Westfalen, 1995). Internationalisierung wird mit so verschiedenen Inhalten assoziiert wie: Migration, europäische Integration und Verantwortung für eine Welt (ebd., 118). Im Papier „Bachelor- und Masterstudiengänge – Eine Chance für die Studienreform der Gemeinsamen Kommission für die Studienreform im Land Nordrhein-Westfalen" (Gemeinsame Kommission für die Studienreform im Land Nordrhein-Westfalen, 1999) wird postuliert: „Die Auswahl der Studieninhalte muss die Interkulturalität des Studiums stärken" (ebd., 8).

Wenn die Richtlinien und Lehrpläne für die Schule ernst genommen und didaktisch konkretisiert werden sollen, müssen angehende Lehrpersonen in die Lage versetzt werden, die darin erörterten Postulate zu verstehen und didaktisch umzusetzen. Somit sind auch die LLB, die in deutschsprachigen Ländern an Universitäten, in einigen Fällen an Pädagogischen Hochschulen stattfindet, und die pädagogische Forschung, die unmittelbar damit verknüpft ist, gefordert.

5 Aktuelle Reform der LLB, Standards und Kompetenzen im Kontext der Multikulturalität

5.1 Pluralität und Interkulturalität als Querschnittdimension

Die LLB hat also darauf vorzubereiten, dass Lehrpersonen nicht in einer monolingualen und monokulturellen, sondern in einer mehrsprachigen und soziokulturell heterogenen Gesellschaft tätig sind. Diese Forderung ist nicht der Diskurs einiger Spezialist/innen, die eine besondere Richtung der Erziehungswissenschaft vertreten, sondern sie schlägt sich in den aktuellen Curricula zahlreicher Hochschulen nieder, wenngleich zu bemängeln ist, dass der Grad der Verbindlichkeit besonders in Deutschland aufgrund der freien Bildungstradition bisher eher gering war (Jungmann & Triantafillou, 2004).

Die Universität zu Köln bietet seit einigen Jahren ein ansehnliches Programm pädagogischer Lehrveranstaltungen an, denen interkulturelle und internationale Ansätze zugrunde liegen. Nach den bisherigen Studienordnungen konnte es jedoch passieren, dass Lehramtskandidat/innen an diesen Ansätzen vorbei studierten und somit ihre Erstausbildung abschlossen, ohne in diesem Bereich die geringste Kompetenz erworben zu haben.

Die erfolgte Umstellung auf modularisierte Studiengänge ist in dieser Hinsicht eine Chance. Denn in allen Modulen werden die Dimensionen der soziokulturellen Heterogenität, der Mehrsprachigkeit und der Interkulturalität angesprochen – ganz im Sinne der vorliegenden Gutachten, die von einer Querschnittaufgabe sprechen (Terhart, 2000). Der multikulturelle, mehrsprachige und sozial heterogene Hintergrund unserer Studierenden sowie die vielfältigen internationalen Tätigkeiten bieten hervorragende Voraussetzungen, die Interkulturalität und Internationalität der Studieninhalte auf eine Weise zu gestalten, die Resonanz findet.

Migration, intranationale Mehrsprachigkeit, europäische Integration und Globalisierung als Manifestationen einer Internationalisierung des Erlebens und der Bildung erfordern spezifisches Wissen und Kompetenzen, die in der LLB erworben werden müssen und können.

Welche Standards müssen nun neu festgelegt werden? Und damit verbunden: Welches Wissen und welche Kompetenzen gehören dazu, wenn die Standards erreicht werden sollen?

Die Ergebnisse von PISA und IGLU haben gezeigt, dass das deutsche Bildungswesen nicht in genügendem Masse integrationsfähig ist, und zwar nicht nur in Bezug auf Schüler mit einem Migrationshintergrund, sondern allgemeiner bezogen auf Schüler, die vom familiären Bildungsniveau her bei ihrer Einschulung nicht die sprachlichen Voraussetzungen und die Vorbildung mitbringen, die von der schulischen Institution erwartet werden (OECD, 2001). Dabei ist nicht die Sprache „an sich", sondern der sozioökonomische Hintergrund massgebend. Ein wichtiger Grund für das nicht zu übersehende Gefälle zwischen dem Bildungserfolg der Schüler ohne und mit Migrationshintergrund liegt in der bisher nicht ausreichenden Vorbereitung der Lehrpersonen auf das Unterrichten und Beurteilen der Leistungen in mehrsprachigen, multikulturellen Klassen. Die nicht ausreichende sprachliche Förderung, die eine vornehmliche Aufgabe der Schule und des Unterrichts ist, ist ein bisher unterschätztes Problem der LLB. Ein Forschungsprojekt im Rahmen des Lehrerbildungszentrums der Universität zu Köln (geleitet von C. Allemann-Ghionda und G. Auernheimer, Universität zu Köln, Laufzeit 2003–2004) hat die Kompetenzen der Lehrpersonen im Bereich der Beobachtung und Beurteilung von Schüler/innen empirisch untersucht mit dem Ziel, professionelle Beurteilungsinstrumente zu entwickeln und den Lehrpersonen näher zu bringen.

Eine Professionalisierung der Lehrpersonen im Hinblick auf die konstruktive Auseinandersetzung mit der Multikulturalität, wie ich sie oben

Abbildung 1: Drei Bereiche der Professionalisierung von Lehrpersonen

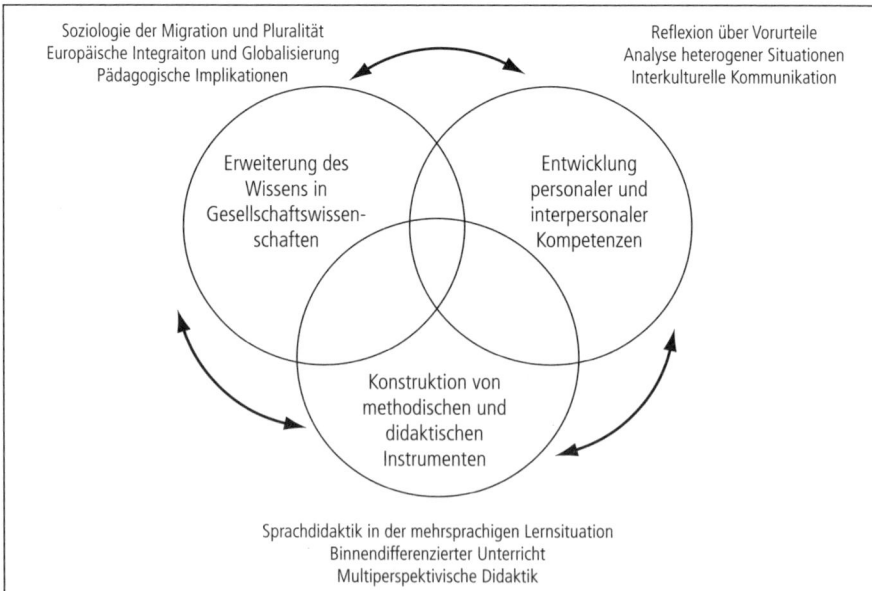

definiert habe, müsste ganz allgemein – der klassischen Dreidimensionalität folgend, die in Kompetenzmodellen der Berufspädagogik üblich ist (vgl. Klieme u. a., 2003, 22, Fussnote) – mit drei Registern spielen, die ich der Einfachheit halber in einem Modell der drei gleichberechtigten, interdependenten Bereiche darstellen möchte (vgl. Abbildung 1).

Dieses Modell wurde im Rahmen eines Forschungsprojektes entwickelt, das ich während meiner Zeit als Dozentin in Bern und Genf mit den Kolleginnen Christiane Perregaux und Claire de Goumoëns durchgeführt habe (Allemann-Ghionda, de Goumoëns und Perregaux, 1999), und das unter anderem ein Curriculum der LLB für die sprachliche und kulturelle Vielfalt hervorgebracht hat. Damals haben wir für jede Disziplin der LLB für die Grundschule (von der allgemeinen Pädagogik über die Psychologie bis hin zu den Fachdidaktiken usw.) die „Interkulturalisierung" der Inhalte der LLB durchdekliniert (Allemann-Ghionda, Perregaux und De Goumoëns, 1999).

5.2 Standards und Kompetenzen

Nach dem heutigen Stand der Diskussion erscheint mir ein weiterer Schritt möglich und notwendig, nämlich die Definition von Standards und Kompetenzen, die eine LLB anstreben muss, welche die Pluralität als Querschnittdimension versteht. Zur Erinnerung: „Bildungsstandards formulieren Anforderungen an das Lehren und Lernen in der Schule. Sie benennen Ziele für die pädagogische Arbeit, ausgedrückt als erwünschte Lernergebnisse der Schülerinnen und Schüler" (Klieme u. a., 2003, 19). In der gleichen Publikation ist zum Begriff der Kompetenz zu lesen: „Bildungsstandards konkretisieren die Ziele in Form von Kompetenzanforderungen" (ebd., 21). *Mutatis mutandis* geht es hier um das, was zukünftige Lehrpersonen lernen und können müssen, damit sie auf den Schuldienst unter den beschriebenen Bedingungen vorbereitet sind.[2]

Versuche, aus dieser Sicht konkrete Kompetenzen zu benennen, wurden bereits zuvor unternommen (s. auch EDK, 2000; EUNIT, 1998). Die Kommission interkulturelle Bildung der Sektion interkulturell und international vergleichende Erziehungswissenschaft der Deutschen Gesellschaft für Erziehungswissenschaft hat unter meiner Mitwirkung ein Kerncurriculum der interkulturellen Bildung erarbeitet, das ebenfalls in meine Überlegungen einfliesst. Ich knüpfe an diese Arbeiten an, um im Kontext der inzwischen eingetretenen und der zukünftigen Strukturreformen meine Vorschläge zu formulieren.

---

2 Auf die Diskussion über den Begriff der Kompetenz gehe ich hier nicht ein; vgl. dazu (Rychen und Salganik, 2001), (Toussaint und Xypas, 2004).

Dabei fokussiere ich in erster Linie den Beitrag der Erziehungswissenschaft, das Fach, das ich an der Universität zu Köln lehre. Doch viele der von mir angesprochenen Kompetenzen implizieren den Beitrag anderer Disziplinen: der Soziologie, der Psychologie(n), der allgemeinen Sprachwissenschaft, der Sprachfächer, der Ethnologie, um nur einige zu nennen. Interdisziplinarität ist hier gefragt. Die meisten Fächer der Lehrämter können und sollten sich interkulturell und international öffnen. Da Lehrpläne mittlerweile in allen Bundesländern die Dimension der Interkulturalität mehr oder weniger artikuliert integriert haben (Allemann-Ghionda, 2004b; Neumann und Reuter, 2004) – vgl. exemplarisch die Lehrpläne für das Fach Englisch (Göbel und Hesse, 2004) und für das Fach Geschichte (Allemann-Ghionda, im Druck) – verfügen die Fachdidaktiken nunmehr über eine brauchbarere – weil konkretere – Grundlage, um Beispiele der fachbezogenen interkulturellen Didaktik zu entwickeln. Allerdings befindet sich die Definition von Kompetenzen in vielen Fällen erst im Stadium der Andeutung.

Im Hinblick auf die interkulturelle Öffnung der LLB spielt die Disziplin Erziehungswissenschaft eine zweifache Rolle. Einmal gibt es auf der Sekundarstufe ein Unterrichtsfach Pädagogik, das wie alle anderen interkulturell und international geöffnet werden kann. Und zum zweiten erhalten die zukünftigen Lehrpersonen parallel zur fachlichen an der Universität eine pädagogische Ausbildung (in Nordrhein-Westfalen: die erziehungswissenschaftlichen Studien).

Nun komme ich zur Benennung der Standards und Kompetenzen – ein Versuch, der natürlich keinen Anspruch auf Vollständigkeit erhebt:

Standard A

Qualifikation für das Arbeiten in einer Gesellschaft und in Bildungsinstitutionen, welche von den Auswirkungen der Internationalisierung und Globalisierung geprägt sind.
Kompetenzen:

- Wissen über wirtschaftliche, soziokulturelle Ursachen, Auswirkungen, Begleiterscheinungen der Globalisierung;
- Wissen über soziologische Aspekte der Migration;
- Medienkompetenz unter dem Aspekt der transnationalen Kommunikation und der Darstellung von Interkulturalität.

Standard B

Qualifikation für eine pädagogische Tätigkeit in einem Bildungswesen, das europäisiert, internationalisiert und interkulturalisiert wird oder werden soll.

Kompetenzen:

- Wissen über bildungspolitische Entwicklungen in der Europäischen Union;
- Einordnen von Bildungsfragen in einen internationalen Zusammenhang;
- Fähigkeit, in europäischen Gremien entwickelte Konzepte (z. B.: Europäisches Sprachenportfolio) in ihrer Bedeutung zu erkennen und zu übertragen.

Standard C

Qualifikation für das Unterrichten in Klassen, die meistens mehrsprachig und soziokulturell heterogen sind.

Kompetenzen:

- Aneignung der theoretischen Grundlagen der interkulturellen Bildung;
- Aneignung der theoretischen Grundlagen der interkulturellen Kommunikation;
- Umsetzung der Theorien in interkulturelle Didaktik (der Fächer);
- Umsetzung der sozialpsychologischen Theorien auf das Verstehen von mehrkulturellen Identitäten;
- Umsetzung der sozialpsychologischen Theorien auf den eigenen Umgang mit Stereotypen (z. B. mit Differenz aus interkultureller Sicht und in Bezug auf Gender) (vgl. Weber, 2003);
- Erarbeitung der psycholinguistischen und pädagogischen Grundlagen der Mehrsprachigkeit;
- Umsetzung der psycholinguistischen Theorien in Didaktik der Zweitsprache (vgl. Schader, 2000);
- Anwendung der psycholinguistischen Theorien auf das Verstehen von Lernprozessen bei zwei- oder mehrsprachig Aufwachsenden;
- Transfer des Wissens über Migration und über interkulturelle Kommunikation auf Gesprächssituationen mit Lernenden, Kollegen und Eltern aus anderen Ländern;
- Aneignung von Forschungsergebnissen über Beobachtung und Diagnostik;
- Übertragung dieses Wissens auf mehrsprachige und soziokulturell heterogene Klassen.

Standard D

Qualifikation für das Unterrichten nach Lehrplänen, welche zunehmend die interkulturelle Dimension und internationale Gesichtspunkte integrieren.

Kompetenzen:

- Aneignung der theoretischen Grundlagen der interkulturellen Bildung;
- Aneignung der theoretischen Grundlagen der interkulturellen Kommunikation;
- Umsetzung der Theorien in interkulturelle Didaktik (der Fächer);
- Umsetzen von Grundzügen der Lehrplanforschung und der Lehrmittelanalyse.

Standard E

Qualifikation für die Bereitschaft, sich periodisch in pädagogischer und fachdidaktischer Hinsicht umzuorientieren, um den Konsequenzen von Reformen folgen und an der Schulentwicklung mitwirken zu können.

Kompetenzen:

- Vertrautheit mit der einschlägigen pädagogischen Literatur;
- Sachkundiger und kritischer Umgang mit dem Internet;
- Erkennen der Notwendigkeit von Fortbildung und Wahrnehmen von Fortbildungsangeboten.

Eine letzte Feststellung betrifft den Stellenwert des Wissens sowie das Verhältnis von Theorie und Praxis – ein Dauerbrenner der Diskussion über LLB. Wenn angehende Lehrpersonen das Wissen als für sie nachvollziehbar und im weitesten Sinne praxisrelevant erkennen, weil es einen Bezug zur sie umgebenden gesellschaftlichen Wirklichkeit hat, und wenn die hochschuldidaktische Gestaltung die Aktivität und die persönlichen Ressourcen (in diesem Fall zum Beispiel die Multikulturalität) der Studierenden mobilisiert, ist der Weg für die gegenseitige Befruchtung von Theorie und Praxis geebnet.

6 Literatur

Allemann-Ghionda, Cristina (1997), Interkulturelle Bildung, *Zeitschrift für Pädagogik*, Beiheft zu Nr. 36, 107–149.
Allemann-Ghionda, Cristina (2002²), Schule, Bildung und Pluralität: Sechs Fallstudien im europäischen Vergleich, in: Jürgen Oelkers, *Explorationen*, Bern u. a.: Lang.
Allemann-Ghionda, Cristina (2004a), *Einführung in die vergleichende Erziehungswissenschaft*, Weinheim, Basel: Beltz.

Allemann-Ghionda, Cristina (2004b), Interkulturalität und Internationalität im Curriculum – vom theoretischen Postulat zur Institutionalisierung? Einführung in den Thementeil, *Zeitschrift für Pädagogik*, 50 (6), 798–802.

Allemann-Ghionda, Cristina (im Druck), Historical Knowledge for Everybody or for the Happy Few? Teaching ‚The Romans‘ in Nordrhein-Westfalen, Germany, in: Carol Morgan, Hrsg., *Inter- and Intracultural Differences in European History Textbooks,* Berne (usw.): Lang.

Allemann-Ghionda, Cristina; Claire de Goumoëns und Christiane Perregaux (1999), *Pluralité linguistique et culturelle dans la formation des enseignants,* Fribourg: Editions universitaires.

Allemann-Ghionda, Cristina; Christiane Perregaux und Claire de Goumoëns (1999), *Curriculum der Lehrerinnen- und Lehrerbildung für die sprachlich-kulturelle Vielfalt,* Bern: Schweizerischer Nationalfonds zur Förderung der wissenschaftlichen Forschung, Nationales Forschungsprogramm 33 „Wirksamkeit unserer Bildungssysteme".

Bildungskommission Nordrhein-Westfalen (1995), *Zukunft der Bildung – Schule der Zukunft. Denkschrift der Kommission „Zukunft der Bildung – Schule der Zukunft" beim Ministerpräsidenten des Landes Nordrhein-Westfalen,* Neuwied u. a.: Luchterhand.

Council of Europe (2000), *A Common European Framework of Reference for Languages,* Cambridge: Cambridge University Press.

EDK (2000), *Interkulturelle Pädagogik in der Lehrerinnen- und Lehrerbildung. Zentrale Lernbereiche – Thesen – Literaturhinweise, Dossier 60,* Bern: Schweizerische Konferenz der kantonalen Erziehungsdirektoren.

EUNIT, Hrsg. (1998), *Qualifikationen für das Unterrichten in mehrsprachigen Schulen,* Münster: Waxmann.

Europäische Kommission (1996), *Lehren und lernen: Auf dem Weg zur kognitiven Gesellschaft. Weissbuch zur allgemeinen und beruflichen Bildung,* Luxemburg: Amt für amtliche Veröffentlichungen der Europäischen Gemeinschaften.

Europäische Kommission (1997), *Lernen lebender Fremdsprachen an den Schulen der Europäischen Union,* Luxemburg: Amt für amtliche Veröffentlichungen der Europäischen Gemeinschaften.

Fürstenau, Sara; Ingrid Gogolin und Kutlay Yagmur (2003), *Mehrsprachigkeit in Hamburg. Ergebnisse einer Sprachenerhebung an den Grundschulen in Hamburg,* Münster: Waxmann.

Gemeinsame Kommission für die Studienreform im Land Nordrhein-Westfalen (1999), *Bachelor- und Masterstudiengänge – Eine Chance für die Studienreform,* Bochum: Wissenschaftliches Sekretariat für die Studienreform.

Göbel, Kerstin und Hermann-Günter Hesse (2004), Vermittlung interkultureller Kompetenz im Englischunterricht – eine curriculare Perspektive, *Zeitschrift für Pädagogik,* 50 (6), 818–834.

Hörner, Wolfgang (1999), Historische und gegenwartsbezogene Vergleichsstudien – Konzeptionelle Probleme und politischer Nutzen angesichts der Internationalisierung der Erziehungswissenschaft, *Tertium Comparationis,* 5 (2), 107–117.

Jungmann, Walter und Fotini Triantafillou (2004), Interkulturelle und internationale Ansätze in der Lehrerbildung: Erste Befunde einer vergleichende Analyse zur Lehr(er)qualifikation für die Primarstufe an deutschen und griechischen Hochschulen, *Zeitschrift für Pädagogik,* 50 (6), 849–864.

Klieme, Eckhard; Hermann Avenarius, Werner Blum, Peter Döbrich, Hans Gruber, Manfred Prenzel, Kristina Reiss, Kurt Riquarts, Jürgen Rost, Heinz-Elmar Tenorth und Helmut J. Vollmer (2003), *Zur Entwicklung nationaler Bildungsstandards,* Bonn: Bundesministerium für Bildungsforschung.

KMK (1996), *Empfehlung „Interkulturelle Bildung und Erziehung in der Schule"*. *Beschluss der Kultusministerkonferenz vom 25.10.1996*, Bonn: Sekretariat der ständigen Konferenz der Kultusminister der Länder in der Bundesrepublik Deutschland.

Neumann, Ursula und Lutz Reuter (2004), Interkulturelle Bildung in den Lehrplänen – neuere Entwicklungen, *Zeitschrift für Pädagogik*, 50 (6), 803–817.

OECD (2001), *Knowledge and Skills for Life. First Results from PISA 2000*, Paris: Organisation for Economic Co-Operation and Development, Centre for Educational Research and Innovation.

Oksaar, Els (2003), *Zweitspracherwerb: Wege zur Mehrsprachigkeit und zur interkulturellen Verständigung*, Stuttgart: Kohlhammer.

Rychen, Dominique S. und Laura H. Salganik, Hrsg. (2001), *Defining and Selecting Competencies*, Seattle, Toronto, Bern, Göttingen: Hogrefe & Huber.

Schader, Basil (2000), *Sprachenvielfalt als Chance. Handbuch für den Unterricht in mehrsprachigen Klassen. Hintergründe und 95 Unterrichtsvorschläge für Kindergarten bis Sekundarstufe I*, Zürich: Orell Füssli.

Schriewer, Jürgen; Jürgen Henze, Jürgen Wichmann, Peter Knost, Jörn Taubert, und Susanne Barucha (1999²), Konstruktion von Internationalität: Referenzhorizonte pädagogischen Wissens im Wandel gesellschaftlicher Systeme (Spanien, Sowjetunion/Russland, China), in: Hartmut Kaelble und Jürgen Schriewer, Hrsg., *Gesellschaften im Vergleich*, Frankfurt usw.: Lang, 151–258.

Stradling, Robert (2001), *Teaching 20th-century European History*, Strasbourg: Council of Europe Publishing.

Terhart, Ewald, Hrsg. (2000), *Perspektiven der Lehrerbildung in Deutschland. Abschlussbericht der von der Kultusministerkonferenz eingesetzten Kommission*, Weinheim, Basel: Beltz.

Tokuhama-Espinosa, Tracey (2003), *The Multilingual Mind: Issues Discussed By, For, and About People Living with Many Languages*, Westport: Praeger.

Toussaint, Rodolphe und Constantin Xypas, Hrsg. (2004), *La notion de compétence en éducation et formation: Fonctions et enjeux*, Paris: L'Harmattan.

Weber, Martina (2003), *Heterogenität im Schulalltag: Konstruktion ethnischer Unterschiede*, Opladen: Leske & Budrich.

Ungleichbehandlung und Gerechtigkeit – ein Beitrag zur Klärung wesentlicher Kriterien für ein gutes Bildungssystem

Thomas Kesselring

1 Ausgangspunkt der Fragestellung

Vom Bildungswesen fordern wir nicht nur, dass es gut und effizient, sondern auch dass es gerecht ist. In einem gerechten Bildungssystem sollten also zum Beispiel gleiche Leistungen gleich beurteilt werden. Diese Forderung ist wohl selbstverständlich. Doch abgesehen davon, dass sie schwer zu erfüllen ist[1], stellen wir an ein gerechtes Bildungswesen weitere und noch schwerer zu erfüllende Forderungen: Zum Beispiel die, dass ungleiche Leistungen ungleich zu beurteilen sind, und dass die Unterschiede in den Beurteilungen den beurteilten Leistungsdifferenzen proportional sein sollten. Mit der Idee der Gerechtigkeit verbinden sich schliesslich auch Forderungen, über die keine Einigkeit besteht: Sollen alle Schülerinnen und Schüler gleich stark gefördert werden? Oder sollen schwächere Schüler stärker gefördert werden? Oder soll die Förderung um so stärker sein, je mehr sich eine Schülerin oder ein Schüler anstrengt?

Das Bildungswesen ist nicht der einzige Bereich, in dem sich Gerechtigkeitsfragen stellen: Wirtschaft und Politik, die Justiz und das Steuerwesen sind weitere Bereiche, und Fragen der Gerechtigkeit stellen sich nicht nur innerhalb dieser Bereiche, sondern auch in ihrem Zusammenspiel. Aus diesem Grund soll im folgenden die Diskussion über die Kriterien von Gerechtigkeit auf die Gesellschaft als ganze ausgeweitet werden, in der das Bildungswesen einen gewichtigen Platz einnimmt.

2 Was hat Gerechtigkeit mit Gleichheit zu tun?

Es gibt keine zwei einander ganz und gar gleichen Personen. Menschen unterscheiden sich hinsichtlich Gewicht und Körpergrösse, Gesichtszügen, Haar-,

---

1 Eine in den neunziger Jahren an Berliner Schulen durchgeführte Studie zeigt eine Vielzahl von Inkonsequenzen bei der Notengebung: Noten verschiedener Fächer sind nicht vergleichbar, die Noten derselben Fächer sind über verschiedene Schuljahre hinweg nicht vergleichbar, Mädchen und Jungen werden nicht exakt nach denselben Kriterien benotet und – besonders brisant – die Benotung für gleiche schulische Leistungen weicht von Schulklasse zu Schulklasse oft eklatant ab (Thiel & Valtin, 2002).

Augen- und Hautfarbe, hinsichtlich Familienzugehörigkeit beziehungsweise Geschwisterfolge, Geburtsort und -zeit, hinsichtlich ihrer Fähigkeiten, Interessen, Hobbys usw. Manche sind einflussreich, manche vermögend, die meisten sind weder das eine noch das andere. Auch die Schicksale zweier Menschen sind niemals bis ins Einzelne gleich. Weshalb wird Gerechtigkeit trotzdem eher mit Gleichheit als mit Ungleichheit in Verbindung gebracht? Dafür gibt es zwei Gründe:

Erstens wäre ein friedliches Zusammenleben ohne Regeln schwerlich möglich. Regeln gelten innerhalb ihrer jeweiligen Kontexte *allgemein*. Im menschlichen Zusammenleben ist dies nicht anders als bei Regelspielen. Die meisten Regeln kennen zwar Ausnahmen. Doch das Sprichwort „Keine Regel ohne Ausnahme" klingt bekanntlich selbst wie eine Regel, und wer fragt, wie er in einem Ausnahmefall vorgehen soll, ist dankbar um jede „Faustregel", die ihm weiterhilft.

Zweitens sind alle Menschen *de facto* einander darin gleich, dass sie Mitglieder der Spezies *Homo sapiens* und als solche sprachfähig und imstande sind, ihre Handlungen zu begründen, ihr Zusammenleben zu regeln, Absprachen zu treffen, Verfahrensfragen zu diskutieren usw. Wir können jederzeit nach den Gründen unseres Handelns befragt werden, und wenn wir Auskunft geben, nehmen wir gewöhnlich auf Regeln Bezug – ausdrücklich oder unausdrücklich. Eine häufige Reaktion lautet sinngemäss: „Das würde jemand anderer an meiner Stelle unter diesen Umständen doch ebenso machen!" Selbst wenn wir besonders originell sein wollen, müssen wir wenigstens auf die Rechte der Anderen Rücksicht nehmen, und in dieser Hinsicht sind wir wiederum an Regeln und Konventionen gebunden. Wenn wir unser Verhalten begründen, unterstellen wir, dass das, was wir sagen, nachvollziehbar ist, und zwar für Herrn Rot genau so wie für Frau Grün, für Herrn Schwarz genau so wie für Frau Weiss.

3 Wann ist Ungleichbehandlung gerechtfertigt?

Die Frage, ob es Umstände gibt, die eine Ungleichbehandlung gerecht erscheinen lassen, wird in der modernen Ethik zu Recht mehrheitlich verneint. Ein breiter Konsens besteht bezüglich folgender Tatsachen:

3.1 „Alle Menschen sind gleich"

Menschen haben trotz der mannigfaltigen Ungleichheiten, die wir zwischen ihnen beobachten, zunächst einmal das Recht auf Gleichbehandlung – gleiche Behandlung in gleichen Situationen – und auf Gleichheit vor dem

Gesetz. In manchen Situationen müssen wir diesen Anspruch allerdings differenzieren.

3.2   Wettbewerbsbedingte Ungleichheiten

Ob sie wollen oder nicht, stehen Menschen zueinander in einem Wettbewerb: um materielle und ökonomische Ressourcen, um Ausbildungsplätze, berufliche Stellungen, soziale Rangpositionen, um Macht, Einfluss, Ehre, Ansehen und Aufmerksamkeit. Es liegt in der Natur des Wettbewerbs, dass Menschen darin ungleich abschneiden. So ist denn der Wettbewerb *eine* der Ursachen der bestehenden sozialen Ungleichheit. Dennoch ist ein Wettbewerb nicht unbedingt etwas Ungerechtes. Als ungerecht gilt ein Wettbewerb nur dann, wenn er den Beteiligten nicht dieselben Erfolgschancen eröffnet oder wenn sich einzelne Teilnehmer nicht an die gebotenen Fairness-Regeln halten. Gerecht ist ein Wettbewerb hingegen dann, wenn das Prinzip der *Chancengleichheit* erfüllt ist. Etwas konkreter: Der Wettbewerb um berufliche und soziale Stellungen ist gerecht, wenn für alle Personen *mit gleichen Fähigkeiten* die Wahrscheinlichkeit, eine bestimmte Vorzugsposition zu erringen (z. B. als Arzt oder Jurist), gleich hoch ist.[2]

Hinsichtlich ihrer Fähigkeiten bestehen zwischen den Menschen jedoch erhebliche Diskrepanzen. Deswegen sind in vielen Wettbewerbssituationen die Erfolgschancen der Teilnehmer ungleich. Das führt paradoxerweise dazu, dass selbst dann, wenn das Prinzip der Chancengleichheit erfüllt ist, die Menschen unterschiedliche soziale Positionen erringen können. Chancengleichheit ist anscheinend nur ein Teilaspekt von Gerechtigkeit. Es liegt deswegen nahe, nach zusätzlichen Kriterien Ausschau zu halten.

3.3   Zufalls- und naturbedingte Ungleichheiten

Die Tatsache, dass Menschen mit unterschiedlichen Fähigkeiten ausgestattet sind, hat vielfältige Ursachen, die wir in drei Gruppen unterteilen können: (a) soziale Ursachen, (b) natürliche oder zufallsbedingte Ursachen und (c) Ursachen, die bei den einzelnen Personen selber liegen. – Betrachten wir diese Ursachen näher (vgl. auch Tabelle 1):

(a)   *Soziale Ursachen*: Unsere Fähigkeiten hängen teilweise von unserer Ausbildung ab. Das Bildungswesen ist letztlich Sache der Politik und der Gesellschaft. In diesem Kontext erhebt sich eine Vielzahl von Fragen: Werden die Leistungen der Schülerinnen und Schüler

---

2   Analoges gilt für den Markt, denn der Markt setzt Wettbewerb voraus: Selbst wenn sie von gleichen Startbedingungen ausgehen, stehen die Marktteilnehmer häufig schon nach kurzer Zeit unterschiedlich gut da: Einige agieren erfolgreicher und haben mehr Glück und verfügen entsprechend über mehr Kapital als andere.

einer Klasse nach den gleichen Kriterien beurteilt? Werden wir mit den Beurteilungs-Kriterien, die wir an die Leistungen der Schülerinnen und Schüler anlegen, allen gleichermassen gerecht? Werden wir beispielsweise fremdsprachigen Kindern gerecht, wenn wir ihre Sprachfähigkeit am Massstab ihrer Deutschkenntnisse und nicht ihrer muttersprachlichen Kenntnisse beurteilen? Ist des weiteren die Qualität von Schulen, Universitäten, Lehrplänen, Lehrkräften usw. nicht höchst unterschiedlich? Dürfen wir von der gleichen Qualifikation in Abgangszeugnissen wirklich auf das Vorliegen gleicher Fähigkeiten schliessen? – Die Vielzahl dieser Fragen deutet darauf hin, dass unser Bildungssystem dem Kriterium der *Chancengleichheit* wahrscheinlich kaum gerecht wird.

(b) *Natur- und zufallsbedingte Ursachen*: Welche Fähigkeiten jemand entwickelt, ist zum Teil biologisch bestimmt. Die Vererbung ist eine Art natürlicher Lotterie. Ebenfalls zufällig sind die Gründe, warum ein Kind in eine Oberschichtfamilie, ein anderes in eine Unterschichtfamilie, ein drittes in eine marginalisierte Ausländerfamilie hineingeboren wird. Auch die häuslichen Bedingungen, unter denen ein Kind aufwächst, verdanken sich zum Teil dem Zufall. Kinder, die zu Hause ein Zimmer für sich haben und die von ihren Eltern bei ihrer schulischen Arbeit unterstützt und zum Lesen angehalten werden, reüssieren in der Schule leichter als Kinder ohne eigenes Zimmer und mit Eltern, die an Bildung desinteressiert sind. Auch hier liegt eine Reihe von Fragen nahe: Sollten wir bei der Beurteilung benachteiligter Schülerinnen und Schüler nicht einen milderen Massstab anwenden, obwohl wir die Einheitlichkeit des Massstabs damit aufgeben? Um wie viel milder soll die Beurteilung dann aber sein? Und wie gehen wir damit um, dass kleine natürliche Unterschiede zwischen den Menschen – z. B. der Unterschied, ob männlich oder weiblich – eine riesige Wirkung auf die Karriereaussichten haben können?

(c) *Ursachen, die sich die Betroffenen selbst zuzuschreiben haben*: Schliesslich ist jeder Mensch für seine Fähigkeiten ein Stück weit selber verantwortlich. Zumindest unterstellen wir dies mit einiger Selbstverständlichkeit, denn wenn jemand einen Lehr- oder Universitätsabschluss bestanden hat, dann gratulieren wir weder seinen Genen beziehungsweise seinen Eltern oder Vorfahren noch seinen Lehrern (oder denjenigen, die diese Lehrer ausgebildet haben), sondern der erfolgreichen Person selbst. Wenn jemand aus selbstverschuldeter Unachtsamkeit einen wichtigen Termin versäumt und deswegen auf eine bestimmte Ausbildung verzichten muss, dann hat er bestenfalls Pech, ist aber nicht Opfer einer Ungerechtigkeit. Was aber, wenn jemand sich freiwillig besonderen Risiken aussetzt – einem Unfall- oder Infektionsrisiko (z. B. mit Aids) oder dem Risiko, drogenabhängig zu werden – und in der Folge die entsprechenden Nachteile zu spüren bekommt?

Wer die wichtigsten Kriterien für Gerechtigkeit klären möchte, ohne der Gefahr einer einseitigen Definition zu erliegen, wird auf die soeben erwähnten Teilfragen eingehen müssen. Nicht zufällig halten sich zwei der bekanntesten Ethiker der Gegenwart – Peter Singer (1984, 2. Kap., v. a. S. 52 ff.) und John Rawls (1975, §§ 11–13) bei ihren Erörterungen über den Gerechtigkeitsbegriff an die angedeutete Schrittfolge. Sie argumentieren aber von unterschiedlichen Voraussetzungen aus – Singer ist Utilitarist, während Rawls die Menschenrechte in den Vordergrund rückt – und kommen dementsprechend zu unterschiedlichen Ergebnissen. Weil sie sich aber beide der erwähnten Schrittfolge bedienen, lassen sich ihre Argumentationen leicht miteinander vergleichen. Ich stelle im folgenden zunächst die Position von Singer dar, danach diejenige von Rawls.

Tabelle 1:   Klassifizierung von Ursachen sozialer Ungleichheit

1.	**Faktoren, die sich aus der sozialen Ordnung ergeben:**
a.	Kooperation: Art und Weise, wie Menschen kooperieren
b.	Wettbewerb: Art und Weise, wie Menschen die Wettbewerbs- beziehungsweise Konkurrenz-Bedingungen gestalten
2.	**Natürliche und zufällige Faktoren: Faktoren, die von der sozialen Ordnung unabhängig sind:**
a.	Biologische Ursachen:
–	Vererbung: angeborene Fähigkeiten (Begabung), körperliche und geistige Behinderungen usw.
–	Generation (z. B. Lebensalter)
–	Geschlecht *(sex)*; dagegen gehört Geschlecht im Sinn von *gender* zu *1*.
–	Ethnische Zugehörigkeit; sofern Begabung involviert ist, gehört sie zu *1*.
b.	Zufall: Soziale und geographische Gegebenheiten, in die jemand hineingeboren wird: familiäre Umstände, Region, Klima usw.
c.	Strukturelle Bedingungen, denen menschliche Kooperations- und Wettbewerbs-Formen unterliegen
3.	**Faktoren, die beim Einzelnen selber liegen:**
a.	Anstrengungen, die jemand zur Realisierung seiner Fähigkeiten unternimmt
b.	Selbstgewählte Lebensform
c.	Freie Entscheidungen mit irreversiblen Folgen (z. B. Sucht, selbstverschuldete Unfälle oder Erkrankungen)

4 Die utilitaristische Position von Peter Singer: Nutzenmaximierung ist wichtiger als Gerechtigkeit

4.1 Singer über Gleichbehandlung

Singer beantwortet die Frage, inwiefern wir Personen trotz all ihrer Verschiedenheit gleich behandeln sollen, mit utilitaristischen Argumenten. Für einen Utilitaristen ist die beste Massnahme die, die *das grösste Wohl der grössten Zahl* verwirklicht. Singer führt zusätzlich das *„Prinzip der gleichen Interessenabwägung"* ein:[3] Bei der Abwägung einer Massnahme zählen die Interessen unterschiedlicher Personen gleich viel, vorausgesetzt, sie sind von der Massnahme gleich stark betroffen. Bei ungleicher Betroffenheit gewichten auch die Interessen ungleich stark: Sofern bei zwei von einer Massnahme betroffenen Personen die eine mehr zu verlieren als die andere zu gewinnen hat, sollte die Massnahme unterlassen werden (Singer, 1984, 32).

Im utilitaristischen Nutzenmaximierungs-Kalkül bilden also die individuellen Interessen gleichsam die Währungen und die verschiedenen Grade der Betroffenheit den Schlüssel für die Umrechnungskurse zwischen diesen Währungen. Eine wesentliche Rolle spielt ausserdem das Prinzip des Grenznutzens. Dieses Prinzip geht von der Beobachtung aus, dass der Nutzen einer konstanten Gütereinheit nicht immer gleich gross ist. Wer sich hungrig ans Frühstück setzt, verspeist das zweite und dritte Brötchen mit geringerer Lust als das erste. Der Nutzenzuwachs und der Lustgewinn durch jedes weitere Brötchen fällt zunehmend geringer aus und sinkt bald einmal auf Null. Daraus folgt, dass der Nutzen grösser ist, wenn alle Mitglieder einer Familie (angenommen, sie brauchen alle gleich viele Kalorien) zwei bis drei Brötchen essen, als wenn eine oder zwei Personen alle Brötchen für sich beanspruchen und die anderen leer ausgehen. Man kann also argumentieren, dass – gleiche Bedürftigkeit aller vorausgesetzt – die gleichmässige Aufteilung eines teilbaren Gutes auf alle den grössten Nutzen bringt.

4.2 Singer über die Idee der Chancengleichheit

Das Prinzip der gleichen Interessenabwägung schafft aber noch keine gerechten Verhältnisse. Menschen befinden sich zueinander oft in Wettbewerbssituationen. Obwohl im Wettbewerb alle Teilnehmer unterschiedlich abschneiden, käme niemand auf die Idee, das Ergebnis eines Wettbewerbs deswegen als ungerecht zu empfinden. Zu den Gerechtigkeitskriterien in einem Wettbewerb

---

3   „Das ‚Prinzip der gleichen Erwägung von Interessen' besteht darin, dass ich, wenn ich ein moralisches Urteil abgebe, (…) die Interessen aller Betroffenen berücksichtigen muss. Dies bedeutet, dass wir die Interessen einfach als Interessen abwägen, nicht als meine Interessen oder die Interessen der Australier oder die Interessen der Weissen" (Singer, 1984, 32).

gehört die Einhaltung von Fairnessregeln durch alle Teilnehmer. Dasselbe gilt vom Markt, dessen Teilnehmer sich ja auch in einer Art ständigen Wettbewerbs befinden. Von Bedeutung ist ausserdem, dass alle Menschen an diesem Wettbewerb (beziehungsweise am Markt) teilnehmen können, und dass die Aussichten, im Wettbewerb erfolgreich abzuschneiden beziehungsweise sich auf dem Markt günstig zu positionieren, für alle in etwa gleich gross sind. Das ist die Idee der *Chancengleichheit* (equality of opportunity).

Singer diskutiert sie relativ ausführlich. Obwohl er zunächst den Eindruck erweckt, mit dieser Idee zu sympathisieren, weist er sie am Ende zurück. Die Begründung lautet, nach dem Prinzip der Chancengleichheit würden die Fähigsten belohnt, wobei das Kriterium der Bedürftigkeit keinerlei Rolle spiele. „Chancengleichheit ist (...) kein attraktives Ideal. Sie belohnt die Glücklichen, die solche Fähigkeiten erben, die es ihnen erlauben, interessante und einträgliche Berufswege zu beschreiten. Sie bestraft die Unglücklichen, deren genetische Konstellation ihnen einen ähnlichen Erfolg sehr erschwert" (ebd., 54). Singer geht davon aus, dass Fähigkeiten in höherem Masse durch Vererbung als durch soziale Einwirkungen determiniert sind. Obwohl er die Bedeutung gesellschaftlicher Einflüsse nicht leugnet, stellt er nicht die Forderung, dass eine gerechte Gesellschaft ungünstigen Einflüssen entgegenwirken sollte. Wir werden sehen, dass Rawls an dieser Stelle anders operiert.

Was schliesslich den Umstand betrifft, dass jede Person für ihre Fähigkeiten ein Stück weit auch selbst verantwortlich ist, so erwähnt ihn Singer nicht ausdrücklich in dieser Form. Immerhin hebt er aber den Faktor *Anstrengung* hervor und empfiehlt ein Lohnsystem, das die *Anstrengungen* der Menschen speziell honorieren soll. Das hätte den Vorteil, „dass jemand besser bezahlt wird, wenn er nahe an der oberen Grenze seiner Fähigkeiten arbeitet, was auch immer diese sein mögen" (ebd., 58). Werden Menschen nach dem geleisteten Einsatz bezahlt (und wissen sie das auch), so wird sie dies stimulieren, sich entsprechend anzustrengen. Eine Bezahlung aufgrund von Fähigkeiten, die einem in die Wiege gelegt worden sind, würde dagegen zu einer Mittelverschwendung (ebd., 58) führen, weil sie die Anreize dort setzt, wo sie nichts nützen: Niemand kann über den Schatten seiner natürlichen Begabungsgrenzen springen. Singers Vorschlag läuft auf die unter Ökonomen beliebte These hinaus, eine Gesellschaft sei *gerecht*, wenn sie das Anreizsystem so organisiert, dass ihre Mitglieder nach Massgabe ihrer Leistungsbereitschaft honoriert werden. Dieser Vorschlag setzt natürlich voraus, dass man die Anteile am Erfolg (oder Misserfolg), die auf den Faktor *Eigenleistung* zurückzuführen sind, klar und deutlich von den Anteilen trennen kann, die dem Faktor *angeborene* beziehungsweise *anerzogene Fähigkeiten* zuzurechnen sind. Die Tatsache, dass sich die Leistungs- und Anstrengungsbereitschaft durch soziale Anreizsysteme beeinflussen lässt, wirft aber auch Fragen auf: Wie plausibel ist Singers Annahme, dass die Anstrengungsbereitschaft weniger stark durch

Erbfaktoren beeinflusst ist als etwa sprachliche oder mathematische Fähigkeiten? Und – wenn man sich auf diese Annahme einlässt: Wie weit ist die Leistungsbereitschaft einer Person das Produkt ihrer eigenen Willensdisposition und nicht vielmehr das Produkt gesellschaftlicher Einflüsse – früherer Erfahrungen mit sozialer Ermutigung und Entmutigung etwa?[4]

4.3   Singer über naturgegebene und zufallsbedingte Ungleichheiten

Alle bisher besprochenen Massnahmen lassen die Tatsache unberücksichtigt, dass es Quellen sozialer Ungleichheit gibt, die die Gesellschaft als solche nicht zu verantworten hat und die auch den Betroffenen nicht angelastet werden können. Es stellt sich also die Frage, wie wir mit naturgegebenen oder zufallsbedingten Differenzen umgehen sollen. Denn Begabungen, Glück und andere zufällige Einflüsse haben sehr wohl einen Einfluss darauf, wie gut jemand in der Schule abschneidet und welche Karriere er später in der Gesellschaft einschlägt. – Singer diskutiert ein paar mögliche Kompensationsmassnahmen, verwirft aber die meisten: Verteilt man die Vermögen um, so eliminiert man den Anreiz zum Erbringen besonderer Leistungen, und man muss womöglich mit gesellschaftlichen Spannungen rechnen. Nivelliert man die Lohnkategorien, so wandern die Hochlohngruppen aus (es sei denn, die Lohndifferenzen würden überall auf der Welt nivelliert), und schafft man das Unternehmertum ab, so leidet die Wirtschaft. Am besten schneidet noch der (von Singer nur kurz erwähnte) Vorschlag ab, die Einkommensdifferenzen so weit zu verringern, wie dies möglich ist, ohne das Anreizsystem zu gefährden (ebd., 57) – eine Bedingung, die immer auch von den Anreizsystemen in benachbarten Ländern abhängt.

Besonders ungerecht sind die verschiedenen Arten von *Diskriminierung* – Praktiken, für die es typisch ist, dass naturgegebene Differenzen zum Anlass von Ungleichbehandlung genommen werden. Singer betont: Geschlechter- oder ethnische Differenzen sind kein Grund, vom *Prinzip gleicher*

---

4   Diese kritischen Rückfragen an Singers Position gehen auf Winfried Kronig zurück, der dazu folgendes Beispiel gibt: „Wenn sich (…) die überdurchschnittlichen Aspirationen von jungen Frauen aus Zuwandererfamilien innerhalb des letzten Schuljahres auf das tiefste Niveau aller Schülergruppen abkühlen, so kann das nur schwer den jungen Frauen selbst angelastet werden." – Falls diese Feststellung sich erhärten lässt, sind die Konsequenzen für das Bildungswesen ernüchternd: Man muss sich fragen, ob der Anteil der Eigenleistung an schulischen Noten nicht viel geringer ist, als allgemein angenommen wird. Und man muss sich fragen, ob die Schule (vom Kindergarten bis zur Uni) wirklich nach dem Leistungsprinzip funktioniert. Kronig dazu: „Ich denke, dass Meritokratie lediglich das Schild ist, welches die mittelalterliche Strukturierung unserer Gesellschaft mehr schlecht als recht verdeckt." Und: „Wegen des guten Tons werde ich weiterhin denen gratulieren, die es geschafft haben. Aber ich bin weit davon entfernt, jene zu ermahnen, die es nicht geschafft haben" (Winfried Kronig: Kommentare per E-Mail zu einer früheren Fassung des oben stehenden Absatzes).

Interessenabwägung abzuweichen.[5] Beachtenswert ist seine Begründung: Wer biologische und geburts- oder herkommensbedingte Unterschiede zum Anlass für signifikante Ungleichbehandlung nimmt, wie Rassisten oder Sexisten es tun, der begeht einen logischen Fehler, indem er zwei Dinge vermischt, die nichts miteinander zu tun haben – nämlich biologische Eigenschaften und Interessen. Diese Vermischung ist der Grund, weshalb ethnische oder Geschlechterdifferenzen so häufig zu sozialer Ungleichheit führen (ebd., 60).[6]

Singer erörtert die Möglichkeit, eine soziale Gruppe, die unter Diskriminierung leidet, durch kompensatorische Massnahmen besser zu stellen. Solche Massnahmen bezeichnet er als *„umgekehrte Diskriminierung"*. Beispiele sind die Festlegung einer Frauenquote oder einer Quote für ethnische Minderheiten. Um solche Massnahmen ethisch bewerten zu können, muss man feststellen, ob sie gegen das Prinzip der gleichen Interessenabwägung verstossen (ebd., 61). Denn man kann die Erfolgschancen benachteiligter Gruppen nicht erhöhen, ohne an den Erfolgschancen der besser gestellten Mehrheit zu rühren. Singer meint, das Prinzip der gleichen Interessenabwägung werde durch Massnahmen ungekehrter Diskriminierung in der Regel nicht verletzt: Bei der Entscheidung etwa, wer zu einer höheren Ausbildung zugelassen werden solle, zählen bei umgekehrter Diskriminierung neben den Fähigkeiten die Zugehörigkeit zu einer diskriminierten Minderheit und *nicht die Interessen der BewerberInnen*. Diese werden also nicht gegeneinander abgewogen. Und ein „angestammtes Recht auf Zulassung" gibt es erst recht nicht (ebd., 65). Trotzdem äussert sich Singer der umgekehrten Diskriminierung gegenüber kritisch: Sie baut nämlich auf dem selben – biologistischen oder sexistischen – Klassifikationssystem auf wie die direkte Diskriminierung, und Singer stellt dieses Schubladen-Denken als solches grundsätzlich in Frage: Denn unter ungünstigen Bedingungen könne eine Politik der Besserstellung einer Minderheit leicht in ihr Gegenteil – die *umgekehrte* in *direkte Diskriminierung* – umschlagen.[7]

---

5   Eine zusätzliche Unterscheidungs-Dimension, die es hier zu berücksichtigen gilt, ist die der körperlichen beziehungsweise geistigen Behinderungen, der Krankheiten und der durch das Alter bedingten Benachteiligungen.

6   Diese Überlegung ist nicht völlig überzeugend. Warum sollen ethnische Zugehörigkeit und Geschlecht nicht die Grundlage für die *wesentlichen Interessen* einer Person abgeben können? Wie soll man überhaupt zwischen *wesentlichen Interessen* und *Interessen im allgemeinen* unterscheiden?

7   Auch diese Argumentation kann nicht wirklich überzeugen. Denn die Begründung, die Singer gegen die direkte Diskriminierung anführt – sie fördere soziale Spannungen und stürze die Benachteiligten in Hoffnungslosigkeit (Singer, 1984, 60) –, bedeutet Wasser auf die Mühlen der umgekehrten Diskriminierung. Diese wirkt der Zementierung naturbedingter Ungleichheiten entgegen und kompensiert damit die Einseitigkeit, die Singer zu Recht an der klassischen Politik der Chancengleichheit kritisiert.

4.4 Stärken und Schwächen im Singerschen Ansatz

Wie ist Singers Argumentation zu bewerten? Seine zentralen Aussagen gegen Rassismus und Sexismus sind in modernen Gesellschaften heute weit herum unstrittig. Singer bezeichnet eine Massnahme oder ein Verhalten aber nur dann als diskriminierend, wenn eine Person oder Gruppe *deswegen* benachteiligt wird, *weil* sie einer anderen Ethnie angehört beziehungsweise weil sie weiblich (oder umgekehrt männlich) ist. Lässt sich die Ungleichbehandlung hingegen sachlich begründen – eine solche Begründung wäre nach Singer z. B. ein eventueller Unterschied im Intelligenzquotienten –, so liege keine Diskriminierung vor. Trotz der Vorsicht, mit der Singer hier argumentiert,[8] stellt sich die Frage, ob das bewusste Inkaufnehmen von Nebenfolgen, die sich auf andere Personen ungünstig auswirken, zumindest in krasseren Fällen, nicht ebenfalls diskriminierende Wirkung hat. Man weiss z. B., dass die Kinder der Fahrenden in der Regel nicht das ganze Jahr über eine Schule besuchen, was sich auf ihre Schulleistungen und auf ihre weiteren Ausbildungschancen negativ auswirkt. Diese Benachteiligungen sind zwar von niemandem beabsichtigt, aber sie werden von allen Beteiligten in Kauf genommen. Ein inzwischen historisches Beispiel ist die Zurückweisung jüdischer Flüchtlinge durch die Schweizer Behörden im Zweiten Weltkrieg. Diese Zurückweisung erfolgte sicher nicht mit der erklärten Absicht, die zurückgewiesenen Flüchtlinge in den Tod zu treiben. Dass dies die Konsequenz der Zurückweisung sein würde, hat man damals gewusst, und man hat diese Konsequenz in Kauf genommen. Zwischen dem Verzicht auf Massnahmen mit der Begründung, man könne sie sich nicht leisten, und dem Ergreifen von im engeren Sinne diskriminatorischen Massnahmen sind in vielen Fällen die Grenzen fliessend.

5 Die Position von John Rawls: Gerechtigkeit ist wichtiger als die Nutzenoptimierung

John Rawls stellt sich in seiner *Theorie der Gerechtigkeit* (dt. 1975) zum Teil die gleichen Fragen wie Singer, und seine Argumentation folgt den gleichen

---

8 Singer diskutiert ein amerikanisches Beispiel: Für schwarze Bürger ist (beziehungsweise war lange Zeit) der Hochschulzugang aufgrund eines im statistischen Durchschnitt leicht geringeren Intelligenzquotienten erheblich erschwert. Singer nimmt zur These vom geringeren IQ der afrikanisch-stämmigen Bevölkerung mit grosser Vorsicht Stellung: „Ich sage nicht, dass das stimmt, auch nicht, dass es überhaupt wahrscheinlich ist, aber es kann zum gegenwärtigen Zeitpunkt nicht ausgeschlossen werden. Danach ist eine unverhältnismässig kleine Anzahl von schwarzen Ärzten für sich genommen noch kein Beweis für eine Diskriminierung der Schwarzen. (So wie die unverhältnismässig grosse Zahl von schwarzen Athleten im Olympia-Team der Vereinigten Staaten für sich genommen noch kein Beweis für eine Diskriminierung der Weissen ist.)" (Singer, 1984, 62).

Gedankenschritten. Doch kommt er zum Teil zu deutlich anderen Ergebnissen.

5.1 Das erste Gerechtigkeitskriterium

Wie Singer geht auch Rawls von der Erfahrung aus, dass Menschen ungleich sind und in ungleichen Verhältnissen leben, und dass sich deswegen die Gerechtigkeitsfrage stellt. Könnten die Menschen in einer Art Urzustand über die Ordnung ihrer Gesellschaft abstimmen, so würden sie dem Gesichtspunkt der Gerechtigkeit hohe Priorität einräumen und sich auf ein paar Prinzipien einigen, deren erstes und wichtigstes Rawls wie folgt formuliert: „Jede Person hat den gleichen Anspruch auf ein völlig adäquates System gleicher Grundrechte und Freiheiten, das mit demselben System für alle vereinbar ist" (Rawls, 1998, 69).

Bei seiner Analyse einer gerechten Gesellschaftsordnung nimmt Rawls also die *Grundrechte* zum Ausgangspunkt. Der Rekurs auf ein *System gleicher Grundrechte und Grundfreiheiten* nimmt bei ihm eine ähnliche Schlüsselstellung ein wie das Prinzip der gleichen Interessenabwägung bei Singer. Der Unterschied zwischen den beiden Autoren ist deutlich: Singer räumt den Grundrechten keinerlei Gewicht ein, weil sie sich utilitaristisch nicht begründen lassen. Rawls argumentiert umgekehrt: Das gegenseitige Zugeständnis bestimmter Grundrechte ist eine Notwendigkeit, wenn Menschen miteinander in fairer Weise kooperieren wollen;[9] utilitaristische Erwägungen haben dahinter zurückzutreten.

5.2 Das zweite Gerechtigkeitskriterium

Die Realisierung und der Schutz der elementaren Grundrechte für alle stellen das erste und wichtigste Kriterium dafür dar, was es heisst, dass eine Gesellschaft gerecht ist. Die Anforderungen, die wir an eine gerechte Gesellschaftsordnung stellen, gehen aber weiter: Die Sicherung eines Kerns von Grundrechten garantiert in einer Wettbewerbsgesellschaft noch nicht, dass alle die gleichen Chancen haben, auf einen grünen Zweig zu kommen. Die Menschen fechten gleichsam mit ungleich langen Spiessen, und diese Ungleichheit verweist auf eine Gerechtigkeitslücke. Zu ihrer Schliessung bedarf es eines zusätzlichen Kriteriums. Eine gerechte soziale Ordnung muss „mit Ämtern und Positionen verbunden sein, die allen unter Bedingungen fairer Chancengleichheit offen stehen" (Rawls, 1975, 69).

Von gleichen Bildungs- und sozialen Aufstiegschancen profitieren aber nur *alle gleich fähigen und gleich tüchtigen Personen*. Unter Chancengleichheit

---

9   "What have come to be called human rights are recognized as necessary conditions of any system of social cooperation" (Rawls, 1999, 68).

versteht Rawls also dasselbe wie Singer, und wie Singer anerkennt Rawls die Unzulänglichkeit des Prinzips der Chancengleichheit. Chancengleichheit meint, dass lediglich keine sozialen Faktoren – die Zugehörigkeit zu einer bestimmten sozialen Schicht, einer bestimmten Ethnie, zur Stadt- oder Landbevölkerung usw. – einen Einfluss auf die Bildungs- und sozialen Aufstiegschancen haben dürfen. So herrscht Chancen*ungleichheit*, wenn viele Menschen *de facto* mit schlechteren Schulen Vorlieb nehmen müssen als andere, wenn viele Kinder in einem familiären Milieu aufwachsen, in dem sie für ihre Entwicklung und Ausbildung wenig Förderung erfahren, oder wenn Mädchen nicht zur Schule gehen dürfen. Die Herstellung von Chancengleichheit erfordert neben institutionellen Verbesserungen sehr häufig eine Veränderung der Mentalitäten. Als wichtigste Massnahme zur Erreichung von Chancengleichheit in der Gesellschaft nennt Rawls die „Aufrechterhaltung gleicher Bildungschancen für alle". Mit anderen Worten, „das Schulsystem, ob öffentlich oder privat, sollte auf den Abbau von Klassenschranken" – und wie man hinzufügen sollte: von ethnischen Barrieren und Gender-Diskriminierung – „ausgerichtet sein" (ebd., 93 f.).

Obwohl Rawls also die Unzulänglichkeit des Prinzips der Chancengleichheit anerkennt, nimmt er es doch ernster als Singer. Dieser hat zwar Recht mit seiner Feststellung, dass menschliche Fähigkeiten nicht nur das Produkt der Vererbung, sondern auch der Milieuumstände sind, und dass diese besser oder schlechter sein können. Aber daraus folgt nicht, wie Singer meint, dass das Prinzip der Chancengleichheit untauglich ist,[10] sondern dass es zusätzlich zu diesem Prinzip noch ein weiteres Gerechtigkeitskriterium braucht – ein Kriterium, das etwas darüber aussagt, wie man mit natur- oder zufallsbedingten Benachteiligungen umgehen soll.

5.3 Das dritte Gerechtigkeitskriterium

„Soziale und wirtschaftliche Ungleichheiten sind so zu regeln, dass sie (…) den am wenigsten Begünstigten die bestmöglichen Aussichten bringen" (ebd., 104). Dieses dritte Gerechtigkeitskriterium bezieht sich auf den Lebensstandard beziehungsweise auf die materielle Ausstattung der Menschen. Rawls bezeichnet es als *Differenzprinzip* oder *Unterschiedsprinzip*: Es nennt die Bedingungen, unter denen soziale Unterschiede und differente Chancen als *gerecht* zu qualifizieren sind. Die Grundidee ist folgende: Wer in der „natürlichen Lotterie" schlecht weggekommen ist, hat verringerte Entfaltungsmöglichkeiten und ist insofern benachteiligt. In dieser Benachteiligung liegt zwar an und für sich keine Ungerechtigkeit (ihre Ursache ist zufallsbedingt und also nicht

---

10   Aus utilitaristischer Sicht mag gegen die Idee der Chancengleichheit einzig dies sprechen, dass sie nicht vom Nützlichkeitsprinzip her begründet werden kann. Aber das spricht dann eher gegen den Utilitarismus als gegen den Wert der Chancengleichheit.

der Gesellschaft anzulasten); von einer Ungerechtigkeit lässt sich aber dann sprechen, wenn die Gesellschaft nichts tut, um das Los der solchermassen Benachteiligten zu verbessern. Eine Gesellschaftsordnung ist insbesondere dann ungerecht, wenn die Privilegierten ihre Vorteile nicht dazu nutzen, *die Lebensverhältnisse der Benachteiligten, und zwar in erster Linie der am meisten Benachteiligten, verbessern zu helfen.* Sind die gehobenen Positionen in der Gesellschaft mit besonders kompetenten und verantwortungsbewussten Personen besetzt, so haben alle Bürger, in der Regel auch die am stärksten benachteiligten, einen höheren Lebensstandard, als wenn weniger begabte und weniger verantwortungsbewusste Personen in die Spitzenpositionen aufstiegen.

Dieses dritte Gerechtigkeitskriterium hat zwei Aspekte: Es ruft uns in Erinnerung, dass es unter bestimmten Bedingungen ethisch gerechtfertigt sein kann, den Wettbewerb um Stellungen, die von ihren Inhabern ein höchstes Mass an Verantwortung verlangen, auf die besonders „Fähigen" zu begrenzen. Wichtiger ist der andere Aspekt: Ob eine politische (bildungs- oder wirtschaftspolitische) Massnahme geeignet ist, die gesellschaftliche Ordnung gerechter zu gestalten, ist eine Frage, über die nicht nur die soziale „Elite" zu entscheiden hat, sondern auch *und vor allem* die Gruppe der am meisten Benachteiligten. Sie ist das Zünglein an der Waage.

Gäbe es in einer Gesellschaft keine natur- oder zufallsbedingten Ungleichheiten, so wäre dieses dritte Gerechtigkeitskriterium überflüssig. – Zwischen den drei Kriterien besteht ein klares Prioritätsverhältnis. Am wichtigsten ist das *erste Kriterium* – alle Mitglieder der Gesellschaft sollen in den Genuss der elementaren Grundrechte gelangen. Am zweitwichtigsten ist das *zweite Kriterium* – die Chancengleichheit. Gäbe es keine naturbedingten Ungleichheiten zwischen den Menschen, so reichten diese beiden Kriterien zur Kennzeichnung einer gerechten Gesellschaftsordnung aus. Die naturgegebenen Ungleichheiten lassen sich zwar nicht der Gesellschaft als solcher anlasten. Dennoch sollte sie diese zu mildern versuchen. Obgleich den ersten beiden nachgeordnet, ist das dritte Kriterium dennoch wesentlich.

6 Unterschiede zwischen den Positionen von Rawls und Singer

Abschliessend sollen die Unterschiede zwischen den Positionen von Rawls und Singer noch einmal kurz zusammengefasst werden (vgl. auch Tabelle 2). Rawls' Antwort auf die Frage nach dem Umgang mit zufalls- oder naturbedingten Unterschieden (und Benachteiligungen) ist das *Differenzprinzip*. Dieses Prinzip stellt keine konkrete Massnahme dar, wie die es sind, die Singer diskutiert. In der Literatur wird das Differenzprinzip oft fälschlich mit einem Imperativ zur

Umverteilung verwechselt. In Wirklichkeit sagt dieses Prinzip aber lediglich dies, dass von zwei Gesellschaftsordnungen diejenige die gerechtere ist, in der es (unter sonst gleichen Umständen) den am meisten Benachteiligten besser geht. Das Differenzprinzip lässt offen, auf welche Weise die Gruppe der am meisten Benachteiligten im einzelnen besser gestellt werden kann. Singer diskutiert verschiedene Möglichkeiten, die er aber fast alle verwirft – den Ausgleich zwischen allen Lohnklassen, eine Umverteilung, die Abschaffung des Unternehmertums. Einzig bei der Massnahme der „umgekehrten Diskriminierung" verhält er sich ambivalent (vgl. oben, 4.3).

Auch Rawls schlägt konkrete Massnahmen vor: Die Unternehmer sollen soziale Verantwortung übernehmen. Indem sie Stellen schaffen, tragen sie zu einer Verbesserung der Situation der Benachteiligten bei (ebd., 333). Dieser Hinweis, der bei Singer keine Parallele hat, ist von grosser Bedeutung. Singer setzt sich statt dessen für Direkthilfe an die Gruppe der besonders

Tabelle 2: Diskussion von Gerechtigkeitskriterien bei Peter Singer und John Rawls (Vergleich)

Ursachen für Ungleichheit (Arten von Ursachen)	Massnahme zur Herstellung von Gerechtigkeit bei Peter Singer	Massnahme zur Herstellung von Gerechtigkeit bei John Rawls
Soziale Ordnung: **Kooperation**	„Prinzip der gleichen Interessenabwägung"	„System gleicher Grundrechte"
Soziale Ordnung: **Wettbewerb**	–	Prinzip der Chancengleichheit
Natürliche/zufällige Faktoren	Prinzip der umgekehrten Diskriminierung (unter Vorbehalt!)	„Differenzprinzip"
Faktoren, die beim Einzelnen selber liegen	Die Anstrengungen des Einzelnen sollen honoriert werden	–

Benachteiligten ein (Singer, 1984, Kapitel 8) – ein Vorschlag, gegenüber dem Rawls Vorbehalte anmeldet: Direkthilfe sollte nicht den Charakter einer Umverteilung annehmen. Eine solche wäre nämlich kontraproduktiv: Sie könnte viele dazu verleiten, sich gehen zu lassen, um in den Genuss besonderer Unterstützung zu gelangen. Das Differenzprinzip stellt keine kompensatorische Massnahme dar, und aus ihm lässt sich eine solche auch nicht zwingend ableiten.

Oft wird übersehen, dass sich das Differenzprinzip auf soziale Gruppen bezieht, deren Benachteiligung weder eine Konsequenz der sozialen Ordnung noch eine Folge eigenen Verschuldens, sondern sozusagen naturbedingt ist. Wenn jemand den kreativen Müssiggang einer Erwerbstätigkeit vorzieht, ist niemand verpflichtet, diese Person zu unterstützen (im Gegensatz zu dem, was Singer Rawls unterstellt, vgl. Singer, 2002, 178).

Es ist klar, dass sich ein Grossteil der von Singer und Rawls entwickelten Gerechtigkeits-Kriterien nicht direkt auf das Bildungswesen anwenden lassen. Es ist aber auch klar, dass geeignete Massnahmen im Bildungswesen dazu beitragen können, eine Gesellschaft gerechter zu gestalten. Wenn sich die für das Bildungswesen Verantwortlichen mit den einschlägigen Argumentationen von Singer und Rawls beschäftigen, dann ist das sicher keine Zeitverschwendung.

7 Literatur

Rawls, John (1975), *Eine Theorie der Gerechtigkeit*, Frankfurt/Main: Suhrkamp.

Rawls, John (1998), *Politischer Liberalismus*, Frankfurt/Main: Suhrkamp.

Rawls, John (1999), *The Law of Peoples (with 'The Idea of Public Reason Revisited')*, Cambridge, Mass.: Harvard University Press.

Singer, Peter (1972), Famine, Affluence, and Morality, *Philosophy & Public Affairs,* 1, 229–243.

Singer, Peter (1984), *Praktische Ethik*, Stuttgart: Reclam.

Singer, Peter (2002), *One World. The Ethics of Globalization*, New Haven & London: Yale University Press.

Thiel, Oliver und Renate Valtin (2002), Eine Zwei ist eine Drei ist eine Vier. Oder: Sind Zensuren aus verschiedenen Klassen vergleichbar? In: Renate Valtin, *Was ist ein gutes Zeugnis? Noten und verbale Beurteilungen auf dem Prüfstand*, Weinheim: Juventa, 67–76.

Benachteiligungen von Kindern und Jugendlichen mit Migrationshintergrund

Das deutsche Bildungssystem – für die Einwanderungsgesellschaft disfunktional

Georg Auernheimer

1 Einleitung

Ein Zitat aus einem Interview mit einem 23-jährigen Industriemechaniker türkischer Herkunft wirft ein Schlaglicht auf Defizite unseres Schulsystems. Gökhan sagt rückblickend auf seine Schulzeit:

> „... von da an, so in der fünften Klasse, das war dann so, das war dann wirklich so, dass, ähm, wir erstmal unter Türken gewesen sind, das war ganz einfach weil, es war kein Deutscher mehr da, die mit uns gespielt haben, die meisten Deutschen, die mit mir in der Grundschule gespielt haben, die kamen auf die Realschule, und also, so wo ich morgens in dem Bus zur Hauptschule fuhr, waren eigentlich nur die Türken und das war wirklich, also eben deswegen, da jetzt im Nachhinein weiss ich das eben, kann ich mir schon vorstellen, eben dass die schon verstanden haben also die Eltern schon geholfen haben, und so dass die Noten besser werden und dass, die kamen wirklich, keiner von denen kam mit mir auf die Hauptschule, und alle auf die Realschule und ähm also mir war das schon egal sag ich mal, mir war das egal nur dann musst man sich natürlich wieder neue deutsche Freunde suchen, und, für mich war ein Freund der Fussballspielen geht" (Britz, 2004, i. V.).

Das Zitat zeigt, wie in Deutschland bereits in der Schule eine Segregation entlang ethnischer Trennungslinien stattfindet. Es zeigt, dass unser Schulsystem soziale Segregation nicht mindert, sondern noch verschärft, was die Folge des Verfehlens der strukturellen Integration, also des Abbaus von Ungleichheit, ist. Die Hauptschule[1] ist vielerorts zur „Ausländerschule" geworden. Und die HauptschülerInnen haben nicht die Chance, später gleiche Berufspositionen zu besetzen wie die Mehrheit. Übrigens ist an dem Zitat noch interessant, wie ein Opfer der institutionellen Diskriminierung die allgemein vorherrschende Denkweise übernimmt. Er meint nämlich, seine geringeren Chancen habe er sich selber zuzuschreiben beziehungsweise seinem Elternhaus. Er macht keineswegs das Schulsystem verantwortlich.

---

1 Die Hauptschule in der gegliederten Sekundarstufe der Bundesrepublik entspricht der Schweizer „Oberschule". Die Hauptschule nimmt in dem gestuften System den untersten Platz ein neben Realschule und Gymnasium – und mancherorts neben der Integrierten Gesamtschule.

2 Rückblick: die Versäumnisse der 70er Jahre

Das deutsche Bildungssystem wird den Anforderungen einer Einwanderungsgesellschaft nicht gerecht, so meine These.[2] Dass nicht etwa der hohe Anteil an Migrationskindern das schlechte Abschneiden unseres Systems im internationalen Vergleich erklärt, wird beispielsweise beim Vergleich mit Schweden oder aber mit Kanada deutlich, das trotz einer sehr hohen Migrationsquote bei PISA einen Spitzenplatz einnimmt.[3] Leider sind in den 70er Jahren des letzten Jahrhunderts zwei bildungspolitische Diskursstränge völlig getrennt nebeneinander her gelaufen. Zur selben Zeit, als die allgemeine Reformdebatte, die unter anderem die Abkehr vom mehrgliedrigen System zum Ziel hatte und die sich in den Empfehlungen des Deutschen Bildungsrats niederschlug, noch im Gange war, sah man sich gezwungen, Lösungen für die schulische Eingliederung der zunehmenden Zahl von Migrantenkindern zu finden. Die ErziehungswissenschaftlerInnen, die sich – damals unter dem Namen „Ausländerpädagogik" – mit diesen Fragen befassten, knüpften eigenartigerweise nicht an die allgemeine Reformdebatte an. Und die Reformer griffen umgekehrt das Thema Migration nicht auf – eine Herausforderung, die ihre Argumente für ein Gesamtschulsystem hätte stützen können. Die Arbeitsmigration wurde nicht als bildungspolitische Herausforderung begriffen, weil man sie in Übereinstimmung mit dem Common Sense für ein vorübergehendes Phänomen hielt, und wahrscheinlich auch, weil man – ebenfalls gemäss dem Common Sense – nicht primär das Schulsystem für Erfolg oder Misserfolg von Schulkarrieren verantwortlich machte, sondern die SchülerInnen und ihre Familien. Die grosse Zahl von Untersuchungen über Migrantenfamilien, ihre Defizite, Bildungsaspirationen usw. ist ein Indiz dafür. Dabei hätte die noch nicht abgeschlossene Debatte über den Mittelschichtbias der Schule die Fachleute eines Besseren belehren müssen, weil man in dieser Debatte die Schule statt der Eltern für die geringen Bildungschancen von Unterschichtkindern verantwortlich machte.

Groteskerweise muten manche Aussagen aus den Empfehlungen der Bildungskommission des Deutschen Bildungsrats wie Auszüge aus einer Publikation über interkulturelle Bildung an. Ich zitiere aus der Empfehlung

---

2 Aus einigen Gesprächen und Referaten auf der Berner Studien- und Kongresswoche, speziell einem Vortrag von Romano Müller, schliesse ich, dass meine These auch auf das Schulsystem der meisten Schweizer Kantone zutrifft (vgl. dazu auch den Beitrag von Romano Müller in diesem Band).

3 Der Einwand, dass die soziale Zusammensetzung der Immigranten in Kanada günstiger sei, ist nur bedingt anzuerkennen. Noch weniger zieht der Hinweis auf die geringere Migrantenquote in skandinavischen Ländern. Der Schulforscher Klaus Klemm hat vorgerechnet, dass sich der Platz Deutschlands in der internationalen Rangskala nicht nennenswert verbessert, wenn man solche Faktoren ausschaltet beziehungsweise kontrolliert.

zur Einrichtung von Schulversuchen mit Gesamtschulen: „Soziale Konflikte können artikuliert und gemeinsam diskutiert werden. Die Schüler gewinnen eher die Einsicht, dass die in der Familie selbstverständlichen Lebensformen nicht naturgegeben und unveränderlich sind. Die Distanz, die so gegenüber der eigenen Herkunft und den bisher unreflektierten Lebensformen gewonnen werden kann, kann zugunsten einer Individualisierung wirken" (Deutscher Bildungsrat, 1969, 30).

Das war keineswegs mit Blick auf die damals noch wenigen Kinder aus Migrantenfamilien formuliert, sondern mit Blick auf die damals noch recht unterschiedlichen sozialen Milieus. Soziale Integration war ja ein erklärtes Ziel der Reform. Ich weiss nicht, ob die Verknüpfung mit dem Migrationsthema deren Durchsetzungsfähigkeit erhöht hätte. Zweifel sind angebracht, denn die ideologischen Widerstände waren zu gross, unter anderem der ausserhalb der Erziehungswissenschaft ungebrochene Glaube an Begabungsunterschiede und die Leugnung der Einwanderungssituation. Ein Erfolg der damaligen Reformanstrengungen würde heute die ethnische Grenzziehung im Schulsystem verhindern und generell vielen Heranwachsenden, nämlich vierzig Prozent, massive Versagenserlebnisse ersparen.

3   Gleichheit und Anerkennung als Kriterien für das Bildungswesen

Das Bildungswesen in einer Einwanderungsgesellschaft muss nach den Prinzipien gestaltet werden, nach denen eine multikulturelle Gesellschaft verfasst sein sollte. Neben anderen Sozialphilosophen hat unter anderem Jürgen Habermas (1993) die beiden Prinzipien der Gleichheit und Anerkennung formuliert. Es geht um Gleichheit der Rechte und Sozialchancen und um die Anerkennung von Andersheit. Diese Prinzipien haben strukturelle und curriculare Konsequenzen. Der Grundsatz der Anerkennung bezieht sich vor allem auf die für Minderheitenangehörige identitätsrelevanten Sprachen und Religionen und muss besonders im schulischen Curriculum seinen Niederschlag finden. Kritische Fragen sind in dieser Hinsicht:

– Welcher Stellenwert wird den Familiensprachen in den Schulen eingeräumt?
– Wird zumindest im Bildungsgang an diese Sprachen angeknüpft?
– Wie wird überhaupt mit Mehrsprachigkeit umgegangen?
– Findet man Angebote bilingualen Unterrichts?
– Verstehen sich die Schulen nach wie vor als ausschliesslich der christlichen Tradition verpflichtete Bildungseinrichtungen?

Das Gleichheitspostulat wirft unter anderem folgende Fragen auf:

- Ist das System so gebaut, dass es institutioneller Diskriminierung vorbeugt?
- Welche Auslesemechanismen gibt es zum Beispiel an Übergangsschwellen in der Bildungslaufbahn?
- Welchen Stellenwert hat die Förderung jedes Kindes und Jugendlichen?
- Wie wird die Leistungsbewertung gehandhabt?
- Werden die besonderen Ausgangslagen zweisprachiger Kinder berücksichtigt?
- Welcher Beitrag zum Bildungserfolg wird den Elternhäusern zugemutet?

Die Anerkennung wird zur Farce, solange sie mit sozialer Ungleichheit einhergeht. Das gut gemeinte Bemühen um Interkulturalität, das Feiern fremder Feste etwa, kann in diesem Fall von den Minderheitenangehörigen nicht recht ernst genommen werden. Und es bleibt auch für das Denken der Mehrheitsangehörigen folgenlos, weil diese durch ihre Alltagserfahrung ständig in ihren Denkschemata des „wir-sie" und „oben-unten" bestätigt werden.

Auch deshalb ist die Chancengleichheit, die letztlich nur durch Massnahmen struktureller Art herbeigeführt werden kann, so wichtig. Das ist der Hintergrund der Kritik an der interkulturellen Erziehung, wie sie vor zwanzig Jahren vor allem in England von Seiten „schwarzer" Wissenschaftler mit Verve vorgetragen worden ist, weil sie den strukturellen Rassismus in Konzepten der Multicultural Education unberücksichtigt fanden.

Dem mehrgliedrigen Schulsystem liegt, wenn auch mehr oder weniger versteckt, eine Begabungsideologie zugrunde, wie Äusserungen deutscher Bildungspolitiker aus jüngster Zeit wieder bestätigen. Gero Lenhardt vergleicht das deutsche Bildungssystem mit dem US-amerikanischen und konzediert dabei zunächst, dass auch dort das Gleichheitsversprechen keineswegs eingelöst wird. Aber er entdeckt einen kleinen, jedoch wesentlichen Unterschied. „Die Ungleichheit in der Gesellschaft spiegelt sich im amerikanischen Bildungssystem anders als im deutschen. Die USA haben eine Einheitsschule" (Lenhardt, 1999, 97). Inwiefern ist das mehr als eine Äusserlichkeit? Für Lenhardt verbirgt sich dahinter ein Unterschied der politischen Philosophie. Denn: „Die Einheitlichkeit lässt einen utopischen Gedanken wirksam werden, nämlich den, dass jeder der Schüler mit der Verständigungsfähigkeit begabt ist, in der alle Menschen übereinstimmen. Die Vorstellung dieser allgemein menschlichen Verständigungsfähigkeit soll den Umgang mit den Schülern bestimmen. Dass sie eine allgemein menschliche Fähigkeit ist, bedeutet, dass man sie nicht erst erwerben muss und dass man den Anspruch, als verständigungsfähiges Subjekt behandelt zu werden, auch nicht verlieren kann" (ebd.). Bei uns dagegen sieht Lenhardt, wenn auch in der wissenschaftlichen

Pädagogik die Begabungstheorie überwunden sein mag, den Glauben an Begabungsunterschiede wirksam, manifestiert im mehrgliedrigen Schulsystem. Die angebliche Begabung legt das Individuum auf einen Bildungsgang fest und wird damit zu seinem Schicksal. Diese Naturkategorie hat Gemeinsamkeiten mit der Zuschreibung ethnischer oder gar rassischer Merkmale: „Der Glaube an Begabung steht in einer eigentümlichen Nähe zum Glauben an ethnische Identität. (…) Die Geringschätzung der Bürgerrechte zeigt sich darin, dass sie ungefähr 8% der Gesellschaftsmitglieder, den nicht eingebürgerten Einwanderern nämlich, seit Jahrzehnten vorenthalten werden" (ebd., 99).

Die Begabungsideologie[4] bringt einen Entlastungseffekt für das Bildungssystem und die Schulen mit sich. Denn wenn der Lernerfolg mehr oder weniger von der Begabung abhängt, dann haben die pädagogischen Anstrengungen nur bedingt Einfluss darauf. Den selben Effekt hat eine moderne sozialdeterministische Variante, nach der man zwar nicht die angeborenen Anlagen für ausschlaggebend oder jedenfalls für weniger entscheidend hält, stattdessen aber die Familiensozialisation, das familiäre Milieu. So gewiss dessen Relevanz für die kindliche Entwicklung nicht verkannt werden darf, so muss man sehen, dass die einseitige Fixierung darauf zum Entlastungsargument für die Schule wird. Hier sehe ich die Gefahr eines soziologischen Forschungsstrangs, der den Zusammenhang zwischen geringem „kulturellen Kapital" von Migrantenfamilien und Schulmisserfolg in den Brennpunkt rückt.

Bei uns in Deutschland ist die Grundauffassung leitend, dass die Schülerleistung primär der Anstrengungsbereitschaft und den Fähigkeiten der Schüler und deren Elternhäusern zuzuschreiben sei.[5] Eine finnische Pädagogin soll in einer Diskussion die ironische Bemerkung gemacht haben: „Die deutschen Lehrer haben immer das Gefühl, die falschen Schüler zu haben" (zit. nach Harms 2003, 42).

Das traditionelle Selbstverständnis der deutschen Schule als obrigkeitlicher Anstalt verhindert ein Umdenken in der Richtung, dass die Schule eine Leistung für die Schüler zu erbringen habe, dass sie also ein Dienstleistungsunternehmen sei. Die internationalen Schulleistungsvergleiche haben in dieser Hinsicht für Irritationen gesorgt. Mit der Formulierung der jetzt

---

4   Die Begabungsideologie beinhaltet eine starre Einteilung in eine „praktische", eine „theoretische" Begabung usw. und spiegelt eine ständische Gesellschaftsordnung wider. Die Kritik daran schliesst nicht aus, dass man das Vorhandensein von Spezialbegabungen (beispielsweise für Musik) anerkennt.

5   Man schaue nur einmal, ob LehrerInnen, vor allem an weiterführenden Schulen, nach einer schlecht ausgefallenen Klassenarbeit ihren eigenen vorausgegangenen Unterricht einer kritischen Revision unterziehen. Allein der Gedanke daran dürfte selten sein. Im Bereich des Fussballs ist es eine Selbstverständlichkeit, dass für das schlechte Abschneiden einer Mannschaft der Trainer zur Verantwortung gezogen wird. Von einer analogen Zurechnung von Misserfolg sind wir in der schulischen Praxis noch weit entfernt.

von den Kultusministern vorgesehenen Bildungsstandards wird nahe gelegt, dass sie für alle erreichbar sein müssten.[6] Das müsste ein radikales Umdenken implizieren.[7] Die Bildungspolitik dürfte sich nicht länger von der Verantwortung für massenhaftes Schulversagen freisprechen.

4 Einige zentrale Ergebnisse von PISA und IGLU im Vergleich

Zentrale und bislang unbestrittene Ergebnisse der internationalen Schulleistungsvergleiche belegen die ungewöhnlich hohe Selektivität des deutschen Schulsystems. Dabei wird die scharfe Auslese keineswegs durch ein hohes Leistungsniveau belohnt. Denn das deutsche Bildungssystem schneidet im Kreis der Länder mit vergleichbarem Entwicklungsstand äusserst schlecht ab. Die meisten 15-Jährigen erreichen gegen Ende der Pflichtschulzeit nur ein sehr bescheidenes und, gemessen an den gesellschaftlichen Anforderungen, unzureichendes Kompetenzniveau. Ein Viertel der Jugendlichen erreicht nicht die Lesekompetenz, die für eine erfolgreiche Teilnahme am gesellschaftlichen Leben erforderlich ist, d. h. sie sind funktionale Analphabeten. Aber auch die Leistungen auf höheren Niveaustufen bleiben hinter denen in anderen Ländern zurück.

Die Selektionslogik zeigt sich, von Sonderschulüberweisungen einmal abgesehen, unter anderem an der äusserst restriktiven Versetzungspraxis. Viele Kinder bleiben schon während der Grundschulzeit einmal sitzen, ein Drittel von ihnen wird weiter auf Sonderschulen abgeschoben. Bemerkenswert ist, dass man für die Grundschule insgesamt eine zurückgegangene Selektivität feststellen kann, was die Sitzenbleiberquote betrifft, dass aber bei den Migrationskindern nichts davon zu spüren ist. Die Sitzenbleiberquote ist bei ihnen mehr als doppelt so hoch, ihr Risiko, eine Klasse wiederholen zu müssen, viermal höher als bei Nicht-Migranten (Krohne u. a., 2004, 384). Von den 15-Jährigen hat ein knappes Viertel (24%) mindestens einmal im Verlauf

---

6   In dieser Hinsicht ist ein Rechtsgutachten für den deutschen Bundeselternrat von Interesse, das zu dem zentralen Ergebnis kommt, dass das „hoheitliche Modell des ‚besonderen Rechtsverhältnisses' von Schülern/Eltern zur Schule (…) auch deshalb ausgedient hat, weil es der schulrechtlichen Wirklichkeit nicht mehr entspricht. Damit entfällt auch das alte Rechtsargument, wonach der Staat bei Schlecht-Erfüllungen von Leistungsansprüchen rechtlich nicht haftbar zu machen ist" (Dietze, 2004). Die Schlussfolgerung des Juristen: Wenn es Standards als klare Vergleichsmassstäbe gibt, dann begründen sie zum Beispiel „den Anspruch auf alle fördernden Hilfen, die jedes Kind braucht, um dem Mindeststandard zu entsprechen" (ebd.).

7   Die Zuversicht wird jedoch gedämpft, wenn man liest, dass die einschlägige Kritik schon Jahrzehnte alt ist, aber bisher nichts bewirkt hat. Schon in einer Publikation aus 1972 wird zum Beispiel festgestellt: „Begabung, Motivation und Fleiss werden vorausgesetzt, anstatt sie zu entwickeln. Die Schule fungiert als Auslese- anstatt als Förderinstitution" (Szell, 1972, 28).

der Schulzeit eine Klasse wiederholen müssen (Deutsches PISA-Konsortium, 2001, 414). Dabei ist für Heranwachsende mit Migrationshintergrund „das Risiko, im Verlauf ihrer Schulzeit nicht versetzt zu werden, (…) 2,76 mal höher" als für ihre Mitschüler (Krohne u. a., 2004, 388). Die Selektivität des Systems verschärft sich durch die Rückstufungen im Sekundarbereich. 35% der Jugendlichen haben einen Abstieg vom Gymnasium auf die Realschule oder von dort auf die Hauptschule hinter sich. Das bedeutet: ein grosser Teil der SchülerInnen verbindet Schule mit Versagenserlebnissen.

Es handelt sich um eine soziale Auslese mit Ethnisierungseffekten. Denn die Diskrepanz zwischen den oberen und den unteren Kompetenzniveaus ist nicht nur im internationalen Vergleich einmalig gross, sondern auch ausserordentlich eng an die soziale Herkunft gekoppelt. Unter beiden Massgaben nimmt das deutsche System eine traurige Spitzenposition ein (Klemm, 2003, 50). Besonders ungünstig wirkt sich dabei die Kombination von Unterschichtzugehörigkeit und fremder Familiensprache aus. Die sprachliche Sozialisation wird unter den gegebenen Voraussetzungen für Migrationskinder und -jugendliche zum zusätzlichen Belastungsfaktor. Das Bildungssystem hat sich bisher offenbar nicht ausreichend auf deren sprachlichen Ausgangslagen eingestellt. Es ist – anders als dasjenige von Ländern mit etwa gleicher Migrantenquote – nicht in der Lage, die ungünstigen Startchancen auszugleichen.[8] Wegen der starken Abhängigkeit des Schulerfolgs von Sozialschicht und Sprachvermögen, die von der deutschen Schule bisher nicht gelockert wird, sind Migrationsjugendliche von der Ungleichheit der Bildungschancen besonders stark betroffen.

Besonders aufschlussreich ist aber *ein Vergleich zwischen den Ergebnissen von PISA und IGLU*, der Internationalen Grundschul-Lese-Untersuchung, weil er ziemlich eindeutige Indizien dafür liefert, dass die Probleme im Sekundarschulsystem zu suchen sind. Nach IGLU hat sich die Schere zwischen oberen und unteren Kompetenzniveaus am Ende der Grundschulzeit noch nicht so weit geöffnet (Bos u. a., 2003, 12). Das deutsche Bildungssystem hält bis dahin noch mit dem schwedischen Schritt. Der Abstand vergrössert sich in der Sekundarstufe beträchtlich. IGLU zeigt, dass die Schülerleistungen am Ende der Grundschule weit weniger stark streuen als am Ende der Sekundarstufe I bei den 15-Jährigen, wo der Vorsprung der Schüler ohne Migrationshintergrund um 55 Punkte grösser ist als am Ende der Grundschule. Die AutorInnen von IGLU stellen in einer Kurzfassung sogar fest: „Die Streuung der Leistungswerte ist in Deutschland am Ende der vierten Jahrgangsstufe klein. (…) Nur wenige andere Länder erreichen eine geringere Streuung und übergeben somit eine in ihren Leseleistungen insgesamt

---

8   Krohne u. a. (2004, 388 f.) zeigen in einer Sekundäranalyse der PISA-Daten, dass Mängel in der Lesekompetenz den höchsten Erklärungswert für die alarmierend hohen Sitzenbleiberquoten von Migrationskindern haben.

homogenere Schülerschaft an nachfolgende Klassen" (ebd., 12), also an die Sekundarschulen. Dabei „sind die Leistungen in der Grundschule signifikant weniger vom sozialen Hintergrund abhängig als in der Sekundarstufe" (ebd., 33). Auch das insgesamt erreichte Niveau ist höher als bei den 15-Jährigen, so dass es – anders als bei der PISA-Studie – „einem Vergleich mit europäischen Nachbarländern durchaus standhalten kann" (ebd., 11). Registriert wird ein geringer Anteil „echter Risikokinder" (ebd., 13 f.). Genau das Gegenteil hatte bei der international vergleichenden PISA-Studie für Aufregung gesorgt. Die Differenzen lassen sich kaum durch die Unvollständigkeit der IGLU-Stichprobe erklären, an der nicht alle Bundesländer beteiligt waren. Allerdings ist an dieser Stelle daran zu erinnern, dass die Migrationskinder vom guten Abschneiden der Grundschule nur begrenzt profitieren, wie ihre hohe Sitzenbleiberquote zeigt (s. oben).

Die Feststellung, dass zwischen den wissenschaftlich ermittelten Kompetenzniveaus und den Übergangsempfehlungen der Grundschulen sowie der tatsächlichen Aufteilung nach Schularten ein geringer Zusammenhang besteht, rückt die Aufteilung nach Schulformen in ein fragwürdiges Licht. Eine grosse Überlappung der Leistungen mit einer Streuung über mehrere Kompetenzstufen wird sowohl in der international vergleichenden PISA-Studie wie in IGLU konstatiert. Um das zu illustrieren: Die 10% besten Schüler aus der Hauptschule würden nach den Testwerten der PISA-Studie sogar zum mittleren Leistungsbereich am Gymnasium gehören (Deutsches PISA-Konsortium, 2001, 121). Das bedeutet, dass die Auslese in unserem Bildungssystem keineswegs so leistungsgerecht und rational ist, wie allgemein geglaubt und von den Bildungspolitikern suggeriert wird. Damit sind fundamentale Strukturdefizite unseres Bildungssystems schon angedeutet.

5 Strukturdefizite des deutschen Bildungssystems

Strukturfragen des Bildungssystems werden in Deutschland seit drei Jahrzehnten tabuisiert und als „ideologischer Ballast" abgetan. Man tendiert zu einer Verengung des Fragehorizonts auf Fragen der Steuerung durch Bildungsstandards, der Dezentralisierung durch Schulautonomie, der Schul- und Unterrichtsqualität, der Ganztagsschule – alles zweifellos wichtige Ansätze, die aber im Rahmen der gegebenen Struktur und Selektionslogik nur geringe, wenn nicht sogar kontraproduktive Effekte entfalten (vgl. Wenzler, 2003, 94 f.).

Folgende Strukturmängel des deutschen gegliederten Sekundarschulsystems lassen sich wissenschaftlich belegen oder zumindest mit hoher Plausibilität begründen:

Erstens mindert die frühe Trennung der Bildungswege die Chancen für Schüler mit ungünstigen Eingangsvoraussetzungen – und dazu zählen viele Migrationskinder –, den Rückstand gegenüber den Altersgleichen aufzuholen, die mehr „kulturelles Kapital" (Bourdieu) beziehungsweise eine bessere Passung an die schulischen Anforderungen mitbringen. Der Interventionszeitraum ist im Vergleich zu integrativen Systemen sehr kurz. Die Fördermöglichkeiten seitens der Schule, um das Leistungsgefälle zu verringern, sind daher vergleichsweise gering. Speziell für Migrationskinder mit einer anderen Erstsprache und aus schulfremdem Milieu dürfte eine spätere Schullaufbahnentscheidung von grossem Vorteil sein. Die Chancen für eine Angleichung der Niveaus stehen, wie die Internationale Grundschul-Lese-Untersuchung zeigt, nicht so schlecht. Manche Erfolge werden offenbar im gegliederten Sekundarschulsystem wieder zunichte gemacht.

Zweitens hat die Trennung nach Schulformen negative Effekte auf das Lernverhalten, weil Lehrererwartungen nachweislich Auswirkungen auf die Schülerleistungen haben (sog. Pygmalion-Effekt). Über die Lehrererwartungen hinaus muss man wohl bei dieser Art von hierarchischer Gliederung der Bildungsgänge die gesellschaftlichen Vorstellungen und Erwartungen insgesamt mit in Anschlag bringen. Die Zuweisung zur Hauptschule ist, vielleicht abgesehen von einigen ländlichen Regionen, ein Stigma. Ausserdem begünstigt der mit der Hauptschule als „Bildungssackgasse" verbundene Mangel an Perspektiven Resignation, beeinträchtigt also die Lernmotivation. Hier ist auch der in Deutschland besonders starke Zusammenhang zwischen Bildung und Arbeitsmarktposition zu beachten (Steinbach und Nauck, 2004, 22). Wer heute nur einen Hauptschulabschluss vorweisen kann, hat kaum noch Aussicht auf einen Ausbildungsplatz (Granato, 2003).

Drittens wirkt die Ansammlung „schwacher", misserfolgsorientierter Schüler leistungsmindernd.[9] Generell zeigen empirische Untersuchungen, dass leistungsheterogene Gruppen den Schwächeren zugute kommen, ohne dass die leistungsstarken Schüler dadurch in ihrer Entwicklung beeinträchtigt werden müssen (Brügelmann, 2003). Diese sehr verbreitete Ansicht wird nicht zuletzt durch die internationalen Schulleistungsvergleiche widerlegt, bei denen Systeme mit heterogenen Lerngruppen klar überlegen waren. Zu bedenken ist auch, dass zumindest in urbanen Gebieten Hauptschulen fast nur noch Schüler mit Sprachdefiziten haben. Bei aller Würdigung „lebensweltlicher Mehrsprachigkeit" (Gogolin) muss doch die damit eingeschränkte Möglichkeit zum Erwerb elaborierter Sprachcodes zur Sorge Anlass geben.

---

9   „Das anregungsärmere Entwicklungsmilieu in Hauptschulen bremst, das anregungsreichere in mittleren und höheren Schulen befördert", so der Bildungsforscher Klaus Klemm (2003, 51).

Durch die Trennung der SchülerInnen nach Schulformen werden *viertens* soziale Zuschreibungen verfestigt. Wo Hauptschulen zu „Ausländerschulen" geworden sind, wird ein Gesellschaftsbild bestätigt, in dem Migranten die unteren Positionen einnehmen. Alle gut gemeinten Bemühungen um interkulturelle Erziehung werden dadurch konterkariert. Auf das verzerrte Weltbild von Gymnasiasten als Effekt der Selektion hat Marianne Demmer von der Lehrergewerkschaft verwiesen.[10] Es ist aber anzunehmen, dass nicht nur die Gewinner, sondern auch die Verlierer die Zuschreibungen und Positionszuweisungen übernehmen. Unser Schulsystem begünstigt ein rassistisches Weltbild.

Hauptschulen, die zum Teil nur noch Migranten und anderen sozial marginalisierten Gruppen vorbehalten sind, werden – so ein *fünfter Gesichtspunkt* – zu quasi exterritorialen, gesellschaftlich vernachlässigten Räumen, weil die Eltern in der Regel nicht in der Lage sind, die Qualität der schulischen Arbeit zu kontrollieren und gegebenenfalls zu intervenieren. Oft führt das zu Uneffektivität bis hin zur Verwahrlosung.[11] Auf der anderen Seite verfestigt die Segregation eine pädagogisch unproduktive Gymnasialkultur mit niedriger Reformbereitschaft. Dort wird entsprechende Eignung und Unterstützung des Elternhauses vorausgesetzt, weshalb individuelle Förderung unnötig erscheint (vgl. Koch, 2001).

Sechstens wird die „institutionelle Diskriminierung" von Migrationskindern, wie sie Gomolla und Radtke (2002) speziell an den „Übergangsschwellen" in der Bildungslaufbahn nachweisen, durch die Funktionslogik des selektiven deutschen Systems begünstigt. Nur das mehrgliedrige System kann Lehrpersonen Entscheidungen nahe legen, die, von guten Absichten getragen, objektiv diskriminierend wirken, wenn zum Beispiel als leistungsstark eingeschätzte Grundschüler mit Blick auf die pädagogischen Defizite des lokalen Gymnasiums für die Real- oder gar die Hauptschule empfohlen werden. Eine solch paradoxe Übergangsempfehlung ist systembedingt nicht ohne Rationalität. Ganz allgemein geben offenbar die familiäre Sozialisation und das familiäre Unterstützungspotential bei solchen Entscheidungen den Ausschlag; was unter anderem erklärt, warum Kinder „einfacher Leute" für eine Gymnasialempfehlung im Gegensatz zu Akademikerkindern überdurchschnittliche

---

10   „Ein junger Mensch im Gymnasium muss den Eindruck gewinnen, Eltern hätten mehrheitlich akademische Berufe, (…) der Anteil von MitschülerInnen mit Migrationshintergrund sei recht gering usw." (Demmer, 2003, 36.)

11   Öfter hört man von Alkoholismus in Lehrerkollegien. Es gibt aber auch Hauptschulen, bei denen ein überdurchschnittliches Engagement von Schulleitung und Kollegium zu überraschenden Leistungen führt. Ihre Absolventen haben aufgrund ihrer Kompetenzen und Sekundärtugenden nicht nur Chancen auf dem Arbeitsmarkt, sondern können auch gesellschaftlich Position beziehen. Aber der Normalfall ist das nicht.

Leistungen nachweisen müssen. Nach einer der Hamburger LAU-Studien sind auch unterdurchschnittliche Testleistungen kein Hindernis, wenn der Vater Abitur hat (LAU-Studie, 1997). Diese Art der Diskriminierung trifft Migrationskinder noch stärker. So verwundert kaum noch die Äusserung eines Lehrers an einem Wirtschaftsgymnasium: „Was willst du als türkisches Mädchen denn hier?" (Weber, 2003, 199).

Zur Begünstigung institutioneller Diskriminierung kommt ein weiterer, *siebter Gesichtspunkt*: Die starke äussere Differenzierung im deutschen Bildungssystem – neben der Mehrgliedrigkeit der Sekundarstufe ist das Sonderschulwesen zu berücksichtigen – weckt die Illusion der Leistungshomogenität und qualifiziert Lehrpersonen nicht für den Umgang mit Heterogenität, was in einer Einwanderungsgesellschaft besonders folgenreich ist. Die wahnhafte Orientierung an leistungshomogenen Lerngruppen beeinflusst den Unterrichtsstil und schafft auch keinen Anlass zur Verbesserung diagnostischer Kompetenzen, weil die schwächeren oder schwächer erscheinenden Schüler immer „nach unten" abgegeben werden können. Der Schulforscher Helmut Fend sprach in einem Vortrag von „Entsorgungsmentalität" (zit. nach Demmer, 2003, 38). Mängel der diagnostischen Kompetenz werden in den jüngsten Schulleistungsvergleichen kritisch vermerkt (vgl. Deutsches PISA-Konsortium, 2001; Bos u. a., 2003). Die Mehrgliedrigkeit des Schulsystems verleitet die Lehrpersonen zur klischeehaften Einteilung nach gymnasialer Eignung usw., und zwar zum Teil schon in den ersten Schuljahren (Wenzler, 2003, 94). Diese Beobachtung konnten wir selbst in einem noch laufenden Forschungsprojekt machen (Allemann-Ghionda und Auernheimer, i. V.).

Die selektive Wirkung des deutschen Bildungssystems wird im Vergleich zu anderen Ländern noch dadurch verstärkt, dass die Halbtagsschule die SchülerInnen aus bildungsfernen Milieus am Nachmittag sich selbst überlässt, während ihre AltersgenossInnen von ihren Mittelschichteltern in jeder Hinsicht für eine erfolgreiche Laufbahn gecoacht werden (Büchner und Koch, 2001). Leistungsdefizite kann die Halbtagsschule weniger ausgleichen als eine Ganztagsschule. Dieser Mangel ist inzwischen in den meisten Kultusministerien erkannt worden. Aber abgesehen von der Gefahr, dass wegen der Sparzwänge – aber auch mit Rücksicht auf die Mittelschichteltern – nur unbefriedigende Notlösungen angeboten werden,[12] stellt sich die Frage, wie Ganztagsschulen wohl auf der mehrgliedrigen Sekundarstufe gestaltet werden sollen. Problematisch könnte dabei eine rein kompensatorische, einseitige Adressierung der Angebote an die SchülerInnen aus bildungsfernen Milieus

---

12 Die mit grossen Erwartungen verbundene Einführung der „Offenen Ganztagsschule" in Nordrhein-Westfalen stellt sich für viele als enttäuschend heraus, weil Eltern ihre Kinder jederzeit vom Ganztagsangebot abmelden können, was nicht nur eine Fluktuation mit sich bringt, sondern auch die soziale Segregation weiterführt.

werden. Werden sich Ganztagsangebote an Hauptschulen nicht oft auf soziale Betreuung beschränken?

Überhaupt bestehen bei einigen der zur Zeit diskutierten Reformmassnahmen begründete Zweifel, ob sie ohne eine entschiedene Abkehr vom gegliederten System Wirkung entfalten. Nicht verkannt werden sollten die systembedingten Handlungszwänge und die dadurch nahe gelegten pädagogischen Einstellungen (vgl. Wenzler, 2003). Auch Verbesserungen der Lehrerausbildung, die zur Zeit ohnehin nicht in Sicht sind,[13] können durch die spätere berufliche Sozialisation wieder um ihre Wirkung gebracht werden, wenn die Diskrepanz zwischen „Theorie" und Praxis zu gross ist. Ansätze zur Rechenschaftslegung, zu mehr Kooperation usw. versanden nur allzu leicht, wenn das Bewusstsein der gemeinsamen Verantwortung für jedes Kind nicht im System verankert ist. Integrative Systeme nötigen dazu.

6 Zusammenfassung

Warum ist nun das deutsche Bildungssystem speziell im Hinblick auf den Charakter der Gesellschaft als Einwanderungsgesellschaft disfunktional?

Erstens fördert dieses System, weil es ihm offenbar weniger als anderen Systemen gelingt, ungünstige Startbedingungen auszugleichen, *die Spaltung der Gesellschaft entlang ethnischer Grenzziehungen.* Dabei ist zu unterscheiden zwischen der Benachteiligung der Migrationskinder und -jugendlichen hinsichtlich formaler Bildung, wie sie seit Jahrzehnten der Bildungsstatistik zu entnehmen ist, und ihren Kompetenzdefiziten mangels ausreichender Förderung, wie sie mit der PISA-Studie nachgewiesen wurden. Das zweite bedingt natürlich das erste, nämlich die relativ wenigen höheren Schulabschlüsse, soweit die Jugendlichen nicht ganz ohne Abschluss bleiben. Dazu kommt, dass das System mit seinen vielen Selektionsmechanismen, speziell an den Übergangsschwellen zur Sekundarstufe *institutioneller Diskriminierung* Vorschub leistet. Damit sind die Chancen von Migrationsjugendlichen auf dem Arbeitsmarkt äusserst gering. Soweit sie nicht aus dem Erwerbsleben ausgeschlossen bleiben, sind ihnen un- oder angelernte Tätigkeiten in befristeten Arbeitsverhältnissen vorbehalten wie schon ihren Eltern und Grosseltern, was insgesamt sehr prekäre Lebenslagen bedingt. Die *geringe intergenerative Mobilität* begünstigt Resignation, Rückzugsmentalität und Gettoisierung.

Zweitens impliziert dieses System *einen „heimlichen Lehrplan" des Rassismus,* der gut gemeinte Bemühungen um interkulturelle Bildung konterkariert. Denn die Trennung der Schüler nach Schulformen mit der Konzentration

---

13 Der Übergang zu „polyvalenten" Bachelor-Master-Studiengängen lässt eher eine Minderung der Ausbildungsqualität befürchten.

der Migrationsjugendlichen an Haupt- oder Sonderschulen fördert die Vorstellung von einer natürlichen Ungleichheit nach Begabung und ethnischer Herkunft.

Drittens ist die berufliche Sozialisation der LehrerInnen zu bedenken, weil jedes System dadurch, dass es bestimmte Handlungsmöglichkeiten eröffnet oder ausschliesst, spezifische Anforderungen mit sich bringt und somit spezifische Erfahrungen machen lässt, Einstellungen und Fähigkeiten ausbildet. Ein integratives Schulsystem zwingt mehr oder weniger die LehrerInnen dazu, schon im eigenen Interesse jedes Kind nach Kräften zu fördern, entlässt sie nicht aus der Verantwortung für jeden Schüler, während unser System dazu verleitet, die vielfältigen Selektionsmechanismen zu nutzen, um schwierige, weniger leistungsstarke Schüler loszuwerden. Daraus erklärt sich auch *der geringe Stellenwert der Lerndiagnostik.* Für Selektionszwecke ist das Notensystem ausreichend. Dazu kommt, dass die Unterstützung der Schüler über den Unterricht hinaus – jedenfalls in der Regel an den „höheren Schulen" – an das Elternhaus delegiert wird. Das betrifft nun keineswegs nur Kinder aus Migrantenfamilien, aber diese besonders stark, weil sich hier „Bildungsferne" meist mit Unkenntnis des deutschen Schulsystems und Defiziten der Schulsprache verbindet. Ausserdem erklärt die starke Inanspruchnahme der Eltern an „höheren Schulen" zum Teil die institutionelle Diskriminierung beim Übergang von der Grundschule.

7   Literatur

Allemann-Ghionda, Cristina und Georg Auernheimer (o. J.), *Entwicklung von Beobachtungs- und Beurteilungskriterien in soziokulturell und sprachlich heterogenen Klassen. Eine explorative Studie,* Universität Köln, nicht abgeschlossen.

Auernheimer, Georg, Hrsg. (2003), *Schieflagen im Bildungssystem. Die Benachteiligung der Migrantenkinder,* Opladen: Leske & Budrich.

Bos, Wilfried; Eva-Maria Lankes, Manfred Prenzel, Knut Schwippert, Renate Valtin und Gerd Walther (2003), *Erste Ergebnisse aus IGLU. Schülerleistungen am Ende der vierten Jahrgangsstufe im internationalen Vergleich. Zusammenfassung ausgewählter Ergebnisse,* http://www.erzwiss.uni-hamburg.de/IGLU/home.htm

Britz, Lisa (2004), *Die Schulzeit junger Migrant(inn)en im autobiographischen Rückblick,* Unveröffentl. Ms.

Brügelmann, Hans (2003), Leistungsheterogenität und Begabungsheterogenität in der Primarstufe und in der Sekundarstufe, in: Peter Heyer u. a., Hrsg., *Länger gemeinsam lernen. Positionen – Forschungsergebnisse – Beispiele,* Frankfurt/M.: Grundschulverband – AK Grundschule u. GGG e. V., 60–66.

Büchner, Peter und Katja Koch (2001), *Von der Grundschule in die Sekundarstufe. Bd. 1: Der Übergang aus Kinder- und Elternsicht,* Opladen: Leske & Budrich.

Demmer, Marianne (2003), Argumente für eine überfällige Entscheidung, in: Peter Heyer u. a., Hrsg., *Länger gemeinsam lernen. Positionen – Forschungsergebnisse – Beispiele,* Frankfurt/M.: Grundschulverband – AK Grundschule u. GGG e. V., 34–38.

Deutscher Bildungsrat (1969), *Empfehlung zur Einrichtung von Schulversuchen mit Gesamtschulen. Empfehlungen der Bildungskommission*, Stuttgart: Klett.

Deutsches PISA-Konsortium, Hrsg. (2001), *PISA 2000. Basiskompetenzen von Schülerinnen und Schülern im internationalen Vergleich*, Opladen: Leske & Budrich.

Deutsches PISA-Konsortium, Hrsg. (2003), *PISA 2000 – Ein differenzierter Blick auf die Länder der Bundesrepublik Deutschland*, Opladen: Leske & Budrich.

Dietze, Lutz (2004), Rechtsgutachten für den Bundeselternrat, *LER-Info*, 2/04.

Gomolla, Mechtild und Frank-Olaf Radtke (2002), *Institutionelle Diskriminierung. Die Herstellung ethnischer Differenz in der Schule*, Opladen: Leske & Budrich.

Granato, Mona (2003), Jugendliche mit Migrationshintergrund – auch in der beruflichen Bildung geringere Chancen? In: Georg Auernheimer, Hrsg., *Schieflagen im Bildungssystem. Die Benachteiligung der Migrantenkinder*, Opladen: Leske & Budrich, 113–135.

Habermas, Jürgen (1993), Anerkennungskämpfe im demokratischen Rechtsstaat, in: Amy Gutmann, Hrsg., *Multikulturalismus und die Politik der Anerkennung*, Frankfurt/M.: Suhrkamp, 147–196.

Harms, Gerd (2003), Die Guten ins Töpfchen… Was spricht für eine längere gemeinsame Beschulung unserer Kinder? In: Peter Heyer u. a., Hrsg., *Länger gemeinsam lernen. Positionen – Forschungsergebnisse – Beispiele*, Frankfurt/M.: Grundschulverband – AK Grundschule u. GGG e. V., 39–43.

Klemm, Klaus (2003), Vier starke empirische Befunde zur gemeinsamen Schule, in: Peter Heyer u. a., Hrsg., *Länger gemeinsam lernen. Positionen – Forschungsergebnisse – Beispiele*. Frankfurt/M.: Grundschulverband – AK Grundschule u. GGG e. V., 49–53.

Koch, Katja (2001), *Von der Grundschule in die Sekundarstufe. Bd. 2: Der Übergang aus Lehrersicht*, Opladen: Leske & Budrich.

Krohne, Julia Ann, Ulrich Meier und Klaus-Jürgen Tillmann (2004), Sitzenbleiben, Geschlecht und Migration – Klassenwiederholungen im Spiegel der PISA-Daten, *Zeitschrift für Pädagogik*, 3, 373–391.

LAU-Studie 1997 = Lehmann, Rua u. a. (1997), *Aspekte der Lernausgangslage von Schülerinnen und Schülern der fünften Klassen an Hamburger Schulen*, Hamburg: Amt f. Schule.

Lenhardt, Gero (1999), Ethnische Quotierung und Gerechtigkeit im Bildungssystem, in: Doron Kiesel u. a., Hrsg., *Die Erfindung der Fremdheit*, Frankfurt/M.: Brandes & Apsel.

Steinbach, Anja und Bernhard Nauck (2004), Intergenerationale Transmission von kulturellem Kapital in Migrantenfamilien. Zur Erklärung von ethnischen Unterschieden im deutschen Bildungssystem, *Zeitschrift für Erziehungswissenschaft*, 1, 20–32.

Szell, György (1972), Privilegierung und Nichtprivilegierung im Bildungssystem, in: György Szell, Hrsg., *Privilegierung und Nichtprivilegierung im Bildungssystem*, München: Nymphenburger Verlagshandlung, 14–40.

Weber, Martina (2003), Heterogenität im Schulalltag, Opladen: Leske & Budrich.

Wenzler, Ingrid (2003), Lernerfahrungen aus den internationalen und regionalen Schulleistungsstudien, in: Peter Heyer u. a., Hrsg., *Länger gemeinsam lernen. Positionen – Forschungsergebnisse – Beispiele*, Frankfurt/M.: Grundschulverband – AK Grundschule u. GGG e. V., 89–100.

Migrationsbedingte Vielfalt als Ressource für die Gestaltung schulischer Bildungswirklichkeit

Erol Yildiz

1 Einführung

Erfahrungen mit der Schulpraxis genauso wie die grossen Untersuchungen (PISA, IGLU und OECD-Studie) belegen übereinstimmend, dass das gegenwärtige deutsche Bildungssystem die Wirklichkeit der Kinder und Jugendlichen erheblich verfehlt. So zeigen aktuelle Studien, dass die Schulen die konkreten Bildungsanforderungen und die sozioökonomischen wie politischen und kulturellen Herausforderungen häufig ignorieren, auf jeden Fall in ihrer Relevanz unterschätzen, obwohl sie die Basis ihrer praktischen Arbeit darstellen.

Man kann dies deutlich in urbanen Quartieren erkennen. Hier hat es zur Folge, dass die schulische Bildungswirklichkeit und die urbanen Alltagswirklichkeiten immer weiter auseinander driften. Während sich die Alltagswelt in den Stadtvierteln immer differenzierter und vielfältiger entwickelt und vor allem im Kontext der Migrationsprozesse ganz neue Alltagskonstruktionen sichtbar werden, erscheint das Bildungssystem zunehmend verunsichert. Man fühlt sich überfordert und zieht sich auf vermeintlich bewährte, überkommene Konzepte zurück – bleibt monolingual (vgl. Gogolin, 1994), monokulturell, homogenisierend ausgerichtet. Es fehlt an einer lebendigen, lernmotivierenden, offen austarierten Korrespondenz zwischen dem Bildungssystem einerseits und der konkreten Alltagswelt andererseits.

Diese Problematik ist nicht unbemerkt geblieben. Allerdings hat man sie bislang noch nicht in ihrer ganzen Brisanz realisiert. Man hat sich bislang auf drei Punkte beschränkt, um die sich abzeichnende Entwicklungsschere zu bremsen:

a) Man versucht die Schule für leistungsstarke Schülerinnen und Schüler zu optimieren, übersieht dabei jedoch, dass man damit nur das überkommene Klientel bedient, und dass auch diese traditionelle Bezugsgruppe unterdessen ihr Profil verändert hat und auf diese Weise auch nur noch begrenzt ansprechbar ist.

b) Man versucht, berufliche Aspekte stärker in den schulischen Curricula zu verankern und übersieht dabei, dass die beruflichen Erwartungen einem steten Wandel unterworfen sind und zudem nur einen kleinen Ausschnitt der gesellschaftlichen Herausforderungen repräsentieren. Darüber hinaus bleibt unberücksichtigt, dass das Bildungssystem die

Heranwachsenden oft erst in einem Alter entlässt, in dem das auf den Berufsalltag abgestimmte Wissen längst veraltet ist.

c) Man fokussiert sich auf Kernkompetenzen, übersieht aber, dass sich solche Kernkompetenzen nur aus dem Alltagsleben heraus und nicht aus überkommenen Strukturen schulischer Themendefinitionen ableiten lassen.

Entsprechend orientierte Bemühungen konnten folglich die oben markierte Entwicklungsschere nicht aufhalten, die sich im Gegenteil sogar immer deutlicher abzeichnet und fatale Auswirkungen hat. Allenfalls die klassische Bezugsgruppe schulischer Bildung wird noch bedient, alle anderen Schülerinnen und Schüler werden kaum mehr wahrgenommen. Und dabei handelt es sich eben nach wie vor um die unteren sozialen Schichten und seit der Zuwanderung auch noch zusätzlich um die Schülerinnen und Schüler mit Migrationshintergrund. Das Abdriften der Schule provoziert auf diese Weise eine „negative Integration" (Luhmann, 1997, 25). Man kann ihre Auswirkungen an einer zunehmenden Zahl von Schülerinnen und Schülern, und zwar insbesondere von solchen mit Migrationshintergrund beobachten. Viele sind zunehmend von der schulischen Wirklichkeit frustriert und entfremden sich der Bildung, wenden sich Strassenkulturen zu und identifizieren sich immer weniger mit konventionellen Bildungs- und Berufskarrieren. Sie klinken sich zunehmend aus (vgl. Bukow u. a., 2003). Auch wenn einige dann später den Weg zurück in die Bildung und Ausbildung finden, schaffen dies doch nur wenige und besonders motivierte, während die anderen „auf der Strecke" bleiben.

Man kann das auch auf aktuelle Themen und Fragestellungen beziehen: All das, was in einer modernen Risikogesellschaft im Quartieralltag wirksam wird, wird im schulischen Bildungsprozess *systematisch* ausgeblendet.

Das Schulsystem ist daher neu gefordert. Angesichts einer zunehmend durch Mobilität und Individualisierung geprägten Gesellschaft gelingt es nicht mehr, mit der gebotenen Sensibilität auf die verstärkt differenzierte Lebenssituation der Schülerinnen und Schüler ausreichend und adäquat einzugehen:

a) Dem Schulsystem läuft die Wirklichkeit davon. Es erscheint zunehmend inadäquat gegliedert, immer deutlicher monolingual, monokulturell, homogenisierend ausgerichtet und immer deutlicher mittelschichtorientiert. Der Alltag in den städtischen Quartieren ist dagegen immer deutlicher plural und differenziert, geprägt beispielsweise von Migration, von den Risiken der modernen Industriegesellschaft usw. Die Schule ist nun an einem Punkt angelangt, an dem die Probleme nicht mehr so einfach ignoriert werden können.

b) Man bekommt den Eindruck, dass die Bildungsexperten bei ihren Zielsetzungen Aufgaben des Systems mit den Bedingungen des Systems immer häufiger verwechseln. Zur Bewältigung der Probleme wird nicht länger die Bildungspraxis optimiert, also Bildung didaktisch und methodisch adressenspezifisch „reduziert", sondern man optimiert den Bildungszugang, setzt auf eine soziokulturelle „Reduzierung". Auf diese Weise erreicht das Bildungssystem zwar eine erhebliche Reduktion von Komplexität und damit eine Optimierung von Bildung, nur ist dies der falsche Weg.

Tatsächlich belegen verschiedene Forschungsprojekte und auch eigene Untersuchungen den Verdacht, dass diese fatale Entwicklung, zumal in ihrer negativen Integrationswirkung, nicht den Schülerinnen und Schülern als vielmehr einer „verharschten" Bildungswirklichkeit anzulasten ist. Es fehlt offenbar eine austarierte und lebendige Korrespondenz zwischen dem Bildungssystem einerseits und der konkreten Alltagswelt andererseits – etwas, was jedes lebende System benötigt (Schmidt, 2000, 108), um erfolgreich zu sein:

Zum Beispiel

– wenn in den städtischen Quartieren grosse Bevölkerungsgruppen zuziehen,

– wenn dabei auch immer mehr Menschen einen Migrationshintergrund aufweisen,

– wenn manche Bevölkerungsgruppen sogar eine eigene „Haussprache" sprechen,

– wenn neuerdings bereits Hybridsprachen entstehen,

– wenn sich neue Kulturen etablieren und dank der neuen Kommunikationstechniken neuartige Kommunikationsformen ausbreiten,

– wenn sich Quartiere aus einem globalen Diskurs heraus neu definieren (vgl. Yildiz, 2004),

– wenn die Entindustrialisierung ganze Regionen ergreift,

– wenn die moderne Risikogesellschaft zunehmend Modernisierungsverlierer hervorbringt,

dann müsste sich das in der schulischen Wirklichkeit *reflexiv* widerspiegeln. Unsere Untersuchungen belegen, dass die Schulen hier nicht nur unsensibel sind, sondern sich oft sogar gegenüber diesen neuen Trends institutionell abschotten und sie fast schon reflexartig skandalisieren. Wenn beispielsweise neue Sprachentwicklungen überhaupt wahrgenomen werden, werden diese Kompetenzen als gesellschaftlicher Desintegrationsfaktor diskriminiert. Die negative Wahrnehmung der Sprachpraxis von Kindern mit Migrationshintergrund kommt in der Metapher von der „doppelten Halbsprachigkeit" deutlich zum Ausdruck. Das heisst aber nicht, dass die mehrsprachigen Kinder ihre Sprachpraxis aufgeben. Sie entwickeln Strategien, um mit dieser Situation umzugehen. Eine gängige Strategie ist, dass sie in der Öffentlichkeit Deutsch sprechen, aber in der privaten Verständigung andere Sprachen benutzen (vgl. Gogolin, 2000, 30).

2 Die aktuelle Diskussion

Wichtig erscheint hier vor allem die international vergleichende Studie von Werner Schiffauer u. a. (2002). Die Autoren haben jeweils eine Schule mit Gesamtschulcharakter in Berlin, Rotterdam, London und in Paris untersucht. Ihr wichtigster Befund ist, dass in den vier Ländern, die eine vergleichbare multikulturelle Alltagswirklichkeit der Schülerinnen und Schüler aufweisen, die Schule bei der Gestaltung schulischer Bildungsprozesse jeweils sehr unterschiedlich vorgeht. In den Schulen aller vier Länder spielen nationalspezifische Elemente bei der Organisation der Schulwirklichkeit eine wichtige, wenn auch nicht mehr exklusive Rolle. Schiffauer konstatiert in diesem Zusammenhang einen „Übergang von einem expliziten zu einem impliziten Nationalismus" (2002, 3). Gerade in der Bundesrepublik Deutschland ist der implizite Nationalismus im schulischen Kontext prägend. Dies kommt in der untersuchten Berliner Schule deutlich zum Ausdruck, insofern die Alltagswirklichkeiten der Schülerinnen und Schüler mit Migrationshintergrund hier weitestgehend ignoriert werden. Diese spezifische Ignoranz wird darauf zurückgeführt, dass die „deutsche" Schule zumeist von einem institutionell abgeschotteten, homogenisierenden und monokulturell geprägten Weltbild aus agiert.

Das Beispiel Frankreich: In Frankreich herrscht das laizistische Verständnis, nach dem die Lebenswelt der Schülerinnen und Schüler zunächst als Privatsache definiert wird (Schiffauer und Sunier, 2002, 64). Dass die Lebenswelten der Schülerinnen und Schüler aus dem schulischen Kontext ferngehalten werden, bedeutet aber nicht, dass solche Elemente im Unterricht nicht reflexiv wieder aufgenommen würden wie z. B. religiöse Differenzen als Diskussionsgegenstand im Ethikunterricht.

Das Beispiel England: An der untersuchten Schule in London werden Aspekte beziehungsweise neue Fragestellungen aus dem Umfeld der Schule systematisch aufgenommen und fliessen dann in die Gestaltung schulischer Bildungswirklichkeit ein. Für die Organisation schulischen Bildungsalltags in England scheint eine prinzipielle Offenheit nach aussen charakteristisch zu sein. So werden die offiziellen Beschilderungen und Mitteilungen in der untersuchten Schule keineswegs auf die englische Sprache beschränkt. D. h. Fragestellungen, die sich aus dem multikulturellen Alltagsleben ergeben, werden ernst genommen und in die Schule transportiert (Baumann und Sunier, 2002, 26).

Das Beispiel Niederlande: Das untersuchte Gymnasium in Rotterdam neigt zum britischen Modell. Toleranz, Integration und Konsens stehen im Vordergrund. In den Niederlanden (im Gegensatz zu Frankreich) geht man davon aus, dass sich die Gesellschaft aus Individuen mit unterschiedlichen biographischen und kulturellen Hintergründen zusammensetzt. Ähnlich wie in England wird die Vielfalt als eher *selbstverständlich* betrachtet und sollte in der Öffentlichkeit zum Ausdruck kommen.

Das Beispiel Deutschland: Anders als in London spiegelt sich die multikulturelle Vielfalt der Schülerschaft in Berlin nicht bereits im Erscheinungsbild der Schule wider. Beschilderungen sind beispielsweise ausschliesslich in deutscher Sprache gehalten und finden sich nicht in mehrfacher Übersetzung. In der Tat zeigte sich während der Feldforschung, dass das multikulturelle Umfeld an der untersuchten Schule in Berlin eher als Problem denn als Herausforderung verstanden wurde. Wenn überhaupt, kommen die Zuwanderer als „Ausländer" und oft in Problemkontexten vor. Sie gelten hauptsächlich als Ursache für Probleme. In Deutschland ist die Beherrschung der deutschen Sprache die Voraussetzung des Schulbesuches (Baumann und Sunier, 2002, 30).

Weiter sind hier die Untersuchungen von *Mechthild Gomolla und Frank-Olaf Radtke* zu nennen. Sie kommen in ihrer aktuellen Studie zu dem Ergebnis, dass sich in den Grundschulen in Bielefeld institutionelle Mechanismen etabliert haben, die auf Migrantenkinder diskriminierend wirken und so deren Schulkarriere negativ beeinflussen. Die Grundschule spielt hier eine geradezu wegweisende Rolle, weil die wichtigsten Entscheidungen in den Grundschulen getroffen werden. In den Sonderschulen sind Schülerinnen und Schüler mit Migrationshintergrund folglich deutlich überrepräsentiert. „Das Überweisungsverhalten der Grundschulen korrespondiert mit dem Aufnahmeverhalten der Sonderschulen" (Gomolla und Radtke, 2002, 138 f.). Bei Migrantenkindern wird zur Begründung von Lernversagen vielfach auf negative ethnisch-kulturelle Zuschreibungen zurückgegriffen. Die zentrale Aussage der Untersuchung ist, dass die institutionelle Diskriminierung in der Schule zur Routine geronnen sei. Damit gehe eine Unterschichtung der Bildung durch die Schülerinnen und Schüler mit Migrationshintergrund einher. So wird der Schulerfolg der Schüler nach ethnischer Herkunft sortiert (vgl. Neckel, 2003).

Aus den Untersuchungen von *Ingrid Gogolin* ergibt sich, dass die Sprachpraxis der Kinder, vor allem mit Migrationshintergrund, mit der

Sprachpraxis in der Schule nicht korrespondiere. Obwohl die Sprachpraxis der Kinder mehrsprachig ausgerichtet sei, pflegt die deutsche Schule immer noch einen „monolingualen Habitus". Es geht also um „bilinguale Kinder in monolingualen Schulen" (Gogolin und Neumann, 1997). Die negative Wahrnehmung der Sprachpraxis von Kindern mit Migrationshintergrund kommt in der bereits zitierten Metapher von der „doppelten Halbsprachigkeit" zum Ausdruck (vgl. Gogolin, 2000, 30).

Nach der Veröffentlichung der *PISA-Studie* (Deutsches PISA-Konsortium, 2001) wird in der Bundesrepublik Deutschland eine heftige bildungspolitische Debatte geführt. Der Hauptgrund ist das schlechte Abschneiden der Schulen im internationalen Vergleich, was vor allen am Vergleich der Basiskompetenzen festgemacht wird. In dieser durchaus kontrovers geführten Diskussion über die Bildungssituation wird auch auf die Situation der Kinder mit Migrationshintergrund verwiesen. Oft wird in der Diskussion jedoch übersehen, dass nach der PISA-Studie nicht nur ein straffer Zusammenhang zwischen Bildungserfolg und ethnischer, sondern auch sozialer Herkunft besteht. Insofern lassen sich die Probleme eben gerade nicht mit der ethnischen Herkunft, sondern allenfalls mit einer Strukturschwäche des Bildungssystems erklären. Eine Konsequenz wäre, die Lebenswelten der Schülerinnen und Schüler ganz anders in den schulischen Kontext miteinzubeziehen und in diesem Zusammenhang *die Kompetenzen der Schülerinnen und Schüler mit Migrationshintergrund als Ressource bei der Organisation von Bildungsprozessen zu nutzen.* In anderen Ländern wie Norwegen und Schweden gelingt die Integration der Kinder mit Migrationshintergrund in die Schulen erheblich besser. Dies hat vor allem damit zu tun, dass in den nordeuropäischen Ländern die Schule die Kompetenzen der Schülerinnen und Schüler als zentrale Ressource für die Konstruktion der schulischen Bildungswirklichkeit einsetzt. Ausserdem zeigen die Erfahrungen in den nordeuropäischen Ländern, dass ein strukturierter und formalisierter Sprachunterricht in der „Haussprache" auch die Fähigkeit zum Erlernen der Landessprache erhöhen kann (vgl. Szydlik, 2003, 203).

Wenn man die Erfolgschancen schulischer Bildungsprozesse international vergleichen will, erscheint dringend notwendig, die gesellschaftlichen Rahmenbedingungen der jeweiligen Länder in die Analyse einzubeziehen. Für den Leistungserfolg gerade von Kindern und Jugendlichen, die den herrschenden Schulstandards fern stehen, ist es von grösster Relevanz, ob über die Schullaufbahn nach dem vierten, nach dem sechsten oder gar, wie in vielen Nachbarstaaten, erst nach dem 10. Schuljahr entschieden wird. In den nordeuropäischen Ländern, wie in Schweden, haben die Migrantenkinder Anspruch darauf, in ihrer „Haussprache" unterrichtet zu werden. In den Niederlanden haben die Schulen in dieser Hinsicht mehr Spielraum. So können die Schulen in den Niederlanden autonom entscheiden, ob die Herkunftssprachen in den

Unterrichtsplan aufgenommen werden (vgl. Auernheimer, 2003, 29). Frühe Schullaufbahnentscheidungen und Homogenisierungseffekte bedingen sich gegenseitig und erzeugen gemeinsam das schlechte Abschneiden der hiesigen Schulen. Dies bewirkt eben auch, dass untere soziale Schichten genauso wie Bevölkerungsgruppen mit Migrationshintergrund besonders geringe Chancen haben (Deutsches PISA-Konsortium, 2001, 364, 373).

3   Eigene Untersuchungen

Unsere eigenen Untersuchungen zeigen, *dass hier der institutionelle und vor allem der schulische Umgang mit den Migrantenjugendlichen wesentlich zu deren prekärer Situation beiträgt.*

Es wird immer wieder deutlich, dass und wie die Schulen die *Lernumwelten* der Schülerinnen und Schüler mit Migrationshintergrund „reduzieren" und – was besonders am Beispiel des Umgangs mit der „Haussprache" vieler Schülerinnen und Schüler plastisch wird – dass solche Kontexte noch nicht einmal dann berücksichtigt werden, wenn sie aus lerntheoretischen Erwägungen unabdingbar erscheinen. Man kann heute schon erkennen, dass diese mangelhafte Bereitschaft, auf die Situation der Schülerinnen und Schüler mehr als nur formal einzugehen auch dazu führt, dass sich die Migrantenkinder noch in der dritten Generation von den ihnen durchaus vertrauten und gewünschten Bildungskarrieren verabschieden, ja sogar aus diesen Bildungskarrieren „herausberaten" werden. Zugleich wird schon dort erkennbar, wie schwierig es ist, die Schule dazu zu bewegen sich interkulturell zu öffnen. In der konkreten Feldanalyse lässt sich immer wieder erkennen, wie wichtig es ist, die Schule mit konkreten Kontextbedingungen zu konfrontieren. Das bedeutet, dass die Schule hier an die radikale Pluralisierung und die zunehmende Differenzierung der Quartiere als einem Hauptmerkmal der modernen Alltagswelt anknüpfen muss. Dabei trägt die zunehmende Globalisierung und Individualisierung ganz konkret zu der zunehmenden Mobilität im Quartier bei.

Speziell die neue Mobilität hat also wesentlich zum Wandel und zur Fortentwicklung vieler Kölner Stadtteile beigetragen (vgl. Bukow u. a., 2001; Bukow und Yildiz, 2002). Die Einwanderung hat viele Kölner Stadtteile dabei nicht nur geprägt und entwickelt, sondern sich auch als „Bote" der Globalisierung (Apitzsch, 2004, 7 ff.) erwiesen. In der öffentlichen Diskussion wird dies jedoch weitgehend ignoriert, folglich auch im Bildungsdiskurs noch immer nicht als konstitutiv wahrgenommen. In einigen Stadtteilen beträgt die Zahl der Heranwachsenden mit Migrationshintergrund bereits über 50 Prozent. Laut demographischer Studien wird in 30 Jahren jeder zweite Einwohner in den deutschen Grossstädten einen Migrationshintergrund haben. In vielen Kölner Stadtteilen wird die Infrastruktur bereits in einem erheblichen Umfang von Menschen mit Migrationshintergrund organisiert (vgl. Bukow u. a., 2001). Nicht nur Restaurants, sondern auch kleine „Tante-Emma-Läden", zahlreiche Dienstleistungseinrichtungen bis hin zu Institutionen der Weiterbildung werden von Menschen mit Migrationshintergrund betrieben und gehören längst zum festen Bestand aller Kölner Stadtteile. So hat die neue Mobilität wie selbstverständlich zur Stadtentwicklung und damit zur Modernisierung von Stadtteilen beigetragen. Wie selbstverständlich werden auch die Schulen von diesen Bevölkerungsgruppen genutzt. Und es sind nicht nur die Schülerinnen und Schüler mit Migrationshintergrund, die neue Differenzen repräsentieren. Hybridsprachen breiten sich ebenso unter den „Alteingesessenen" aus; die Differenzen werden zudem, unabhängig davon, von neuen Jugendkulturen und neuen Milieus hervorgebracht. Die sich in der Folge der Entindustrialisierung durchsetzenden neuen Dienstleistungsberufe, die Zunahme illegaler Beschäftigung, die Emanzipation bisher diskriminierter Gruppen, all das prägt das urbane Zusammenleben und führt dazu, dass die Schülerinnen und Schüler zunehmend unterschiedlicher und individualisierter sozialisiert erscheinen. An dieses Bild gilt es anzuknüpfen, um die lokalen Differenzen aufzuzeigen und darzustellen, was die Schülerinnen und Schüler heute prägt, was sie präsentieren.

4 Der öffentliche Diskurs

Obwohl die Bundesrepublik Deutschland inzwischen auf eine jahrzehnte-lange Tradition der Einwanderung zurückblicken kann und die Städte ohne Einwanderung nicht denkbar sind, sieht man sich im öffentlichen Diskurs jedoch mit einem völlig anderen Bild konfrontiert (vgl. Proske und Radt-ke, 1999).

Wenn man die mediale Berichterstattung über Jugendliche mit Migra-tionshintergrund betrachtet, dann fällt vor allem ihr defizitorientierter und skandalisierender Grundton auf. Wiederholte Artikel und Dokumentationen über die zunehmende Entstehung von Parallelgesellschaften innerhalb der Städte, den „Rückzug in die Kulturkolonie", die „Machokultur" sind Beispiele für diese skandalisierende Berichterstattung. Neben diesem Bedrohungssze-nario findet sich ein weiterer, pädagogisch geprägter und defizitorientierter Diskursstrang, der die zweite und dritte Generation vor allem als konflikthaft „zwischen den Kulturen" lebend wahrnimmt. Mit der Veröffentlichung der PISA-Studie rückt vermehrt die Bildungs- und Ausbildungssituation von Migrantenjugendlichen in den Fokus der Berichterstattung und knüpft auch an die oben skizzierten Bilder an. Einen wichtigen Topos bildet die mangelnde Sprachkompetenz, welche immer wieder auf den unzureichenden Kindergartenbesuch zurückgeführt wird (vgl. Schulze und Soja, 2003), wenngleich die empirischen Daten diesem Bild weitgehend widersprechen. Mit dem Mikrozensus 2002 wurden bundesweite Zahlen vorgelegt, die zeigen, dass die Kindergartenbesuchsquote der Kinder mit Migrationshintergrund mit 42,3% nur unwesentlich unter dem Gesamtdurchschnitt von 47,5% liegt (Bericht der Beauftragten der Bundesregierung für Ausländerfragen, 2002, 175). Nichtsdestotrotz ist die Vorstellung des mangelnden Kindergartenbesuchs von Migrantenkindern zu einem festen Bestandteil des gesellschaftlichen Allgemeinwissens geworden. So war beispielsweise im Jahre 2002 in der Wochenzeitung *Der Spiegel* zu lesen: „Meistens spricht die Frau kein Deutsch. Da sie deshalb zu Hause ist, behält sie auch die Kinder im Haus, und während die Mutter den Haushalt macht, sitzen die Knirpse vor dem Fernseher – gefüttert mit Türk-TV aus der Satellitenschüssel" (Der Spiegel, 10/2002).

Zugleich verweist dieses Zitat auf ein weiteres Muster, das zahlreiche Darstellungen prägt: Das zuvor konstatierte Problem wird den Migranten selbst zugerechnet, den Familien, den Eltern, den Jugendlichen. Darüber hinaus spricht man von der „Distanz vieler Migranten zum deutschen Bildungssystem" (Süddeutsche Zeitung, 2. März 2002).

Die Abgrenzung gegenüber dem Bildungssystem wird dabei häufig mit vorhandenen „kulturellen Differenzen" begründet. Entlang dem altbekannten dichotomischen Kulturmodell stehen sich das moderne „deutsche" Bildungssystem und die traditionell gebundenen rückständigen Migranten gegenüber.

5   Konsequenzen

Bei der schulischen Gestaltung interkultureller Bildungsprozesse scheint eine andere Perspektive dringend notwendig zu sein (vgl. Boos-Nünning, 1993, 91). Ähnlich wie die einheimischen bewegen sich auch die Schülerinnen und Schüler mit Migrationshintergrund in unterschiedlichen Alltagskontexten, in denen sie ihre Erfahrungen machen, Kompetenzen entwickeln und ihre Biographien formulieren. Angemessen wäre in diesem Zusammenhang die reflexive Koppelung der Schulwirklichkeit, vor allem der Unterrichtswirklichkeit, mit diesen Alltagswirklichkeiten der Heranwachsenden.

Die schulische Bildungswirklichkeit, die Schülerinnen und Schüler auf eine spezifische kulturelle oder ethnische Herkunft reduziert, ignoriert die gesellschaftlichen Zusammenhänge, in denen sich die Heranwachsenden bewegen. Durch diese Kulturalisierung und Ethnisierung treten soziale Defizite als mentale Defizite in Erscheinung. In diesem Kontext kritisiert Franz

Hamburger (1999, 38) die vorherrschende Interkulturalitätsvorstellung und plädiert für eine „reflexive Interkulturalität".

Wenn Migration ein wesentlicher Aspekt der gesellschaftlichen Entwicklung ist, sollte sie im Unterricht ein Hauptthema sein. Wenn fast die Hälfte der Schülerschaft einen Migrationshintergrund aufweist, spezifische Erfahrungen gemacht und spezifische Fähigkeiten wie bilinguale Sprachpraxis entwickelt hat, dann wäre meiner Auffassung nach angemessen, die schulische Bildungswirklichkeit darauf abzustimmen. Wenn – bedingt durch Migration – die Alltagspraxis von Kindern mehrsprachig geprägt ist, müssen in der Schule strukturelle Konsequenzen daraus gezogen werden. Die Diskussion über die interkulturelle Öffnung der Schule nach aussen, die in den letzten Jahren geführt wird, erscheint mir ein richtiger Schritt in diese Richtung.

In einer Gesellschaft, die durch eine radikale Pluralität insbesondere durch Mobilität in Form von Migration geprägt ist, sollte die zentrale Aufgabe der interkulturellen Bildung darin bestehen, die Heranwachsenden zu einem erfolgreichen Umgang mit der radikalen Pluralität zu befähigen. Interkulturelle Bildung zielt unter den Bedingungen einer zunehmend diversifizierten Welt nicht mehr auf die Vermittlung einer spezifischen kulturellen Position, sondern nur noch auf die Befähigung zur Teilnahme an kultureller Kommunikation (vgl. Yildiz, 1999, 147 f.).

Zu der interkulturellen Bildung gehört insbesondere auch die mehrsprachige Bildung, die vor allem von einigen Erziehungswissenschaftlern (Hans H. Reich, Georg Auernheimer, Ingrid Gogolin, Marianne Krüger-Potratz usw.) als ein modernes Bildungserfordernis betrachtet wird.

6 Literatur

Apitzsch, Ursula (2004), Leben in der Stadt: Der „Modernisierungssprung" der allochthonen Bevölkerung, in: Markus Ottersbach und Erol Yildiz, Hrsg., *Migration in der metropolitanen Gesellschaft. Zwischen Ethnisierung und globaler Neuorientierung*, Münster: Lit-Verlag, 79–88.

Auernheimer, Georg (2003³), *Einführung in die Interkulturelle Pädagogik*, Darmstadt: Wissenschaftliche Buchgesellschaft.

Auernheimer, Georg, Hrsg. (2003), *Schieflagen im Bildungssystem. Die Benachteiligung der Migrantenkinder*, Opladen: Leske & Budrich.

Baumann, Gerd und Thijl Sunier (2002), Die Schule im gesellschaftlichen Raum, in: Werner Schiffauer, Gerd Baumann u. a., Hrsg., *Staat – Schule – Ethnizität. Politische Sozialisation von Immigrantenkindern in vier europäischen Ländern*, Münster, New York u. a.: Waxmann, 23–36.

Bericht der Beauftragten der Bundesregierung für Ausländerfragen (2002), Bonn.

Boos-Nünning, Ursula (1993), Interkulturelle Erziehung als Hilfe zur Überwindung von Fremdheit, in: Bundeszentrale für politische Bildung, *Das Ende der Gemütlichkeit. Theoretische und praktische Ansätze zum Umgang mit Fremdheit, Vorurteilen und Feindbildern*, Bonn: Schriftenreihe der Bundeszentrale für politische Bildung, Bd. 316, 81–96.

Bukow, Wolf-Dietrich; Claudia Nikodem, Erika Schulze und Erol Yildiz (2001), *Multikulturelle Stadt. Von der Selbstverständlichkeit im städtischen Alltag*, Opladen: Leske & Budrich.

Bukow, Wolf-Dietrich und Erol Yildiz (2002), Der Wandel von Quartieren in der metropolitanen Gesellschaft am Beispiel Keupstrasse in Köln oder: Eine verkannte Entwicklung? In: Wolf-Dietrich Bukow und Erol Yildiz, *Der Umgang mit der Stadtgesellschaft. Ist die multikulturelle Gesellschaft gescheitert oder wird sie zu einem Erfolgsmodell?* Opladen: Leske & Budrich, 81–112.

Der Spiegel, 10/2002.

Deutsches PISA-Konsortium, Hrsg. (2001), *PISA 2000: Basiskompetenzen von Schülerinnen und Schülern im internationalen Vergleich*, Opladen: Leske & Budrich.

Deutsches PISA-Konsortium, Hrsg. (2002), PISA 2000: *Die Länder der Bundesrepublik Deutschland im Vergleich*, Opladen: Leske & Budrich.

Gogolin, Ingrid (1994), *Der monolinguale Habitus der multilingualen Schule*, Münster, New York u. a.: Waxmann.

Gogolin, Ingrid, (2001), Migration als biographische Ressource, in: Imbke Behnken und Jürgen Zinnecker, *Kinder, Kindheit, Lebensgeschichte. Ein Handbuch*, Opladen: Leske & Budrich, 1032–1046.

Gogolin, Ingrid (2002), Minderheiten, Migration und Forschung. Ergebnisse des DFG-Schwerpunktprogramms FABER, in: Ingrid Gogolin und Bernhard Nauck, *Migration, gesellschaftliche Differenzierung und Bildung*, Opladen: Leske & Budrich, 15–36.

Gogolin, Ingrid und Bernhard Nauck, Hrsg. (2000), *Migration, gesellschaftliche Differenzierung und Bildung*, Opladen: Leske & Budrich.

Gogolin, Ingrid; Marianne Krüger-Potratz und Meinhart Meyer, Hrsg. (2000), *Pluralität und Bildung*, Opladen: Leske & Budrich

Gogolin, Ingrid und Ursula Neumann, Hrsg. (1997), *Grosstadt-Grundschule. Übersprachliche und kulturelle Pluralität als Bedingung der Grundschularbeit*, Münster, New York u. a.: Waxmann.

Gomolla, Mechtild und Frank-Olaf Radtke (2002), *Institutionelle Diskriminierung. Die Herstellung ethnischer Differenz in der Schule*, Opladen: Leske & Budrich.

Hamburger, Franz (1999), Von der Gastarbeiterbetreuung zur Reflexiven Interkulturalität, *Migration und Soziale Arbeit*, 3/4, 33–39.

Luhmann, Niklas (1997), *Gesellschaft der Gesellschaft*, Bd. 2, Frankfurt am Main: Suhrkamp.

Neckel, Sighard (2003), Kampf um Zugehörigkeit. Die Macht der Klassifikation in den inoffiziellen Sphären der Lebenswelt – ein oft übersehener Ungleichheitsfaktor, *Frankfurter Rundschau*, 15. Juli 2003.

Proske, Matthias und Frank-Olaf Radtke (1999), Islamischer Fundamentalismus und jugendliche Gewaltbereitschaft. Über eine pädagogische Parallelaktion, *Neue Sammlung. Vierteljahresbericht für Erziehung und Gesellschaft*, 1, 47–61.

Schiffauer, Werner; Gerd Baumann, u. a., Hrsg. (2002), *Staat – Schule – Ethnizität. Politische Sozialisation von Immigrantenkindern in vier europäischen Ländern*, Münster, New York u. a.: Waxmann.

Schiffauer, Werner (2002), Einleitung: Nationalstaat, Schule und politische Sozialisation, in: Werner Schiffauer, Gerd Baumann u. a., *Staat – Schule – Ethnizität. Politische Sozialisation von Immigrantenkindern in vier europäischen Ländern*, Münster, New York u. a.: Waxmann, 1–22.

Schiffauer, Werner und Thijl Sunier (2002), Die Nation in Geschichtsbüchern, in: Werner Schiffauer, Gerd Baumann u. a., Hrsg., *Staat – Schule – Ethnizität. Politische Sozialisation von Immigrantenkindern in vier europäischen Ländern*, Münster, New York u. a.: Waxmann, 37–66.

Schmidt, Siegfried J. (2000), Kultur und die grosse Fiktionsmaschine Gesellschaft, in: *Kursbuch Kulturwissenschaft*, Münster: Lit-Verlag, 101–111.

Schulze, Erika und Eva-Maria Soja (2003), Verschlungene Bildungspfade. Über Bildungskarrieren von Jugendlichen mit Migrationshintergrund, in: Georg Auernheimer, Hrsg., *Schieflagen im Bildungssystem. Die Benachteiligung der Migrantenkinder*, Opladen: Leske & Budrich, 197–210.

Süddeutsche Zeitung, 2. März 2002.

Szydlik, Marc (2003), PISA und die Folgen, *Soziologische Revue*, 2, 195–204.

Yildiz, Erol (1999), Eine andere Lesart des städtischen Multikulturalismus – Herausforderung für interkulturelle Jugendarbeit? In: Verein Jugendzentren der Stadt Wien, *Sozialpädagogik und Jugendarbeit im Wandel. Auf dem Weg zu einer lebensweltorientierten Jugendförderung*, Wien, 127–148.

Yildiz, Erol (2004), *Leben in der kosmopolitanen Moderne. Die Öffnung der Orte zur Welt*, Köln (Habilitationsschrift).

Warum gehören die Schulkinder von Migranten zu den Verlierern der Bildungsexpansion?

Rolf Becker

1 Einleitung: Warum gehören die Schulkinder von Migranten zu den Verlierern der Bildungsexpansion?

Heterogenität und Integration – diese Begriffe sind seit den 1960er Jahren Gegenstand in der empirischen Bildungsforschung und werden mit Ungleichheit von Bildungschancen nach sozialer und nationaler Herkunft in Verbindung gesetzt (Coleman et al., 1966). Während in der Bildungsforschung einerseits Beschreibungen über Ausmass und Veränderungen von Bildungsungleichheiten dominieren, mangelt es an empirisch fundierten Erklärungen (Becker und Lauterbach, 2004a). Diese Feststellung gilt insbesondere für die Beschreibung von Bildungsbeteiligung und Bildungserfolg der schulpflichtigen Kinder von Migranten. Die sozialwissenschaftliche *Erklärung* für deren relativ ungünstigen Bildungschancen gehört im Unterschied zu ihrer Beschreibung nicht zu den klassischen Fragestellungen in der deutschsprachigen Bildungsforschung (Diefenbach, 2004).

Warum sind Migrantenkinder wie Kinder aus unteren Sozialschichten benachteiligt? *Warum* gehören sie zu den „Verlierern" der Bildungsexpansion? Liegen die Ursachen in den Strukturen des Bildungssystems begründet oder liegen die Gründe für die Benachteiligung ausländischer Kinder vielmehr ausserhalb des Schulsystems im Elternhaus, und die Schule ist kaum in der Lage, diese Herkunftseffekte auszugleichen? Falls ja, sind dafür eher die Erziehung und Sozialisation im Elternhaus verantwortlich oder die Entscheidung der Eltern über den weiteren Bildungsweg ihrer Kinder? Oder liegt es an der Ausstattung von Schule, an den Lehrern und ihrem Unterricht und sind zudem weitere schulische Kontexteffekte wie etwa die Zusammensetzung der Schülerschaft dafür verantwortlich?

Zwei Sachverhalte seien vorweggenommen:

Erstens haben sich anthropologische Plausibilitätsannahmen über kulturelle Defizite, Differenzen und Milieus – also des Fremd- oder Andersseins, wonach die ausländischen Schulkinder und ihre Eltern nicht über die notwendigen Voraussetzungen oder den Willen verfügen, das System schulischer Bildung im Ankunftsland mit Erfolg zu durchlaufen – empirisch nicht bestätigt. Bislang haben auch kultursoziologische und milieutheoretische Ansätze keinen substanziellen Beitrag zur Erklärung von Entstehung und Reproduktion sozialer Bildungsungleichheiten geliefert.

Zweitens belegen empirische Studien, dass es *die* im Schulsystem benachteiligten Ausländerkinder und Kinder von Migranten nicht gibt, sondern dass die Bildungschancen signifikant zwischen den Nationalitäten differieren (siehe Alba et al., 1994; Kristen, 2002). Am Ende der Grundschulzeit wechseln ausländische Kinder eher auf die Hauptschule als auf die weiterführenden Schullaufbahnen. In der jüngeren Zeit haben sich diese Ungleichheiten verstärkt (Esser, 2001). In Deutschland haben Griechen deutlich günstigere Bildungschancen als die grösste Ausländergruppe in Deutschland, die Türken. Die Italiener, die am längsten in Deutschland leben, weisen noch schlechtere Bildungserfolge als die Türken auf, was gegen die These eines kulturellen Defizits an Kenntnissen und Verhaltensweisen, die in der Schule nachgefragt werden, bei den ausländischen Kindern spricht.

Angesichts dieser Befunde müssen alternative Erklärungsansätze für die Entstehung und Dauerhaftigkeit von sozialen Ungleichheiten von Bildungschancen zu Lasten von Migranten und unteren Sozialschichten gesucht werden. Im Folgenden gehe ich daher in aller Kürze zuerst auf mögliche Erklärungen über die relative Benachteiligung zugewanderter Schulkinder im deutschen und schweizerischen Bildungssystem ein und versuche, diese mit ausgewählten empirischen Befunden zu untermauern. Abschliessend werde ich auf bildungspolitische Implikationen und Ausblicke für die zukünftige Bildungsforschung eingehen.

2 Theoretische Erklärung und empirische Belege von Bildungsungleichheiten bei Ausländern

Den aktuellen Erklärungsansätzen zufolge werden soziale Ungleichheiten von Bildungschancen in Anlehnung an die bildungssoziologischen Arbeiten von Boudon (1974) hauptsächlich auf zwei Ursachenkomplexe zurückgeführt: primäre und sekundäre Effekte der sozialen Herkunft (vgl. Abbildung 1). Diese Ursachenkomplexe sind mit den ökonomischen Ressourcen des Elternhauses und dem kulturellen Humankapital der Eltern, also ihrem Bildungsniveau, konfundiert (Becker, 2004).

2.1 Primäre und sekundäre Effekte der sozialen und nationalen Herkunft

Zum einen erlangen Kinder aus höheren Sozialschichten infolge der Erziehung, Ausstattung und gezielten Förderung im Elternhaus eher Fähigkeiten, die in der Schule vorteilhaft sind. Aufgrund dieser günstigen Voraussetzungen im

Elternhaus weisen Kinder aus höheren Sozialschichten eher bessere Schulleistungen auf, während Arbeiterkinder aufgrund ihrer sozialen Herkunft eher kognitive Nachteile haben. Diese *primären Effekte der sozialen Herkunft auf Bildungschancen* führen zu sozial unterschiedlichen Bildungserfolgen.

Neuere Längsschnittstudien zeigen für unterschiedliche Geburtskohorten, dass die relative Benachteiligung von Ausländer- und Migrantenkindern weder durch entsprechende vorschulische Betreuungen noch durch die Grundschule selbst ausgeglichen werden. Bei Kontrolle der sozial selektiven Nutzung von vorschulischer Betreuung dominieren auch bei ausländischen Schulkindern beim Übergang von der Grundschule auf weiterführende Schullaufbahnen in der Sekundarstufe die sozialen Merkmale des Elternhauses – insbesondere das Bildungsniveau der Eltern – über den Besuch vorschulischer Betreuung (Becker und Lauterbach, 2004b; Büchel et al., 1997). Wie bei den einheimischen Kindern besuchen eher die Mädchen die Realschule und das Gymnasium als die Jungen. Selbst ausländische Kinder, die in Deutschland geboren wurden oder längere Zeit vor der Einschulung in Deutschland gelebt haben, weisen geringere Bildungschancen und -erfolge als einheimische Kinder auf, so dass deren Benachteiligung nicht ohne weiteres auf kulturell-defizitäre Verhaltensweisen und Kenntnisse zurückgeführt werden kann.

Abbildung 1:　Primäre und sekundäre Effekte der sozialen Herkunft auf Bildungschancen und Bildungserfolge

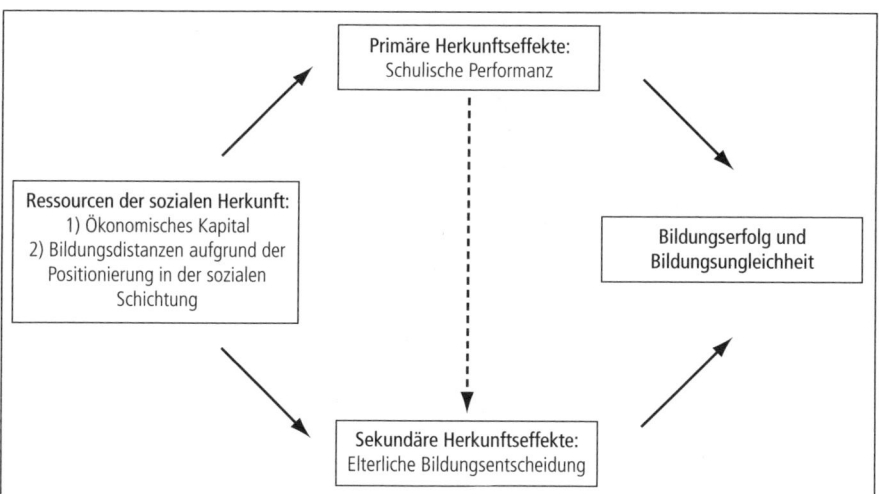

Zum anderen sind elterliche Bildungsentscheidungen am Ende der Grundschulzeit ausschlaggebend für den weiteren Bildungsweg ihrer Kinder. Diese

Entscheidungsprozesse variieren in Abhängigkeit von den ökonomischen und kulturellen Ressourcen der Eltern, die sie für die Bildung und Ausbildung ihrer Kinder mobilisieren, deutlich zwischen den Sozialschichten sowie zwischen einheimischen und zugewanderten Eltern (Steinbach und Nauck, 2004). Dieser *sekundäre Effekt der sozialen Herkunft* trägt entscheidend zur sozialen Ungleichheit von Bildungschancen bei.

Die *Bildungsungleichheit* kann zunächst als eine *aggregierte Folge dieser elterlichen Bildungsentscheidungen* angesehen werden. Zudem sollte nicht übersehen werden, dass die elterliche Bildungsentscheidung auch von institutionellen Vorgaben und der Struktur des Bildungswesens „erzwungen" wird (Becker, 2000; Becker, 2003). Dass sich die Eltern in Deutschland vergleichsweise früh, wenn ihre Kinder zwischen zehn und zwölf Jahre alt sind, über den weiteren Bildungsweg ihres Kindes entscheiden müssen, macht möglicherweise das *Ausmass und die Dauerhaftigkeit von Bildungsungleichheiten* aus. Vergleicht man die Gewichte der Herkunftseffekte, so ist langfristig gesehen der sekundäre Herkunftseffekt bedeutsamer (Boudon, 1974). Somit beruhen zentrale *soziale Mechanismen der Bildungsungleichheit* auf sozial differenten Bildungsentscheidungen, in die auch (sozial differente) Schulleistungen und andere Bildungserfolge einfliessen (Erikson und Jonsson, 1996, 50).

2.2 Empirische Evidenzen für primäre und sekundäre Herkunftseffekte

Diese Zusammenhänge sind bislang nur in eingeschränktem Masse für ausländische Schulkinder empirisch festgestellt worden (Diefenbach, 2004). Beispielsweise scheinen ökonomische Ressourcen und kulturelles Kapital des Elternhauses eine deutlich geringere Rolle für den weiteren Bildungsweg von Kindern zu spielen als dies bei Einheimischen der Fall ist (Steinbach und Nauck, 2004). Damit ist ausgeschlossen, die geringeren Bildungschancen ausländischer Kinder *ausschliesslich* damit erklären zu wollen, dass sie den unteren Sozialschichten angehören (Alba et al., 1994; Diefenbach, 2002). Hingegen wirkt sich im Unterschied zu deutschen Familien bei den Migranten die Anzahl der im Haushalt lebenden Kinder auf deren Bildungschancen aus: „Je höher die Anzahl der Kinder im Haushalt, desto geringer ist die Wahrscheinlichkeit der Jugendlichen, einen weiterführenden Schulabschluss zu erreichen" (Nauck et al., 1998, 713). Offensichtlich sind bei den Migrantenfamilien andere soziale Mechanismen der elterlichen Bildungsentscheidung bedeutsam, die aber noch weitgehend unbekannt sind. Unsicherer Aufenthaltsstatus und Rückkehrabsichten sind bei suboptimalen Investitionen in die vorschulische Betreuung als wichtige Einflussfaktoren nachgewiesen worden (Becker und Lauterbach, 2004b), aber nicht für die schulische Bildungskarriere (Alba et al., 1994; Diefenbach, 2002).

2.3 Institutionelle Regelungen und Mechanismen des Schulsystems

Neben den primären und sekundären Herkunftseffekten dürften *Struktur des Bildungssystems* sowie *institutionelle Regelungen und Mechanismen des Schulsystems* für die Bildungschancen von Schulkindern ausschlaggebend sein (vgl. Abbildung 2). Sie bestimmen deren Chancen spätestens von Beginn ihrer schulischen Bildungskarriere an (Ditton, 2004). Allerdings sind auch für ausländische Schulkinder empirische Befunde spärlich.

Abbildung 2: Heuristisches Modell für Genese und Dauerhaftigkeit von sozialer Ungleichheit der Bildungschancen

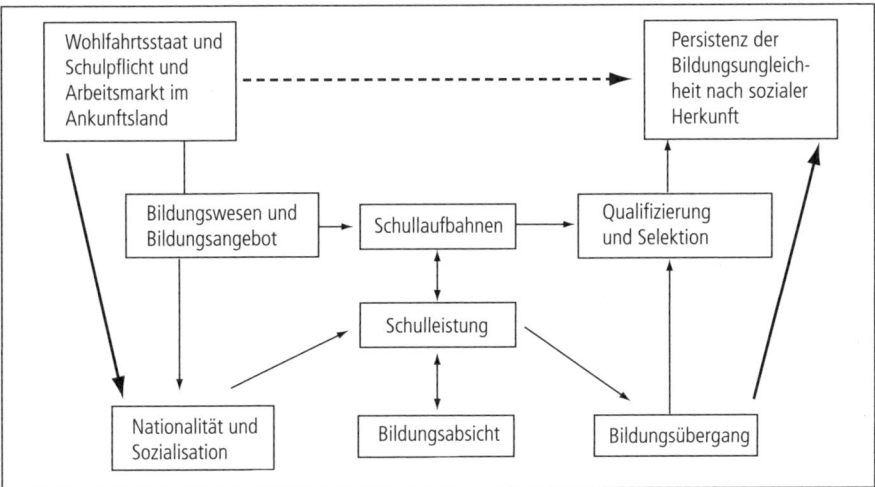

Migrantenkinder werden deutlich häufiger als deutsche Kinder von der Einschulung zurückgestellt (Diefenbach, 2004). Sie bekommen deutlich häufiger als deutsche Kinder eine Grundschulempfehlung für die Hauptschule und deutlich seltener als deutsche Kinder eine Grundschulempfehlung für die Realschule oder das Gymnasium, was zum grossen Teil, aber nicht vollständig, ihren Noten in Deutsch und Mathematik entspricht (Kristen, 2002). So bleiben sie zudem deutlich häufiger als deutsche Kinder ohne einen Hauptschulabschluss (Solga und Wagner, 2004). Der prozentuale Anteil ausländischer Schulkinder, die ohne Hauptschulabschluss bleiben, entspricht dem Anteil von 20 Prozent der deutschen Kinder, die einen Hauptschulabschluss erwerben (Diefenbach, 2002).

2.4 Schulische Kontext- und Unterrichtseffekte

Schliesslich dürften *schulische Kontexteffekte* und *Effekte des schulischen Unterrichts*, die unter anderen auf die Ausstattung der Schulen und auf die Leistungen und Fähigkeiten der Lehrer zurückgeführt werden können, mitverantwortlich für die ungünstigen Bildungschancen ausländischer Schulkinder sein (Coleman et al., 1966). Hierzu seien folgende Befunde aufgeführt. Ausländische Schulkinder besuchen doppelt so häufig Sonderschulen mit dem Schwerpunkt Lernen wie deutsche Kinder (Powell und Wagner, 2001). Die Allokation der Migrantenkinder in die Sonderschulen erfolgt oftmals vor dem Hintergrund, dass die abgebenden Hauptschulen mit der Integration der Zugewanderten überfordert scheinen. Die im Zuge der Bildungsexpansion angestiegene soziale Homogenität der Schulkinder in den Sonder- und Hauptschulen, die zumeist aus anderen Nationen oder aus unteren Sozialschichten stammen, gehen mit ungünstigen Lernkontexten einher, die ihre Benachteiligung bei den Bildungschancen und Bildungserfolgen weiter verschärfen (Solga und Wagner, 2004). Kristen (2002) hat in ihrer Untersuchung für Baden-Württemberg einen Effekt des Anteils ausländischer Kinder in der Schulklasse auf die Chance, nach der Grundschule auf eine Realschule oder ein Gymnasium statt auf eine Hauptschule zu wechseln, festgestellt: Türkische und italienische Kinder haben eine um so geringere Chance, von der Grundschule auf eine Realschule oder ein Gymnasium zu wechseln, je mehr ausländische Kinder in ihrer Grundschulklasse sind (Kristen, 2002, 548).

3 Implikationen für die Bildungsforschung und Bildungspolitik

Welche Implikationen ergeben sich aus dem gegenwärtigen Stand der empirischen Bildungsforschung für die Bildungspolitik? Trotz forcierter Forschung in den letzten Jahren ist die *Entstehung* von primären und sekundären Herkunftseffekten für die Migranten noch nicht gänzlich geklärt (Becker und Lauterbach, 2004a), so dass weitgehend offen ist, worauf Bildungsungleichheiten zu Ungunsten von Migrantenkinder hauptsächlich beruhen. Einerseits liegt dies an der Verfügbarkeit geeigneter Daten, andererseits sind die sozialen Mechanismen noch nicht ausreichend erforscht, die für den Zusammenhang von Klassenlage oder ethnischer beziehungsweise nationaler Zugehörigkeit des Elternhauses, schulischer Performanz und elterlicher Bildungsentscheidungen verantwortlich sind. Zwar ist der Stellenwert von institutionellen Regelungen des Schulsystems für die Emergenz von Bildungsungleichheiten weitgehend bekannt, aber nicht eindeutig oder vollständig für ausländische Schulkinder belegt. Dies trifft auch für schulische Kontexteffekte und Effekte des schulischen Unterrichts zu. Zu diesem Bereich werden zuweilen in der (qualitativen) pädagogischen Forschung methodisch wie methodologisch fragwürdige Wege des Erkenntnisgewinns und der Ableitung von Empfehlungen eingeschlagen (etwa Allemann-Ghionda, 1997), die den Wissenszuwachs zu diesen Fragestellungen sowie die Lösung bildungspolitischer Probleme eher behindern als fördern.

Wie für andere gesellschaftlich relevante Fragen gilt auch für die Bildungspolitik, dass die politische Verarbeitung ideologischer Prämissen oftmals mit der Ignoranz wissenschaftlicher Erkenntnis einhergeht. Auch wenn die Forderung nach mehr systematischer (auch theoretisch fundierter und methodisch angemessener) wie unabhängiger Bildungsforschung wenig spektakulär erscheint, muss sich die Bildungspolitik vor Augen halten, dass ohne empirisch abgesicherte Erkenntnisse aus der Bildungsforschung – insbesondere über Ursache- und Wirkungszusammenhänge – keine sinnvollen bildungspolitischen Massnahmen und Programme entwickelt werden können. Alles andere – und darauf hat bereits Anfang des 20. Jahrhunderts der Soziologe Max Weber (1919/20) in seiner Wissenschaftslehre hingewiesen – wäre Verantwortungslosigkeit, sowohl bei den Wissenschaftlern als auch bei den Politikern.

4 Literatur

Alba, Richard D.; Johann Handl und Walter Müller (1994), Ethnische Ungleichheit im deutschen Bildungssystem, *Kölner Zeitschrift für Soziologie und Sozialpsychologie*, 46/2, 209–238.

Allemann-Ghionda, Cristina (1997), Innovation und institutionelle Reform am Beispiel der Reaktion auf Migration und soziokulturelle Vielfalt, in: Erwin Beck, Titus Guldimann und Michael Zutavern, Hrsg., *Lernkultur im Wandel*, Sankt Gallen: Fachverlag für Wissenschaft und Studium, 269–288.

Becker, Rolf (2000), Klassenlage und Bildungsentscheidungen. Eine empirische Anwendung der Wert-Erwartungstheorie, *Kölner Zeitschrift für Soziologie und Sozialpsychologie*, 52, 450–475.

Becker, Rolf (2003), Educational Expansion and Persistent Inequalities of Education: Utilising the Subjective Expected Utility Theory to Explain the Increasing Participation Rates in Upper Secondary School in the Federal Republic Of Germany, *European Sociological Review*, 19/1, 1–24.

Becker, Rolf und Wolfgang Lauterbach (2004a), Dauerhafte Bildungsungleichheiten – Ursachen, Mechanismen, Prozesse und Wirkungen, in: Rolf Becker und Wolfgang Lauterbach, Hrsg., *Bildung als Privileg? Erklärungen und empirische Befunde zu den Ursachen von Bildungsungleichheiten*, Wiesbaden: VS-Verlag für Sozialwissenschaften, 9–39.

Becker, Rolf und Wolfgang Lauterbach (2004b), Vom Nutzen vorschulischer Kinderbetreuung für Bildungschancen, in: Rolf Becker und Wolfgang Lauterbach, Hrsg., *Bildung als Privileg? Erklärungen und empirische Befunde zu den Ursachen von Bildungsungleichheiten*, Wiesbaden: VS-Verlag für Sozialwissenschaften, 127–159.

Becker, Rolf (2004), Soziale Ungleichheit von Bildungschancen und Chancengleichheit, in: Rolf Becker und Wolfgang Lauterbach, Hrsg., *Bildung als Privileg? Erklärungen und empirische Befunde zu den Ursachen von Bildungsungleichheiten*, Wiesbaden: VS-Verlag für Sozialwissenschaften, 161–193.

Boudon, Raymond (1974), *Education, Opportunity, and Social Inequality*, New York: Wiley.

Büchel, Felix; C. Katharina Spiess und Gert G. Wagner (1997), Bildungseffekte vorschulischer Kinderbetreuung, *Kölner Zeitschrift für Soziologie und Sozialpsychologie*, 49/4, 528–539.

Coleman, James S.; Ernest Q. Campbell; Carol J. Hobson, James McPartland, Alexander M. Mood, Frederic D. Weinfeld und Robert L. York (1966), *Equality of Educational Opportunity*, Washington: U.S. Government Printing Office.

Diefenbach, Heike (2002), Bildungsbeteiligung und Berufseinmündung von Kindern und Jugendlichen aus Migrantenfamilien. Eine Fortschreibung der Daten des Sozio-Ökonomischen Panels (SOEP), in: Sachverständigenkommission 11. Kinder- und Jugendbericht, Hrsg., *Migration und die europäische Integration. Herausforderungen für die Kinder- und Jugendhilfe*, München: Verlag Deutsches Jugendinstitut, 7–70.

Diefenbach, Heike (2004), Bildungschancen und Bildungs(miss)erfolg von ausländischen Schülern oder Schülern aus Migrantenfamilien im System schulischer Bildung, in: Rolf Becker und Wolfgang Lauterbach, Hrsg., *Bildung als Privileg? Erklärungen und Befunde zu den Ursachen der Bildungsungleichheit*, Wiesbaden: VS-Verlag, 225–250.

Ditton, Hartmut (2004), Der Beitrag von Schule und Lehrern zur Reproduktion von Bildungsungleichheit, in: Rolf Becker und Wolfgang Lauterbach, Hrsg., *Bildung als Privileg? Erklärungen und Befunde zu den Ursachen der Bildungsungleichheit*, Wiesbaden: VS-Verlag, 251–280.

Erikson, Robert und Jan O. Jonsson (1996), Explaining Class Inequality in Education: The Swedish Test Case, in: Robert Erikson und Jan O. Jonsson, Hrsg., *Can Education Be Equalized?* Boulder: Westview Press, 1–63.

Esser, Hartmut (2001), *Integration und ethnische Schichtung. MZES-Arbeitspapier Nr. 40*, Mannheim: Mannheimer Zentrum für Europäische Sozialforschung.

Kristen, Cornelia (2002), Hauptschule, Realschule oder Gymnasium? Ethnische Unterschiede am ersten Bildungsübergang, *Kölner Zeitschrift für Soziologie und Sozialpsychologie*, 54/4, 534–552.

Nauck, Bernhard (1994), Bildungsverhalten in Migrantenfamilien, in: Peter Büchner, Matthias Grundmann, Johannes Huinink, Lothar Krappmann, Bernhard Nauck, Dagmar Meyer und Sabine Rothe, *Kindliche Lebenswelten, Bildung und innerfamiliale Beziehungen*, München: Verlag Deutsches Jugendinstitut, 105–141.

Nauck, Bernhard; Heike Diefenbach und Kornelia Petri (1998), Intergenerationale Transmission von kulturellem Kapital unter Migrationsbedingungen. Zum Bildungserfolg von Kindern und Jugendlichen aus Migrantenfamilien in Deutschland, *Zeitschrift für Pädagogik*, 44/6, 701–722.

Powell, Justin W. und Sandra Wagner (2001), *Daten und Fakten zu Migrantenjugendlichen an Sonderschulen in der Bundesrepublik Deutschland*, Berlin: Max-Planck-Institut für Bildungsforschung, Selbständige Nachwuchsgruppe, Working Paper 1/2001.

Solga, Heike und Sandra Wagner (2004), Die Zurückgelassenen – die soziale Verarmung der Lernumwelt von Hauptschülerinnen und Hauptschülern, in: Rolf Becker und Wolfgang Lauterbach, Hrsg., *Bildung als Privileg? Erklärungen und Befunde zu den Ursachen der Bildungsungleichheit.* Wiesbaden: VS-Verlag, 195–224.

Steinbach, Anja und Bernhard Nauck (2004), Intergenerationale Transmission von kulturellem Kapital, *Zeitschrift für Erziehungswissenschaft*, 7/1, 20–32.

Weber, Max (1919/20), *Gesammelte Aufsätze zur Wissenschaftslehre*, Tübingen: Siebeck & Mohr.

Von der Sekundarstufe I zur Sekundarstufe II: Schweizerische und ausländische Jugendliche im Übergang zur Lehre und zum Gymnasium

Romano Müller

1 Benachteiligung und Integration

Die Bildungschancen von ausländischen Jugendlichen sind im Vergleich zu ihren einheimischen KollegInnen ungleich niedriger. Dieser Sachverhalt wurde in den vergangenen Jahren bezüglich des Schulerfolgs auf der Primar- und Sekundarstufe I wiederholt dargelegt (Müller, 2001; Lischer, 1997; Meyer, 2003; Kronig et al., 2000; Kronig, 2003), so dass ich in diesem Beitrag diesen Punkt nicht ausführen will. Es scheint mir aber wichtig, auf folgende Umstände hinzuweisen:

1) Wenn in der nachobligatorischen Ausbildung der Sekundarstufe II prekäre Unterschiede zu Ungunsten der ausländischen Jugendlichen festgestellt werden, so sind diese weitgehend auf die vorhergegangenen Bildungsprozesse in der *Schweizer* Schule und auf die sich dort angehäuften schulischen Erfahrungen zurückzuführen. Sie können nicht in pauschalisierender Weise und schon gar nicht „vor allem" auf das Konto falsch verlaufener Entwicklungen im Ausland gebucht oder der zu späten Einwanderung zugeschrieben werden. Nur ein kleiner Teil von ausländischen Jugendlichen auf der Sekundarstufe II gehört nämlich nicht der „zweiten Generation" an. Eine zurzeit laufende Untersuchung bei 5500 Lehrlingen zeigt zudem, dass lediglich 5.5% der Lehrlinge nie eine obligatorische Schweizer Schule besuchten, dass aber über 80% die Schulzeit ausschliesslich oder fast ausschliesslich in der Schweiz durchliefen (Müller, 2006).

2) Die geringeren Bildungschancen lassen sich auch dann nicht zum Verschwinden bringen, wenn so relevante Faktoren wie die soziale Herkunft, das Geschlecht, die schulischen Voraussetzungen, die intellektuelle Leistungsfähigkeit oder der Zeitpunkt der Einwanderung kontrolliert werden. Es wird in der öffentlichen Diskussion immer wieder versucht, die Ursachen des Schulversagens von ausländischen SchülerInnen und Jugendlichen auf Faktoren zu reduzieren, die mit der ethnolinguistischen Herkunft nichts zu tun haben. Wir hätten dann in der schweizerischen Bildungslandschaft gar kein Problem mit anderssprachigen Kindern und Jugendlichen. Vielmehr liesse sich

deren bildungsmässiger Misserfolg auf die soziale Unterschichtung der Bevölkerungsgruppe reduzieren. Es ist zwar unbestritten, dass sich die genannten Faktoren auf die Nutzung von Bildungschancen auswirken; jedoch bleibt die Tatsache unterschiedlicher Bildungschancen auch dann bestehen, wenn mehrsprachige oder ausländische Jugendliche über die gleichen oder ähnlichen Eingangsvoraussetzungen wie ihre einheimischen oder einsprachigen KollegInnen verfügen. Bereits der Umstand, anderssprachige/r MigrantIn zu sein, vermindert in einem monolingual ausgeprägten Bildungssystem die Bildungsmöglichkeiten erheblich (Müller, 1997; Kronig, 2003; Meyer et al., 2003).

Die Formulierung *„benachteiligt sind"* beziehungsweise der Terminus *Benachteiligung* neutralisiert jedoch die Problematik der Chancenverteilung insofern, als dieser Begriff den Gedanken evoziert, es handle sich bei der Benachteilung von Migrantenjugendlichen um das Ergebnis „ungünstiger" Migrationsumstände. Der Begriff der Benachteiligung klingt wie das schicksalhafte Ergebnis sich irgendwie häufender Faktoren und wird selten als eine Folge des aktiven Tuns oder des gezielten Unterlassens im Sinne des Benachteiligt-Werdens verstanden.

1.1 Benachteiligung als beabsichtigtes Tun oder Unterlassen

Georg Auernheimer (2006, in diesem Buch) hat aus einem anderen Blickwinkel – nämlich jenem der institutionellen Diskriminierung – auf diese Tatsache hingewiesen. Auch der bekannte Beitrag von Gomolla & Radtke (2002) weist die oft verdeckten Mechanismen der institutionellen Diskriminierung nach: Diese sind vielfältig vernetzt und reichen von mangelnden multikulturellen Konzepten in den Schulen bis zur organisierten Benachteiligung von Migrantenkindern. Kronig hat kürzlich die Massnahme der Kleinklassenüberweisung (Kronig, 2003; Kronig et al., 2000; Häberlin et al., 2004) beziehungsweise die überdurchschnittliche Überweisung von MigrantInnen in Realschulen hinsichtlich der Notengebung und Selektion problematisiert. Die gängige Selektion erscheint in dieser Arbeit auch statistisch betrachtet als willkürlicher Akt gegenüber der minoritären Gruppe, seien es nun einheimische oder ausländische Jugendliche. In beiden Arbeiten ist im Kern von der *Herstellung ethnischer Differenz* (Gomolla & Radtke, 2002) und nicht einfach von einer *Häufung ungünstiger Migrationsumstände* die Rede. Aus der Sicht dieser Forschungsergebnisse kann die Benachteiligung von MigrantInnen als ein absichtliches Tun oder gezieltes Unterlassen bezeichnet werden, wobei die einheimische majoritäre Gesellschaft Subjekt der Benachteiligung ist. Es ist daher zu fragen, ob die oft geforderte *Integrationsbereitschaft* in erster Linie als Bereitschaft der MigrantInnen, sich zu integrieren, definiert werden soll, oder ob es sich nicht in gleichem Masse auch darum handelt, ob die majoritäre Gemeinschaft überhaupt über die Bereitschaft verfügt, die MigrantInnen zu integrieren.

Die Tatsache der aktiven Benachteiligung ausländischer Jugendlicher durch die majoritäre Gesellschaft ist durch die Ablehnung der erleichterten Einbürgerung am 26. September 2004 durch das Stimmvolk in exemplarischer Weise ins Bewusstsein gebracht worden. Der von MigrantInnen geforderte zentrale Nachweis ihrer Integrationsbereitschaft, nämlich die Beherrschung der Lokalsprache, stösst in der politischen Praxis auf die harten Grenzen der Mehrheitsgesellschaft und dies auch dann, wenn dieser Nachweis durch die hier aufgewachsenen Kinder und Jugendlichen der zweiten und dritten Generation täglich erbracht wird. Als viel gravierender als das ausgebliebene Zugeständnis der Staatsbürgerschaft erachte ich die Folgen dieser Widersprüche in der schweizerischen Bildungspolitik. In Lehrplänen und Weisungen wird Integration verordnet, bei Selektionsentscheiden wird Segregation praktiziert. Diese Aussage trifft auch für die nachobligatorische Ausbildung zu, d. h. für jene Phase der Sekundarstufe II, von der in diesem Referat die Rede sein wird. Eines der stossenden Ergebnisse der jüngsten schweizerischen Bildungsforschung besagt, dass ausländische gegenüber Schweizer Jugendlichen mit gleichen Voraussetzungen vom abnehmenden Lehrstellenmarkt in hohem Masse benachteiligt werden: Bewirbt sich auf das identische Stellenangebot der/die identische SchülerIn mit identischen Angaben, jedoch mit unterschiedlichen Namensangaben, welche einmal eine schweizerische, das andere Mal eine Herkunft aus der Türkei oder aus einem Balkanland vermuten lassen, so hat diese/r gleiche Jugendliche als Türke/in oder als Jugoslawe/in zwischen 50% bis 70% geringere Chancen, in das engere Auswahlwahlverfahren eines Betriebs zu gelangen (Fibbi et al., 2004). Ob jemand Hans oder Hacim, Sandra oder Sabahat heisst, ist nicht gleichgültig. Nomen est omen (vgl. auch Meyer, 2003, 117).

Allerdings wäre eine Analyse, welche die Benachteiligung ausländischer Jugendlicher lediglich unter dem Gesichtspunkt eines Täter-Opfer-Verhältnisses betrachtet, sicher viel zu eingeschränkt. So ist nicht zu verkennen, dass die „Segregationsmotivation" sich verstärkt, je grösser das Ausmass der Benachteiligung ist (Hoffmann-Nowotny et al., 2001). Dies lässt sich sozialpsychologisch auch im Sinne des sog. „Abkühlungseffektes" (Clark, dt. 1973) interpretieren. Das bei ausländischen Jugendlichen im Vergleich zu den einheimischen viel stärker absinkende berufliche Aspirationsniveau vom 8. zum 9. Schuljahr (Häberlin et al., 2004, 150 ff.) kann durchaus Ausdruck einer zunehmenden Resignation sein und damit der „Segregationsmotivation" Vorschub leisten.

2 Operationale Fassung des Begriffs Integration

Ich bin der Meinung, dass der Begriff der *Integration* in Zusammenhang mit der Bildung *operational* gefasst werden soll: Integration bemisst sich an der Angleichung des durchschnittlichen Schul- und Bildungserfolgs der ausländischen mehrsprachigen Jugendlichen an jenen der einheimischen (in der Regel monolingualen) Jugendlichen (ausführlicher in: Müller, 2002). Auf der Sekundarstufe II (Mittelschulen und Berufsschulen) müssten quantitativ betrachtet die Anteile von ausländischen Jugendlichen ansteigen und es müssten vermehrt Jugendliche in Ausbildungsgängen mit hohem beruflichem Anspruchsniveau (BAN) (s. u.; Müller, 2002) zu finden sein. Zudem müsste der Anteil ausländischer Lehrlinge in Berufsmaturitätsschulen stark steigen.

3 Aspekte der Benachteiligung auf der nachobligatorischen Sekundarstufe II

Im Folgenden werden einige Aspekte der Benachteiligung von mehrsprachigen ausländischen SchülerInnen auf der nachobligatorischen Sekundarstufe II festgehalten (ausführlich: Müller, 2001a; b). Grundsätzlich gilt: Der schulische Erfolg beziehungsweise Misserfolg im Übergang von der Primarstufe in die Sekundarstufe I wirkt sich determinierend auf die berufliche Orientierung im Vorfeld der Berufsbildungsentscheide aus. Je höher das besuchte Niveau auf der Sekundarstufe I (grundlegende vs. erweiterte Ansprüche), desto leichter und erfolgreicher erweist sich auch die berufliche Allokation. Zudem gilt: Die Bildungsbeteiligungsquote ist in ganz wesentlichem Masse von der Dauer des Schulbesuchs in der Schweiz abhängig (Müller, 1997, 2001; Meyer, 2003).

3.1 Bildungsbeteiligung

Die *Bildungsbeteiligung der 16- bis 20-jährigen*[1] (Tabelle 1) beträgt bei den Schweizer Jugendlichen 78%, bei den ausländischen 55%. Haben die ausländischen Jugendlichen jedoch während mindestens eines Jahres eine Schweizer Schule besucht, so steigt ihre Bildungsbeteiligung auf 71.6% an. Dieser Umstand ist erfreulich; er lässt sich aber in erster Linie auf die ausländischen Jugendlichen aus den fünf Nachbarländern der Schweiz zurückführen. Die Bildungsbeteiligung der SchülerInnen aus der Türkei und aus den Staaten des ehemaligen Jugoslawiens ist auch nach einem Schulbesuch in der Schweiz mit jeweils ca. 39% sehr niedrig. Ganz allgemein lässt sich sagen, dass die zunehmende Bildungsbeteiligung der ausländischen Jugendlichen auf das

---

1   Auswertung aufgrund der Bildungsstatistik des BfS, Schuljahr 1999 (vgl. Müller, 2002).

Tabelle 1: Bildungsbeteiligung auf der Sekundarstufe II bei SchweizerInnen, AusländerInnen und ausgewählten Nationen; Schuljahr 1998/99 (100% = 16- bis 20-Jährige der jeweiligen Nation; ganze Schweiz)

Herkunft	Ausbildungstyp auf der Sekundarstufe II							Bildungsbeteiligungsquotient BBQ (**)	
	SEK II (*)	Keine SEK II (*)	Mittelschule (***)	Berufslehre	DMS	Anlehre	Andere Ausbild.	alle 16- bis 20-Jährigen	16- bis 20-Jährigen mit min. 1 Jahr Schule in CH
Schweiz	77.55% (77.55%)	22.45% (22.45%)	20.72%	51.85%	2.90%	0.08%	2.07%	3.45	3.45
Ausland	55.17% (71.64%)	44.83% (28.36%)	10.04%	38.27%	2.53%	0.20%	4.33%	1.23	2.53
Mittelmeerländer (ohne ehem. YU)	59.70% (66.98%)	40.30% (33.02%)	8.44%	44.29%	3.18%	0.13%	3.79%	1.48	2.03
Lateinische Länder	67.63% (72.95%)	32.37% (27.05%)	10.68%	49.23%	3.81%	0.12%	3.91%	2.09	2.70
Nachbarländer (ohne Italien)	96.63% (–)	3.37% (–)	30.60%	59.13%	4.16%	0.05%	2.75%	28.72	–
Italien	73.56% (77.03%)	26.44% (22.97%)	10.96%	57.16%	2.88%	0.08%	2.55%	2.78	3.35
Ex-Jugoslawien	32.57% (38.54%)	67.43% (61.46%)	2.28%	25.08%	0.73%	0.25%	4.48%	0.48	0.63
Türkei	32.13% (39.02%)	67.87% (60.98%)	3.70%	23.17%	1.43%	0.14%	3.82%	0.47	0.64
Alle	72.80% (71.64%)	27.20% (28.36%)	18.46%	48.97%	2.82%	0.10%	2.55%	2.67	2.72

(*) Die Zahl ohne Klammer hat als Bezugsgrösse: Alle 16- bis 20-Jährigen = 100%, d. h. inkl. jener, die nie die Schweizer Schule besucht haben. Die Zahl in der Klammer heisst: Alle 16- bis 20-Jährigen, welche 1 Jahr oder mehr die Schweizer Schule besuchten = 100%.

(**) Der BBQ errechnet sich aus dem Verhältnis von SEK II zu Keine SEK II. Lesebeispiel: BBQ: Auf 1.23 ausländische Jugendliche in der SEK II fällt 1 ausländischer Jugendlicher ohne SEK II-Ausbildung. Auf 1 SchweizerIn ohne Ausbildung fallen 3.45 mit Ausbildung!

(***) Maturitätsschulen, LehrerInnenbildung und Berufsmaturitätsschulen.

Lesebeispiel: Vom Gesamtbestand aller in der Schweiz niedergelassenen Jugendlichen im Alter von 16 bis 20 Jahren besuchten bei den SchweizerInnen 20.72% eine Mittelschule, bei den AusländerInnen nur 10.04%. Bei den Ex-JugoslawInnen sind es gar nur 2.28%.

Konto der höheren Anteile in den Berufslehren geht. Demgegenüber haben ihre Anteile in den Mittelschulen nur unwesentlich zugenommen. In einem gewissen Sinne ersetzen die ausländischen Jugendlichen in den frei werdenden Lehrstellen die Abgänge der Schweizer Jugendlichen an die Gymnasien. Anfangs 2000 besuchten 20.72% der SchweizerInnen einen gymnasialen oder gymnasialähnlichen Lehrgang, was nahezu einer Verdoppelung innerhalb der letzten 20 Jahre gleichkommt. Der Anteil von ausländischen Jugendlichen an den Gymnasien erhöhte sich durchschnittlich nur um 1% auf 10% (Italien: 10.96%; Ex-Jugoslawien: 2.28%, Türkei: 3.70%). In den Berufslehren betragen die Anteile bei den SchweizerInnen 51.85%; bei den AusländerInnen 38.27% (Italien: 57.16%; Ex-Jugoslawien: 25.08% Türkei: 23.17%). Die Bildungsbeteiligung aller Nachbarländer mit mehrheitlich identischer Lokalsprache (ohne Italien) beträgt insgesamt 96.63%, auf dem Gymnasium 30.60%, in den Berufslehren 59.13%.

3.2 Übertrittschancen in die Sekundarstufe II

Man dürfte erwarten, dass bei gleichen schulischen Voraussetzungen die Schweizer und ausländischen Jugendlichen auch die gleichen Übertrittschancen zu einer Lehrstelle oder auf eine Mittelschule hätten. Eine einfache Datenanalyse aller Übertritte der 8.- bis 10.-KlässlerInnen im Kanton Zürich (Schuljahr 2001/02) enttäuscht aber diese Erwartung (Tabelle 2). Selbst auf der Sekundarstufe I mit erweiterten Ansprüchen (9. Sekundarklasse) ist die Übertrittschance der AusländerInnen um ca. 16% niedriger als diejenige der SchweizerInnen. Bei den RealschülerInnen ist die Übertrittschance ebenfalls um ca. 16% geringer, auf der Oberschule gar um 27%. Insgesamt beträgt die Übertrittschance in die Sekundarstufe II bei den SchweizerInnen aller Schultypen 70%, bei den AusländerInnen 45.9%. Auch im Bereich der Zwischenlösungen – ein Weg, den überdurchschnittlich viele ausländische Jugendliche einschlagen – sind die Chancen bedeutend geringer als bei SchweizerInnen. Es bleibt zu ergänzen, dass die Chancen auf eine spätere Ausbildung auf der Sekundarstufe II bei SchweizerInnen ungleich höher sind. Gemäss der Datenerhebung des Bundesamtes für Statistik zeigt sich, dass im Alter von 24 Jahren 92% der SchweizerInnen über einen Sekundarstufe-II-Abschluss verfügen, bei den AusländerInnen sind es nur 77% (Lischer, 1997).

3.3 Berufslehren: Berufliches Anspruchsniveau (BAN)

Immerhin ist festzuhalten, dass sich die Situation der ausländischen Jugendlichen bezüglich der gewählten Berufslehren insgesamt verbessert hat. Man

Tabelle 2: Übertritt von vier verschiedenen Schultypen (8.–10. Schuljahr) in die Ausbildungsstränge der Sekundarstufe II (Berufsbildung und Mittelschule) und Nicht-Sekundarstufe II (Zwischenlösungen, Pendente usw.) Schuljahr 2001/02, Kanton Zürich, Datenerhebung Frühjahr 2002 (Angaben in %)

Übertritt aus	Herkunft	Sekundarstufe II				Nicht Sekundar II	Alle
		Berufs- lehre	Mittel- schule	Anlehre	Total Sek II		
Oberschule 8. Klasse (Grundansprüche)	Ausland	6.98	0.00	3.49	10.47	89.53	100
	Schweiz	31.25	0.00	9.38	40.63	59.38	100
Oberschule 9. Klasse (Grundansprüche)	Ausland	28.02	0.00	5.66	33.68	66.32	100
	Schweiz	57.47	0.00	3.45	60.92	39.08	100
Realklasse 9.Klasse (Mittlere Ansprüche)	Ausland	46.72	0.15	1.04	47.91	52.09	100
	Schweiz	62.92	0.15	0.49	63.57	36.43	100
Sekundarklasse 9.Klasse (höchste Ansprüche)	Ausland	49.27	9.24	0.00	58.50	41.50	100
	Schweiz	57.75	16.88	0.12	74.75	25.25	100
Sonderklassen	Ausland	6.15	0.00	13.85	20.00	80.00	100
	Schweiz	31.63	0.00	10.20	41.84	58.16	100
Steiner-Schule	Ausland	0.00	0.00	0.00	0.00	100.00	100
	Schweiz	3.61	4.82	0.00	8.43	91.57	100
Zwischenlösung	Ausland	43.75	0.78	3.91	48.44	51.56	100
	Schweiz	68.80	4.81	2.36	75.97	24.03	100
Alle Schultypen	Ausland	41.14	2.05	2.77	45.96	54.04	100
	Schweiz	59.98	9.21	0.82	70.00	30.00	100
Total alle SchülerInnen	Total	54.59	7.16	1.38	63.13	36.87	100

Quelle: Auszug aus der Bildungsstatistik der Bildungsdirektion des Kantons Zürich. Persönliche Datenübermittlung. Verarbeitung durch den Autor.

kann nämlich feststellen, dass die beruflichen Anspruchniveaus (BAN)[2] der von ausländischen SchülerInnen gewählten Lehrberufe zwar insgesamt noch unter jenem ihrer Schweizer KollegInnen liegen, sich einige Nationen aber schon stark an den Erwartungswert angenähert haben (Abbildung 1). So finden sich etwa 58% der Schweizer Frauen in Lehrberufen mit hohem BAN, bei den Angehörigen aus den lateinischen Ländern sind es bereits 54%, bei den Schweizer Männern sind es 32%. Hier werden die Schweizer von lateinischstämmigen Männern, die zu 40% anspruchsvolle Lehrberufe wählen, gar übertroffen. Zurück stehen weiterhin die Angehörigen aus Ex-Jugoslawien, Albanien und der Türkei. Man kann somit zumindest für einige Nationen

---

2   Das Berufliche Anspruchsniveau (BAN) bezeichnet die für einen jeweiligen Beruf erforderliche schulisch-intellektuelle Leistungsfähigkeit. Sie wurde aufgrund eines ExpertInnenratings für die häufigsten Berufe und den durchschnittlichen IQ von Berufsgruppen festgelegt (vgl. Müller, 2001a).

eine Art Kompensation der erlebten Benachteiligung beim Übergang in die Sekundarstufe I feststellen.

Abbildung 1:   Anspruchsniveau bei 115 Berufen (1998/99) in %
(Schweizer, N = 12'735; Schweizerinnen, N = 9'848;
Ausländer, N = 856; Ausländerinnen, N = 606)

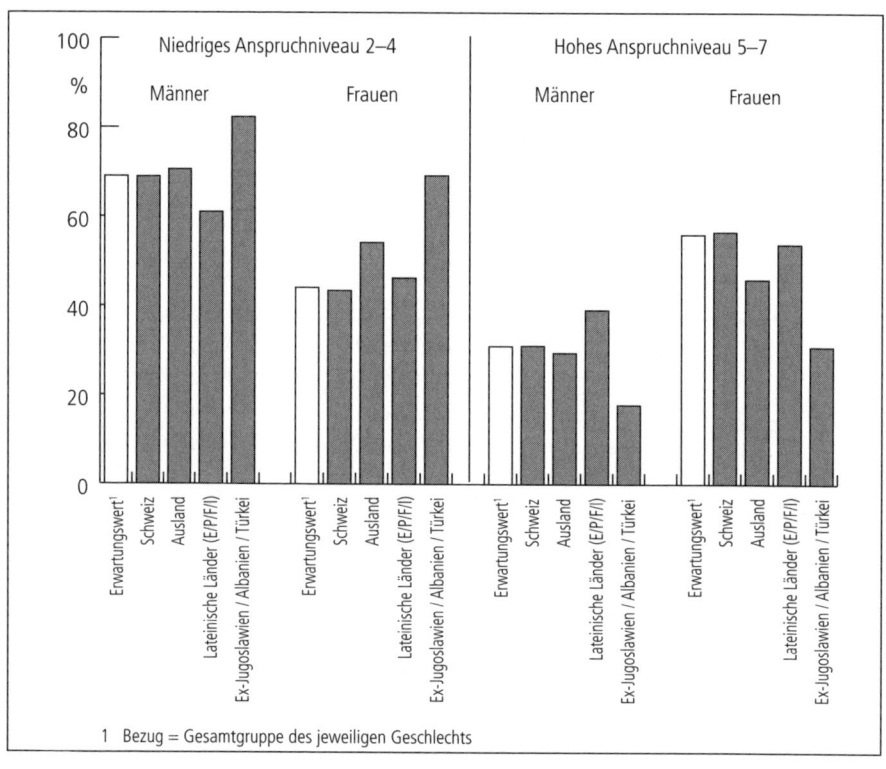

1   Bezug = Gesamtgruppe des jeweiligen Geschlechts

3.4 Wirkung von nationaler Herkunft und Geschlecht auf das berufliche Entscheidungsspektrum bei Berufslehren[3]

Frauen: Das Berufsentscheidungsspektrum der ausländischen Frauen erweist sich im Vergleich zu ihren Schweizer Kolleginnen als äusserst eng. Um den Anteil von 75% der am häufigsten gewählten Berufe abzudecken (fett gedruckte 75%-Zahl in Tabelle 7, Anhang), bedarf es bei den Schweizerinnen 21, bei den Ausländerinnen lediglich 9 Berufe. Zudem nutzen die Schweizerinnen das

3   Die in den Tabellen 3, 7 und 8 (Anhang) dargstellten Ergebnisse wurden aufgrund der Daten der schulstatistischen Abteilung der Bildungsdirektion des Kantons Zürich (Schuljahr 2000/01) erzeugt.

gesamte Spektrum von 195 Berufen zu 97.71%, die Ausländerinnen lediglich zu 58.86% (Tabelle 3). Die ausländischen Lehrfrauen bleiben somit auf ein vergleichsweise enges Spektrum von Berufen fixiert, weit unter dem ihnen grundsätzlich zur Verfügung stehenden beruflichen Wahlangebot. Allerdings: Die ausländischen Frauen wählen in einem zwar eingeschränkten Spektrum ihre Berufe aus, jedoch sind es durchschnittlich jene Berufe mit einem relativ hohen BAN. Tatsächlich beträgt das durchschnittliche BAN der ersten 9 Berufe – und damit 75% der Lehrstellen - bei den ausländischen Frauen 4.5 Punkte. Sie sind damit nahe am BAN-Wert der ersten 75% Lehrstellen der SchweizerInnen, deren BAN 4.91 Punkte beträgt (Tabelle 3). *Kurz: Die ausländischen Frauen wählen zwar in einem engen Spektrum, dafür aber Berufe mit einem relativen hohen BAN-Wert.*

Männer In Hinblick auf den Umfang des beruflichen Wahlspektrums fällt das Ergebnis bei den ausländischen Männern im Vergleich zu ihren weiblichen Landsleuten bedeutend besser aus. Die 75%-Grenze bewegt sich bei den ausländischen Männern bei 25 Berufen, bei den Schweizern bei 32 Berufen. Der Zugriff auf das zur Verfügung stehende Spektrum von 195 Berufen ist somit generell breiter als bei den Frauen. Bezüglich des BAN sind die Werte der Gesamtgruppe mit jenen der Frauen vergleichbar. Die BAN-Werte über alle gewählten Lehrberufe ergeben bei den Männerkohorten einen Unterschied von 0.59 Punkten ($BAN_{MANN/CH}$: 4.35; $BAN_{MANN/AUS}$: 3.76). Der Unterschied ist somit fast identisch mit demjenigen der ersten 75% der Berufe der Lehrfrauen. Betrachtet man nun allerdings das BAN der ersten 75% der männlichen Berufslehren genauer, so fällt das Resultat für die ausländischen Männer sehr mässig aus. Zwar liegt der Wert wie bei den Frauen über dem durchschnittlichen Gesamtwert, aber mit 4.07 BAN-Punkten fällt er von jenem der Schweizer Männer mit 4.96 Punkten um fast 1 Punkt ab. Man stellt somit bei den ausländischen Männern einen vergleichsweise geringen Kompensationseffekt fest, insbesondere wenn man bedenkt, dass nur ein kleiner Teil (6.7%) der ausländischen Männer Zugang zu den gymnasialen Zügen gefunden hat ($MANN_{CH}$ = 17.86%) und somit bei den Berufslehren „Nachholbedarf" bestünde. *Zusammenfassend lässt sich festhalten: Die ausländischen Männer wählen ihre Berufe insgesamt aus einem erfreulich breiten Wahlspektrum; das BAN der gewählten ersten 75% der gewählten Berufe kontrastiert aber stark von jenem der Schweizer Männer und auch von jenem auch der ausländischen Frauen.*

In Tabelle 3 werden die diskutierten Ergebnisse für alle 38'534 Lehrlinge des Kantons Zürich, für deren Beruf ein BAN-Wert vorliegt, zusammengefasst: Während die Schweizer (98%) und Schweizerinnen (95.9%) praktisch das gesamte Berufswahlspektrum nutzen, verbleiben besonders die ausländischen Lehrfrauen mit 58.8% auf einem vergleichbar engen Niveau, während es

Tabelle 3: Anteile von gewählten Berufen bei SchweizerInnen und AusländerInnen. Alle Lehrberufe im Kanton Zürich. Schuljahr 2000/2001. N = 38'534 Lehrlinge

	Herkunft	Berufe	% Anteil von allen wählbaren Berufen	BAN Alle Berufe	BAN 75% Berufe
Frauen	Schweiz	171	97.71%	4.27	4.91
	Ausland	103	58.86%	3.62	4.50
	Total	175	100.00%		
Männer	Schweiz	187	95.90%	4.46	4.96
	Ausland	143	73.33%	3.77	4.07
	Total	195	100%		

bei den ausländischen Lehrmännern mit 73.3% deutlich besser steht. Der Kompensationseffekt hingegen ist bei den ausländischen Frauen stark ausgeprägt, bei den ausländischen Männern fällt er bedeutend bescheidener aus. Handlungsbedarf besteht bei den ausländischen Frauen im Sinne einer Erweiterung des Wahlspektrums, bei den ausländischen Lehrmännern im Zugang zu Berufen mit erhöhtem beruflichen Anspruchsniveau.

4 Aspekte der nationenspezifischen und geschlechtsspezifischen Segregation

Die Frage nach dem Wahlspektrum soll nun unter dem Gesichtspunkt der gruppentypischen beruflichen Segregation angegangen werden: Gibt es Berufe, die von bestimmten Gruppen bevorzugt beziehungsweise gemieden werden oder ihnen aus irgend einem Grunde verschlossen bleiben? Ich analysiere zwei Arten von Segregation: (1) Die *nationenspezifische* Segregation und (2) die *geschlechtsspezifische* Segregation. (3) Die beiden Segregationsarten werden miteinander verglichen. Die Analyse wird anhand der 38'534 Lehrlinge in 210 Berufen aus dem Kanton Zürich durchgeführt.

Definition von Segregation: Wir betrachten Berufe, welche ein Verteilungsverhältnis zwischen SchweizerInnen und AusländerInnen von (1:1) bis (1:1.5) beziehungsweise bis (1.5:1) (Quotient: ≤ 1.5 bis ≥ 0.66) aufweisen als *nicht* segregiert. Berufe mit dem Verhältnis 1:1.5 oder 1.5:1 (Quotient < 0.66 oder > 1.5) oder mehr sind *segregiert, d. h. über- oder unterrepräsentiert*. Das

Verhältnis berücksichtig die relativen Bevölkerungsanteile[4], welche zwischen SchweizerInnen und AusländerInnen 83% zu 17%, zwischen Frauen und Männern 45% zu 55% beträgt.

4.1 Nationenspezifische Segregation in einzelnen Berufstypen

Tabelle 5 (Anhang) gibt Auskunft über den nationenspezifischen Segregationsgrad von Berufen. Von den insgesamt 210 gewählten Berufen sind nur deren 44 (27 + 17) nicht segregiert. Die übrigen 166 Berufe sind segregiert. In weiteren 66 Berufen (22 + 44) im unteren Teil der Tabelle 5 werden wir in einer 20er-Klasse sehr selten oder überhaupt keinen ausländischen Lehrling finden. *Lehrfrauen* (Spalte „*FRAU – Anzahl Berufe*"): Besonders prekär ist Situation für die ausländischen Frauen. Lediglich 27 Berufe bei den Frauen sind nicht nationenspezifisch segregiert. In 96 (14 + 82) von 185 Berufen ist nur sehr selten oder nie eine ausländische Lehrfrau zu finden. *Lehrmänner* (Spalte „*MANN – Anzahl Berufe*"): Bei den ausländischen Männern fällt die Segregation bezüglich der Berufstypen etwas weicher aus: Fast oder völlig segregiert ist rund ein Drittel der Berufe (63 von 195 Berufen). Als nicht segregiert können insgesamt nur 37 (24 + 13) von 210 Berufen bezeichnet werden.

In der Abbildung 2 wurden jene Berufstypen, in welchen die AusländerInnen *nicht segregiert* sind (44) mit all jenen, in denen sie *überrepräsentiert* sind (54), zusammengezählt. Auf diese Weise gelingt es, die Berufe mit einer eindeutigen Unterrepräsentanz von AusländerInnen von den Berufen mit angemessen Anteilen von AusländerInnen und Schweizerinnen zu trennen. Bei der Gesamtgruppe sind in 98 von 210 Berufstypen SchweizerInnen und AusländerInnen angemessen repräsentiert. Bei den Frauen ist dies nur bei 54 von 185 Berufen der Fall, bei den Männern immerhin bei 89 von 195 Berufen. Das zur Verfügung stehende berufliche Wahlspektrum wird somit von den ausländischen Lehrlingen nicht einmal zur Hälfte genutzt; von den ausländischen Lehrfrauen gar nur zu einem guten Drittel.

Allerdings zeigt die genauere Datenanalyse auf, dass der Unterschied der ausländischen Männer zu den Frauen eher zufällig ist, fällt doch die grosse Gruppe der ausländischen KV-Männer (7.7%) mit einem Segregationskoeffizienten von 1.57 : 1 sehr knapp in die Gruppe der CH-segregierten Lehrlinge (Tabelle 8, Anhang). Zählt man deshalb den KV-Beruf etwas willkürlich zu

---

4 Der Segregationskoeffizient SQ errechnet sich mathematisch mit folgender Formel: $SQ = (BER_{CH}/TOT_{CH}) \times (TOT_{AUSL}/BER_{AUSL})$, wobei BER den relativen Anteil von Ausländern beziehungsweise Schweizern an der Berufskohorte, TOT den relativen Anteil der von Ausländern beziehungsweise Schweizern in einer jeweiligen Berufskohorte bezeichnet. Für den geschlechtsspezifischen Koeffizienten wird das analoge Verfahren angewandt.

Abbildung 2: Nationenspezifische Segregation von Berufen. Anzahl Berufe, Basis 210 Berufe / 38'534 Lehrlinge (Kt. Zürich 2001/2002)

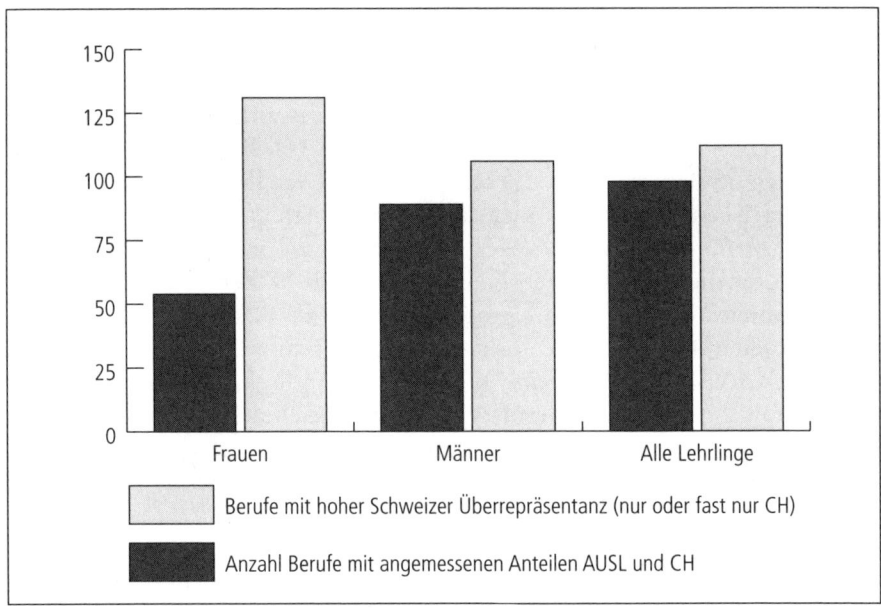

Berufe mit hoher Schweizer Überrepräsentanz (nur oder fast nur CH)

Anzahl Berufe mit angemessenen Anteilen AUSL und CH

den nicht segregierten Berufen hinzu, kann man zusammenfassend sagen: *Bei einem guten Drittel aller Berufe handelt es sich klar um „Schweizer Berufe", zu denen die ausländischen Lehrlinge aus irgendeinem Grund keinen oder nur selten Zugang haben.* Der umgekehrte Fall trifft sehr selten zu: Ein Blick auf Tabelle 5, Anhang, ergibt, dass nur 5 Berufe (mit einem Anteil von 0.1% aller Lehrlinge) reine AusländerInnenberufe sind. Selbst bei einem sehr hohen Segregationsquotienten zugunsten der ausländischen Lehrlinge (insgesamt 1.7%) ist immer noch eine relativ grosse Zahl von SchweizerInnen im jeweiligen Beruf tätig. So erlernen aufgrund der relativen Bevölkerungsanteile von AusländerInnen und SchweizerInnen bei einem Verhältnis von 20:1 (AUSL : CH) immer noch ca. 4 SchweizerInnen den Beruf, im umgekehrten Verhältnis (1:20) sinkt der Anteil AusländerInnen auf annähernd Null ab (1%).

4.2 Geschlechtsspezifische Segregation

Die abschliessende Analyse bezieht sich auf die *geschlechtsspezifische Segregation.* Die Ergebnisse sind in Tabelle 6, Anhang, dargestellt. Das Segregationskriterium (segregiert = 1.5-mal über- oder untervertreten) wurde auch in dieser

Abbildung 3:   Geschlechtsspezifische Segregation von Berufslehren
                (%-Anteile). Basis 210 Berufe / 38'534 Lehrlinge;
                Segregationskriterium 1: 1.5 (Kt. Zürich 2001/2002)

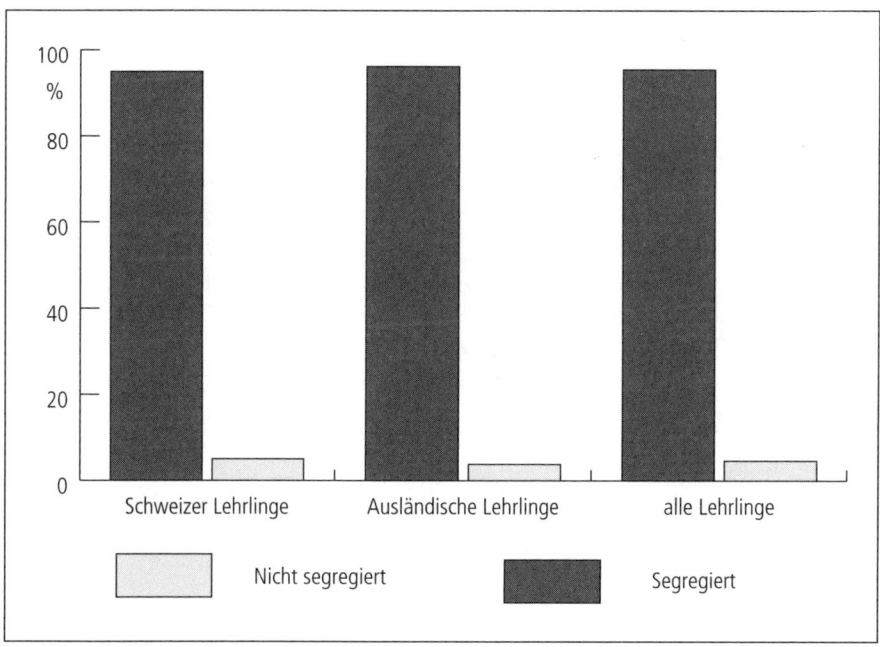

Analyse angewendet, um die Vergleichbarkeit mit der nationenspezifischen Segregation zu sichern. In Abbildung 3 sind die *prozentualen Anteile* aus Tabelle 6, Anhang zusammengefasst. Die geschlechtsspezifische Segregation ist äusserst stark ausgeprägt. Nur 4.6% aller Lehrlinge absolvieren ihre Berufslehre in Berufen, welche man als *nicht* geschlechtsspezifisch segregiert bezeichnen kann, und dies unabhängig davon, welcher Nationalität sie zugehören. *Berufstypisch* betrachtet sind lediglich 14 der 210 analysierten Berufe als nicht geschlechtsspezifisch segregiert zu bezeichnen. Ähnlich wie bei der nationenspezifischen beruflichen Segregation kann man argumentieren, dass selbst bei geschlechtsspezifisch stark segregierten Berufen doch noch ein „angemessener" Anteil von gegengeschlechtlichen Lehrlingen die Berufslehre absolviert. Ich wählte deshalb das nächsthöhere Segregationskriterium (1:5 beziehungsweise 5:1), wo in einem segregierten Beruf immerhin noch 14% Lehrlinge des anderen Geschlechts vertreten sind. In einer Berufsklasse von 20 Lehrlingen fallen dann auf 17 Männer ca. 3 bis 4 Frauen. Es sei einmal dahingestellt, ob das Kriterium so „richtig" gesetzt worden ist. Es gelingt auf diese Weise aber die grossen Anteile der KV-Berufe (16.37%) mit einem

Segregationsfaktor von 1:2 als noch „angemessen durchmischt" einzustufen. Unabhängig von der nationenspezifischen Herkunft der Lehrfrauen pendeln sich die geschlechtsspezifischen Segregationsanteile bei ca. 50% der Berufe ein, d. h. trotz einer sehr massiven Heraufsetzung des Selektionskriteriums bleibt der starke geschlechtsspezifische Segregationseffekt erhalten.

4.3   Korrelative Übereinstimmungen

Die weitere Analyse der Ergebnisse in Tabelle 6 (Anhang) weist auf eine hohe Übereinstimmung der Berufe bei SchweizerInnen („CH-Berufe bis 30. Rang") und bei AusländerInnen („AUSL-Berufe bis 30. Rang") weitgehend übereinstimmen, und dies insbesondere im Bereich der nicht segregierten und mässig stark segregierten Gruppen. Von den dort dargestellten 38 häufigsten Berufen finden sich immerhin deren 26 in beiden Kohorten der SchweizerInnen und der AusländerInnen wieder. Eine solche Übereinstimmung kann man bei der Analyse der nationenspezifischen Segregation in Tabelle 5, Anhang, nicht feststellen. Um die Übereinstimmung des geschlechtsspezifischen Segregationsverhaltens einerseits und des nationenspezifischen Segregationsverhaltens andererseits genauer zu überprüfen, wurden Produkt-Momentkorrelationen über die %-Anteile von Ausland- und Schweiz-Kohorten beziehungsweise Frau- und Mann-Kohorten über alle 210 Berufe errechnet und in Tabelle 4 dargestellt.

Tabelle 4:   Korrelationswerte zur Erhebung des geschlechtsspezifischen und nationenspezifischen Zusammenhangs (N = 38'534 in 210 Berufen)

	Mann/Ausland	Mann/Schweiz	Frau/Ausland	Alle/Mann	Alle/Schweiz
Mann/Schweiz	.82				
Frau/Ausland	.48				
Frau/Schweiz		.63	.86		
Alle/Frau				.61	
Alle/Ausland					.86

1)   *Identisches geschlechtsspezifisches Segregationsverhalten bei ausländischen und Schweizer Männern einerseits und bei ausländischen und Schweizer Frauen andererseits.* Ein Blick auf Tabelle 4 bestätigt diese Hypothese. Alle Korrelationskoeffizienten zwischen den gleichen Geschlechtern, jedoch unterschiedlicher nationaler Herkunft (graue Felder), sind mit Werten von r ≥ .82 ausserordentlich hoch. Ob es sich um AusländerInnen oder SchweizerInnen handelt, es dominiert ein weitgehend identisches geschlechtsspezifisches Wahlverhalten und dies unabhängig

von der nationalen Zugehörigkeit: Ausländische und Schweizer Frauen wählen primär „Frauenberufe", ausländische und Schweizer Männer „Männerberufe". Es scheint, dass die Bestrebungen, diese Regel durch Massnahmen der öffentlichen Steuerung zu durchbrechen, auf eine äusserst harte Resistenz stossen. Gottfredson (1981) hat in diesem Zusammenhang die Hypothese geäussert, dass das berufliche Wahlverhalten stark von geschlechtstypischen Vorstellungen dominiert wird. Und: Bei allen Einschränkungen und Abstrichen, die die Jugendlichen im Verlaufe ihrer beruflichen Orientierung an ihren Berufswünschen vornehmen müssen („Abkühlung"), werden die geschlechtstypischen Vorstellungen über die Angemessenheit eines Berufes kaum oder erst zuletzt aufgegeben.

2) *Unterschiedliches Segregationsverhalten zwischen ausländischen Männern und ausländischen Frauen einerseits und Schweizer Männern und Schweizer Frauen andererseits.* Auch diese Überlegung bestätigt sich. Tatsächlich sind die Korrelationskoeffizienten zwischen unterschiedlichen Geschlechtern, aber gleicher Nation mit r = .48 bis .63. hier niedrig. Eine moderate Korrelation von r = .63 besteht immer noch zwischen Schweizer Frauen und Schweizer Männern. Dabei muss man sich allerdings auch vor Augen führen, dass die Berufswahlprozesse der beiden Geschlechter im Verlaufe der Sozialisation nicht völlig unabhängig voneinander verlaufen. Die berufliche Entscheidung hängt in hohem Masse auch von Faktoren wie schulische Voraussetzungen, Überlegungen zum zukünftigen Verdienst, Statuswahrnehmungen, individuellen Fähigkeiten, Einstellungen der Familie usf. ab. Die Korrelation wird sich hier somit kaum je auf einem völlig niedrigen Mass bewegen. Es fällt aber auf, dass bei der Ausländergruppe die Korrelation mit r = .48 niedriger ausfällt als bei der Schweizergruppe. Ausländische Jugendliche sind somit etwas stärker als Schweizer Jugendliche der geschlechtsspezifischen beruflichen Allokation unterworfen.

4.4 Fazit

Die berufliche Allokation ist in einem sehr hohen Masse von geschlechtsspezifischen Faktoren geleitet. Deren Dominanz ist so ausgeprägt, dass zwischen den Lehrlingen unterschiedlicher nationaler Herkunft eine hochgradige Übereinstimmung im beruflichen Wahlverhalten feststellbar ist: Die männlichen Jugendlichen wählen primär „Männerberufe", die Frauen primär „Frauenberufe". Dieser Sachverhalt kann jedoch nicht zum Schluss führen, dass die nationenspezifische Segregation in der Varianz der geschlechtsspezifischen aufgehoben wäre. Wir mussten nämlich feststellen, dass die ausländischen

Frauen in einem äusserst engen Spektrum von nur 54 von 185 möglichen Berufen alloziert sind und sich die ersten 75% der ausländischen Lehrfrauen gar nur in 9 Berufen ausbilden lassen. Als positiv kann betrachtet werden, dass die ausländischen Frauen sich in Berufen mit einem relativ hohen BAN befinden und so verpasste schulische Bildungschancen etwas kompensieren. Trotzdem bleibt festzuhalten, dass die beruflichen Anspruchsniveaus zwischen CH und AUSL weiterhin diskrepant sind, was durch eine unverhältnismässig hohe Allozierung der AUSL in weniger anspruchvollen Berufen verursacht wird. Was die ausländischen Männer anbelangt, nutzen diese immerhin das Wahlspektrum mit 89 von 205 Berufen (75% = 25 Berufe) besser. Sie fallen aber bezüglich des BAN erheblich von ihren Schweizer Kollegen ab.

5 Erklärungen der Sachverhalte

Es stellt sich die Frage, *warum* sich die Situation der ausländischen Jugendlichen auf der Sekundarstufe II im Verlaufe der letzten 20 Jahre nur wenig verändert hat, während sich die Schweizer KollegInnen sowohl bezüglich der Bildungsbeteiligung als auch der Allokation in Bildungsgängen mit höheren Ansprüchen vergleichsweise stark verbessern konnten. Die Erklärung der Sachverhalte kann hier nur schwerpunktmässig vorgenommen werden und bezieht sich zur Hauptsache auf strukturelle Aspekte im Bildungssystem. Damit wird zum Ausdruck gebracht, dass der Bildungserfolg ausländischer Jugendlicher von grundlegenden Gegebenheiten in der Bildungskonzeption abhängt.

5.1 Monolinguales assimilatives Prinzip – kumulative Effekte der vorangegangenen Schulkarriere

Es ist selbstverständlich, dass die berufliche oder gymnasiale Allokation auf der Sekundarstufe II im wesentlichen auch das Ergebnis sukzessiv integrierter Lernerfahrungen und der damit verbundenen formellen und informellen Selektionsprozesse auf den vorhergegangenen Schulstufen ist. Die Schule wirkt determinierend auf die zukünftige Laufbahn, allerdings nicht in dem Sinne, dass die konkrete berufliche Allokation vorausgesagt werden könnte; sondern dadurch, dass sie den zukünftigen Möglichkeitenspielraum erweitert oder einschränkt. Der entscheidende Zeitpunkt im schweizerischen Bildungssystem ist in der Regel der Übergang der SchülerInnen zu den verschiedenen Typen der Sekundarstufe I: Wer in den Sekundarstufe-I-Typus mit „erweiterten Ansprüchen" (Bezirksschule, Sekundarschule, Progymnasium) übertritt, sieht sich vor einem ungleich weiteren Spielraum in Hinblick auf seine zukünftige Bildungslaufbahn, als bei einer Zuweisung zu einem Sekundarstufe-I-Typus mit „Grundansprüchen" (Realschulen, Oberschulen). Es braucht hier nicht lange ausgeführt zu werden, dass dieser Weg für einen ungleich grösseren Teil der ausländischen SchülerInnen in die Sekundarstufe mit Grundansprüchen mündet. Gesamtschweizerisch gesehen besuchen „nur" ca. 25% der SchweizerInnen eine Sekundarstufe I mit Grundansprüchen, bei den AusländerInnen sind es mit 49% fast das Doppelte. In der Periode von 20 Jahre laufen die Erfolgs-Misserfolgsquoten bezogen auf den Besuch der beiden Sekundarstufe-I-Typen scherenartig zu Ungunsten von *AusländerInnen, deren Herkunftssprache nicht mit der Lokalsprache identisch* ist, auseinander (Müller, 2000).

Assimilatives Prinzip

Der Hinweis auf die Übereinstimmung von Lokalsprache und Herkunftssprache ist wichtig. Ein zentraler Indikator für das Mass der Voraussage des Bildungserfolgs sind die Leistungen im lokalsprachlich-schulischen Standard. In einem Bildungssystem mit monolingualer Ausprägung sind SchülerInnen mit lokalsprachen*fremder* Herkunftssprache a priori benachteiligt. Das schweizerische Bildungssystem ist durch seinen lokalsprachlichen Monolingualismus charakterisiert, was u. a. mit dem gesetzlich verankerten sprachlichen Territorialitätsprinzip zu tun hat. Ich habe andernorts ausgeführt, dass dieser Monolingualismus letztlich dem assimilativen Prinzip der Schweizer Schule gleichkommt (Müller, 2003): Wer den lokalen schulsprachlichen Standard nicht im Masse der majoritären Norm beherrscht, wird in überdurchschnittlich vielen Fällen bildungsmässige Nachteile in Kauf nehmen müssen. Von weit geringerer Bedeutung ist die Leistungsfähigkeit in nichtsprachlichen Fächern. Der Umstand, dass ausländische SchülerInnen in der Regel ihre Herkunftssprache in hohem Grade beherrschen, ist für die Selektionspraxis weitgehend irrelevant.

Die schwierige Situation von ausländischen SchülerInnen in Hinblick auf die Sekundarstufe II ist zur Hauptsache auf diese monolingual-assimilative Ausrichtung des Bildungssystems gesamthaft zurückzuführen. Die Mängel sind somit primär *struktureller* Art und spiegeln sich in der Auslesepraxis der Schweizer Schule wieder. Gewicht und sogar die Form der schulsprachlichen Selektion haben sich unabhängig davon, dass sich die Schule im Verlaufe von 40 Jahren von einer homogenen-monolingualen zu einer heterogen-multilingualen Lerngemeinschaft gewandelt hat, kaum verändert. Dem Umstand von durchschnittlich 20% mehrsprachigen SchülerInnen wird in der selektiven Praxis kaum Rechnung getragen. So lange die Schule einem assimilativen Prinzip verpflichtet ist, ist dies auch nicht notwendig. Es ist aber durchaus möglich, dass sich – je nach wirtschaftlichem Bedarf – nichtschulische Bildungsträger (Betriebe) diesem Prinzip entziehen werden und Selektionen nach ihrem Bedarf vornehmen. Betriebsinterne Testverfahren wie der sog. „Multicheck" weisen bereits heute in diese Richtung.

Mangelnde multikulturelle Konzepte

Das assimilative Prinzip wird konsequenterweise durch das Fehlen von multikulturell konzipierten Schulen parallelisiert. Es ist zu begrüssen, dass in einigen Kantonen Konzepte entworfen wurden, die der Multikulturalität besser Rechnung tragen (Überblick: Häusler, 1999). Sie tangieren aber in der Regel das besprochene Selektionsprinzip nicht und ihre Evaluation steht im Moment noch aus. Was die Konzepte für die Förderung der Berufsfindung anbelangt, so sind diese vielfältig und von Kanton zu Kanton und von Schule zu Schule verschieden. Sie sind auf der Sekundarstufe I im Sinne von sehr unterschiedlich ausgestaltetem *Berufswahlunterricht* angesiedelt; in vielen Fällen sogar erst nach der obligatorischen Schulzeit als sogenannte „*Brückenangebote*" (Überblick: Müller, 2001b). In einem gewissen Sinne sind diese Angebote – so verdienstvoll sie sind – eher sukkursive Angebote, welche die Mängel der schulischen Auslese nicht grundsätzlich in Frage stellen.

Kompensationseffekt als Reaktion auf schulischen Misserfolg

Wenn SchülerInnen früher verpasste Bildungschancen durch die Wahl von Berufen mit relativ hohen beruflichen Anspruchniveaus (BAN) zu kompensieren suchen, so ist dies auf den ersten Blick und für den betroffenen Lehrling erfreulich. Bei genauerem Hinschauen spiegelt sich in der Kompensation vor allem die Tatsache wider, dass die Dominanz des schulischen Monolingualismus auch für leistungsfähige ausländische Jugendliche zum Stolperstein geworden ist beziehungsweise wird. Die Kompensation revidiert somit die negativen Folgen der Auslesepraxis der Schweizer Schule nicht. Sie macht vielmehr darauf aufmerksam, dass die Entwicklung des Bildungspotentials vieler Jungendlicher durch eine assimilative Selektionspraxis verhindert wurde.

5.2 Verteidigung von Gruppeninteressen durch die monolinguale Mehrheitsgesellschaft

Der mangelnde Wille zur Bildung von multikulturellen Schulkonzepten und zur Reform der Auslesepraxis kann nicht unabhängig von den ökonomischen und statusmässigen Interessen und Machtansprüchen majoritärer Gruppen verstanden werden. Der dargestellte Sachverhalt, dass auch bei gleichen Bildungsvoraussetzungen den ausländischen Jugendlichen weniger Bildungswege offen stehen, bringt diesen Umstand gut zum Ausdruck. Man kann hier geradezu von Präferentialismus sprechen.

Zwar stehen solch selektive Vorgänge im Widerspruch zum ökonomischen Bedarf eines Landes, welches auf die optimale Nutzung des potentiell vorhandenen Humankapitals angewiesen ist (und dieses ansonsten importieren muss!). Sie stehen auch im Widerspruch zur behaupteten Absicht der Integration und Nicht-Diskriminierung anderssprachiger Menschen durch die Gesetzgebung beziehungsweise die Verfassung demokratischer Gesellschaften. Hingegen gliedern sie sich fast lückenlos in jene soziale Logik der Grenzziehung zwischen unterschiedlichen Gruppen ein, wie sie von der Intergruppentheorie des sozialen Verhaltens ausführlich beschrieben wird (etwa Tajfel, 1978; Turner, 1982; Müller, 1997). Dabei versuchen die untereinander konkurrierenden Gruppen ihre kulturellen, sozialen und ökonomischen Interessen durch Grenzziehungen entlang bestimmter Merkmale beziehungsweise Kategorisierungen zu ziehen. Sie definieren je nach Bedarf diese Gruppengrenzen als „hart" oder „weich". Da in demokratischen Gesellschaften Grenzziehungen entlang von Merkmalen wie Hautfarbe, Geschlecht, Religion und Sprache verfassungsrechtlich untersagt sind, „besinnen" sich diese raffinierterer kompetitiver Strategien, die sie des Vorwurfs des Verfassungsbruchs entheben. So ist die schulische Selektion – insbesondere jene mittels des lokalsprachlichen schulischen Standards – eines der probaten Mittel majoritärer Gesellschaftsgruppen, die sozialen und ökonomischen Wettbewerbschancen anderssprachiger AusländerInnen zu beschneiden oder genauer: zu regulieren. Soweit ich sehe, entspricht diese Strategie der Praxis aller westeuropäischen Nationen. In einem gewissen (bewusst strapazierten) Sinne kann man sagen: Wer den (schriftlichen) Standard der jeweiligen Nationalsprache nicht durchschnittlich beherrscht, gilt als (noch) nicht ganz integriert und kann darum auch nicht Anspruch auf den vollen Umfang der Güter einer Nation haben.

5.3 Problemzuschreibungen statt Analyse des Bildungserfolgs zweisprachiger ausländischer SchülerInnen durch Reduktion der Ursachen auf sozioökonomische Faktoren

Eine verbreitete Erklärung des schulischen Misserfolgs von ausländischen SchülerInnen besteht im Rückgriff auf die sozioökonomische Zugehörigkeit der zweisprachigen SchülerInnen. Bei dieser Argumentationsweise wird das Versagen zweisprachiger SchülerInnen durch deren Schichtzugehörigkeit begründet (etwa Hutmacher, 1995). Eine der problematischen Folgen dieses bildungssoziologischen Reduktionismus ist es, der Bildungspolitik eine Rechtfertigung dafür zu liefern, im Wesentlichen für die zweisprachigen SchülerInnen nicht mehr zu tun als für die einsprachigen SchülerInnen der gleichen sozialen Schicht. Die speziellen Bedingungen der Migration und der Mehrsprachigkeit würden hier nicht wesentlich ins Gewicht fallen, da ja der Misserfolg grundsätzlich schichtbedingt wäre. Die wissenschaftlichen Analysen (Müller, 1996; 1997; Rüesch, 1997; Moser/Rhyn, 1997; 2000; Meyer, 2003; Kronig, 2003; Ramseier et al., 2003) zeigen allerdings, dass die sozioökonomische Herkunft am Zustandekommen schulischer Leistungen zwar beteiligt ist, dass sich diese jedoch keinesfalls darauf reduzieren lassen. Eine von uns durchgeführte repräsentative Untersuchung bei 347 ein- und zweisprachigen SchülerInnen weist nach, dass die Verteilung der SchülerInnen in den drei Niveaus der Sekundarstufe I (Ober-, Sekundar- und Bezirksschule) in sehr hohem Masse durch die ethnolinguistische Herkunft bedingt ist. So sind auch unter Kontrolle der sozioökonomischen Schicht die zweisprachigen Kinder weiterhin hochgradig in der Oberschule übervertreten und in den Sekundarstufen mit erweiterten Ansprüchen (Sekundarschule, Bezirksschule) untervertreten. Die Unterschiede zwischen den Sprachgruppen sind zudem bei der Unterschicht ausgeprägter als bei der Mittelschicht. Hier koppelt in ausgeprägtem Masse die ethnolinguistische und die sozioökonomische Hürde (Müller, 1996; 1997). Sofern man solche Ergebnisse überhaupt verallgemeinern will, kann man sagen: Zweisprachige Migrantenjugendliche haben in der Regel eine doppelte Hürde zu überwinden, um sich im Schweizer Selektionssystem zu bewähren: Die Hürde der Schulsprache und jene der sozio-ökonomischen Schichtzugehörigkeit. Im Wesentlichen stolpern sie über die schulsprachliche Hürde.

5.4 Erklärungen zur geschlechtspezifischen und nationenspezifischen Segregation

Abschliessend wenden wir uns der nationen- und geschlechtsspezifischen Segregation zu. Bezüglich der starken geschlechtstypischen Trennung fällt es schwer, von einer Benachteiligung zu sprechen, denn sie ist für alle Bevölkerungsgruppen problematisch. Mit Hinweis auf Gottfredsons (1985) Ansatz wurde oben versucht eine entwicklungspsychologische Erklärung einzubringen. Anders verhält es sich mit der *nationenspezifischen Segregation*. Auch hier wirken vorhergegangene selektive Mechanismen, denn für viele Berufstypen wird je nach Betrieb als Zulassungskriterium der Abschluss einer Sekundarstufe I mit erweiterten Ansprüchen verlangt. Am stärksten ist das enge berufliche Wahlspektrum der ausländischen Frauen aufgefallen. Soweit ich sehe, fehlen empirische Daten und theoretische Konzepte, um diesen Sachverhalt befriedigend zu erklären. Das BAN kann nicht zur Erklärung herangezogen werden, weil die ausländischen Frauen sich diesbezüglich nicht besonders stark von den Schweizerinnen unterscheiden.

Zu Beginn meiner Ausführungen habe ich die Hypothese geäussert, dass innerhalb von Minoritätengruppen Tendenzen zur Selbstsegregation bestehen *könnten*. Wir haben im Bereiche der Migrationspädagogik jedoch kaum empirische Nachweise solcher Mechanismen. Insbesondere kann die Hypothese der Selbstsegregation für sich allein keinen umfassenden Erklärungswert beanspruchen, etwa in dem Sinne, dass das schlechtere Abschneiden der ausländischen Jugendlichen bei der Allozierung zu einer Berufslehre durch aktive Abgrenzung beziehungsweise Selbstsegregation zu erklären wäre und deshalb durch die Minorität selbst „verschuldet" sei. Es gibt keinen Grund, warum sich MigrantInnen (und besonders deren Kinder!) grundsätzlich selbstsegregierend verhalten sollten. Wirtschaftlicher und gesellschaftlicher Erfolg sind das Motiv der Migration und dieses Motiv war immer mit einem starken Anpassungswillen verbunden. Es ist kaum anzunehmen, dass sich ganze Migrationsgruppen zum eigenen Schaden und zum Schaden ihrer Kinder selbst ausgrenzen wollten.

Auch kann das vergleichsweise schlechte Abschneiden der zweiten und gar dritten Generation der als integriert betrachteten Migrationsgruppen (Italien, Spanien, Portugal, teilweise Türkei) kaum durch fehlenden Integrationswillen erklärt werden. Erstens besteht kein Grund zur Annahme, dass sich deren Wertevorstellungen von jenen der Majoritätsgesellschaft wesentlich unterscheiden. Zweitens betrachten die Jugendlichen der zweiten und dritten Generation in ihrer grossen Mehrheit die Schweiz als ihr Heimatland und die Lokalsprache als eine ihrer Muttersprachen. So unterscheiden sich türkische und italienische SchülerInnen bei Einstellungsfragen zum Einwanderungsland Schweiz und zu deren BewohnerInnen nicht voneinander (Müller, 1997). Auch wenn sich die Hypothese der Selbstsegregation für einzelne Lehrlinge bestätigen sollte, so käme ihr aus der Sicht der hier geführten Argumentation nur ein geringer Erklärungswert zu, der sich kaum auf das Berufswahlverhalten ausländischer Lehrlinge verallgemeinern liesse.

Zum eingeschränkten Berufswahlspektrum der ausländischen Lehrfrauen stellt Juhasz (2004) fest, dass ausländische Frauen durch beratende Personen „auf Ausbildungen und Berufsrollen verwiesen werden, die im hohen Masse frauenspezifisch sind (insbesondere im Bereich Haushalt und Pflege)", weil die gut meinenden BeraterInnen selber geschlechts- und ausländerspezifischen Klischees unterliegen. Der Möglichkeitspielraum der ausländischen Frauen würde damit eingeschränkt, und die Hilfe entpuppte sich als eine besonders zynische Form verdeckter institutioneller Diskriminierung. Man kann dieser Argumentation allerdings nur bedingt beipflichten: (1) Es trifft zwar zu, dass die AusländerInnen in Pflegeberufen anteilsmässig etwas höher vertreten sind als Schweizerinnen (in den ersten 75% sind es bei den CH 20.3%, bei den AUSL: 27.2% (vgl. Tabelle 7 und 8, Anhang), jedoch stimmt das geschlechtsspezifische Wahlverhalten wie aufgezeigt zwischen den beiden Frauenkohorten hochgradig überein, so dass das genannte Argument auch für die Schweizer Frauen zutreffen müsste.

Eine andere Frage ist jedoch jene nach der nationenübergreifenden geschlechtersegregierten Allokation von Berufen. Wir haben gesehen, dass die Trennung zwischen „Männerberufen" und „Frauenberufen" ausgeprägt ist, und zwar bei SchweizerInnen wie bei AusländerInnen. Es handelt sich hier um Probleme der geschlechtsspezifischen Wertevorstellung von Gesellschaften und der damit verbundenen Traditionen beruflicher Allokation.

Es scheint so, dass die Forschung den Sachverhalt der geschlechtersegregierten Allokation nur feststellen kann, bei deren Erklärung aber auf das Konzept traditioneller Berufsvorstellungen zurückgreifen muss. Man kann betonen, dass die Aufweichung von geschlechtsspezifischen Allokationen zum Vorteil aller Mitglieder der Gesellschaft wäre. Was die nationenspezifische Segregation anbelangt, so geschieht diese zum Nachteil von ausländischen Jugendlichen und besonders der ausländischen Lehrfrauen. Das Spektrum der beruflichen Allokation kann hier (a) durch gezielte Aufklärung der Jugendlichen und deren Familien über die beruflichen Wahlmöglichkeiten, (b) durch die gezielte Förderung während des beruflichen Orientierungsprozesses auf der Sekundarstufe I und (c) durch ein nicht segregatives Verhalten der Betriebe bei der Lehrstellenvergabe verändert werden.

6 Anhang

Tabelle 5: Nationenspezifischer Segregationsgrad

(Insgesamt: Nicht nationenspezifisch segregiert: 44.5%. Nationenspezifisch segregiert: 55.5%. Basis: Zürcher Lehrlinge Schuljahr: 2001/02 / N: 38'534 / 210 Berufe)

Frauen			Männer			Total	
Anteil der Gruppe	Anzahl Berufe	Beruf und deren Rang: (CH/AUSL)	Anteil der Gruppe	Anzahl Berufe	Berufe (Rang: [CH/AUSL])	Prozent-anteil	Anzahl Berufe
Ideale Verteilung: 0 bis 1.5 mal mehr						**44.5%**	**44**
AusländerInnen							
12.3%	13	Servicefachangestellte (21/15) Handelsschule (3/4) Bauzeichnerin (47/25) Kosmetikerin (22/14) Detailhandelsangestellte (7/7)	25.3%	24	Automechaniker (6/6) Handelsschule (5/3) Metallbauschlosser (21/29) Maurer (16/18) Elektromonteur (2/1) Detailhandel (13/17) Lagerist (25/22) Logistikassistent (35/27)	21.6%	27
SchweizerInnen							
29.0%	14	Biologielaborantin (35/25) Bäcker-Konditorin (30/23) Gastrofachfrau (33/23) Krankenpflege I (8/11) Kauffrau KV (1/1) Hochbauzeichnerin (19/17)	7.6%	13	Krankenpflege I (23/28) H'Bauzeichner (18/24) Koch (7/13) Geräteinform. (20/25)	22.8%	17

Fortsetzung der Tabelle 5 auf der folgenden Seite.

Fortsetzung der Tabelle 5.

	Frauen				Männer		Total	
Anteil der Gruppe	Anzahl Berufe	Beruf und deren Rang: (CH/AUSL)	Anteil der Gruppe	Anzahl Berufe	Berufe (Rang: [CH/AUSL])		Prozentanteil	Anzahl Berufe
Mässig bis stark segregiert: > 1.5 bis 5 mal mehr							**43.3%**	**85**
AusländerInnen								
20.6%	18	Kaufm. Gesamtlehre (24/12) Pharmaassistentin (12/9) Coiffeuse Herren (63/28) Pflegeassistentin (34/12) Büroangestellte (11/6) Coiffeuse Damen (5/3) Zahntechnikerin (54/18) Verkäuferin (4/2) Dentalassistentin (9/5)	17.4%	38	Apparatebauer (42/30) Metallbauzeichner (44/30) Betriebspraktiker (44/28) Maler (19/14) Drucktechnologe (55/30) Automonteur(14/4) Verkäufer (15/5) Büroangestellter (46/21) San. Monteur (29/12) Carr.spengler (46/14) Mechapraktiker (36/9)		17.7%	39
SchweizerInnen								
24.7%	35	BM Kaufm. (23/45) Behindertenbetreuerin (18/29) Kleinkindererzieherin (14/19) Augenoptikerin (17/21) Informatikerin (25/29) Krankenpflege II (2/8) Fotofachfrau (31/29) Med. Praxisassistentin (5/10) Bekleidungsgestalterin (20/21) Koch (15/16) Grafikerin (38/29)	37.8%	43	Informatiker (3/7) Gärtner (19/49) Geomatiker (15/40) Konstrukteur(17/30) Schreiner (8/19) Polymech (4/9) KV (1/2)		25.6%	46
Sehr stark segregiert: > 5 mal mehr bis n mal mehr							**9.9%**	**31**
AusländerInnen								
0.2%	5	Tänzerin (112/29)	1.99%	6	Heizungsmonteur (46/14) Autolack. (50/8)		1.7%	9
SchweizerInnen								
9.8%	14	Floristin (16/47) Gärtnerin (27/60) Drogistin (10/37) Malerin (28/53) Schriftengestalterin (29/53) Tiermed. Praxisassistentin (13/35) Polygrafin (26/47)	6.7%	11	Elektroniker (9/56) Zimmermann (12/56) BM Kaufmänn. (30/98) BM Technisch (32/77)		8.2%	22
Vollständig segregiert							**2.3%**	**50**
Nur AusländerInnen								
0.2%	4	Berufsausbildung f. AUSL. (172/25) Konfektionsschneiderin (172/25)	0.1%	8	Polisseur Textilpfleger Maschinenmechaniker		0.1%	6
Nur SchweizerInnen								
3.1%	82	Orthopädin Maurerin Polymechanikerin	3.1%	52	Polizeibeamter (22/144) Landwirt (40/144) Forstwart		2.2%	44
Total								
100%	185		100%	195			100%	210

Lesebeispiel 1: Über 95 % aller Zürcher Lehrlinge machen Ihre Lehren in einem starken bis sehr stark geschlechtersegregierten Beruf. Bei den AusländerInnen und den SchweizerInnen ist der Segregationsgrad ähnlich ausgeprägt.
Lesebeispiel 2: Die nationenspezifische Segregation ist weniger scharf ausgeprägt. Bei 44.5% ist die berufliche Segregation gering, bei 43.3% mässig bis stark, bei 12.2% vollständig oder sehr stark. Der

Fortsetzung der Tabelle 5 auf der folgenden Seite.

Fortsetzung der Tabelle 5.

Unterschied der nationenspezifischen Segregation zwischen Männern und Frauen ist mässig; bei den Männern etwas ausgeprägter. *Allerdings:* Wir finden nur noch sehr wenige AusländerInnen in Klassen mit einem Segregationsgrad von 5-mal mehr SchweizerInnen. Lediglich noch ca. 4% der Lehrlinge sind in diesen Klassen ausländischer Herkunft, d. h. 1 Lehrling auf 19 Schweizer KollegInnen. Bei einer idealen Verteilung (=Segregationsgrad von 0 bis ca. 1.5) sind ca. 17% AusländerInnen und 83% SchweizerInnen, d. h . in diesen Klassen finden wir ca. 4 AusländerInnen auf 16 SchweizerInnen.

Tabelle 6: Geschlechterspezifischer Segregationsgrad
(Insgesamt: nicht geschlechtersegregiert: 4.6% / geschlechtersegregiert: 95.4%. Basis: Zürcher Lehrlinge Schuljahr: 2001/02 / N: 38'534 / 210 Berufe)

SchweizerInnen			AusländerInnen			Total	
Anteil der Gruppe	Anzahl Berufe	Berufe bis 30. Rang (Frauen/Männer)	Anteil der Gruppe	Anzahl Berufe	Berufe bis 30. Rang (Frauen/Männer)	Prozent-anteil	Anzahl Berufe
Ideale Verteilung: 0 bis 1.5 mal mehr						**4.6%**	**14**
Männer							
1.3%	5	HochbauzeichnerIn (19/18)	2.0%	6	Bäcker/KonditorIn (23/37) HochbauzeichnerIn (17/24)	1.3%	11
Frauen							
3.8%	14	PolygrafIn (26/33) Bäcker/KonditorIn (30/38) BM KV (23/30)	1.8%	10	GrafikerIn (29/59) ServicefachangestellteR (15/26)	3.3%	3
Mässiger bis stark segregiert: > 1.5 bis 5 mal mehr						**45.6%**	**66**
Männer							
10.6%	34	Koch (15/7) MalerIn (28/19) PolizeibeamteR (43/22) BauzeichnerIn (47/24) GeomatikerIn (39/11) BM Technisch 72/32)	4.3%	9	Koch (16/13) BauzeichnerIn (25/23) KonstrukteurIn (42/30)	9.7%	36
Frauen							
34.9%	29	BüroangestellteR (11/46) GärtnerIn Zierpfl. (27/80) BehindertenbetreuerIn (18/60) VerkäuferIn (4/15) AugenoptikerIn (17/34) ServicefachangestellteR (21/52) Kauffrau/-mann KV 1/1) DetailhandelsangestellteR (7/13) Handelsschule (3/5) Kaufm. Gesamtlehre (24/39)	38.7%	25	Krankenpflege II (8/28) BüroangestellteR (6/21) ZahntechnikerIn (18/62) VerkäuferIn (2/5) Kaufm. Gesamtlehre (12/41) Kauffrau/-mann KV (1/2) Berufsausb. f. Ausl. (20/54) DetailhandelsangestellteR (7/17) AugenoptikerIn (21/51) BehindertenbetreuerIn (29/62) Handelsschule (4/3)	35.9%	30

Fortsetzung der Tabelle 6 auf der folgenden Seite.

Fortsetzung der Tabelle 6.

	SchweizerInnen			AusländerInnen			Total	
Anteil der Gruppe	Anzahl Berufe	Berufe bis 30. Rang (Frauen/Männer)	Anteil der Gruppe	Anzahl Berufe	Berufe bis 30. Rang (Frauen/Männer)	Prozent-anteil	Anzahl Berufe
Sehr stark segregiert: > 5 mal mehr bis n mal mehr						**44.4%**	**80**
Männer							
29.4%	49	KonstrukteurIn (49/17) Lageristln (63/25) SchreinerIn (41/8) InformatikerIn (25/3) GärtnerIn Landschaft (63/10) AutomatikerIn (96/26) GeräteinformatikerIn (91/20) GipserIn (119/27) Polymech. (63/4) AutomechanikerIn (77/6) SanitärmonteurIn (126/29) AutomonteurIn (107/14) MetallbauschlosserIn (126/21) ElektromonteurIn (75/2) ElektronikerIn (117/9) Zimmermann (140/12) MaurerIn (151/16)	20.0%	19	BetriebspraktikerIn (53/28 InformatikerIn (29/7) DrucktechnologIn (60/30) MetallbauzeichnerIn (60/30) LogistikassistentIn (60/27) Lageristln (53/22) MalerIn (53/14) GeräteinformatikerIn (83/25) SchreinerIn (83/19) GipserIn (83/11) AutomechanikerIn (83/6) ElektromonteurIn (83/1)	30.5%	24
Frauen							
13.9%	23	Floristln (16/157) Tiermed. Praxisassistentln (13/151) KleinkindererzieherIn (14/139) Coiffeur/se Damen (5/109) BekleidungsgestalterIn (20/131) DrogistIn (10/98) Krankenpflege I (8/76) Krankenpflege II (2/23)	8.2%	12	Pharma. Assistentln (9/121) KleinkindererzieherIn (19/121) Coiffeur/se Damen (3/44) Krankenpflege I (11/77) PflegeassistentIn (12/86) FotofachangestellteR (29/121) Coiffeur/se Herren (28/98) Gastrofachfrau/-mann (23/86)	13.9%	56
Vollständig segregiert						**5.5%**	**50**
Nur Männer							
1.7%	17	Landmaschinenmech. (172/28) CarosseriespenglerIn (172/31)	19.6%	23	AutolackiererIn (104/8) PolymechanikerIn (104/9) MechapraktikerIn (104/9 AutomonteurIn (104/4) SanitärmonteurIn (104/12) MetallbauschlosserIn (104/20) HeizungsmonteurIn (104/14) MaurerIn (104/18) ApparatebauerIn (104/30) CarrosseriespenglerIn (104/14)	1.9%	35
Nur Frauen							
4.3%	33	Med. PraxisassistentIn (5/188) KosmetikerIn (22/188) DentalassistentIn (9/188)	5.3%	63	BekleidungsgestalterIn (21/144) IndustrienäherIn (29/144) Med. PraxisassistentIn (10/144) KosmetikerIn (14/144) DentalassistentIn (5/144) KonfektionsschneiderIn (25/144)	3.6%	15
Total							
100%	204		100%	167		100%	210

Tabelle 7: Die 25 meist gewählten Berufe von Frauen im Kanton Zürich (alle Lehrjahre des Ausbildungsjahrs 2001/2002)

Schweizerinnen (100% = 14535)

Bildungsart Berufliches Anspruchniveau (BAN)	Rang	%	% kumuliert	Über- / Unterrepräsentanz CH : AUSL
Kaufm. Angestellte (6)	1	23.08	23.08	1.12 : 1
Krankenpflege Niveau II (6)	2	8.52	31.60	2.40 : 1
Handelsschule/Handelskurs (6)	3	6.27	37.87	1 : 1.19
Verkäuferin (4)	4	4.18	42.05	1 : 3.17
Coiffeuse Fachrichtung Damen (2)	5	3.52	45.57	1 : 2.72
Med. Praxisassistentin	5	3.52	49.08	1.81 : 1
Detailhandelsangestellte/r	7	2.88	51.96	1 : 1.44
Krankenpflege Niveau I (6)	8	2.27	54.23	1.19 : 1
Dentalassistentin (3)	9	2.13	56.35	1 : 3.29
Drogistin (5)	10	2.08	58.43	8.11 : 1
Büroangestellte (4)	11	2.00	60.43	1 : 2.72
Pharma-Assistentin	12	1.93	62.35	1 : 1.82
Tiermed. Praxisassistentin (4)	13	1.89	64.24	6.44 : 1
Kleinkindererzieherin (5)	14	1.81	66.05	2.75 : 1
Köchin (3)	15	1.73	67.78	1.63 : 1
Floristin (3)	16	1.62	69.40	11.09 : 1

Ausländerinnen (100% = 2732)

Bildungsart Berufliches Anspruchniveau (BAN)	Rang	%	% kumuliert	Über- / Unterrepräsentanz CH : AUSL
Kaufm. Angestellte (6)	1	20.57	20.57	1.12 : 1
Verkäuferin (4)	2	13.25	33.82	1 : 3.17
Coiffeuse Fachrichtung Damen (2)	3	9.55	43.37	1 : 2.72
Handelsschule/Handelskurs (6)	4	7.47	50.84	1 : 1.19
Dentalassistentin (3)	5	6.99	57.83	1 : 3.29
Büroangestellte (4)	6	5.42	63.25	1 : 2.72
Detailhandelsangestellte	7	4.14	67.39	1 : 1.44
Krankenpflege Niveau II (6)	8	3.55	70.94	2.40 : 1
Pharma-Assistentin	9	3.51	**74.45**	1 : 1.82
Med. Praxisassistentin	10	1.94	76.39	1.81 : 1
Krankenpflege Niveau I (6)	11	1.90	78.29	1.19 : 1
Kauf. Gesamtlehre für Realschülerinnen	12	1.35	79.65	1 : 1.64
Pflegeassistentin	13	1.35	81.00	1 : 2.21
Kosmetikerin (2)	14	1.21	82.21	1 : 1.31
Servicefachangestellte	15	1.10	83.31	1 : 1.13
Köchin (3)	16	1.06	84.37	1.63 : 1

Fortsetzung der Tabelle 7 auf der folgenden Seite.

Fortsetzung der Tabelle 7.

Schweizerinnen (100% = 14535)

Bildungsart Berufliches Anspruchniveau (BAN)	Rang	% kumuliert	Unter-/ Überrepräsentanz CH:AUSL
Augenoptikerin (5)	17	1.53	70.94	2.62 : 1
Behindertenbetreuerin	18	1.11	72.05	3.36 : 1
Hochbauzeichnerin (6)	19	1.00	73.05	1.06 : 1
Bekleidungsgestalterin FR Damenbekl.	20	0.99	74.04	1.69 : 1
Servicefachangestellte	21	0.97	75.01	1 : 1.13
Kosmetikerin (2)	22	0.92	**75.93**	1 : 1.31
Kaufmännische Berufsmaturität (BMS II) (8)	23	0.84	76.77	4.59 : 1
Kaufm. Gesamtlehre für Realschülerinnen	24	0.83	77.60	1 : 1.64
Informatikerin (7)	25	0.82	78.42	2.49 : 1
Total aufgeführte Berufe	26		78.42	11398
Restliche gewählte Berufe	145		21.58	3137
Total gewählte Berufe	171 von 175		100	14535

Korrelation r CH:AUSL (über alle Berufe): 0.86
BAN über 92 bewertete Berufe ohne Berufsmaturität: 4.15 (Min: 2 / Max: 7)
BAN über 96 Berufe mit Berufsmaturität: 4.27 (Min: 2 / Max:8)

Ausländerinnen (100% = 2732)

Bildungsart Berufliches Anspruchniveau (BAN)	Rang	%	% kumuliert	Unter-/ Überrepräsentanz CH:AUSL
Hochbauzeichnerin (6)	17	0.95	85.32	1.06 : 1
Zahntechnikerin	18	0.73	86.05	1 : 3.04
Kleinkindererzieherin (5)	19	0.66	86.71	2.75 : 1
Berufsausbildung für Ausländerinnen	20	0.62	87.34	Keine CH
Augenoptikerin (5)	21	0.59	87.92	2.62 : 1
Bekleidungsgestalterin FR Damenbekl.	21	0.59	88.51	1.69 : 1
Bäckerin-Konditorin (2)	23	0.48	88.98	1.45 : 1
Hotel- und Gastrofachfrau (2)	23	0.48	89.46	1.37 : 1
Bauzeichnerin (6)	25	0.40	89.86	1 : 1.25
Biologielaborantin	25	0.40	90.26	1.45 : 1
Konfektionsschneiderin (2)	25	0.40	90.67	Keine CH
Total aufgeführte Berufe	27		90.67	2477
Restliche gewählte Berufe	76		9.33	255
Total gewählte Berufe	103 von 175		100	2732

Korrelation CH:AUSL r (ausgewählte Berufe): 0.81 - 0.83
BAN über 92 bewertete Berufe ohne Berufsmaturität: 3.60 (Min: 2 / Max: 7)
BAN über 96 Berufe mit Berufsmaturität: 3.62 (Min: 2 / Max:8)

Tabelle 8: Die 30 meist gewählten Berufe von Männern im Kanton Zürich. Alle Lehrjahre des Ausbildungsjahrs 2001/2002

Bildungsart Berufliches Anspruchniveau (BAN)	Schweizer (100% = 17274)				Bildungsart Berufliches Anspruchniveau (BAN)	Ausländer (100% = 4002)			
	Rang	%	% kumuliert	Unter- / Über-Repräsentanz CH : AUSL		Rang	%	% kumuliert	Unter- / Über-Repräsentanz CH : AUSL
Kaufm. Angestellter (6)	1	12.06	12.06	1.57 : 1	Elektromonteur (4)	1	9.90	9.90	1 : 1.29
Elektromonteur (4)	2	7.70	19.76	1 : 1.29	Kaufm. Angestellter (6)	2	7.70	17.59	1.57 : 1
Informatiker (7)	3	7.51	27.27	2.33 : 1	Handelsschule/Handelskurs	3	4.60	22.19	1 : 1.13
Polymechaniker (6*)	4	4.71	31.98	1.70 : 1	Automonteur (2*)	4	4.57	26.76	1 : 2.82
Handelsschule/Handelskurs (6*)	5	4.06	36.04	1 : 1.13	Verkäufer (4)	5	4.52	31.28	1 : 2.90
Automechaniker (4)	6	3.42	39.46	1 : 1.07	Automechaniker (4*)	6	3.65	34.93	1 : 1.07
Koch (3)	7	2.83	42.28	1.07 : 1	Informatiker (7)	7	3.22	38.16	2.33 : 1
Schreiner FR Bau und Fenster	8	2.72	45.00	1.85 : 1	Autolackierer (2)	8	2.80	40.95	1 : 6.81
Elektroniker (7)	9	2.47	47.48	8.99 : 1	Mechapraktiker	9	2.77	43.73	1 : 4.94
Gärtner: Garten-/Landschaftsbau (3)	10	1.92	49.39	4.51 : 1	Polymechaniker	9	2.77	46.50	1.70 : 1
Geomatiker	11	1.85	51.24	3.52 : 1	Gipser (2*)	11	2.75	49.25	1 : 3.42
Zimmermann (3)	12	1.80	53.04	6.55 : 1	Sanitärmonteur (3*)	12	2.70	51.95	1 : 3.45
Detailhandelsangestellter (4*)	13	1.77	54.80	1 : 1.33	Koch (3)	13	2.65	54.60	1.07 : 1
Automonteur (2)	14	1.62	56.43	1 : 2.82	Carrosseriespengler (3)	14	2.50	57.10	1 : 3.48
Verkäufer (4)	15	1.56	57.98	1 : 2.90	Heizungsmonteur (3)	14	2.50	59.60	1 : 5.68
Maler (3)	16	1.51	59.49	1 : 1.24	Maler (2)	14	2.50	62.09	1 : 1.93
Konstrukteur*	17	1.50	60.99	2.00 : 1	Detailhandelsangestellter	17	2.35	64.44	1 : 1.33
Hochbauzeichner (6)	18	1.42	62.41	1.18 : 1	Maurer (3)	18	1.87	66.32	1 : 1.24
Maler (4)	19	1.30	63.71	1.93 : 1	Schreiner FR Bau und Fenster	19	1.47	67.79	1.85 : 1
Geräteinformatiker	20	1.18	64.88	1 : 1	Metallbauschlosser (3)	20	1.40	69.19	1 : 1.23

Fortsetzung der Tabelle 8 auf der folgenden Seite.

Fortsetzung der Tabelle 8.

Bildungsart Berufliches Anspruchniveau (BAN)	Schweizer (100% = 17274) Rang	%	% kumuliert	Unter-/Über-Repräsentanz CH : AUSL	Bildungsart Berufliches Anspruchniveau (BAN)	Ausländer (100% = 4002) Rang	%	% kumuliert	Unter-/Über-Repräsentanz CH : AUSL
Metallbauschlosser (3)	21	1.13	66.02	1 : 1.23	Büroangestellter (4)	21	1.37	70.56	1 : 3.12
Polizeibeamter (3)	22	1.03	67.05	Keine AUSL	Lagerist	22	1.32	71.89	1 : 1.41
Krankenpflege Niveau II (6)	23	1.01	68.06	1.27 : 1	Bauzeichner (6)	23	1.25	73.14	1 : 1.28
Bauzeichner (6)	24	0.98	69.04	1 : 1.28	Hochbauzeichner (6)	24	1.20	74.34	1.18 : 1
Lagerist	25	0.94	69.98	1 : 1.41	Geräteinformatiker (6*)	25	1.17	**75.51**	1 : 1
Automatiker	26	0.87	70.85	1.93 : 1	Servicefachangestellter	26	0.97	76.49	1 : 2.44
Gipser (2*)	27	0.80	71.65	1 : 3.42	Logistikassistent	27	0.85	77.34	1 : 1.45
Landmaschinenmechaniker (3)	28	0.79	72.44	31.74 : 1	Betriebspraktiker (Hausdienst)	28	0.80	78.14	1 : 1.79
Sanitärmonteur	29	0.78	73.23	1 : 3.45	Krankenpflege Niveau II (6)	28	0.80	78.94	1.27 : 1
Kaufmänn.Berufsmaturität (BMS II) (8)	30	0.72	73.95	14.48 : 1	Anlagen- und Apparatebauer	30	0.75	79.69	1 : 1.54
Carrosseriespengler (3)	31	0.72	74.67	1 : 3	Drucktechnologe (4)	30	0.75	80.43	1 : 2
Technische Berufsmaturität (BMS II)	32	0.65	**75.32**	7 : 1	Konstrukteur*	30	0.75	81.18	2 : 1
Total aufgeführte Berufe	32		75.32	13011	Total aufgeführte Berufe	30		81.18	3249
Restliche gewählte Berufe	155		24.68	4263	Restliche gewählte Berufe	113		18.82	753
Total gewählte Berufe	187	von 195	100%	17274	Total gewählte Berufe	143	von 195	100	4002

Korrelation r CH:AUSL (über alle Berufe):　　0.82　　Korrelation r CH:AUSL (ausgewählte Berufe)　　0.74–0.76

BAN über 94 bewertete Berufe ohne Berufsmaturität　　4.35 (Min: 2 / Max: 7)　　BAN über 94 bewertete Berufe ohne Berufsmaturität　　3.76 (Min: 2 / Max: 7)

BAN über 96 Berufe mit Berufsmaturität　　4.46 (Min: 2 / Max: 8)　　BAN über 96 Berufe mit Berufsmaturität　　3.77 (Min: 2 / Max: 8)

7 Literatur

Auernheimer, Georg (2006), *Das deutsche Bildungssystem – für die Einwanderungsgesellschaft disfunktional.* (In der vorliegenden Publikation.)

Bildungsmonitoring Schweiz (2003), *Wege in die nachobligatorische Ausbildung. Die ersten zwei Jahre nach Austritt aus der obligatorischen Schule. Zwischenergebnisse des Jungendlängsschnitts TREE,* Neuenburg: Bundesamt für Statistik BfS.

Clark, Burton R. (1973), Die „Abkühlungsfunktion" in den Institutionen höherer Bildung, in: Heinz Steinert, Hrsg., *Symbolische Interaktion. Arbeiten zu einer reflexiven Soziologie,* Stuttgart: Klett.

EDK (Schweizerische Konferenz der Kantonalen Erziehungsdirektoren) (1991; ursprünglich 1982), *Empfehlungen zur Schulung fremdsprachiger Kinder vom 24. Oktober 1991,* Bern: EDK.

EDK (1998), *Sprachenkonzept Schweiz. Bericht der Expertengruppe Gesamtsprachenkonzept der EDK vom 15. Juli 1998.* http://www.romsem.unibas.ch/sprachenkonzept/Konzept. htm.

EDK, Hrsg. (2003), *Schul- und Bildungslaufbahn von immigrierten „leistungsschwachen" Schülerinnen und Schülern,* Bern: EDK.

Erziehungsdirektion des Kt. Bern (1993), *Grundsätze und Richtlinien für die Integration fremdsprachiger Kinder im Kanton Bern,* Bern: Erziehungsdirektion.

Erziehungsdirektion des Kt. Bern (1995), *Lehrplan für die Volksschulen des Kantons Bern,* Bern: Erziehungsdirektion.

Fibbi, Rosita; Bülent Kaya und Etienne Piguet (2004), *Nomen est omen: Quand s'appeler Pierre, Afrim ou Mehmet fait la différence* (Programme National de Recherche PNR 43. Synthesis 3), Berne: Programme National de Recherche 43.

Giles, Howard; Richard Y. Bourhis und Donald M. Taylor (1977), Toward a Theory of Language and Ethnic Group Relations, in: Howard Giles, Hrsg., *Language, Ethnicity and Intergroup Relations,* London: Academic Press.

Gomolla, Mechtild und Frank-Olaf Radtke (2002), *Institutionelle Diskriminierung. Die Herstellung ethnischer Differenz in der Schule,* Opladen: Leske & Budrich.

Gottfredson, Linda S. (1981), Circumscription and Compromise. A Developmental Theory of Occupational Aspirations, *Journal of Counseling Psychology Monographs,* 28 (6), 545–579.

Grin, François und Claudio Sfreddo (1997), *Dépenses publiques pour l'enseignement des langues secondes en Suisse* (Programme national de recherche No 33. Efficacité de nos systèmes de formation), Berne: Fonds national suisse de recherche scientifique.

Häberlin, Urs; Christian Imdorf und Winfried Kronig (2004), *Chancenungleichheit bei der Lehrstellensuche. Der Einfluss von Schule, Herkunft und Geschlecht* (NFP 43 Bildung und Beschäftigung. Synthesis 7), Bern: Schweizerischer Nationalfonds.

Häberlin, Urs; Christian Imdorf und Winfried Kronig (2004), *Von der Schule in die Berufslehre. Untersuchung zur Benachteiligung von ausländischen und weiblichen Jugendlichen bei der Lehrstellensuche,* Bern: Haupt.

Häusler, Myrtha (1999), *Innovation in multikulturellen Schulen,* Zürich: Orell Füssli.

Herzog, Walter; Markus, P. Neuenschwander und Evelyne Wannack (2004*), In engen Bahnen: Berufswahlprozess bei Jugendlichen* (NFP 43 Bildung und Beschäftigung. Synthesis 18), Bern: Schweizerischer Nationalfonds.

Hoffmann-Nowotny, Hans-Joachim; Oliver Hämmig und Jörg Stolz (2001), Desintegration, Anomie und Anpassungsmuster von Zuwanderern der zweiten Generation in der Schweiz, *Zeitschrift für Bevölkerungswissenschaft,* 26 (3–4), 377–386.

Hutmacher, Walo (1995), Enfants d'ouvriers ou enfants d'immigrés? In: Edo Poglia, Anne-Nelly Perret-Clermont, Armin Gretler und Pierre Dasen, Hrsg. (1995), *Pluralité culturelle et éducation en Suisse. Etre migrant II*, Berne et. al.: Peter Lang, 107–136.

Juhasz, Anne (2004), „*Ich bin nicht eine, die schnell aufgibt*". *Biographien von Jugendlichen ausländischer Herkunft zwischen sozialem Ausschluss und sozialer Mobilität*. (In der vorliegenden Publikation.)

Kaufmann, Susanne (1999), RealschülerInnen absolvieren eine kaufmännische Lehre, *Zeitschrift des Schweiz. Verbandes der BerufsberaterInnen*, 2, 36–37.

Kronig, Winfried (2003), Flawed Selection – the Example of Immigrant Children in Swiss Education Systems, in: Johanna Lasonen und Leena Lestinen, Hrsg., *UNESCO Conference of Intercultural Education. 15–18 June 2003. Jyväskylä. Conference Proceedings*, Jyväskylä: University of Jyväskylä, Institute for Educational Research.

Kronig, Winfried; Urs Häberlin und Michael Eckhard (2000), *Immigrantenkinder und schulische Selektion. Pädagogische Visionen, theoretische Erklärungen und empirische Untersuchungen zur Wirkung integrierender und separierender Schulformen in den Grundschuljahren*, Bern, Stuttgart, Wien: Haupt.

Lischer, Rolf (1997), *Integration - (k)eine Erfolgsgeschichte. Ausländische Kinder und Jugendliche im schweizerischen Bildungssystem*, (Publikation Nr. 15 Bildung und Wissenschaft), Bern: Bundesamt für Statistik (BfS).

Meyer, Thomas (2003), Jugendliche mit Migrationshintergrund, in: Bildungsmonitoring Schweiz, *Wege in die nachobligatorische Ausbildung. Die ersten zwei Jahre nach Austritt aus der obligatorischen Schule. Zwischenergebnisse des Jugendlängsschnitts TREE*, Neuenburg: Bundesamt für Statistik BfS, 111–118.

Meyer, Thomas (2004), *Wie weiter nach der Schule? Zwischenergebnisse des Jugendlängsschnitts* (NFP 43 Bildung und Beschäftigung. Synthesis 6), Bern: Schweizerischer Nationalfonds.

Meyer, Thomas; Barbara Stalder und Monika Matter (2003), *Bildungswunsch und Wirklichkeit. Thematischer Bericht der Erhebung PISA 2000*, Neuenburg: Bundesamt für Statistik.

Moser, Urs und Heinz Rhyn (1997), *Evaluation der Sekundarstufe I im Kanton Zürich. Bedingungen des Lernerfolgs. Zweiter Bericht*, Zürich: Bildungsdirektion des Kantons Zürich.

Moser, Urs und Heinz Rhyn (2000), *Lernerfolg in der Primarschule. Eine Evaluation der Leistungen am Ende der Primarschule*, Aarau: Sauerländer.

Müller, Romano (1996), Sozialpsychologische Variablen des schulischen Zweitspracherwerbs von Migrantenkindern, in: Judith Hollenweger und Hansjakob Schneider, Hrsg. (1996), *Mehrsprachigkeit und Fremdsprachigkeit in der Schweiz. Arbeit für die Sonderpädagogik?* Luzern: Edition SZH, 33–89.

Müller, Romano (1997), *Sozialpsychologische Grundlagen des schulischen Zweitspracherwerbs bei zweisprachigen MigrantenschülerInnen. Theoretische und empirische Studien bei zweisprachigen und einsprachigen SchülerInnen aus der 6.–10. Klasse in der Schweiz*, Aarau: Sauerländer (= Sprachlandschaft, Band 21).

Müller, Romano (2001a), Die Situation der ausländischen Jugendlichen auf der Sekundarstufe II. Integration oder Benachteiligung? *Schweizerische Zeitschrift für Bildungswissenschaften*, 3, 47–80.

Müller, Romano (2001b), Die ausländischen Jugendlichen auf der Sekundarstufe II: Probleme – Bildungsbeteiligung – Anspruchsniveau – Massnahmen, in: SIBP, Hrsg. (2001), *Integration oder Reintegration? Fremdsprachige Lehrlinge und Lehrfrauen im Spannungsfeld zwischen Bleiben und Zurückkehren* (SIBP Schriftenreihe Nr. 12), Zollikofen: Schweiz. Institut f. Berufspädagogik (2001), 33–52.

Müller, Romano (2003), Bildungserfolg und Integration, in: SAD, Hrsg. (2003), *Integration an Kultur- und Sprachgrenzen. Tagungsbericht zum Kolloquium. Intégration aux frontières culturelles et linguistiques. Actes du colloque,* Bienne: Swiss Academy for Development SAD, 25–36.

Müller, Romano (2006), *Berufswahl und Lehre. Berufliche Orientierungs- und Entscheidungsprozesse ausländischer und schweizerischer Jugendlicher im Vergleich.* Schlussbericht zuhanden der Forschungskommission der Pädagogischen Hochschule Bern (mit elektronischem Anhang der Stichprobenbeschreibung – Variablen – Fragebögen – Begleitmaterialien). Bern: PH Bern.

Multicheck. Eignungsabklärung für Lehrstellenbewerberinnen und Lehrstellenbewerber, http://www.multicheck.ch/.

Ramseier, Erich und Christian Brühwiler (2003), Herkunft, Leistung und Bildungschancen: Vertiefte PISA-Analyse unter Einbezug der kognitiven Grundfertigkeiten, *Schweizerische Zeitschrift für Bildungswissenschaften,* 25 (1), 23–58.

Rüesch, Peter (1997), *Spielt die Schule eine Rolle? Schulische Bedingungen ungleicher Bildungschancen von Immigrantenkindern – eine Mehrebenenanalyse* (Explorationen 18), Bern et. al.: Peter Lang.

Sieber-Ott, Gesa (1999), *Zweisprachigkeit und Schulerfolg. Die Wirksamkeit von schulischen Modellen zur Förderung von Kindern aus zugewanderten Sprachminderheiten. Ergebnisse der Schulforschung.* Sammelreferat zum Vortrag an der Internationalen Fachtagung „Zweisprachigkeit, Schulerfolg und gesellschaftliche Integration". Landesinstitut für Schule und Weiterbildung. Soest. NRW. 27.–29 Oktober 1999. Soest: LSW NRW.

Stalder, Barbara, E. (2000), *Gesucht wird. Rekrutierung und Selektion von Lehrlingen im Kanton Bern,* Bern: Amt für Bildungsforschung.

Tajfel, Henri, Hrsg. (1978), *Differentiation between Social Groups,* London: Academic Press.

Tajfel, Henri und John Turner (1979), An Integrative Theory of Intergroup Conflict, in: William G. Austin und Stephen Worchel, *The Social Psychology of Intergroup Relations,* Monterey: Brooks and Cole, 33–47.

Thomas, Wayne, B. und Virginia Collier (1997), *School Effectiveness for Language Minority Students,* Washington D.C.: National Clearinghouse for Bilingual Education.

Turner, John C. (1982), Towards a Cognitive Redefinition of the Social Group, in: Henri Tajfel, *Social Identity and Intergroup Relations,* Cambridge: Cambridge University Press, 15–40.

Selektion und Heterogenität

Lehrkräfte zwischen pädagogischen und selektionsbezogenen Aufgaben[1]

Ursula Streckeisen, Denis Hänzi, Andrea Hungerbühler

1 Fragestellung und Verfahren

Unser Interesse gilt der Frage, auf welche Hintergrundüberzeugungen Lehrpersonen zurückgreifen, wenn sie ihre pädagogischen und ihre selektionsbezogenen Aufgaben interpretieren. Diese Hintergrundüberzeugungen werden als Deutungsmuster aufgefasst, d. h. als kollektive, überindividuelle Sinngehalte, die dem Einzelnen als eingespielte Formen der Weltinterpretation dienen und sein Handeln anleiten (Arnold, 1983; Meuser und Sackmann, 1992; Oevermann, 1973; 2001 u. a. m.). Die rekonstruierten Deutungsmuster von Lehrpersonen werden in epochalen, kulturell übermächtigen Deutungsmustern verortet. Zudem werden sie auf strukturelle Grössen, insbesondere auf die soziale Herkunft und die Art der absolvierten Lehrerausbildung rückbezogen.

Deutungsmuster kennzeichnen sich durch einen funktionalen Bezug auf ein objektives Handlungsproblem (Oevermann, 1973; 2001). Das Handlungsproblem, von dem hier ausgegangen wird, ergibt sich aus dem antinomischen Verhältnis von Fördern und Auslesen im Lehrberuf. Der historische Ursprung dieses Handlungsproblems liegt in der Herausbildung des Lehrerberufs im Zusammenhang mit der Entwicklung des modernen Bildungswesens. Der Nationalstaat schuf im 19. Jahrhundert die Institution der obligatorischen Volksschule und institutionalisierte formelle Ausbildungsmöglichkeiten für deren Lehrkräfte: universitäre Studiengänge für Sekundarlehrpersonen und Lehrerseminare für Real- und Primarlehrpersonen. Noch im 18. Jahrhundert waren Lehrpersonen Autodidakten gewesen, die keine Ausbildung durchlaufen hatten und von den Pfarrern im Auftrag der Obrigkeit kontrolliert wurden. Später jedoch gehörten Lehrpersonen zu jenen Beamten, die im neu entstehenden Staat neue entstehende Aufgaben zu übernehmen hatten. In Anlehnung an den Berufs- und Professionshistoriker Hannes Siegrist (1988) kann die formelle Verberuflichung der Lehrertätigkeit als „Professionalisierung von oben" bezeichnet werden, die eine halbfreie Quasi-Amtsprofession entstehen liess.

Die Struktur des Bildungswesens wurde von den Schweizer Bildungspolitikern nach französischem Vorbild konzipiert. Sie hatte von Anfang an

---

1 Eine gekürzte Version dieses Beitrags ist erschienen in: Rehberg, Karl-Siegbert, Hrsg. (2006), *Soziale Ungleichheit, Kulturelle Unterschiede. Verhandlungen des 32. Kongresses der Deutschen Gesellschaft für Soziologie in München 2004*, Frankfurt/M: Campus.

hierarchischen Charakter. Innerhalb der Volksschule differenzierten sich im 19. Jahrhundert jene Stufen aus, die bis in die Gegenwart fortexistieren: die Primarstufe und die Oberstufe der Volksschule mit Schultypen unterschiedlichen Anspruchsniveaus. Mit dem Bildungswesen wurde gleichzeitig ein Berechtigungswesen aufgebaut, das festlegt, welche Abschlüsse beziehungsweise Zertifikate zu welchen weiteren Ausbildungslaufbahnen berechtigen. Die Akteurin, die Selektionen in die Wege leitet, ist die Lehrperson.[2] Man kann also davon ausgehen, dass im formell verberuflichten Lehrberuf neben pädagogischen Aufgaben immer auch schon selektionsbezogene Aufgaben zu erfüllen waren.

Wie Nave-Herz (1977), die von einem „Anwalt-Richter-Dilemma" spricht, wie Reinhardt (1978) und weitere Autoren (Helsper, 1996; Schütze et al., 1996) betrachten wir das Verhältnis von Fördern und Auslesen als Spannung, versuchen aber, diese Spannung professionalisierungstheoretisch genauer zu fassen. Wir gehen mit Oevermann (1996; 2002; 2003) davon aus, dass – idealtypisch gesehen – das pädagogische Handeln der Lehrperson die Funktion einer stellvertretenden Krisenbewältigung hat. Das übergreifende Problem, das es zu bewältigen gilt, ist die Entwicklung des jungen Menschen zu einem autonomen handlungsfähigen Subjekt. Die stellvertretende schulpädagogische Sozialisationsleistung konzentriert sich auf die Wissensvermittlung, welche die Familie von einem bestimmten historischen Zeitpunkt an nicht mehr gewährleistet. Hinzu kommt die Vermittlung eines Normen- und Rechtsbewusstseins, das der Wahrnehmung von staatsbürgerlichen Verpflichtungen in demokratisierten politischen Vergemeinschaftungen vorausgesetzt ist. Da diese Vermittlungsprozesse zwischen einem erwachsenen und einem noch-nicht-erwachsenen Menschen ablaufen, findet sich die Lehrkraft nolens volens in Prozesse involviert, die über Wissens- und Normenbewusstseinsvermittlung hinausgehen: in die Sozialisation überhaupt, d. h. in die Entwicklung eines verletzlichen, noch schutzbedürftigen jungen Menschen, der bis zum

---

2   Im heutigen Berner Schulsystem findet eine erste Selektion nach der sechsten Primarklasse statt, anlässlich derer die Schüler in Real- und Sekundarschüler aufteilt werden. Ein zweite wichtige Selektion hängt mit dem Entscheid zusammen, ob ein Sekundarschüler das Gymnasium besuchen darf oder nicht. Im ersten Falls sind Primarlehrkräfte involviert, im zweiten Sekundarlehrkräfte.
Neben dem Entscheid „Gymnasium ja oder nein" existiert auf der Sekundarstufe I für Lehrkräfte die Möglichkeit, diverse „kleine Selektionen" vorzunehmen, die den Entscheid, der in der sechsten Klasse gefällt wurde, unter Umständen korrigieren. Eine der Varianten besteht im Umstufen eines Schülers vom Sekundar- ins Realniveau oder umgekehrt, in den selektionsrelevanten Fächern Mathematik, Deutsch und Französisch. Eine andere Variante besagt, für Schüler eine Zeitlang „individuelle Lernziele" vorzusehen, die sich von jenen der gesamten Klasse unterscheiden. Beide Arten von „kleiner Selektion" werden von der kantonalen Bildungsverwaltung als „Schullaufbahnentscheide" definiert. Sie sind daher als formelle Selektionsentscheide zu behandeln, die im Zeugnis vermerkt werden.

Abschluss der Adoleszenz einen krisenhaften Prozess durchläuft, zum reifen Menschen. Es besteht ganz grundsätzlich die Gefahr, dass die Entwicklung des Schülers zum autonomen handlungsfähigen Subjekt durch die Intervention der Lehrperson eine Beeinträchtigung erfährt. Doch auf der Basis eines Arbeitsbündnisses mit dem Schüler[3] und seinen Eltern ist die Lehrperson in der Lage, die Schülerschädigung zu verhindern. Unter „Arbeitsbündnis" ist eine Beziehungspraxis zu verstehen, die eine widersprüchliche Einheit bildet, in der sich spezifisches Rollenhandeln mit einer diffusen Sozialbeziehung verbindet. Die erfolgreiche, fördernde Lehrperson ist nahestehender Freund und Vater, nahestehende Freundin und Mutter, aber im Rahmen ihrer Rolle als Lehrperson: Der Schüler kann sich der Lehrperson in der Ungeschütztheit seines Nichtwissens, seines Nichtvertrautseins mit Normen und seiner Nichtautonomie vollends öffnen. Die Lehrperson geht auf ihn als ganze Person ein. Doch verliert sie dabei die Distanz nicht, weil sie zu einem diffus-spezifischen Balanceakt fähig ist, der im Verlauf der beruflichen Erfahrung zu einem Bestandteil ihres Habitus geworden ist. Auf dieser Basis kann sie die Äusserungen und das Handeln des Schülers so deuten, dass dessen Entwicklungsmöglichkeiten und Autonomiepotentiale in Erscheinung treten und sich entfalten können.

Im Rahmen des Schonraums, in dem sich der Schüler bei Vorhandensein eines Arbeitsbündnisses befindet, wird ihm kontinuierlich abverlangt, für ihn anstrengende, zum Teil unangenehme Aufgaben zu erfüllen. Der Schüler – so möchten wir es formulieren – muss Schmerz in Kauf nehmen, der im Hinblick auf seine Autonomieentwicklung sinnvoll ist, so wie der Patient therapeutisch sinnvollen Schmerz, etwa einen chirurgischen Eingriff, ertragen muss, wenn er gesund werden will. Neben dem sinnvollen lässt sich – dies unsere These – aber auch ein „sinnloser" Schmerz ausmachen, der die Autonomieentwicklung beeinträchtigt. Er ergibt sich aus der Selektion, genauer gesagt: aus der Negativselektion, etwa dem Verweis eines Sekundarschülers in die Realschule, oder dem Fall, dass ein Sekundarschüler das Gymnasium nicht besuchen darf. Der dabei erfahrene Schmerz besteht erstens in einer narzisstischen Kränkung, denn der Schüler belegt nach erfolgter Selektion von den zwei in Frage stehenden Schultypen den hierarchisch tieferen, der weniger Ansehen hat (subjektive Komponente); und dies ist öffentlich-formell im Zeugnis dokumentiert. Zweitens verringern sich mit der Selektion objektiv die künftigen Ausbildungs- und Berufschancen, versperrt doch der Abschluss im hierarchisch tieferen Schultyp dem Schüler gewisse Ausbildungswege. Auf solche schmerzlichen Erfahrungen reagiert der Lernende gegebenenfalls mit Demotivierung im Leistungsbereich und mit Problemen in der Autonomieentwicklung überhaupt: Sein Erwachsenwerden nimmt Schaden. Zwischen

---

3   Im Ausdruck „Schüler" sind Schülerinnen mitgemeint.

dem Lehrer, der solchen Schmerz zufügen muss, und dem Schüler, der ihn zu ertragen hat, verringert sich notwendigerweise das Vertrauen, das die Grundlage des Arbeitsbündnisses bildet.

Die „Antinomie", d. h. die Gegensätzlichkeit der einander erschwerenden pädagogischen und selektionsbezogenen Aufgaben hat unseres Erachtens den Charakter eines eigentlichen Dilemmas: Ein Schüler, der wegen leistungsmässiger Überforderung herabgestuft wird, hat zwar den Vorteil, dass er nun nicht mehr überfordert ist: Die Herabstufung unterstützt ihn in dieser Hinsicht. Doch dieser Vorteil verbindet sich mit den Nachteilen der Negativselektion. Die Lehrkraft, die entsprechende Entscheide in die Wege leitet, fördert und schadet daher zugleich.

Um die Frage zu untersuchen, wie Lehrpersonen mit dieser Spannung deutend umgehen, wurden mit 21 Stadtberner Lehrpersonen, die auf der Sekundarstufe I tätig sind, also Schüler zwischen der siebten und neunten Klasse unterrichten, offene Interviews durchgeführt. Es handelt sich um Reallehrkräfte, die das Lehrerseminar besucht haben, und um Sekundarlehrkräfte, die eine universitäre Ausbildung absolviert haben. Die noch laufende Auswertung des empirischen Materials erfolgt – im Hinblick auf die Erstellung einer Typologie – mit der Sequenzanalyse im Sinne der Objektiven Hermeneutik. Zwei der bisher analysierten Fälle werden im Folgenden vorgestellt und miteinander kontrastiert.

2 Fall Schwarzenbach

Die Schule, an der Peter Schwarzenbach arbeitet, ist nach dem Modell 3a organisiert.[4] Real- und Sekundarschüler werden dort unter einem Dach, nicht aber in gemischten Klassen unterrichtet. Herr Schwarzenbach ist Klassenlehrer auf Realniveau.

Richter und Anwalt, das ist sicher ein Dilemma,[5] meint Peter Schwarzenbach im Interview. Ein Satz, der nach einem „aber" ruft. Und tatsächlich: Noten geben und Schüler bewerten, das müsse er zwar machen, hält er im

---

4   Als Spätfolge der Bildungsreformdiskussion der 1970er Jahre gibt es im Kanton Bern für die einzelnen politischen Gemeinden die Möglichkeit, auf der Sekundarstufe I zwischen verschiedenen Schulmodellen zu wählen. Den einen Pol bildet das „Modell 1", in dem gemäss der traditionellen zweigliedrigen Schule getrennte Real- und Sekundarklassen geführt werden. Den anderen Pol bildet das „Modell 4", in dessen Klassen Real- und Sekundarschüler gemeinsam unterrichtet werden. Klassenintern unterscheidet hier die Lehrkraft in den drei Fächern Mathematik, Deutsch und Französisch zwischen verschiedenen Leistungsniveaus und teilt Schüler entsprechend zu. Zwischen den beiden Polen gibt es Mischformen, „Modell 2", „Modell 3a" und „Modell 3b".

5   Bei kursiv gedruckten Passagen handelt es sich um Zitate aus den Interviews.

Anschluss fest, *aber* er tue dies eben *in einer möglichst zurückhaltenden Art* und versuche, *Bewertungen in einer anderen Richtung zu machen*. Schwarzenbach versteht sich nicht als Richter und ist bemüht, möglichst keiner zu sein. Wie sich zeigen wird, sieht er sich vielmehr als Anwalt und Förderer, ja als eine Art Beschützer seiner Schüler.

Selektion ist aus der Sicht von Peter Schwarzenbach ein Übel des Schulsystems. Sie hat seiner Klientel, den Realschülern, bereits Schaden zugefügt, bevor sie zu ihm in die siebte Klasse kommen. Im fünften und sechsten Schuljahr erleben diese nämlich eine Selektionstortur, aus der sie mit zerstörtem Selbstwertgefühl hervorgehen. In Herrn Schwarzenbachs Augen gibt es *zunehmend Schüler, die in die siebente Klasse eintreten und einfach wissen: Ich kann nichts. Die haben in diesen zwei Jahren Selektion einfach erlebt noch und noch: Ich kann nichts, ich bin nichts wert.* Herr Schwarzenbach beschreibt die Realschüler als ursprünglich *hoffnungsvolle Wesen*, welche nun aber – gerade auch durch die erlittene Negativselektion – frustriert sind. Unter ihrer geschädigten *Wertigkeit* – ein Begriff, den er im Interview wiederholt verwendet – versteht Herr Schwarzenbach einerseits das subjektive, zerstörte Selbstwertgefühl seiner Schüler, gleichzeitig aber auch die objektive Bedeutung ihres Realschüler-Seins: Dass nämlich die Negativselektion die Schüler schädigt, hat in seinen Augen wiederum *mit der Gesellschaft zu tun, das hat ganz klar mit Stellenbewerbungen zu tun, das hat mit den Eltern zu tun* und, so hält er fest: *die Schule steuert das ihre dazu bei.* An der Produktion und Reproduktion der subjektiven wie objektiven Minderwertigkeit der Realschüler sieht Peter Schwarzenbach also die Eltern ebenso beteiligt wie die Arbeitswelt und „die Schule" selbst. Es erstaunt daher nicht, dass er ein Schulmodell befürwortet, bei dem Selektion – in einem hierarchiestiftenden Sinne – gar nicht erst vorkommt. Im Interview sagt er: *Mein Rezept ist Neun-Null,* und zeigt sich *überzeugt, dass dort jedes Kind irgend an einem Ort zu seinem Wert käme und seiner Anerkennung käme, und diese Selektion [...] nicht in einer Entwicklungsphase innen ist, keinen Bruch gibt.*

An dieses Bild der schädigenden Selektion knüpft Peter Schwarzenbachs Förderkonzept an: Er will seinen Schülern *individuell eine Chance* geben, *überhaupt etwas zu erreichen*, ihnen *Mut machen* und ihnen *irgend auf eine Art auch wieder können zu einem Erfolgserlebnis verhelfen*. Insgesamt hat Schwarzenbach ein Bild von prinzipiell chancen-, mut- und erfolglosen Realschülern vor Augen, deren subjektive Befindlichkeit es zu verbessern gilt. Dieser defizitären Situation seiner Klienten versucht Schwarzenbach zu begegnen, indem er sie in Bereichen *probiert abzuholen, dort probiert zu stärken, die nichts eigentlich mit dem Schulstoff zu tun haben oder nur indirekt mit dem Schulstoff zu tun haben*. Konkret nennt er: *Sorgfalt, Zuverlässigkeit, bis zu einem gewissen Grad Sauberkeit, wo das möglich ist, Pünktlichkeit.* Ein Fördern auf der stofflichen Ebene hingegen sei nur bei Einzelnen möglich.

Peter Schwarzenbach tendiert zu einer diffusen, an der Nähe zum einzelnen Schüler orientierten Beziehungsform. Wenn er einem Schüler klarmachen muss, dass diesem eine Aufgabe nicht gelungen sei, zeigt sich Schwarzenbach nachsichtig und steht ihm abermals bei: *Okay, das ist jetzt nicht gut gekommen. Nochmals, wir fangen nochmals von vorne an, wir probieren nochmals.* Eine Leistungsbeurteilung nach universalistischen Kriterien scheint Schwarzenbach seinen Schülern ersparen zu wollen. Er vermeidet es tunlichst, mit den Schülern auf der spezifischen Ebene zu interagieren, was auch fordernde – also schmerzliche, aber im Hinblick auf die Autonomieentwicklung der Schüler sinnvolle – Elemente implizieren würde. Um seine Schüler – wie er sagt – *in ihrem ganzen Menschsein* stärken zu können, gestaltet er die Aufgaben, die er ihnen stellt, mitunter von vornherein so, dass eine universalistische Leistungsbeurteilung in seinen Augen gar nicht möglich ist: *im Deutsch tue ich sehr viele Texte schreiben, die ich schlicht einfach nicht bewerten kann*, sagt er. Diese unterstellte – eigentlich aber selbstauferlegte – Unmöglichkeit, als Lehrer die Aufsätze seiner Schüler bewerten zu können, begründet er mit dem Argument, dass diese Texte eben *immer sehr stark auf persönliche Sachen bezogen* seien und er sich daher *weigere, das zu bewerten.*

Beim Versuch, seinen Schülern einen Schonraum zu bieten, verweigert sich Peter Schwarzenbach auch bewusst der institutionellen Erwartung, als Lehrer offizielle Selektionsentscheide in die Wege zu leiten. Exemplarisch zeigt sich dies im Fall der Frage, ob er für gewisse Schüler auch die Arbeit mit „reduzierten individuellen Lernzielen" vorsehe. Peter Schwarzenbach antwortet auf diese Frage: *Jetzt das mit den reduzierten individuellen Lernzielen, das werde ich nicht machen. Das heisst, ich mache das für mich. Ich müsste das im Prinzip von der Kommission genehmigen lassen, das mache ich nicht.* Seine Verweigerungshaltung zielt also darauf, einen formellen Schullaufbahnentscheid, der dem betreffenden Schüler unnötig Schaden zufügen würde, zu umgehen. Er arbeite informell mit auf den Einzelnen zugeschnittenen Lernzielen und verhindert damit, dass sein Klient von Amtes wegen negativ etikettiert wird. Gleichsam zur Legitimierung dieser Praxis verweist Herr Schwarzenbach schliesslich darauf, dass es sich dabei um eine kollektiv verbürgte Tradition unter Reallehrern handle. Im Interview meint er: *Also, das tue ich für mich lösen. Das ist etwas, was wir seit Jahr und Tag machen, das ist überhaupt nichts Neues.*

Die Verweigerungshaltung Peter Schwarzenbachs kommt nicht von ungefähr: Er verortet die Antinomie von Fördern und Auslesen nicht bei sich (im Sinne eines widersprüchlichen Handlungsauftrags), sondern zwischen sich als Therapeut defizitärer Klienten einerseits und der Gesellschaft beziehungsweise dem Schulsystem andererseits. Vor diesem Hintergrund wird sein heroisch anmutendes Selbstbild als vaterähnlicher Beschützer, der seine Schüler vor universalistischer Leistungsbewertung und vor Selektion zu schonen hat, verständlich.

3 Fall Bitterli

Frau Bitterli ist Sekundarlehrerin an einer Schule, in der nach dem Modell 4 gearbeitet wird. Sie unterrichtet Real- und Sekundarschüler gemeinsam in gemischten Klassen.

Die Analyse des Interviews zeigt, dass Frau Bitterli latent von einer schliessungstheoretisch konnotierten Zweiteilung ihrer Schüler ausgeht. Gemäss ihrer Sichtweise lassen sich Schüler zwei Gruppen zuordnen: der Elite, die ins Gymnasium oder allenfalls an die Wirtschaftsmittelschule *gehört*, und dem durch Ausschluss entstandenen Rest. Diese Kategorisierung, der ein elitäres Denken zugrunde liegt, zieht sich durch das gesamte Interview. Wechsel von der Restkategorie zur Elitenkategorie sind in Frau Bitterlis Konzept nicht möglich. Die Schüler, die ihrer Meinung nach nicht zur Elite gehören, können in den selektionsrelevanten Fächern noch so gute Leistungen erbringen, sie haben stets einen Mangel, der den Aufstieg in die Elite verunmöglicht und den die Lehrperson nicht beheben kann. Frau Bitterli sagt: *Das nützt nichts, wenn die Math können und Deutsch recht gut und Franz und Englisch. Es muss noch eine Basis sein, ein Grundinteresse zum Beispiel.* An einer anderen Stelle im Interview meint sie: *Das schon doch, also diese Durchlässigkeit gibt es, aber es ist eine Illusion zu denken, es könne einer in zwei Fächern aufsteigen ohne wirklich Probleme und ohne Stützkurse.* Es erstaunt nicht, dass Frau Bitterli letztlich eine Abneigung gegen das Modell 4 hat, das sich gerade dadurch auszeichnet, dass es eine grosse Durchlässigkeit ermöglichen soll. Frau Bitterli erzählt im Interview, dass sie sozusagen gezwungen wurde, in diesem Modell zu arbeiten, und eigentlich lieber an einer *reinen* Sekundarklasse unterrichten würde.

Insgesamt neigt Frau Bitterli bei der Restkategorie zum Schwarzmalen. Diesen Schülern mangle es an *intellektueller Neugier*, am *Grundinteresse*, an *Wissen*, an der *Basis*, an *Niveau*, *Reife* und *Zuverlässigkeit*. Immer wieder erzählt sie in pessimistischer Manier von negativen Extrembeispielen, von Schulschwänzern, Simulanten, von Schülern, die Drogen konsumieren, sowie von erfolglosen Interventionen durch Erziehungsberatung und Jugendamt.

Ob ein Schüler zur Elite oder zum Rest gehört, steht für Frau Bitterli schon vor Schuleintritt fest und liegt ausserhalb der Einflussmöglichkeiten von Schule und Lehrkräften. Frau Bitterli führt diese Determinierung nicht auf angeborene Fähigkeiten oder Gene zurück, wie dies andere Lehrpersonen unseres Samples tun, sondern auf die familiäre Herkunft und die vorschulische Sozialisation der Schüler. Nach den Gründen gefragt, warum gewisse Kinder mehr Schulerfolg haben als andere, sagt Frau Bitterli, das liege *nicht an den intellektuellen Fähigkeiten, sondern was da schon im kleinen Alter entstanden ist, ob sie vor dem Fernseher gesessen sind mit sechs oder ob sie gebastelt haben, ob sie die Natur beobachtet haben, vielleicht ein Pflänzchen im Zimmer, das sie wachsen sehen. Das, denke das ist schon, die Chancengleichheit ist sicher einfach nicht gegeben, wenn die Eltern selber Analphabeten sind, selber nicht wissen, was Schule bedeutet, die haben das viel schwerer.* Dieses Zitat zeigt, wie Frau Bitterli stets ans „worst case" Szenario denkt: Sie wählt das Beispiel von Eltern, die Analphabeten sind und nicht wissen, was Schule bedeutet.

Ein Faktor, der den Schulerfolg eines Kindes behindert, ist der Umfang an inkorporiertem kulturellem Kapital, über den die Eltern verfügen. Im Verlaufe des Interviews wird jedoch deutlich, dass Frau Bitterli letztlich nicht strukturelle Faktoren für die Chancenungleichheit verantwortlich macht, sondern das Verhalten der Eltern. Diese machen in der Erziehung etwas falsch: *Wir können ein ganz intelligentes Kind haben, wenn diese Eltern sich foutieren um das, dann kommt das nie an seine Grenzen, das schöpft nie sein Ganzes aus, das landet irgendwo in der Reithalle oder sonst wo.* In der schon bekannten pessimistischen, dramatisierenden und dichotomisierenden Sichtweise Frau Bitterlis sind Schüler, die nicht an ihre Grenzen gehen, also quasi Hochleistungssport betreiben, höchst gefährdet, ihnen droht der Absturz.

Bezüglich der beiden Aufgaben Fördern und Auslesen zeigt die Interviewanalyse, dass Frau Bitterli mehr selektions- als förderorientiert ist: Sie sieht ihre Aufgabe im Lenken von Bildungslaufbahnen. Was die Selektion betrifft, so spürt Frau Bitterli – gemäss ihrer Selbstdarstellung –, ob jemand ins Gymnasium, also zur Elite, gehört oder nicht. Sie ist mit einem Sensor ausgestattet, der bei herausragenden Schülern ausschlägt. In ihrem auf Intuition und Gefühlsgewissheit basierenden Urteil schätzt sie sich und Sekundarlehrer im Allgemeinen als unfehlbar ein: *Wir haben jetzt wieder zwei Fälle – nicht in meiner Klasse – aber welche die Gymnasiumsprüfung bestanden haben und meistens kommt es dann so heraus, wie wir gesagt haben: Sie machen die Neunte im Gymnasium und gehen dann irgendwo anders hin, wenn wir sie nicht empfohlen haben, weil das Niveau dann auch fehlt.* Während sie genau spürt, wer zur herausragenden Kategorie gehört, funktioniert ihr Sensorium bei den anderen Schülern nicht. Dort fällt es ihr schwer, Prognosen zu stellen, ihre Intuition versagt: *Wie flott diese Kinder nachher werden, wie die noch eine Zweitlehre machen oder nachher noch eine höhere Schule oder ans Technikum gehen. Von dem her wage ich eben auch keine Prognosen mehr zu stellen. Und das ist auch schwer gewesen am Anfang, als ich neu Realschüler gehabt habe, habe ich ja nicht sagen können: ‚Besteht der die Schreinerlehre oder nicht'.*

Im Zentrum des Förderkonzepts von Frau Bitterli steht die Aufgabe, einen Beitrag zur Erfüllung der Vorbestimmung der Elite zu leisten, indem sie verschwörerische Geheimtipps erteilt. Wenn sie spürt, dass jemand wirklich ins Gymnasium gehört, dann kann sie *schon lange dort echli vorspuren und sagen: ‚Du, mach das auch noch, und besuche noch die MSV-Kurse, unbedingt, die brauchst du'.* Den Schulerfolg dieser Schüler führt sie aber nicht etwa auf ihre Förderung zurück, sondern allein auf Eigenschaften, welche die Schüler schon von zu Hause mitbringen: *Und nachher gibt es eben Kinder, welche die Neugier natürlich mitbringen. Wo wir auch nichts dafür können, die eigentlich schon einfach ein breites Spektrum haben an Interesse und an Wissen.*

Bezüglich der Restkategorie verfügt die Sekundarlehrerin kaum über ein Förderkonzept: Sie sieht wenige Möglichkeiten, die Defizite bezüglich Neugierde und Wissen, welche die Schüler aufgrund ihrer Herkunft mitbringen, zu kompensieren: *Man kann gar nicht alles kompensieren, wenn ein Kind keine Dokumentarfilme schaut, wo ja die Schüler sehr viel Wissen daraus nehmen, nicht liest, wo will es denn eigentlich das alles her haben? Die Schule bringt das schon zum Teil, aber dort ist ja ihr Interesse, weil es daheim nicht schon geweckt geworden ist, auch wieder bescheiden.*

Mit Schülern, die von den Eltern vernachlässigt oder zu wenig gefördert werden, leidet Frau Bitterli lediglich mit. Als Pädagogin vermag sie keinen Beitrag zur Veränderung der Situation zu leisten. Sie ist dem Problem machtlos ausgeliefert: *Es ist ganz gibt ganz traurige Schicksale, wo ich jeweils denke, ich würde sie am liebsten, wenn ich eine grosse Wohnung hätte, zu mir heim nehmen, jemand wo Strukturen setzt.*

Danach gefragt, wie sie mit der Spannung zwischen Fördern und Auslesen umgehe, sagt Frau Bitterli, dass sie das Verhältnis zwischen Fördern und Auslesen nicht als Spannung betrachte. Dies ist gemäss unseren theoretischen Vorüberlegungen im Falle einer positiven Selektion wie der Auswahl künftiger Gymnasiasten nicht erstaunlich. Doch sieht Frau Bitterli auch beim Fällen von negativen Selektionsentscheiden keine Spannung. Sie entproblematisiert für sich das Selegieren deutend, indem sie zunächst ein gedankliches „Outsourcing" der unangenehmen Selektionsaufgabe vornimmt: Erstens schreibt sie Noten eine objektive Gültigkeit zu, stellt diese als Quasi-Akteure dar und entpersonalisiert damit das Selegieren. Danach gefragt, wer denn entscheide, ob eine Realschülerin beispielsweise im Französisch den Sekundarunterricht besuchen dürfe, antwortet sie: *Das ist eigentlich die Note.* Zweitens macht sie die Schüler zu Selbstselektionsakteuren: Das Kind spüre selbst, dass es nicht unbedingt ins Gymnasium gehen werde; es merke selbst, wo seine Grenzen liegen. Und drittens schliesslich verweist sie auf andere Akteure und Instanzen, die den Entscheid fällen und kommunizieren: Auf das Berufsinformationszentrum – das sagt: *‚Mit diesen Noten kannst du es vergessen'* – und auf die Schnupperlehrmeister.

Auf einen Moment angesprochen, in dem sie das für die Autonomieentwicklung des Schülers sinnlose Schmerzzufügen nicht auf andere Instanzen abwälzen kann, sondern der Schülerin sagen muss, dass diese nicht ins Gymnasium darf, meint Frau Bitterli: *Das muss ja zwischen uns so sein, dass wir können offen sein.* Den Moment des sinnlosen Wehtuns macht sie für sich erträglich, indem sie zwischen sich und dem Schüler ein Vertrauensverhältnis unterstellt, ihn demnach als Augenblick charakterisiert, in dem zwei Vertraute auf einer diffusen Ebene interagieren. Zum anderen rekurriert sie in dieser Situation auf den moralischen Wert der Offenheit. Sie empfindet es als entlastend, wenn sie dem betreffenden Schüler im Sinne eines „Outings" das Unangenehme sagen kann. Dieser Wert – Offenheit im Sinne eines Nicht-Verheimlichens – ist ebenfalls der Struktur einer diffusen Beziehung entlehnt. In welcher Hinsicht die Schülerin offen sein sollte und inwiefern dies zur Lösung des Problems beitragen könnte, bleibt zudem im Dunkeln. Mit diesen beiden bewältigungsstrategischen Deutungen bewegt sich Frau Bitterli argumentativ weg vom schmerzlichen Inhalt zu einer Art zwischenmenschlichen Umgang – jener zwischen ganzen Menschen nämlich –, bei dem sinnloses Schmerzzufügen typischerweise nicht vorkommt.

4 Fazit

Herr Schwarzenbach betrachtet Selektion – im Sinne der Negativselektion – als Fremdkörper im pädagogischen Alltag, als Aufgabe nämlich, die aus einer institutionellen Vorgabe resultiert und bei seinen Schülern nichts als psychische Schäden hinterlässt. Entsprechend optiert er für das 9/0-Modell, das für die Volksschule keine Selektionen vorsieht. Demgegenüber verneint Frau Bitterli die Spannung zwischen Fördern und Auslesen. Sie gibt traditionellen Schulmodellen den Vorzug: Am liebsten würde Frau Bitterli ausschliesslich solche Sekundarschüler unterrichten, bei denen bereits feststeht, dass sie ins Gymnasium gehen werden. Während Frau Bitterli die Spannung auf einer manifesten Ebene negiert und die „Sieger" fokussiert, bejaht Herr Schwarzenbach die Spannung und konzentriert sich auf die „Verlierer".

Schwarzenbachs Hauptinteresse gilt der Aufgabe, narzisstische Wunden zu heilen, also therapeutische Prozesse in Gang zu setzen und voranzubringen. Gleichzeitig will er auch keinen neuen Schaden zufügen: er betreibt gewissermassen psychologische Prävention. Zur Verbesserung objektiver Chancen indes vermag Schwarzenbach – in seinem Selbstverständnis – nichts beizutragen. Sein Förderkonzept läuft darauf hinaus, beim Schüler subjektives Glück im objektiven Unglück zu erzeugen. Entsprechend seiner Diagnose der schädigenden Selektion entzieht sich Herr Schwarzenbach denn auch der institutionellen Erwartung, als Lehrer negativ zu selegieren. Darüber hinaus schützt er die Schüler quasi-väterlich vor universalistischer Bewertung. Er will also auch dort heilen, wo er gar keinen Schaden diagnostiziert hat:

im Beurteilungsbereich als solchem, der nicht eo ipso eine Verbindung zu Selektion aufweist.

Anders als im Falle Schwarzenbach lässt sich bei Frau Bitterli keine Spur von einem Berufsverständnis finden, das Therapie- oder Präventionsansprüche vorsieht. Bitterlis Förderkonzept konzentriert sich darauf, im Falle der Elite einer Vorbestimmung zum Durchbruch zu verhelfen. Dabei fühlt sie sich den Auserwählten emotional verbunden, wie eine Schwester den Geschwistern oder eine Schülerin ihren Peers. Während Schwarzenbach bei der Therapie der „Selektionsverlierer" zur (diffusen) Väterlichkeit neigt, zeigt sich bei Bitterli im Zusammenhang mit der Eliteförderung eine Tendenz zur (diffusen) Geschwisterlichkeit.

Es fragt sich, worauf Herr Schwarzenbach und Frau Bitterli zurückgreifen, um angesichts der objektiv gegebenen Spannung handlungsfähig zu bleiben. In der Antinomiedeutung von Herrn Schwarzenbach ist der Lehrer als potentieller Verweigerer bereits angelegt, und zwar als Akteur, der gegen den selektionsinteressierten Koloss „Gesellschaft" ankämpft, um die Individualität der Schüler vor der Verkümmerung zu bewahren, die die gesellschaftliche Institution der Schule bei ihnen hervorgerufen hat. Mit seiner Diagnose eines Konflikts zwischen Individuum und Gesellschaft formuliert Schwarzenbach eine Theorie, die nicht zuletzt auch seine Tendenz, sich als heroischen Verweigerer zu inszenieren, legitimatorisch stützt.

Frau Bitterli entschärft das Dilemma zwischen Fördern und Auslesen zunächst, indem sie sich auf die unproblematische Positiv-Selektion konzentriert. Das Fördern besteht für sie im Geben von verschwörerischen Tipps an die Elite. Weiter gehendes Fördern würde im Rahmen ihrer deterministischen Sicht auch keinen Sinn machen, da sie nicht daran glaubt, dass ihr Fördern etwas ausrichten könnte. Was die Negativselektion betrifft, so entledigt sich Frau Bitterli dieser Aufgabe dadurch, dass sie sie anderen Instanzen zuschreibt. Sie selber handelt nicht, nicht einmal als Erfüllerin einer Vorbestimmung. Wer über eine solch eingeschränkte Vorstellung von Fördern verfügt und das Selegieren als nach aussen delegierte Aufgabe definiert, kann das Verhältnis von Fördern und Auslesen nicht als Spannung verstehen. Dort wo Frau Bitterli – in ihrer Selbstdarstellung – dennoch nicht darum herum kommt, sinnlosen Schmerz zuzufügen, bezieht sie sich auf den moralischen Wert der Offenheit und deutet die Lehrer-Schüler-Beziehung in eine Beziehung zwischen Vertrauten um, sodass die Selektion für sie weder Belastung noch sonstige Probleme verursacht. Während Bitterlis Deutung das Handeln als Selegiererin verharmlost und insofern legitimiert, bildet Schwarzenbachs Deutung eine Legitimation für die *Verweigerung* des Handelns als Selegierer.

Das Handeln und Deuten unserer beiden Lehrkräfte muss vor dem Hintergrund des Berner Bildungswesens betrachtet werden: Im Volksschulsystem ist die Position des Reallehrers die einzige, in der sich die Lehrperson dem negativen Selegieren tendenziell entziehen kann. Während Primarlehrkräfte am Ende der sechsten Klasse eine Aufteilung in Real- und Sekundarschüler vornehmen müssen und Sekundarlehrerinnen wie Frau Bitterli den Entscheid „Gymnasium ja oder nein" in die Wege zu leiten haben, gibt es für Reallehrkräfte wie Herrn Schwarzenbach keine vergleichbaren unumgänglichen Selektionsverpflichtungen. Reallehrkräfte haben die Möglichkeit, sind aber nicht dazu verpflichtet, beispielsweise mit individuellen Lernzielen zu arbeiten oder schwache Schüler das Jahr repetieren zu lassen.

Die Deutungen der beiden Lehrpersonen weisen auch einen Zusammenhang zur jeweiligen sozialen Herkunft auf. Der Selektionsverweigerer Schwarzenbach hat im Vergleich zu seiner Herkunftsfamilie einen sozialen Aufstieg vollzogen, wie er für Primar- und Reallehrer oft zu verzeichnen ist (Combe, 1971; Enzelberger, 2001 u. a.; für die Schweiz vgl. Denzler et al., 2005). Insbesondere die Tradition des Facharbeitertums und der bäuerliche Hintergrund dürften bei ihm die Entstehung eines Selbstbewusstseins gefördert haben, das sich durch eine innere Distanz zur staatlichen Autorität und zur verbreiteten Hochschätzung der Höheren Bildung charakterisiert. Vor diesem Hintergrund dürfte es ihm vergleichsweise leicht fallen, berufliche Autonomie einzufordern und genau jene Schüler ins Zentrum der Aufmerksamkeit zu stellen, die wahrscheinlich wenig Schulerfolg haben werden.

Frau Bitterlis Eltern – der Vater gehört zur technischen Intelligenz und die Mutter ist im Bildungswesen tätig – haben einen beachtlichen sozialen Aufstieg realisiert, mit dem sie die bildungsfernen Milieus ihrer Vorfahren verlassen. Frau Bitterli selber hat das Ausbildungsniveau ihres Vaters – wie viele Frauen – nicht ganz erreicht, aber einen Lehrberuf ergriffen, in welchem Frauen als Erwerbstätige auch heute noch eine Minderheit bilden (im Jahr 1998/99 waren in der Schweiz 40% der Lehrkräfte auf Sekundarstufe I Frauen, vgl. Bundesamt für Statistik 2003). Vor diesem Hintergrund lässt sich ihre kleinbürgerlich anmutende, nach oben gerichtete Haltung erklären, die sich darin niederschlägt, dass sie sich hauptsächlich für jene Schüler interessiert, bei denen gymnasiale Karrieren zu erwarten sind. Womöglich wäre sie noch lieber Gymnasiallehrerin geworden.

In der Literatur über das berufliche Selbstverständnis von Lehrkräften wird seit den 1950er Jahren zwischen wissenschaftlich-fachlich und pädagogisch Orientierten unterschieden. Eine der wenigen Untersuchungen, die es zu Lehrkräften auf Sekundarstufe gibt, zeigt für Zürcher Lehrkräfte Anfang der 1990er Jahre, dass Reallehrkräfte weit mehr als Sekundarlehrkräfte zum erzieherischen Engagement tendieren (Hirsch, 1990; Hirsch et al., 1990). Die Befunde zu Herrn Schwarzenbach und Frau Bitterli bestätigen diese Resultate tendenziell. Die Frage, wieweit sich die Deutungen von Sekundar- und Reallehrkräften unterscheiden, wird uns weiterhin stark beschäftigen.

Mit seiner Betonung des grundsätzlich hoffnungsvollen Schülers, dessen Individualität in der Schule verkümmert, und mit dem Eintreten für das 9/0-Modell übernimmt Schwarzenbach Überzeugungen der Reformpädagogik, die im Gefolge der Jugendbewegung im ersten Drittel des 20. Jahrhunderts einen Aufstieg erfuhr und auch in heutigen Bildungsdebatten noch eine Referenz bildet. Gleichzeitig fügt sich der Alltagstheoretiker Schwarzenbach mit seiner Zuordnung der Selektion zur Gesellschaft reibungslos in den dominierenden pädagogisch-psychologischen Diskurs über den Lehrberuf ein, der Selektion typischerweise nicht als Aufgabe eines Akteurs, sondern ausschliesslich als „Funktion der Schule" betrachtet (Ulich, 1996) oder als „Zweck der Schule als öffentlicher Institution" (Giesecke, 1998). Ein ähnliches, aber nicht identisches Muster findet sich in den Leitideen des Berner Lehrplans 1995 und weiteren staatlichen Dokumenten wieder. Solche Konzepte knüpfen letztlich an einem vormodernen Lehrerbild an, in dessen Rahmen Selektion nicht vorkommt. Was Frau Bitterli betrifft, so bleibt noch zu klären, ob ihre Konzepte gegebenenfalls Berührungspunkte aufweisen mit dem aktuellen bildungspolitischen Diskurs, der die gymnasiale Elite – etwa über die Wieder-Etablierung des Langzeitgymnasiums – vor sogenannt schwachen Schülern schützen will.

5 Literatur

Arnold, Rolf (1983), Deutungsmuster. Zu den Bedeutungselementen sowie den theoretischen und methodologischen Bezügen des Begriffs, *Zeitschrift für Pädagogik*, 29 (6), 838–912.

Bundesamt für Statistik (2003), *Lehrkräfte 1998/99*.

Combe Arno und Werner Helsper, Hrsg. (1991), *Hermeneutische Jugendforschung. Theoretische Konzepte und methodologische Ansätze*, Opladen: Westdeutscher Verlag, 521–569.

Denzler, Stefan et al. (2005), *Die Lehrkräfte von morgen. Eine empirische Untersuchung der Bestimmungsfaktoren des Berufswunsches bei bernischen Maturanden*, Bern: Universität Bern, Volkswirtschaftliches Institut, Forschungsstelle für Bildungsökonomie FfB, Diskussionspapier Nr. 6, Februar 2005.

Enzelberger, Sabina (2001), *Sozialgeschichte des Lehrerberufs. Gesellschaftliche Stellung und Professionalisierung von Lehrerinnen und Lehrern*, Weinheim: Juventa.

Giesecke, Hermann (1998), *Wozu ist Schule da? Die neue Rolle von Eltern und Lehrern*, Stuttgart: Klett-Cotta.

Helsper, Werner (1996), Antinomien des Lehrerhandelns in modernisierten pädagogischen Kulturen. Paradoxe Verwendungsweisen von Autonomie und Selbstverantwortlichkeit, in: Arno Combe und Werner Helsper, Hrsg., *Pädagogische Professionalität. Untersuchungen zum Typus pädagogischen Handelns*, Frankfurt am Main: Suhrkamp, 521–569.

Hirsch, Gertrude (1990), *Biographie und Identität des Lehrers. Eine typologische Studie über den Zusammenhang von Berufserfahrungen und beruflichem Selbstverständnis*, Weinheim: Juventa.

Hirsch, Gertrude et al. (1990), *Wege und Erfahrungen im Lehrerberuf. Eine lebensgeschichtliche Untersuchung über Einstellungen, Engagement und Belastungen bei Zürcher Oberstufenlehrern*, Bern: Haupt.

Meuser, Michael und Reinhold Sackmann, Hrsg. (1992), *Analyse sozialer Deutungsmuster. Beiträge zur empirischen Wissenssoziologie*, Pfaffenweiler: Centaurus.

Nave-Herz, Rosmarie (1977), *Die Rolle des Lehrers. Eine Einführung in die Lehrersoziologie und in die Diskussion um den Rollenbegriff*, Neuwied: Luchterhand.

Oevermann, Ulrich (1973), Zur Analyse der Struktur von sozialen Deutungsmustern, Manuskript. Veröffentlicht in: *Sozialer Sinn*, 1/2001, 3–34.

Oevermann, Ulrich (1996), Theoretische Skizze einer revidierten Theorie professionalisierten Handelns, in: Arno Combe und Werner Helsper, Hrsg., *Pädagogische Professionalität. Untersuchungen zum Typus pädagogischen Handelns*, Frankfurt am Main: Suhrkamp, 70–182.

Oevermann, Ulrich (2001), Die Struktur sozialer Deutungsmuster – Versuch einer Aktualisierung. *Sozialer Sinn*, 1, 35–82.

Oevermann, Ulrich (2002), Professionalisierungsbedürftigkeit und Professionalisiertheit pädagogischen Handelns, in: Margret Kraul, Winfried Marotzki und Cornelia Schweppe, Hrsg., *Biographie und Profession*, Bad Heilbrunn: Klinkhardt, 19–63.

Oevermann, Ulrich (2003), Zur Behinderung pädagogischer Arbeitsbündnisse durch die gesetzliche Schulpflicht, in: Thomas Rihm, Hrsg., *Schulentwicklung durch Lerngruppen*, Opladen: Leske & Budrich, 69–96.

Reinhardt, Sibylle (1978), Die Konfliktstruktur der Lehrerrolle. Kritik und Neu-Interpretation empirischer Untersuchungen zu Einstellungen von Lehrern, *Zeitschrift für Pädagogik*, 24 (4), 515–531.

Siegrist, Hannes (1988), Bürgerliche Berufe und das Bürgertum, in: Ders., Hrsg., *Bürgerliche Berufe. Zur Sozialgeschichte der freien und akademischen Berufe im internationalen Vergleich*, Göttingen: Vandenhoeck & Ruprecht, 11–50.

Schütze, Fritz (1996), Organisationszwänge und hoheitsstaatliche Rahmenbedingungen im Sozialwesen: Ihre Auswirkungen auf die Paradoxien des professionellen Handelns, in: Arno Combe und Werner Helsper, Hrsg., *Pädagogische Professionalität. Untersuchungen zum Typus pädagogischen Handelns*, Frankfurt/M.: Suhrkamp, 183–276.

Ulich, Klaus (1996), *Beruf Lehrer/in. Arbeitsbelastungen, Beziehungskonflikte, Zufriedenheit*, Weinheim: Beltz.

Argumentationen von Lehrkräften angesichts von Beurteilungsdilemmata

Manfred Lüders

1 Einleitung

Die Beurteilung von Schülerleistungen stellt für Lehrkräfte in verschiedenen Hinsichten ein Problem dar: 1. Die Grenzen des Konzepts der Schulleistung sind strittig: Sollen z. B. neben kognitiven und instrumentellen Fähigkeiten auch soziale und affektive Komponenten erhoben und bewertet werden? 2. Wie sind die von Lehrkräften meist als widersprüchlich erlebten Anforderungen der Förderung und Selektion miteinander zu vereinbaren? 3. Wie können die für die Schüler biographisch z. T. höchst folgenreichen Selektionsentscheidungen am Ende eines Schuljahres begründet werden, wenn der Prozess der Gestaltung, Durchführung und Auswertung von schulischen Prüfungen selbst nur sehr begrenzt rationalisiert ist im Sinne einer wissenschaftlichen Diagnostik? (vgl. Tillmann und Vollstädt, 1999). Angesichts dieser Probleme stellt sich die Frage, wie Lehrkräfte die Praxis der Schülerbeurteilung bewältigen.

Im Folgenden wird der Versuch unternommen, diese Frage wenigstens ansatzweise einer Beantwortung zuzuführen. Die Grundlage hierfür bilden Befunde eines explorativen Projekts über „Selektionsentscheidungen als Problembereich professionellen Lehrerhandelns". Zunächst sollen Grundzüge dieses Projekts vorgestellt werden (1). Zweitens präsentiere ich ausgewählte Ergebnisse einer im Rahmen dieses Projekts durchgeführten Dilemma-Studie, bei der Lehrkräfte mit ähnlichen wie den genannten Problemen konfrontiert worden sind. Drittens schliesslich sollen einige Thesen und Schlussfolgerungen zur Praxis der schulischen Leistungsbeurteilung zur Diskussion gestellt werden.

2 Zur Anlage des Projekts

Im Unterschied zur traditionellen Zensuren-, Lehrer- und Selektionsforschung[1] nimmt das Forschungsprojekt „Selektionsentscheidungen als Problembereich professionellen Lehrerhandelns" die Bewertungs- und Selektionspraxis der Lehrkräfte aus der Binnenperspektive der Schule und des Lehrerhandelns in den Blick. Die Praxis der schulischen Leistungsbeurteilung wird als Praxis

---

1 Zum Forschungsstand vgl. Terhart u. a., 1999; Lüders, 2001b.

einer in formalen Organisationen tätigen Profession untersucht. Typische Merkmale dieser Praxis sollten nicht erneut an externen Massstäben (z. B. Normen der Testtheorie oder dem Gebot der Chancengleichheit) gemessen und dann eventuell als defizitär erwiesen werden. Ziel war vielmehr die Analyse von Funktionszusammenhängen schulischer Leistungsbeurteilung und die Einbettung der Daten in einen erweiterten professions- und organisationstheoretischen Kontext. Die Motive für die Vertauschung der Aussen- mit der Innenperspektive ergaben sich zunächst aus der Tatsache, dass über die internen Strukturen und Funktionsweisen des Systems der schulischen Leistungsbewertung nur rudimentäre Erkenntnisse vorliegen. Ausschlaggebend waren aber auch neuere Entwicklungen, einerseits in der pädagogischen Professionsforschung (vgl. Alisch u. a., 1990; Terhart, 1995), andererseits in der organisationssoziologischen Schulforschung (vgl. Terhart, 1986; Türk, 1989; Böttcher und Terhart, 2004). Beide Forschungsbereiche haben in den letzten Jahren eine Abkehr von normativen Modellen des Lehrerhandelns oder der Schulorganisation vollzogen. Es geht nicht länger darum, Lehrer als An- oder Verwender eines bestimmten wissenschaftlichen Wissens zu charakterisieren oder Schulorganisationen als bürokratische Organisationen im Sinne Max Webers zu beschreiben, sondern vielmehr darum, jene Praktiken und Routinen beruflichen Handelns zu erkunden, die pädagogische Professionalität empirisch definieren und die zugleich die realen Grundlagen der organisationalen Strukturen und Funktionen des Schulsystems bilden.

Allerdings wurden mit dem Forschungsprojekt „Selektionsentscheidungen als Problembereich professionellen Lehrerhandelns" noch relativ bescheidene Ziele verfolgt. Es handelt sich um eine explorative, mit einer kleinen Datenmenge arbeitende Studie, die zunächst darauf abzielte, erste Einsichten in ein bisher eher vernachlässigtes Forschungsfeld zu gewinnen und Hypothesen für die weitere Forschung zu generieren. Zum Zweck der Exploration und Hypothesengenerierung wurden teiloffene, durch Leitfäden vorstrukturierte Interviews mit 33 Lehrkräften verschiedener Schulformen (6 Grundschullehrkräfte, 6 Hauptschullehrkräfte, 10 Gesamtschullehrkräfte, 11 Gymnasiallehrkräfte), mit 10 Schulleitern dieser vier Schulformen (2 Grundschulleiter, 3 Hauptschulleiter, 2 Gymnasialleiter, 3 Gesamtschulleiter) sowie Gespräche mit 4 Personen aus der Schulaufsicht dieser Schulformen durchgeführt. Die mit den Lehrkräften geführten Interviews schlossen die Präsentation von drei konstruierten Dilemma-Situationen aus dem Alltag des Beurteilens ein, die von den Interviewpartnern ausführlich kommentiert werden sollten.

Die Auswertung der Daten geschah im Interesse der Konturierung typischer personenunabhängiger und deshalb für die Berufskultur des Lehrers möglicherweise als charakteristisch anzusehender Argumentationsmuster, die in den weiteren organisations- und professionstheoretischen Kontext gestellt wurden (vgl. Terhart, 1999, 2000, 2001; Lüders, 2001a,b). Aufgrund der geringen Anzahl der untersuchten Fälle war natürlich keine quantitative, in die Breite gehende Verallgemeinerung der Ergebnisse möglich; sie wurde auch nicht angestrebt. Ziel der Untersuchung war vielmehr die Exploration dieser bisher weder von der pädagogisch-psychologischen Bewertungsforschung, noch von der bildungssoziologischen Schulforschung hinreichend beleuchteten Zone der Binnenkultur von Schulen und die Einbringung der Analysen in einen erweiterten theoretischen Kontext.

3 Beurteilungsdilemmata im Schulalltag

Bei den drei zum Abschluss der Interviews eingesetzten Dilemmata handelte es sich um konstruierte, aber gleichwohl empirisch mögliche Problem- beziehungsweise Entscheidungssituationen aus dem Alltag des Beurteilens. Thematisiert werden die Verlässlichkeit der Notengebung, der Widerspruch von Förderung und Selektion sowie die Grenzen des Konzepts der Schulleistung. Die Aufgabe der Probanden war es, eine Empfehlung für die Auflösung der jeweils präsentierten Entscheidungssituationen zu geben und die eigene Empfehlung zu begründen. Die Beurteilungsdilemmata hatten den folgenden Wortlaut.

Dilemma I

Ein Schüler hat bereits einen gültigen Lehrvertrag. Durch die Note „mangelhaft" im Fach Deutsch würde ihm der Abschluss verwehrt bleiben.

Wie sollte der Fachlehrer beziehungsweise die Fachlehrerin hier entscheiden – und warum?

Dilemma II

Eine Schülerin ist extrem schüchtern und ängstlich. Durch eine gezielte Ermutigung ist es der Lehrerin gelungen, sie zu einer gelegentlichen Beteiligung am Unterricht zu bewegen. Die sozialen Kontakte zu den Mitschülern haben sich ebenfalls verbessert.

Zum Ende des Schuljahres fragt sich die Lehrerin, ob sie der Schülerin zur Stabilisierung ihrer Persönlichkeit in den Fächern Erdkunde und Mathematik die Note „ausreichend" geben soll, obwohl dies weder von der mündlichen Mitarbeit in den beiden Fächern noch von den schriftlichen Arbeiten im Fach Mathematik gerechtfertigt wäre. Bei der Mathematiknote ist die Lehrerin dadurch verunsichert, dass die Schülerin Aufgaben, die sie im Unterricht erfolgreich bewältigt, in der Arbeit falsch rechnet.

Wie soll sich die Lehrerin entscheiden – und warum?

Dilemma III

Eine Lehrerin stellt nach Übernahme einer Klasse im Mathematikunterricht fest, dass das Leistungsniveau weit unter dem vom Lehrplan für diese Klassenstufe geforderten Niveau liegt und auch ihren eigenen, aus langen Berufsjahren resultierenden Ansprüchen nicht genügt. Die erste Klassenarbeit war aufgrund des unzureichenden Ergebnisses genehmigungspflichtig und wurde genehmigt. Der ehemalige Mathematiklehrer dieser Klasse ist ein angesehener Kollege; der Schulleiter stellt erstaunte Fragen; einzelne Eltern haben sich bei dieser Lehrerin zu Wort gemeldet. Bei der ersten Durchsicht der zweiten Klassenarbeit stellt die Lehrerin nun fest, dass diese Arbeit ebenfalls sehr schlecht ausgefallen und womöglich ebenfalls genehmigungspflichtig ist.
Was sollte sie Ihrer Meinung nach tun – und warum?

Die Auswertung der zu den Beurteilungsdilemmata abgegebenen Stellungnahmen geschah in zwei Schritten. Zunächst wurden die gegebenen Empfehlungen ihrem Inhalt nach unterschieden und sortiert. Im zweiten Schritt wurden Argumentationslogiken rekonstruiert und Unterschiede systematisiert. Ich stelle zunächst einige übereinstimmende Befunde vor, um dann zweitens auf die jeweils relevanten Argumentationslogiken einzugehen.

3.1 Übereinstimmende Befunde

Die Mehrheit der Befragten, jeweils mindestens 27 Personen, hat zu den drei Dilemmata Stellung bezogen und bestimmte Lösungsvorschläge unterbreitet. Auffällig ist, dass die meisten dieser Lösungsvorschläge die Möglichkeit der Verhandlung des mit der Dilemma-Situation präsentierten Entscheidungsproblems im Rahmen einer Fach- oder Versetzungskonferenz nicht in Erwägung ziehen. Das schulinterne Kontroll- und Beratungssystem, das für die Bewältigung schwieriger Entscheidungen eine Hilfe sein könnte, spielt bei der Bewältigung schwieriger Entscheidungssituationen offenbar eine nur untergeordnete Rolle. Statt dessen wird das jeweils zur Beurteilung vorgelegte Entscheidungsproblem als im eigenen Ermessensbereich liegend wahrgenommen und durch eine autonome Entscheidung zur Auflösung gebracht. Auffällig ist weiterhin, dass es keine einheitlichen Empfehlungen gibt. Beim ersten Dilemma etwa finden sich Voten sowohl für Deutsch „mangelhaft" als auch für Deutsch „ausreichend"; beim zweiten für Erdkunde und Mathematik „mangelhaft", Erdkunde „mangelhaft" und Mathematik „ausreichend" und umgekehrt Erdkunde „ausreichend" und Mathematik „mangelhaft". Beim dritten Dilemma wird sowohl für die Genehmigung beider Arbeiten als auch für die Genehmigung nur der ersten Arbeit Stellung bezogen.

3.2 Argumentationslogiken

Dilemma I: Den Abschluss gefährden bei abgeschlossenem Lehrvertrag?

Unter argumentationslogischen Gesichtspunkten sind bei den Stellungnahmen zum ersten Dilemma vor allem jene hervorzuheben, die ein moralisches Argument formulieren. Und zwar werden Anforderungen an das Bewertungshandeln (Gerechtigkeit) in der Schule und die antizipierbaren biographischen Folgen dieses Handelns für den Schüler, der bereits einen Lehrvertrag in Aussicht hat, nach bestimmten moralischen Prinzipien (vgl. Piaget, 1979; Kohlberg, 1995) wie dem Gleichheitsgrundsatz und dem Grundsatz der Verhältnismässigkeit erwogen.

Der Gleichheitsgrundsatz z. B. erscheint einigen Lehrkräften verletzt, wenn die Deutschnote angehoben würde: „... *wenn ich bei einem einzelnen Schüler oder bei einer Schülerin die Note letztendlich ändere, muss ich alle Noten ändern. Für mich ist es wichtig, dass der Vergleich zu den Mitschülern stimmt. Das ist das grosse Problem dabei ...*" *(Li-HAS 2, 29)*[2]. Andere Lehrkräfte wiederum möchten nicht gegen den Grundsatz der Verhältnismässigkeit verstossen; sie erwägen Aufwand und Ertrag einer biographisch folgenreichen und insofern harten Selektionsentscheidung: „*Ja, ich verbau dem doch nicht die Zukunft. Was soll der junge Mann denn noch ein Jahr in die Schule gehen, um von mangelhaft, das noch ausgleichbar ist, auf ne „Vier" zu kommen? Dafür noch ein ganzes Jahr seines Lebens zu opfern?*" *(Li-GES 7, 204)*. Natürlich gibt es auch „auf den Buchstaben des Gesetzes", hier auf den Notenwert fixierte Auffassungen, die eine fallspezifische Abwägung als eine Form der Entwertung des schulischen Systems der Leistungsbeurteilung verwerfen und die die mit dem „mangelhaft" verbundenen Folgen für den Schüler nicht in Rechnung zu stellen bereit sind.

Dilemma II: Pädagogische Note – trotz schlechter Leistung?

Wenn man von Einzelvoten (Erdkunde „mangelhaft" und Deutsch „ohne Wertung" oder „Aufsuchen des Schulpsychologen") absieht, dann ergeben die Argumentationen zum zweiten Dilemma drei Gruppierungen:

Einige Lehrkräfte berufen sich auf die Anreizfunktion von Leistungsbeurteilungen und würden dementsprechend eine pädagogische Note geben: „*Wenn da eine Schülerin ist, wo man sieht, dass sie sich zum Positiven hin entwickelt und trotzdem die konkreten Leistungen noch sehr, meinetwegen noch ‚mangelhaft‘ sind, würde ich ihr trotzdem, um sie zu ermutigen, ‚ausreichend‘*

---

2   „Li-HAS 2, 29" bedeutet: Lehrerinterview Nr. 2 – Hauptschule, S. 29. Die Abkürzungen für die Schulformen sind: GRU für Grundschule, HAS für Hauptschule, GES für Gesamtschule, GYM für Gymnasium.

geben, und das dann auch der Schülerin so sagen. Auch, wenn sie die Arbeiten dann ,Fünf' hat" (Li-GES 18, 549).

Eine zweite Gruppierung von Stellungnahmen enthält Argumentationen, die auf die faktisch erbrachten Erdkunde- und Mathematikleistungen der ängstlichen Schülerin rekurrieren und die Entscheidung für eine bestimmte Endnote von der Verrechnung der mündlichen und schriftlichen Leistungen in diesen Fächern abhängig machen (insgesamt 9). Weil die Entscheidungsbegründung hier allein durch die Verrechnung von Notenwerten geschah und weil damit die zentrale Problematik der präsentierten Dilemma-Situation, nämlich dass die Notenwerte die Leistungsfähigkeit der Schülerin möglicherweise gar nicht adäquat abbilden, unbeachtet blieb, kann man von einer „technokratischen Lösung" sprechen: *„Also wenn schriftliche Arbeiten einerseits eine derart klare Sprache sprechen, und hier steht ja auch: ,auch von der mündlichen Mitarbeit nicht gerechtfertigt wäre', sehe ich auch, ich will mal wirklich sagen, leider, nicht die Möglichkeit, da 'ne ,Vier' zu geben, kein ,ausreichend' zu, ein ,ausreichend' zu geben"* (Li-GRU 16, 497 f.).

Drittens wurden Stellungnahmen für eine prozedurale Auflösung des Dilemmas abgegeben. Ungeachtet der im Dilemma-Text geschilderten Erfahrung der Lehrerin, dass die Schülerin in Prüfungssituationen, insbesondere bei Klassenarbeiten, unfähig ist, Aufgaben zu rechnen, die sie im Unterricht z. T. rechnen kann, soll die Entscheidung über die Fachnoten auf der Grundlage weiterer Prüfungen getroffen werden (insgesamt 4): *„Also ich würde sie, ihr zum Beispiel eine Nachschreibmöglichkeit zum Beispiel hier im Raum geben. Unter ruhigen Voraussetzungen, wo sie nicht vielleicht in ihrer Nervosität noch weiter verunsichert und gesteigert wird. Diese Chance könnte man geben, wenn es nun tatsächlich aus Angst vor Arbeiten dazu oder vor dem Fach Mathematik zu solchen Fehlleistungen gekommen ist"* (Li-GES 8, 240).

Zur Bildung der dargestellten Gruppierungen ist anzumerken, dass sie die Differenzen zwischen den Stellungnahmen zum zweiten Dilemma grösser erscheinen lassen, als sie tatsächlich sind. Folgende Einschränkungen sind zu beachten: (1.) Auch die Lehrkräfte, die eine pädagogische Note zu geben bereit sind, betonen, dass die ängstliche Schülerin zunächst tatsächlich eine Leistungssteigerung zeigen müsste, um sich eine anspornende Bewertung zu verdienen. Das Leistungskriterium wird also auch im Fall einer pädagogischen Benotung nicht auffällig relativiert, sondern es ist für alle Lehrkräfte, sowohl für die eher pädagogisch-förderorientiert argumentierenden, als auch für die eher technokratisch argumentierenden verbindlich. (2.) Die für eine pädagogische Note votierenden Lehrkräfte äussern sich in Bezug auf die Schul- oder Prüfungsangst der problematischen Schülerin keineswegs differenzierter als die Lehrkräfte, die sich für eine technokratische Lösung entschieden haben. Die Schul- oder Prüfungsangst spielt in den wenigsten Stellungnahmen eine Rolle: In beiden Gruppierungen finden sich nur jeweils 2 Lehrkräfte, die die Möglichkeit der Verzerrung von Prüfungsergebnissen durch Schul- oder Prüfungsangst andeuten. (3.) Charakteristisch für alle Reaktionen auf das zweite Dilemma ist schliesslich eine hochselektive Informationsverarbeitung. Die Voraussetzung hierfür war, dass das zweite Dilemma teils widersprüchliche, teils unvollständige Informationen über die Leistungsfähigkeit der ängstlichen Schülerin enthält: Einerseits heisst es im Text zum zweiten Dilemma, dass ausgehend *von der mündlichen Mitarbeit in den beiden Fächern* ein „ausreichend" nicht *gerechtfertigt wäre*; die mündlichen Leistungen der Schülerin sind also in beiden Fächern „mangelhaft"; das gleiche gelte für die schriftlichen Leistungen in Mathematik; andererseits wird zumindest für das Fach Mathematik ein Aufwärtstrend im Mündlichen konstatiert und darauf hingewiesen, dass die Schülerin im Mathematikunterricht sogar Aufgaben löse, die sie in den Klassenarbeiten falsch rechne; dies aber bedeutet, dass sie im Mündlichen besser als im Schriftlichen, also besser als „mangelhaft" stehen müsste, was vorher ausdrücklich negiert wird.[3] Die Befragten haben sich durchweg dazu verleiten lassen, nur die jeweils zu ihrem Standpunkt passenden Informationen zu berücksichtigen, während unpassende Informationen ignoriert worden sind. So gehen einige Lehrkräfte unter Berufung auf den das Dilemma schildernden Text davon aus, dass die mündlichen Leistungen der ängstlichen Schülerin geeignet seien, die Mängel im Schriftlichen auszugleichen, während andere ebenfalls unter Berufung auf den Text das Gegenteil hervorkehren, nämlich dass die Schülerin sowohl im Schriftlichen als auch im Mündlichen mangelhaft stehe und also von einer sichtbaren Verbesserung nicht auszugehen sei.

Charakteristisch für die Reaktionen auf das zweite Dilemma ist also weniger die auf den ersten Blick getroffene Unterscheidung „pädagogischer" und „technokratischer" Argumentationen, als vielmehr eine gewisse Willkür bei der Informationsauswahl. Ebenso charakteristisch ist die mehrheitliche Dethematisierung des Angstfaktors. Die wenigsten Lehrkräfte sind bereit, die Möglichkeit einer Verzerrung der Prüfungsergebnisse der Schülerin durch eine hohe Schul- oder Prüfungsangst in Rechnung zu stellen.

Dilemma III: Eine schlechte Klassenarbeit zum zweiten Mal vom Schulleiter genehmigen lassen?

Unter argumentationslogischen Gesichtspunkten lassen sich die Stellungnahmen zum dritten Dilemma in zwei Gruppierungen bringen.

---

3   Für eine ausführliche Aufschlüsselung der mit dem zweiten Dilemma implizierten Anforderungen – auch unter schulformspezifischen Gesichtspunkten – muss an dieser Stelle auf den Forschungsbericht (Terhart u. a., 1999, 223 ff.) verwiesen werden.

Die erste Gruppierung versammelt Stellungnahmen, die um das Thema „die Schüler abholen, wo sie sind" kreisen (insgesamt 18). Die Argumentationen stehen im Einklang mit der Allgemeinen Schulordnung. Dort heisst es: „Die Anforderungen in den Arbeiten sind so zu bemessen, dass sie der durchschnittlichen Leistungsfähigkeit der Klasse oder Lerngruppe entsprechen" (ASchO § 22 Abs. 2). Die Entscheidung, die Schüler abzuholen, wo sie sind, kann als eine Entscheidung einerseits für adaptiven und förderorientierten Unterricht beschrieben werden, andererseits als eine Entscheidung, die kehrseitig zumindest mittelfristig – nämlich bis sich der adaptive Unterricht leistungssteigernd auswirkt – Niveauunterschiede zwischen den Klassen derselben Schulstufe festschreibt: *„Naja, ist natürlich auch so ne Sache. Ja. Was sollte sie tun? Also man kann nicht immer alle Arbeiten genehmigen lassen. Ich muss mich ja auf das Niveau der Klasse einstellen, egal, was vorher gewesen ist, wer diese Klasse hatte, und was die gelernt haben, das …" (Li-GES 18, 550).*

Die zweite Gruppierung enthält Stellungnahmen (insgesamt 6), die sich argumentativ mehr oder weniger deutlich auf die sogenannte Drittel-Regelung beziehen: „Erreicht bei einer Arbeit ein Drittel der Schüler kein ausreichendes Ergebnis, so entscheidet der Schulleiter nach Anhörung des Fachlehrers, ob die Arbeit gewertet wird oder ob eine neue Arbeit zu schreiben ist" (ASchO § 22 Abs. 2). Im Zentrum steht hier weniger der ja ebenfalls durch die Allgemeine Schulordnung gedeckte Gedanke, die Schüler abzuholen, wo sie sind, als vielmehr die Verpflichtung auf die Gewährleistung einer einheitlichen Leistungsbeurteilung: Es geht darum, die Festsetzung von Niveauunterschieden zwischen Klassen derselben Stufe zu vermeiden und die klassenübergreifende Vergleichbarkeit von Schulleistungen zu sichern. Es wird deshalb durchweg für die Verhandlung des Problems entweder mit dem Schulleiter oder innerhalb einer Konferenz votiert: *„Ja, stell ich mir vor, dass sie die zu Ende durchguckt, korrigiert, ein Gespräch führt mit, hier steht Schulleiter, also mit dem Schulleiter, bei uns eben Abteilungsleiter, mit Fachkollegen noch dazu am besten, auf der Fachkonferenz überlegt, was man machen kann oder mit Parallelkursen" (Li-GES 27, 747).*

Charakteristisch für die Befunde zum dritten Dilemma ist, dass sich diesmal immerhin sechs Lehrkräfte (gegenüber 18) für die Konsultation der Schulleitung oder die Einberufung einer Fachkonferenz entschieden haben. Dies sind durchweg Lehrkräfte, die entweder selbst der Schulleitung angehören (insgesamt 2) oder an Gesamtschulen unterrichten (insgesamt 4). Dass vor allem Gesamtschullehrer das schulinterne Kontroll- und Beratungssystem zu Rate ziehen, deutet auf Differenzen zwischen Haupt- und Realschulen sowie Gymnasien einerseits und Gesamtschulen andererseits hin. Und in der Tat: im Unterschied zu den Schulformen des traditionellen dreigliedrigen Schulsystems ist es ja das spezifische Geschäft der Gesamtschule, Schüler auch während des laufenden Schuljahres unter Leistungsgesichtspunkten auszuwählen und auf Kurse mit unterschiedlichen Anforderungsprofilen zu verteilen; zudem wird zum Zweck der Schülerverteilung an Gesamtschulen doppelt so häufig konferiert wie an anderen Schulformen.

4 Abschliessende Überlegungen und Hypothesen

Was kann man nun aus den vorgestellten Befunden über die Praxis der Schülerbeurteilung als Praxis einer in formalen Organisationen tätigen Profession lernen?

Bevor ich auf diese Frage eingehe, ist zunächst auf eine wichtige Rahmenbedingung des schulischen Bewertungshandelns aufmerksam zu machen. Die Lehrkräfte verfügen bei der Beurteilung von Schülerleistungen über erhebliche Freiheiten und Dispositionsspielräume (vgl. Lüders, 2001a):

1. Insbesondere besteht für die Lehrkräfte keine Verpflichtung, die Kriterien einer wissenschaftlichen Ansprüchen genügenden diagnostischen Praxis einzulösen. Berufsanfänger erlernen die für die Bewältigung des Prüfungsgeschäfts erforderlichen Grundkenntnisse und Fähigkeiten durchweg nicht im Rahmen einer für alle verbindlichen pädagogisch-diagnostischen Grundausbildung während der Lehrerausbildung, sondern in der Regel erst, wenn der Ernstfall eintritt und die Durchführung von Prüfungen ansteht, also in der Phase der Berufsausübung.

2. Eher als auf die Einhaltung der Normen einer wissenschaftlich begründeten pädagogischen Diagnostik sind die Lehrkräfte auf die Einhaltung der in den Allgemeinen Schulordnungen der Länder fixierten Verwaltungsvorschriften und Richtlinien zur Leistungsbeurteilung verpflichtet. Allerdings formulieren auch diese Vorschriften und Richtlinien keine engen Rahmenbedingungen, sondern gewähren den Lehrkräften ausdrücklich einen gewissen Beurteilungsspielraum (ASchO NRW § 21 Abs. 1). Das Rechtssystem behandelt das Lehrerurteil zudem als höchstpersönliches Fachurteil: Es soll zwar fachliche, pädagogische und formelle Kriterien einlösen, wird aber nicht bereits dadurch ungültig, dass die Beurteiler individuelle Gesichtspunkte und Erwägungen in ihre Urteilsbildung einfliessen lassen (vgl. Heckel und Avenarius, 1986).

3. Auch die Berufskultur der Lehrerschaft und das tradierte pädagogische Wissen geben nur rudimentäre oder globale Orientierungshilfen für die Bewältigung der Aufgabe der Schülerbeurteilung. Tradition und Berufskultur der Lehrerschaft sind hinsichtlich der Einschätzung des Sinns und Zwecks schulischer Leistungsbeurteilungen deutlich gespalten: Während ein Teil der Lehrerschaft die Markierung der Leistungsunterschiede zwischen Schülern, die Begabtenauslese und die

Förderung durch Selektion zu den genuinen Aufgaben des Lehrerberufs rechnet, stellt ein anderer Teil einen *reinen* Förderauftrag ins Zentrum der beruflichen Ambitionen und betrachtet die Verknüpfung der notwendigen Rückmeldefunktion von Zensuren mit der Selektionsfunktion als pädagogisch abträglich und deshalb in höchstem Masse fragwürdig.

Vor diesem Hintergrund kann man sagen, dass die Befunde der „Dilemma-Studie" Auskunft darüber geben, wie Lehrkräfte Dispositionsspielräume im Bereich der Schülerbeurteilung nutzen.[4] Ich will abschliessend hierzu drei Hypothesen formulieren:

1. Die Tatsache, dass weder Wissenschaft, noch Recht, noch Tradition die Praxis der Schülerbeurteilung umfassend determinieren, wird von den Lehrkräften, insbesondere wenn schwierige beziehungsweise für die Schüler biographisch folgenreiche Bewertungs- und Selektionsentscheidungen zu treffen sind, durch den Rekurs auf Moral kompensiert. Angesichts der ohnehin nur begrenzten Vergleichbarkeit schulischer Leistungsurteile mag dies den Verdacht einer restlosen Subjektivierung der Notengebung hervorrufen. Es ist jedoch zu bedenken, dass mit dem Rekurs auf Moral keine völlig fachfremde, den Erfordernissen einer allgemeinen pädagogischen Diagnostik widersprechende Reflexionsebene betreten wird. Der Vergleich von Schülerleistungen auf der Basis von Noten wirft ja immer auch Fragen der Gerechtigkeit und Chancengleichheit auf, ist also mit genuin moralischen Fragen verwoben (vgl. Heckhausen, 1974; Arnold, 1999, 2001). Allerdings wäre im Rahmen weiterer Forschung zu prüfen, ob neben formalen moralischen Prinzipien (Gleichheitsgrundsatz, Grundsatz der Verhältnismässigkeit) nicht auch bestimmte materiale Werte das individuelle Entscheidungsverhalten steuern.

2. Die Lehrkräfte nutzen die ihnen verfügbaren Dispositionsspielräume im Bereich der Schülerbeurteilung nicht für klientenorientiertes Handeln, wenn man darunter die Einzelfallarbeit der klassischen Professionen – Theologen, Mediziner, Psychologen, Anwälte – versteht. Zwar haben viele Lehrkräfte nach Auskunft einer Untersuchung von Terhart u. a. (1994) den Anspruch an sich selbst, über persönliche Schwierigkeiten ihrer Schüler informiert zu sein und sich für einzelne Schüler zu engagieren. Aber wie die Befunde zum zweiten Dilemma gezeigt haben, klaffen Anspruch und Wirklichkeit weit auseinander. Die Begegnung mit dem Fall der ängstlichen Schülerin offenbarte eine hochgradig

---

4   Zu den organisations- und professionstheoretischen Implikationen dieser These vgl. Lüders, 2001a.

undifferenzierte, der Komplexität des präsentierten Falls kaum angemessene Informationsverarbeitung und damit ein dezisionistisches Entscheidungsverhalten. Die Erklärung hierfür dürfte darin liegen, dass die hohe Anzahl der Klienten des Lehrers eine eingehende Befassung mit einzelnen Schülern strukturell unwahrscheinlich macht. Man kann es auch so ausdrücken, die Spielräume, die die Lehrkräfte durch die defizitäre wissenschaftliche, rechtliche und traditionale Überformung ihrer Praxis gewinnen, werden kehrseitig z. T. wieder eingeschränkt durch hohe Klientenzahlen. Für die Einzelfallarbeit charakteristische Routinen und Handlungsmuster bilden sich deshalb erst gar nicht aus.

3. Die Nutzung von Dispositionsspielräumen im Bereich der Schülerbeurteilung ist abhängig von der Schulform. Insbesondere das an Gesamtschulen entwickelte System der Leistungsdifferenzierung und die für die Organisation dieses Systems erforderlichen Planungen und Absprachen im Rahmen von Konferenzen dürften ursächlich dafür verantwortlich sein, dass Gesamtschullehrer mit dem Problem der Regulierung des Leistungsniveaus zwischen Klassen derselben Schulstufe weniger Schwierigkeiten haben als die Lehrkräfte an Hauptschulen und Gymnasien. Diese sind im Fall des Auftretens auffälliger Niveauunterschiede auf sich selbst verwiesen, d. h. sie müssen durch adaptiven Unterricht versuchen, Niveauunterschiede zu kompensieren. Man darf vermuten, dass schulformabhängige Belastungserfahrungen die Folgen sind.

5 Literatur

Alisch, Lutz-M.; Jürgen Baumert und Klaus Beck, Hrsg. (1990), *Professionswissen und Professionalisierung*, Braunschweig: Technische Universität, Seminar für Soziologie und Sozialwissenschaft. (Braunschweiger Studien zur Erziehungs- und Sozialarbeitswissenschaft, Bd. 28).

Arnold, Karl-Heinz (1999), *Fairness bei Schulsystemvergleichen: Diagnostische Konsequenzen von Schulleistungsstudien für die unterrichtliche Leistungsbewertung und binnenschulische Evaluation*, Münster: Waxmann.

Arnold, Karl-Heinz (2001), Schulleistungsstudien und soziale Gerechtigkeit, *Zeitschrift für Pädagogik*, 47 (2), 161–177.

ASchO (Allgemeine Schulordnung für Nordrhein-Westfalen) (1990), *Kommentar von Dieter Margies, Harald Gampe, Rudolf Knapp und Gerald Rieger*, Neuwied: Luchterhand.

Heckel, Hans und Hermann Avenarius (1986), *Schulrechtskunde*, Neuwied: Luchterhand.

Heckhausen, Heinz (1974), *Leistung und Chancengleichheit*, Göttingen: Hogrefe.

Kohlberg, Lawrence (1995), *Die Psychologie der Moralentwicklung*, Frankfurt am Main: Suhrkamp.

Lüders, Manfred (2001a), Dispositionsspielräume im Bereich der Schülerbeurteilung. Auch ein Beitrag zur Professions- und Organisationsforschung, *Zeitschrift für Pädagogik*, 47 (2), 217–234.

Lüders, Manfred (2001b), Probleme von Lehrerinnen und Lehrern mit der Beurteilung von Schülerleistungen, *Zeitschrift für Erziehungswissenschaft*, 4 (2), 457–474.

Piaget, Jean (1979), Das moralische Urteil beim Kind, Frankfurt am Main: Suhrkamp.

Terhart, Ewald (1986), Organisation und Erziehung. Neue Zugangsweisen zu einem alten Dilemma, *Zeitschrift für Pädagogik*, 32 (2), 205–223.

Terhart, Ewald (1995), Lehrerprofessionalität, in: Hans-Günter Rolff, Hrsg., *Zukunftsfelder der Schulforschung*, Weinheim: Deutscher Studien-Verlag, 225–266.

Terhart, Ewald (1999), Zensurengebung und innerschulisches Selektionsklima – die Rolle der Schulleitung, *Zeitschrift für Soziologie der Erziehung und Sozialisation*, 19 (3), 277–292.

Terhart, Ewald (2000), Schüler beurteilen – Zensuren geben: Wie Lehrerinnen und Lehrer mit einem leidigen, aber unausweichlichen Element ihres Berufsalltags umgehen, in: Silvia-Iris Beutel und Witlof Vollstädt, Hrsg., *Leistung ermitteln und bewerten*, Hamburg: Bergmann+Helbig, 249–265.

Terhart, Ewald (2001), Schule und Selektion: Die Ebene des Lehrerhandelns, in: Wolfgang Melzer und Uwe Sandfuchs, Hrsg., *Was Schule leistet. Funktionen und Aufgaben von Schule*, Weinheim: Juventa, 87–110.

Terhart, Ewald; Kurt Czerwenka, Karin Ehrich, Frank Jordan und Hans-Joachim Schmidt (1994), *Berufsbiographien von Lehrern und Lehrerinnen*, Frankfurt am Main: Lang.

Terhart, Ewald; Thomas Langkau und Manfred Lüders (1999), *Selektionsentscheidungen als Problembereich professionellen Lehrerhandelns. Abschlussbericht an die DFG*, Ruhr-Universität Bochum: Institut für Pädagogik.

Tillmann, Klaus-Jürgen und Witlof Vollstädt (1999), Die Funktion der Leistungsbeurteilung in unterschiedlichen Schulstufen und Bildungsgängen – eine schultheoretische Einordnung, in: Silvia-Iris Beutel, Will Lütgert, Klaus-Jürgen Tillmann und Witlof Vollstädt, *Ermittlung und Bewertung schulischer Leistungen. Expertisen zum Entwicklungs- und Forschungsstand*, Hamburg: Amt für Schule, 8–37.

Türk, Klaus (1989), *Neuere Entwicklungen in der Organisationsforschung. Ein Trend-Report*, Stuttgart: Enke.

Über die Rationalisierung gescheiterter Bildungskarrieren

Winfried Kronig

1 Der Schleier des Leistungsprinzips

Unbestreitbar bezieht das Bildungssystem seine gesellschaftliche Bedeutung nicht allein daraus, Bildung anzubieten, sondern mindestens ebenso sehr auch daraus, Bildung zu verteilen. Diese Verteilung von Bildung ist in einem inhaltlichen wie auch in einem formalen Sinn zu verstehen. Mit der Vergabe von Berechtigungen für weiterführende Schulen oder über die Beschränkung des angebotenen Lehrstoffes wird die Verteilung von Bildungsinhalten geregelt. Mit der Bewertung und Zertifizierung von Kompetenzen wird die Verteilung von ungleichwertigen formalen Bildungstiteln erreicht, welche den Inhabern einen bestimmten Bildungsstand attestieren sollen. Unanfechtbares Kriterium für die Regelung der Verteilung von Bildung soll die individuell erbrachte Leistung am Ende eines jeweils vorgegebenen Zeitabschnitts sein. Sie berechtigt zum Besuch von weiterführenden Schulen und rechtfertigt damit letztlich unterschiedliche Positionen in einer ungleichen Gesellschaft. Gegenüber seinen Vorgängerprinzipien, etwa die Verteilung von Bildung nach Ständen und Geburtsrechten (z. B. von Friedeburg, 1986), gilt das Leistungsprinzip als demokratisch und sozial gerecht. Meritokratie sanktioniert dann Formen von Ungleichheit, wenn sie durch individuelle Leistungen zustande gekommen sind. Unverdiente Ansprüche auf privilegierte Positionen oder Güter sollen dadurch ausgeschlossen werden (Heid, 1992). Selbst in einer wertepluralisierten Gesellschaft bildet die regelmässige Berufung des Bildungssystems auf diesen Verteilungsmodus nach wie vor eine Legitimationsfigur, deren Glaubwürdigkeit kaum überbietbar scheint. Sie rechtfertigt die Entscheidungen der Bildungsinstitutionen und gleichzeitig auch die Nutzniesser von schulischen und später dann von gesellschaftlichen Gratifikationen. Mit Murphy (2004, 112 f.) kann dieser historische, teilweise mühevoll erarbeitete Wandel von abstammungsbezogenen hin zu leistungsbezogenen Verteilungsregeln auch als Entwicklung von kollektivistischer hin zu individualisierter Regelung von Zugängen und Positionen beschrieben werden. Er charakterisiert sie als fortschreitende Rationalisierung, welche die ehemaligen Exklusionsregeln zunehmend als irrational und illegitim gelten lassen, da sie nicht auf individuellem Verdienst beruhen.

Die Funktionstüchtigkeit des meritokratischen Verteilungsprinzips ist davon abhängig, dass möglichst alle Bildungsteilnehmer die Überzeugung teilen, dass Schulerfolg ausschliesslich auf individueller Anstrengung und Leistungsfähigkeit beruht. Umgekehrt forciert das Leistungsprinzip zuverlässig den Glauben an die individuelle Verantwortlichkeit für den Bildungserfolg. Die Schule betreibt einen beträchtlichen Aufwand, um dies auch nach aussen zu dokumentieren. Unterstellt man, dass Schüler lediglich in vier Schulfächern pro Semester eine einzige Bewertung ihrer Leistung erhalten, werden allein an Schweizer Volksschulen jährlich etwa 6,5 Millionen individuelle Leistungsbewertungen vergeben.

Die Konfrontation des Leistungsprinzips mit der mittlerweile über hundertjährigen Erfahrung entzaubert jedoch dessen vordergründige Plausibilität. Neben den tiefgreifenden Problemen, die sich für die Schule aus der widersprüchlichen Aufgabe ergeben, Bildung anzubieten und sie gleichzeitig zu verteilen – bekannt geworden unter den Begriffen Qualifikations- und Selektions- beziehungsweise Allokationsfunktion –, scheint das meritokratische Prinzip die Schule in eine fortwährende schultheoretische Absurdität zu treiben. Bereits einfachste didaktische Modelle enthalten nämlich genügend Hinweise darauf, dass das Resultat von schulischen Leistungen nicht ausschliesslich auf den Schüler zurückzuführen ist. Aber immer dann, wenn eine Leistung zu bewerten ist, muss die Schule, sich selbst gleichsam eine Generalabsolution erteilend, so tun, als ob sie mit dem Zustandekommen dieser Leistung nichts zu tun hätte. Wenn das aber tatsächlich so wäre, würde sich unter anderem jede weitere Diskussion über die Qualität von Bildungssystemen (z. B. Teddlie und Reynolds, 2000; Scheerens und Bosker, 1997) erübrigen. Nach Mortimore lässt sich die Qualität einer Schule beziehungsweise deren Effizienz daran erkennen, dass ihre Schüler bessere Leistungen erbringen, als man es aufgrund deren Voraussetzungen hätte erwarten können (1994, 118). In Übereinstimmung mit dieser einfachen Definition hat es sich in der Bildungsforschung durchgesetzt, die Qualität einer Schule nicht absolut, sondern gleichsam nach Abzug der Vorbedingungen ihrer Schülerpopulation zu betrachten. Der Umkehrschluss dieses einsichtigen Konsenses in der Forschung würde aber in der Praxis zu bisher kaum beachteten Problemen führen. Wenn es nämlich unlogisch und ungerecht ist, Schulen oder Schulklassen bezüglich ihrer Leistungsfähigkeit zu beurteilen, ohne nach der Zusammensetzung der betreffenden Schülerpopulation zu fragen (z. B. Goldstein und Woodhouse, 2000), dann muss es umgekehrt ebenfalls unlogisch und ungerecht sein, die Leistungsfähigkeit einer Schülerin oder eines Schülers in Unkenntnis der Güte einer besuchten Schule zu beurteilen.

Selbst unter der eher utopischen Bedingung vergleichbarer Schul- und Unterrichtsqualität wäre die Leistung immer noch nicht einwandfrei dem einzelnen Schulkind zuzuschreiben. Denn der Leistungsstand eines Schülers als individueller Faktor generiert sich auf der Klassenebene für seine Mitschüler zu einer wichtigen institutionellen Lernbedingung. Lernfortschritte, insbesondere von leistungsschwächeren Mitschülern, hängen signifikant vom Leistungsstand der Schulklasse ab (z. B. Dar und Resh, 1986; Kronig, 2005, 167 ff.). Stark unterschiedliche Leistungsverteilungen zwischen Schulklassen können sich durch Stadtteilsegregation und vor allem auch durch institutionelle Leistungsselektion entwickeln. Es gibt eine lange Reihe von empirischen Hinweisen darauf, dass Selektionsmassnahmen die bestehende Leistungsheterogenität systematisch verstärken (Überblick bei Kronig, 2005, 105 ff.). Bestimmten Schülern werden damit noch während des Lernprozesses sukzessiv günstige Lerngelegenheiten entzogen (vgl. zur Empirie: Leschinsky und Mayer 1999; Roscigno 1998; Caldas und Bankston 1997). Damit wird im Grunde dasjenige zur Voraussetzung einer Förderung gemacht, was eigentlich das Resultat dieser Förderung sein sollte (dazu auch Heid, 1992, 23).

Schwerer noch als diese Einwände wiegt jedoch das Problem, dass mit den ungleichen Startbedingungen eine der wichtigsten Voraussetzungen für einen fairen Wettbewerb verletzt ist. Der erste Schultag markiert gleichsam die „Stunde Null" (Graf und Lamprecht, 1991, 93), mit der alle Bildungskarrieren ihren scheinbar gleichen Anfang nehmen. Er kaschiert, dass der eigentliche Start weit vorverlegt ist, der Wettlauf längst begonnen hat und der Erwerb von wichtigen Fähigkeiten und Fertigkeiten für den Bildungserfolg schon vor Jahren eingesetzt hat. Der familiäre Hintergrund privilegiert die einen, während er die anderen benachteiligt. Darüber hinaus ist es ein Kennzeichnen rationalisierter Verteilungssysteme, „dass die jeweiligen Gewinne, die in ihnen gemacht werden, in den folgenden rationalisierten Wettbewerben zu Ressourcen werden" (Murphy, 2004, 115). Je besser ein Schüler im Vergleich mit anderen abschneidet, umso günstiger ist seine Ausgangsposition für den nächsten Vergleich. So kann der anfängliche Vorsprung im Laufe der Bildungsbiographie noch potenziert werden. Empirische Untersuchungen belegen, dass es nur wenigen Schulklassen gelingt, anfängliche Eintrittsunterschiede im Verlauf des Schuljahres zu kompensieren und so die Wirkung dieses Effektes einzudämmen (Treiber, Weinert und Groeben, 1980; Baumert et al., 1987; Helmke, 1988; Kronig, 2005). An dieser Stelle büsst das Leistungsprinzip an emanzipatorischem Gehalt ein und verliert an legitimatorischer Attraktivität, weil mit der sozioökonomischen und nationalstaatlichen Herkunft genau jene Merkmale in die Verteilungsmechanismen aufgenommen werden, welche durch das Leistungsprinzip ersetzt werden sollten (ausführlich Kronig, 2005, Kap. 2.2.1). Nicht zuletzt durch die vernachlässigte Berücksichtigung ungleicher Bedingungen kann die Schule erfolgreich suggerieren, dass das Scheitern im Bildungssystem ein individuelles Scheitern ist. Unter der Regie des Leistungsprinzips lassen sich damit sozialstrukturelle Probleme in individuelle Qualifikationsmängel umwandeln.

2 Empirische Evidenzen

Jenseits dieser schwer auflösbaren Widersprüche und Inkonsequenzen im Zusammenhang mit der Entstehung von schulischer Leistung müsste ein Bildungssystem, das sich dem Leistungsprinzip verpflichtet, wenigstens nachweisen können, dass der Bildungserfolg eines Schülers oder einer Schülerin einzig von seiner beziehungsweise ihrer Leistungsperformanz abhängt, wie auch immer sie entstanden sein mag. Dies wäre noch kein Beleg für Chancengleichheit im Bildungssystem, sondern lediglich das Zeugnis für eine leistungsgerechte Selektion.

Doch bereits eine grobe Analyse aggregierter Daten aus der Bildungsstatistik deckt dramatische Abweichungen vom meritokratischen Prinzip auf. Eines der auffälligsten Phänomene ist die Standortabhängigkeit des Bildungserfolgs. Selbst in einem begrenzten geographischen Raum strukturiert damit ein Faktor die Bildungslaufbahn, der vom Individuum nicht, oder zumindest nicht über seine Leistung beeinflussbar ist. So verändert sich etwa die Wahrscheinlichkeit, in eine anspruchsärmere Realklasse übertreten zu müssen, mit dem Wohnkanton. Während es für einen Schüler in dem einen Kanton genügt, besser als 11% der Mitschüler zu sein, um in einen anspruchsvolleren Schultyp übertreten zu können, müsste er in einem anderen schon besser als 40% der Mitschüler sein (vgl. Kronig, 2005, Kap. 1). Im untersten Leistungssegment sind die kantonalen Unterschiede noch markanter. So variiert etwa das relative Risiko von Kindern aus Zuwandererfamilien, an eine Sonderklasse für Lernbehinderte eingewiesen zu werden, um das Siebenfache. Bei den Schweizer Kindern könnte im Extremfall ein Wohnortwechsel das Risiko sogar um das Zehnfache senken (Kronig, 2003, 133). Es gibt keine bekannte pädagogische oder therapeutische Intervention, die ein vergleichbares risikoverminderndes Potential entwickeln könnte.

Für die Interpretation solcher Unterschiede in den regionalen Bedingungen des Bildungserfolgs gibt es eine historische Vorlage. In den 60er Jahren hatten Roderich von Carnap und Friedrich Edding die relativen Schulbesuchsquoten in deutschen Bundesländern verglichen. Ihre ursprüngliche Intention lag darin, im Vorfeld der Bildungsexpansion nachweisen zu können, dass die Besuchsquoten von weiterführenden Schulen erhöht werden können, ohne dass damit die Begabungsreserven überfordert werden (1966, 11). Die Vergleiche fielen jedoch derart unterschiedlich aus, dass die Autoren im einzelnen Bildungsabschluss mehr das Ergebnis lokaler bildungspolitischer Entscheidungsprozesse sahen als das Zertifikat individueller Leistungsfähigkeit und -bereitschaft (ebd., 14). Der Zusammenhang von gezeigter Leistung und erhaltener Gratifikation scheint jeweils vor Ort verhandelbar.

Die ohnehin durch die lokal unterschiedliche Angebotsstruktur geschwächte Zuverlässigkeit und Gültigkeit der institutionellen Leistungsdeklaration wird durch die Variation des Kompetenzniveaus der besuchten Schulklasse weiter entkräftet. Im deutschen Sprachraum gehörte Karlheinz Ingenkamp zu den ersten, die deutliche Zweifel am Informationsgehalt von Zensuren über die Grenze des Klassenzimmers hinaus geäussert haben (zusammenfassend 1989, 59). Schulklassen unterscheiden sich in ihrem durchschnittlichen Leistungsstand und in der Leistungsvarianz. Dennoch beziehen sich Lehrpersonen in der Regel auf einen klasseninternen Vergleichsmassstab und verwenden ein ähnliches Spektrum der Bewertungsskala. Jüngere Untersuchungen bestätigen die teilweise spektakulären Verfälschungen der Leistungszertifikatikon, die durch diesen Referenzgruppenfehler ausgelöst werden (ausführlich Kronig, 2005, Kap. 7). Die Notenurteile spiegeln in unzulässig grossem Umfang das Fähigkeitsniveau der Mitschülerinnen und Mitschüler spiegelverkehrt ab. Spätestens bei anstehenden Selektionsentscheiden müssen aber die nur klassenintern verwendbaren Vergleichsstandards als klassenübergreifend ausgegeben werden. Dies lässt die Reliabilität der institutionellen Abbildung von Schulleistungen, selbst für sozialwissenschaftliche Massstäbe, auf ein bemerkenswert tiefes Niveau absinken. Es ist durchaus kein Ausnahmefall, wenn eine bestimmte Leistung in der einen Klasse zu Bestnoten führt, in der anderen aber als ungenügend bewertet wird (vgl. ebd.). Scheinbar unberührt von aller erziehungswissenschaftlichen und bildungssoziologischen Kritik wird dennoch mit beachtlicher Ernsthaftigkeit und mit pseudoarithmetischer Präzision das Ritual schulischer Leistungsbewertung weiter gepflegt.

Eine der kumulierten Folgen der lokal variierenden Angebotsstruktur und der referenzgruppenbezogenen Beurteilung ist die Leistungsüberschneidung zwischen leistungshierarchisch angeordneten Schultypen. Immer dann, wenn zwei Schüler ein gleiches Kompetenzniveau erreicht haben und dennoch unterschiedliche Schultypen besuchen, ist das Leistungsprinzip insofern ausser Kraft gesetzt, als offensichtlich weitere Faktoren für die Entscheidungsfindung bei der Selektionsschwelle ausschlaggebend waren. Dies kommt häufiger vor, als es der in diesem Zusammenhang gebräuchliche Begriff der Grenzfälle erwarten lässt. Es ist vielmehr eine deutliche Mehrheit der Schülerinnen und Schüler, die davon betroffen sind. In verschiedenen spezifischen Leistungsbereichen sind sowohl zwischen Regelklassen und Sonderklassen für Lernbehinderte (vgl. Kronig, 2003; Ortmann, 1993, 59 ff.; Willand, 1983, 24 ff.; Klauer, 1964) als auch zwischen anspruchsärmeren und anspruchsvolleren Schultypen auf der Sekundarstufe I (Kronig, 2005, Kap. 1; Zutavern, Brühwiler und Biedermann, 2002; Moser und Rhyn, 2000; Haefeli und Schräder-Naef, 1979) wiederholt erhebliche Überschneidungssegmente nachgewiesen worden. Es ist deshalb vorläufig davon auszugehen, dass das Problem der unsicheren Selektionsentscheide auf sämtliche Selektionsformen, auf verschiedene Leistungsinhalte und schliesslich auf die unterschiedlichen Schülerpopulationen generalisierbar ist.

3   Rekollektivierung des Bildungserfolgs

Nach der eingangs skizzierten Lesart von Murphy (2004, 112 f.) kann es als einschneidender Modernisierungsschub der Bildungssysteme aufgefasst werden, dass die Verteilung von Bildung nicht mehr aufgrund von kollektiven Merkmalen, sondern aufgrund der individuellen Leistungsfähigkeit geschehen soll. In eigentümlichen Widerspruch dazu steht die Tendenz von bildungspolitischen Debatten, entlang askriptiver Eigenschaften Bildungserfolge von ganzen Schülergruppen anzunehmen (vgl. Kritik bei von Friedeburg, 1997) und damit erneut zu kollektivieren. Davon betroffen sind beispielsweise Kinder und Jugendliche aus Zuwandererfamilien, die dann dem permanenten Risiko einer verhängnisvollen Übergeneralisierung ausgesetzt sind, wenn bildungsstatistisch gewonnene Durchschnittsaussagen bedenkenlos auf alle Mitglieder dieser Gruppe übertragen werden. Eine leichtfertige Gewohnheit, die man im übrigen seltener im Zusammenhang mit Aussagen über die Referenzgruppe, in diesem Fall die Schweizer Schülerinnen und Schüler, antrifft.

Zwar ist die Wahrscheinlichkeit für Immigrantenkinder, auf der Sekundarstufe I einem anspruchsärmeren Schultyp zugewiesen zu werden, tatsächlich im Durchschnitt etwa doppelt so hoch wie bei ihren Schweizer Mitschülern. Hingegen lässt die im vorhergehenden Abschnitt beschriebene regionale Streubreite an der Zulässigkeit dieser globalen Bewertung zweifeln. Es gibt Kantone, in denen nur eine geringfügige Abweichung der Übertrittswahrscheinlichkeit von derjenigen der Schweizer Schüler besteht, und es gibt andere, in denen diese Abweichung um das Vierfache erhöht ist. Diese Variation ist bei allen Herkunftsnationen in unterschiedlich starkem Ausmass vorhanden, so dass sich die Effekte der Herkunftsnation und des Wohnkantons gegenseitig aufheben. Mit anderen Worten: für die Mehrzahl der Kinder und Jugendlichen aus Zuwandererfamilien spielt der Wohnkanton eine mindestens ebenso bedeutsame Rolle wie der Pass, den sie besitzen (vgl. Kronig, 2005, Kap. 1.2). Die Einschätzung des Bildungserfolgs von Immigranten ist deshalb standortabhängig. Es ist überaus unwahrscheinlich, dass diese geographisch variierende Selektionsstruktur das Ergebnis von unterschiedlichen Leistungspotentialen der örtlich anzutreffenden Population ist. Das empirische Datenmaterial plausibilisiert vielmehr die umgekehrte These, dass ein prinzipiell vergleichbares Leistungspotential auf die örtlich bestehende Angebotsstruktur verteilt wird.

Radtke (1995, 45) sieht in der regionalen Variation der Selektionsraten den empirischen Beleg dafür, dass Bildungssysteme die soziale Bedeutung von kulturellen Unterschieden selbst erst herstellen. Wenn es nämlich eine örtlich ändernde Stärke des Zusammenhangs zwischen der Zugehörigkeit zu einem kulturellen Milieu und dem Bildungserfolg gibt, dann hat entweder die Kulturzugehörigkeit keinen unmittelbaren inhaltlichen Einfluss auf die

Lernergebnisse, oder aber die Schule verwaltet diesen Einfluss nach ihren organisationalen Bedürfnissen. Vorbei an den effektiven Leistungseigenschaften von Schülerinnen und Schülern selektiert die Schule immer dann positiv oder negativ, „wenn es ihrer Logik opportun erscheint" (Bommes und Radtke, 1993, 483). Für die notwendige Rationalisierung des jeweils getroffenen Entscheides scheint die nationalstaatliche Zugehörigkeit (beziehungsweise umgedeutet in kulturelle Herkunft) eine dankbare Argumentationsressource zu sein (dokumentierte Beispiele bei Gomolla, 2000). Kulturelle und sprachliche Unterschiede sind als moderne, aber nicht minder diffuse Variante an die Stelle überholter Begabungskonzeptionen getreten (ausführlich Kronig, 2000, 85 ff.; Czock, 1993). Die Erweiterung des Allokationstyps Leistung durch den Allokationstyp Askription geschieht dabei nicht aus diskriminierenden Neigungen der Entscheidungsträger, sondern aus den planerischen Kalkülen heraus. Die Vagheit der konstruierten Zusammenhänge zwischen den verwendeten Kategorien und der Leistungsfähigkeit ist vor dem Hintergrund des organisatorischen Interesses, Schülerströme in die bestehenden, mehr oder minder zeitstabilen Angebote lenken zu müssen, nicht ein Problem. Sie ist vielmehr die Lösung. Denn sie erlaubt die nötige Flexibilität der Argumentation, um bedarfsgerecht entscheiden zu können.

Vermutlich ist es in der Regel so, dass das Einbeziehen askriptiver Merkmale in die Routine institutioneller Leistungsdeklaration über deren Umwandlung in vermutete Lernbedingungen geschieht. Dabei dürfte übersehen werden, dass dies zu systematischen Fehleinschätzungen verleitet. Im Kern ist ein Selektionsentscheid eine Erfolgsprognose, welche die künftige Leistungsentwicklung einer Schülerin oder eines Schülers vorwegnehmen soll. Zunächst erscheint es deshalb einsichtig, mit dem Argument einer möglichst breiten Informationsbasis die Lernbedingungen in diese Prognose mit einzubeziehen. Weil diese Bedingungen innerhalb des Klassenzimmers weitgehend vergleichbar scheinen, bieten sich dazu eher jene Lernbedingungen und -gelegenheiten an, die im familiären Umfeld zu finden sind. Für die Einschätzung dürften die soziale und die nationalstaatliche Herkunft scheinbar vertraute Bezugsgrössen sein. Die Umdeutung von askriptiven Merkmalen in Lernbedingungen geschieht also entweder im Namen einer zuverlässigen Prognose oder aber, wie Radtke belegen kann, zur nachträglichen Begründung von institutionellen Laufbahnentscheidungen. Der Logik eines solchen Vorgehens folgend, müssten bei gleichen Leistungen jenem Schüler mit dem weniger belasteten häuslichen Lernumfeld die günstigeren Erfolgsaussichten prognostiziert werden und umgekehrt. Dabei handelt es sich um einen offensichtlichen Trugschluss. Denn der Schüler mit den ungünstigeren Lernbedingungen beziehungsweise aus den belasteten sozialen Verhältnissen hat im skizzierten Beispiel trotz der ungleichen Voraussetzungen ein gleiches Leistungsergebnis erzielt. Da seine Eigenleistung dementsprechend höher ist und darüber hinaus der Einfluss der sozialen Herkunft im Laufe der Bildungsbiographie abnimmt (vgl. Blossfeld und Shavit, 1993, 44; Mare, 1980), müsste eigentlich ihm ein erfolgreicher weiterer Lernverlauf in Aussicht gestellt werden.

Das einfache Beispiel führt zur sehr grundsätzlichen Frage, ob es nicht angemessener wäre, die Überlegungen im Rahmen eines Selektionsverfahrens bis auf die Performanz in den schulischen Kernkompetenzen von sämtlichen Zusatz- und Hintergrundinformationen frei zu halten. Denn tatsächliche oder zugeschriebene Lernbedingungen sind, falls überhaupt, für die bisherigen Lernergebnisse mitverantwortlich und damit bereits in ihnen enthalten. Werden sie erneut berücksichtigt, werden sie doppelt verrechnet und strapazieren unnötig die Reliabilität der Prognose.

Empirische Studien konnten zeigen, dass Lehrpersonen dazu neigen, mangelnde Bildungserfolge mit ungenauen Oberbegriffen wie Begabung und Anstrengungsbereitschaft zu erklären (Bleidick, 1988, 94 f.; Zielinski, 1995, 16 ff.), und dass sie dabei mit Vorliebe auf milieutheoretische Konstruktionen zurückgreifen (Reiser, Loeken und Dlugosch, 1998, 156 ff.). Die eher psychologisch fundierte Vermutung der Autoren, dass diese Interpretation allein durch die Bestätigung der eigenen Nichtverantwortlichkeit motiviert ist, könnte bildungssoziologisch unvollständig sein. Vielmehr bleiben den Lehrpersonen keine anderen Interpretationen übrig, wenn sie nicht das Leistungsprinzip nach aussen erkennbar verletzt wollen.

Es ist vermutlich gerade die überragende Plausibilität der Meritokratie, welche den Irrtum der individuellen Zuständigkeit für den Bildungserfolg angestachelt und die unkontrollierte Umdeutung von Kollektivmerkmalen in individuelle Leistungsfähigkeit beschleunigt hat. So konnte Titze zeigen, dass die Annahme einer zufälligen und damit gleichmässigen Verteilung der Talente auf die Stände noch bis ins frühe 19. Jahrhundert weit verbreitet war (1998, 71). Erst als mit der Einführung einer meritokratischen Bildungsselektion die persönliche Befähigung wichtiger wurde als die Ansprüche der Geburt, sollte diese Vorstellung abgelöst werden. Die neuen Zweifel am Zufall der Genetik waren also insofern interessengebunden, als sie es den etablierten Gruppen vereinfachten, ihre Privilegien verlustfrei ins Bildungsbürgertum zu überführen. Selbst bei vergleichbaren Leistungen strukturieren askriptive Merkmale noch heute in erheblichem Umfang die Chance auf eine erfolgreiche Bildungslaufbahn (vgl. Kronig 2005, Kap. 7; Coradi Vellacott und Wolter, 2002, 109 f.).

Nach der in der Organisationssoziologie bekannt gewordenen Imprinting-Hypothese (Schulz und Beck 2002, 122 f.) prägen sich Bedingungen, die zur Zeit der Gründung einer Organisation herrschten, in deren Struktur ein und formen ihre weitere Entwicklung. Die in diesem Beitrag referierte Empirie erweckt den Eindruck, dass sich die Bildungsinstitutionen eher des

Leistungsprinzips bedienen, als dass sie sich nach ihm zu richten versuchen würden.

4 Literatur

Baumert, Jürgen; Bernd Schmitz, Fritz Sang und Peter M. Roeder (1987), Zur Kompatibilität von Leistungsförderung und Divergenzminderung in Schulklassen, *Zeitschrift für Entwicklungspsychologie und Pädagogische Psychologie*, 19, 249–265.

Bleidick, Ulrich (1988), *Betrifft Integration: behinderte Schüler in allgemeinen Schulen. Konzepte der Integration: Darstellung und Ideologiekritik*, Berlin: Marhold.

Blossfeld, Hans-Peter und Yossi Shavit (1993), Dauerhafte Ungleichheiten. Zur Veränderung des Einflusses der sozialen Herkunft auf die Bildungschancen in dreizehn industrialisierten Ländern, *Zeitschrift für Pädagogik*, 39 (1), 25–52.

Bommes, Michael und Frank-Olaf Radtke (1993), Institutionalisierte Diskriminierung von Migrantenkindern. Die Herstellung ethnischer Differenz in der Schule, *Zeitschrift für Pädagogik*, 39, 481–497.

Caldas, Stephen J. und Carl Bankston (1997), Effect of School Population Socioeconomic Status on Individual Academic Achievement, *Journal of Educational Research*, 90 (5), 269–277.

Coradi Vellacott, Maja und Stephan C. Wolter (2002), Soziale Herkunft und Chancengleichheit, in: EDK/BfS, Hrsg., *Für das Leben gerüstet? Die Grundkompetenzen der Jugendlichen – Nationaler Bericht der Erhebung PISA 2000*, Neuenburg: Bundesamt f. Statistik, 90–112.

Czock, Heidrun (1993), *Der Fall Ausländerpädagogik. Erziehungswissenschaftliche und bildungspolitische Codierungen der Arbeitsmigration*, Frankfurt a. M.: Cooperative.

Dar, Yeckezkel und Nura Resh (1986), Classroom intellectual composition and academic achievement, *American Educational Research Journal*, 23, 357–374.

Goldstein, Harvey und Geoffrey Woodhouse (2000), School effectiveness research and Educational Policy, *Oxford Review of Education*, 26, 353–363.

Gomolla, Mechtild (2000), Ethnisch-kulturelle Zuschreibungen und Mechanismen institutionalisierter Diskriminierung in der Schule, in: Iman Attia und Helga Marburger, Hrsg., *Alltag und Lebenswelten von Migrantenjugendlichen*, Frankfurt a. M.: IKO-Verlag für Interkulturelle Kommunikation, 49–70.

Graf, Martin und Markus Lamprecht (1991), Der Beitrag des Bildungssystems zur Konstruktion von sozialer Ungleichheit, in: Volker Bornschier, Hrsg., *Das Ende der sozialen Schichtung?* Zürich: Seismo, 73–96.

Haefeli, Hugo und Regula Schräder-Naef (1979), Zum Übertritt von der Primarschule in weiterführende Schulen, in: Hugo Haefeli, Regula Schräder-Naef und Kurt Haefeli, Hrsg., *Schulische Auslese bei Abschluss der Primarschule. Bericht über eine Untersuchung an 2000 Schülern beim Übertritt der Primarschule in weiterführende Schulen im Kanton Zürich*, Bern: Paul Haupt, 213–236.

Heid, Helmut (1992), Was leistet das Leistungsprinzip, *Zeitschrift für Berufs- und Wirtschaftspädagogik*, 88, 91–108.

Helmke, Andreas (1988), Leistungssteigerung und Ausgleich von Leistungsunterschieden in Schulklassen: unvereinbare Ziele? *Zeitschrift für Entwicklungspsychologie und Pädagogische Psychologie*, 20, 45–76.

Ingenkamp, Karlheinz (1989), *Diagnostik in der Schule. Beiträge zu Schlüsselfragen der Schülerbeurteilung*, Weinheim: Beltz.

Klauer, Karl Josef (1964), Der Progressive-Matrices-Test bei Volks- und Hilfsschulkindern, *Heilpädagogische Forschung*, 1, 13–37.

Kronig, Winfried (2000), *Die Intergration von Immigrantenkindern mit Schulleistungsschwächen. Eine vergleichende Längsschnittuntersuchung über die Wirkung integrierender und separierender Schulformen*, Zürich: ZSU.

Kronig, Winfried (2003), Das Konstrukt des leistungsschwachen Immigrantenkindes, *Zeitschrift für Erziehungswissenschaft*, 6, 124–139.

Kronig, Winfried (2005), *Die systematische Zufälligkeit des Bildungserfolgs. Theoretische Erklärungen und empirische Untersuchungen zur Lernentwicklung und Leistungsbewertung von leistungsschwachen Kindern in unterschiedlichen Schulklassen.* [in Vorb.]

Leschinsky, Achim und Karl U. Mayer, Hrsg. (1999²), *The Comprehensive School Experiment Revisited: Evidence from Western Europe*, Frankfurt a. M.: Lang.

Mare, Robert D. (1980), Social background and school continuation decisions, *Journal of the American Statistical Association*, 75, 295–305.

Mortimore, Peter (1994), Schuleffektivität: Ihre Herausforderung für die Zukunft, *Zeitschrift für Pädagogik*, 40, Beiheft 32, 117–134.

Moser, Urs und Heinz Rhyn (2000), *Lernerfolg in der Primarschule. Eine Evaluation der Leistungen am Ende der Primarschule*, Aarau: Sauerländer.

Murphy, Raymond (2004), Die Rationalisierung von Exklusion und Monopolisierung, in: Jürgen Mackert, Hrsg., *Die Theorie sozialer Schliessung. Tradition, Analysen, Perspektiven*, Wiesbaden: VS Verlag für Sozialwissenschaften, 111–130.

Orthmann, Dagmar (1993), *Vergleichende Untersuchungen zu den biosozialen Entwicklungsbedingungen bei leistungsstarken, leistungsschwachen und lernbehinderten Schülern*, Frankfurt a. M.: Lang.

Radtke, Frank-Olaf (1995), Demokratische Erziehung. Exklusion als Bedürfnis oder nach Bedarf, *Mittelweg*, 36, 32–48.

Reiser, Helmut; Hiltrud Loeken und Andrea Dlugosch (1998), Aktuelle Grenzen der Integrationsfähigkeit von Grundschulen – Ergebnisse einer empirischen Studie, in: Anne Hildeschmidt und Irmtraud Schnell, Hrsg., *Integrationspädagogik. Auf dem Weg zu einer Schule für alle*, München: Juventa, 145–159.

Roscigno, Vincent J. (1998), Race and the Reproduction of Educational Disadvantage, *Social Forces*, 76, 1033–1061.

Scheerens, Jaap und Roel Bosker (1997), *The Foundations of Educational Effectiveness*, Oxford: Pergamon.

Schulz, Martin und Nikolaus Beck (2002), Die Entwicklung organisatorischer Regeln im Zeitverlauf, *Kölner Zeitschrift für Soziologie und Sozialpsychologie*, Sonderheft 42, 119–150.

Teddlie, Charles und David Reynolds (2000), *The International Handbook of School Effectiveness Research*, London & New York: Falmer Press.

Titze, Hartmut (1998), Der historische Siegeszug der Bildungsselektion, *Zeitschrift für Sozialforschung und Erziehungssoziologie*, 18, 66–81.

Treiber, Bernhard; Franz E. Weinert und Norbert Groeben (1982), Unterrichtsqualität, Leistungsniveau von Schulklassen und individueller Lernfortschritt, *Zeitschrift für Pädagogik*, 28, 65–75.

von Carnap, Roderich und Friedrich Edding (1966⁴), *Der relative Schulbesuch in den Ländern der Bundesrepublik 1952–1960,* Herausgegeben von der Hochschule f. internat. pädagogische Forschung, Weinheim: Beltz.

von Friedeburg, Ludwig (1997), Differenz und Integration im Bildungswesen der Moderne, *Zeitschrift für Sozialisationsforschung und Erziehungssoziologie*, 17, 42–55.

von Friedeburg, Ludwig (1986), Bildung als Instrument etatistischer Gesellschaftsorganisation. Notizen zur Geschichte des deutschen Bildungssystems, *Zeitschrift für Sozialisationsforschung und Erziehungssoziologie*, 6, 174–191.

Willand, Hartmut (1983), *Pädagogik bei Lernbehinderten*, München: Ehrenwirth.

Zielinski, Werner (1995²), *Lernschwierigkeiten. Ursachen – Diagnostik – Intervention*, Stuttgart: Kohlhammer.

Zutavern, Michael; Christian Brühwiler und Horst Biedermann (2002), Die Leistungen der verschiedenen Schultypen auf der Sekundarstufe I., in: EDK und BfS, Hrsg., Bern, St. Gallen, Zürich: *Für das Leben gerüstet? Die Grundkompetenzen der Jugendlichen – Kantonaler Bericht der Erhebung PISA 2000*, Neuchâtel: EDK/BfS, 63–76.

Bildungsbiographien

Behinderte Bildungskarrieren. Zur Dekonstruktion von Körper und Behinderung in biografischen Erzählungen von Frauen

Clemens Dannenbeck und Claudia Franziska Bruner

1 Vorbemerkung

Wir leben mittlerweile nicht mehr in einer Gesellschaft, die sich durch eine stringente Diskriminierungs- und Desintegrationspraxis gegenüber Menschen mit Behinderung beschreiben lässt. Vielmehr leben wir in einer Zeit, die durch differenzierte und fortschreitende *praktizierte* Integrations-, Antidiskriminierungs-, Teilhabe-, Anerkennungs- und Toleranzdiskurse geprägt ist. Dies hat zu einer Fülle von gesellschaftlichen Veränderungen auf unterschiedlichen Ebenen geführt und die Lebensbedingungen von Menschen mit Behinderung nachhaltig verändert. Allerdings gilt das interessanterweise für eine Querschnittsbetrachtung in weit höherem Masse als für eine biografische Perspektive, wie wir an einem empirischen Beispiel zeigen möchten.

Spannend ist es nunmehr, diesem sozialen Wandel Rechnung zu tragen und sich nicht darauf zu beschränken, die aktuell (noch) zu verzeichnenden Nachteile allein als Resultate suboptimaler oder imperfekter Integrationsbemühungen zu deuten. Notwendig wäre es, danach zu fahnden, welche *neuen veränderten Formen der Differenzsetzung* gerade *durch* Gleichstellungs- und Toleranzdiskurse in Gang gesetzt werden, welche Bedeutungsverschiebungen sich ausmachen lassen und für veränderte politische Handlungsbedingungen sorgen. Es handelt sich um *Ausschliessungsprozesse* gerade *unter den Bedingungen gesellschaftlich gewollter Inklusion.*

2 Körper im Diskurs

Gedanklicher Ausgangspunkt[1] dieses Beitrags ist folgende Annahme: Körper sind unweigerlich *vergeschlechtlicht, sozial klassifiziert, ethnisch und kulturell* codiert sowie *Normalitäts- und Ästhetikdiskursen* unterworfen. Eine solche differenztheoretische Perspektive ist Thema der Berner Studien- und Kongresswoche – allerdings zumindest in Deutschland immer noch die Ausnahme. Hier dominiert weitgehend noch die *isolierte Wahrnehmung* einer kultu-

---

1 Konzeptionell liegt diesem Beitrag die von Claudia Franziska Bruner bei Prof. Dr. Heiner Keupp an der Münchener Ludwig-Maximilians-Universität eingereichte Dissertation zugrunde.

rellen Heterogenität *oder* der Geschlechterdifferenz *oder* ungleicher sozialer Bildungschancen *oder* Benachteiligungen aufgrund von Behinderungen. In den öffentlichen, politischen und vor allem (sozial)pädagogischen Diskurs jedenfalls ist eine differenztheoretische Perspektive bisher nur sehr begrenzt vorgedrungen.

Das Erkenntnisinteresse dieses Forschungsprojekts[2] besteht in den *sozialen* und *kulturellen* Produktionsbedingungen, denen Körper unterliegen.[3] Unterschiedliche und unterschiedene Körper werden laufend hervorgebracht und verändert – nicht zuletzt in Kindergarten und Schule und durch die spezifische Verfasstheit des Bildungssystems.

Die Körper von Körperbehinderten gelten als *besondere* Körper: Von ihnen wird behauptet, „anders" als die Körper der Anderen zu sein. Dies spiegelt sich zum Beispiel in der um *political correctness* bemühten Formulierung „Menschen mit besonderen Fähigkeiten und Fertigkeiten".[4] Doch auch mit einer solchen Formulierung werden die Grenzen ihrerseits lediglich markiert und reproduziert, deren Überwindung mit den Schlagworten *Normalisierung, Integration, Gleichberechtigung* und *Anerkennung* seit langem anvisiert wird.

Der deutschsprachige Diskurs zum Thema (Körper)Behinderung stand lange Zeit im Zeichen eines Fürsorgeparadigmas mit seinem spezifischen sonder- beziehungsweise heilpädagogischen Impetus. Abgelöst wurde dieses Paradigma durch ein Integrationsparadigma, das aus einer Kritik an dominierenden Defizitperspektiven heraus entstanden ist. Erst im Zuge der Rezeption differenztheoretischer Ansätze wurden jedoch auch die in Behinderungsdiskursen verwendeten Kategorien selbst hinterfragt. Der deutschsprachige Raum scheint in diesem Zusammenhang jedoch immer noch einen gewissen Nachholbedarf zu haben, was die verspätete Rezeption der Disability Studies deutlich belegt.

---

2   Vergleiche hierzu die Veröffentlichung von Claudia Franziska Bruner (2005).

3   In diesem Sinne verstehen wir die Argumentation als einen Schritt in Richtung einer Einlösung des von Anne Waldschmidt programmatisch vertretenen Forschungsprogramms der Disablity Studies: „Soll allerdings die Etablierung der Disability Studies auch hierzulande gelingen, so wird es in Zukunft genau darum gehen: um die gleichberechtigte Zusammenarbeit von Grundlagen- und Anwendungswissenschaften und die Erforschung von Behinderung als gemeinsames Projekt der Kultur- und Sozialwissenschaften."

4   Körperbehinderung, Frauen/Menschen mit Behinderung, behinderte Frauen/Menschen, Behinderte, körperliche Schädigungen und Beeinträchtigungen, Krüppel, Menschen mit besonderen Fähigkeiten und Fertigkeiten usw. sind so gesehen differenzierende Beschreibungskategorien, die historisch, kulturell und kontextuell mit Bedeutung aufgeladen sind und strategisch verwendet werden. Nach einer politisch korrekten Formulierung zu fahnden ist unserer Ansicht nach ein ebenso sinnloses wie falsches Unterfangen, da es vorgibt, die „Materialitäten generierende Kraft" (Bublitz, 2003, 5) diskursiver Praktiken ausser Kraft zu setzen.

3 Empirische Basis und methodisches Vorgehen

Um die Verknüpfungen von bedeutungsvollen Differenzkategorien und deren Prozesscharakter zu erfassen, gelangt hier ein methodisches Vorgehen zur Anwendung, wie es im Rahmen der Biografieforschung entwickelt wurde. Über die Erzählungen der Interviewten sollen *Ambivalenzen* in Identifikationsprozessen sichtbar werden und die Neu-Territorialisierungen und Verschiebungen der Schnittfelder von *class, gender, race* und *body* offen gelegt werden können.

Biografische Erzählungen bieten die Möglichkeit diskursanalytisch zu analysieren, wie und wodurch sich Körper(selbst)bilder, Behinderung(en) und Geschlechterverhältnisse herstellen, reproduzieren und verändern.

Die Altersspanne der befragten Frauen bewegt sich zwischen 27 und 43 Jahren. Zentrales Auswahlkriterium war eine sichtbare körperliche Mobilitätseinschränkung, die sich alltagsorganisatorisch bemerkbar macht. Die acht Frauen benutzen alle einen Rollstuhl oder ein vergleichbares Hilfsmittel zur Gestaltung ihrer Lebensführung.

Es geht hier selbstredend nicht um Verteilungen und Häufigkeitsaussagen. Vielmehr liegt der Erkenntnisgewinn im *Aufzeigen einer Diskurslogik* und der damit verbundenen Hoffnung, Anknüpfungspunkte für die Verschiebung dominanter Bedeutungen im Spannungsfeld von *class, gender, race* und *body* zu finden.

4 Bildungskarriere: Behinderung als Verhinderung

Das folgende Beispiel repräsentiert – so unsere These – biografische Erfahrungen, wie sie viele Menschen mit einer bescheinigten Körperbehinderung gemacht haben und machen. Sie ist kennzeichnend für eine Gesellschaft, die sich zwar einem Integrationsparadigma verschrieben hat, deren Bildungssystem aber primär auf frühe und wiederholte Selektion ausgerichtet ist.

Die soziale Herstellung von Behinderung ist kein einmaliger Akt, der sich wie ein Zeichen auf der Stirn als unveränderliches Identitätsmerkmal niederschlägt, sondern ein Prozess, der in seinen Wiederholungen stets aufs Neue klarstellt, wo die Grenze zwischen *behindert* und *nichtbehindert* verläuft. Julia Eichingers Schul- und Ausbildungsbiografie liefert eindrucksvolle Beispiele für die Bestätigungen ihres Behindertenstatus, die sie immer wieder erhielt und die sich in einer Abfolge von Be- und Verhinderungen ihrer schulischen und beruflichen Karriere manifestierten.

Die erste Erfahrung dieser Art machte Julia Eichinger (Ende der 70er Jahre geboren) am Ende ihrer Grundschulzeit, als die Frage des Besuchs einer weiterführenden Schule im Raum steht.

> Ich wollt unbedingt ins Gymnasium, hat aber net geklappt. Ich hatt' so 'n Lehrer in der 4. Klasse, der hat g'sagt, für Leut wie mich gibt's andere Schulen, ich muss net auf 'n Gymnasium gehn. Du kannst nur aufs Gymnasium, wenn du keine Aufnahmeprüfung machst und er hat mich dann so runterzensiert dass ich 'ne Aufnahmeprüfung hätt' machen müssen und dann bin ich nicht aufs Gymnasium gegangen. Und das hat sehr wehgetan, weil alles ging, also meine ganzen Freundinnen sind aufs Gymnasium und ich halt net. Und es war sehr bitter. (JE 88–96)

Julia Eichinger will mit ihren Freundinnen zusammen bleiben. Es geht ihr primär um den Erhalt ihrer Peer-Beziehungen. In dieser Situation spielen behindertenpädagogische oder integrationstheoretische Überlegungen für sie keine Rolle. Sie berichtet, dass ihre Schulleistungen einen Übertritt auf das Gymnasium durchaus hätten erwarten lassen. Ein solcher Übertritt wäre im Falle von Julia Eichinger hingegen gleichbedeutend mit einer Integrationsmassnahme gewesen, auf die der schulische Apparat in irgendeiner Weise organisatorisch und verwaltungstechnisch hätte reagieren müssen.

Es bedarf einer doppelten Klarstellung seitens der Lehrkraft, um Julia Eichinger auf den *ihr* zugehörigen Platz zu verweisen. Zum einen verunmöglicht der Lehrer den Übertritt *formal* mit ihm zur Verfügung stehenden pädagogischen Sanktionen. Zum anderen konfrontiert er Julia Eichinger mit schulischen Alternativen, deren Annahme an die Übernahme eines behinderten Selbstbildes geknüpft ist. Er macht unmissverständlich klar: Julia Eichinger gehört zu einer Gruppe von Leuten, für die es *andere* angemessenere Schulen gibt als ein Gymnasium. Damit wird Julia Eichinger mit einem behindertenpädagogischen Diskurs konfrontiert, der sich auf der Handlungsebene des Lehrers praktische Geltung verschafft.

> Und dann war ganz lang auch so Realschule 'n Thema. Und immer wenn's dann drauf ankam, dann hab i einfach versagt. (JE 96–99)

Ein Schulwechsel in eine weiterführende Schule bleibt Thema. Im Falle der Realschule begründet Julia Eichinger den nicht erfolgten Übertritt mit eigenem Versagen. Dieser Misserfolg kann einerseits als Konsequenz des Lehrerverhaltens interpretiert werden, andererseits ist er möglicherweise auch als Folge der Trennung von ihrem Freundeskreis zu sehen.

> Und dann war ganz klar Althof Thema. Das ist so 'n Internat bei uns in der Nähe, wo in der Regel alle Behinderten hingehn. Und ich wollte aber net hin. Ich wollt halt nie in so ein Internat, es war aber immer ein grosses Druckmittel. Wenn des halt net funktioniert, dann gehst halt da hin. Also die Telefonnummer lag immer deutlich

auf 'm Tisch. Und ich war einmal dort auf 'ner Reha in den Ferien. Ich krieg da heut noch Bauchweh. (JE 99–108)

Julia Eichinger bleibt zunächst in der Hauptschule, wobei die Unterbringung in einer Sondereinrichtung stets wie ein Damoklesschwert über ihr schwebt. Ihr Widerwillen dagegen rührt von der drohenden Fremdunterbringung in einem Internat her. Dies würde eine dauerhafte Desintegration von ihrer gewohnten sozialen und familialen Umgebung bedeuten. Interessant ist, dass es die institutionelle Unterbringung an sich ist, zu der sie ein gespaltenes Verhältnis hat und nicht etwa der Kontakt zu anderen Menschen mit Behinderung. Denn sie erzählt von einer anderen Reha-Massnahme, die für sie mit erfreulichen sozialen Erfahrungen und Erfolgserlebnissen verbunden war:

> Das war für mich unglaublich gut, weil ich das erste Mal halt andere Leute gesehn hab, die genauso betroffen waren. Ich hatte dann halt auch, hab dann halt auch 'n Freund … das ist schon schön. Ich hab da g'lernt, meinen Hosenknopf zuzumachen zum Beispiel. Ich kann jetzt alleine aufs Klo gehn und muss da niemand mehr drum bitten. Das war sehr wichtig und das hab ich da halt z. B. erzählt. Und die konnten sich halt alle da mitfreuen, weil das ja jeder nachvollziehen kann. Und das war für mich sehr wichtig, also das war ein ganz tolles Erlebnis. (JE 65–81)

Wichtig scheint uns daran zu sein, dass es sich bei dieser Reha-Massnahme um einen vorübergehenden und zeitlich klar abgegrenzten Aufenthalt handelt, der die Möglichkeit zu einem Erfahrungsaustausch zwischen Menschen bot, die „genauso betroffen waren". Julia Eichinger sah darin *Anknüpfungspunkte* an ihre eigene Lebenswelt. Demgegenüber wäre der mit einem Internatsaufenthalt verbundene Schulwechsel gleichbedeutend mit dem Ausschluss aus ihrer vertrauten Lebenswelt gewesen. So gesehen macht es für Julia Eichinger einen gehörigen Unterschied, ob sie sich *selbst* der Gruppe der Menschen mit Behinderung zuordnet oder ob eine solche Zuordnung ihr angedroht, beziehungsweise an ihr vollzogen wird. Die ständige verbale und symbolische Androhung einer Abschiebung von Seiten ihrer Eltern verweist auf deren Definitionsmacht: Sie können Julia Eichinger *jederzeit* durch eine Entscheidung zu der Behinderten machen, die sie in den Augen des erwähnten Lehrers immer schon war.

Andere Lehrkräfte versuchten diesen behinderungspädagogisch dominierten Diskurs zu konterkarieren.

> Und dann war's aber so, dass ich eben in der Hauptschule auch Lehrer hatte, die g'sagt haben, ich muss da weg. Wenn ich da net weg geh, dann versumpf ich. Ich hatt dann auch echt nur Vierer in der Hauptschule. In der 8. bin i wieder aufg'wacht, da hatt' ich

nur Einser und Zweier und dann hab ich mir gedacht, mal schaun.
(JE 109–116)

Diese Lehrer halten einen Hauptschulbesuch Julia Eichingers ebenfalls nicht für angemessen. Ihnen scheint es aber nicht um behindertenpädagogische Überlegungen zu gehen, sondern um die nicht ausgeschöpften intellektuellen Potenziale von Julia Eichinger. Offensichtlich hat sich diese Lesart, die vor allem von einer Lehrerin propagiert wird, nicht durchsetzen können. Julia Eichingers wechselhafte Schulleistungen stehen stets im Zeichen dieser unterschiedlichen diskursiven Zuschreibungen. Immerhin eröffnet dieser Gegendiskurs Julia Eichinger eine erste berufliche Orientierung.

Ein Schnupperpraktikum im Kindergarten entspringt nicht ihrer eigenen Motivation, aber weckt schliesslich ihr Interesse, da sie offensichtlich positive Erfahrungen sammeln kann.

Und dann hab ich so 'n Schnupperpraktikum g'macht im Kindergarten, weil ich zu faul war, also das war jetzt net der grosse Wunsch. Und dann das hat mir da unheimlich gut g'fallen. (JE 116–119)

Aus dem Praktikum entsteht eine Ausbildungsinitiative. In dieser Situation wurde Julia Eichinger ein weiteres Mal vor Augen geführt, wo ihre Grenzen als Mensch mit Behinderung zu liegen haben.

Und da bin ich dann zum Arbeitsamt und der hat g'sagt, jemand wie sie, der macht keine Erzieherin. Der kann Bandagenbinder werden. Und dann hab ich g'sagt, nein, des möcht ich net. Dann hat der g'sagt, dann muss ich selber schaun, wie sie da hinkommen. (JE 119–123)

Klargestellt wird, dass Julia Eichinger als Behinderte mit ihrem Ansinnen einer Erzieherinnenausbildung keinen Anspruch auf Unterstützung seitens des Arbeitsamtes erheben kann. Die Differenz der Behinderung dominiert hier sogar den Gender-Aspekt, denn nicht einmal Julia Eichingers Geschlechtszugehörigkeit vermag zu stechen, wenn es darum geht, einen sehr geschlechtsspezifischen Ausbildungsberuf einzuschlagen. Julia Eichinger wird nicht als *Frau* identifiziert, sondern als *behinderte Person*. Ihr werden Vorschläge unterbreitet, die sie auf *behindertenspezifische* Berufsfelder festlegen.

Im Gegensatz zu dem oben erwähnten Lehrer ist die Macht des Arbeitsamts jedoch begrenzt. Es kann ihr zwar jede Unterstützung entziehen, nicht aber eigene Initiativen unterbinden. So wird durch die Reaktion des Arbeitsamts ihr Berufswunsch erst richtig geweckt. Julia Eichinger wehrt sich gegen die Zuschreibungen, die ihr das Potenzial und die Legitimation absprechen, einen nicht behindertenspezifischen Ausbildungsweg einzuschlagen.

> Ich wollt das aber gern machen. Ich hatt' eigentlich vorher gar nicht so den Drang, aber nachdem 's mir jeder verboten hat, wollt ich's dann eben machen. Und dann hat irgend 'ne Freundin von mir gesagt, dann geh doch in 'ne Kinderpflegeschule, da lernt man das. Und dann hab ich mich da halt erkundigt und dann war's Problem, weil halt überall Treppen waren und wie macht man das. Dann hab ich eine Schule g'funden, aber sie brauchen auf jeden Fall mal 'n Quali. Ja, dann mach ma mal so 'ne Probewoche und entscheiden uns, ob wir sie da nehmen oder net. Und ich hab's dann g'macht. (JE 123–136)

An der ersten Kinderpflegeschule scheitert sie an architektonischen Barrieren und der fehlenden Bereitschaft, in dieser Hinsicht eine Lösung zu finden. An einer anderen Schule setzt sie sich mit ihrem Anliegen schliesslich durch. Aber auch hier erfolgt ihre Aufnahme nicht ohne Verweis auf ihren Status als Behinderte. Zunächst versucht die Schule Julia Eichinger die Zulassung aus formalen Gründen vorzuenthalten, worin bereits zum Ausdruck kommt, dass man ihr das Vorliegen eines qualifizierten Hauptschulabschlusses nicht zutraut. Dabei ist zusätzlich zu berücksichtigen, dass das Zugangskriterium Qualifizierter Hauptschulabschluss keine conditio sine qua non darstellt, in ihrem Fall aber in den Rang einer solchen erhoben wird. Als Julia Eichinger wider Erwarten diese Bedingung erfüllt, wird das zusätzliche Kriterium einer Probewoche eingeführt. So sieht sie sich einer behinderungsbedingten Sonderbehandlung ausgesetzt, die sie als „unheimlich diskriminierend" empfinden muss. In den Augen der Einrichtung belegt Julia Eichinger mit der bestandenen Probewoche allerdings keineswegs ihre Eignung für die Ausbildung beziehungsweise den angestrebten Beruf, sondern lediglich, dass es ihr gelungen ist, die ihr in den Weg gelegten Hindernisse zu überwinden.

> Aber ich hatte so 'ne Lehrerin, die halt g'sagt hat, sie ist dagegen, dass jemand mit Rollstuhl so was macht. Und hat halt auch immer versucht, das zu unterbinden. Die hat mir den Spass am Kindergarten echt total versaut. Ich hab's halt dann durchzog'n, damit ich halt die Ausbildung hab. Aber Spass hatte ich dann eigentlich keinen mehr. Immer, wenn so 'n Knackpunkt war, war immer jemand, der dann g'sagt hat, des geht net. Die hat auch g'sagt, sie sind 'ne pädagogische Null, lassen's des doch bleiben. Ich hab dann in der Kinderpflegezeit 'ne tolle Rektorin g'habt, die hat g'sagt, machen sie doch weiter. (JE 138–148)

Im Zuge der Ausbildung wird über Julia Eichinger nicht nur als Behinderte verhandelt. In dem Masse, wie sie tagtäglich unter Beweis stellt, dass sie als Rollstuhlfahrerin dem Ausbildungsalltag gewachsen ist, verliert das

Exklusionskriterium Behinderung an Stichhaltigkeit. Als Konsequenz daraus werden ihr Misstrauen und Abwertung hinsichtlich ihrer pädagogischen Eignung entgegengebracht. Julia Eichinger scheint, egal wie auch immer sie sich anstellen mag, die Logik der Differenzsetzungen nicht unterlaufen zu können. So gesehen wird ihre Ausbildung zu einem anhaltenden Akt des Widerstands gegen die ihr entgegengebrachten Zuschreibungen und immer weniger zu einer zielführenden beruflichen Perspektive. Der „Spass am Kindergarten" wird ihr dadurch freilich verdorben. Konterkariert wird die institutionelle Zuschreibungspraxis allein durch die Person der Rektorin, die Julia Eichinger in ihrem Durchhaltevermögen unterstützt. Damit kann Julia Eichinger ihren beruflichen Abschluss schliesslich als Erfolgserlebnis verbuchen.

Anschliessend holte Julia Eichinger die Mittlere Reife auf dem zweiten Bildungsweg nach, da dies Voraussetzung war, um eine Ausbildung als Logopädin beginnen zu können. Wie sich herausstellt, ist dies in ihrem Fall jedoch wieder nicht ausreichend. Die Geschichte ihrer Logopädinnenkarriere nimmt eine nicht vorhergesehene Wendung.

> Das Arbeitsamt hat mir dann verkauft, dass das nur unter Umschulung läuft. Ich hab da dann vier Wochen lang Berufserprobung machen müssen. Also Kärtchen zählen und wie schnell bist du und diesen ganzen Scheissdreck, halt auch um zu beweisen, dass ich halt arbeiten kann. Und da hat auch jeder ignoriert, dass ich ja bereits den Beruf g'lernt hab und in dem auch gearbeitet. Des hat net gezählt. Vor der Logopädenschule, wo ich erst nach sechs Wochen überhaupt mal hingedurft hab, musst' ich dann so 'n praktischen Test machen. Gesang, Rhythmik, Sprache und dann 'n Intelligenztest. Und in dem praktischen Test hatt' ich 'n Einser und durch 'n Intelligenztest bin ich durchg'fallen mit der Begründung, ich hab 'n IQ von 40. ([lacht]) Und das war hart für mich. Der hat das so formuliert, was machen sie jetzt, wenn sie die Stelle net kriegen. Und dann hab ich g'sagt, dann geh ich heim und mach mein Abitur nach. Und dann hat er g'sagt, na ja, dann sag ich jetzt mal was, ihr Abitur das ist da oben und sie sind mit der Intelligenz da unten in dieser untersten Kategorie. Und das war der Psychologe von dem Zentrum. Ja. Genau. Und dann hab ich auch g'sagt, ich hab doch die Realschule nachg'macht, wo so viele Leute durchg'fallen sind. Und dann war meine Logopädenkarriere beendet. (JE 171–203)

Der Intelligenztest, von dem Julia Eichinger erzählt, misst in der Interpretation des verantwortlichen Psychologen nicht nur ihre Eignung als potenzielle Logopädin. Vielmehr wird sein Ergebnis dazu benutzt, Julia Eichinger wiederum in ihre Schranken zu weisen. Vor dem Hintergrund des Testergebnisses erscheinen ihre Zukunftspläne jenseits der Logopädenausbildung als blosse

Illusionen und Hirngespinste. Nunmehr werden ihr nicht nur körperliche Fähigkeiten abgesprochen, sondern auch die geistigen und intellektuellen Voraussetzungen, um im Berufsleben bestehen zu können. Die Berufung auf dieses mit wissenschaftlicher Legitimation versehene Attest steht für den Versuch, ihre Leistungsfähigkeit generell zu diskreditieren. Nachgewiesene Qualifikationen wie ihr Realschulabschluss oder ihre Berufserfahrungen werden schlichtweg ignoriert.

Die Tatsache, dass Julia Eichinger später ihr Fachabitur nachholt und heute über ein abgeschlossenes Sozialpädagogik-Studium verfügt, belegt, dass ihr Widerstand gegenüber den Zuschreibungsprozessen nicht gebrochen werden konnte. Die wechselnden Motivationen Julia Eichingers belegen aber auch, dass die Bildungskarriere ihren spezifischen Verlauf erst durch die provozierte Widerständigkeit nehmen konnte.

5 Schlussfolgerung

Es geht in der vorliegenden Untersuchung nicht nur um die Rekonstruktionen von Sozialisationsprozessen behinderter Frauen (das anzustreben, wäre nun wirklich nichts Neues), sondern um die jeweiligen *Machtpositionen*, von denen aus Körper beschrieben und Identitäten geformt werden. Auf diese Weise sind Erkenntnisse über die Konstruktion von Körpern zu gewinnen. Es geht darum, empirisch zu verfolgen, wie Körperbehinderung *diskursiv machtvoll* produziert und reproduziert wird.

Die vorliegenden Interpretationen narrativer Interviewpassagen verstehen sich dabei als *unabgeschlossene* Diskursbeiträge. Die Auswertung zielt bewusst nicht darauf ab, am Ende ein idealtypisches Bild von biografischen Sozialisationserfahrungen körperbehinderter Frauen zu erhalten. Auch eine klassifizierende Typenbildung unterschiedlicher weiblicher Identitätsentwürfe wird man vergeblich suchen. Stattdessen besteht der Ertrag der Arbeit in folgenden Punkten:

- Einblicke in die *Logik der Differenzsetzungen* zu gewinnen, der sich die befragten Frauen ausgesetzt sehen und der sie sich in unterschiedlichen Lebensphasen und Lebenssituationen aussetzen.
- Einblicke in die *Bedeutungen* zu gewinnen, die dem Körper dabei im Kontext anderer wirksamer Differenzkategorien zugewiesen werden.
- Einblicke in die *diskursiven Strategien* zu gewinnen, die gesellschafts- und identitätspolitisch zur Anwendung gelangen, um sich in unterschiedlichen Kontexten und Situationen zu positionieren beziehungsweise positioniert zu werden.

- Die Konstruktion behinderter Körper vor dem *Hintergrund von fortschreitenden und etablierten Gleichstellungs- und Toleranzdiskursen* zu analysieren.
- Den *Ort* und die *Akteure* von Behinderungsprozessen sichtbar werden zu lassen.

Wir halten die Vorstellung eines sozialen Modells von Behinderung für problematisch, die der Gruppe der Menschen mit Behinderungen *insgesamt* einen Minderheitenstatus zuweist und sie *kollektiv* auf ihre Rolle als Opfer von Diskriminierungs-, Stigmatisierungs- und Ausgrenzungsprozessen reduziert. *Poststrukturalistisch informierte diskursanalytische Auswertungsstrategien* sollen einerseits zeigen, dass das *Reden über den Körper* stets aus einer *situativen Positionierung* heraus erfolgt und damit *die Annahme einer konsistenten kollektiven Identität* von Behinderung konsequent *unterläuft.*

Geht man von der Annahme aus, dass Behinderung gesellschaftlich und sozial konstruiert wird, erscheint es unumgänglich, die entsprechenden Prozesse, die Behinderung markieren, genauer unter die Lupe zu nehmen. Beteiligt an diesen gesellschaftlichen und sozialen Prozessen (Interaktionen, bürokratischen Verfahren usw.) sind allerdings Menschen mit *und* ohne Behinderung gleichermassen – gerade in Situationen, in denen Integrationsbemühungen praktiziert werden. Mithin müsste sich konsequenterweise der Fokus der Untersuchung verschieben: *weg* vom Individuum und seiner binär konstruierten kollektiven Zugehörigkeit (behindert/nichtbehindert), *hin* zu Interaktionen und Diskursen als den *Verhandlungsorten* von Behinderung.

6 Literatur

Bruner, Claudia Franziska (2005), *KörperSpuren. Ein Beitrag zur Dekonstruktion von Körper und Behinderung in biografischen Erzählungen von Frauen*, Bielefeld: transcript.

Bruner, Claudia Franziska und Clemens Dannenbeck (2005), Disability Studies im deutschsprachigen Raum. Auf dem Weg von einem sozialen zu einem kulturellen Modell von Behinderung, *Psychologie & Gesellschaftskritik*, 1.

Bublitz, Hannelore (2003), *Diskurs*, Bielefeld: transcript.

Hacking, Ian (2002³), *Was heisst „soziale Konstruktion"? Zur Konjunktur einer Kampfvokabel in den Wissenschaften*, Frankfurt am Main: Fischer.

Herriger, Norbert (2002), *Empowerment in der Sozialen Arbeit*, Stuttgart: Kohlhammer.

Lenz, Albert und Wolfgang Stark, Hrsg. (2002), *Empowerment. Neue Perspektiven für psychosoziale Praxis und Organisation*, Tübingen: dgvt.

Link, Jürgen ([1999] 2003²), *Versuch über den Normalismus. Wie Normalität produziert wird*, Opladen/Wiesbaden: Westdeutscher Verlag.

„Ich bin nicht eine, die schnell aufgibt" – Biographien von Jugendlichen ausländischer Herkunft zwischen sozialem Ausschluss und sozialer Mobilität[1]

Anne Juhasz

1 Einleitung

Der Satz „Ich bin nicht eine, die schnell aufgibt" stammt aus einem Interview mit einer Jugendlichen türkischer Herkunft aus dem Kanton Zürich. Das Zitat wurde als Titel dieses Beitrags gewählt, weil es auf zwei zentrale Elemente im Leben von Jugendlichen ausländischer Herkunft hinweist: Einerseits bringt das Zitat eine *Aufstiegsorientierung* zum Ausdruck, womit der Wunsch bezeichnet werden kann, eine höhere Position im sozialen Raum zu erlangen. Andererseits impliziert das Zitat auch die Erfahrung von *sozialem Ausschluss*: Die zitierte Jugendliche möchte nicht aufgeben – trotz der vielen Barrieren, die ihr in den Weg gestellt wurden, wie man ergänzen könnte. Diese beiden Mechanismen, soziale Mobilität und sozialer Ausschluss, sind *die* zwei zentralen Elemente im Leben von Jugendlichen ausländischer Herkunft. Jugendliche ausländischer Herkunft stellen aber keine homogene Gruppe dar. Geschlecht, soziale und auch nationale Herkunft[2] schaffen Differenzen. Denn je nach Geschlecht, sozialer und nationaler Herkunft stehen den Jugendlichen unterschiedliche Ressourcen und Handlungsstrategien zur Verfügung, um mit sozialem Ausschluss umzugehen und das Projekt der sozialen Mobilität zu verfolgen.

2 Untersuchungsdesign und methodisches Vorgehen

Die folgenden Ausführungen basieren auf einer qualitativ-empirischen Untersuchung zu Jugendlichen ausländischer Herkunft im Kanton Zürich. In den Jahren 1998–2000 wurden gegen 65 biographisch-narrative Interviews mit Jugendlichen und jungen Erwachsenen italienischer, türkischer und schweizerischer Herkunft durchgeführt, wobei es sich je zur Hälfte um

---

1 Der vorliegende Beitrag basiert auf der Dissertation, welche die Autorin gemeinsam mit Eva Mey verfasst hat und im Jahr 2003 unter dem Titel „Die zweite Generation: Etablierte oder Aussenseiter?" im Westdeutschen Verlag erschienen ist.

2 „Nationale Herkunft" bezieht sich nach unserem Verständnis auf eine je unterschiedliche Position innerhalb einer bestimmten Etablierten-Aussenseiter-Figuration und nicht auf nationale Herkunft im Sinne kultureller Unterschiede.

junge Frauen und Männer jeweils im Alter von 18 bis 25 Jahren handelte.[3] Die Jugendlichen wurden nicht als Jugendliche ausländischer Herkunft angesprochen, sondern bloss als Jugendliche, die in der Schweiz wohnen. Damit sollten sie nicht von vornherein auf ihre ausländische Herkunft fixiert werden. Entsprechend wurden die biographisch-narrativen Interviews mit einer offenen Eingangsfrage eröffnet, um den Jugendlichen die Möglichkeit zu geben, eigene Relevanzsetzungen vorzunehmen. Im Nachfrageteil konnten weitere Themen angesprochen werden, die von den Jugendlichen selber nicht thematisiert wurden, jedoch für die Forscherinnen wichtig waren.

3 Chancen und Barrieren in den Biographien von Jugendlichen ausländischer Herkunft in der Schweiz

Den Ausgangspunkt der folgenden Ausführungen bildet die Annahme von Elias und Scotson (1990), wonach Neuzuzüger in einer Gesellschaft zunächst eine Aussenseiterposition zugewiesen erhalten und dann allmählich versuchen, diese Position zu verlassen und in höhere Regionen des sozialen Raumes zu gelangen. Neben dem Umstand, dass Neuzuzüger durch den nachfolgenden Zuzug von wiederum neuen Gruppen automatisch eine allmähliche Verbesserung ihrer Situation erfahren, kann auch festgestellt werden, dass Aussenseiter eine soziale Aufwärtsmobilität aus eigener Kraft anstreben.

Die biographischen Interviews haben gezeigt, dass bei vielen Jugendlichen ausländischer Herkunft ein ausgesprochen starker Wunsch nach sozialer Mobilität erkennbar ist. Dies lässt sich damit erklären, dass das Projekt der Mobilität als familiales Handlungs- und Deutungsmuster von einer Generation auf die nächste übertragen wird. Die Eltern der befragten Jugendlichen sind migriert, weil sie ihre Situation verbessern wollten, weil sie Arbeit und Einkommen suchten.[4] In der Schweiz wurden ihnen aber meist die untersten Positionen der Gesellschaft zugewiesen, was Hoffmann-Nowotny (1973) als Phänomen der Unterschichtung bezeichnet hat. Es erstaunt daher nicht, dass sich die erste Generation wünscht, dass wenigstens ihre Kinder einmal ein besseres Leben führen werden als sie selber. Das Projekt der sozialen Mobilität wird damit mehr oder weniger bewusst an die zweite Generation delegiert.

---

3   Die befragten Jugendlichen und jungen Erwachsenen sind alle in der Schweiz geboren oder als Kleinkinder in die Schweiz gekommen. Etwa die Hälfte von ihnen ist eingebürgert. Nebst diesen Merkmalen wurde bei der Auswahl der Befragten auch auf Ausbildungsstand, berufliche Tätigkeit, Wohnort (Stadt/Land), Herkunftskontext der Eltern sowie Position in der Geschwisterfolge geachtet, um ein möglichst heterogenes Sample zu erhalten. Die Suche nach den Befragten verlief via Schneeballprinzip.

4   Die Studie konzentriert sich auf die Kinder der so genannten Gastarbeiter in der Schweiz.

Die Biographien von Jugendlichen ausländischer Herkunft zeichnen sich aber nicht nur durch soziale Mobilität aus, sondern auch durch Benachteiligung und Ausschlussprozesse. Zunächst ist dabei auf das kulturelle Kapital zu verweisen: Die erste Generation verfügt oft nur über eine Grundausbildung oder über eine Ausbildung, die in der Schweiz nicht anerkannt und damit entwertet ist. Dazu kommt das geringe ökonomische Kapital, denn wie erwähnt wurden den Einwanderern in der Schweiz die untersten Positionen zugewiesen, die nicht nur mit schwierigen Arbeitsverhältnissen, sondern auch mit geringen Löhnen verbunden sind. Dieses geringe Kapital der Eltern ist mit dafür verantwortlich, dass Jugendliche ausländischer Herkunft mit vergleichsweise wenig Ressourcen ausgestattet sind.[5] Hinzu kommen Ausschlussmechanismen wie Diskriminierung und Stigmatisierung, welche die Möglichkeitsräume der Jugendlichen ausländischer Herkunft zusätzlich einschränken. Wie im Folgenden gezeigt wird, können diese Ausschlussmechanismen sehr subtil sein. Auch nehmen sie je nach Geschlecht und nationaler Herkunft der Jugendlichen unterschiedliche Formen an.

In den erzählten Lebensgeschichten nimmt die Thematik der Schule und Ausbildung breiten Raum ein. Dies deshalb, weil soziale Mobilität und Ausschlussprozesse möglicherweise nirgendwo so unmittelbar erfahren werden wie in der Schule. Die Schule hat die Funktion, Individuen in einer Gesellschaft zu positionieren, sie stellt wichtige Weichen für die weitere schulische und berufliche Laufbahn. Sie gilt zudem als Institution, in welcher Chancengleichheit herrscht. Diese Vorstellung basiert auf der Idee, dass am ersten Schultag scheinbar alle Kinder „bei Null" anfangen und alle die gleichen Startchancen haben, unabhängig von ihrer sozialen Herkunft. Dass die Chancengleichheit allerdings eine Illusion darstellt (vgl. Bourdieu und Passeron, 1971, aber auch Bundesamt für Statistik, 2004), erfahren viele Jugendliche ausländischer Herkunft spätestens dann, wenn ihr Wunsch nach sozialer Mobilität aufgrund äusserer Barrieren nicht realisiert werden kann. Wie im Folgenden anhand von zwei Beispielen ausgeführt wird, ist es gerade deshalb wichtig, die Perspektive auch auf die Ressourcen und Handlungsstrategien der Jugendlichen ausländischer Herkunft zu richten. Die Jugendlichen verfügen zwar oft über wenig ökonomisches und kulturelles Kapital und sind Diskriminierungen ausgesetzt; sie sind aber dennoch keine passiven Opfer, die diesen strukturellen Zwängen tatenlos ausgeliefert sind. Vielmehr entwickeln sie eigene Handlungsstrategien, um diesen Zwängen zu begegnen und ihre Ziele durchzusetzen.

---

5 Zur Bedeutung sozialen Kapitals zur Kompensation geringen kulturellen und ökonomischen Kapitals vgl. Juhasz und Mey (2003, 323 ff.).

3.1 Natascha: Zwischen kämpfen und anpassen

Natascha, eine Jugendliche türkischer Herkunft, ist zum Zeitpunkt des Interviews 17 Jahre alt. Sie hat zwei Geschwister: eine fünf Jahre jüngere Schwester und einen sieben Jahre jüngeren Bruder. Ihre Eltern sind vor der Geburt der Kinder in die Schweiz gekommen. Nataschas Vater hat in der Türkei die Grundschule besucht und arbeitet zur Zeit als Wirt. Ihre Mutter hat nach der Grundschule in der Türkei die dortige Mittelschule abgeschlossen; in der Schweiz arbeitet sie als Verkäuferin. Natascha hat nach dem Besuch der Sekundarschule ein zehntes Schuljahr absolviert und ist zum Zeitpunkt des Interviews auf Lehrstellensuche.

Über die Umstände der Migration ihrer Eltern weiss Natascha nicht genau Bescheid, und sie hat sich darüber offenbar auch noch nicht viele Gedanken gemacht (was unter anderem mit ihrem vergleichsweise jungen Alter in Zusammenhang stehen könnte). Worüber sie jedoch genau Bescheid weiss und ausführlich erzählt, ist, dass ihr Vater keine Ausbildung abschliessen konnte, obwohl er sich dies gewünscht hätte.

Wir können davon ausgehen, dass wie in vielen anderen Familien auch in Nataschas Familie die Auswanderung in die Schweiz mit dem Wunsch nach materieller Besserstellung verbunden war. Stand zunächst noch das Geldverdienen im Vordergrund, verlagerte sich das „Projekt der Mobilität" mit der Geburt der Kinder auf deren Ausbildung. Wir finden im Interview allerdings keine Anhaltspunkte dafür, dass die Eltern auf Natascha Druck ausgeübt hätten, in der Schule erfolgreich zu sein. Hingegen wird deutlich erkennbar, dass Natascha das Projekt der Mobilität beziehungsweise die Wertschätzung einer guten Ausbildung, die ihrem Vater verunmöglicht war, in hohem Masse internalisiert hat: Sie weist eine ausserordentlich starke Aufstiegsorientierung auf und betont insbesondere, dass „Lernen" für sie das Schönste sei, das es gäbe.

Die Eltern verfügen nicht über das notwendige kulturelle Kapital, um ihrer Tochter in der Schule fachlich weiterhelfen zu können. Hingegen erwähnt Natascha, dass ihre Eltern sie in schwierigen Situationen jeweils emotional unterstützen, so etwa bei der Lehrstellensuche, auf die noch eingegangen wird. Nicht nur das kulturelle, auch das ökonomische Kapital der Familie ist gering; man bewohnt eine Mietwohnung in einem städtischen Aussenquartier, beide Eltern arbeiten, für teure Ausbildungen fehlt das Geld.

An die Kindergartenzeit und die ersten Schuljahre hat Natascha gute Erinnerungen, die anfänglichen Probleme mit der deutschen Sprache überwindet sie bald und sie findet sozialen Anschluss. Nach der Grundschule schafft sie knapp den Übertritt in die Sekundarschule. Während der Probezeit erhält die Familie jedoch ein Schreiben, in welchem mitgeteilt wird, dass die

Aussichten der Tochter auf einen Verbleib in der Sekundarschule schlecht sind. Für Natascha bricht eine Welt zusammen:

> Da habe ich dann so recht viel so geheult und so = nein, ich gehöre nicht in die Real und so, das ist nicht- das ist nichts für mich = es WÄRE auch nichts für mich gewesen weil (2) ich lerne eben recht gern, ich habe- ich- ich tue, wirklich sehr gern lernen.[6]

Natascha, die einen unbändigen Lernwillen an den Tag legt und eine hohe interne Kontrollüberzeugung aufweist, besteht schliesslich die Probezeit, und in den darauf folgenden Jahren gelingt es ihr, ihre schulischen Leistungen kontinuierlich zu verbessern, unter anderem mittels Nachhilfestunden. Natascha erfährt von verschiedenen Lehrern Unterstützung, fühlt sich jedoch von ihrer Klassenlehrerin im Stich gelassen. Sie führt dies darauf zurück, dass sie Ausländerin ist und die Lehrerin deshalb nie wirklich in Betracht gezogen habe, dass Natascha in der Schule tatsächlich gut sein könnte. Die Lehrerin habe sie zwar gelobt, als sie im Verlauf der Jahre immer bessere Leistungen erbrachte, trotzdem habe sie ihr beim Notendurchschnitt „eigentlich immer abgerundet", erzählt Natascha. Insbesondere nimmt Natascha wahr, dass die Unterstützung beim Erreichen der Ziele, die sie sich selber gesteckt hat, fehlt:

> Und ich denke eben sie hat auch nie gedacht, dass ich, irgendwie, das Gymi bestehen täte oder irgendeine Lehrstelle bekommen würde = weil sie hat einem auch irgendwie nicht so geholfen, einem- einem so irgendwie Mut gemacht, ja, du, das könnte ja schon noch sein und so.

Ganz unabhängig davon, wie entscheidend die Haltung der Lehrerin und das Abrunden der Noten für Nataschas zukünftige Schulkarriere tatsächlich gewesen sein mag, ist festzuhalten, dass mangelnde Unterstützung und Aufmunterung beim Erreichen von Zielen eine subtile Form der Benachteiligung darstellen, von welcher auch andere Jugendliche in unserem Sample berichten. Solche Erfahrungen lassen darauf schliessen, dass manche Lehrkräfte über einen impliziten Massstab verfügen, mittels welchem sie den Möglichkeitsraum für

---

6   Die Gespräche wurden in Dialekt geführt, bei der Transkription wurde darauf geachtet, möglichst nahe an der gesprochenen Sprache zu bleiben. Satzzeichen sind nicht nach grammatikalischen Regeln gesetzt worden, sondern im Hinblick darauf, den Redefluss bestmöglich wiederzugeben. Die Ziffern in Klammern benennen die Dauer von Gesprächspausen in Sekunden, Grossbuchstaben bedeuten, dass das betreffende Wort betont wurde, ein Gleichheitszeichen (=) weist auf einen raschen Gesprächsanschluss an das vorangehende Wort hin. Ein Trennstrich (-) bedeutet Abbruch und in Klammern sind schliesslich Elemente der nonverbalen Kommunikation und Aussagen wiedergegeben, die akustisch nicht eindeutig verständlich sind.

ausländische Kinder abstecken. In diesem impliziten Massstab der Lehrkräfte widerspiegelt sich unseres Erachtens eine gesamtgesellschaftliche Vorstellung über die Integration ausländischer Jugendlicher, welche die Einnahme von vergleichsweise tiefen sozialen Positionen vorsieht. So mögen Lehrkräfte ihren Schülern und Schülerinnen in durchaus gut gemeinter Absicht den Ratschlag erteilen, sich auf eine „solide" Ausbildung zu konzentrieren, statt nach Höherem zu streben. Doch mit dem Vorenthalten von Unterstützung und Ermunterung beim Erreichen der selbst gesteckten Ziele beschneiden sie den Möglichkeitsraum der betreffenden Kinder und Jugendlichen.

Als die Sekundarschule zu Ende geht, steht für Natascha fest, dass sie am liebsten aufs Gymnasium gehen würde. Dies sei schon immer ihr Traum gewesen, sagt sie, eigentlich schon seit sie denken könne. Natascha besteht die Aufnahmeprüfung an das Gymnasium jedoch nicht und entscheidet sich deshalb für eine kaufmännische Lehre. Doch auch dieses Vorhaben scheitert: Die Suche nach einer entsprechenden Lehrstelle bleibt erfolglos. Natascha erhält dutzende (schriftliche) Absagen und wird kein einziges Mal zu einem persönlichen Vorstellungsgespräch eingeladen. Es ist eine bittere Erfahrung für sie, besonders weil ihre Mitschüler und -schülerinnen mehr Erfolg haben:

> Dort als ich eben eine Lehrstelle gesucht habe (2) hat mich hat das eigentlich RECHT verletzt. Dass ich einfach keine gefunden habe. Und alle anderen schon. Mich hat es einfach in dem Sinn verletzt, dass, die Kolleginnen, die ich gehabt habe, die schlechtere Noten als ich gehabt haben als ich, die schlechteren Bewerbungen gehabt haben als ich, einfach eine Lehrstelle bekommen haben und ich nicht. Vor allem auch irgendwie, Bewerbungen so geschrieben so mit einer grusigen Schrift oder so, oder auch Kollegen, und die haben einfach eine Lehrstelle bekommen, nur ICH nicht. Und ich habe mir einfach gesagt, gopf was ist an mir falsch? Ich meine ich habe gute Noten, oder, ich weiss auch nicht.

Natascha scheint bewusst nicht auf die Begründung zurückgreifen zu wollen, dass sie auf Grund ihrer ausländischen Herkunft keine Lehrstelle findet; beinahe verzweifelt versucht sie, nach anderen Gründen zu suchen, um sich dadurch versichern zu können, wie ungerechtfertigt der Misserfolg ist. Würde sich Natascha der Begründung hingeben, dass sie wegen ihres Ausländerseins keine Lehrstelle findet, so müsste sie entweder tatsächlich ganz aufgeben (da sie ihre Herkunft nicht ablegen kann), oder sie müsste sich eine feindlich-kämpferische Grundhaltung aneignen, der wir bei anderen Jugendlichen begegnet sind: Eine Haltung, nach welcher jemand mit „der Schweiz" „im Krieg" steht und die eigene nationale oder „ethnische" Herkunft zu betonen beginnt. Beide Deutungs- und Verhaltensmuster passen jedoch nicht zu Nataschas Lebenshaltung: Das Aufgeben widerspräche ihrer (individualistischen) Lebenshaltung, welche ihr von ihrer Mutter vermittelt worden ist und nach welcher jeder selbst für sein Glück verantwortlich ist. Und die Betonung ihrer türkischen Herkunft sowie eine feindliche Haltung gegenüber der Schweiz bietet sich in ihrem Lebensumfeld, in welchem dem Türkischsein keine besondere Bedeutung zukommt, in keiner Weise an.

In diesem Zusammenhang zeigt sich, wie die von der Mutter vermittelte Lebenshaltung, wonach jeder selbst für sein Glück verantwortlich sei, eine ambivalente Wirkung zeigt: Es ist eine Lebenshaltung, welche Natascha zum einen immer wieder die Kraft und die Motivation gibt, weiterzumachen. Zum anderen impliziert diese Haltung, den Fehler bei Misserfolgen bei sich selbst zu suchen – eine schwierige Ausgangslage in einer Situation, in welcher Misserfolge durch fehlende Ressourcen und sozialen Ausschluss so gut wie vorgeprägt sind. Insofern bedeutet diese Haltung eine latente Gefahr für Nataschas Selbstachtung („gopf was ist an mir falsch?"). Natascha versucht ihr unter anderem so zu begegnen, dass sie externe Erklärungen für ihren Misserfolg ein Stück weit zulässt – jedoch nur so weit, dass ihre interne Kontrollüberzeugung dadurch nicht grundsätzlich erschüttert wird.

Wie sich die Situation nach der erfolglosen Lehrstellensuche und der verpassten Prüfung ins Gymnasium weiterentwickelt, entspricht so sehr einem „wahrscheinlichsten Pfad" (Kohli, 1981), dass sie beinahe absehbar ist. Der Vater zieht in Erwägung, Natascha den Besuch eines Gymnasiums an einer privaten Schule zu ermöglichen, doch muss er – nach der Intervention der Mutter – einsehen, dass dies zu teuer ist. Natascha bleibt nun nichts anderes mehr übrig, als sich auf den Ratschlag zu besinnen, den ihr ihre (verhasste) Lehrerin gegeben hatte: Diese hatte Natascha vorgeschlagen, an der Schule für Haushalt und Lebensgestaltung ein zehntes Schuljahr anzuhängen. Aus der Literatur (vgl. Gutíerrez Rodríguez, 1999) ist bekannt, dass insbesondere Töchter aus türkischen Gastarbeiterfamilien mit Vorliebe auf Ausbildungen und Berufsrollen verwiesen werden, die in hohem Masse frauenspezifisch sind (insbesondere im Bereich Haushalt und Pflege). Die jungen ausländischen Frauen werden dadurch in berufliche Positionen gedrängt, von welchen zum einen aus falschen Vorstellungen über „mediterrane Kulturen" angenommen wird, dass sie den „familienbezogenen" Interessen der jungen Frauen doch „eigentlich" am ehesten entsprechen; zum anderen handelt es sich um Berufe, bei welchen die Nachfrage gross ist und die ausländischen Frauen entsprechend keine grosse Konkurrenz für die einheimischen Frauen darstellen. Natascha, deren Interessen und Fähigkeiten schon immer klar bei technischen und naturwissenschaftlichen Fächern gelegen haben, reagiert in nachvollziehbarer Weise:

> Das hat mir eben meine Lehrerin vorgeschlagen gehabt (…) Nachher ist mir einfach so hereingekommen, ja = ich und Haushalt = hört

doch auf! ((lacht)) Ich meine, ich mache das auch daheim so, Haushalt und so, aber nicht nochmals noch eine Schule dazu, ich meine ich muss nicht lernen wie man bügelt oder so, ich kann das.

Trotz ihrer grossen Vorbehalte fügt sich Natascha und besucht das zehnte Schuljahr. Als die Zeit dafür gekommen ist, versucht sie noch einmal die Aufnahmeprüfung für das Gymnasium, fällt aber erneut durch und muss sich damit abfinden, dass ihr grosser Traum ausgeträumt ist: „Es hat einfach nicht sein sollen, fertig."

Wieder versucht Natascha, eine kaufmännische Lehrstelle zu finden, abermals ohne Erfolg. Da taucht eine neue Idee auf: Sie beginnt, eine Lehrstelle als Hochbauzeichnerin zu suchen. Kaum fängt sie damit an, wird sie auch schon zu zwei Vorstellungsgesprächen eingeladen. Zum Zeitpunkt des Interviews hat eines davon stattgefunden. Bereits dieser Erfolg – die Einladung zu einem Vorstellungsgespräch – lässt Natascha wieder Hoffnung auf einen weiteren Bildungsweg schöpfen:

> Ich meine, es gibt immer Weglein, die man machen kann. Und die meisten WISSEN das ja nicht = weil es irgendwie die Lehrmeister oder so nicht sagen. Und ich frage eben immer, ja, könnte man noch das machen und, wie, und was = und könnte ich noch zuerst diese Schule, man könnte dorthin lernen gehen oder das Praktikum einfach so. Man kann so viele Sachen jetzt machen zur Zeit. Ich meine, es ist nicht hoffnungslos. Obwohl es einem jeweils ab und zu so vorkommt = aber es ist es nicht.

Natascha zeigt die Fähigkeit, mit ihrer Situation bei der Suche nach einer Ausbildungsmöglichkeit in einer Weise umzugehen, dass sie die Hoffnung trotz vielfältiger Schwierigkeiten und Barrieren nie ganz aufzugeben braucht. Ihre Situation könnte als eine klassische anomische Situation im Sinne eines Auseinanderklaffens von gesellschaftlich vorgegebenen Zielen und institutionell bereitgestellten Mitteln charakterisiert werden. Zudem lässt sich am Beispiel von Natascha auch ein Prozess des Ineinandergreifens von Hoffen einerseits und Reduzieren der ehemaligen Ansprüche andererseits nachzeichnen. Natascha wehrt sich dagegen, ihre Handlungsautonomie zu verlieren. Sie zwingt sich zwar, die Grenzen ihres Möglichkeitsraumes zu akzeptieren, wenn diese in Folge fehlenden Kapitals und Mechanismen des sozialen Ausschlusses unüberwindbar sind. Gleichzeitig bleibt sie aber konstant „wach" und auf der Suche nach einem Weg, die (wenigen) ihr zur Verfügung stehenden Ressourcen bestmöglich auszunutzen und so ihren Möglichkeitsraum grösstmöglich zu halten.

3.2 Ali: Ein erfolgreicher Aussenseiter

Ali ist zum Zeitpunkt des Interviews 22 Jahre alt und studiert Informatik. Er lebt mit seiner Freundin in einer eigenen Wohnung. Sein Vater stammt aus einem Dorf aus dem Osten der Türkei, seine Mutter aus einer Kleinstadt südlich von Istanbul. Seine Eltern kamen über verschiedene Stationen in die Schweiz, wo sie schliesslich beide in einer Fabrik arbeiteten. Zum Zeitpunkt des Interviews bezieht Alis Vater eine Invalidenrente, seine Mutter arbeitet nach wie vor in einer Fabrik. Ali hat einen drei Jahre älteren Bruder.

Ali besucht in einer Kleinstadt in der Nähe von Zürich den Kindergarten und die Primarschule. In der fünften Klasse besteht er die Aufnahmeprüfung für das Gymnasium. Die Motivation, diese Aufnahmeprüfung zu machen, hängt damit zusammen, dass schon sein älterer Bruder das Gymnasium besucht. Es ist demnach weniger die Motivation, eine höhere Schule zu besuchen, als vielmehr das Vorbild des älteren Bruders, das für Alis schulische Laufbahn ausschlaggebend ist. Eine wichtige Rolle kommt auch den Eltern und dem Lehrer zu, die für Ali die Rolle der „Gatekeeper" übernehmen und ihn aktiv unterstützen, die Aufnahmeprüfung für das Gymnasium zu machen.

Zwar hat Ali ohne grosse Probleme das Gymnasium erreicht, aber kaum dort angekommen, wird ihm vor Augen geführt, dass er sich an einem sozialen Ort befindet, wo er von Leuten mit ganz anderer sozialer Herkunft umgeben ist:

> Weil es hat sehr viele Leute gehabt, dort sind die Eltern, die haben schon irgend eine akademische Laufbahn gehabt und so. Und dort sind die Kinder fast prädestiniert dazu, dass sie eventuell auch eine höhere Ausbildung machen, und, ich glaube, das ist bei den wenigsten Ausländern, die sich irgend eine gute Ausbildung aneignen, das ist bei den wenigsten so.

Im Gymnasium realisiert Ali, dass er im Vergleich zu den anderen aus einer tieferen sozialen Klasse stammt und damit ein „sozialer Aufsteiger" ist. Er weiss auch, dass er damit eher eine Ausnahme darstellt, da es in der Tat an Schweizer Gymnasien vergleichsweise wenig Jugendliche aus der Arbeiterschicht gibt. Ali ist sich bewusst, dass seine Biographie nicht der Normalbiographie eines Jugendlichen türkischer Herkunft entspricht, während seine (Schweizer) Kollegen mit akademischen Eltern „fast prädestiniert" seien, eine höhere Ausbildung zu absolvieren. Er nimmt wahr, wie unterschiedlich die biographischen Entwürfe und wahrscheinlichsten Pfade für Kinder türkischer Fabrikarbeiter und Kinder von Schweizer Akademikern aussehen. Während für Letztere, die „Statuserhalter", der Eintritt in das Gymnasium das sich passive Einschicken in einen vorgegebenen Weg bedeutet, ist dasselbe für

Erstere, die „Statussucher" oder „sozialen Aufsteiger", ohne Aktivität und Eigeninitiative kaum erreichbar.

Die unterschiedliche soziale Herkunft und die damit verbundene unterschiedliche Kapitalausstattung seiner eigenen Familie und jener seiner Klassenkameraden beschäftigen Ali. Er zeigt sich beeindruckt vom kulturellen Kapital, über welches die Eltern seiner Klassenkameraden verfügen:

> Und eben auch die ganze Kanti-Zeit durch, es hat schon Unterschiede gegeben zwischen mir und den, Schweizern einfach. Also, es müssen nicht unbedingt Schweizer gewesen sein, also einfach zwischen mir und denen, wo die Eltern schon irgendeine, Laufbahn gehabt haben. Weil, manchmal, wir sind schon zueinander gegangen, ich zu ihnen und sie manchmal zu mir. Und ich habe gesehen, die haben zu Hause einfach riesige Bibliotheken und so, und irgendwelche Autoren, so wie Goethe und so, und Max Frisch, von denen habe ich nie gehört gehabt und die lesen das zum Teil schon in der Primarschule. Also lesen, sie wissen es einfach, die Eltern lesen das und es steht einfach im Regal (12).

Die „feinen Unterschiede" (Bourdieu, 1982) die Ali zwischen sich und „den Schweizern" wahrnimmt, führt er selber in erster Linie auf die unterschiedliche Klassenzugehörigkeit zurück und nicht etwa auf „kulturelle Differenzen" im Sinne der Nationalität oder „Ethnie". Die unterschiedliche soziale Herkunft zeigt sich zwar sehr wohl in kulturellen Differenzen; diese sind jedoch mit der unterschiedlichen Ressourcenausstattung qua sozialer Herkunft verbunden. Mit einem beeindruckenden Sensorium für Distinktionen beschreibt Ali, wie sich das kulturelle Kapital der Eltern seiner Mitschülerinnen und Mitschülern manifestiert und wie sich dieses Kapital auf deren Kinder überträgt.

Auch wenn Ali von seinen Eltern wenig ökonomisches und kulturelles Kapital erhielt, besitzt er familiale Ressourcen, die für ihn sehr wichtig sind: Alis Eltern unterstützen seinen Wunsch, an das Gymnasium zu gehen und nachher zu studieren. Sie legen grossen Wert darauf, dass Ali und sein Bruder in der Schweiz eine gute Ausbildung machen können. Sie pflegen zudem einen liberalen Erziehungsstil und scheinen keine Angst davor zu haben, dass sich ihre Söhne zu stark von ihnen entfernen könnten und eine Lebensweise annehmen, die nicht ihren eigenen Vorstellungen entspricht. Ali hat sich im Vergleich zu anderen Jugendlichen türkischer oder italienischer Herkunft viel früher von zu Hause gelöst, jedoch ohne dass es dabei zu konflikthaften Auseinandersetzungen mit seinen Eltern gekommen wäre. Allerdings gibt es ein Element, das Alis Beziehung zu seinen Eltern in besonderer Weise geprägt hat: die so genannte Rückkehrorientierung seiner Eltern.

Ali erzählt, dass seine Eltern vor bald dreissig Jahren in die Schweiz gekommen sind und eigentlich geplant hatten, möglichst bald in die Türkei zurückzukehren:

> Nachher, sie haben, also sie haben eigentlich immer im Kopf gehabt, dass sie einmal zurückgehen werden, und mit der Zeit hat man auch gesehen, dass das irgendwie nicht so sein wird. Also das hat sich wo anders hin entwickelt und das ist eigentlich lange Zeit gar nicht klar gewesen, irgendwie, dass das kaum realisierbar sein wird in den nächsten 10, 15 Jahren. Und das ist auch etwas, was ich das Gefühl habe, dass bei vielen Ausländern, die auch in meiner Umgebung gewesen sind, dass das auch so gewesen ist, also, eigentlich, viele haben vor, dass sie irgendwann wieder zurückgehen werden, niemand sagt irgendwie, also in 10 Jahren, oder nächstes Jahr gehe ich oder so. Aber irgendwie hört man das bei vielen, also irgendwann gehen wir zurück, und das ist bei uns auch so gewesen, zu Hause, also meine Eltern haben immer zurück gewollt.

Die Idee, eines Tages in die Türkei zurückzukehren, war bei Alis Eltern ständig präsent. Ali beschreibt, wie die geplante Rückkehr immer wieder aufgeschoben wird und allmählich einer eher vagen Rückkehrabsicht weicht. Dies ist jedoch nicht die Folge klarer Entscheidungen. Vielmehr ist es, wie wenn das Leben in der Schweiz eine eigene Dynamik bekäme, die eine baldige Rückkehr immer unwahrscheinlicher erscheinen lässt. Alis Formulierung „das hat sich woanders hin entwickelt und das ist lange Zeit eigentlich gar nicht klar gewesen …" lässt erkennen, dass es sich um einen langsamen Prozess handelt, der zunächst unbemerkt bleibt. In der Tat stellt sich bei den Migrantinnen und Migranten (und ihren Kindern) in der Regel erst allmählich das Bewusstsein ein, dass die konkrete und baldige Rückkehr in weite Ferne gerückt ist.

Auch wenn es vielfältige und zum Teil diffuse Gründe sein mögen, die zu einem Aufschieben der geplanten Rückkehr führen und den Aufenthalt in der Schweiz verlängern, gibt es auch Gründe für diese Entwicklung, die klar zu benennen sind. So etwa der Umstand, dass die Kinder mitten in einer Ausbildung stehen und sowohl sie selber als auch die Eltern sich wünschen, die Ausbildung in der Schweiz zu beenden. Ali beschreibt dies wie folgt:

> Also in dieser Zeit, eben meine Eltern haben immer, eben, haben sich immer gesagt, irgendwann einmal gehen wir dann zurück, und so, und, also sie haben, sie haben immer gesagt, wenn wir dann einmal mit der Schule fertig sind, gehen wir dann zurück, und so. Ist auch irgendwie, also, irgendwie hängt es von einem ab, ob die Eltern jetzt zurückgehen oder nicht und irgendwie, wenn man die Eltern reden hört, dann spürt man, dass sie zurück wollen und der

einzige Grund, warum sie noch hier sind, ist einfach, weil wir noch in die Schule gehen und, gut, ich will nicht sagen, dass mir das fest, irgendwie, gestresst hätte, oder dass ich damit Probleme gehabt hätte aber es ist irgendwie schon, also (2) wie soll ich sagen, es ist ein anderes Gefühl, wenn man Eltern hat, die, also wenn ich mich jetzt mit einem Schweizer vergleiche, oder, also, irgendein Schweizer und seine Eltern arbeiten hier in der Schweiz und die sind einfach Schweizer, die sind hier zu Hause und die werden auch den Rest des Lebens vielleicht hier sein, und, eben, die kennen das vielleicht nicht, also so ein, ich weiss nicht, wie ich das erklären kann.

Dass die Eltern die geplante Rückkehr aufschieben, damit ihre Kinder hier die Ausbildung beenden können, ist den Kindern sehr bewusst. Und auch wenn die Eltern dies nicht explizit sagen, haben die Kinder doch das Gefühl, dass ihre Eltern einzig ihretwegen noch in der Schweiz bleiben und eigentlich gerne in ihr Herkunftsland zurückgekehrt wären. Ali will dies zwar nicht als Belastung bezeichnen, er stellt aber fest, dass es „ein anderes Gefühl" sei, wie wenn die Eltern schon immer in der Schweiz gelebt hätten und auch immer hier blieben. Die Rückkehrabsicht seiner Eltern gehört zum festen Bestandteil seines Lebens als Jugendlicher ausländischer Herkunft, während sie in Biographien von Jugendlichen mit Schweizer Eltern nicht existiert. Mit anderen Worten ist dies ein Element in Biographien von Jugendlichen ausländischer Herkunft, das eindeutig migrationsspezifisch ist. Während sich Schweizer Jugendliche nicht damit zu beschäftigen brauchen, weshalb sie ausgerechnet in der Schweiz aufwachsen und weshalb sie immer noch in der Schweiz leben, werden Jugendliche ausländischer Herkunft mit diesen Fragen konfrontiert, sobald die Migration der Eltern oder die geplante Rückkehr thematisiert werden. Dadurch werden die eigene Existenz und das eigene Leben früher oder zumindest in anderer Weise in Frage gestellt als bei Schweizer Jugendlichen.

Das Wissen darum, dass die Schweiz nicht das Herkunftsland der Eltern ist und diese gerne wieder in ihr Herkunftsland zurückkehrten, kann einer festen Verankerung in der Schweiz entgegenstehen. Die fehlende Verankerung ist im Fall von Ali eine doppelte, da sie sich zugleich auf den geographischen als auch den sozialen Ort bezieht. Insofern kann sie als ein fehlender oder schwacher sense of one's place (vgl. dazu auch Bourdieu, 1982 in Anlehnung an Goffman) bezeichnet werden. Auch wenn Ali dies vor allem als Defizit darstellt, zeigt der Vergleich mit Schweizer Jugendlichen, dass das Fehlen eines sense of one's place für die Jugendlichen ausländischer Herkunft auch ein Vorteil sein kann. In Familien ausländischer Herkunft scheinen Vorurteile „gegen oben" seltener zu sein als in Schweizer Arbeiterfamilien. Der Grund dafür könnte darin liegen, dass die soziale Positionierung in der

Schweiz bei Familien ausländischer Herkunft noch relativ jung ist und sich nicht ein klassenspezifischer Habitus verfestigt hat, zu dessen Bestandteil die Abgrenzung „gegen oben" gehört. Die Abgrenzung „gegen oben" kann als ein „Mechanismus des Selbstausschlusses" bezeichnet werden, der „wirksamer als jede Massnahme des Ausschlusses ist" (Karrer, 2000, S. 126), und sich, so unsere Beobachtung, darin äussert, dass einer Mobilität der Kinder mit Skepsis, wenn nicht gar mit Ablehnung begegnet wird, weil damit sozusagen ein Überlaufen in das Feindesland der Bessergestellten perzipiert wird. Die Arbeitsmigration beinhaltet dagegen als Entwurf die Stärkung der ökonomischen Ressourcen und die Verbesserung der sozialen Lage. Dieses Projekt der Mobilität überträgt sich – so unsere These – in Form eines „mobilitätsspezifischen" Habitus – eines sense of one's way – auch auf die zweite Generation und stellt damit eine migrationsspezifische Ressource von Jugendlichen ausländischer Herkunft dar.

4   Schluss

Angehörige der so genannten zweiten Generation in der Schweiz sind weder eindeutig etabliert noch eindeutig AussenseiterInnen. Vielfältige, ineinandergreifende Prozesse tragen zu ihrem sozialen Aufstieg oder aber Ausschluss und Diskriminierung bei. Anhand der beiden Fallbeispiele ist exemplarisch dargestellt worden, wie in Biographien von Jugendlichen ausländischer Herkunft Prozesse sozialer Mobilität und sozialen Ausschlusses miteinander verschränkt sind. Da durch die Schule soziale Positionen erlangt, zugeteilt und reproduziert werden, kann sie als „Dreh- und Angelpunkt" von Mobilitätsprozessen betrachtet werden. Die Schule hat auch die Funktion, Selektionen vorzunehmen, wobei entgegen ihrem Anspruch das Ideal der Chancengleichheit bei weitem noch nicht durchgesetzt ist. Nach wie vor spielen soziale und „nationale" Herkunft sowie Geschlecht eine wichtige Rolle bei der schulischen (und später auch beruflichen) Selektion. Wie aufgezeigt wurde, begegnen Jugendliche ausländischer Herkunft strukturellen Einschränkungen aber nicht mit Passivität, sondern entwickeln eigene Handlungs- und Deutungsmuster, um mit ihnen umzugehen. Am Projekt der sozialen Mobilität wird festgehalten: „ich bin nicht eine, die schnell aufgibt".

5   Literatur

Bourdieu, Pierre ([1977] 1982), *Die feinen Unterschiede. Kritik der gesellschaftlichen Urteilskraft*, Frankfurt am Main: Suhrkamp.

Bourdieu, Pierre und Jean Claude Passeron (1971), *Die Illusion der Chancengleichheit*, Stuttgart: Klett.

Bundesamt für Statistik (2004), Zugang zu Bildung und damit zu Erfolgschancen im Berufsleben nicht für alle gleich, *Medienmitteilung*, 9.11.2004.

Elias, Norbert und John L. Scotson ([1965] 1990), *Etablierte und Aussenseiter. Zur Theorie von Etablierten-Aussenseiter-Beziehungen*, Frankfurt am Main: Suhrkamp.

Gutierrez Rodríguez, Encarnación (1999), Zur Ethnisierung von Geschlecht. Dekonstruktion einer Biografie, *Das Argument*, 229, 53–61.

Hoffmann-Nowotny, Hans-Joachim (1973), *Soziologie des Fremdarbeiterproblems. Eine theoretische und empirische Analyse am Beispiel der Schweiz*, Stuttgart: Ferdinand Enke.

Juhasz, Anne und Eva Mey (2003), *Die zweite Generation: Etablierte oder Aussenseiter? Biographien von Jugendlichen ausländischer Herkunft*, Wiesbaden: Westdeutscher Verlag.

Karrer, Dieter (2000), *Die Last des Unterschieds. Biographie, Lebensführung und Habitus von Arbeitern und Angestellten im Vergleich*, Wiesbaden: Westdeutscher Verlag.

Kohli, Martin (1981), Biographische Organisation als Handlungs- und Strukturproblem. Zu Fritz Schütze: „Prozessstrukturen des Lebensablaufs", in: Joachim Matthes, Arno Pfeifenberger und Manfred Stosberg, *Biographie in handlungswissenschaftlicher Perspektive*. Erlangen: Verlag Nürnberger Forschungsvereinigung, 157–168.

„Man hat einfach gedacht, man habe genug Zeit"[1] – Berufsfindungsprozess und Chancenstrukturen

Simone Suter

1 Einleitung[2]

Jugendliche, die nicht den gymnasialen Weg beschreiten, sind gegen Ende der obligatorischen Schulzeit im Alter zwischen 16 und 17 Jahren mit der Aufgabe konfrontiert, sich mit der Wahl eines Berufes auseinander zu setzen. Zur Aufgabe, eine Lehrstelle im gewünschten Beruf zu finden, äusserte sich ein Jugendlicher, Heset Elshai, der seine ersten vier Lebensjahre im Kosovo verbracht hatte, folgendermassen:

> Hör einmal, wenn du wirklich willst, dann findest du todsicher etwas. [...] Ja ich werde oft zwar ausgelacht nachher, ja vergiss es, aber es ist wirklich so, wenn man mich fragt, dann ist es wirklich 100% so. (Suter, 2004, 61, Fall 8)

Für ihn, der ein genaues Berufsziel vor Augen und dieses auch erreicht hatte und dabei in seinem Berufswahlprozess einer Art „innerer Berufung" folgte, ist der Wille der entscheidende Faktor. Seine Deutung entspricht insofern der von Beck formulierten Individualisierungsthese (Beck, 1986), als strukturelle Bedingungen systematisch ausgeblendet und die institutionellen Abhängigkeiten vom Arbeitsmarkt, vom Berufsbildungssystem oder von der allgemeinen Bildung nicht erkannt, sondern die Folgen des Handelns einzig der Selbstverantwortung zugeschrieben werden. Das Selbstverständnis, sich als „Planungsbüro des eigenen Lebenslaufes" (Heinz et al., 1987) wahrzunehmen, führt verstärkt dazu, die Handlungsresultate nicht in Zusammenhang mit gesellschaftlichen Schranken, Selektionsmechanismen und sozial ungleich verteilten Chancen zu interpretieren, sondern dem individuellen Leistungsvermögen zuzuschreiben.

Trotz der Vehemenz, mit der sich der oben Zitierte äusserte, scheint es so einfach nicht zu sein. Heset wird ausgelacht, die Wirklichkeit ist für viele eine andere, er ein Ausnahmefall. Die skeptischen Einwände verweisen auf Anforderungen und Bedingungen gesellschaftlicher Art, strukturelle

---

1   Zitat aus einem Interview mit Aida Selimi (anonymisierter Name).

2   Dieser Beitrag beruht auf meiner Lizentiatsarbeit „Berufswahl und Lehrstellensuche. Rekonstruktion des Berufsfindungsprozesses von Jugendlichen" (2004), die im Rahmen des Nationalen Forschungsprogramms Nr. 43 „Bildung und Beschäftigung", ergänzend zum Projekt von Walter Herzog, Markus Neuenschwander und Evelyne Wannack (2004): „Berufswahlprozess bei Jugendlichen", erstellt wurde.

Merkmale, mit der Jugendliche auf der Suche nach einem Beruf konfrontiert sind und die ausserhalb ihres Einflusses stehen.

Zu nennen sind als wichtigster Faktor die sich seit den 70er Jahren vollziehenden Veränderungen in der Welt der Erwerbsarbeit: Massenerwerbslosigkeit wie auch Lehrstellenknappheit sind zu neuen Merkmalen der Arbeitswelt geworden. Die Verselbständigung der Finanzmärkte, die zunehmende Flexibilisierung auf der Ebene der internen Arbeitsorganisation und die unternehmerische Neuordnung der Produktionslandschaft führen zu einer allgemein sinkenden Arbeitsplatzsicherheit und gestiegenen Qualifikationsanforderungen. Zusammen mit dem schnellen technologischen Wandel, welcher sich auch im Entstehen von neuen Berufsfeldern und im Druck zur ständigen Weiterbildung manifestiert, führt diese Entwicklung letztlich zu einer Abkehr vom Konzept einer lebenslangen Berufstätigkeit und einer fehlenden Garantie, mit dem Erlernen eines Berufes diesen auch ausüben zu können (vgl. Boltanski und Chiapello, 2003; Sennett, 1998). Von diesem strukturellen Wandel in der Erwerbswelt sind Jugendliche speziell betroffen, da sie in einer Phase des allgemeinen biografischen Umbruchs eine berufliche Identität erst noch bilden müssen, was angesichts des aktuellen gesellschaftlichen Wandels mit verstärkten Unsicherheiten behaftet sein kann. Sicher ist, dass sich aufgrund der Lehrstellenknappheit und einem allgemeinen Stellenmangel die Integration in den Arbeitsmarkt und somit der Schritt in ein autonomes Leben junger Erwachsener erschwert hat. Davon zeugt die Jugenderwerbslosenquote in der Schweiz, welche im Jahr 2004 einen historischen Höchststand erreicht hat, sowohl hinsichtlich der relativen Höhe in Bezug auf andere Altersklassen, wie auch durch die absolute Rekordhöhe der Zahl erwerbsloser Jugendlicher (SAKE 2004).

Eine weitere entscheidende Funktion im Prozess der Berufswahl kommt seit jeher dem allgemeinen Bildungssystem zu (vgl. Wahler und Witzel, 1996; Häberlin et al., 2004). Die im schweizerischen Schulsystem früh stattfindende Selektion zwischen den Schultypen mit Grundanforderungen und erweiterten Anforderungen führt mittels der Schulabschlüsse zu unterschiedlichen Chancen auf dem Lehrstellenmarkt. Diese spezifischen Möglichkeitsspektren schlagen sich denn auch als soziale Wirklichkeit in der Sprache der SchulabgängerInnen nieder, indem diese von sogenannten „Sek- und Realberufen" sprechen. Problematisch an der vom Schultyp dominierten Chancenstruktur ist der mittlerweile mehrfach empirisch nachgewiesene Tatbestand, dass die Zuteilung nicht ausschliesslich auf unterschiedliche schulische Leistungen zurückzuführen ist, sondern zu einem bedeutenden Teil auf die soziale Herkunft (vgl. Meyer, 2003).

Ein weiterer Faktor, welcher auf den Prozess der Berufsfindung wirkt, ist das Berufsbildungssystem. In der Schweiz handelt es sich um ein duales System, welches stark abhängig von Entwicklungstendenzen auf dem Arbeitsmarkt und von konjunkturellen Schwankungen ist. Das Berufsbildungssystem bestimmt das Alter, in welchem Jugendliche sich mit der Berufswahl auseinander zu setzen haben, wie auch das Alter, in dem Jugendliche erstmals mit Erwerbslosigkeit konfrontiert sein können.[3]

Dem Willen oder Wunsch, einen bestimmten Beruf ausüben zu können, stehen somit Aspekte der gesellschaftlichen Wirklichkeit gegenüber, die auf den Prozess der individuellen Berufsfindung strukturierend wirken. Bei der Bildung der unterschiedlichen Möglichkeitsräume, innerhalb denen Jugendliche ihren Beruf finden müssen, spielen sozialisatorische Bedingungen eine weitere wichtige Rolle. Sowohl die Kategorie Geschlecht wie auch das Herkunftsland und der jeweilige spezifische Migrationshintergrund sind bezüglich der Positionierung im sozialen Raum mitbestimmend und beeinflussen auch habituell die Bildung einer beruflichen Orientierung.

Mit welchen Strategien bewältigen nun Jugendliche die an sie herangetragene Aufgabe der Berufswahl? Welchen Verlauf nimmt diese? Über welche Ressourcen verfügen sie und in welchem Verhältnis stehen diese zu ihrem Herkunftsmilieu, zum weiteren sozialen Umfeld? Welche sozialisatorischen Faktoren wirken sich günstig auf den Berufsfindungsprozess aus? Wie verläuft die Konfrontation mit den gesellschaftlich strukturierten Zugangschancen?

2 Rekonstruktionen der Berufsfindungsprozesse Jugendlicher

2.1 Forschungsdesign und Methode

Wie gesellschaftliche Entwicklungen und subjektive Deutungen im Prozess der Berufsfindung miteinander verknüpft sind, kann mit Hilfe von Einzelfallrekonstruktionen und anschliessender Typenbildung verdeutlicht werden. Auf der Basis von 12 problemfokussierten, offen geführten Interviews mit Jugendlichen (Witzel, 2000), die sich zum Zeitpunkt des Gesprächs alle in einer Lehre befanden, konnten mittels Einzelfallanalysen die Grenzen und Möglichkeiten der Handlungsspielräume und Denkhorizonte der Jugendlichen auf Berufssuche rekonstruiert werden. Anhand der Einzelfallrekonstruktionen wurde sichtbar, wie aus der Sicht der Jugendlichen der Übergang erlebt und bewältigt wurde und welchen Verlauf der Berufsfindungsprozess nahm. Bei der Bildung von Typen[4] wurde evident, welche strukturellen Merkmale auf

---

3   Im Falle eines dualen Systems, wie es in der Deutschschweiz die Regel ist, sind durch Lehrstellenknappheit bereits Jugendliche im Alter zwischen 16–18 Jahren von Erwerbslosigkeit betroffen. Bei Systemen mit hohem Anteil schulischer Bildung werden Jugendliche erst ab dem 20. Altersjahr mit dem eigentlichen Eintritt ins Berufsleben und allenfalls mit Erwerbslosigkeit konfrontiert.

4   Die Typenbildung entspricht im weitesten Sinne dem verstehenden Ansatz von Max Weber, für den das verstehende Erklären sozialer Zusammenhänge nicht bei der Er-

den individuellen Berufsfindungsprozess wirken. Die einzelnen Typen unterscheiden sich nicht nur hinsichtlich der Begründungs- und Verlaufsmuster der Berufsfindungsprozesse, sondern insbesondere in den Möglichkeitsräumen und Ressourcen, die den Jugendlichen offen stehen. Die Auswahl der Fälle erfolgte aufgrund eines qualitativen Stichprobenplans (Kelle und Kluge, 1999), unter Berücksichtigung der Kategorien Geschlecht, Herkunftsland und Schultyp.

2.2 Vier Typen von Berufsfindungsprozessen

Einzelfallanalysen und Fallvergleiche zeigen deutlich die Unterschiede hinsichtlich der Begründungs- und Verlaufsmuster des zeitlich vorstrukturierten Berufsfindungsprozesses. Die Begründungsmuster reichen von einer starken Identifikation mit dem Beruf beim Typ 1 – wo es sich um Jugendliche handelt, die sich während des gesamten Berufsfindungsprozesses auf einen Beruf konzentriert haben und klar angeben konnten, „was sie werden wollen" –, über eine relativ persönlichkeitsgebundene Begründung der Berufswahl beim Typ 2 – diese Jugendlichen waren sich spätestens im letzten Schuljahr im Klaren darüber, „was sie machen" wollten, ob eine kreative, technische oder soziale Tätigkeit. Der konkrete Beruf stand bei ihnen jedoch noch nicht von Anbeginn fest, sondern musste erst noch gefunden werden. Die Jugendlichen dieser beiden Typen weisen ein „individualistisches" Begründungsmuster auf, in dem die Berufswahl in einem engen Verhältnis zu ihrer Person und individuellen Neigungen steht. Ganz im Gegensatz zur annähernd zufällig scheinenden Wahl eines Berufes der Jugendlichen beim Typ 3, bei deren Begründung hauptsächlich die durch eine Lehre zu erreichende soziale Sicherheit betont wird, Hauptsache sie finden eine Lehrstelle. Beim Typ 4 erfolgt die getroffene Berufswahl ebenfalls aufgrund einer sachlichen, zweckrationalen Begründung. Die dieser letzten Gruppe zugehörigen Jugendlichen machen aufgrund formaler Hindernisse eine Berufslehre als vernünftige und sichere Zwischenlösung, um dann später den Beruf lernen zu können, den sie eigentlich wollen. Nebst der Unterscheidung in individualistische und sachliche Begründungsmuster lassen sich die Typen im Weiteren verschiedenen Verlaufsmustern des Berufsfindungsprozesses zuordnen. Entsprechend der Klarheit der Berufsziele ist dieses entweder sehr strategisch und zielorientiert oder aber suchend, konkretisierend, was zusammenfassend anhand der Tabelle 1 verdeutlicht werden kann.

---

fassung empirischer Regelmässigkeiten stehen bleiben darf, sondern soziales Handeln erst dann verstanden und erklärt werden kann, wenn dessen subjektiv gemeinter Sinn wie auch dessen gesellschaftlich „objektiver" Sinn erfasst sind (Kelle und Kluge, 1999, 78, 92).

Tabelle 1: Begründungs- und Verlaufsmuster des Berufsfindungsprozesses

	Individualistisches Begründungsmuster	Sachliches Begründungsmuster
Zielorientiert, strategischer Verlauf des Berufsfindungsprozesses	Die beruflich Ambitionierten (1) Berufswahl als Selbstverwirklichung	Die auf Nummer sicher Gehenden (4) Eine Lehre als vernünftige und sichere Zwischenlösung
Suchend, konkretisierender Verlauf des Berufsfindungsprozesses	Die Ausbalancierten (2) anspruchsvolle, für Person bedeutungsvolle Tätigkeit; Balance Freizeit – Beruf	Die Existenzsichernden (3) Hauptsache eine Lehrstelle vs. arbeitslos oder unqualifizierte Arbeit

Werden nun bei der eigentlichen Typenbildung die Voraussetzungen innerhalb der einzelnen Gruppen genauer betrachtet, wird deutlich, dass sich die Berufsfindungsprozesse hinsichtlich des Verhältnisses der individuellen und sozialen Ressourcen sowie der situativen Bedingungen unterscheiden, woraus unterschiedliche Möglichkeitsspektren resultieren.

So kann bei den Jugendlichen des Typs 1 der subjektbezogene Anspruch auf Sinnhaftigkeit und Selbstverwirklichung in der Arbeit, wie auch bei Jugendlichen des Typs 2 der Anspruch eines ausbalancierten Verhältnis von Arbeit und Freizeit nur dank einem Zusammenspiel der individuellen und sozialen Ressourcen eingelöst werden. Mit Bourdieus Begriffen gesprochen verfügen diese beiden Typen der *„beruflich Ambitionierten" (1)* und der *„Ausbalancierten" (2)* über das notwendige soziale, kulturelle und ökonomische Kapital, um diese Berufsorientierungen entwickeln und verwirklichen zu können (Bourdieu et al., 1981). Sind die Ausgangsbedingungen weniger vorteilhaft, werden sachliche Begründungsmuster wichtiger: Beim Typus 4 der *„auf Nummer sicher Gehenden"* wählen die Jugendlichen aufgrund struktureller Hindernisse oder noch gering ausgebildeter Berufsorientierungen eine Berufsausbildung als Mittel zum Zweck. Das Motiv der Existenzsicherung bei Typus 3 wird vordringlich, weil diese Jugendlichen über die schlechtesten Ausgangsbedingungen verfügen. In Übereinstimmung mit sozialstatistischen Untersuchungen handelt es sich bei den *„Existenzsichernden"* vorwiegend um jugendliche MigrantInnen mit schlechten Chancen auf einen guten Bildungsabschluss.

Zusammenfassend lässt sich das Verhältnis der Typen untereinander auf die einfache Formel reduzieren: je schlechter die individuellen und sozialen Ressourcen, desto kleiner gestaltet sich der Möglichkeitsraum und desto einschneidender wirken sich ungünstige strukturelle Bedingungen wie Lehrstellenknappheit oder restriktive Selektionsbedingungen auf den

Berufsfindungsprozess aus. Ohne gefestigte Interessen, die sich häufig aufgrund von Freizeitaktivitäten entwickeln, wird es für Jugendliche schwierig, eine Berufsorientierung überhaupt auszubilden. Um einen mit individuellen Anforderungen zu vereinbarenden Beruf dann auch zu finden, bedarf es häufig der Unterstützung durch die Eltern oder Drittpersonen wie die Lehrkräfte. Jugendliche mit den schlechtesten Ausgangsbedingungen, wie der im Folgenden dargestellte Fall, äussern denn auch am deutlichsten die Angst vor Arbeitslosigkeit oder die Befürchtung, eine unqualifizierte Arbeit verrichten zu müssen.

2.3 Fallbeispiel aus dem Typus der „Existenzsichernden"

Zum Zeitpunkt des Interviews befindet sich Aida Selimi im ersten Lehrjahr einer Verkäuferinnenlehre in einer Bäckerei. Ihre Eltern kamen vor rund 20 Jahren aus dem Kosovo in die Schweiz. Der Vater verfügt über einen Maturitätsabschluss, arbeitete in der Schweiz zuerst als Gerüstebauer, dann als Schlosser und bildete sich in diesem Bereich zum Chef-Monteur weiter. Die Mutter von Aida konnte in der Schweiz nicht in ihrem gelernten Beruf als Kindergärtnerin tätig sein, sondern hat die ersten sieben Jahre in einer Frischfleischfabrik gearbeitet, danach in einer Zahnpasta- und Zahnbürstenfabrik. Vor allem die Mutter, aber erstaunlicherweise auch die hier geborene Aida selbst, sprechen beide nur gebrochenes Deutsch, was auf die relativ geringe Integration im Dorf, in dem sie wohnen, hinweist. Die beiden älteren Brüder von Aida stehen bereits im Erwerbsleben, in welches sie ohne Lehrabschluss eingetreten sind: der eine arbeitet in einer Fabrik, der andere hält sich mit Temporärjobs über Wasser. Der jüngste Bruder besucht zur Zeit noch die obligatorische Schule. Die Vermutung, dass Aida auch keine Lehre anstreben würde, scheint naheliegend. Für Aida Selimi steht jedoch fest, dass sie eine Lehre machen will – ein Umstand, der von Schweizer Jugendlichen gar nicht erst oder nicht mit vergleichbarer Vehemenz erwähnt wird. Für rund 85% eines Altersjahrganges wurde denn auch seit den 80er Jahren ein nachobligatorischer Abschluss auf der Stufe Sek II in der Schweiz zum Standard. Unter den Jugendlichen, die ohne nachobligatorische Ausbildung bleiben und somit die schlechtesten Chancen auf dem Arbeitsmarkt haben, sind Frauen, MigrantInnen und deren Nachkommen, schulisch Schwache und Unterschichtsangehörige überproportional vertreten (Meyer et al., 2001, 2).

Trotz dem mit Nachdruck geäusserten Willen von Aida, eine Berufslehre absolvieren zu wollen, ist ihr Berufsfindungsprozess kein einfacher. Als Tochter einer MigrantInnenfamilie vereint sie denn auch die zwei Merkmale, die in ihrer Kombination statistisch gesehen mit den schlechtesten Chancen auf der Lehrstellensuche einhergehen (Hupka und Stalder, 2004, 80). So besuchte Aida, wie die Mehrzahl der Migranten und Migrantinnen in der

Schweiz, den Schultyp mit Grundanforderungen (vgl. Meyer 2003, 2001), was ihre Chancen auf einen Beruf, der von einheimischen Jugendlichen als attraktiv eingeschätzt wird, erheblich verkleinert. Bezüglich der inhaltlichen Ausrichtung ihres Berufsfindungsprozesses fokussiert sie Berufe, die für junge Frauen gesellschaftskonformen Vorstellungen entsprechen. Dabei können hier primär- und sekundärsozialisatorische Prozesse ebenso prägend sein, wie der geschlechtsspezifisch segregierte Arbeitsmarkt auf die individuelle Berufswahl wirken kann. Durch die Beschränkung auf Geschlechtsstereotypen entsprechende Berufe verkleinert sich die Auswahl möglicher „weiblicher" Berufe im Vergleich zu den „männlichen" um ein Vielfaches (vgl. Borkowsky, 2000).

Was für Aida zum Zeitpunkt, als die Berufswahl in der Schule zum Thema wurde, feststand und sich bis heute als berufswahlleitend erhalten konnte, ist der Wunsch, im Beruf mit Menschen zusammenarbeiten zu wollen. Weiterreichende Vorstellungen oder Ansprüche an einen zukünftigen Beruf oder ein Berufsfeld sind bis heute sehr unklar geblieben. Trotz der diffusen Berufsorientierung grenzt sie sich vom Verkäuferinnenberuf, den sie gegenwärtig lernt, wiederholt und dezidiert ab. Sie erwähnt im weiteren zwei Berufe, ohne diese bisher konkret kennen gelernt zu haben: Krankenschwester und Büroangestellte. In der 9. Klasse habe sie sich einmal für eine Schnupperlehre in einem Büro beworben, dort jedoch eine Absage erhalten. Bleibt anzumerken, dass ihre Chancen mit einem Realschulabschluss äusserst gering sind, überhaupt und erst recht auf Anhieb eine Schnupperlehrstelle oder eine Lehrstelle im kaufmännischen Bereich zu finden. Über diesen Tatbestand scheint sie sich im Klaren zu sein, da sie in Zusammenhang mit der Option eines 10. Schuljahres erwähnt, dass sich dadurch ihr Spektrum an möglichen Berufen erweitert hätte. Zur Aufnahmeprüfung, die für dieses 10. Schuljahr erforderlich gewesen wäre, hat sie sich nicht angemeldet. In dieser Zeit bekam sie von einer Bäckerei die Zusage für eine Lehrstelle unmittelbar im Anschluss an ihre obligatorische Schulzeit. Den Hauptgrund, weshalb sie ihren Berufsfindungsprozess selber als problematisch erachtet, sieht sie darin, dass sie nicht genügend Zeit gehabt habe, sich mit der Berufswahl auseinander zu setzen und herauszufinden, was ihr gefallen würde.

> Ja, also ich meine, in der Real haben wir schon ein wenig angefangen über das zu reden und so, aber man hat auch gedacht, man habe noch genug Zeit und dann ist es auch schon vorbei gewesen. Ja, und da hat man dort einfach zu spät angefangen zu schauen, was denn einem so gefällt und so, das ist das Problem gewesen, ja, man hat einfach gedacht, man habe genug Zeit und dann ist es gleichwohl schon so schnell vorbeigegangen, ja. (Suter, 2004, 89, Fall 11)

Bezüglich der Ressourcen, die für eine erfolgreiche Berufswahl und Lehrstellensuche notwendig sind, bekam sie von ihren Eltern nur wenig konkrete Unterstützung:

> Also ja, wenn sie es gewusst hätten, wie das jetzt genau abläuft, die Mutter und der Vater, dann hätte ich sicher mehr Unterstützung bekommen, ja. Aber sie haben ja selber nicht gewusst wie es richtig, ja, wie es laufen sollte und so, ja. (Suter, 2004, 91, Fall 11)

Dieser von Aida geschilderte Tatbestand, dass ihre Eltern sie kaum zu unterstützen vermochten, ist insofern von grosser Bedeutung, dass in verschiedenen Studien die Rolle der Eltern im Berufsfindungsprozess von Jugendlichen als eine zentrale hervorgehoben wurde. So bieten gemäss einer Studie aus Hamburg (Beinke, 2002; Hoose und Vorholt, 1996, 15) die Eltern die grösste Orientierungshilfe im Urteil der Jugendlichen und werden am häufigsten zu Rate gezogen. Zu einem vergleichbaren Ergebnis kommen Herzog et al. (2004, 157), indem sie nachweisen, dass eine fehlende Elternunterstützung die Chancen auf eine erfolgreiche Berufswahl verringert.

Die Unterstützung durch die professionelle Berufsberaterin, welche die fehlenden Ressourcen der Eltern hätte kompensieren können, schätzt Aida als gering ein:

> Also ganz viel gebracht hat es eigentlich nicht, sie hat mir zwar einfach Unterlagen gegeben und gesagt wo es noch freie Lehrstellen hat, ja. Ja sonst habe ich einfach noch einen Film schauen können ja, über einen Beruf. Das ja, sonst eigentlich nicht wirklich. (Suter, 2004, 91, Fall 11)

Aufgrund der Aussage von Aida scheint sich die Unterstützung von der Berufsberaterin nicht von den Informationen zu unterscheiden, die sie bereits von ihrem Klassenlehrer der 9. Klasse erhalten hat. Eine weiterführende Untersuchung hinsichtlich des Angebots und der Zugangsmöglichkeiten zur lokalen Berufsberatung wäre hier zu einer Beurteilung der angebotenen Unterstützung notwendig. Im Gegensatz zu der von Aida ungenügend eingeschätzten Hilfeleistung der Berufsberaterin hebt sie die Betreuung durch den Lehrer sehr wohlwollend hervor. Ihn erachtet sie als eine für ihren Berufsfindungsprozess wichtige Person, obwohl er ihr nicht konkret mittels Kontakte zu Lehrbetrieben zu einer Schnupperlehrstelle oder einer Lehrstelle verhelfen konnte.

Hinsichtlich ihrer eigenen Ressourcen erstaunt, wie wenig Bewerbungen sie im Vergleich mit andern Jugendlichen geschrieben hat, nur drei hat sie abgeschickt: zwei an Bäckereien in nächster Nähe, wo sie zusätzlich persönlich vorbeigegangen ist und die erwähnte Bewerbung für die Schnupperlehre im kaufmännischen Bereich. Auffallend ist weiter, dass sie keine ausserschulischen

Aktivitäten erwähnt, die sie in eine bestimmte berufliche Richtung hätten lenken können. Ausserhalb der Schulzeit habe sie nie viel gemacht, auch keinen Sport, obwohl sie sich eigentlich noch gerne körperlich betätige.

Was ihren Berufsfindungsprozess hingegen prägte, ist die Angst, arbeitslos zu werden oder eine unqualifizierte Arbeit ausüben zu müssen. Diese Befürchtung hat den Ausschlag für die Verkäuferinnenlehre gegeben, obwohl sie selber gar nicht Verkäuferin werden will und ihr auch eine Cousine, die bereits als Verkäuferin arbeitet, davon abgeraten hat. Aida betrachtet diese Lehre als Zwischenlösung, sie will nicht Verkäuferin bleiben. Nach Abschluss der Berufslehre steht sie somit immer noch am Anfang ihres Berufsfindungsprozesses. Im Unterschied zu den Jugendlichen der andern Typen, die zu einem grossen Teil eine Weiterqualifikation ins Auge fassen, geht es bei ihr vorerst noch um eine Konkretisierung der Berufsorientierung. Aufgrund der institutionell vorgegebenen Phasen wurde sie zu einer Entscheidung gedrängt, ohne dazu bereit zu sein, ihr fehlte nicht der im Zitat aus der Einleitung erwähnte Wille, sondern die Zeit, herauszufinden, was sie wirklich will. Ob sie es schaffen wird, den Beruf zu wechseln und ihr nun die Zeit zur Verfügung stehen wird, den Beruf zu finden, den sie ausüben will, ist höchst ungewiss.

3 Schlussfolgerungen

Am Beispiel von Aida Selimi wurde deutlich, dass die Berufswahl nicht allein Ergebnis eines individuellen Entscheidungsprozesses ist, in welchem eigene Ressourcen, Interessen und Motivationen eine Rolle spielen, sondern die Berufsfindung von Sozialisationsprozessen und Gesellschaftsstrukturen stark beeinflusst wird. Aida verfügt über einen ausgeprägten Willen, eine Lehre machen zu wollen, worin sie vor allem von ihrer Mutter unterstützt wird, die selber über eine gute Qualifikation verfügt, sich jedoch in der Schweiz in einer schlechten beruflichen Situation befindet. Zugleich fehlt Aida eine konkrete Berufsorientierung, weder kann sie auf in Freizeitaktivitäten ausgebildete Interessen zurückgreifen, noch scheinen ihr die Eltern oder Drittpersonen genügend Unterstützung bieten zu können. Die Tatsache, dass sie dann letztlich einen Beruf „wählt", den sie gar nicht will, steht in engem Zusammenhang zur von ihr mehrfach antizipierten Gefahr der Arbeitslosigkeit und der schlechten sozialen Position unqualifizierter Arbeitskräfte.

Aufgrund des hier dargestellten Falles können drei Faktoren hervorgehoben werden, denen eine zentrale Bedeutung im Berufsfindungsprozess zukommt und welche die Zugangschancen auf einen gewünschten, attraktiven Beruf massgeblich strukturieren:

Eine Schlüsselrolle, insbesondere in der Ausbildung von Interessen und letztlich einer Berufsorientierung, spielen die *Freizeitaktivitäten*. Falls nicht auf bereits vorhandene Interessen zurückgegriffen werden kann, stellt sich, wie am Beispiel von Aida Selimi aufgezeigt werden konnte, die Herausbildung einer Berufsorientierung innerhalb der für die Berufswahl vorgegebenen Zeit als schwierig heraus. Die Interessensbildung, wie auch die Freizeitaktivitäten, stehen häufig in Zusammenhang mit dem sozialen und kulturellen Kapital der Herkunftsfamilie und der sozialen Integration am Wohnort. Insbesondere MigrantInnen aus dem ehemaligen Jugoslawien sind jedoch mit Schwierigkeiten konfrontiert, hier gesellschaftlich akzeptiert und integriert zu werden (Stolz, 2001).

Die für den Berufsfindungsprozess zentrale *Unterstützung durch die Eltern*, als zweiter Faktor, muss hinsichtlich der Kategorie Geschlecht und des Herkunftslandes differenziert werden: Es sind bei den hier untersuchten Fällen die Väter[5], die während der Lehrstellensuche mit ihren sozialen Netzwerken vor allem für ihre Söhne Wege zu öffnen vermögen und für diese Vorbildcharakter haben. Die Mütter bieten moralische Unterstützung und spielen für ihre Töchter eine wichtige Rolle, indem sie berufswahlleitende Fähigkeiten vermittelten. Zusammen mit dem Befund von Hoose und Vorholt (ebd. 1996, 32 ff.), dass Eltern vor allem die den Geschlechterstereotypen entsprechenden Fähigkeiten und Interessen ihrer Kinder erkennen und hinsichtlich der Berufswahl unterstützend wirken, lässt sich damit zu einem Teil die Reproduktion des geschlechtsspezifisch segregierten Arbeitsmarktes erklären. Bezüglich des Migrationshintergrundes wurde am Fall von Aida Selimi deutlich, dass ihre Eltern, die aufgrund ihrer Herkunft sozial tiefer positioniert sind, als sie dies in ihrem Herkunftsland waren, zwar dem Wunsch von Aida, eine Lehre zu absolvieren positiv gegenüberstanden, sich jedoch am Berufsfindungsprozess ihrer Kinder kaum oder nur wenig beteiligen konnten.

Drittens ist die *Unterstützung durch Drittpersonen* zu erwähnen: Primarlehrkräfte werden in den Interviews hauptsächlich von Jugendlichen ausländischer Herkunft als für ihren Berufsfindungsprozess bedeutsame Personen hervorgehoben[6]. Sie werden in einem positiven Sinne als wichtige Bezugsperson erwähnt, die am Berufsfindungsprozess aktiv teilnehmen. Gerade im Falle von Jugendlichen mit Migrationshintergrund

---

5   Mit Ausnahme einer allein erziehenden, vollzeitlich erwerbstätigen Mutter.

6   Es muss festgehalten werden, dass ein Nichterwähnen der Unterstützung von Lehrkräften durch schweizerische Jugendliche nicht unbedingt bedeutet, dass diese gar keine Rolle gespielt haben. Jedoch manifestiert sich in der subjektiven Relevanzsetzung zwischen schweizerischen und ausländischen Jugendlichen ein deutlicher Unterschied, der auf den grösseren Unterstützungsbedarf seitens der Jugendlichen mit Migrationshintergrund hinweist.

ist das Wissen der Lehrkräfte über Berufsfelder, wie auch konkrete Kontakte zu Betrieben von zentraler Bedeutung, da die Eltern der Jugendlichen über vergleichsweise wenig Ressourcen wie informelle Kontakte zu Lehrbetrieben oder offizielle Informationen verfügen. Ausschliesslich negativ erwähnt wurden bei den untersuchten Fällen die BerufsberaterInnen, da diese scheinbar nicht ihre Anliegen unterstützt haben, sondern vielmehr entsprechend ihrer Erfahrungen und ihres Wissens die Berufsorientierungen der Jugendlichen den realen Möglichkeiten anzupassen versuchten. Aussagen, die einer genaueren Untersuchung sowie einer Stellungsnahme der BerufsberaterInnen bedürften.

Angesichts der zunehmenden Unsicherheiten und Veränderungen auf dem Arbeitsmarkt und der Tatsache, dass der Eintritt in die Erwerbswelt nach wie vor einem wichtigen Schritt in ein autonomes Leben junger Erwachsener entspricht, behält die berufliche Qualifikation wie auch die Ausbildung einer beruflichen Identität einen zentralen Stellenwert im Lebenslauf eines jungen Menschen. Konkret zeigen sich anhand der Fallrekonstruktionen Ansatzpunkte, wo aufgrund struktureller Merkmale die Möglichkeitsräume eingeschränkt sind und wo der Berufsfindungsprozess vermehrt Unterstützung erfahren sollte. Ausgehend von den drei Bereichen: Freizeitaktivitäten, Unterstützung durch die Eltern und durch Drittpersonen wie Lehrkräfte und Berufsberatung lassen sich mögliche Interventionsmassnahmen ableiten. Im schulischen Feld könnten sich hinsichtlich des Einflusses der Lehrpersonen, der Zusammenarbeit mit der Berufsberatung, mit Lehrbetrieben, wie auch mit offener Jugendarbeit allenfalls Ansätze ergeben, die ein besseres und frühzeitiges „Coaching" ermöglichen. Voraussetzung dazu ist eine Sensibilisierung für die gesellschaftliche Strukturiertheit sowohl des Überganges in die Berufswelt wie auch des Berufs- und allgemeinen Bildungssystems und der ungleichen Chancenstrukturen. Nicht verschleiert werden darf dabei das aktuelle Hauptproblem der ersten Schwelle, beim Übergang von der obligatorischen Schule in die Berufsbildung, welches beim dualen Berufsbildungssystem in der zu geringen Anzahl Lehrstellen liegt.

4   Literatur

Beck, Ulrich (1986), *Risikogesellschaft. Auf dem Weg in eine andere Moderne*, Frankfurt am Main: Suhrkamp.

Beinke, Lothar (2002), *Familie und Berufswahl*, Bad Honnef: Bock.

Boltanski, Luc und Eve Chiapello (2003), *Der neue Geist des Kapitalismus*, Konstanz: UVK.

Borkowsky, Anna (2000), Frauen und Männer in der Berufsbildung in der Schweiz, *Schweizerische Zeitschrift für Bildungswissenschaften*, 2, 279–294.

Bourdieu, Pierre und Jean-Claude Passeron (1971), *Die Illusion der Chancengleichheit. Untersuchungen zur Soziologie des Bildungswesens am Beispiel Frankreichs*, Stuttgart: Klett.

Häberlin, Urs; Christian Imdorf und Winfried Kronig (2004), *Von der Schule in die Berufslehre. Untersuchungen zur Benachteiligung von ausländischen und von weiblichen Jugendlichen bei der Lehrstellensuche*, Bern: Haupt.

Heinz, Walter R.; Helga Krüger, Ursula Rettke, Erich Wachtveitl und Andreas Witzel (1987), *„Hauptsache eine Lehrstelle". Jugendliche vor den Hürden des Arbeitsmarktes*, Weinheim: Deutscher Studien Verlag.

Herzog Walter; Markus Neuenschwander und Evelyne Wannack, *Berufswahlprozess bei Jugendlichen. Schlussbericht zuhanden des Schweizerischen Nationalfonds*, Bern: Universität Bern, Institut für Pädagogik und Schulpädagogik.

Hoose, Daniela und Dagmar Vorholt (1997), *Sicher sind wir wichtig – irgendwie? Der Einfluss der Eltern auf das Berufswahlverhalten von Mädchen*, Hamburg: Senatsamt für Gleichstellung.

Hupka, Sandra und Barbara E. Stalder (2004), Die Situation junger Migrantinnen und Migranten beim Übergang Sek I/Sek II, in: Schweizerische Konferenz der Gleichstellungsbeauftragten, Hrsg., *Achtung Gender. Ausbildungsverhalten von Mädchen und jungen Frauen: Trends und Tipps*, Zürich, 79–94.

Kelle, Udo und Susann Kluge (1999), *Vom Einzelfall zum Typus. Fallvergleich und Fallkontrastierung in der qualitativen Sozialforschung*, Opladen: Leske & Budrich.

Meyer, Thomas (2003), Jugendliche mit Migrationshintergrund, in: Bundesamt für Statistik, Hrsg., *Wege in die nachobligatorische Ausbildung. Die ersten zwei Jahre nach Austritt aus der obligatorischen Schule. Zwischenergebnisse des Jugendlängsschnitts TREE*, Neuenburg: BFS, 111–118.

Meyer, Thomas; Barbara E. Stalder und Monika Matter (2001), *Bildungswunsch und Wirklichkeit. Gemeinsames Projekt von Bund und Kantonen*, Bundesamt für Statistik/Schweizerische Konferenz der Kantonalen Erziehungsdirektoren.

SAKE (2004), *Schweizerische Arbeitskräfteerhebung (Oktober 2004)*, Neuenburg: Bundesamt für Statistik.

Suter, Simone (2004), *Berufswahl und Lehrstellensuche. Rekonstruktionen des Berufsfindungsprozesses von Jugendlichen*, Bern: Universität Bern, Institut für Pädagogik und Schulpädagogik, Forschungsbericht Nr. 26.

Stolz, Jörg (2001), Einstellungen zu Ausländern und Ausländerinnen, in: Hans-Joachim Hoffman-Nowotny (Hrsg.), *Das Fremde in der Schweiz*, Zürich: Seismo, 33–75.

Sennett, Richard (1998), *Der flexible Mensch. Die Kultur des neuen Kapitalismus*, Berlin: Berlin Verlag.

Wahler, Peter und Andreas Witzel (1996), Berufswahl – ein Vermittlungsprozess zwischen Biographie und Chancenstruktur, in: Karen Schober und Maria Gaworek, Hrsg., *Berufswahl: Sozialisations- und Selektionsprozesse an der ersten Schwelle*, Nürnberg: Institut für Arbeitsmarkt- und Berufsforschung der Bundesanstalt für Arbeit, 9–36.

Witzel, Andreas (2000), Das Problemzentrierte Interview, *Forum Qualitative Sozialforschung/ Forum Qualitative Social Research* (Online-Journal), 1(1). http://qualitative-research.net/fqs.

Heterogenität in der Schulklasse

Prozesse von Integration und Ausschluss bei Jugendlichen – eine Ethnographie in der Schule

Michaela Heid und Gisela Unterweger

1 „Integrations- und Ausschlussprozesse bei Jugendlichen in Ausbildungsgruppen" (NFP 51) – das Projekt
(Gisela Unterweger)

Das Projekt „Integrations- und Ausschlussprozesse bei Jugendlichen in Ausbildungsgruppen" läuft im Rahmen des Nationalen Forschungsprogrammes 51 mit dem übergreifenden Thema „Integration und Ausschluss". Es hat eine Laufzeit von insgesamt drei Jahren und sollte im Frühling 2006 abgeschlossen sein. Bei der Abfassung dieses Beitrags befinden wir uns in der Halbzeit.

Obwohl unsere Forschung in der Schule, genauer in zwei verschiedenen Schulklassen der Oberstufe in Bern und Basel angesiedelt ist, betreiben wir keine Bildungsforschung, die Institution Schule steht also nicht im Vordergrund der Untersuchung. Unser Hauptaugenmerk liegt auf den Jugendlichen, ihren Handlungen, Äusserungen und Einschätzungen, wie sie sich im schulischen Umfeld und später in den Berufsausbildungen oder in den Zwischenlösungen nach der obligatorischen Schule und vor einer Ausbildung zeigen. Unser theoretischer Hintergrund konzentriert sich auf die Jugendkulturforschung, dabei sind wir aber offen für andere theoretische Zugänge, die mit unserem empirischen Material fruchtbare Verbindungen eingehen. Ein besonderes Anliegen ist uns die Begrifflichkeit, da sich in Ausdrücken wie „Integration/ Exklusion", „Heterogenität" oder „Normalität" immer auch Konzepte oder Theorien verbergen.

Das Projekt unter der Leitung von Dr. Johanna Rolshoven wird von einer Doktorandin und einem Doktoranden durchgeführt und von einer wissenschaftlichen Mitarbeiterin begleitet; die Fragestellung der Untersuchung hat sich aus einer Ethnographie in einer Zürcher Schulklasse mit Fokus auf die Entwicklung kultureller Identität der Jugendlichen (Unterweger, 2002) heraus entwickelt. Untersuchungsorte sind Bern und Basel, wo Michaela Heid (Bern) und Nicholas Schaffner (Basel, WBS) je eine letzte Klasse der obligatorischen Schule während des Schuljahres 2003/04 begleitet haben. „Begleiten" meint in diesem ethnographischen Setting, dass beide DoktorandInnen sich mehrmals pro Woche ins Schulzimmer gesetzt haben, Schulausflüge mitgemacht und die Interaktionen und Äusserungen der Jugendlichen beobachtet und notiert haben. Ausserdem werden mit allen SchülerInnen wiederholt und über längere Zeiträume – also auch nach der obligatorischen

Schulzeit – qualitative Interviews durchgeführt. Die Beobachtung ist durch ein theoretisches Interesse zwar fokussiert, aber dennoch offen und unstrukturiert gehalten. Das Hauptinteresse richtet sich auf vielfältige Formen der sozialen Integration und des Ausschlusses, wie sie von den Jugendlichen selbst praktiziert und erlebt werden.

Was verstehen wir in diesem Zusammenhang unter Integration und Ausschluss? Diese etwas mechanischen Konzepte sind nicht sehr aufschlussreich, wenn man sie nicht mit anderen theoretischen Begriffen kurzschliesst, zum Beispiel demjenigen der Identität. Während „Integration" in einem erziehungswissenschaftlichen Kontext häufig mit Schulerfolg, z. B. der Kinder von MigrantInnen, operationalisiert wird, verstehen wir Integration oder besser Integrationen als einen komplexen Vorgang im Prozess der Identitätsbildung, der nie abgeschlossen ist und immer in Relation zu einem definierten Feld betrachtet werden muss. Jeder Mensch braucht für die Konstruktion seiner sozialen Identität symbolisch verankerte Zugehörigkeiten, sprich Integrationen in so unterschiedliche und einander überlappende soziale Felder wie Freundschaftsgruppen, Szenen, Berufsgruppen, Milieus, Altersgruppen, ethnische Gruppen usw., mit Menschen, die ihn jeweils als „seinesgleichen", als zugehörig akzeptieren. Von diesem vielfältig aufgefächerten Integrationsbegriff mit einem starken Bezug zum Identitätsbegriff gehen wir also aus. Wichtig ist uns vor allem die emische Perspektive der Jugendlichen, also die Frage, wie und wo und unter welchen Umständen sie sich selbst als integriert, als zugehörig erleben. Das heisst, dass wir im Lauf der Forschung das Aushandeln, Markieren und Interpretieren von Zugehörigkeiten über symbolische oder explizite Handlungen und Äusserungen beachten. Die ethnische oder nationale Zugehörigkeit als eine gesellschaftlich umkämpfte Kategorie ist in unserem Forschungszusammenhang zwar eine wichtige, aber nicht die einzige Form von Zugehörigkeit, die wir näher untersuchen.

In der jetzigen Phase des Forschungsprojektes sind die Erhebungen in den Schulklassen abgeschlossen. Die Doktorandin beziehungsweise der Doktorand begleiten ab jetzt die Verläufe der beruflichen oder nachschulischen Integrationen der einzelnen Jugendlichen, indem sie wiederholt qualitative Interviews durchführen. Diese tendenziell destabilisierende Übergangsphase ist für uns speziell von Interesse, weil sich viele der alten Zugehörigkeiten der Jugendlichen, insbesondere der Schulklasse, auflösen und sie sich in neue Felder integrieren müssen. Wie dieser Prozess genau bewältigt wird, ist eine zentrale Fragestellung des Projekts.

1.1 Theoretische Grundlagen aus der Jugendkulturforschung

Unser Interesse an jugendkulturellen Zusammenhängen, an der Perspektive der Jugendlichen, ihren Selbsteinschätzungen und Selbstpräsentationen, die immer im Verhältnis zum gesellschaftlichen Umfeld stehen, lässt sich in Verbindung bringen mit theoretischen Positionen der Jugendkulturforschung. Es ist allerdings nicht so, dass das ethnographische Vorgehen unseres Projektes und die ausgewählte Gruppe von Jugendlichen dem Mainstream der Jugendkulturforschung entsprechen würde, im Gegenteil. Vorherrschend sind auf der methodischen Ebene nach wie vor Interviews (qualitative wie quantitative) sowie schriftliche Befragungen. Auf der Ebene der Untersuchungsgruppen dominieren die in irgendeiner Form auffälligen, devianten oder randständigen Gruppen, ausgesuchte „Problemjugendliche" also. Auch wenn in den von uns ausgewählten Schulklassen durchaus Jugendliche vertreten sind, die von gesellschaftlicher Randständigkeit bedroht sind, war es uns ein Anliegen, auch wenig auffällige Jugendliche und deren vielfältige Integrationsprozesse zu betrachten. Dafür eignet sich eine Schulklasse mit einer tendenziell heterogenen Zusammensetzung besonders gut.

Ich möchte im Folgenden auf zwei für uns wichtige theoretische Zugänge der Jugendkulturforschung eingehen.

Peer Groups und Szenen

Eine zentrale Feststellung der Jugendkulturforschung, aber auch der psychologischen Identitätsforschung, ist die verstärkte Hinwendung von Jugendlichen zu Gleichaltrigen, zu Peers. Während in älteren Konzepten Jugend als ein blosser biologischer Übergang zum Erwachsensein aufgefasst wurde, ging man in neueren Ansätzen ab 1900 davon aus, dass „Jugend" eine eigenständige gesellschaftliche Kategorie mit spezifischen Dynamiken darstellt. Die Beobachtung, dass Jugendliche eine eigene Kultur entwickeln, die sich von gewissen Aspekten des Erwachsenseins abgrenzt und gewisse Aspekte vorwegnimmt, ging logischerweise einher mit der Beobachtung, dass Jugendliche sich vorzugsweise mit Jugendlichen zusammentun, auch wenn dieser Zusammenhang lange Zeit nicht speziell thematisiert wurde. In den 1950er-Jahren entwickelten Talcott Parsons, Shmuel Eisenstadt und Robert Bell eine strukturfunktionalistische Variante der Jugendkulturforschung, die den Begriff der *Peer Group* einbrachte. Die Peer Group wurde in diesem Modell als Sozialisationsagent interpretiert, der den schwierigen Prozess der Vermittlung von gesellschaftlichen Normen und Werten unterstützt und die Eingliederung der Jugendlichen in die Gesellschaft begleitet. Einerseits ermöglicht die Peer Group den Jugendlichen einen eigenen Bereich jenseits von Familie, Schule und Kirche, in welchem sie gegenläufige Tendenzen und Bedürfnisse ausleben können, andererseits bereiten die Strukturen der Peer Group (z. B. ihre hierarchische Ausrichtung) auf spätere Anforderungen vor. Kritisiert wurde an diesem Ansatz unter anderem, dass er normativ auf eine bestimmte Gruppe von weissen, mittelständischen Jugendlichen ausgerichtet ist und zum Beispiel für die Untersuchung von abweichenden Jugendkulturen nicht verwendet werden kann, weil er diese bloss pathologisiert.

Eine aktuelle Variante eines theoretischen Modells jugendlicher Vergemeinschaftung ist dasjenige, das von Ronald Hitzler und anderen ForscherInnen vertreten wird: das Szenekonzept. Szenen sind nach Hitzler „Thematisch fokussierte Netzwerke von Personen, die bestimmte materiale und/oder mentale Formen der kollektiven Selbststilisierung teilen und Gemeinsamkeiten an typischen Orten und zu typischen Zeiten interaktiv stabilisieren und weiterentwickeln" (Hitzler et al., 2001, 20). Im Vordergrund steht bei dieser Form jugendkultureller Gruppenbildung also nicht das gemeinsame Alter – Hitzler und seine Kollegen betonen denn auch, dass die Altershomogenität in Szenen keineswegs selbstverständlich sei –, sondern gemeinsame Interessen und die ästhetisch-lebensstilbezogene Ausformung eines kollektiven Selbstverständnisses. Das Szenekonzept lässt sich schwerlich auf Schulklassen übertragen, deren Zusammenhalt auf einem institutionellen Zwang und nicht auf Freiwilligkeit basiert. Trotzdem offeriert es interessante Perspektiven auf spätmoderne Formen jugendlicher Vergemeinschaftung, indem es zum Beispiel die Flexibilität und Offenheit von Szenegängern betont und nicht normativ ausgerichtet ist – ganz im Gegensatz zum älteren Peer Group-Modell.

Jugend zwischen Rebellion und Anpassung

Die Bilder, die von „der Jugend" in unseren Gesellschaften jeweils zirkulieren, werden oft unterstützt von wissenschaftlichen oder wissenschaftsnahen Deutungen und Interpretationen von Jugend. Es gibt wenig an Verhaltensweisen und Einstellungen, was Jugendlichen nicht zugeschrieben wird, das Spektrum ist – wie bei Erwachsenen auch – vielfältig und breit. Häufig liefern gerade wissenschaftliche Publikationen griffige Etiketten für eine bestimmte Generation von Jugendlichen. Aktuelles Beispiel ist die „Null Zoff, voll busy"-Zuschreibung, die der deutsche Erziehungswissenschaftler Jürgen Zinnecker (2003) formuliert hat. Und sie steht im Widerspruch zu einem sonst häufig gepflegten Bild von Jugendlichen, die sich gesellschaftlich quer stellen, Probleme verursachen, eine Form von Widerstandskultur entwickeln. Gerade die ältere Jugendkulturforschung mit ihrem Blick auf jugendliche Subkulturen und Gangs betonte das Bild des rebellischen Jugendlichen – und die männliche Form ist hier angebracht, denn viele dieser Subkulturen wurden von jungen Männern dominiert, was dazu führte, dass weibliche Jugendliche von einer kulturwissenschaftlichen Beachtung lange Zeit ausgeschlossen waren.

Dem steht eine eher neue Forschung gegenüber, die sich auch mit den „normalen", unauffälligen, angepassten, durchschnittlichen Jugendlichen beschäftigt. Sie stellt fest, dass Jugendliche keineswegs nur Antikultur leben und auf Normbruch und Grenzentesten spezialisiert sind, sondern dass sie sich sehr intensiv mit Fragen der Normalität beschäftigen, damit, was für sie in ihrem gesellschaftlichen Kontext als angemessen, gut und richtig gelten kann.

Der deutsche Sozialwissenschaftler Thomas Ahbe (1997) zum Beispiel hat ostdeutsche Jugendliche nach der Wende untersucht und stellte fest, dass deren Identitätsbildungsprozesse umso normierter verliefen, je begrenzter die sozialen und ökonomischen Ressourcen der Jugendlichen waren. Bei knappen Ressourcen hat Identitätsbildung in diesem Fall nichts Spielerisches, Offenes, sondern kommt eher einem Krisenmanagement gleich, dessen Sicherungsleine „Normalität" heisst. Was aber bedeutet „Normalität" in diesem Zusammenhang, wie wird bestimmt, was normal ist und was nicht? Auf welchen Referenzrahmen, welche Diskurse beziehen sich die Jugendlichen, wenn sie Normalität für sich festmachen und wie handeln sie in der Interaktion untereinander aus, was sie für „normal" halten sollen? Normalität ist wiederum ein schillernder Begriff, der einerseits eine statistische Normalität, eine Art Verbreitung oder Durchschnittlichkeit ausdrückt, andererseits aber auch mit moralischen Wertungen verknüpft ist. Wir gehen davon aus, dass die Frage der Normalität auch für die von uns untersuchten Jugendlichen zentral ist, dass sie Normalitätsvorstellungen für je unterschiedliche Felder unterschiedlich gestalten. Die Vorstellungen von Normalität haben sehr konkret mit Integration zu tun, sie drücken sozusagen die Expertise einer Zugehörigkeit aus. Wer von sich behauptet, zu wissen, was in einem bestimmten gesellschaftlichen Bereich als „normal" gilt, übernimmt damit eine Deutungsmacht über den Zugang zu diesem Bereich.

2 Methodisches Vorgehen mit ausgesuchten Beispielen aus der aktuellen Forschungssituation (Michaela Heid)

Wie bereits angesprochen, siedelt sich unser Projekt nicht in der Bildungsforschung an, da wir weniger ethnographische Schulforschung als *Ethnographie in der Schule* betreiben. Allerdings reflektieren wir die Bedingungen mit, die die Schule vorgibt, der Unterschied liegt aber darin, dass Schule für uns nur ein ausgewählter Raum, ein Schauplatz unter vielen ist, an dem sich Jugendkultur betrachten lässt. Schule ist also der Ort, aber nicht primär der Gegenstand unserer Untersuchung.

Im Folgenden möchte ich mein konkretes methodisches Vorgehen im Feld beschreiben und anhand einiger Beispiele einzelne theoretische Zugänge nochmals verdeutlichen.

Ich habe eine 9. Schulklasse während des gesamten Schuljahres 2003/04 begleitet, indem ich mich während des Unterrichts und in den Pausen in der

Klasse aufhielt und sie beobachtete. Die ersten Monate waren die schwierigsten, weil ich mich erst als Nicht-Lehrerin beweisen musste. Diese Phase des gegenseitigen Sich-Annäherns erforderte von mir, dass ich jeden Tag immer wieder aufs Neue Position beziehen musste. Den Einstieg und die Etablierung in einer Klasse von 15/16-Jährigen habe ich als problematisch erlebt und dachte am Anfang, dass ich unser Ziel, nämlich den sogenannten „insider point of view" zu finden, niemals erreichen würde. Da unser zeitlicher Rahmen das gesamte Schuljahr vorsah, konnte ich den Jugendlichen aber Zeit geben und musste nichts forcieren, was sich im Nachhinein als sehr förderlich erwies. Anhand meiner eigenen Integration in die Klasse liess sich der prozesshafte Charakter von Integration sehr gut nachvollziehen. Auch ich steckte in dem Dilemma, in dem sich sehr viele teilnehmende Beobachter befinden, nämlich einerseits als distanzierte Beobachterin die theoretischen Vorgaben im Auge zu behalten und andererseits sich im Feld, also in der Klasse als soziale Person zu integrieren. Aus diesem Grund schrieb ich während des Unterrichts nur wenig mit, weil ich nicht noch eine zusätzliche Distanz zu den Jugendlichen schaffen wollte. Erst nach der Schule verfasste ich ausführliche Beobachtungsprotokolle. Auch mit den Interviews begann ich erst, als ein Vertrauensverhältnis aufgebaut war.

Die Klasse bestand aus fünf Schülerinnen und neun Schülern. Nach den Herbstferien 2003 kam ein weiterer Schüler hinzu, der von einer anderen Schule verwiesen wurde, d. h. insgesamt waren es 15 SchülerInnen der Jahrgänge 1987, 1988 und 1989. Nur drei SchülerInnen hatten einen Schweizer Pass, zwölf einen ausländischen. Von den zwölf sind wiederum drei im Ausland aufgewachsen, die übrigen neun in der Schweiz, dazu werden auch diejenigen gezählt, die mit drei oder fünf Jahren in die Schweiz kamen. Die drei SchülerInnen, die nicht in der Schweiz aufgewachsen sind, stammen aus Sri Lanka, Kroatien und dem Kosovo. Die übrigen Länder, aus denen die SchülerInnen beziehungsweise ihre Eltern kommen, sind: jeweils zwei SchülerInnen aus Portugal und dem Kosovo, jeweils eine Schülerin beziehungsweise ein Schüler aus Spanien, Italien, Deutschland, England, Frankreich und Ecuador. Von den SchülerInnen aus Deutschland, Frankreich und England ist jeweils ein Elternteil SchweizerIn.

Die Schule arbeitet nach „Schultyp 4", d. h. mit einer „integrierten Oberstufe". Dies bedeutet, dass Real- und Sekundarniveau in einer Klasse gleichzeitig (parallel) unterrichtet werden. Dieses Schulmodell ist nicht besonders verbreitet und stellt somit ein besonders interessantes Untersuchungsfeld dar, wenn es um die Thematik von Integration und Ausschluss geht. Ein Jugendlicher antwortete auf die Frage, ob er die Situation mit den zwei unterschiedlichen Levels in einer Klasse gut finde, wie folgt:

> *J:* „Ja, das finde ich, also das für den Lehrer nicht gerade förderlich, der Lehrer muss Zeit haben für beide Gruppen, aber das macht es längstens wieder wett, weil (…) in so einem kleinen Schulhaus gäb's gar keine Oberstufe, wenn man es nicht so machen würde. Das fände ich extrem schade, wenn die Klasse auseinandergerissen würde und ihr seid Real, geht in dieses Schulhaus und ihr seid Sek, geht ins andere Schulhaus. Und dass wir hier zusammen geblieben sind, das hat vielleicht auch etwas dazu beigetragen, dass wir jetzt so gut miteinander auskommen. Weil wir arbeiten auf verschiedenen Ebenen und trotzdem hat niemand irgendwie das Gefühl, ich bin Sek, ich bin gescheiter, und umgekehrt auch nicht."

Mit „so einem kleinem Schulhaus" bezieht sich der Schüler darauf, dass an der Schule nur ca. 200 Schülerinnen und Schüler unterrichtet werden, mit jeweils einer Klasse pro Jahrgang. Es gibt feste Klassenverbände, in denen die Kinder und Jugendlichen ihre Schulzeit durchlaufen. Die meisten SchülerInnen kennen sich sogar bereits seit dem Kindergarten. In den Interviews haben die Jugendlichen immer wieder betont, dass es so, wie es sich mir in der 9. Klasse präsentierte, nicht immer gewesen war. Ein Jugendlicher sagte z. B.:

> *J:* „Das ist mir aufgefallen, also jetzt in der 9. und auch schon in der 8. ist der Zusammenhalt und das Verständnis innerhalb der Klasse viel besser geworden. Also vorher sind wir nie so gut ausgekommen." *I:* „Und was meinst du, an was das liegt?" *J:* „Keine Ahnung, alle sind älter geworden." Auf die gleiche Frage meint ein anderer Jugendlicher: „Weil in der 9., sie sind einfach intelligenter geworden, sie hauen einfach nicht mehr wegen jedem Mist rein."

Unsere Untersuchung ging davon aus, dass Prozesse der Exklusion im Vordergrund stehen würden, da es zu den Auswirkungen gelungener Integration weniger Erkenntnisbedarf gibt, u. a. weil sie auch keinen Handlungsbedarf hervorrufen. Die beobachtete Klasse zeichnete sich jedoch genau dadurch aus, dass trotz bestehender potenzieller Ausgrenzungsfaktoren wie Sprachfehler, körperliche Merkmale wie Übergewicht oder „abweichendes Verhalten" niemand in der Klasse ausgegrenzt wurde. Sowohl die teilnehmende Beobachtung wie die Interviews mit der Klasse ergaben, dass sich viele SchülerInnen und auch Lehrpersonen durch das provokante und aggressive Verhalten eines bestimmten Schülers, den ich hier Mauro nenne, gestört fühlten. Dennoch wurde auch dieser Schüler von der Klasse „toleriert". Nachfragen ergaben, dass man sich im Laufe der Jahre quasi an ihn gewöhnt hatte, sein „abweichendes Verhalten" war in der Klasse zur „Normalität" geworden. Eine Schülerin beschrieb es so:

J: „Und Mauro ist fast aus unserer Klasse ausgeschlossen worden, ja weil er, er ist früher viel anders gewesen." *I:* „Wie war er denn?" „Er hat viele Sachen gemacht." Nach längerer Pause fährt sie fort: „Früher war noch ein Mädchen da, sie hiess Paula. Nachher hat er ihr auf das Pult drauf gepieselt und viele Sachen. Er ist früher sehr schlimm gewesen. (…) Ja, alle haben gesagt, er soll von unserer Klasse gehen. Er soll sich entweder beruhigen oder er geht von unserer Klasse weg. Und nachher hat er sich beruhigt." *I:* „Er ist doch immer noch provokant." *J:* „Ja schon, wir wissen alle, dass Mauro so ist, er wird sich nie ändern. Er wird, glaub ich, das ganze Leben so bleiben. Aber ja, man muss mit ihm einfach umgehen können. Zum Beispiel sage ich zu ihm, Mauro hör auf, dann macht er das auch nicht gerade, wenn ich ihm das das erste Mal sage, aber beim zweiten, dritten Mal hört er auf."

An diesem Beispiel zeigt sich, dass es bei der Frage, was als „normal" empfunden wird, im Wesentlichen um (sich verschiebende) Toleranzgrenzen geht. Erst als die Schülerin sich gezwungen sieht, Mauro Grenzen aufzuzeigen, wird deutlich, dass sein vorheriges Verhalten von ihr als unzulässig eingestuft wird. Dennoch geht es hier um zwei verschiedene Fragestellungen. Obwohl sie sein Handeln als Verstoss gegenüber bestimmten Verhaltensregeln einstuft und es als nicht mehr tolerabel einordnet, sieht sie es dennoch als normal für Mauro an. Goffman (1996, 170) hat dies auf den Nenner gebracht, dass der Normale und der Stigmatisierte nicht Personen, sondern eher Perspektiven sind. „Er wird sich nie ändern" und „Man muss mit ihm einfach umgehen können" bedeuten, auch wenn sie nicht mit seinem Handeln einverstanden ist, kann sie ihn nicht ändern und so muss sie sich damit begnügen, ihm zumindest für ihre eigene Person immer wieder Grenzen aufzuzeigen. Zum einen wird ein Pragmatismus sichtbar, zu akzeptieren beziehungsweise zu tolerieren, was nicht zu ändern ist, zum anderen aber auch das Selbstbewusstsein, anderen gegenüber deutlich Handlungsgrenzen zu markieren. Dieser „selbstbewusste Pragmatismus", der einige Zeit brauchte, um sich zu entwickeln, ermöglicht erst die Bewältigung einer schwierigen Situation, die in einem anderen Fall wohl zu sozialer oder institutioneller Ausgrenzung geführt hätte.

Ähnliches wie in Bezug auf Normalisierungsprozesse lässt sich auch mit Blick auf ihre Bewerbungserfolge feststellen. Nur bei zwei Schülern hatte die Bewerbung um eine Lehrstelle zum Erfolg geführt. Keine Lehrstelle gefunden zu haben, galt in der Klasse nicht als „Stigma", wurde nicht als Versagen gewertet. Da 13 von 15 Jugendlichen keine Lehrstelle fanden, galt dies unter ihnen einfach als „normal". Hätten umgekehrt nur zwei von 15 keine Lehrstelle gefunden, würde die Situation wahrscheinlich anders aussehen. Daran wird deutlich, dass die Frage der „Normalität" entscheidend vom gegebenen Rahmen abhängt und die Grenzen der Normalität fliessend sind.

Beim Thema „Ausländischsein" zeigte sich, dass es innerhalb der Klasse zwar kein Merkmal von Ausgrenzung war, wohl aber auf einer Diskursebene als Erklärungsansatz für Ungleichbehandlung – sei dies durch den Lehrer oder bei der Lehrstellensuche – herangezogen wurde. Woran es liege, dass er keine Lehrstelle gefunden hat, antwortete zum Beispiel ein ausländischer Junge:

> *J:* „Es liegt nicht an den Noten, weil ich kann ja andere Sprachen, als was man in der Schule nicht lernt. Und ich finde darauf sollte ein Lehrmeister, sollte darauf auch schauen, als der hat nur 6, 6, 6. Man sollte auch darauf schauen, was die anderen können z. B. zwei Sprachen mehr oder so."

An diesem Beispiel wird auch deutlich, dass Mehrsprachigkeit in der Schule und bei der Lehrstellensuche nicht immer als Ressource ausländischer Jugendlicher angesehen wird. Nach meinen Erfahrungen geschieht dies in der Regel nur dann, wenn es sich um Sprachen handelt, die in der Schule unterrichtet werden wie Englisch und Französisch, nicht aber wenn es um andere Sprachen geht. So hat der Klassenlehrer mir gegenüber die Zweisprachigkeit eines Schülers als Grund dafür genannt, weshalb ausgerechnet er eine der so begehrten KV-Lehrstellen erhalten hatte. Dieser Jugendliche hat Französisch als zweite Muttersprache.

Nach Zinnecker (1992, 128 f.) entspricht das Hineinwachsen in Ausbildung und Beruf einer der drei wichtigsten Statuspassagen von der Jugend ins Erwachsenendasein. Dieser Übergang dehnt sich für 13 von 15 SchülerInnen zeitlich um ein volles Jahr aus. Das 10. Schuljahr wird von den SchülerInnen als „Zwischenlösung" gesehen, mit dem man seine Chancen auf dem Lehrstellenmarkt zu verbessern sucht. Auffallend ist, dass es die Gruppe der ausländischen Mädchen ist, die auch ohne Lehrstelle kein 10. Schuljahr machen möchte. Sie arrangieren sich mit Aushilfsjobs. Sie äussern zwar klare Berufswünsche, zeigen aber am wenigsten konkrete Handlungsentwürfe zu deren Umsetzung. Hier könnten sich eventuell desintegrative Tendenzen andeuten. Eine unserer Arbeitshypothesen war, dass Jugendliche, die nicht über ausreichende ökonomische, kulturelle und soziale Ressourcen verfügen, zu rigideren Orientierungen an einer Normalbiographie neigen beziehungsweise zu einem kleineren Handlungsspielraum, was Lebensstil und Lebensplanung anbelangt. Befragt nach ihren Zukunftsplänen, sei dies beruflich oder privat, hatten die ausländischen Jugendlichen zumindest die klareren Muster in ihren Köpfen, wozu die Gründung einer Familie unabdingbar dazu gehört. So sagt beispielsweise ein bereits zitierter portugiesische Junge:

J: „Ich möchte schon eine portugiesische Frau heiraten, so. (…) Ich möchte gern mal nach Portugal zurückkehren." *I:* „Wann willst du zurück?" *J:* „Ja, wenn ich alt bin, einfach. Wenn ich meine Sachen habe, meine Kinder habe. Wenn meine Kinder schon selber arbeiten gehen und vom Geld, was sie selber verdienen, wohnen können. Brauchen sie mich finanziell nicht mehr, dann bin ich ja, schon noch da, dann kann ich mich zurücksetzen."

Die Frage, weshalb es denn eine Portugiesin sein müsste, beantwortet er selbst an einer anderen Stelle des Interviews, als er mir den Unterschied zwischen Portugiesen und Schweizern erklärt:

I: „Sind denn Portugiesen anders als Schweizer?" *J:* „Sagen wir mal so, die die ich kenne schon, sind verschieden. Einfach die denken anders." *I:* „Kannst du ein Beispiel nennen?" *J:* „Nicht gerade Mädchen, aber allgemein, auch Jungen und so. Hier in der Schweiz, auch Ausländer so, die gehen einfach mit 20 alleine wohnen. Bei uns gibt es das nicht. Erst man wohnt zu Hause bei der Mutter, wenn man mal heiratet, kauft man sich eine Wohnung, Haus, was auch immer und geht von Hause weg. Das ist sehr wichtig und ich steh nicht gerade so auf Parties und so, nicht gerade Discos und so. Eine Frau, die nur in die Discos gehen will und so bis fünf Uhr morgens, kann nicht eine Familie haben. Kann schon eine Familie haben, aber dann ist es anders, dann passt sie nicht auf, auf die Kinder. (…)Weil wenn man Kinder hat, sollte man zusammen mit den Kindern zusammen etwas unterhalten und einfach zu ihnen stehen. Man macht nicht Kinder und sagt danach o.k. eine Babysitterin und so. Vielleicht ein Abend, vielleicht wo Mann und Frau zusammen etwas machen wollen, aber nicht bis fünf Uhr morgens so."

Er sprach sehr oft von Mentalität, wenn er nicht genau beschreiben wollte (oder konnte), wo die Unterschiede zwischen Portugiesen und Schweizern eigentlich liegen. Daraufhin fragte ich ihn, was er unter portugiesischer Mentalität verstehe. *J:* „Sie wollen auf jeden Fall, spielt jetzt keine Rolle, ob Frau oder Mann, auf jeden Fall Familie. Sehr wichtig, und bei den Schweizern nicht gerade so, nicht so wichtig, schon Kinder, aber nicht heiraten. Und wir Portugiesen wollen schon heiraten."

Dass bei den ausländischen Jugendlichen der Wunsch nach einer eigenen Familie im Zentrum ihrer Zukunftswünsche steht, ist möglicherweise damit zu erklären, dass sie ihre eigenen Herkunftsfamilien in problematischen Situationen als Stütze erleben, die ihnen Halt gibt. Die Schweizer Jugendlichen hingegen formulierten ihre Zukunftspläne sehr viel offener beziehungsweise wollten sich gar nicht dazu äussern. Zwei Antworten auf die Frage „Wie stellst du dir deine Zukunft vor?" *J1:* „Ich muss arbeiten, keine Ahnung. Ich sage nur eins, (…) warten wir's ab." *J2:* „Ich weiss es nicht. Ich kann das wirklich nicht sagen, es kommt, wie's kommen soll, ich überlege gar nicht so weit im voraus."

Im Zusammenhang mit ihren Zukunftsplänen und unterschiedlichen Konzepten von Lebensplanung stellt sich die Frage, ob die Hinwendung oder Orientierung an einer sogenannten „Normalbiographie" mit mangelnden Ressourcen zu tun hat oder ob sie Ausdruck eines traditionell stärkeren Familienbezugs – verstärkt durch die Migrationserfahrung – ist, der sich auch in der zweiten Generation noch äussert. Wenn es (auch) an den Ressourcen liegen sollte, schliesst sich die Frage an, ob ausländische Jugendliche im Einzelfall tatsächlich über weniger Ressourcen als Schweizer Jugendliche verfügen oder ob die Ressourcen, welche sie mitbringen, wie im Fall der Fremdsprachenkompetenz, nicht als solche anerkannt werden.

Die untersuchte Klasse kann als Beispiel dafür gesehen werden, wie Integration in einem sozialen Verband hergestellt werden kann, auch wenn die Voraussetzungen eher schwierig sind. Eine mögliche Erklärung liegt unseres Erachtens darin, dass das institutionelle Setting, die Schule, aber auch das Quartier als integrationsförderndes Umfeld eine gewisse strukturelle Hilfe bietet. So wird dadurch, dass der Klassenverband schon so lange existiert und man weiss, dass man noch eine ganze Weile miteinander zusammen sein wird und „muss", eine Integration von Störungen geradezu gefordert. Die Auswertung des Datenmaterials aus der Beobachtung und den Interviews wird solchen Fragen vertieft nachgehen.

3 Literatur

Ahbe, Thomas (1997), Ressourcen – Transformation – Identität, in: Heiner Keupp und Renate Höfer, *Identitätsarbeit heute. Klassische und aktuelle Perspektiven der Identitätsforschung*, Frankfurt am Main: Suhrkamp.

Goffman, Erving ([1967] 1996), *Stigma. Über Techniken der Bewältigung beschädigter Identität*, Frankfurt am Main: Suhrkamp.

Hitzler, Roland; Thomas Bucher und Arne Niederbacher (2001), *Leben in Szenen. Formen jugendlicher Vergemeinschaftung heute*, Opladen: Leske & Budrich.

Unterweger, Gisela (2002), *Klasse und Kultur. Verhandelte Identitäten in der Schule*, Zürich: Zürcher Beiträge zur Alltagskultur.

Zinnecker, Jürgen und Imbke Behnken (1992), Lebenslaufereignisse, Statuspassagen und biographische Muster in Kindheit und Jugend, in: Jugendwerk der Deutschen Shell, Hrsg., *Jugend 92. Lebenslagen, Orientierungen und Entwicklungsperspektiven im vereinigten Deutschland. Band 2: Im Spiegel der Wissenschaften*, Opladen: Leske & Budrich.

Zinnecker, Jürgen (2003), *Null Zoff & voll busy – die erste Jugendgeneration des neuen Jahrhunderts. Ein Selbstbildnis*, Opladen: Leske & Budrich.

Altersgemischte Lerngruppen – Umgang mit Heterogenität

Xavier Monn

1 Einleitung

Altergemischtes Lernen findet in der Schweiz aktuell in verschiedenen Kontexten statt. Die *Mehrklassenschulen*, in denen durch die Zusammenlegung von zwei oder mehr Klassen aus organisatorischen und administrativen Gründen altersgemischte Gruppen entstehen, erhalten aufgrund ihrer pädagogischen Möglichkeiten wieder vermehrt Beachtung. Auf diesem Hintergrund ist in den letzten zehn Jahren eine interessante Entwicklung zu beobachten. Einzelne *Projektschulen* oder ganze Gemeinden bilden aus pädagogischen Überlegungen und Überzeugungen bewusst altersgemischte Lerngruppen. Im *Schulprojekt 21* wurden im Kanton Zürich verschiedene Formen des Lernens in *klassenübergreifenden, altersdurchmischten* Gruppen entwickelt und erprobt. In der Diskussion um neue Wege der Einschulung (*Basis- beziehungsweise Grundstufe*) wird bewusst von altersgemischten Gruppen ausgegangen.

Mehrklassenschulen sind in der Regel kleine ländliche Schulen, an denen aufgrund der geringen Schülerinnen- und Schülerzahl das Bilden von Jahrgangsklassen nicht möglich ist. Je nach Anzahl der Kinder im Einzugsgebiet der Schule werden zwei, drei oder mehr Klassen zu einer Abteilung zusammengefasst. Nimmt man diese Definition als Grundlage, so werden in der Schweiz rund 20% der Schulen mehrklassig geführt. Auch wenn „Mehrklassen mehr als mehrere Klassen" sind (Rüegg, 1996, 10), so unterscheiden sie sich doch von einem Konzept des altersgemischten Lernens, das „durch die Bildung altersheterogener Klassen eine Unterrichtssituation [an]strebt, die die Unterschiedlichkeit von Schülern als Motor für soziales und sachbezogenes Lernen konstruktiv nutzen möchte" (Rossbach, 1999, 80). Solche *Mehrklassenschulen aus pädagogischen Gründen* sind in den letzten zehn Jahren an einigen Orten in der Schweiz entstanden.

2 Altersgemischte Mehrklassenschulen

Gemäss einem Bericht der Arbeitsgruppe Mehrklassenschulen (1993) werden Mehrklassenschulen aufgrund ihrer pädagogischen Möglichkeiten wieder vermehrt beachtet. Als solche erwähnt die Arbeitsgruppe das *familiennahe Lernen*, das *vor- und rückgreifende Lernen*, das *Bilden gemeinschaftlicher Verantwortung*, das *von- und miteinander Lernen* und das *individualisierte Lernen*:

> In einer altersgemischten Gruppe wachsen die Kinder in eine familienähnliche Gemeinschaft hinein. Ältere und Jüngere sind aufeinander angewiesen und können voneinander lernen. Bei gemeinsamen Arbeiten (…) öffnet sich der Horizont auf den Schulstoff mehrerer Klassen. Individuelle Lernwege sind über die eigene Altersstufe hinaus möglich. Selbständigkeit und Mitverantwortung beim Lernen gehören zum Schulalltag (ebd., 1).

Kennzeichen des Unterrichts ist das *Lernen in altersgemischten Gruppen*. Das Jahrgangsprinzip ist zwar nicht aufgehoben. Dank der verschiedenen Jahrgangsgruppen können jedoch Möglichkeiten genutzt werden, die an Jahrgangsklassen „nicht bestehen oder ‚künstlich erzeugt' werden müssen" (ebd., 2). Auch Rüegg (1996) weist darauf hin, dass sich „dieses Bewusstsein [dass nicht alle gleich schnell und in der gleichen Weise lernen] in Mehrklassenabteilungen in der Regel ganz von selbst einstellt" (ebd., 11), während es in Jahrgangsklassen gezielt gefördert werden muss. Er gibt jedoch zu bedenken, „dass die äussere Struktur allein nicht ausschlaggebend ist für eine sinnvolle Nutzung der Vielfalt. In einer Mehrklassenschule, die mit hohem organisatorischem Aufwand nach dem – einfach gleichzeitig geführten – Jahrgangsklassenprinzip geführt wird, kann dies weniger der Fall sein als in einer Jahrgangsklasse, in der die Vielfalt bewusst wahrgenommen und gelebt wird" (ebd.).

Der Schlussbericht (Sonderegger, 1992) des im Kanton St. Gallen von 1989 bis 1992 lancierten Projektes *Unterricht an Mehrklassenschulen* hält zusammenfassend fest, dass eine altersgemischte Lerngruppe wertvoll ist,

– weil sie eine natürliche Lerngemeinschaft ist, in der das Vorhandensein von verschiedenaltrigen Kindern mit verschiedenartigen Fähigkeiten ein Miteinander- und Voneinanderlernen ermöglicht;
– weil sich die Kinder im Verlaufe der Schulzeit in verschiedenen sozialen Stellungen erleben. Sie erfahren, was es heisst, sich in einer Kindergruppe unterzuordnen oder aber Führung zu übernehmen;
– weil das dynamische Wechselspiel zwischen Tradition und Veränderung Spannung und Lernchancen ins Schulleben bringt;
– weil soziale Fähigkeiten wie Rücksichtnahme, Toleranz, Hilfsbereitschaft im Schulalltag gelebt und geübt werden können;
– weil die Mehrklassenschule eine integrative Schulform ist, in der die Fixierung auf einen (fiktiven) Klassendurchschnitt vermindert wird. Altersgemischte Klassen ermöglichen ein besseres und flexibleres Eingehen auf die Fähigkeiten der Schülerinnen und Schüler;

– weil eigenständiges Lernen für alle einsichtig gefordert ist und eingeübt werden muss (ebd., 16).

Trotz dieser positiven Einschätzung findet Mehrklassenunterricht bis heute fast ausschliesslich in kleinen Schulhäusern statt, die allein im Dorf oder abseits in entfernten Gemeindegebieten stehen. Seit Mitte der 90er Jahre ist jedoch eine interessante Entwicklung zu beobachten:

> Die für Mehrklassenschulen typischen altersgemischten Lern-gruppen bieten Vorteile, die nicht zwingend nur in ländlichen Verhältnissen, in denen aus organisatorischen und finanzpolitischen Gründen mehrere Klassen zusammengelegt werden, zum Tragen kommen können. Wo sich Lehrerinnen und Lehrer, Behörden und Eltern positiv zum altersgemischten Lernen stellen, ist es durchaus denkbar, dass auch in grösseren Schulanlagen, wenigstens teilweise, die Kinder in gemischten Lerngruppen statt in Jahrgangsklassen unterrichtet werden (Rüegg, 1996, 12).

3 Altersgemischte Projektschulen

Was Rüegg noch als *denkbar* formulierte, ist inzwischen an einigen Orten umgesetzt worden. Einzelne Schulen oder gar ganze Gemeinden haben aus pädagogischen Überlegungen und Überzeugungen altersgemischte, mehrklassige Abteilungen eingerichtet, ohne dass dies aus organisatorischen Gründen notwendig wäre. Während in der Schulgemeinde Stans (NW) und im Stadtteil Zug-Oberwil (ZG) jeweils zwei Jahrgänge zu einer Doppelklasse zusammen-gelegt werden, findet der Unterricht beispielsweise in der Gemeinde Pfyn (TG), an der Brühlbergschule Winterthur (ZH), im Schulhaus Schanz (Stein am Rhein, SH) und im Alleeschulhaus Wil[1] (SG) in dreistufigen Abteilungen statt (1.–3. Klasse, 4.–6. Klasse). Auch die Schulen Zell und Schlatt (beide ZH) haben sich für dieses Modell entschieden. In einigen Projekten geschieht die Umstellung nach einer Vorbereitungsphase gemeinsam auf Beginn eines neuen Schuljahres, andere wiederum entscheiden sich für ein schrittweises Vorgehen, das den Umstellungsprozess auf mehrere Jahre verteilt. Einzelne Schulgemeinden wählen eine Kombination: Sie bieten parallel zu den Jahr-gangsklassen mehrklassige Abteilungen an oder erproben diese in einem Pilotprojekt, das bei erfolgreicher Durchführung in der ganzen Gemeinde eingeführt wird. Beispiele dafür sind Stans[2] oder das Projekt *OSA–2plus* der Oberstufe Alterswilen (TG). Das *Entwicklungsprojekt Stanser Primarschule*

---

1   www.prisma-wil.ch.
2   Informationen zum Leitbild finden sich unter www.stans.ch/schule.

EPS wurde im Auftrag des Schulrats durch den Zentralschweizerischen Beratungsdienst für Schulfragen ZBS evaluiert (Abächerli, 1997). Die positiven Ergebnisse führten zur Einführung des Modells in der ganzen Schulgemeinde Stans. Die Schülerinnen und Schüler der Oberstufe Alterswilen werden im Modell OSA–2plus nicht mehr in Jahrgangsklassen eingeteilt. Die Einteilung erfolgt in jahrgangsdurchmischten Lerngruppen ohne Leistungsdifferenzierung. Drei Lerngruppen bilden zusammen eine Gesamtklasse, die von zwei Lehrpersonen betreut wird. Nach einer intensiven Erprobungsphase mit einer Pilotklasse hat im Sommer 2003 die gesamte Oberstufe auf das neue Modell OSA–2plus umgestellt. In weiteren Schulen und Gemeinden werden zurzeit altersgemischte Modelle umgesetzt, konkret vorbereitet oder diskutiert.

Während bei den ländlichen, *traditionellen* Mehrklassenschulen die pädagogischen Argumente für das Lernen in altersgemischten Gruppen dazu dienen, für den Erhalt einer bedrohten Schule einzustehen oder darzulegen, dass die Mehrklassenschule eine „aktuelle Schulform" ist (Arbeitsgruppe Mehrklassenschulen, 1993), entstehen die mehrklassigen Projektschulen in einem Kontext der Schul- und Unterrichtsentwicklung. Die Arbeit in altersgemischten Gruppen geht einher mit anderen Reformansätzen wie z. B. *Freie Arbeit, Wochenplanarbeit, Projekte* und *offener Unterricht* (erweiterte Lehr- und Lernformen ELF). Ein aktuelles Beispiel dafür ist das Schulhaus *In der Höh* in Volketswil. Es umfasst alle Schulstufen vom Kindergarten bis zur Oberstufe. Unterrichtet wird in altersübergreifenden Stammgruppen (zwei Kindergärten, je drei Unterstufen-, Mittelstufen- und Oberstufenklassen) und in Lerngruppen, die nach Leistungen und Interessen zusammengesetzt sind. Auch im QUIMS[3]-Projekt *Integrative Schulung mit jahrgangsgemischten Klassen* im Schülerclub Nordstrasse Zürich erproben drei Lehrpersonen seit Sommer 2002 gemeinsam neue Unterrichtsformen, differenzieren ihren Unterricht nach individuellen Lernzielen und nutzen dabei die Chancen des altersgemischten Lernens.

Gemeinsam ist diesen Schulen das Bemühen, Heterogenität und Unterschiede als Potential für Lernprozesse zu nutzen. Vom Entscheid, mehrklassige, altersdurchmischte Abteilungen zu bilden, versprechen sich die Schulen zudem einen geeigneten Rahmen für die Integration von Kindern mit besonderen Bedürfnissen und Begabungen und eine verbesserte Zusammenarbeit unter den Lehrpersonen. Im Unterschied zu den Mehrklassenschulen aus administrativen Gründen eröffnet das parallele Führen von mehreren gemischten Abteilungen zusätzlich vielfältige Möglichkeiten der klassenübergreifenden Zusammenarbeit.

Der Gedanke des Lernens in einer altersgemischten Gruppe taucht in weiteren Reformprojekten auf. Zwei solche Projekte – das *Schulprojekt 21*

---

3   QUIMS steht für Qualität in multikulturellen Schulen: www.quims.ch.

und die Neugestaltung der *Schuleingangsstufe* – werden im Folgenden unter dem Aspekt der Altersdurchmischung knapp dargestellt.

4 Altersdurchmischtes Lernen im Schulprojekt 21

Das *Schulprojekt 21* war ein ursprünglich auf sechs Jahre angelegter Schulversuch an der Zürcher Primarschule. Gestartet wurde er 1998 in der Pilotgemeinde Affoltern am Albis. Ab 1999 folgten weitere Schulen aus 13 Gemeinden. Beteiligt waren rund 120 Primarschulklassen (1.–6. Klasse). Aufgrund der Ablehnung des neuen Volkschulgesetzes im November 2002, das verschiedene Projektelemente definitiv geregelt hätte, wurde das Projekt auf Ende Schuljahr 2002/03 abgeschlossen.

Im Teilprojekt *Lern- und Organisationsformen* wurde erprobt, wie sich die Ziele *Eigenständig Lernen* und *Lernen im Team* in altersdurchmischten Gruppen erreichen lassen. Ausgangspunkt war die Überzeugung, dass Gruppen mit Kindern unterschiedlichen Alters besondere Anreize für die Entwicklung von Kooperation sowie von Selbstständigkeit bieten. Dazu wurden die zwei Unterrichtsformen *Lernen in Jahrgangsklassen* und *Lernen in klassenübergreifenden altersdurchmischten Gruppen* kombiniert. Das durch die Lehrperson geleitete Lernen in der Klasse wurde ergänzt durch Phasen des eigenständigen, selbstorganisierten Lernens, einzeln oder im Team. Für das klassenübergreifende, altersdurchmischte Lernen mussten mindestens zwei Lektionen pro Woche eingesetzt werden. Im Konzept war vorgesehen, dass dieser Anteil im Laufe des Schulversuchs auf maximal die Hälfte der Unterrichtszeit erhöht werden konnte, was jedoch keine der Projektschulen umsetzte. Als weitere Ziele wurden die *Förderung der Schulhauskultur*, die *Aufnahme der Interessen der Kinder* und eine Förderung und Unterstützung der *Zusammenarbeit unter den Lehrpersonen* angestrebt.

Der Verlauf der ersten Projektetappe (1999/01) wurde durch das Pädagogische Institut der Universität Zürich in Zusammenarbeit mit der Zürcher Hochschule Winterthur evaluiert (Büeler, Stebler, Stöckli und Stotz, 2001). In Bezug auf das *Altersdurchmischte Lernen* (ADL) wurde untersucht, wie die Lehrpersonen die Projektvorgaben umsetzten, welche inhaltlichen, didaktischen und organisatorischen Herausforderungen entstanden und wie der Auftrag, Klassenunterricht mit altersdurchmischtem Unterricht zu kombinieren, die Unterrichtsgestaltung veränderte. Die Hauptbefunde[4] lassen sich folgendermassen zusammenfassen (Stebler, 2001, 77–92):

Das ADL hatte in jeder Schule ein anderes Gesicht. Der Auftrag, mindestens zwei Wochenlektionen ADL zu unterrichten, wurde in jeder Schule

---

4   Eine Zusammenfassung der Hauptbefunde zum Altersgemischten Lernen (ADL) findet sich auch unter www.didac.unizh.ch/forschung/abgeschlossen.

anders umgesetzt. Im ersten Jahr wurde vorwiegend projektartig gearbeitet. Im zweiten Jahr erweiterte sich der Fächer der Lehrformen um Werkstatt-, Plan- und Freiwahlarbeit. Sie bildeten den Rahmen für das eigenständige Lernen und für das Lernen im Team. Eine Gruppe von Lehrpersonen (ADL-Befürworter) sah den Vorteil des ADL vor allem im sozialen Bereich und bei der Zusammenarbeit der Lehrpersonen. Hingegen wurde der hohe Organisations- und Zeitaufwand als belastend erlebt. Eine grosse Gruppe der Lehrpersonen hätte am liebsten auf das ADL verzichtet. Für die Kinder war das ADL eine beliebte Ergänzung zur *richtigen* Schule. Die meisten Kinder schätzten das ADL und waren der Ansicht, von diesen Lektionen in sozialer und fachlicher Hinsicht profitiert zu haben.

5 Altersdurchmischung auf der Schuleingangsstufe

In der Diskussion über neue Wege der Einschulung wird ebenfalls von altersgemischten Lerngruppen ausgegangen. Diskussionsgrundlage ist in der Schweiz das Modell der *Basisstufe*. Im Unterschied zu den Mehrklassenschulen, die den Spielraum innerhalb des Jahrgangsklassenprinzips zu nutzen versuchen, und zum Schulprojekt 21, das den Unterricht in der Jahrgangsklasse mit dem Unterricht in der altersgemischten Gruppe kombinierte, ist in der Basisstufe die Jahrgangsklasse aufgehoben. Die Kinder im Alter von vier bis acht Jahren besuchen dieselbe Klasse. Sie können die Stufe in drei, vier oder fünf Jahren durchlaufen. Dies schafft eine konstante Gruppe mit konstanten Bezugspersonen. Die enge Zusammenarbeit – zwei Lehrpersonen teilen sich ein 150%-Pensum und unterrichten im Teamteaching – ist ein weiteres innovatives Element dieser Stufe. Die Basisstufe soll den Kindern eine individuelle Entwicklung vom *lernenden Spiel* zum *spielenden Lernen* ermöglichen. Sie versucht eine angemessene Antwort darauf zu geben, wie den grossen Entwicklungsunterschieden beim heutigen Schuleintritt begegnet werden kann.

Als Gründe für altersheterogene Gruppen wird angeführt, dass veränderte Familien- und Lebensformen vielen Kindern einen regelmässigen Kontakt mit anderen Kindern erschweren. Gleichzeitig werden soziale und kommunikative Kompetenzen in Beruf und Gesellschaft immer wichtiger. Erwartet wird, dass hier altersheterogene Gruppen vielfältige Gelegenheiten bieten für elementare soziale Erfahrungen, verschiedenartige Lernmöglichkeiten und gegenseitige Anregungen:

> In altersheterogenen Lerngruppen lernen Kinder voneinander und miteinander, ältere und begabtere oder in einem Gebiet weiter fortgeschrittene Kinder unterstützen jüngere oder weniger fortgeschrittene. Die Kinder erleben sich im Verlaufe der Basisstufe

in verschiedenen sozialen Stellungen und Rollen. Konkurrenz in Bezug auf ihre Leistungen wird im alters- und leistungsheterogenen Klassenverband verringert, kooperatives Lernen hingegen gefördert (EDK[5], 1997, 42).

Das Basisstufenmodell wird seit 2002 im *Pilotprojekt Basisstufe Muristalden*[6] in Bern erfolgreich erprobt. Die Kantone Aargau, Glarus, St. Gallen und Thurgau starteten im Sommer 2003 mit den ersten Versuchsklassen. Im Sommer 2004 begannen neben weiteren Klassen aus diesen Kantonen neu auch Klassen aus den Kantonen Zürich und Nidwalden mit den Schulversuchen.[7]

Im Unterschied zum schweizerischen Diskussionsmodell, das von einer vierjährigen Basisstufe ausgeht, fasst die im Kanton Zürich vorgesehene *Grundstufe* die beiden Kindergartenjahre und die erste Klasse zusammen. Wegen fehlender gesetzlicher Grundlagen konnte das Modell zuvor einzig in der Gesamtschule Unterstrass[8], einer privaten Mehrklassen-Tagesschule in Zürich, erprobt werden. Der Grundstufenversuch wurde vom Institut für Bildungs- und Forschungsfragen in Aarau extern begleitet und evaluiert. Der Schlussbericht (Stamm, 2003) macht Aussagen darüber, „inwiefern altersgemischtes Lernen stattfindet und mit welchen Begleiterscheinungen und Konsequenzen es verbunden ist" (ebd., 32). Dabei wird das altersgemischte Lernen aus zwei verschiedenen Blickwinkeln betrachtet. Im Bereich des *Erwerbs von Sozialkompetenzen* kann altersgemischtes Lernen aus *Elternsicht* sowohl positive wie auch negative Auswirkungen haben. Als positiv wird beispielsweise der Einsatz von verhaltensschwierigen Mittelstufenschülerinnen und -schülern als *Assistant Teachers* erwähnt. Probleme können entstehen, wenn ältere Kinder dominieren (Gruppenbildung, Mittagstisch, Pausenplatz). Hier spielt die Teamarbeit eine wichtige Rolle (Absprache, Einhaltung klarer Regeln). Laut Elternrückmeldungen überwiegen in sozialer Hinsicht die positiven Auswirkungen.

Aufgrund der wenigen verwertbaren Rückmeldungen im Bereich der *kognitiven Lernentwicklung* vermutet die Autorin, dass hier insbesondere das *Lernen am Modell* wirksam wird: „Das, was die Älteren bereits wissen, kommt für die Jüngeren einer Flüssigkeit gleich, die von einem ausgetrockneten Schwamm aufgesogen wird" (ebd., 32). So wirke die Altersdurchmischung idealtypisch, „indem (…) ältere und jüngere Schulkinder in einen (…) Dialog treten und soziales und kognitives Modelllernen miteinander verbinden" (ebd.). Schwierigkeiten könnten dann auftreten, „ wenn Kinder Lernprozesse

---

5   EDK steht für Schweizerische Konferenz der Kantonalen Erziehungsdirektoren.

6   Das Konzept und ein Bericht über das erste Projektjahr finden sich unter www.muristalden.com/basis.

7   www.edk-ost-4bis8.ch/Seiten/wirueberuns.html.

8   www.gesamtschule-unterstrass.ch.

ansteuern, welche nicht (…) ihren altersgemässen, kognitiven Kapazitäten entsprechen" (ebd.).

6 Forschungsbefunde

In den skizzierten Kontexten findet altersgemischtes Lernen in unterschiedlichen Varianten statt. Gemeinsam ist allen Ansätzen die Überzeugung, dass die altersheterogene Lerngruppe spezielle pädagogische Chancen und Möglichkeiten bietet. Sie soll besonders geeignet sein, individuelle Lernwege zu ermöglichen, Selbständigkeit und Mitverantwortung beim Lernen zu fördern und das Bilden gemeinschaftlicher Verantwortung zu unterstützen. Weiter wird davon ausgegangen, dass altersheterogen zusammengesetzte Gruppen eine gute Voraussetzung bilden für kooperatives Lernen. Insbesondere das Von- und Miteinander Lernen und das gegenseitige Helfen werden hervorgehoben. Ebenso wird erwartet, dass auf diesem Weg Kinder mit besonderen Bedürfnissen und Begabungen optimal gefördert werden können.

In den erwähnten Schlussberichten (Sonderegger, 1992; Stamm, 2003; Stebler, 2001) werden einige dieser erwarteten Vorteile bestätigt. Gemessen an den hohen Erwartungen, die mit dem altersgemischten Lernen verbunden werden und gemessen an der Bedeutung und der Aktualität des Themas ist die Forschungslage in der Schweiz jedoch unbefriedigend. So gibt es von den mehrklassigen Projektschulen nur vereinzelt Evaluationsberichte[9], weil die Schulgemeinden in der Regel nicht über die finanziellen Mittel verfügen, die Projekte extern wissenschaftlich begleiten und auswerten zu lassen. Die meisten Schulen führen regelmässig Selbstevaluationen durch. Einzelne Projekte sind als Erfahrungsberichte dokumentiert (z. B. Egli, 2002). Hingegen liegen kaum Untersuchungen über die *Wirkung* von altersgemischten Klassen vor. Einzig die gesamtschweizerische SIPRI[10]-Studie (Poglia und Strittmatter, 1983) untersuchte die Anzahl Schülerinnen und Schüler aus *Mehrklassenschulen*, welche weiterführende Schulen besuchten. Dabei konnten die häufig geäusserten Befürchtungen, Kinder aus Mehrklassenschulen seien in ihrem schulischen und beruflichen Fortkommen benachteiligt, anhand statistischer Untersuchungen nicht bestätigt werden (ebd., 37). Die Evaluation des *Schulprojekts 21* ermöglicht keine Aussagen über Lernerträge. Gemäss Stebler (2001) ist davon auszugehen, „dass sich allfällige Wirkungen des eigenständigen Lernens und des Lernens im Team erst mittel- bis langfristig nachweisen lassen" (ebd., 70). Aufgrund des aktuellen Forschungsstandes warnt sie denn auch ausdrücklich „vor übertriebenen und unangemessenen Erwartungen" in Bezug auf das altersdurchmischte Lernen (ebd.). Sie erachtet es aber als ein

---

9   Z. B. zu Stans: Abächerli, 1997.
10   SIPRI steht für Projekt SITUATION DER PRIMARSCHULE.

„vorrangiges und attraktives Ziel der externen wissenschaftlichen Evaluation (…), die Unterrichtsgestaltung zu dokumentieren" (ebd.).

7   Fazit

Ein Anfang ist damit gemacht. Weitere Erkenntnisse sind von den Schulversuchen mit der Basis- beziehungsweise der Grundstufe zu erwarten, die ab Herbst 2004 von einer breit angelegten Evaluation begleitet werden[11]. Aber auch die erwähnten Projektschulen, die im Bereich des altersgemischten Lernens Schwerpunkte setzen und neue Wege gehen, verdienen Beachtung und sollten vermehrt begleitet und evaluiert werden. Nötig sind weitere Untersuchungen, die den Einfluss auf das soziale und kognitive Lernen aufzeigen und anhand von Fallstudien die Unterrichtsgestaltung dokumentieren. Denn Lehrpersonen, die an altersgemischten Lerngruppen unterrichten, pflegen einen alltäglichen und selbstverständlichen Umgang mit Heterogenität. Ihre Erfahrungen und Kompetenzen sollen einfliessen in die aktuelle Diskussion, wie die Möglichkeiten der (alters)heterogenen Lerngruppe als Chance und Herausforderung genutzt werden können. Gefordert ist dazu jedoch ein neuer Umgang mit der Vielfalt:

> Kinder mit unterschiedlichen Lernvoraussetzungen lernen in unserer Schule nur dann mit- und voneinander, wenn wir Heterogenität nicht als etwas Lästiges, sondern als etwas Spannendes, als eine Chance, eine Herausforderung annehmen. Nehmen wir Abschied von der Vorstellung, Lernen lasse sich mechanisieren, rationalisieren, beschleunigen und nur in einem Unterricht mit möglichst gleichaltrigen, gleichartigen, gleichgeschalteten Kindern realisieren. Wenn mit Begabungsförderung Ernst gemacht werden will, gilt es, Abschied zu nehmen von dem Normierungsversuch in unserer Schule, dem Jahrgangsklassensystem. (Sonderegger, 1999, 57 f.).

8   Literatur

Abächerli, André (1997), *Entwicklungsprojekt Stanser Primarschule EPS. Evaluationskurzbericht*, Ebikon: Zentralschweizerischer Beratungsdienst für Schulfragen.

Arbeitsgruppe Mehrklassenschulen (1993), *Mehrklassenschulen – eine aktuelle Schulform*, Zürich: Erziehungsdirektion des Kantons Zürich.

---

11   www.edk-ost-4bis8.ch/Seiten/Evaluation.html.

Büeler, Xaver; Rita Stebler, Georg Stöckli und Daniel Stotz (2001), *Schulprojekt 21. Lernen für das 21. Jahrhundert? Externe wissenschaftliche Evaluation. Schlussbericht zuhanden der Bildungsdirektion des Kantons Zürich*, Zürich: Arbeitsgemeinschaft Evaluation Schulprojekt 21 (ARGE-SP21).

EDK (1997), *Bildung und Erziehung der vier- bis achtjährigen Kinder in der Schweiz. Eine Prospektive*, Bern: Schweizerische Konferenz der kantonalen Erziehungsdirektoren (EDK). Dossier 48A. (Verfügbar unter: www.edk.ch/PDF_Downloads/Dossiers/D48A.pdf.)

Egli, René (2002), *Von der Jahrgangsklassen-Schule zur Mehrklassen-Schule am Beispiel der Primarschule Schanz Stein am Rhein. Transferarbeit*, Luzern: Schulleitungsausbildung der Akademie für Erwachsenenbildung (AEB).

Poglia, Edo und Anton Strittmatter (1983), *Die Situation der Mehrklassenschulen in der Schweiz. Ergebnisbericht. Informationsbulletin Nr. 42*a, Genf: Schweizerische Konferenz der kantonalen Erziehungsdirektoren (EDK).

Rossbach, Hans-Günther (1999), Empirische Vergleichsuntersuchungen zu den Auswirkungen von jahrgangsheterogenen und jahrgangshomogenen Klassen, in: Ralf Laging, *Altersgemischtes Lernen in der Schule*, Hohengehren: Schneider Verlag, 80–91.

Rüegg, Marco (1996), Altersgemischtes Lernen. Mehrklassen – mehr als mehrere Klassen, *ZLV-Magazin*, 2/5, 10–12.

Sonderegger, Jürg (1992), *Projekt „Unterricht an Mehrklassenschulen" 1989–92. Schlussbericht*, Rorschach: Dienst für Schulentwicklung.

Sonderegger, Jürg (1999), Erster Förderort ist der Unterricht. Allgemeindidaktische Einführung, in: Schweizerische Koordinationsstelle für Bildungsforschung (SKBF), *Begabungsförderung in der Volksschule – Umgang mit Heterogenität*, Aarau: SKBF, Trendbericht SKBF Nr. 2, 45–60.

Stamm, Margrit (2003), *Evaluation „Pilotversuch Grundstufe". Schlussbericht zuhanden der Bildungsdirektion des Kantons Zürich*, Aarau: Institut für Bildungs- und Forschungsfragen.

Stebler, Rita (2001), Unterricht und Computernutzung, in: Xaver Büeler, Rita Stebler, Georg Stöckli und Daniel Stotz, *Schulprojekt 21. Lernen für das 21. Jahrhundert? Externe wissenschaftliche Evaluation. Schlussbericht zuhanden der Bildungsdirektion des Kantons Zürich*, Zürich: Arbeitsgemeinschaft Evaluation Schulprojekt 21 (ARGE-SP21), 65–113.

Integration an Mehrklassenschulen

Beatrice Friedli

1 Mein Arbeitsfeld: Die Schüpbergschule

Der Schüpberg ist ein kleiner Weiler, zur Gemeinde Schüpfen zählend, der knapp 15 km von Bern entfernt liegt. Die Schüpbergschule ist eine traditionelle Mehrklassenschule. Schon die Grosseltern und Urgrosseltern der heutigen Schulkinder besuchten diese Schule. Wie es damals gewesen sein könnte, ist auf dem bekannten Gemälde von Albert Anker „Die Dorfschule von 1848" zu sehen. Heute besuchen nicht vierzig, fünfzig oder sechzig Kinder diese Schule, sondern sechzehn – und trotzdem würde ich diese Klasse als sehr heterogen bezeichnen. Die Klasse umfasst alle neun Schuljahre, das Alter der Kinder liegt also zwischen sechs und siebzehn Jahren. Zudem kommen nur gerade sechs Kinder vom Schüpberg selber, die restlichen zehn Kinder besuchen diese Schule aus verschiedenen Gründen: Es sind Kinder mit Lernbehinderungen, mit Teilleistungsstörungen, mit Verhaltensauffälligkeiten und mit leichten körperlichen Behinderungen. Diese Kinder fallen im heutigen Schulsystem oft zwischen Stuhl und Bank, sie fühlen sich im Grossbetrieb Schule nicht wohl oder überfordert. Sie brauchen etwas mehr Zeit als andere und einen geschützteren Rahmen.

1.1 Begriffsklärung

Wenn ich von Integration spreche, rede ich von der Erfahrung aus meinem Berufsalltag. Es geht wie gesagt um Kinder mit Lernbehinderungen, Teilleistungsstörungen und Verhaltensauffälligkeiten. Ich schliesse mich bei der Definition von „Lernbehinderung" der Formulierungvon G. Sturny an:

> „Als lernbehindert bezeichnen wir einen Schüler, der in einer ungünstigen Lernsituation (gekennzeichnet durch innerschulische, ausserschulische und personale Bedingungen) den wesentlichen Anforderungen der Regelschule nicht gewachsen ist und somit Misserfolg und Überforderung erlebt, für den jedoch begründete Hoffnungen bestehen, dass er im Regelschulbereich mit gezielten Hilfestellungen die Kulturtechniken erlernt. Unser Lernbegriff schliesst weder schwere geistige Behinderung, noch Körperbehinderung, Sprach- Hörschädigung oder schwere Verhaltensstörung ein" (Sturny, 1984, 194).

Für den Begriff „Verhaltensauffälligkeiten und -störungen" übernehme ich die Definition von N. Myschker: Verhaltensstörungen sind „ein von der Erwartungsnorm abweichendes Fehlverhalten" (Myschker, 1981, zit. nach Marx, 1992, 20).

2 Bedingungen für eine erfolgreiche Integration

Seit über 20 Jahren wird an der Schüpbergschule ein integratives Konzept umgesetzt, das funktioniert und gelingt; es ist ein Konzept, das so gut funktioniert, dass jedes Jahr deutlich mehr Anfragen gestellt werden als Plätze vorhanden sind. Die Frage die sich hier stellt, ist folgende: *Welche Aspekte, welche Gegebenheiten, welche Massnahmen sind hier wirksam und tragen zum Gelingen der Integration bei? Welche Ressourcen ergeben sich aus der Kombination von Mehrklassenschule und Integration?* Um diese Frage beantworten zu können, macht es Sinn, die Schüpbergschule kurz vorzustellen: Mit dem Bild der Schüpbergschule, das hier skizziert wird, soll die Frage beantwortet werden, was die Voraussetzungen einer gelungenen Integration sind (vgl. Abbildung 1).

Tradition, Kontinuität

Wie bereits erwähnt, ist die Schule eine traditionelle Mehrklassenschule. Sie ist also mit dem Dorf, mit der Bevölkerung eng verbunden. Daneben ist sowohl vom Lehrerteam als auch von den Kindern her eine grosse Kontinuität vorhanden. Seit über 18 Jahren arbeiten wir zu dritt an dieser Schule. Auch bei längeren Unterbrechungen und Urlaubszeiten bleiben jeweils zwei Lehrpersonen des Teams in der Schule. Und die Schulkinder – ja einige von ihnen treten während neun Schuljahren immer durch die gleiche Türe!

Autonomie

Wir sind eine kleine Schule und haben eine eigene Schulkommission, die der Schule sehr nahe steht. Dies ermöglicht eine übersichtliche Organisation. Zusammen werden Organisationsformen entwickelt, die den Bedürfnissen *dieser* Schule gerecht werden. So haben wir z. B. die Einrichtung der drei Schnupperwochen. Bevor die Entscheidung für die Aufnahme eines Kindes aus einem andern Schulkreis oder einer anderen Gemeinde fällt, kommt das Kind drei Wochen schnuppern. Uns ist zudem die Autonomie der Kinder wichtig: Die Schulkinder bewältigen ihren Schulweg selbständig, das heisst es gibt keinen Fahrdienst. Die Kinder kommen zu Fuss oder mit dem Fahrrad zur Schule – und diese Schule liegt, wie der Name sagt, auf einem Berg!

Abbildung 1:   Voraussetzungen für gelungene Integration an der
               Schüpbergschule

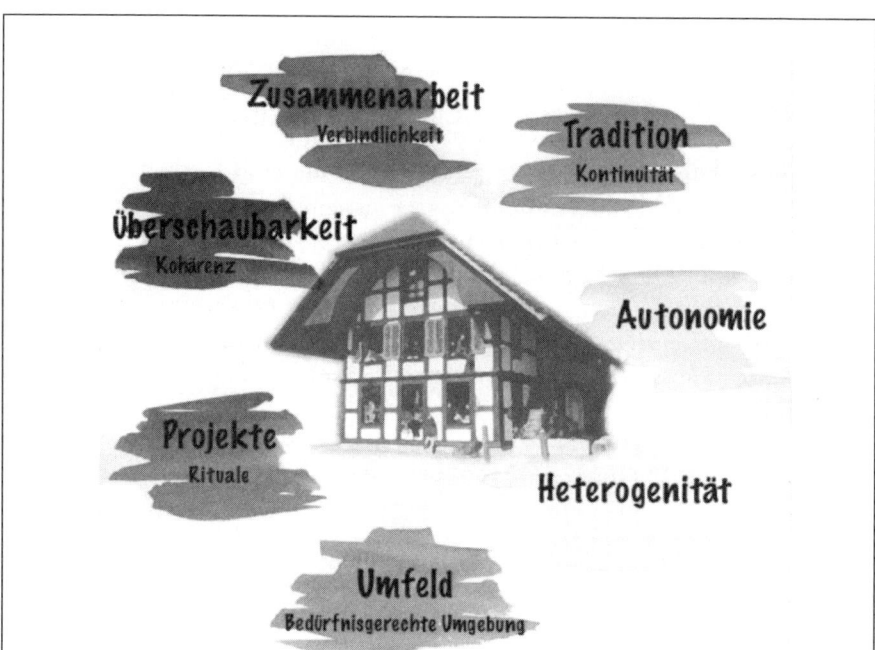

Bei Problemen die nicht gelöst, Fragen, die nicht geklärt werden können, haben wir im Team die Möglichkeit, mit einem Supervisor zusammenzusitzen – die Supervision wird über das generelle Budget abgerechnet.

Heterogenität

Die Klasse ist heterogen in Bezug auf das Alter der Kinder (6–17 Jahre), in Bezug auf die Lernfähigkeit und auf das Verhalten und in Bezug auf die geistige und körperliche Entwicklung.

Umfeld

Das Schulhaus, ein alleinstehender Riegelbau, liegt im Grünen. Es besteht die Möglichkeit ein Feuer zu machen. Oder man kann ein tiefes Loch graben, wenn man wissen will, wie tief die Erde nun wirklich ist. Der Wald ist nur fünf Minuten entfernt, dort finden die meisten Turnstunden statt, da es keine Turnhalle gibt.

Projekte, Rituale

Projekte und Rituale prägen unseren Schulalltag. Es gibt die jährlich wiederkehrenden Projekte wie den Märit, die Schülerzeitung oder das Theater. Seit Jahren betreuen wir ein selbstgebautes Waldhaus (mit allen Unannehmlichkeiten, die das mit sich bringt, wie Scherben zerschlagener Bierflaschen sammeln und entsorgen, oder die niedergerissenen Fussballtore wieder erneuern). Ausserdem putzen wir mit den Kindern zusammen das Schulhaus, da wir keinen Abwart haben; es gibt eine betreute Mittagszeit und einmal pro Woche einen Mittagstisch.

Überschaubarkeit, Kohärenz

Ein kleines Schulhaus, sechzehn Kinder, drei Lehrpersonen, eine Schulkommission – das ist für alle überschaubar, sowohl für die Kinder als auch für uns Lehrpersonen. Der familiäre Rahmen unterstützt die Kinder bei der Identifikation mit der Schule.

Zusammenarbeit

Eine enge, verbindliche Zusammenarbeit ist auf verschiedenen Ebenen gefordert: Im Team, mit den Eltern, der Schulkommission, mit den Behörden, den Dorfbewohnern, den beiden Erziehungsberatungsstellen Biel und Bern, mit dem Kinder- und Jugendpsychiatrischen Dienst.

Dies sind einige Facetten unserer Schule. Ich glaube, sie *alle* spielen eine Rolle bei der Frage nach den Voraussetzungen einer gelungenen Integration auf dem Schüpberg. Wenn es um die Schliessung von Gesamtschulen oder Kleinstklassen geht, sollte man neben die vielen Zahlen und Berechnungen immer auch dieses facettenreiche Bild einer lebendigen funktionierenden Integrationsschule stellen. Ich bin überzeugt, dass solche Schulen mit ihren Ressourcen wichtig sind in unserer Schullandschaft und längerfristig diese Schulform auch von den Kosten her gesehen Sinn macht. Rolf von Felten, der frühere Leiter der Erziehungsberatung Biel, spricht mir aus dem Herzen, wenn er sagt: „Das Verschwinden von Nischen, Ausnahmezuständen und Kreativität ist dementsprechend verbunden mit einer nicht einberechenbaren Kostenexplosion."

3 Forderungen der Integration

Welche Voraussetzungen und Bedingungen müssen erfüllt sein, damit Integration erfolgreich umgesetzt werden kann? Welche Aspekte der Heterogenität kommen den Anforderungen der Integration entgegen? Diesen zwei Fragen wollen wir uns nun zuwenden.

Stellen Sie sich ein Kind vor, das ein bisschen anders ist als die andern. Vielleicht arbeitet es langsamer, schreibt kaum lesbar oder ist sehr schüchtern und ängstlich. Vielleicht ist es ein grosses, schwerfälliges, träges Kind. Es könnte aber auch der bekannte Zappelphilipp sein oder ein jähzorniges Kind – oder ist es vielleicht hörbehindert? Was braucht nun dieses Kind, damit es sich in einer Gruppe wohlfühlt und sich seinen Fähigkeiten entsprechend entwickeln kann? Wie muss die Lerngruppe gestaltet sein? Anhand der drei Kompetenzbereiche versuche ich diese Frage zu erläutern:

Sozialkompetenz

Das Kind muss die Unterschiedlichkeit, das Anderssein im Zusammenleben erfahren können und zwar als etwas Alltägliches, als etwas, das zum Leben, zu einer natürlichen Lebensgemeinschaft gehört.

Selbstkompetenz

Lernbehinderte oder verhaltensauffällige Kinder sind oft unsichere und verunsicherte Kinder. Ein sozial stabiles Gefüge bedeutet Sicherheit, und Sicherheit braucht ein Kind, damit es Vertrauen und Selbstvertrauen aufbauen und so seinen Selbstwert stärken kann.

Tabelle 1:   Gegenüberstellung von Mehrklassenschulen und Jahrgangsklassen in Bezug auf die Integration

Mehrklassenschule	Was fordert die Integration?	Jahrgangsklasse
Vielfalt von Anregungen für die soziale Entwicklung; Tutorensystem ist Bestandteil des Unterrichts.	Sozialkompetenz: Unterschiedlichkeit im Zusammenleben erfahren.	Je homogener die Gruppe, umso auffälliger die Andersartigkeit.
Keine Anhäufung von Problemkindern; Erleben von verschiedenen Rollen.	Selbstkompetenz: Ein sozial stabiles Gefüge bedeutet Sicherheit.	Die ganze Klasse durchläuft zusammen schwierige Phasen. Fixierte Rollen.
Unterschiedliche Lernvoraussetzungen bedingen individuelles Lernen; vor- und rückgreifendes Lernen.	Sachkompetenz: innere Differenzierung; flexible Promotionsbestimmungen.	Ähnliche Lernvoraussetzungen; Festhalten an einem methodischen Gleichschritt und einer entwicklungspsychologischen Norm.

Sachkompetenz

Beim diesem Aspekt geht es um die Innere Differenzierung, welche für die Integration unabdingbar ist. Damit ein lernbehindertes Kind motiviert arbeiten kann, muss der Massstab bei ihm selber angesetzt werden, sonst erfährt es in erster Linie sein Anderssein, sein Nichtdazugehören, sein Nichtgenügen. Diese Innere Differenzierung muss so weit gehen, dass die Promotionsbestimmungen flexibel gehandhabt werden können.

Im Folgenden werde ich diese drei Aspekte in einer Gegenüberstellung von Mehrklassenschulen und Jahrgangsklassen betrachten (vgl. auch Tabelle 1). Dabei besteht die Gefahr zu generalisieren und zu fixieren. Deshalb möchte ich die Frage offen formulieren: Welches Prinzip zeigt sich in den jeweiligen Schulstrukturen, welche Entwicklungen werden durch die bestehenden Strukturen initiiert und welchen Anforderungen der Integration kann die jeweilige Struktur nicht entsprechen? Welche Eigengesetzlichkeiten sind also wirksam in Bezug auf die Integration?

3.1 Sozialkompetenz

In einer Mehrklassenschule sind die Unterschiede zwischen den Kindern offensichtlich. Im Schulalltag zeigt sich dies in den verschiedensten Situationen: So ist es im Turnen offensichtlich, dass man bei einem Ballspiel für die Erst- und Zweitklässler spezielle Regeln erfinden muss – die Kinder sind da übrigens sehr kreativ und oft viel toleranter als wir Lehrpersonen –, und es ist ebenso klar, dass man auf den schmächtigen Siebtklässler (es ist ein Kind mit einer Stoffwechsel-Krankheit) nicht so harte Knaller wirft wie auf den kräftigen Bauernbuben aus der vierten Klasse.

Einander Götti/Gotte sein: Das einander Helfen beruht in einer Mehrklassenschule nicht auf dem Prinzip, dass einige den Stoff schon beherrschen und andere nicht, und deshalb erstere, (weil sie gut sind) den letzteren helfen dürfen oder müssen, sondern es haben auch schwache SchülerInnen die Möglichkeit, die Helfenden zu sein. So kann ich als Lehrperson die lernschwache Laura aus der dritten Klasse mit den drei Erstklässlerinnen Übungen im Zahlenraum 1–20 machen lassen. Oder: es ist ein wohltuendes Bild, wenn beim Erzählen einer Geschichte die quirlige Zweitklässlerin auf dem Schoss der Achtklässlerin ihre Ruhe findet.

Durch die Mischung der Altersgruppen besteht eine sehr grosse Verschiedenheit unter den Kindern. Daraus erwächst eine Vielfalt von Anregungen für die soziale Entwicklung. Bei Schulbesuchen hören wir oft die Aussage: Das ist hier wie in einer grossen Familie – dies kommt dem Bild der natürlichen Lebensgemeinschaft nahe. Dass sich diese Situationen positiv auf die Soziabilität auswirken, ist offensichtlich.

Wie sieht es bei Jahrgangsklassen aus, welches Prinzip zeigt sich hier? Durch Klassifikation, Etikettierung, Selektion und Senkung der Schülerbestände werden in unseren Schulen möglichst einheitliche Gruppen gebildet. In den Klassen wird hiermit eine hohe Homogenität angestrebt und dies in der Annahme und Hoffnung, dadurch dem einzelnen Kind gerechter zu werden, es seinen Fähigkeiten entsprechend besser fördern zu können. Die Praxis zeigt aber ein anderes Bild: Immer mehr Kinder benötigen spezielle Fördermassnahmen, obwohl sie in recht homogenen Jahrgangsklassen unterrichtet werden. Trotz der Einrichtung der Heilpädagogischen Ambulatorien steigt die Zahl der Kleinklassen seit 1993 an.

Bei Urs Coradi ist dazu Folgendes zu lesen: „Jede Bestandesverringerung jedoch bringt ein neues Mass von Heterogenität zum Vorschein, was nächste Unternehmungen zur weiteren Homogenisierung nach sich zieht. Kleinere Klassen bringen nicht höhere Homogenität, sondern in der Wahrnehmung des Lehrers höhere Heterogenität zum Ausdruck" (Coradi, 1990, zit. nach Sonderegger, 28). Je homogener also eine Gruppe ist, desto auffallender ist die Andersartigkeit (vgl. Abbildung 2).

Abbildung 2:   Je homogener eine Gruppe, desto auffallender die Andersartigkeit. Welche Blume ist die nächste, die aussortiert wird? Gibt es einen Punkt, an dem der Strauss wirklich homogen ist?

Bedeutet dies, dass die Schulpolitik ein nie zu erreichendes Ziel verfolgt? Ist die Idee der Gleichheit und des Gleichschritts, welche im Namen der gerechteren Förderung angestrebt werden, vielleicht grundlegend falsch? Sind hier vielleicht auch Gründe und Ursachen für die nicht geplante Aufblähung des Therapiewesens zu finden? Dazu ein weiteres Zitat von Coradi: „Integration in eine Jahrgangsklasse ist im Grunde ein struktureller Widerspruch" (Coradi, 1990, zit. nach Sonderegger). Bei den Jahrgangsklassen zeigt sich folglich eine Struktur, die den Anforderungen der Integration nicht entspricht.

3.2 Selbstkompetenz

Beim Jahrgangsklassensystem durchläuft die ganze Klasse mehr oder weniger gemeinsam schwierige Phasen, wie zum Beispiel die Einschulungszeit, die Übertritte, die Pubertät oder die Schulmüdigkeit gegen Ende der Schulzeit. Welche Vorbilder haben die zwanzig pubertierenden Siebt- oder AchtklässlerInnen in ihrer Klasse? Woran kann sich hier ein labiles oder lernbehindertes Kind orientieren?

Ein weiterer problematischer Punkt ist, dass die Zusammensetzung der Klasse oft über Jahre gleich bleibt. Das kann einerseits Sicherheit bedeuten, wenn es ein gut funktionierendes Gefüge ist. Andererseits besteht die Gefahr, dass die Kinder ihre fixierten Rollen haben, die manchmal sehr unheilvoll sein können. Oft ist das Leiden vieler Kinder gross, wenn sie über Jahre den entstandenen Teufelskreis von eingespielten Mustern und Rollen nicht mehr verlassen können.

Welche Strukturen sind bei den Mehrklassenschulen zu finden? Die Anhäufung der Problemkinder (Pubertät, Schulmüdigkeit usw.) findet nicht statt, da die Schüler auf verschiedene Altersstufen verteilt sind. Beim Schuljahreswechsel bleibt immer ein bestehender Kern zurück. Das heisst, dass es in der Klasse immer Kinder hat, die mit allem vertraut sind und so auch Verantwortung für die neueintretenden Kinder übernehmen können. So kommen z. B. zwei oder drei neue Kinder in die Klasse. Voller Stolz können jetzt die Grossen (es sind die Zweitklässler) den Kleinen die wichtigsten Sachen erklären und zeigen – ausserdem können die „Neuen" jederzeit ihre Gotten oder Göttis fragen. Wenn man um die Bedeutung der ersten Schultage im neuen Schuljahr weiss, kann man diese mehr oder weniger problemlosen Anfänge nicht hoch genug schätzen. Im Weiteren bedeuten die jährlichen Wechsel auch, dass die Kinder Übung haben, sich auf neueintretende Kinder einzulassen, sie aufzunehmen und ihnen einen Platz zu geben. Auch hierzu ein Beispiel:

In der Schüpbergschule sitzen die Schüler in einem Kreis. Links von der Lehrperson (auch sie sitzt im Kreis) sitzen die Erstklässlerinnen, dann kommt die zweite Klasse, die dritte Klasse usw. Der Kreis schliesst sich mit dem Neuntklässler. Jedes Jahr rutschen die Kinder also ein Stück nach rechts, wechseln dadurch auch ihre Rollen und haben ihren Platz in einem festen, sichtbaren Gefüge. Kürzlich kam ein Sechstklässler zu uns, der in seiner Schule als sehr trotzig, jähzornig und verschlossen galt, die meiste Zeit wurde er deshalb vom Unterricht ausgeschlossen. Dieser Junge setzte sich bei uns in den Kreis – es hatte jüngere Kinder rechts von ihm und ältere Kinder links von ihm. Er wurde durch sie an seinen Platz eingeordnet. Was half ihm, in dieser Gruppe seine Ruhe zu finden? Half ihm dieses offensichtliche Platzfinden? Half ihm das sichtbare Vorhandensein des „Anderen" – der

Jüngeren, Älteren, Schwächeren, so zu sein wie er ist, nämlich *offensichtlich* anders als die andern? Sicher gibt es nicht nur eine Antwort auf diese Fragen – auf jeden Fall verbrachte Ralf zwei nicht nur einfache, aber gute Jahre in der Schüpbergschule.

3.3 Sachkompetenz

Da in einer Mehrklassenschule altersbedingt sehr unterschiedliche Lernvoraussetzungen gegeben sind, verlangt dies zwangsläufig individuelles Lernen. Der fiktive Klassendurchschnitt existiert nicht. Es findet ein vor- und rückgreifendes Lernen statt, d. h. ein Kind kann sich dort anschliessen, wo es seinen Fähigkeiten entsprechend dazugehört. So arbeitet z. B. ein Zweitklässler in der Mathematik mit den andern Zweitklässlerinnen zusammen, wechselt aber in der Sprache in die erste Klasse. Er muss dabei nicht das Schulzimmer verlassen und sich in eine neue Gruppe einordnen, der Wechsel findet in seiner Klasse statt. Ebenso findet das vorgreifende Lernen statt: Die Achtklässlerin hat im Französischunterricht aufgeholt und arbeitet nun mit der neunten Klasse zusammen und dies, ohne ein Sonderfall zu sein.

Dass das Tutorensystem in alle drei Kompetenzbereiche hineinwirkt, zeigt das Beispiel eines Kindes – wir nennen es hier Michael. Michael sprach in der ersten Klasse nicht oder nur im Flüsterton. In der Gruppe ist Michael noch heute – er ist jetzt in der vierten Klasse – meistens stumm. Wie geht man mit einem solchen Jungen in der Klasse um, der schon unzählige Abklärungen und Therapiestunden hinter sich hat? Die Struktur der Klasse kommt diesem Knaben entgegen. Es gelingt ihm nämlich, die Führung einer kleinen Gruppe zu übernehmen. Zum Beispiel kann ich Michael mit zwei Kindern aus der zweiten Klasse mit einer Matheaufgabe in den Gruppenraum schicken. In dieser neuen, überschaubaren Situation hat er den Mut laut zu sprechen und kann seine Verantwortung als Gruppenchef übernehmen. Strahlend kommt er mit seiner Gruppe zurück und hört sich zufrieden das gute Feedback der zwei jüngeren Schülerinnen an.

Da in der Jahrgangsklasse bei den Kindern ähnliche Lernvoraussetzungen bestehen, führt dies dazu, dass man als Lehrperson eher am methodischen Gleichschritt aller Schüler festhält. Der Lehrplan spricht von Grundanforderungen, welche zu erfüllen sind. Das heisst, es wird von einer entwicklungspsychologischen Norm ausgegangen, an die man sich zu halten hat. Erfüllt ein Kind diese Anforderungen nicht, fällt es aus dem Rahmen, fällt auf – oder hinaus. Das Prinzip der Jahrgangsklasse ist dasjenige der Homogenität. Es ist sicher jeder Lehrperson klar, dass sie zwanzig verschiedene Kinder in ihrer vierten Klasse hat, aber da sie ja alle in der vierten Klasse sind, geht man mehr oder weniger im Gleichschritt durch das Schuljahr. Kinder, die dieses Tempo nicht mithalten oder sich nicht anpassen können, weil sie schneller sind, fallen aus dem Rahmen, aus der Norm, sind auffällig. Als verantwortungs- und pflichtbewusste Lehrperson will man ihnen gerecht werden – Individualisieren ist angesagt, was dann oft Spezialunterricht oder gar Separation bedeutet.

In Mehrklassenschulen zeigt sich ein anderes Prinzip: Da die Unterschiedlichkeit offensichtlich ist und es auf Grund der bestehenden Vielfalt nicht möglich ist, eine Norm auszumachen, findet eine natürliche Individualisierung statt. Es ist eine Individualisierung, die in die Gemeinschaft eingebettet ist, bei der alle Kinder gleich sind – nämlich jedes für sich einzigartig: das ist die Chance der Heterogenität!

3.4 Fazit

Die beiden Klassensysteme (Jahrgangsklassen und Mehrklassenschule) weisen eine unterschiedliche Struktur auf: Die bestehende Vielfalt in der Mehrklassenschule verhindert eine Homogenisierung, welche in den Jahrgangsklassen als Ziel angestrebt wird. Die bestehende Vielfalt in jahrgangsgemischten Klassen erfordert weniger Selektion und ermöglicht somit mehr Integration.

Bei Hans Brügelmann (2002) findet man zu dieser Thematik eine eindrückliche Gegenüberstellung, die ich hier kurz zusammenfasse:

Wenn wir von einer Norm ausgehen, von einem normativen Denken und Empfinden,

– bedeutet *Heterogenität* „Abweichung" von einer Norm,
– bedeutet *Integration* Einbeziehung des „Andersartigen",
– bedeutet *Differenzierung* „Sonder"behandlung gegenüber der Normgruppe.

Verstehen wir unter „Normalität", dass jeder Mensch einzigartig ist, dass die Vielfalt die Norm ist,

– bedeutet *Heterogenität* schlicht „Unterschiedlichkeit",
– bedeutet *Integration* „Gemeinsamkeit",
– bedeutet *Differenzierung* Raum für die „Individualität" aller.

4 Schlussgedanken

Was sind die Folgen, wenn Kinder während neun oder mehr Jahren Schulzeit Erfahrungen mit dem Prinzip der Homogenität machen? Welche Auswirkungen hat es, wenn ihre Erfahrungen auf einem Schulalltag beruhen, in dem eine offengelegte oder unterschwellige Norm bestimmend für die Schullaufbahn und somit oft für die ganze Biographie eines Menschen ist? Welches sind die bleibenden und prägenden Erinnerungen

- für Meret, wenn sie in der Schule erlebt, dass Laura, die ihr immer weiterhalf, in eine andere Klasse versetzt wird, weil sie zu gut ist;
- wenn der kleine Philipp traurig dasitzt, weil auch er die Klasse wechseln muss, da er zu langsam ist;
- wenn der laute und unruhige Jan in die Stadt zu Schule gehen muss, weil er immer stört.

Die Reihe lässt sich beliebig fortsetzen. Welche Bilder entstehen da in den Köpfen unserer Kinder? Die Kinder lernen und erfahren so, dass es ein „richtig "gibt, dass es eine Norm gibt, die gilt, und dass diejenigen, die nicht in diese Norm passen, ausgesondert werden. Eine integrative Gesellschaft kann nur entstehen, wenn den Kindern heute Erfahrungen in heterogenen Gruppen ermöglicht werden, und sie die Vielfalt als normal und selbstverständlich erleben können.

5 Literatur

Brügelmann, Hans (2002), Heterogenität, Integration und Differenzierung. Empirische Befunde – theoretische Perspektiven, in: Friederike Heinzel und Annedore Prengel, Hrsg., *Heterogenität, Integration und Differenzierung in der Grundschule*, Jahrbuch Grundschulforschung, 6, Leverkusen: Leske & Budrich, 31–43.

Hildeschmidt, Anne und Irmtraud Schnell, Hrsg. (1998), *Integrationspädagogik. Auf dem Weg zu einer Schule für alle*, Weinheim und München: Juventa Verlag.

Jenzer, Carlo (1991), *Die Schulklasse. Eine historisch-systematische Untersuchung*, Bern: Peter Lang.

Laging, Ralf, Hrsg. (1999), *Altersgemischtes Lernen in der Schule*, Baltmannsweiler: Schneider-Verlag Hohengehren.

Marx, Rita (1992), *Integrieren oder Aussondern: die Sonderschule in der Sicht von Schülern und Eltern*, Weinheim und Basel: Beltz Verlag.

Sonderegger, Jürg (1992), *Unterricht an Mehrklassenschulen. Schlussbericht*, Rorschach: Pädagogische Arbeitsstelle des Kantons St. Gallen.

Sonderegger, Jürg (unveröffentlichtes Skript), *Mehrklassenschulen in der Schweiz*.

Sturny-Bossart, Gabriel (1984), *Die Schulung Lernbehinderter in der Schweiz*, Luzern: Edition SZH.

Sturny-Bossart, Gabriel, Hrsg. (1995), *Schweizer Schulen – Schulen für alle? Nicht behinderte und behinderte Kinder gemeinsam schulen*, Luzern: Edition SZH.

von Felten, Regula (1998), *Dreiphasenmodell zur Reintegration massiv querulierender Schüler*, Biel: Praxis-Forschung.

von Hentig, Hartmut (1993), *Die Schule neu denken*, München, Wien: Carl Hanser.

Lernziel Zusammenleben und zusammen lernen unter Bedingungen der Vielfalt

Ruth Bielmann-Gerber

1 Das Profil der Schule

„Me lehrt u läbt guet im Schwabgut" („Man lernt und lebt gut im Schwabgut") – dies ist unser Motto. Es weist darauf hin, dass die Schule ein Ort ist, wo dem Lernen zwei Bedeutungen zukommen: Lernen bedeutet nicht nur das Einmaleins zu beherrschen, sondern auch die Fähigkeit, Beziehungen aufzubauen zu Kindern aus verschiedenen Kulturen.

Die Schule liegt im Westen Berns mitten in einem Hochhäuserkomplex. Der soziale Belastungsindex dieser Wohngegend ist der grösste in Bern. Unsere Schule wird von 520 Schülerinnen und Schüler besucht, die in 21 Regelklassen, acht Kleinklassen, eine Klasse für Fremdsprachige, drei Invalidenklassen und zwei Kindergartenklassen eingeteilt sind. Die Schülerinnen und Schüler stammen aus 34 Nationen, wobei alle Weltreligionen vertreten sind. In vier Klassen gibt es keine Schweizer Kinder. 85% der Schülerinnen und Schüler sprechen eine andere Muttersprache als Deutsch. Das Verhalten der Kinder und deren Eltern ist geprägt durch den jeweiligen Migrationshintergrund und durch die bisherigen Lebenserfahrungen.

In den letzten Jahren sind die Unterschiede zwischen den Schülerinnen und Schülern in den kognitiven Lernvoraussetzungen, in den sprachlichen Kompetenzen und im Sozialverhalten grösser geworden. Die Interessen und der Leistungswille gehen weit auseinander, ebenso wie die Erwartungen an das geschlechtsspezifische Verhalten. Immer wieder kommt es deshalb zu Spannungen zwischen Knaben und Mädchen. Durch regelmässige Klassen- oder Gruppengespräche muss Klärungsarbeit geleistet werden. In solchen Gesprächen lernen die Kinder unterschiedliche Wertsysteme und Traditionen der verschiedenen Nationen kennen.

Wie können die Schulleitung und die Lehrpersonen die Schule als Begegnungs- und Lehr- und Lernort gestalten?

2   Gestaltungsebenen der Schule

Wir gestalten unsere Schule auf drei Ebenen:

1. Ebene: „Schule – Lehrpersonen"

Auf dieser Ebene geht es um den Geist und um die Grundhaltung der Schule, welche immer wieder kultiviert werden müssen. Werte und Normen, die im Leitbild festgeschrieben sind, müssen im Alltag gelebt und umgesetzt werden. Dazu gehört etwa die kontinuierliche schulinterne Weiterbildung der Lehrpersonen zu spezifischen Themen in den Bereichen Multikulturalität und Sprachenerwerb. Die Feedback-Kultur wird gepflegt durch gegenseitige Unterrichtsbesuche und durch Rückmeldegespräche in sogenannten „Qualitätsgruppen" von sechs bis acht Lehrpersonen.

2. Ebene: „Klasse – Schülerinnen/Schüler"

Mit vielfältigen Massnahmen versuchen wir, die Sprach- und Sozialkompetenz der Schülerinnen und Schüler zu fördern. Die Konfrontation mit dem Anderen soll dabei als Chance verstanden werden, eigene Vorstellungen und Erwartungen zu überdenken.

    In der ersten Klasse setzen wir eine Sprachstandsanalyse ein, um gezielt auf die Sprachdefizite der Kinder einzugehen. Für Kinder mit einer anderen Muttersprache bieten wir zusätzliche Lektionen in Deutsch an. Allen Schülerinnen und Schülern steht das Angebot der Aufgabenhilfe offen. Schülerinnen und Schüler der Oberstufe besuchen in der Freizeit das „SOL" – das selbstorganisierte Lernen.

    Die Tagesschule mit ihren künstlerischen und spielerischen Angeboten, der freiwillige Schulsport und das Fakultativangebot sind wichtige Standbeine unserer Schule. Ausserdem fördern wir die Sozial- und Selbstkompetenz zum Beispiel mit dem Theaterprojekt auf der Oberstufe und dem MUS-E Projekt (Multikulturelles soziales Schulprojekt für Europa) auf der Unterstufe. Unsere Schülerinnen und Schüler führen selbständig einen Pausenkiosk. Der Schülerinnen- und Schülerrat tagt regelmässig. Er organisiert Anlässe und macht Vorschläge zur Gestaltung des Schulalltags.

    Wir legen den Schülerinnen und Schülern unsere Unterrichtskonzepte vor und setzen uns dafür ein. Bei Konflikten sind wir bestrebt, schwierige Gespräche in der lösungsorientierten Sprache zu führen, und die Schülerinnen und Schüler zu ermuntern, selber Ideen zu entwickeln und ihr Verhalten zu verbessern. Wir planen auch Projekte, in denen bewusst Friedensarbeit gefördert wird.

3. Ebene: „Umfeld"

Durch den institutionalisierten Elternrat fördern wir die Zusammenarbeit mit den Eltern. Regelmässige Kontakte zu Behörden, Institutionen und Vereinen vernetzen unsere Schule mit dem Quartier.

3 Grenzen

Grenzen erfahren wir in den folgenden Bereichen:
Der Heterogenität der Schülerschaft wird in den äusseren Vorgaben oft nicht Rechnung getragen. So sind etwa die Beurteilungsformulare (d. h. die Zeugnisse) so angelegt, dass alle zum gleichen Zeitpunkt die gleichen Leistungen erbringen sollten. Deutsch müssen wir bei allen Kindern beurteilen, als wäre es ihre Erstsprache. Und dies, obwohl viele Schülerinnen und Schüler beim Schuleintritt grosse Defizite haben. Leider fehlen uns aber geeignete Lehrmittel für mehrsprachige Schülerinnen und Schüler.

Die Kommunikation mit den Eltern ist anspruchsvoll und sehr zeitaufwändig. Elterngespräche sind jedoch das beste Mittel dafür, die Dinge zu klären. Dieser Aufwand wird von den Behörden häufig unterschätzt.

Kindern in schwierigen Lebenslagen fehlen vielfach Vorbilder und klare Strukturen zuhause.

4 Das Integrationskonzept auf drei Säulen

Der Gestaltung unserer Schule liegt das in Tabelle 1 dargestellte Konzept zugrunde.

Tabelle 1: Das Integrationskonzept der Schule Schwabgut

Integration statt Assimilation	Kooperation statt Konkurrenz	Interkulturelle Kompetenz
– Identität erhalten und fördern; positive Identität schaffen – Unterschiede feststellen ohne zu werten – Gemeinsames betonen – Individualität erhalten – das Andersartige akzeptieren	– konstruktive Kontakte fördern – gemeinsame Ziele benennen – Gruppenzugehörigkeit positiv definieren	– (Mutter-)Sprache positiv bewerten; Deutsch fördern – Perspektivenwechsel ermöglichen – Strategien zur Konfliktlösung kennen – Wissen aneignen über fremde Kulturen

Nach: Meltem Avci-Werning (2004), Lernziel Zusammenleben. Das ABC der interkulturellen Arbeit, *Friedrich Jahresheft,* XXII „Heterogenität".

5   Anregungen und Schlussgedanken

Der Schulalltag zeigt uns, dass nicht alle Kinder zum gleichen Zeitpunkt dasselbe lernen können. Jedes Kind soll in seiner Individualität gestärkt und gefördert werden, unabhängig von seiner Herkunft und seiner Lernfähigkeit. Die heterogene Schule kann deshalb keine Einheitsschule mehr sein, sondern sie sollte ausgehend vom Kind – und nicht vom Lehrplan – als Lernraum gestaltet werden. Darin müssen auch künstlerische, spielerische und sportliche Angebote von aussen Platz haben.

Aus den Lehrerbildungsinstituten sollen kompetente, verantwortungsbewusste Lehrpersonen in die Schulen gewählt werden können. Insbesondere die Regierung und die Erziehungsdirektion möchte ich ermuntern, Neues zu wagen und innovative Schulen mit denjenigen Mitteln auszustatten, die sie benötigen, um aus Kindern Menschen zu bilden, auf die wir uns freuen, wenn sie einmal unsere Welt regieren. Dann können wir sicher sein, dass sie Kompetenzen haben in allen Bereichen: im lebenslangen Lernen, im Umgang mit Freud und Leid und im Umgang mit Menschen.

Sprachliche Heterogenität und der monolinguale Habitus der plurilingualen Schule

Ingrid Gogolin

1 Mehrsprachigkeit als Faktum

Die Bundesrepublik Deutschland ist, wie die Schweiz, durch Einwanderung auf Dauer multikulturell und vielsprachig; das Rad der Geschichte lässt sich nicht mehr zurückdrehen. Allmählich kommt Deutschland in die Situation, dass auch auf höchster politischer Ebene nicht mehr geleugnet wird: es ist ein Einwanderungsland. Weit entfernt aber ist man nach wie vor davon, dass die Folgen dieses Faktums für das Zusammenleben in Deutschland anerkannt und als Chance begriffen werden: als gemeinsame Ressource für die kulturelle und soziale Entwicklung aller Mitglieder der Bevölkerung – also sowohl der deutschen als auch der zugewanderten Menschen. Von Anerkennung dieses Faktums kann vorerst keine Rede sein. Die Lebenspraktiken und Ausdrucksformen der Migranten sind keineswegs als „normal" angesehen oder gar als wertvoll für die Gestaltung des Zusammenlebens – sieht man einmal ab von Ausnahmen, insbesondere der mit dem Thema befassten Expertinnen und Experten. Mehrsprachigkeit gilt nach wie vor nicht als legitime Bildungsvoraussetzung, auf die im Raum der Schule Rücksicht genommen werden müsste. Erklärlich ist dies durch eine Betrachtung der „Normalitätsannahmen" über die Zusammensetzung von Staatsbevölkerungen sowie ihre „üblichen" Merkmale und Eigenschaften, die sich historisch herausgebildet haben und jenseits einer geänderten gesellschaftlichen Lage nach wie vor wirksam sind.

1.1 „Monolingualer Habitus"

Zu diesen Normalitätsannahmen, die in der deutschen Gesellschaft allgemein, und speziell in der Schule, unangefochten gelten, gehört die Überzeugung, dass Individuen und Staaten „normalerweise" einsprachig seien. Diese Grundüberzeugung ist historisch als Begleiterscheinung der Nationalstaatenbildung in Europa zustande gekommen. In jener Epoche war es aus vielen Gründen – die vor allem mit der technischen und ökonomischen Entwicklung der Zeit und der Entstehung eines neuen Verständnisses von Regierung und Herrschaft zu tun haben –, funktional und notwendig, eine gemeinsame Verständigungssprache für die Menschen zu entwickeln, die zu der neuen gesellschaftlichen Ordnungsform Nation gehörten. Das zunächst funktionale Argument ist allmählich – in der deutschen Geschichte im Verlaufe des 19. Jahrhunderts – zur Ideologie geworden; die Nationalsprache wurde nicht mehr als ein Werkzeug der Verständigung angesehen, sondern galt zunehmend als der quasi-natürliche, angeborene Ausweis der Bindung der Menschen an ihre Nation. Die Geschichte des Entstehens der Grundüberzeugung, ein Mensch und ein Staat seien normalerweise einsprachig, versank dabei im Vergessen. Aus dieser Grundüberzeugung heraus – ich habe sie als „monolingualen Habitus" bezeichnet (vgl. Gogolin, 1994) – werden in der überwiegenden Zahl heutiger Nationalgesellschaften noch die Massstäbe dafür gewonnen, Sprachkönnen und Sprachpraxis von Menschen zu beurteilen sowie den „Marktwert" eines sprachlichen Vermögens zu bestimmen.[1] Die in Deutschland als legitim geltende Sprache ist das Deutsche, und ein Leben, das in der einen Sprache Deutsch geführt wird, gilt als das normale. Andere Sprachen, die auf deutschem Boden existieren, bekommen unter bestimmten Umständen und mit Einschränkungen Legitimität zuerkannt.

1.2 Legitime und illegitime Mehrsprachigkeit

Die Zuerkennung von Legitimität kann durch staatliche Akte geschehen. Dies ist in Deutschland der Fall, weil in Landesverfassungen einzelner Bundesländer nationale Minoritätensprachen offiziell anerkannt werden (Dänisch, Friesisch und Sorbisch). Die Bedingung für das Anerkenntnis ist hier die „Altansässigkeit" einer Sprache und ihrer Sprecherinnen und Sprecher, verbunden mit der deutschen Staatsbürgerschaft. Die Einschränkung der Akzeptanz betrifft die Region, für die sie Geltung hat: die Rechte, die man daraus ableiten kann, gelten nur in genau festgelegten Gebieten und keineswegs „allgemein". Ein analoger Modus, der im Falle der Schweiz ausgeübt wird, ist die Zueignung von Territorien zu Sprachen.

Ein anderer Modus, mehrsprachige Praxis mit „Legitimität" auszustatten, ist es, dass Sprachen in den offiziell gültigen Kanon der Schulfremdsprachen aufgenommen werden. Danach wird ihre Aneignung vom offiziellen Bildungswesen gesteuert, evaluiert und zertifiziert. Die Beherrschung solcher Sprachen gilt als Bildungswert. Aber persönliche Mehrsprachigkeit wird keineswegs unter allen Umständen gesellschaftlich anerkannt. Die für das Anerkenntnis notwendigen Bedingungen können speziell von Zuwanderern, die in mehreren Sprachen leben, oft nicht ohne weiteres erfüllt werden. Die mitgebrachten Sprachen der Migranten unterliegen – mindestens in Deutschland – üblicherweise nicht den traditionell legitimierenden und zugleich marktwerterhöhenden Mechanismen. Diese Sprachen besitzen weder einen besonderen rechtlichen Status, der ihnen Legitimität verleihen würde, noch haben sie eine Aufwertung durch Aufnahme in den schulischen Fremdspra-

---

1 Dies gilt im Prinzip analog auch für Staaten wie die Schweiz, die sich als mehrsprachig verstehen, aber jeder Sprache ein Territorium zueignen.

chenkanon erfahren. Das öffentliche deutsche Bildungswesen hat für den Ausbau und die Pflege dieser Sprachen in der Gemeinschaft ihrer Sprecher so gut wie keine Verantwortung übernommen; sie wurden nicht zum Teil des regulären Unterrichtsangebots erklärt. Lediglich in ausgewählten Regionen sowie einigen Schulformen und -typen sind sie überhaupt als Unterrichtsangebot vorfindlich. In diesen Fällen fungieren sie meist als gering geschätztes „schulisches Sonderangebot" – als ein Angebot, das unter anderem deshalb als minderwertig gilt, weil es sich prinzipiell nicht an alle Schülerinnen und Schüler richtet, sondern nur an Nichtdeutsche. Es erfolgt auf diese Weise nicht die Erhebung in den Rang eines allgemeinen Bildungsguts; die Legitimierung durch ein offizielles, allgemein gültiges Zertifikat bleibt diesen Sprachen versagt (vgl. hierzu die Analysen der schulischen Massnahmen für Minderheiten in den 16 deutschen Bundesländern in Gogolin, Neumann und Reuter, 2001). Die Sprachen Zugewanderter auf deutschem Boden sind in diesem Sinne illegitime Sprachen; die Praxis, sie alltäglich neben dem Deutschen oder zusammen mit ihm zu gebrauchen, gilt als illegitimer Sprachgebrauch (vgl. Gogolin, 1994; Gogolin und Neumann, 1997).

1.3   Grenzüberschreitende Mobilität als Motor für Mehrsprachigkeit in der Gesellschaft

Die zunehmende Mobilität der Menschen lässt diese Konstruktionen von Normalität und ihre Konsequenzen für unsere Gesellschaften fragwürdig werden. Die Fragwürdigkeit erhöht sich zumal angesichts der folgenden Entwicklung: Wir wissen aus der Forschung, dass grenzüberschreitende Wanderung immer seltener als ein einmaliger, abschliessbarer Prozess vollzogen wird. Zu beobachten ist statt dessen, dass Migranten auf vielfältige Weise die Verbindungen zur Region der Herkunft, zu Menschen und Institutionen dort offen halten. Dies schliesst auch ein, dass man einmal oder wiederholt vorübergehend im Gebiet der ursprünglichen Auswanderung für längere Zeit lebt. Gewiss ist das Aufrechterhalten von Kontakt zur Herkunft keine völlig neue Praxis von Migranten. Ihre Bedeutung für die alltägliche Lebensführung wächst aber dadurch, dass sich inzwischen die Fülle und die Qualität der Möglichkeiten zum vergleichsweise mühelosen wechselseitigen Kontakt so dramatisch verändert haben. Hauptursache dafür ist die rasante Entwicklung der Transportmöglichkeiten und der technischen Kommunikationsmöglichkeiten. Zusätzlich gefördert wird diese Entwicklung dadurch, dass einige der Rechtsregelungen, die den Menschen traditionell die Sesshaftigkeit in einem Nationalstaat nahe legen, in Veränderung begriffen sind. Für den deutschen Kontext sind die Bestimmungen zur Freizügigkeit der Niederlassung im Rahmen der (grösser werdenden) Europäischen Union besonders bedeutsam, die den Wechsel des Lebensorts erleichtern, ja geradezu dazu ermuntern sollen.

Diese Entwicklungen werden in der einschlägigen Forschung mit dem Begriff „Transmigration" bezeichnet. Als Folge solcher Entwicklungen entstehen „transnationale soziale Räume", in denen sich dauerhafte Formen der sozialen Positionierung entwickeln können. Diese sozialen Räume weisen Elemente – also soziale Strukturen und Institutionen – auf, wie man sie üblicherweise den ortsgebundenen sozialen Räumen zurechnet. Binationale Berufsausbildungsgänge, wie sie in einigen deutschen Regionen inzwischen existieren, sind ein Beispiel dafür (vgl. hierzu Pries, 1997; Gogolin und Pries, 2004).

„Integration" in die aufnehmende Gesellschaft und das Offenhalten einer Rückkehr- oder Weiterwanderungsperspektive sind, so betrachtet, keine unvereinbaren Gegensätze, sondern Ausdrucksformen einer neuen „normalen" Lebenswirklichkeit für eine wachsende Zahl von Menschen. Für diese Menschen ist die Pflege von mehr als einer alltäglichen Lebenssprache nicht nur üblich, sondern geradezu eine unabdingbare Voraussetzung für gesellschaftliche Teilhabe.

Für die Gestaltung schulischer Bildung sind diese Zusammenhänge höchst relevant, weil damit zu rechnen ist, dass Mehrsprachigkeit als Bildungsvoraussetzung dauerhaft erhalten bleibt – also auch dann beim grössten Teil der Schülerinnen und Schüler mit Migrationshintergrund noch eine Rolle spielt, wenn sie selbst gar nicht zugewandert sind, sondern der Migrationsprozess ihrer Familie vielleicht schon Generationen zurückliegt.

2 Monolingualer Habitus: ungewollte Effekte

Es kann davon ausgegangen werden, dass unter Lehrerinnen und Lehrern ein monolingualer Habitus ebenso verbreitet ist wie im überwiegenden Teil der Gesellschaft insgesamt. Dies ist nicht ihr Fehler oder ihre Schuld, sondern schlichte Folge der Habitualisierung selbst. Ein Habitus, so hat es Pierre Bourdieu definiert, ist eine Denk- und Handlungsmatrix, die unsere alltägliche Praxis steuert. Er ist für das Leben und Überleben notwendig, denn auf seiner Grundlage sind wir imstande, jederzeit routinisiert zu handeln. Ein Habitus ist veränderbar; der Mensch hängt keineswegs hilflos wie eine Marionette an den Fäden, die „sein Habitus" zieht. Aber für diese Veränderung bedarf es der Anstösse – beispielsweise des Entstehens von Bewusstheit darüber, dass ein habituelles Handeln einer Lage nicht mehr angemessen ist, und des ausdrücklichen Wunsches, die eigenen Routinen zu ändern. Im Zusammenhang mit Professionalität oder Beruflichkeit soll dieser Prozess in der Regel im Rahmen der Ausbildung (zumindest) angestossen werden.

In Bezug auf den monolingualen Habitus der Schule und der Lehrerschaft ist es nach unseren Beobachtungen noch nicht so weit – mindestens gilt das für Deutschland. Das sprachliche Selbstverständnis der Gesellschaft und der Schule ist kein Gegenstand der Lehrerausbildung, und Veranstaltungen wie die, zu der dieser Beitrag geleistet wurde, bilden eher die Ausnahme als die Regel. Daher rührt es, dass die Mehrzahl der Lehrkräfte in dieser Hinsicht nicht professionell handelt, sondern eben habituell – ganz so, wie ein Mensch, der nicht für den Lehrberuf ausgebildet ist. Die Folgen davon hat meine Forschungsgruppe in vielen Schul- und Unterrichtsstudien beobachtet. Eine Folge kann die explizite Verbannung von Mehrsprachigkeit aus dem schulischen Raum sein. Ein Beispiel dafür sind Schulregeln, die wir in vielen Schulen beobachtet haben, wie etwa die folgende aus einer Grossstadt-Schule in Deutschland. Da hiess es auf einem ausgehängten Plakat:

Verhaltensregeln !!!

Sich ruhig verhalten! Melden! Zuhören! Erst reden, wenn man dran ist!
Nicht dazwischen reden oder rufen! Jeden ausreden lassen! Keinen Streit!
Nicht unaufgefordert aufstehen oder herumgehen!
Keine schlimmen Wörter sagen!
Nicht im Unterricht essen oder trinken!
Wände und Tische nicht bekritzeln!
Nicht türkisch im Unterricht reden!

Etwa die Hälfte der Kinder an dieser Schule besass einen Migrationshintergrund, und für den grössten Teil von diesen war Türkisch die Familiensprache. Anzunehmen ist, dass sich solch explizites Beharren auf einer monolingualen „Normalität" in einer multilingualen Schule nicht zuletzt auf der Ebene von Motivation und sprachlichem Selbstkonzept von Kindern auswirken wird – und zwar negativ. Dieses Problem ist bislang noch nie explizit untersucht worden. Die Wahrscheinlichkeit aber, dass eine solche Zurückweisung von Merkmalen, Eigenschaften oder Kompetenzen von Kindern sich nachteilig auf ihr Lernen auswirkt, wird durch die zahlreichen Forschungsergebnisse nahegelegt, die besagen, wie wichtig – wenn nicht gar entscheidend – es für die Chance auf Bildungserfolg ist, dass schulische Aktivitäten in einem ermunternden, positiv verstärkenden Klima stattfinden. Der Ausschluss eines bedeutenden Teils der Lebensrealität eines Kindes von Anerkennung, wie er aus dem Beispielplakat spricht, lässt jedenfalls keine positiven Wirkungen auf das Lernen und den Erfolg in der Schule erwarten.

Andere Auswirkungen eines monolingualen Habitus bestehen eher im Verpassen von Gelegenheiten – anders gesagt: darin, dass in schulischen Unterrichtsroutinen nicht Lernen angeregt wird, sondern die Chance zu lernen regelrecht ausgeschlossen wird. Ein Beispiel dafür entnehme ich einer der Untersuchungen zum Mathematikunterricht, die gerade im Institut für International und Interkulturell Vergleichende Erziehungswissenschaft der Universität Hamburg durchgeführt werden, dem ich angehöre (vgl. hierzu Gogolin, Kaiser u. a., 2004). Uns geht es dabei um die Fragen,

- ob und in welcher Weise sich die sprachliche und kulturelle Herkunft von Kindern oder Jugendlichen in ihrem Zugriff auf mathematischen Lehrstoff bemerkbar macht, und
- in welcher Weise sprachliches Lehren im Mathematikunterricht inszeniert wird.

Aus einer Dissertation über den Mathematikunterricht in einer Grundschulklasse, die Marcus Schütte durchführt, stammt das folgende lehrreiche Beispiel: Die Klasse, die von Schütte untersucht wird, ist für Hamburg „ganz normal" zusammengesetzt: Sie besitzt einen Anteil von ca. einem Drittel Kinder mit Migrationshintergrund, die mehrsprachig aufwachsen. Es ging bei dem Unterricht, der beobachtet wurde, um eine Wiederholung zum mathematischen Konzept „Quersumme", das in vorherigem Unterricht eingeführt worden war. Dabei spielte sich Folgendes ab[2]:

1		Boris:	Ich weiss aber nicht was das ist
2	54:30	L:	Super das ist doch schon mal toll. Und warum hast
3			du dich nicht gemeldet und hast gesagt Frau
4			Carlson was ist denn das und was hat das mit
5			Mathe zu tun [S kichern] Wenn du das nicht weisst
6			dann musst äh du kannst doch nur irgendwas
7			lernen wenn du auch sagst ich weiss ich versteh
8			das nicht ich – es nicht – du musst nachfragen. So.
9			Berkan?
10		?:	Der hat sich nicht gemeldet
11	54:50	L:	Boris/
12		Boris:	Was ist überhaupt Quersumme/
13		L:	Find ich toll. schon mal `ne gute Frage. Volcan?/
14		Volcan:	Warum steht das da/
15		L:	Gute Frage Nathalie/
16		Nathalie:	Das sollen wir damit anfangen (undeutlich)
17		L:	Ja. Tangün/
1		Tangün:	Mann – die hat meine Frage genommen [Klasse
19			lacht]

---

2   Es sei Marcus Schütte herzlich dafür gedankt, diesen Ausschnitt aus seinen Daten hier publizieren zu dürfen. Vgl. im übrigen Schütte, 2005.

20		L:	Ünal?/
21		Ünal:	Ich weiss was die Quersumme bedeutet
22	55:12	L:	Das ist ja oh alle jetzt die Ohren spitzen [Schüler
23			Fassen sich an die Ohren/Unruhe/lachen] … Hallo
24			Boris
25	55:22	? :	Quersumme ist plus weisst du/[S reden
26			durcheinander]
27		L:	Der war ja auch wieder ganz klasse du (unklarer
28			Bezug) [L geht an die Tafel und schreibt Namen
29			an] Ok. Eins. Zwei. Lars. Deine Note ist derartig in
30			Gefahr weil du dich von ihm [L zeigt auf Lars
31			Sitznachbar] anstecken lässt. Und das ist dein
32			Fehler. Sei du für ihn ein Vorbild und nimm ihn
33			nicht als Vorbild … Ünal/
34	55:48	Ünal:	Die Quersumme bedeutet eine quere Strichlinie
35		S:	Nein Ah ich weiss (durcheinander) [S melden sich]
36		L:	Berkan?/
37		Berkan:	Das heisst das man alles gesamt macht
38		S:	Nein ich (durcheinander)
39		#L:	Nein. Ich weiss nicht genau ob da nicht was gutes
40			drin war. du hast es kann es sein dass du dich `n
41			bisschen falsch ausgedrückt hast
42		Berkan:	Ja Äm Wenn du alles zusammenrechnest
43			[Zwischenrufe der Schüler/nicht themenbezogen]
44	56:15	L:	Das ist da ist da steckt super viel gutes drin. Ich
45			glaub ich weiss was du meinst [S melden sich]
46			Volcan [L nickt Volcan zu]
47		Volcan:	Äm die Quersumme [deutet dabei mit dem Finger
48			eine schräge Gerade an/S lachen]
49	56:30	L:	So und jetzt spann ich euch nicht länger auf die
50			Folter [Unruhe/L geht zum Pult, holt ein Heft und
51			beginnt eine Aufgabe an die Tafel zu schreiben]
52			[S werden unruhiger/reden]
53	57:00	L:	[L ist fertig mit anschreiben, dreht sich zur Klasse,
54			einige S melden sich. Geht zu Cemal?, der sich
55			auch meldet und gibt diesem ein Stück Kreide]
56			Ähm Cemal?\ [Cemal geht an die Tafel]

An dieser Stelle bricht die Lehrerin den Dialog ab. Sie äussert, dass sie die Kinder nicht länger auf die Folter spannen wolle, und veranlasst einen Schüler, an der Tafel die Quersumme vorzurechnen.

Dieser Unterrichtsausschnitt zeigt in höchst illustrativer Weise, wie im Mathematikunterricht eine Chance verpasst wird, sprachliche Bildung zu inszenieren. Die entscheidenden Ereignisse beginnen in Transkriptzeile 2. Hier scheint sich ein Akt der Verbindung von fachlicher und sprachlicher Bildung anzubahnen. Die Lehrerin fordert einen Schüler (aber meint vermutlich auch alle anderen), auf, Verstehen oder Nichtverstehen zu artikulieren – „Und warum hast Du Dich nicht gemeldet und hast gesagt Frau Bachmann was ist denn das und was hat das mit Mathe zu tun." „Du musst nachfragen." An der folgenden Dialogsequenz wird sehr schön sichtbar, wie die Schülerinnen und Schüler diese Aufforderung verstehen und umsetzen. Sie produzieren nicht Nachfragen im Sinne von: ich artikuliere ein Verstehensproblem. Vielmehr sind es offenbar routinisierte Frageschemata, die sie (wohl eher: re-)produzieren. Die Lehrerin verstärkt diese Routine durch ihre Kommentierungen („schon mal ne gute Frage" …). Es geht also darum: gute Fragen stellen. In welchem Sinne die Fragen gut sind, bleibt im Dunkeln; die Fragen an sich bleiben gänzlich unbesprochen. „Gute Fragen stellen" ist hier der Part der Schüler, aber darauf Antworten zu erhalten liegt nicht im Schema des Unterrichts.

Man soll gewiss einen solchen Unterrichtsausschnitt nicht überbewerten, aber man kann aufgrund dieses Beispiels nach weiteren Belegen für folgende These suchen: Das Heranführen der Schülerinnen und Schüler an die fachliche Sprache des Unterrichts, die erforderlich ist, um die Sache zu verstehen, kann durch die Ritualisierung oder Routinisierung von sprachlichen Mustern geschehen – wie im gezeigten Beispiel: der Nachfrage. Werden aber diese Muster nicht aufgegriffen und explizit zum Gegenstand des Unterrichts gemacht, so ist von ihnen kein positiver – sprachbildender – Effekt bei denjenigen Schülern zu erwarten, die der ausdrücklichen sprachlichen Unterweisung durch die Schule bedürfen, weil ihr (häusliches, privates) Sprachumfeld sie nicht in die volle Komplexität schulischer Sprachroutinen einführt – geschweige denn: in die komplexen Anforderungen der Bildungssprache. Ein gutes Beispiel dafür ist der Schüler Berkan, dessen Ringen um Sprache zur Sache von der Lehrerin – gewiss wohlmeinend, aber letztlich kontraproduktiv – dadurch aufgenommen wird, dass sie ihm mitteilt, er werde auch ohne adäquate Ausdrucksmöglichkeiten verstanden. Was nicht geschieht, ist, dass sie ihm zu der Sprache verhilft, ohne die er – bei allem Verständnis, das die Lehrerin aufbringen kann – letzten Endes in der Schule scheitern wird.

Ein monolingualer Habitus kann sich verschieden auswirken – auf der Ebene des Expliziten ebenso wie subtil und subkutan, wie im Falle des kleinen Unterrichtsbeispiels, das ich vorgestellt habe. Der kumulierte Effekt vieler solcher Ereignisse ist jedenfalls, dass die für schulischen Erfolg unabdingbare Heranführung von Schülerinnen und Schülern an die spezifische Bildungssprache der Schule unterbleibt – nicht aus bösem Willen wahrscheinlich, sondern aufgrund des Umstands, dass habituell oder routinisiert unterrichtet wird. Ein solches Vorgehen bleibt ohne Bewusstheit über die Folgen, die es hat, wenn der Schülerin oder dem Schüler nicht die Brücke zwischen ihrer Lebenslage, ihren sprachlichen Bildungsvoraussetzungen und der Bildungssprache der Schule gebaut wird. Es bleibt nur die Hoffnung, dass eine wachsende Zahl von Lehrerinnen oder Lehrern damit beginnt, den eigenen sprachlichen Habitus zu entdecken und die Aufgabe der Sprachbildung, die eine jede Lehrkraft hat, bewusst und planvoll zu erfüllen statt bemüht, wohlmeinend und dilettantisch.

3 Literatur

Beacca, Jean-Claude und Michael Byram (2002), *Guide for the development of language education policies in Europe. From linguistic diversity to plurilingual education*, Strasbourg: Council of Europe, Language Policy Division.

Bourne, Jill und Euan Reid, Hrsg. (2003), *Language Education. World Yearbook of Education 2003*, London/Sterling: Kogan Page.

Fürstenau, Sara; Ingrid Gogolin und Kutlay Ya mur, Hrsg. (2003), *Mehrsprachigkeit in Hamburg. Ergebnisse einer Sprachenerhebung an den Grundschulen*, Münster/New York: Waxmann.

Gogolin, Ingrid (1994), *Der monolinguale Habitus der multilingualen Schule*, Münster/New York: Waxmann.

Gogolin, Ingrid; Ursula Neumann und Lutz Reuter, Hrsg. (2001), *Schulbildung für Kinder aus Minderheiten in Deutschland 1989–1999. Schulrecht, Schulorganisation, curriculare Fragen, sprachliche Bildung*, Münster/New York: Waxmann.

Gogolin, Ingrid und Ludger Pries (2004), Stichwort: Transmigration und Bildung, *Zeitschrift für Erziehungswissenschaft (ZfE)*, 1, 5–19

Gogolin, Ingrid, Gabriele Kaiser u. a. (2004), *Mathematik im Kontext sprachlich-kultureller Diversität. Abschlussbericht an die DFG*, Hamburg: Universität Hamburg. (Typoskript; siehe www.ingrid-gogolin.de > Mathematiklernen).

Montanari, Elke (2002), *Mit zwei Sprachen gross werden. Mehrsprachige Erziehung in Familie, Kindergarten und Schule*, München: Kösel.

Pries, Ludger (2000), „Transmigranten" als ein Typ von Arbeitswanderern in pluri-lokalen sozialen Räumen, in: Ingrid Gogolin und Bernhard Nauck, Hrsg., *Migration, gesellschaftliche Differenzierung und Bildung*, Opladen: Leske & Budrich, 415–437.

Reich, Hans H., Hans-Joachim Roth u. a. (2002), *Spracherwerb zweisprachig aufwachsender Kinder und Jugendlicher. Ein Überblick über den Stand der nationalen und internationalen Forschung*, Hamburg: Behörde für Bildung und Sport.

Schütte, Marcus (2005), *Unterrichtskultur im Grundschulmathematikunterricht unter Berücksichtigung sprachlich-kultureller Diversität in der Schülerschaft*, Dissertation, angefertigt im Graduiertenkolleg „Bildungsgangsforschung" der Universität Hamburg.

Schrifterwerb und Mehrsprachigkeit: Das Sprachspiel als Grundlage eines integrativen Sprachunterrichts

Gerlind Belke

1 Sprachliche Heterogenität und Schulerfolg

Die PISA-Studie hat auf dramatische Weise deutlich gemacht, dass das Bildungsrisiko nicht nur für *mehrsprachige Kinder aus Einwandererfamilien* in fast allen europäischen Ländern sehr viel höher ist als für die einheimischen Kinder, sondern auch für *einsprachige Kinder in mehrsprachigen Lerngruppen*, insbesondere dann, wenn sie aus bildungsfernen und schriftarmen Milieus kommen. Schon bei einem Anteil von 20% Zuwanderern sinkt das Lernniveau in der *gesamten* Klasse deutlich. Diese Feststellung wird in der Öffentlichkeit meist so interpretiert, dass der hohe Anteil von Kindern mit Migrationshintergrund schuld sei an den unzureichenden schriftsprachlichen Fähigkeiten *aller* Kinder in unseren Schulen. Dass viele Kinder beim Erwerb der Schriftsprache scheitern, liegt jedoch vielmehr daran, dass keine sprachdidaktischen Konzepte entwickelt worden sind, die die sprachliche Heterogenität in einer multilingualen Schülerschaft konsequent berücksichtigen. Kinder mit Minderheitensprachen sind in sogenannten Regelkassen nach wie vor einem Unterricht ausgesetzt, der für sie nicht vorgesehen ist, weil beim Unterricht in der Mehrheitssprache die sprachlichen Fähigkeiten und Kenntnisse vorausgesetzt werden, die eigentlich vermittelt werden müssten. Das gilt für den traditionellen muttersprachlichen Unterricht ebenso wie für innovative Konzepte (Spracherfahrungsansatz, kreatives Schreiben, offener Unterricht). Wenn ein Teil der nachwachsenden Generation die Mehrheitssprache als Zweitsprache neben anderen Sprachen erwirbt, kann die Sprachdidaktik nicht monolingual bleiben und säuberlich zwischen Mutter- und Fremdsprachendidaktik unterscheiden. Spezielle Sprachkurse in der Mehrheitssprache, die nur dazu dienen mehrsprachige Kinder für den Regelunterricht fit zu machen, führen nicht zum Erfolg. Vielmehr müssen wir klären, in welcher Weise die Lehrkräfte in mehrsprachigen Klassen die Lernbedürfnisse der Kinder mit Minderheitensprachen berücksichtigen können ohne dabei die Kinder, die die Mehrheitssprache bereits beherrschen, zu unterfordern. Sonst besteht die Gefahr, dass die Ansprüche für alle Kinder zurückgeschraubt werden müssen.

2 Schrifterwerb unter Migrationsbedingungen (Submersion)

Viele Lehrer machen die verblüffende Erfahrung, dass die im Gastland geboren und aufgewachsenen Kinder häufig grössere Probleme beim Schriftspracherwerb haben als die sog. „Seiteneinsteiger", die bereits in ihrer Muttersprache alphabetisiert worden sind und auf dieser Basis die Verschriftlichung der Zweitsprache relativ zügig und präzise erlernen. Kinder, die keine Möglichkeit hatten, ihre Muttersprache auch als Schriftsprache zu lernen, und die ihre Zweitsprache durch den Kontakt zu deutschen Mitschülern *erwerben*, sind im Gegensatz zu Kindern, die eine *Fremdsprache lernen*, meist in der Lage, ihre nicht oder unzureichend vorhandenen sprachlichen Mittel in der *mündlichen* Kommunikation optimal zu nutzen, weil sie von Anfang an gezwungen sind in einer Sprache zu funktionieren, die sie nicht beherrschen. Die weit verbreitete Auffassung, Kinder und Jugendliche lernten eine Zweitsprache „von selber" beruht auf dieser kommunikativen Kompetenz, die sich bei Erwachsenen nicht mit der gleichen Leichtigkeit einstellt. Cummins (1978) nennt diese kommunikativen Fähigkeiten bics (*basic interpersonal communicative skills*) und macht die unzureichende Entwicklung formalsprachlicher, vor allem *schriftsprachlicher* Kenntnisse und Fähigkeiten calp (*cognitive academic language proficiency*) für den weltweit zu beobachtenden schulischen Misserfolg von Kindern verantwortlich, die ihre Zweitsprache unter Submersionsbedingungen erwerben, also nur durch den Zwang zur Nutzung, ohne gezielten Sprachunterricht. Um den Trend zum funktionalen Analphabetismus bei Einwandererkindern der 3. und 4. Generation zu stoppen, müssen wir bei der Vermittlung der *Schriftsprache* ansetzen, und zwar so früh wie möglich. Dabei ist die Schriftsprache nicht nur das *Ziel* des Sprachunterrichts, sondern zugleich das *Medium*, das gezielte Sprachvermittlung überhaupt erst möglich macht. Schrift bildet Sprache nicht ab, sie interpretiert Sprache: Das Schriftsystem „grammatikalisiert" den Blick auf Sprache. Um diesen Blick zu schärfen, sollte man schon im Vorschulalter die Aufmerksamkeit des Kindes auf sprachliche Strukturen lenken. Bei der *funktionalen* Nutzung der Sprache richtet sich das Interesse der Kinder auf den *kommunikativen Erfolg*, weniger auf die dafür verwandten sprachlichen Mittel. Das in allen Kinderkulturen verbreitete kindliche Sprachspiel dagegen lenkt die Aufmerksamkeit auf die Sprache als solche und sollte deshalb in der gemeinsamen Sprachvermittlung eingesetzt werden, und zwar nicht nur in der jeweiligen Mehrheitssprache, sondern auch in den Minderheitensprachen.

3 Das Sprachspiel als Grundlage einer systematischen Sprachvermittlung in sprachlich heterogenen Lerngruppen

Sprachspiele (Texte, die die Kinder selbst erfinden, abwandeln, mündlich tradieren, auswendig lernen: Neck- und Abzählreime, Witze, Rätsel, Fangfragen, Zungenbrecher, Verkehrte-Welt-Geschichten, rhythmisierte Verse und vor allem Lieder als Spielbegleitung beim Schaukeln, Seilchenspringen, Hüpfkästchen und Klatschspielen) eignen sich aus verschiedenen Gründen als Grundlage eines gemeinsamen integrativen, für Minderheiten- und Mehrheitskinder gleichermassen attraktiven Sprachunterrichts:

– Das Sprachspiel hat eine wichtige Funktion auch beim natürlichen Spracherwerb. Es lenkt die Aufmerksamkeit des Kindes auf bestimmte Laute, Morpheme, semantische Beziehungen, Paradigmen, während sich seine Aufmerksamkeit in instrumentell-kommunikativen Äusserungen auf das Ergebnis der sprachlichen Handlung konzentriert.

– Im Sprachspiel findet die kindliche Urlust an der Wiederholung ihren authentischen Ausdruck und deshalb bietet es sich an, schriftsprachliche Strukturen, die von Kindern mit verschiedenen Herkunftssprachen in der natürlichen Interaktion erst spät oder unvollkommen erworben werden, in Sprachspielen systematisch zu üben.

– Sprachspiele gibt es in allen Kulturen. Die Strukturen des kindlichen Sprachspiels weisen über Sprachgrenzen hinweg grosse Ähnlichkeiten auf. Aufgrund der dadurch gegebenen Erwartbarkeit bestimmter sprachlicher Elemente wird das Verständnis erleichtert (vgl. dazu die Textbeispiele).

– Sprachspiele als eine Form der elementaren Literatur ermöglichen die Verbindung von Literatur- und Spracherwerb: Systematisches sprachliches Lernen sollte immer ästhetisch-spielerische Elemente aufweisen – Literaturunterricht sollte immer auch Sprachunterricht sein. Die Nähe von Poesie und Grammatik, seit der Antike bekannt und heute fast vergessen, können wir für einen in mehrfacher Weise integrativen Deutschunterricht nutzen, der auch dazu beiträgt, den *muttersprachlichen* Grammatikunterricht einleuchtender zu begründen und attraktiver zu gestalten.

4 Sprachspiele und Poesie als „dauerhafte Mündlichkeit" im Vorschulalter

Wir beginnen mit einigen Sprachspieltypen, die es in vielen Sprachen gibt: Sprachspiele mit „Ergänzungsstrukturen", „Puppe-in-der-Puppe-Texte" und „Kettenreime".

4.1 Ergänzungsstrukturen

Die Fragen „Was gehört wozu?", „Was ist das Gegenteil von … ?" betreffen das allgemeine Weltwissen und werden in verschiedenen Kulturen in ähnlicher Weise beantwortet. Kinder müssen sich dieses Weltwissen erst aneignen und so ist es nicht verwunderlich, dass diese Fragen in vielen Sprachspielen systematisch thematisiert werden:

Text 1 mit Variationen

Eins, zwei, drei	*Eins zwei drei*	*jung ist nicht alt*
alt ist nicht neu	*alt ist nicht neu*	*warm ist nicht kalt*
arm ist nicht reich	*sauer ist nicht süss*	*grad ist nicht krumm*
hart ist nicht weich	*Händ sind keine Füss*	*schlau ist nicht dumm*
fleissig ist nicht faul	*Füss sind keine Händ*	*dick ist nicht dünn*
ein Ochs ist kein Gaul	*das Lied hat ein End*	*draussen ist nicht drin.*

Solche Texte können, unterstützt durch Zeigegesten, aus denen die Bedeutung der genannten Adjektive oder Nomen hervorgeht, immer wieder und in immer neuen Varianten gemeinsam oder auch einzeln gesprochen werden. Dabei wird der Wortschatz systematisch erweitert. In Text 2 sind die Gegensatzpaare in einen komplexeren Satz eingebaut und das jeweilige Reimwort ist ausgespart. Dabei werden die Fragewörter *wer* und *was* und die dazugehörigen Artikelwörter *der* und *das* geübt:

Text 2

Was nicht rauh ist, das ist glatt   *Was nicht grad ist, das ist krumm*
Wer nicht hungrig ist, ist …   *wer nicht schlau ist, der ist …*
Was nicht gross ist, das ist klein,   *Was nicht schmal ist, das ist breit*
was nicht schmutzig ist, ist …   *was nicht eng ist, das ist …*
Was nicht hart ist, das ist weich   *Was nicht dunkel ist, ist hell,*
wer nicht arm ist, der ist …   *wer nicht langsam geht, geht …*
Was nicht warm ist, das ist kalt,   *Was nicht grob ist, das ist fein,*
wer nicht jung ist, der ist …   *wer's nicht raten kann, lässt's …*
Wer nicht krank ist, ist gesund,
was nicht eckig ist, ist …

Das türkische Kinderlied *Ekmek buldum, katik yok*[1] thematisiert die tragische Situation, dass der eine Gegenstand nichts nützt, wenn der dazugehörige fehlt: was nutzt der *Faden* ohne *Nadel*, der *CD-Player* ohne *CD*, der *Kaffee* ohne *die Tasse*?

Text 3

Ich hab' Brot	*und keinen Käse*	*Käse hab' ich,*	*nun kein Brot.*
Ich hab' Holz	*und doch kein Feuer*	*Feuer hab' ich,*	*nun kein Holz.*
Ich hab' Geld	*und keine Börse*	*die Börse hab' ich*	*nun kein Geld.*
Ich hab' ein Pferd	*und keinen Stall,*	*den Stall hab' ich*	*nun kein Pferd.*

Zu diesem Liedchen lassen sich in allen den Kindern verfügbaren Sprachen weitere Strophen hinzudichten. Neben der systematischen Erweiterung des Wortschatzes üben die Kinder dabei im Deutschen die Nominalflexion (*haben +Akk., die Negation kein/e/en* in Opposition zum bestimmten Artikel *den/die/ das*). Dass solche Textstrukturen auch für persönliche Ausdrucksbedürfnisse genutzt werden, zeigt die folgende Äusserung einer deutschen Schülerin: „*Meine eine Schwester hat einen Mann und kein Kind, die andere hat ein Kind und keinen Mann!*"

Jürgen Spohn nutzt den Texttyp „Ergänzungsstrukturen" und vermittelt dabei kulturelles Wissen:

---

1   Eine Einspielung des Liedes sowie ein Abdruck des türkischen Textes mit Noten findet sich in Merkt (1982), eine Kopie des Liedes in Belke (2003, 66).

Text 4

M I T

Es geht der Mensch	*nicht ohne Kopf*
der Deckel geht	*nicht ohne Topf*
Schneewittchen geht	*nicht ohne Zwerge*
Und Bayern geht	*nicht ohne Berge*
Springen geht	*nicht ohne Bein*
Die Liebe geht	*nicht ganz allein*

Volkstümliche Varianten dieses Texttypus sind, wie viele kindliche Sprachspiele, meist etwas altertümlich. Wir können sie, wie im folgenden Beispiel demonstriert, durch Variationen aktualisieren und unseren inhaltlichen Vorstellungen anpassen.

Text 5 mit Variationen

	Variation 1	Variation 2
Vögel, die nicht singen,	*Kinder, die gern singen,*	*Wälder, die nicht sterben,*
Glocken, die nicht klingen,	*Glocken, die gut klingen,*	*Bomben, die nicht fallen,*
Pferde, die nicht springen,	*Pferde die hoch springen,*	*Soldaten, die nicht schiessen,*
Pistolen, die nicht krachen,	*Pistolen, die nicht krachen,*	*Menschen, die nicht hungern,*
Kinder, die nicht lachen,	*Kinder, die dann lachen,*	*Was wäre das für eine Welt?*
was sind das für Sachen?	*das sind tolle Sachen!*	

4.2 Puppe-in-der-Puppe-Texte

Die „Puppe-in-der-Puppe" ist nicht nur ein beliebtes Kinderspielzeug im Vorschulalter. Die Vorstellung, dass im Grösseren immer etwas Kleineres steckt und in diesem Kleineren noch etwas Kleineres, bestimmt die Struktur vieler Kindertexte in allen Kinderkulturen. Sie können im Hinblick auf individuelle Ausdrucksbedürfnisse abgewandelt und in verschiedenen Sprachen genutzt werden. Hier ein französisches Beispiel:

Text 6

A Paris   *L'oiseau renversa l'oeuf;*
il y a une rue; dans cette rue   *l'oeuf renversa le nid,*
il y a une maison; dans cette maison   *Le nid renversa la cage,*
il y a un escalier; dans cet escalier   *la cage renversa le tapis,*
il y a une chambre; dans cette chambre   *le tapis renversa la table,*
il y a une table; sur cette table   *la table renversa la chambre,*
il y a un tapis; sur ce tapis   *la chambre renversa l'escalier,*
il y a une cage; dans cette cage   *l'escalier renversa la maison,*
il y a un nid; dans ce nid   *la maison renversa la rue,*
il y a un oeuf; dans cet oeuf   *la rue renversa la ville de Paris.*
il y a un oiseau.   *(mündlich überliefert)*

Variationen der Puppe-in-der-Puppe-Texte[2] wie der folgende *Zauberspruch* zur Übung der Nominalflexion werden auch von Kindern verstanden, die noch kein Wort Deutsch können, wenn man den Zauberkoffer vor ihren Augen auspackt und anschliessend wieder einpackt:

Text 7: Zauberspruch

Dies ist ein Zauberkoffer.   *Wir packen das Wort in die Ge-*
In dem Koffer ist eine Schachtel,   *schichte,*
in der Schachtel ist ein Zylinderhut,   *die Geschichte in das Buch,*
in dem Zylinderhut ist ein Tuch,   *das Buch in die Dose,*
in dem Tuch ist eine Dose,   *die Dose in das Tuch,*
in der Dose ist ein Buch,   *das Tuch in den Zylinderhut,*
in dem Buch steht eine Geschichte,   *den Zylinderhut in die Schachtel*
in der Geschichte ist ein Wort, das   *und die Schachtel in den Zauber-*
ich nicht verrate!   *koffer!*

4.3   Kettenreime und Endlosstrukturen

Die frustrierende Erfahrung des Herren, der vergeblich seinen Jockel ausschickt, scheint sehr elementarer Natur zu sein.[3] Sie ist in den verschiedensten Variationen in fast allen Kinderkulturen verarbeitet: Weil der Jockel den Hafer nicht schneidet und auch nicht nach Hause kommt, muss der Herr den Pudel ausschicken, der leider weder den Jockel beisst noch nach Hause kommt. Und so geht es weiter:

---

2   Weitere „Puppe-in-der-Puppe-Texte", sowie Vorschläge, wie man mit diesem Texttyp die
     deutsche Nominalflexion üben kann, finden sich in Belke und Geck (2004, 41 ff.).

3   Auf einen Abdruck des deutschen Jockeltextes wird hier aus Platzgründen verzichtet.
     Der Text findet sich in vielen Liederbüchern, Sammlungen von Kinderversen, auch
     in Belke und Geck (2004, 33).

Der Prügel prügelt den Pudel nicht, das Feuer brennt den Prügel nicht,
das Wasser löscht das Feuer nicht, der Ochse säuft das Wasser nicht,
der Metzger schlachtet den Ochsen nicht, der Teufel holt den Metzger
nicht.

Schliesslich geht der Herr dann selbst hinaus, um dem ganzen Spuk ein Ende zu bereiten. Die sich daraus ergebende letzte Strophe können die Kinder selbst rekonstruieren. Dabei prägen sie sich den Wechsel zwischen Nominativ und Akkusativ ein: Alle Nomen werden als Objekt eingeführt (*schickt den Jockel,* *Prügel, das Feuer usw. aus*), aus dem im weiteren Strophenverlauf das neue handelnde Subjekt wird, das zunächst durch ein Pronomen (*er, es*) ersetzt und dann als Nomen im Nominativ wieder aufgegriffen wird: Die Akkusativform ändert sich nur bei den Maskulina, nicht bei Feminina und Neutra. Um das Kasus-Paradigma zu vervollständigen, kann man auch den Dativ einführen, indem man nach der Ursache für das Verhalten des Jockels und aller weiteren Akteure fragt: *Wer hat Angst vor wem?*:

Der Jockel hat Angst vor dem Pudel,
der Pudel hat Angst vor dem Prügel,
der Prügel hat Angst vor dem Feuer,
das Feuer hat Angst vor dem Wasser usw.

Indem die Kinder die Reihe Herr > Jockel > Pudel> Prügel usw. durch andere Akteure ersetzen und diesen jeweils eine passende Tätigkeit zuordnen, können sie eigene Jockeltexte produzieren. Da im Originaljockel nur Maskulina und Neutra vorkommen, empfiehlt sich das „Lied von der Hexe" als feminine Variante:

Die Hexe schickt die Katze los, sie soll den Besen holen.
Die Katze holt den Besen nicht und kommt auch nicht nach Hause.
Da schickt die Hex' den Dackel los, er soll die Katze beissen.
Der Dackel beisst die Katze nicht usw.

Für die Produktion weiterer Strophen genügen die folgenden Nomen im Nominativ und im Akkusativ, sowie zu den Nomen passende Verben im Infinitiv und in der 1. Pers. sg. Präsens:

Wen?			Wer?		
die Biene	–	*stechen*	*die Biene*	–	*sticht*
den Imker	–	*fangen*	*der Imker*	–	*fängt*
das Monster	–	*erschrecken*	*das Monster*	–	*erschreckt*
die Diebin	–	*stehlen*	*die Diebin*	–	*stiehlt*
den Detektiv	–	*finden*	*der Detektiv*	–	*findet*

Der situative Bezug zu Vorgängen im Schulleben kann leicht hergestellt werden:

Frau Müller schickt die Sevgi los, sie soll die Schulmilch holen.
Die Sevgi holt die Schulmilch nicht und kommt auch nicht zurück.
Da schickt Frau Müller den Peter los. Er soll die Sevgi suchen.
Der Peter sucht die Sevgi nicht, die Sevgi holt die Schulmilch nicht
und kommt auch nicht zurück! Da schickt Frau Müller die Eva los
... usw.

Auf diese Weise kann man all die Kinder losschicken, die ihre Botengänge mit einem Handlungsvorschlag auch begründen können (den jeweiligen Vorgänger *ermahnen, mit ihm schimpfen, ihm drohen, gut zureden, überreden* usw.). Die Kinder werden sicher nicht ruhen, bis die Klasse leer ist. Die Frage ist nur, wie bringt man die Sache zu Ende? Notfalls muss Frau Müller selber eingreifen:

Da geht Frau Müller selbst hinaus und macht gar bald ein End daraus:

Die Eva hilft dem Peter nun, der Peter findet die Sevgi nun usw.

Auch das Jockelmotiv ist in vielen Kinderliteraturen verbreitet[4]. Hier zum Vergleich ein russisches Märchen, das man schon im Vorschulalter als Mitmachgeschichte einführen kann:

Text 8: Russisches Märchen

Warum das Häschen eine gespaltene Lippe und verbrannte Fusssohlen
hat

Ein Häschen frass Gras und zerschnitt sich dabei die Oberlippe.
Da rief es das Feuer: „Feuer, verbrenne das Gras." –
„Was hat Dir das Gras getan?"
„Als ich es frass, zerschnitt es mir die Lippe." – „Sei nicht so gierig!"
Da lief es zum Wasser. „Wasser. lösche das Feuer!"
„Was hat Dir das Feuer getan?"
„Es hat das Gras nicht verbrannt."
„Was hat Dir das Gras getan?"
„Als ich es frass, zerschnitt es mir die Lippe." – „Sei nicht so gierig!"
Da lief das Häschen zum Biber. „Biber, trinke das Wasser!"
„Was hat Dir das Wasser getan?"
„Es hat das Feuer nicht gelöscht."
„Was hat Dir das Feuer getan?"

---

4   Eine vergleichende Analyse von Märchentexten mit Jockelmotiven findet sich in Belke (2004, 11–18).

„Es hat das Gras nicht verbrannt."
„Was hat Dir das Gras getan?"
„Als ich es frass, zerschnitt es mir die Lippe." – „Sei nicht so gierig!"
Da lief das Häschen zum Jäger. „Jäger, töte den Biber!"
„Was hat Dir der Biber getan?"
„Er hat das Wasser nicht getrunken."
„Was hat Dir das Wasser getan?"
„Es hat das Feuer nicht gelöscht."
„Was hat Dir das Feuer getan?"
„Es hat das Gras nicht verbrannt."
„Was hat Dir das Gras getan?"
„Als ich es frass, zerschnitt es mir die Lippe." – „Sei nicht so gierig!"
Da lief das Häschen zu den Mäusen. – „Mäuse, zernagt dem Jäger
die Pfeile!"
„Was hat Dir der Jäger getan?"
„Er hat den Biber nicht getötet."
„Was hat Dir der Biber getan?"
„Er hat das Wasser nicht getrunken."
„Was hat Dir das Wasser getan?"
„Es hat das Feuer nicht gelöscht."
„Was hat Dir das Feuer getan?"
„Es hat das Gras nicht verbrannt."
„Was hat Dir das Gras getan?"
„Als ich es frass, zerschnitt es mir die Lippe." – „Sei nicht so gierig!"
Da zernagten die Mäuse die Pfeile, der Jäger tötete den Biber, der Biber
trank das Wasser, das Wasser löschte das Feuer, das Feuer verbrannte
das Gras
und das Häschen lief auf die Wiese und verbrannte sich die Fuss-
sohlen.

5 Generatives Schreiben als methodische Grundlage eines integrativen Sprachunterrichts

5.1 Interlanguage oder Fossilierung?

Auf dem Weg zur vollen Sprachbeherrschung bauen die Kinder Lernersprachen, *Interlanguages* auf, die als variabel und systematisch zugleich charakterisiert werden können. Variabel sind sie in der Weise, dass sie sich ständig im Hinblick auf eine Annäherung an die Zielsprache verändern, systematisch in der Weise, dass Abweichungen von der Zielsprache nicht zufällig, sondern regelgeleitet sind. Beim Erwerb einer zweiten Sprache bildet sich ein spezifisches Sprachsystem heraus, das Züge der Grund- und Zweitsprache sowie eigenständige, von Grund- und Zweitsprache unabhängige sprachliche Züge aufweist (vgl. dazu Bausch und Kasper, 1979). Auf dem Weg zur Zielsprache kann es zu *Fossilierungen* kommen, d. h. zur Stagnation des Spracherwerbs auf einem Niveau, das den jeweiligen Ansprüchen und Bedürfnissen des Lerners entspricht. Beim Spracherwerb unter *Submersionsbedingungen* sind schon sehr früh *Fossilierungen* zu erwarten, gerade *weil* die Kinder kommunikativ erfolgreich sind. Das im muttersprachlichen Unterricht praktizierte *freie Schreiben* könnte zu einer Festschreibung der *Interlanguage* und damit zu *Fossilierungen* führen. Allerdings ist schwer zu klären, ob es sich bei den Abweichungen in Texten von Kindern, die die jeweilige Sprache als Zweitsprache erwerben, um Erscheinungen einer *Interlanguage* handelt und damit um Fehler, die funktional sind im Hinblick auf den Erwerb der Zielsprache und die nach und nach von selber verschwinden, wenn man die Freude am Schreiben von Geschichten unterstützt, oder bereits um Fossilierungen. Wenn es sich um Fossilierungen handelt, so wären diese – wenn überhaupt – nur durch systematische, vom Schüler bewusst vollzogene Lernprozesse korrigierbar.

5.2   Schriftspracherwerb und systematisches Lernen

Was können wir tun, um Fossilierungen zu vermeiden oder aufzubrechen? Vor allem die Produktion schriftlicher Texte muss genutzt werden, um Kindern in mehrsprachigen Lerngruppen mit der Schriftsprache auch die Normen der Standardsprache zu vermitteln. Das schliesst Spontanschreibungen ja nicht aus. Aber die Förderung des *freien Schreibens* enthebt uns nicht der Verpflichtung, Kinder beim Erwerb der korrekten Schriftsprache zu unterstützen und ihnen die Gelegenheit zu geben, nicht nur schöne, sondern auch richtige Texte zu schreiben.

Kinder in sprachlich heterogenen Lerngruppen, die schon im Vor- und Grundschulalter gelernt haben, mit Sprach- und Textstrukturen spielerisch umzugehen, sie zu verändern und für ihre eigenen Ausdrucksbedürfnisse zu nutzen, können diese Fähigkeiten beim Erwerb der Schriftsprache nutzen. Besonders das „Singen im Grammatikunterricht" ist eine kreative Möglichkeit sprachliche Strukturen zu üben. Die Fähigkeit, Liedstrophen als Basis für eigene Textproduktionen zu nutzen, ist in der kindlichen Subkultur sehr verbreitet[5] und deshalb eine gute Voraussetzung für das *generative Schreiben*, d. h. das Schreiben auf der Basis einer vorgegebenen Textstruktur. Sobald die Kinder schreiben können, sollten sie die selbst erfundenen Liedstrophen nicht nur singen, sondern auch aufschreiben.

---

5   Vgl. dazu die über Generationen verbreiteten Varianten von Kinderliedern: *Hänschen klein, ging allein in Berliner Turnverein …/Alle meine Entchen schwimmen im Klosett, und wenn man an der Strippe zieht, dann sind se alle weg!*

Wie man diese schon im Vor- und Grundschulalter trainierte Fähigkeit in den Sekundarstufen weiterführen kann, sei abschliessend an einem Beispiel demonstriert, bei dem es nicht nur um das *richtige* Schreiben geht, sondern auch um eine kreative Möglichkeit, sich mit Mehrsprachigkeit und sprachlicher Heterogenität auseinander zu setzen:

Text 9 mit Variationen

Der Löwe	Die Katze	Das Pferd
Als die Mücke zum ersten Male den Löwen brüllen hörte,	*Als der Bär zum ersten Male die Katze miauen hörte,*	*Als das Schaf zum ersten Mal das Pferd wiehern hörte,*
da sprach sie zur Henne: „Der summt aber komisch."	*da sprach er zum Hahn: „Die brummt aber komisch."*	*da sprach es zum Hund: „Das blökt aber komisch."*
„Summen ist gut", fand die Henne.	*„Brummen ist gut", fand der Hahn.*	*„Blöken ist gut", fand der Hund.*
„Sondern?" fragte die Mücke.	*„Sondern?" fragte der Bär.*	*„Sondern?" fragte das Schaf.*
„Er gackert", antwortete die Henne. „Aber das tut er allerdings sehr komisch."	*„Sie kräht", antwortete der Hahn. „Aber das tut sie allerdings sehr komisch."*	*„Es bellt", antwortete der Hund. „Aber das tut es allerdings sehr komisch."*
(Günther Anders)		

Damit bei der Produktion eigener Textvarianten nicht die sprachlichen Formen vorausgesetzt werden, die geübt werden sollen, empfiehlt es sich, gemeinsam einen tabellarischen Überblick über die zu substituierenden sprachlichen Elemente zu erarbeitetn, in die die Schüler ihre eigenen Vorschläge einbringen können. Mit Hilfe dieser gezielten, übersichtlich arrangierten lexikalischen und grammatischen Informationen können Schüler mit unterschiedlichen sprachlichen Voraussetzungen sprachlich *korrekte Texte* schreiben. Dabei müssen sie gut aufpassen: *Wer* hört *wen* zum ersten Mal *brüllen, summen, wiehern?* Zu *wem* spricht er (sie, es) und wie reagiert der Angesprochene:

der Frosch	*quaken*	*den Frosch/zum Frosch/er*
die Gans	*schnattern*	*die Gans/zur Gans/sie*
das Schwein	*grunzen*	*das Schwein/zum Schwein/es*
der Mensch	*sprechen*	*der Mensch/zum Menschen/er*
die Kuh	*muhen*	*die Kuh/zur Kuh/sie*
das Küken	*piepsen*	*das Küken/zum Küken/es*

Das „generative Schreiben" ist ein integratives didaktisches Konzept für den Sprachunterricht in mehrsprachigen Lerngruppen, das didaktische Ansätze aus der *muttersprachlichen* (handlungs- und produktionsorientierter Literaturunterricht) mit der *fremd- beziehungsweise zweitsprachlichen Didaktik* (gezielte Übungen zum Erwerb beziehungsweise zur Vermittlung sprachlicher Strukturen) verbindet. Die Einbeziehung des Literaturunterrichts in die Sprachvermittlung ist für viele Lehrende allerdings immer noch gewöhnungsbedürftig. Gute Texte, insbesondere gute Gedichte sind sehr robust. Darauf hat schon Brecht verwiesen:

„Gedichte sind, wenn sie überhaupt lebensfähig sind, ganz besonders lebensfähig und können die eingreifendsten Operationen überstehen. (...) Zerpflücke eine Rose und jedes Blatt ist schön" (Brecht, 1964, 119).

Das gilt insbesondere für Kinderreime und Kinderlieder. Sie vertragen Analysen, Eingriffe, Veränderungen, fordern sie sogar häufig heraus. Die Sprache der Poesie ist universal. Die Regeln, die bei der Produktion poetischer Texte wirksam werden und die besonders in Kinderversen markant hervortreten, gelten sprachenübergreifend. Diese allen gemeinsame Sprache der Poesie sollten wir nutzen, um zwischen den verschiedenen Sprachen in unseren Schulklassen Brücken zu schlagen und die sprachliche Heterogenität durch das gemeinsame Spiel mit der Poesie zu überwinden.

6 Literatur

Bausch, Karl-Richard und Gabriele Kasper (1979), Der Zweitsprachenerwerb: Möglichkeiten und Grenzen der „grossen" Hypothesen, *Linguistische Berichte*, 64, 3–35.

Belke, Gerlind ([1999] 2003³), *Mehrsprachigkeit im Deutschunterricht. Sprachspiele, Spracherwerb und Sprachvermittlung*, Baltmannsweiler: Schneider Verlag Hohengehren.

Belke, Gerlind und Martin Geck (2004²), *Das Rumpelfax. Singen, spielen, üben im Grammatikunterricht. Handreichungen für den Deutschunterricht in mehrsprachigen Lerngruppen*, Baltmannsweiler: Schneider Verlag Hohengehren.

Belke, Gerlind (2004), Elementare Literatur in mehrsprachigen Lerngruppen: Literarisches und sprachliches Lernen am Beispiel von Fabeln in Märchen, *Deutschunterricht*, 4, 11–18.

Brecht, Bertold (1964), *Über Lyrik*, Frankfurt am Main: Suhrkamp.

Cummins, James (1978), Educational implications of mother tongue maintenance in minority language groups, *The Canadian Modern Language Review*, vol. 34./no. 3, 395–416.

Merkt, Irmgard (1982), *Deutsche türkische Kinder – Türkische Deutsche Lieder*, Mainz: B. Schott's Söhne.

Rühmkorf, Peter ([1967] 1984), *Über das Volksvermögen. Exkurse in den literarischen Untergrund*, Reinbek bei Hamburg: Rowohlt.

Rühmkorf, Peter (1985), *agar agar-zaurzaurim. Zur Naturgeschichte des Reims und der menschlichen Anklangsnerven*, Frankfurt am Main: Suhrkamp.

Skutnabb-Kangas, Tove (1982), Some prerequisites for learning the majority language: A comparison between different conditions, *OBST – Osnabrücker Beiträge zur Sprachtheorie,* 22, 63–95.

Umgang mit Konflikten

Schulische Gewaltprävention – ein Blick auf unterschiedliche Perspektiven und ein Einblick in verschiedene Konzepte und Handlungsmöglichkeiten

Tina Hascher, Françoise Alsaker, Andi Geu, Kathrin Hersberger, Stefan Valkanover, Ruedi Welten

1 Einleitung

Physische wie psychische Gewalt beeinträchtigt beziehungsweise schädigt Personen – nicht nur die Opfer, sondern auch die Täter und Täterinnen, nicht nur die direkt Beteiligten, sondern auch die passiv Involvierten, nicht nur die Handelnden, sondern auch die Beobachter und Beobachterinnen. Deshalb dürfen Lehrerinnen und Lehrer Mobbing und Gewalt nicht ohnmächtig gegenüberstehen oder sich ihnen gar hilflos ausgeliefert fühlen.

„Gewalt wird am besten verhindert, bevor sie entsteht" (Hascher, Hersberger, Valkanover, 2003, 9). Aus diesem Grund thematisiert der nachfolgende Text Präventionsmöglichkeiten gegen Mobbing und Gewalt in Kindergärten und Schulen. Er soll (angehende) Lehrpersonen dazu anregen, pädagogisch zu handeln und den Schulalltag bewusst so zu gestalten, dass Gewalt möglichst wenig Entfaltungsmöglichkeiten hat; er soll sie ermutigen, bei Gewaltvorfällen Stellung zu beziehen, auch wenn sie noch keine konkreten Lösungsmassnahmen vor Augen haben; er soll sie dazu motivieren, mit Schüler und Schülerinnen und Kollegen und Kolleginnen zusammenzuarbeiten, obschon sie dabei manche Hürde der Distanz und der Selbstoffenbarung überwinden müssen. Der Text soll aber auch aufzeigen, dass die erfolgreiche Prävention von Gewalt in Schulen ein Prozess ist, der weitreichende Veränderungen in der Schule ermöglicht; dass eine erfolgreiche Prävention von Gewalt damit beginnt, dass sich Einzelne dafür einsetzen und in ihren Schulen Handlungsstrategien verfolgen; dass eine erfolgreiche Prävention in der Schule darauf gründet, die bereits vorhandenen fachlichen und sozialen Ressourcen der Personen in der Schule zu nutzen und zu stärken.

Gewalt ist ein Phänomen, das aufgrund verschiedener Ursachen entsteht und dem nur dann erfolgreich begegnet werden kann, wenn unterschiedliche Ebenen berücksichtigt werden. Im Text werden zunächst Grundlagen einer erfolgreichen Prävention am Beispiel des Berner Programms zur Prävention von Mobbing und Gewalt (Be-Prox) entwickelt. Danach werden vier verschiedene Präventionsaspekte vorgestellt. Diese versuchen, die folgenden Fragen zu beantworten:

- Welche Möglichkeiten stehen Lehrpersonen offen?
- Welches Potenzial beinhalten bewegungspädagogische Massnahmen?
- Wie kann das Wohlbefinden von Schülerinnen und Schülern gestärkt werden?
- Wie wird das Programm „Peacemaker" in einer Schule umgesetzt?

Manche der nachfolgenden Ausführungen sprechen eher die Perspektive der Lehrpersonen an, andere die der Schüler und Schülerinnen. Manche Ansätze thematisieren Prävention gegen Gewalt in der Schule eher allgemein, andere stellen ein spezifisches Programm vor. Sie alle leisten ihren je spezifischen Beitrag für eine erfolgreiche Prävention von Gewalt in der Schule.

1 Grundlagen der Prävention

Wir verfügen heute über Wissen bezüglich Mobbing, das uns erlaubt, wissenschaftlich verankerte Präventionsprogramme zu entwickeln. Im Folgenden werden zunächst einmal grundlegende präventionsrelevante Erkenntnisse zu Mobbing angesprochen, um anschliessend einige der wichtigsten Grundsteine der Prävention von Mobbing darzustellen. Die Auseinandersetzung mit den Themen, welche in diesem kurzen Text präsentiert werden, ist ein fester Bestandteil der Präventionsarbeit, die regelmässig mit Lehrerkollegien durchgeführt wird.

1.1 Präventionsrelevantes Wissen

Mobbing ist ein Muster.

Mobbing ist in einer ersten Phase häufig schwierig als solches zu erkennen. Oft werden Erziehende von der „Harmlosigkeit" der einzelnen Episoden verunsichert und tendieren dazu, sie als kleine Rücksichtslosigkeiten oder als Elemente von „normalen" Konflikten zu interpretieren. Deshalb ist der allererste Schritt jeglicher Mobbingprävention, hinschauen zu lernen (Alsaker, 2003).

Mobbing ist schwer kommunizierbar.

Kinder haben häufig Schwierigkeiten, den Ernst der Situation zu kommunizieren. Sie werden auch zu oft als „Petzer" abgestempelt, wenn sie Hilfe suchen. Deswegen ist es wichtig, dass Erziehende den Kindern zuhören und versuchen, sich ein Bild des Geschehens zu machen, bevor sie zu schnell ihre Interpretationen und Ratschläge anbieten. Die verletzten Gefühle der Kinder sind in jedem Falle ernst zu nehmen.

Mobbing passiert oft im Versteckten und an unbeaufsichtigten Orten.

Viele Studien zeigen, dass der Pausenplatz und wenig übersichtliche oder beaufsichtigte Orte (z. B. Alsaker, 2003; Olweus, 1996) von Mobbenden bevorzugt werden. Allerdings geschieht Mobbing auch im Klassenzimmer, wenn die Lehrperson hinsichtlich des sozialen Geschehens nicht aufmerksam ist. Die Schule ist ein öffentlicher Ort, an welchem Sicherheit für alle gewährleistet sein sollte. Erwachsene sind gefordert für diese Sicherheit zu sorgen, indem sie Aufsicht halten und das soziale Geschehen aufmerksam verfolgen.

Mobbing macht den Mobbenden Spass und lohnt sich im Augenblick.

Dafür zu sorgen, dass positives und angemessenes Verhalten ins Zentrum der Aufmerksamkeit rückt und auf verschiedenste Art und Weise belohnt wird, ist ein zentrales Prinzip der Mobbingprävention. Gleichzeitig soll dafür gesorgt werden, den Mobbenden die Schau zu stehlen, indem ihr Verhalten gestoppt und eindeutig als unerwünscht deklariert wird.

Mobbing ist ansteckend und betrifft alle in der Gruppe.

Die Rolle der MitläuferInnen ist zentral. Einige der passiven ZuschauerInnen scheinen auch ein gewisses Vergnügen am Geschehen zu haben. Und auch Kinder, die sonst nie auf die Idee gekommen wären, andere direkt zu plagen, lassen sich in das Gruppengeschehen mit einbeziehen. Sei es auch nur zum Verbreiten von Gerüchten! Wieder andere Kinder verhalten sich passiv. Ihre Passivität vermittelt den Mobbenden eindeutig, dass sie von ihnen keine Sanktionen zu befürchten haben. Um Mobbing vorzubeugen oder aufzulösen, muss folglich mit der ganzen Klasse gearbeitet werden.

Opfer, Mobbende und MitläuferInnen kommen nicht ohne Hilfe aus ihren Rollen.

Opfer können sich in den Mobbingsituationen nicht wehren und bleiben deshalb eine leichte Zielscheibe. Sie haben auch keine Unterstützung bei ihren KlassenkameradInnen. Mobbende haben ihren Spass und möchten das Machtgefühl nicht aufgeben. MitläuferInnen können nicht nein sagen. Die nicht direkt beteiligten Kinder haben Angst und wissen nicht was tun. Die Erwachsenen sind diejenigen, die etwas am *System* ändern können, indem sie ihre eigene Rolle wahrnehmen und ihre Ansicht deutlich verkünden.

Die nicht-direkt beteiligten Kinder sind eine Ressource.

In einer Gruppe finden sich immer SchülerInnen, welche die Situation der Opfer bestens verstehen können, wenn ihnen etwas dabei geholfen wird. Sie verfügen über soziale Kompetenzen, sie sind beliebt und könnten für die Opfer eine Chance sein, normale nicht-aggressive Interaktionen zu Gleichaltrigen zu erleben. Sie verfügen auch über genügend innere Stärke, um gegen das Mobbing aufzutreten, sobald sie darauf vertrauen können, dass die Erwachsenen ihnen im Notfall zu Hilfe kommen (Alsaker, 2003).

1.2 Grundlegende inhaltliche Prinzipien

Respekt

Respekt hat mit Achtung, Anerkennung und auch mit einer gewissen Distanz zu tun, im Sinne einer gegenseitigen Anerkennung von persönlichen Grenzen. Respekt ist in der Mobbingprävention äusserst wichtig (Alsaker, 2003). Er fördert die Anerkennung anderer Menschen als Individuen, die denselben Wert haben wie man selbst. Respektvolles Verhalten ist das Gegenteil von Mobbinghandlungen, welche in der Regel von Erniedrigung und Demütigung geprägt sind.

Gesehen werden

Das soziale Geschehen ist für den Selbstwert eines Menschen zentral. Wir wissen auch, wie wichtig es ist, von anderen überhaupt wahrgenommen zu werden. Durch eine einfache Begrüssung, ein Lächeln oder nur einen Blickkontakt können wir Kindern zeigen, dass wir sie wahrnehmen, dass sie einen Wert haben. Wir sind dadurch auch Modelle eines respektvollen Umgangs miteinander.

Akzeptanz für individuelle Unterschiede

Wir wissen heute, dass Opfer etwas ängstlicher als andere Kinder sind, dass hyperaktiv-impulsive Kinder auch häufig systematisch von den Gleichaltrigen gequält werden. Dies darf nie als Entschuldigung für Mobbing verwendet werden. Sehr oft wird den Opfern „die eigene Schuld" für das Geschehen suggeriert und sie glauben häufig selber, dass sie wegen irgendeinem Merkmal die Zielscheibe der Mobbenden geworden sind. Die Forschung hat dies bis heute nicht bestätigt. Neben allen Äusserlichkeiten verfügen Menschen über unterschiedliche Persönlichkeitsmerkmale und Kompetenzen. Nicht alle sind gleich sensibel, aufmerksam, offen, selbstsicher, praktisch, sportlich oder schlagfertig. Ein Klima der Akzeptanz und vor allem des Verständnisses für individuelle Unterschiede ist eine Voraussetzung für ein mobbingfreies Leben im Klassenverband. Durch die wertfreie Thematisierung von individuellen Ressourcen, Vorlieben und Unterschieden können die Kinder stolz auf Unterschiede sein, Verständnis für und sogar Freude an der Vielfalt erleben.

Zivilcourage

Stellung beziehen, gehänselte MitschülerInnen in Schutz nehmen, Hilfe holen, Rücksichtslosigkeiten und Gemeinheiten stoppen, all dies sind Handlungen, welche Kraft und auch Mut brauchen. Niemand möchte als Petzer bezeichnet werden, niemand möchte eine gemeine Reaktion erleben. Aber Gewalt- und Mobbingprävention funktioniert nur, wenn die Mobbenden deutlich zu spüren bekommen, dass ihr Verhalten auf Missbilligung stösst. Dies zu vermitteln heisst, Zivilcourage zu zeigen. Wenn die mobbenden Kinder merken, dass die Erwachsenen und ihre MitschülerInnen den Mut haben, sich einzumischen und einzugreifen, wird ihnen der Spass am Mobbing vergehen, und dies sogar recht bald. Zivilcourage muss aber „gelernt" werden. Am besten am Modell, d. h. durch das gute Vorbild anderer Menschen.

1.2 Grundsteine des Berner Programms zur Prävention von Mobbing und Gewalt (Be-Prox)

Wissen über Mobbing und persönliche Auseinandersetzung mit dem Thema

Für die Prävention von Mobbing ist ein gewisses Wissen über dieses Phänomen sowie die persönliche Auseinandersetzung mit den eigenen Werten unentbehrlich. Dies bildet die Grundlage für die verpflichtende Entscheidung zu handeln. Die Prävention von Mobbing muss deshalb damit beginnen, dass die beteiligten Personen lernen, das Problem als solches wahrzunehmen, die Situation der verschiedenen Kinder zu verstehen und ihre eigene Rolle zu reflektieren. Denn als Erwachsene sind wir mitwirkende Elemente des Systems, ob wir es wollen oder nicht. Wissen und Sensibilisierung repräsentieren sowohl in der Arbeit mit den Erwachsenen als auch in der Arbeit mit den SchülerInnen den ersten Schritt in die aktive Prävention von Mobbingproblemen. Das, was die Erwachsenen in dieser Phase lernen, bringen sie danach in der Arbeit mit ihren Klassen ein (Valkanover, Alsaker, Svrcek und Kauer, 2003).

Handlungsfähigkeiten der Erwachsenen stärken

Da Mobbing in der Klasse beziehungsweise in der Schule (auch auf dem Schulweg) geschieht, müssen die Lehrpersonen lernen, damit umzugehen. Den Umgang mit Mobbing zu lernen ist keine Hexerei. Vielen Lehrkräften fehlt es auch nicht an Ideen, sondern eher an der nötigen Sicherheit, welche Reaktionen gut wären und welche eher kontraproduktiv. Deshalb müssen die Ressourcen der Lehrpersonen unbedingt aktiviert werden. Die mobbenden Kinder bemerken die Unsicherheit der Erwachsenen schnell. Auch deshalb ist es wichtig, dass Lehrpersonen einander unterstützen, um die eigene Handlungsfähigkeit zu erkennen.

Offene und direkte Kommunikation aber keine Schuldzuweisung

Das „Schweigen" ist ein wichtiger Faktor in der Aufrechterhaltung von Mobbing. Deshalb muss dieses „Gesetz" unbedingt gebrochen werden. Mobbing soll nicht vertuscht, entschuldigt oder bagatellisiert werden. Mobbing soll als das angesprochen werden, was es ist: eine ungerechte, aggressive und sehr verletzende Handlung. Es ist ein Ziel und ein Mittel der Prävention von Mobbing, dass darüber gesprochen wird. Aber es ist zwecklos, nach Schuldigen zu suchen. Schuldzuweisungen gehören in den Gerichtssaal. Im Alltag, in zwischenmenschlichen Beziehungen, führen Schuldzuweisungen nur zu Schuldgefühlen oder Gegenangriffen. Weder die Mobbenden, die Opfer oder deren Eltern noch die Lehrpersonen tragen alleine die Verantwortung an der Situation. Im Zentrum der Gespräche steht das Ziel (nicht der Rückblick auf die Geschehnisse), d. h. die Auflösung des Mobbingproblems und die Integration aller in die Klassengemeinschaft.

Grenzen setzen und handeln

Auf Schuldzuweisung zu verzichten heisst nicht, dass man alles als akzeptabel deklariert. Im Gegenteil: Ein zentrales Element der Prävention von Mobbing ist, dass man sehr klar zwischen akzeptablen und nicht-akzeptablen Verhaltensweisen trennt, und dass diese Unterscheidung durch das eigene konsequente Handeln verdeutlicht wird. Die Entschlossenheit der Erwachsenen, beim Beobachten von Mobbing einzugreifen, ist eine der wichtigsten Bedingungen für eine effiziente Prävention (Olweus, 1996; Valkanover u. a., 2003). Viele Kinder und Jugendliche erleben heute nur sehr vage und unklare Grenzen. Einigen scheint beinahe alles erlaubt und möglich zu sein, für andere ist einmal alles erlaubt und ein anderes Mal gar nichts, je nach Situation und Energie der Erwachsenen. In der Öffentlichkeit wagen immer weniger Leute, Kinder und Jugendliche zurechtzuweisen, auch wenn diese sich ganz eindeutig normbrechend, falsch oder sogar gefährlich verhalten. Dabei kann die Wichtigkeit von Grenzen und von Strukturen für die Sozialisation und die Entwicklung der Kinder nicht genug betont werden. Grenzen geben Orientierung; sie geben Halt. Deshalb erlauben sie auch die Erfahrung von Kompetenz und geben Freiheit. Grenzen werden am besten erklärt, diskutiert oder gemeinsam ausgehandelt. Aber es ist eindeutig die Aufgabe der Erwachsenen, Grenzen zu definieren und durchzusetzen, wenn Kinder nicht in der Lage sind, diese zu verstehen oder zu diskutieren.

Einbezug der nicht direkt Betroffenen

Eltern fragen gelegentlich, ob es denn wirklich nötig sei, ihre Kinder einzubeziehen, wenn diese doch nichts mit der Sache zu tun hätten und durch ihr Engagement etwas riskieren könnten, d. h. nur etwas zu verlieren hätten. Die Angst dieser Eltern ist natürlich verständlich. Nur ist es so, dass Kinder durch ihre Passivität tatsächlich auch am Mobbing beteiligt sind und diesen Teil ihrer Verantwortung auch erkennen müssen. Die Passivität dieser Kinder schützt sie auch nicht gegen Mobbing – im Gegenteil, denn in den Augen der Mobbenden sind sie schwach, ängstlich und ungefährlich, genau wie die Opfer (siehe auch oben „Zivilcourage"). Das Engagement gegen Mobbing hilft im Übrigen allen Kinder, ein gewisses Gefühl der Machtlosigkeit durch Erfahrungen der Kompetenz zu ersetzen.

Gegenseitige Unterstützung

Je mehr Zuschauer und Beteiligte zusammen gegen Mobbing auftreten, desto grösser ist die Chance, dass das Ziel erreicht wird. Der Zusammenhalt zwischen den Lehrpersonen ist eindeutig ein sehr wichtiger Faktor für das Gelingen. Deshalb ist es wünschenswert, dass ganze Lehrerkollegien bei solchen präventiven Vorhaben zusammenarbeiten und einander unterstützen, wenn gegen aktuelle Mobbingvorfälle vorgegangen wird (Smith, Pepler und Rigby, 2004). Aus diesem Grund ist es auch empfehlenswert, Eltern mit einzubeziehen, sei es in die Prävention oder in die Intervention.

In dieser kurzen Zusammenfassung konnten lediglich Prinzipien erläutert werden, Faktoren, die dazu beitragen, dass Mobbingprävention – und damit auch Gewaltprävention – effizient ist. Es kann nicht genügend betont werden, wie wichtig es ist, den Ressourcen der Kinder und Jugendlichen mehr Aufmerksamkeit zu schenken. Eines der Mittel zum Ziel ist die Integration aller Kinder und Jugendlichen. Man kann Menschen nicht befehlen, einander gerne zu haben, aber man kann ihnen helfen, die Qualitäten aller zu entdecken und die kleinen und grossen Unterschiede als Reichtum zu akzeptieren. Marginalisierung ist immer eine Quelle von Problemen für die Entwicklung von Kindern und Jugendlichen. Sie führt zu negativer Befindlichkeit und beherbergt ein hohes Risiko, dass weitere Kinder und Jugendliche ausgewählt und marginalisiert werden.

Wenn eine erziehende Person sich mit all den genannten Themen vertieft auseinandersetzt, ist sie bereits ein gutes Stück auf dem Weg zur

Prävention. Wer sich dazu entscheidet, konzentriert und gezielt präventiv zu arbeiten, findet im Lehrmittel „Mobbing ist kein Kinderspiel" ausreichend Information und Wegleitung, um Mobbing effizient entgegen zu wirken (Valkanover u. a., 2003).

2 Mobbingprävention in der Schule – welche Möglichkeiten besitzen Lehrpersonen?

Wir sind nicht nur verantwortlich für das, was wir tun,
sondern auch für das, was wir nicht tun.
(Voltaire)

Erfreulich ist die mittlerweile gute Sensibilisierung der Lehrpersonen für Mobbing unter Schülern und Schülerinnen. Die Thematik wird in der Fachliteratur seit den 80er Jahren beforscht (Olweus, 1995) und seither hat offensichtlich auch die Bereitschaft der Schule, sich aktiv mit der Thematik auseinander zu setzen, zugenommen. Hört man an Elternveranstaltungen aus Erfahrungsberichten zu Mobbingerlebnissen aus der eigenen Schulzeit der Eltern noch häufig Aussagen wie: „dass jemand geplagt und gehänselt wurde, gehörte irgendwie dazu; das hat niemand hinterfragt", so zeigen Lehrpersonen heute eine grosse Bereitschaft, sich mit dem Thema auseinander zu setzen.

Erfahrungsgemäss können Lehrpersonen in der Regel gut zwischen alltäglichen Konflikten und systematischen Angriffen auf SchülerInnen unterscheiden, auch wenn die Vorfälle häufig in unbeaufsichtigten „Zonen" wie beispielsweise der Pausenzeit auftreten (vgl. Sharp und Smith, 1991). Wenn es aber zur Frage der Präventions- beziehungsweise Interventionsmöglichkeit der Lehrperson kommt, dann werden unterschiedliche Widerstände und Ängste formuliert. Ein wesentliches Ziel der Mobbingprävention besteht deshalb in der Stärkung der Erziehungspersonen, etwas zu tun. Die Ängste und Widerstände der Lehrpersonen sollen im Folgenden diskutiert werden – mit dem Ziel den Leser/die Leserin zu ermutigen, bei Mobbingsituationen aktiv zu werden. Eine der Fragen, welche immer wieder formuliert wird, lautet:

2.1 Kann aufgrund meiner Intervention nicht alles noch schlimmer werden?

Häufig äussern Lehrpersonen die Befürchtung, ihr pädagogisches Handeln könnte die Situation für das Opfer weiter verschärfen. Diese Befürchtung ist nicht ganz unbegründet. Ihr kann aber entgegen gehalten werden, dass das Ausbleiben einer Reaktion ebenfalls Signalwirkung hat. Paul Watzlawick hat die Wirkung ausbleibender Kommunikation in einem seiner Axiome der Kommunikation formuliert: *„Man kann nicht* nicht *kommunizieren"*

(Watzlawick, 1985, 53). Was teilt also eine Lehrperson mit, welche Mobbing beobachtet, jedoch aus Angst etwas falsch zu machen, passiv reagiert? Sie signalisiert den Mobbenden ihre (passive) Unterstützung und dem Opfer lässt sie die Interpretation offen, ob sie das Geschehen unterstützt oder der Situation allenfalls ebenso hilflos gegenübersteht wie das Opfer selber. Ersterer Fall kann als Unterstützung des Mobbings seitens der Lehrperson betrachtet werden und letzterer Fall bestätigt das Opfer in seiner Ohnmacht. Beide Zugänge verschlimmern die Situation.

2.2 Welche „Fauxpas" sollten bei einer aktiven Intervention vermieden werden?

Im Konfliktfall nehmen wir unsere Umgebung oft nur noch selektiv wahr (Glasl, 2004). In Mobbingsituationen fokussieren wir fälschlicherweise oft auf TäterInnen und Opfer. TäterInnen werden beschuldigt und Opfer in Schutz genommen. Dieser Ansatz verspricht jedoch wenig, bedenkt man das soziale Gefüge bei Mobbingsituationen (vgl. Alsaker, 2003). Eine Klasse definiert ihr Sozialverhalten nicht nur über die wenigen aktiven Exponenten. Sie teilt sich vielmehr auf in SchülerInnen, welche plagen, in andere, welche den Plagenden Beifall klatschen und in solche, welche die Situation innerlich verurteilen oder aber sich überhaupt nicht mit der Situation identifizieren. Forschung zu Mobbing in der Schule hat gezeigt, dass in der Regel die Hälfte der SchülerInnen *nicht* in das Mobbing involviert ist (Alsaker, 2003; Olweus, 1995). Diese Kinder können als Ressource betrachtet werden im Bemühen die Situation zu verändern. Die meisten (vielversprechenden) Präventionsansätze bauen daher auf einem „schuldfreien" Zugang zur Lösung der Problematik auf. Denn einerseits tragen alle Klassenmitglieder eine soziale Verantwortung gegenüber dem Mobbingopfer und andererseits können durch Anschuldigungen in die Ecke getriebene SchülerInnen kaum konstruktiv zu einer Verbesserung der Situation beitragen. In Klasseninterventionen lässt sich dagegen oft beobachten, dass auch die Mobbenden gute Ideen zur Verbesserung der Situation beisteuern können, wenn ihnen diese Möglichkeit offen gelassen wird.

Ein weiterer Fauxpas wäre aber auch, sich schützend vor das Opfer zu stellen. Einerseits wirkt diese Haltung entmündigend und verstärkt das Bild des handlungsunfähigen Opfers, andererseits kann es die Schülerschaft zu weiteren Mobbingangriffen provozieren. Ratsam ist dabei, aus der Perspektive der Lehrperson klar Stellung zu beziehen und gleichzeitig zu signalisieren, dass man den SchülerInnen konstruktive Beiträge zur Verbesserung der Situation zutraut. Hierbei sind wir bei der folgenden, häufig gestellten Frage angelangt.

2.3 Muss ich als Lehrperson konkrete Lösungen vorschlagen?

Diese Frage geht oft einher mit der Frage, ob eine Lehrperson auf beobachtete Mobbingsituationen (z. B. diffamierende Wandtafelkritzeleien an die Adresse eines Schülers/einer Schülerin, kursierende Zettelchen mit Gerüchten usw.) unmittelbar reagieren sollte.

Erfahrungen aus der Praxis zeigen, dass die SchülerInnen die Reaktion der Lehrperson auf solche Angriffe sehr aufmerksam verfolgen. Daher ist es ratsam, die Situation nicht durch Ignorieren zu bewältigen, sondern sie kurz anzusprechen. Mit der Formulierung des Unbehagens seitens der Lehrperson ist die (Wert-)Haltung positioniert und diese (kleine) Intervention gibt Zeit, um zu einem späteren Zeitpunkt überlegt zu intervenieren. Über die Form der Intervention kann in diesem kurzen Abriss zur Thematik nicht vertiefend eingegangen werden. Deshalb in Kürze nur folgender Gedanke: Es gibt ganz unterschiedliche geeignete Formen der Intervention. Angebracht ist jedoch meist die Arbeit im Klassenverband, da es sich beim Mobbing um ein soziales Phänomen handelt (vgl. Alsaker, 2003). Alle Klassenmitglieder sollten daher für die Problemlösung in Verantwortung genommen werden. Die Lösung zeigt sich meist erst in der Auseinandersetzung mit der Klasse, sie sollte deshalb optimalerweise auch von (mit?) den SchülerInnen entwickelt werden. Der Veränderungsprozess der SchülerInnen in der Wahrnehmung und Gestaltung der Sozialbeziehungen innerhalb des festen sozialen Rahmens ihrer Klasse kann bereits als „lösend" betrachtet werden: Es steht dann nicht mehr das Geschehen zwischen Opfer und Täter im Vordergrund, sondern die (positive) Gestaltung der gemeinsamen Schulzeit. Diese Sichtweise auf die Intervention entlastet die Lehrpersonen oft und sie sehen sich ermutigt, trotz (noch) fehlender Lösung zu intervenieren. Der Lehrperson obliegt in diesem Fall jedoch die Begleitung der sozialen Auseinandersetzung der SchülerInnen. Dies ist keine einfache Aufgabe und erfordert ein hohes Mass an Toleranz und Flexibilität: Soziale Dynamiken innerhalb von Klassen lassen sich nicht pädagogisch kontrollieren, aber begleiten.

An dieser Stelle soll der Fokus vom „Mikrokosmos Lehrperson – Klasse" für das weitere Umfeld geöffnet werden: Die Praxis zeigt, dass in der Bewältigung von Mobbingsituationen das Konfliktfeld oftmals zu stark eingegrenzt wird. Die Eltern der SchülerInnen machen sich Gedanken und Sorgen, sie sind wütend, ratlos, ohnmächtig, unwissend und entwickeln gegenüber der Schule eine Erwartungshaltung. Diese „Energien" gilt es aufzunehmen, indem auch die Eltern informiert und angehört werden – beispielsweise im Rahmen eines Informationsabends. Auch Eltern können helfen eine Situation zu verändern; in Gesprächen mit ihren Kindern können sie Bezug nehmen zur Situation. Ausserdem erfahren Eltern sonst meist nur die Perspektive ihrer Kinder und insofern ist es hilfreich, durch den Austausch auch die Erfahrungswelten anderer Kinder, Eltern und Lehrpersonen in die Beurteilung der Situation einzubeziehen.

Der Hinweis auf den Einbezug der beteiligten Kontexte zeigt auch auf, dass die Thematik im akuten Fall eine grosse Komplexität erhalten kann und die Schwierigkeiten nicht nur Opfer und TäterInnen betreffen, sondern sich bald einmal auch auf Elternschaft, Schulleitung oder gar Gemeinde ausweiten können. Die Lehrperson braucht in diesen Fällen die Unterstützung von Fachpersonen, welche entweder beratend zur Seite stehen oder auch ganz direkt eine Intervention anbieten können. Solche Fachstellen finden sich in Schulnähe (z. B. schulische Sozialarbeit) oder auch extern (Präventionsfachstellen, Erziehungsberatungsstelle, Schulpsychologische Dienste usw.). Optimal wäre, wenn Lehrpersonen das Thema Mobbing nicht erst im Konfliktfall, sondern vorbeugend im Rahmen der Arbeit am Sozialverhalten aufnehmen würden. Leider sind auch in Bezug auf die Präventionsarbeit Widerstände spürbar:

2.4 Animieren wir Schüler und Schülerinnen nicht regelrecht zu Mobbing, wenn wir präventiv über das Thema sprechen?

Die Antwort auf diese Befürchtung ist sehr viel einfacher als die Frage nach der Intervention. Sie lautet: Nein. Im Gegenteil, oft kommen Erlebnisse und Ereignisse zur Sprache, welche schon lange unterschwellig wirkten. Sie erhalten im Gespräch eine Gestalt und die Schüler- wie auch die Lehrerschaft können sich damit aktiv auseinandersetzen. Bedenken gegenüber Interventionsstrategien sind gesund. Das Thematisieren von negativen Erlebnissen im sozialen Kontext animiert Schüler und Schülerinnen erfahrungsgemäss nicht dazu, ein Verhalten zu zeigen, welches sie nicht bereits im „Repertoire" geführt haben. Bei der Prävention gilt deshalb: Je früher desto besser, damit sich Mobbing gar nicht erst entwickeln kann. Wir tragen nicht nur Verantwortung für unser Handeln, sondern auch für Unterlassenes.

3 Mobbingprävention in der Schule – Chancen von bewegungspädagogischen Massnahmen

Mit den nachfolgenden Überlegungen zu den Möglichkeiten bewegungspädagogischer Massnahmen in der Prävention gegen Mobbing in der Schule soll das „Wie" der inhaltlichen Umsetzung thematisiert werden. Eigene Forschungsarbeiten konnten zeigen (Valkanover, 2005), dass die motorischen Fähigkeiten von geplagten Kindern durch ihre MitschülerInnen abwertend beurteilt werden. Diese negative Erwartungshaltung von MitschülerInnen gegenüber Mobbing-Opfern ist zudem als stabil zu bezeichnen. Werden nun Kinder mit durchschnittlichen motorischen Fähigkeiten aufgrund der erfahrenen Belästigungen über längere Zeit als physisch schwach etikettiert, so kann dies zur persönlichen Abwertung eigener (motorischer) Ressourcen führen. Diese Abwertung kann überdies die Entwicklung positiv besetzter Bewegungserfahrungen behindern, was tatsächlich zu abnehmenden motorischen Fähigkeiten führen kann. Diesem „psychomotorischen Teufelskreis" einer sich abzeichnenden sekundären Störung lässt sich insbesondere auch unter dem Blickwinkel der Mobbingintervention und -prävention durch Bewegungsinhalte begegnen.

Im Folgenden formulieren wir Überlegungen, unter welchen *Voraussetzungen* und *wie* mögliche bewegungsorientierte präventive Akzente gegen Mobbing gesetzt werden können. Dabei gehen wir von einer engen Verzahnung zwischen motorischen Fähigkeiten, sozialer Akzeptanz und Selbstbewertung im Sinne einer psycho-motorischen Einheit aus.

3.1 Mögliche Konsequenzen für eine bewegungsorientierte Intervention und Prävention in der Schule

Es stellt sich die Frage, in welchem Unterrichtsgefäss im Kindergarten und in der Schule solche bewegungsorientierten Präventionsformen angeboten werden können und sollen. In der sportpädagogischen Literatur finden sich Hinweise, inwiefern dem *Sport* eine präventive Funktion im Hinblick auf einen Abbau von Gewalt in der Schule zukommt. Dabei dominieren vor allem Aufsätze zu möglichen gewaltpräventiven Massnahmen *im Rahmen des Sportunterrichts* und sportartenbezogene Überlegungen (z. B. Kampfsport), *mit welchen Inhalten* diese gewaltpräventive Arbeit zu inszenieren ist.

Herzog (1994) streicht die vielfältigen Emotionen im Sport hervor, die im Rahmen sportpädagogischer Inszenierungen gewaltpräventiv genutzt werden können: „Thrill" und „Action" können Schüler und Schülerinnen auch im Sport erfahren und müssen nicht in gewalttätigem Verhalten gesucht werden. Schmidt-Millard (1996) erkennt wertvolle Ansatzpunkte der Gewaltprävention durch Sporterziehung in der spielerischen Auseinandersetzung: Er misst dabei der Erfahrung von regelkonformen, gleichberechtigten Interaktionen unter Spielenden zentrale Bedeutung zu. Schmidt-Millard (1996) fordert im Sportunterricht die bewusste Auseinandersetzung mit der eigenen körperlichen Verletzlichkeit und derjenigen des anderen.

Diese in den Sportunterricht gesetzte Hoffnung, als „Kompensationsinstanz für Sinndefizite" zu dienen, ist nicht neu und kann als Ausdruck eines Versuchs verstanden werden, die Einzigartigkeit des Faches „Sport", im Rahmen der Schule, über Spiel und Bewegung hinaus, zu untermauern (Schierz, 1993). Eine Sinn-Überfrachtung durch die Instrumentalisierung des Sports in der Schule verändert die Intentionen der Lehrkräfte und ist als Orientierung für eine sportpädagogische Gegenstandsdiskussion gemäss Herzog (1996) eher problematisch.

Mobbing kann sowohl im Rahmen des Sportunterrichts als auch in einem anderen Schulfach entstehen. Aufgrund der Bedeutung der sozialen Auseinandersetzung im sportlichen Mit- und Gegeneinander können sich vorhandene Mobbingprobleme im Sportunterricht als „Schaufenster von Sozialbeziehungen" allerdings verstärkend auswirken.

Aus diesen Gründen ist es nicht angebracht, in erster Linie im Rahmen des eigentlichen Sportunterrichts präventiv mit Bewegungsinhalten gegen Mobbing anzukämpfen. Da in der Bewegung insbesondere für Vorschulkinder und jüngere Schulkinder soziale Erfahrungen aufgebaut werden, scheint es unabhängig vom Fachunterricht wichtig zu sein, *bewegungsorientierte Formen* der Mobbingprävention einzusetzen. Was bedeutet dies nun für die Prävention und Intervention gegen Mobbing in Kindergarten und Schule?

Aggressive Kinder sind nicht so kräftig, schnell und geschickt, wie sie erscheinen (Valkanover, 2005). Ein Vergleich der körperlichen Leistungsfähigkeit *innerhalb der Klasse* in körperkontaktlosen Inszenierungsformen könnte deshalb ein erster Ausgangspunkt sein: Werden beispielsweise motorische Fähigkeiten und Neigungen von Opfer-Kindern in der Auswahl von Bewegungsangeboten berücksichtigt, können sportliche Hierarchien in der Klasse möglicherweise auf den Kopf gestellt werden. Unseres Erachtens reicht es allerdings nicht aus, einfach nur zu spielen und die Erfahrung von Sieg und Niederlage zu erleben. Es bedarf zusätzlich lobender Unterstützung seitens der Lehrkraft, dass die *Leistung* des Opfer-Kindes je nach dem gut, vielleicht sogar beeindruckend war. Zentral scheint uns, dass die anderen Kinder diese Rückmeldung hören und ihre Leistung selber einordnen können. Mit solchen Vergleichen kann *thematisiert* werden, dass aggressive Kinder manchmal auch „machtlos" sind und aus der Perspektive des Opfers nicht als „Übermenschen" erscheinen. Damit kann am Image des starken, geschickten und mächtigen Täterkindes „gekratzt" werden. Diese Arbeit am (Körper-) Selbstkonzept der betroffenen Kinder schätzen wir als äusserst wichtig ein: Je stärker sich Kinder erleben und je stärker sie wirken, desto seltener werden sie zu Opfern von Gewalt durch ihre MitschülerInnen in Kindergarten und Schule.

3.2 Körper- und bewegungsorientierte Akzente in unserer Arbeit mit Be-prox

Mit Inhalten aus dem Bewegungsbereich können präventionsrelevante Erfahrungen wie Sieg und Niederlage, körperliche Verletzlichkeit, Fairplay, Bedeutung von Regeln usw. in der Klasse anschaulich thematisiert und erlebbar gemacht werden (Schneider, 1996; Beudels und Anders, 2001). Nachfolgend werden einige bewegungsorientierte Umsetzungsideen in der Arbeit mit Be-prox (Alsaker, 2003; Valkanover et al., 2004) aufgeführt.

Die *Thematisierung* von Mobbing, als oft unangenehmen und immer aufwühlenden ersten präventiven Umsetzungsschritt in der Klasse, stösst bei Schüler und Schülerinnen (und Lehrkräften) oft auf weniger Widerstand, wenn sie ihre Erfahrungen mit Mobbing in Rollenspielen „ganzheitlich" einbringen können. Diese direkte körperliche Stellungnahme zu Mobbing im Rollenspiel darf deshalb als „Eisbrecher" für nachfolgende Gespräche über Mobbing in der Gruppe bezeichnet werden.

In der Be-prox-Arbeit ist das gemeinsame *Aushandeln eines Verhaltens-kodex'* von Schüler und Schülerinnen und Lehrkräften ein zentrales Anliegen. Die Bedeutung von Leitplanken für das Sozialverhalten in der Klasse kann beispielsweise mit kampfsportlichen Inszenierungsformen veranschaulicht werden: Nach welchen Regeln wird gekämpft? Welche Griffe sind erlaubt? Wie gross ist das Spielfeld? Welche HALT-Geste führt zum sofortigen Un-terbruch des Kampfspiels? usw.

Körperorientierte Inszenierungen in der Schulklasse eignen sich zudem sehr gut zur *Förderung von Empathie*. Der respektvolle Umgang mit den Mit-schülerInnen bedingt, sich in andere einfühlen zu können. Die Fähigkeit, Freuden und Leiden anderer Kinder wahrnehmen zu können ist damit als zentraler Inhalt von präventiven Massnahmen gegen Mobbing zu erachten (Alsaker, 2003).

Möglicherweise wirken einzelne Opfer-Kinder aufgrund ihrer Kör-perhaltung und Bewegung trotz vorhandener physischer Leistungsfähigkeit nicht überzeugend und werden dadurch zur Zielscheibe von Mobbing. Im Rahmen von *kampfsportlichen Ausbildungskursen* steht oftmals die Sicherheit im Auftreten an zentraler Stelle. Gemäss den zugrundeliegenden fernöstlichen Lebensweisheiten geht es genau darum, durch bewusstes Auftreten *nicht* in aggressive Handlungen verwickelt zu werden. Aufgrund der oft vorhandenen Hemmnisse von Opfer-Kindern, im Rahmen der Klasse diese Haltungen aufzubauen, kann ein externes Training im Schulsport oder Verein unabhän-gig vom Geschlecht erfolgversprechend sein (Lemish, 1998; Wolters, 1992). Kampfsporttraining ausserhalb der Schule mag auch für aggressive Kinder ein Ansatzpunkt für das Überdenken der eigenen Rolle in der Beziehung zu andern Kindern sein. Verschiedene Forschungsarbeiten beschreiben dabei den erfolgversprechenden Versuch, aggressive Handlungen mit einem Engagement im Kampfsport zu sublimieren und entsprechend zu reduzieren (Skelton, Glynn und Berta, 1991).

Eine Mobbing-Prävention mit ausschliesslich bewegungspädagogischen Inhalten greift sicherlich zu kurz. Aufgrund der unmittelbaren Erfahrung des eigenen Körpers in Zusammenhang mit Bewegung können mobbingrele-vante Aspekte jedoch nachhaltiger reflektiert werden. Diese Verbindung von (ganzheitlichem) Erlebnis und (kritischer) Reflexion darf als ein wesentlicher Eckpfeiler einer erfolgversprechenden Mobbingprävention in der Schule betrachtet werden.

4 Gewaltprävention in der Schule – das Wohlbefinden von Schülerinnen und Schülern stärken

> *Gewaltsysteme entstehen nicht aus einer Weltanschauung,*
> *sondern aus dem Fehlen einer solchen.*
> *(Paul Bertololy)*

Zwischen Schulen bestehen zum Teil erhebliche Unterschiede hinsichtlich des Ausmasses von Schüleraggression und -gewalt. Sicher sind dafür stets mehrere Faktoren und auch ausserschulische Einflüsse verantwortlich. Gewalt in und an Schulen kann aber auch von den Schulen selbst mitgestaltet beziehungsweise verhindert werden, denn der Einfluss der Schule auf Kinder und Jugendliche ist intensiv und vielfältig: Die Schule beeinflusst die Sozialisation und Entwicklung von Kindern und Jugendlichen über mehrere Jahre hinweg und in einem äusserst sensiblen Zeitraum. Die Schule dominiert die Alltagserfahrungen der Jugendlichen, da schulische Bildung die Hauptaufgabe der kindlichen und jugendlichen Entwicklung darstellt. Die Schule repräsentiert gesellschaftliche Werte und Normen, denen sich die Kinder und Jugendlichen anzupassen haben. Für die Prävention von Gewalt in der Schule ist es folglich wichtig, eine positive emotionale Grundlage für das Lernen und Leisten zu schaffen. Bestehen positive Rahmenbedingungen in Schule und Unterricht, können diese dazu beitragen, dass die Entfaltung subversiven und aggressiven Potenzials verhindert wird. In den nachfolgenden Ausführungen wird dargestellt, wie solche Rahmenbedingungen geschaffen werden können.

4.1 Die Bedeutung des Wohlbefindens von Schülerinnen und Schülern

Die Sicherung des Wohlbefindens von Schülerinnen und Schülern ist ein wesentlicher Ansatzpunkt für die Entwicklung einer positiven Schulkultur. Aus der Forschung ist beispielsweise bekannt (im Überblick Hascher, 2004a, 2004b), dass das schulische Wohlbefinden von Kindern und Jugendlichen

- einen Zusammenhang mit schulischen Qualitätskriterien aufweist,
- der Entwicklung von Selbst- und Sozialkompetenzen dient,
- von der Schulpflicht zur Schullust führt,
- zu Gesundheit und zu salutogenem Verhalten beiträgt und
- ein Klima des Vertrauens und der emotionalen Sicherheit gewährleistet.

Schlechte Schulen, d. h. Schulen, die nicht auf das Wohlbefinden der Kinder und Jugendlichen achten, machen die Schülerinnen und Schüler nicht nur krank, sondern sie schaffen auch einen Nährboden für die Entstehung von Gewalt (vgl. auch Gamper, 2000). Uslucan et al. (2003) haben Folgendes herausgefunden: Je schlechter Kinder und Jugendliche das Klima in ihren Familien erleben (dies schliesst auch Gewalterfahrungen innerhalb der Familie ein), desto eher akzeptieren sie Gewalt als ein Mittel der Konfliktlösung und desto häufiger sind sie Täter oder Mittäter. Für die Schule kann der gleiche Zusammenhang angenommen werden: Je weniger sich Schülerinnen und Schüler in ihrer Schule wohl fühlen, desto geringer ist ihre Hemmschwelle gegenüber Gewalt in der Schule. Des Weiteren ist bekannt, dass sowohl Täter als auch Opfer von Aggressionen in ihrem Schulalltag mehr Belastungen und Konflikte erleben als unbeteiligte Schülerinnen und Schüler (z. B. Averbeck et al., 1996).

4.2 Wohlbefinden in der Schule

Der Begriff „Wohlbefinden" wird leicht missverstanden, vor allem weil er in den letzten Jahren häufig für die Werbung verschiedenster Produkte und Freizeitangebote verwendet wurde. In pädagogischen Kontexten bedeutet Wohlbefinden nicht „Wellness" oder gar „Kuschelpädagogik". Wohlbefinden bezeichnet vielmehr eine Erlebnisqualität, bei der positive Emotionen und Kognitionen gegenüber der Schule, den Personen in der Schule und dem schulischen Kontext bestehen und gegenüber negativen Emotionen und Kognitionen dominieren. Wohlbefinden in der Schule bezieht sich auf die individuellen emotionalen und kognitiven Bewertungen im sozialen Kontext schulischer beziehungsweise schulbezogener Erlebnisse und Erfahrungen. Konkret setzt sich Wohlbefinden in der Schule aus den folgenden sechs Komponenten zusammen (Hascher, 2004a):

1. Positive Gedanken und Gefühle gegenüber der Schule (z. B. die Schule als sinnvoll bewerten)
2. Freude in und an der Schule (z. B. sich über Erfolge freuen)
3. Schulisches Selbstbewusstsein (z. B. sich mit den Anforderungen der Schule identifizieren können und sich ihnen gewachsen fühlen)
4. Ein geringes Mass an Sorgen und Problemen wegen der Schule (z. B. sich keine Sorgen über das Erreichen der Lernziele machen müssen)
5. Keine oder geringfügige körperliche Beschwerden wegen der Schule (z. B. nicht unter Herzklopfen bei der mündlichen Mitarbeit leiden)
6. Keine oder kaum soziale Probleme in der Schule (z. B. sich von den anderen in der Klasse akzeptiert fühlen)

Aufgrund des Schulzwangs und der Leistungsorientierung können Kinder und Jugendliche zwar nie ganz frei von negativen Erfahrungen in der Schule sein. Diese negativen Erlebnisse können sich aber auf ein absolutes Minimum beschränken – und dies bedeutet: Von Wohlbefinden in der Schule kann man dann sprechen, wenn

– Schülerinnen und Schüler die Schule als sehr wichtig für ihr Leben erachten, auch wenn sie manchmal über sie schimpfen;
– wenn Schülerinnen und Schüler wesentlich häufiger Freude als Trauer, Enttäuschung und Zorn wegen der Schule empfinden;
– wenn Schülerinnen und Schüler trotz gelegentlicher Unsicherheiten und Zweifel sicher sind, dass sie die Anforderungen der Schule meistern können;
– wenn die Schülerinnen und Schüler gefordert werden und sich anstrengen müssen, sie aber nicht von Sorgen wegen ihrer schulischen Leistungen geplagt werden;
– wenn sich Schülerinnen und Schüler für ihr Lernen voll einsetzen können und nicht durch körperliche Beschwerden beeinträchtigt werden;
– wenn Schülerinnen und Schüler zu ihrer Schule und zu ihrer Klasse gehören, obschon sie mit Mitschüler und Mitschülerinnen hin und wieder streiten und sie die anderen manchmal blöd oder gemein finden.

Befragt man Schüler und Schülerinnen selbst, so stellen sie der Schule allerdings häufig ein eher schlechtes Zeugnis aus (z. B. Bergmann und Eder, 1995; Grob, 1997; Hascher, 2004a): Schule wird von vielen Mädchen und Jungen als weltfremd und sinnlos erachtet; sie empfinden wesentlich mehr negative als positive Gefühle gegenüber der Schule und den Lehrpersonen; immer mehr Schülerinnen und Schüler leiden unter Beschwerden; Schule belastet viele Kinder und Jugendliche; soziale Ausgrenzung ist in Schulen immer wieder zu beobachten usw. Es ist also dringend erforderlich, die Gestaltung der Schule in Hinblick auf die oben genannten sechs Komponenten des Wohlbefindens zu verbessern. Im Folgenden werden dazu einige Anregungen und Hinweise formuliert.

4.3 Förderung des Wohlbefindens in der Schule

Sicher üben viele verschiedene Personen einen – positiven oder negativen – Einfluss auf das Wohlbefinden von Schülerinnen und Schüler aus: die Lehrpersonen, die Eltern, die Mitschülerinnen und Mitschüler, die Freundinnen und Freunde und letztlich auch die Schülerinnen und Schüler selbst. Alle diese Personen haben die Möglichkeit, das Wohlbefinden in der Schule aktiv mitzugestalten. Ganz besonders wichtig ist dabei der Beitrag von Lehrerinnen und Lehrern (Eder, 2004; Hascher und Lobsang, 2004). Vor allem an den folgenden Punkten sollten Lehrpersonen ansetzen (Hascher, 2004a, b):

– Die Qualität des Unterrichts sollte stets hoch sein. Dazu gehört beispielsweise, dass Lehrpersonen die Unterrichtszeit gut nutzen, klare Aufträge erteilen und individuelle Hilfestellung geben können. Ausserdem dürfen Lehrpersonen keinesfalls einzelne Schülerinnen oder Schüler bevorzugen oder benachteiligen. Schülerinnen und Schüler gleich welchen Alters müssen sich auf die Gerechtigkeit und die Fürsorge der Lehrpersonen verlassen können. Die Schülerinnen und Schüler dürfen nicht den Eindruck erhalten, es sei ihren Lehrpersonen gleichgültig, was und wie viel jede/jeder Einzelne lernt und leistet.

– Schülerinnen und Schüler sind in der Schule durchaus zu fordern. Geht dies aber nicht mit einer (individuellen) Förderung der Lernenden Hand in Hand, so resultiert daraus Leistungsdruck. Schülerinnen und Schüler könnten daraus wiederum Gefühle der Hilflosigkeit und der Überforderung entwickeln, die nicht nur ihr Wohlbefinden, sondern auch ihr Selbstwertgefühl und ihre Lernmotivation massiv beeinträchtigen. Um dies zu vermeiden ist beispielsweise wichtig, dass Lernsituationen und Leistungsmessungen klar getrennt werden. Schülerinnen und Schüler müssen darauf vertrauen können, dass sich ihre Verständnisprobleme oder Fehlschlüsse im *Lern*prozess nicht nachteilig auf ihre Noten auswirken.

– Nahezu alle Schülerinnen und Schüler wollen in der Schule gute Leistungen erbringen. Dies wird aber vielen verwehrt, sobald sie mit den Besten in der Klasse verglichen werden. Gute und schlechte Leistungen dürfen nicht davon abhängen, ob Mitschülerinnen und Mitschüler in der gleichen Prüfung besser oder schlechter abgeschnitten haben. Noten sind in Hinblick auf das individuelle Leistungsniveau eines Schülers/einer Schülerin zu setzen. Förderlich für die Entwicklung des Wohlbefindens und der Leistungen ist vielmehr, Beurteilungen anhand von Vorleistungen oder anhand von vorgegebenen Leistungszielen zu treffen.

– Konkurrenz in der Klasse kann zu Diskriminierung von Kindern und Jugendlichen führen. Dies äussert sich beispielsweise darin, dass Schülerinnen und Schüler ausgelacht werden, wenn sie einen Fehler machen; dass sich Schadenfreude breit macht, wenn jemand versagt; dass Neid und Missgunst herrschen, wenn jemand Erfolg hat. Solche unerwünschten Verhaltensweisen müssen Lehrpersonen konsequent unterbinden. Sie müssen zum Ausdruck bringen, dass eine Klasse eine Gemeinschaft von Lernenden ist, in der Gemeinheiten nicht toleriert werden. Dies betrifft nicht nur das Verhalten im Klassenzimmer, sondern auch ausserhalb, nicht nur die Interaktionen während des Unterrichts, sondern auch in den Pausen.

Zusammenfassend kann gesagt werden: Lehrpersonen, bei denen sich Schülerinnen und Schüler wohl fühlen, setzen ihren Wissensvorsprung und ihre Überlegenheit nicht als Machtmittel ein, sondern sie unterstützen die Kinder in ihrem Lern- und Entwicklungsprozess. Sie beharren nicht auf *der* richtigen Lösung, sondern sie entwickeln eine Fehlerkultur in der Schule. Sie achten auf die Passung zwischen den an die Schüler und Schülerinnen gestellten Anforderungen und ihren Kompetenzen und sie vermeiden Langeweile. Sie treten konsequent für Chancengleichheit und Gerechtigkeit ein.

Schulen, in denen sich Schülerinnen und Schüler wohl fühlen, nehmen sowohl die Gefühle der Schülerinnen und Schüler als auch deren Urteile über die Schule ernst. Sie berücksichtigen explizit die spezifische Rolle der Kinder und Jugendlichen in der Schule. Sie bemühen sich explizit um ein Ungleichgewicht zu Gunsten positiver Gefühle und Gedanken gegenüber der Schule, gegenüber dem Lernen, gegenüber den Lehrpersonen und auch gegenüber den Mitschülerinnen und Mitschülern. Sie fördern gezielt die einzelnen Komponenten des Wohlbefindens und überlassen sie nicht dem Zufall oder dem Engagement einzelner Lehrpersonen. Sie richten ihr Augenmerk auch auf soziale Aspekte, indem sie Konkurrenzkampf und Vergleiche zwischen Lernenden verringern und den Schulalltag im Sinne einer Kultur des gemeinsamen Lernens und gegenseitigen Unterstützens gestalten.

5 Das Programm „Peacemaker": Konstruktive Konfliktlösung und Zivilcourage als Schulhauskultur

Auf dem Pausenplatz schubsen sich zwei Schüler gegenseitig wegen eines Fouls beim Fussball. Zwei Mädchen beschimpfen einander wegen bösartiger Gerüchte. Einige Buben spielen mit dem Hut eines jüngeren Mädchens, das verzweifelt hin und her rennt. In solchen Situationen würden ausgebildete Peacemaker – Schüler und Schülerinnen – zur Streitszene eilen und fragen: „Was ist los? Können wir euch helfen?" An der Oberstufe gehen die Peacemaker noch weiter: Neben dem Streitschlichten untersuchen und behandeln sie gruppendynamische Konflikte wie Ausgrenzung, Gerüchte, Mobbing oder verfeindete Gruppierungen, die ihre Konflikte auf dem Heimweg oder in der Freizeit austragen.

5.1 Was ist ein Peacemaker?

Ein Peacemaker ist eine Schülerin oder ein Schüler, die oder der von der Klasse gewählt wurde, um Konflikte zu schlichten und Gewalt vorzubeugen. Die Peacemaker besuchen einen eineinhalbtägigen Kurs mit NCBI[1]-Fachleuten, um zu lernen, wie Konflikte friedlich gelöst und Streit und Konflikte abgekühlt werden können. Die Peacemaker ersetzen die Pausenaufsicht nicht – diese liegt immer noch in der Verantwortung der Lehrkräfte. Peacemaker bieten aber den Streitenden Hilfe an, bei schwierigen Situationen eine Lösung zu finden, die für beide Seiten stimmt.

Als Peacemaker eignen sich Schüler und Schülerinnen, die gut zuhören können, fair und mutig sind – Schüchterne werden eher Mühe haben, sich bei Streitigkeiten einzumischen. Die Peacemaker sollten selber daran interessiert sein, Konflikte ohne Gewalt zu lösen. Gute Schulleistungen und braves Verhalten sind nicht ausschlaggebend. Möglichst alle verschiedenen Gruppierungen, die die Schule prägen, sollten in der Peacemaker-Gruppe vertreten sein (z. B. MigrantInnen, SchweizerInnen, SportlerInnen, ruhige/laute SchülerInnen).

Wichtig ist, dass diejenigen Schülerinnen und Schüler als Peacemaker gewählt werden, die bereits über gute soziale Kompetenzen verfügen. Für sie wird es nämlich einfacher sein, die Prinzipien effektiv anzuwenden. Die von ihnen eingesetzten Konfliktlösungsstrategien werden von den anderen Schülerinnen und Schülern aufgenommen und angeeignet.

Die Tatsache, dass zurzeit rund 50 Schulen in der Deutschschweiz das Programm „Peacemaker" mit NCBI durchführen, könnte zum falschen Schluss verleiten, dass Gewalt an diesen Schulen besonders häufig vorkommt. Im Gegensatz ist es so, dass „Peacemaker" ein Präventionsprojekt für Schulen mit engagierten und motivierten Teams von Lehrkräften bildet, die eine Schulhauskultur von konstruktiver Konfliktlösung aufbauen möchten. Manche Schulen entscheiden sich für das Projekt, nachdem schwierige Situationen aufgetreten sind. Die meisten aber wissen, dass in fast jeder Schule die alltägliche „normale" seelische und körperliche Gewalt das Lernklima für viele Schüler und Schülerinnen verderben kann.

1　　Das National Coalition Building Institute NCBI ist ein konfessionell und politisch neutraler Verein und setzt sich ein für Gewaltprävention, konstruktive Konfliktlösung sowie den Abbau von Vorurteilen und Rassismus. In der Schweiz gibt es die international tätige Organisation seit 1995. Peacemaker ist nur einer von verschiedenen Lehrgängen, welche die Organisation anbietet. Weitere Informationen: http://www.ncbi.ch.

5.2 Hintergrundannahmen zu Gewalt und Konfliktlösung

Hinter dem Programm „Peacemaker" von NCBI stehen einige Thesen zum Thema „Gewalt", die im Folgenden kurz beleuchtet werden:

– *Gewalt ist üblich: Breiter Begriff von Gewalt*
Gewalt wird bewusst breit definiert – physische, psychische, verbale Gewalt, Sachbeschädigung, ungerechte oder unangemessene Strafen und andere Arten von Gewalt werden in den Begriff von Gewalt eingeschlossen. In dieser Hinsicht wird Gewalt im schulischen Umfeld enttabuisiert und als etwas Alltägliches betrachtet, zu dem alle Beteiligten beitragen, das alle – Lehrende und Lernende – schon beobachtet, ausgeübt und erlitten haben. Der Blick wird frei für diejenigen Arten von Gewalt, gegenüber denen die Beteiligten bisher keine tauglichen Strategien gefunden haben. Der Fokus ist darauf gerichtet, dass es solche Strategien gibt und dass sie gefunden und erlernt werden können.

– *Lösungsorientierung: Schlichten, nicht richten*
Wird ein Konfliktfall bearbeitet, richtet sich das Interesse zu oft darauf, den Täter oder die Täterin zu identifizieren. Dies obwohl bei einem grossen Teil der Konflikte beide Seiten an der Dynamik beteiligt sind und ihre Gelegenheiten, die Eskalation zu verhindern, nicht wahrgenommen haben. Aber ein Konfliktlösungsversuch, der darauf abzielt, die Täterschaft zu eruieren, gleicht einem Gerichtsverfahren. Er eignet sich nicht für eine Schlichtung.
Anstatt nach den Schuldigen zu suchen oder zu moralisieren, ist es in den meisten alltäglichen Konfliktsituationen hilfreicher, die Gewaltdynamik des Systems konstruktiv zu unterbrechen und nach funktionierenden Wegen aus der Eskalation zu suchen. Diese können eher zu einem Ende des Konflikts führen, wenn beide Konfliktseiten ihr Gesicht gewahrt und ihre Interessen berücksichtigt sehen.

– *Gewaltprävention ist lernbar*
Oft wird heute beklagt, dass zunehmende Gleichgültigkeit – aufgrund der Individualisierung und zunehmenden Anonymisierung der sozialen Verhältnisse – der Grund dafür sei, dass in Gewaltsituationen zu selten eingegriffen werde. Studien zeigen aber, dass dies weniger mit Gleichgültigkeit zu tun hat als mit der Ohnmacht, die Zeuginnen und Zeugen von Gewalt in diesen Situationen empfinden. Deswegen soll Zivilcourage und aktives Eingreifen bei denjenigen gefördert werden, die nicht direkt am Konflikt beteiligt sind. Dazu brauchen sie „Werkzeuge", Methoden zur konstruktiven Konfliktlösung.
Friedenstiften ist nichts anderes als eine Reihe von Fertigkeiten, die – wie Lesen und Rechnen – gelernt und geübt werden können. Wenn

es gelingt, Zeuginnen und Zeugen von Gewalthandlungen mit einem praktikablen Set solcher Fertigkeiten auszustatten und dabei zu begleiten diese auszuprobieren, werden sie erste Erfolge feiern und mutiger werden. Je ausgeprägter das Selbstvertrauen, Konfliktsituationen konstruktiv entschärfen zu können, geworden ist, desto mehr können die Fertigkeiten vertieft und erweitert werden.

– *Ungerechtigkeit führt zu Gewalt*
In jeder sozialen Struktur – also auch in jeder Schule – gibt es Personen, die primär als Täter (seltener auch als Täterinnen) oder als Opfer wahrgenommen werden. Viele im schulischen Umfeld Tätige sind darin geübt, bei diesen Schülerinnen und Schülern hinter die Fassade des Individuums zu blicken und das familiäre Umfeld des Kindes in die Fallanalyse mit einzubeziehen. So kann – gerade bei regelmässigen Täterinnen und Tätern – der Blick auch auf diejenigen Situationen fallen, in denen er oder sie auch Opfer geworden ist. Immer wieder aber geht die strukturelle Ebene vergessen: Strukturelle Gewalt und Ungerechtigkeiten der Gesellschaft und manchmal sogar in der Schule. Gewaltprävention bedeutet deshalb auch, Ungerechtigkeiten zu erkennen und Wege zu finden, um die Situation gerechter zu gestalten.

– *Klare Ansätze*
Wenn man eine Methodik kennt und verschiedene „Werkzeuge" hat, kann man wählen, welche in der spezifischen Situation angebracht sind. Je einfacher und klarer strukturiert diese sind, desto grösser ist die Wahrscheinlichkeit, dass sie dann auch genutzt werden. In der Anwendung findet zwingend eine Auseinandersetzung mit verschiedenen und komplexeren Konfliktmustern statt, die dazu führt, dass die Friedenstifterinnen und Friedenstifter – wenn sie kompetent und unterstützend begleitet werden – ihr Vorgehen verfeinern können. Situationen, in denen die angewandten Methoden einen Konflikt noch nicht vollständig entschärfen können, werden so zum Ausgangspunkt neuen, vertiefenden Lernens.

5.3 Der Ablauf eines Peacemaker-Projektes

Ein Peacemaker-Projekt beginnt immer mit einer schriftlichen Umfrage unter den Lehrpersonen und den Schülerinnen und Schülern. Dadurch kann die Situation hinsichtlich der Gewalt gut erfasst werden. Zusammen mit einer Arbeitsgruppe von Lehrpersonen analysiert eine NCBI-Fachperson die spezifischen Gewaltmuster der Schule, um Schwerpunkte für die Präventionsbemühungen zu setzen.

Fortbildung der Lehrkräfte

Darauf folgt eine anderthalbtägige Fortbildung für alle Lehrkräfte – allenfalls zusammen mit der Schulpflege und dem Hauswart – zu den Themen Gewaltprävention, Konfliktlösung und Friedenserziehung. Als Teil der Weiterbildung wird in der Regel eine Projektwoche mit dem Titel „Friedenswoche" oder einem kreativeren Namen wie beispielsweise „Peace statt fies" geplant.

An der Fortbildung wird das Thema Gewalt aus verschiedenen Perspektiven (aus der Sicht der Opfer, der Täterinnen und Täter, der Zeugen und Zeuginnen; als Mann/Bub, als Frau/Mädchen usw.) beleuchtet. Die persönliche Wirkung von Gewalt und deeskalierende Methoden der konstruktiven Konfliktlösung werden thematisiert, diskutiert und an Fallbeispielen besprochen.

Die Projektwoche zum Thema „Frieden"

Alle Lehrpersonen und alle Klassen, die das Areal teilen (manchmal auch die Kindergärten), sind am Projekt beteiligt. Im Rahmen dieser Woche werden nicht nur die Peacemaker ausgebildet; klassenübergreifende Ateliers, die den friedlichen Umgang miteinander fördern, werden von den Lehrkräften (manchmal in Zusammenarbeit mit der Jugendarbeit, der Schulsozialarbeit oder anderen Stellen) angeboten. Typische Themen sind „Konfliktlösung", „Buben und Mädchen", „Fair spielen", „Umgang mit starken Gefühlen", „Gruppenkonflikte: ich, du und wir", „Opfer und Aussenseiter". Es findet ein gemeinsamer Auftakt und eine gemeinsame Schlussveranstaltung für das ganze Schulhaus statt. Die Schlussveranstaltung kann beispielsweise ein Friedensfest am Freitagnachmittag, einen Sponsorenlauf für einen gemeinnützigen Zweck oder das Freisetzen von Ballonen oder Friedenstauben beinhalten. Die Peacemaker erhalten ein Diplom und werden der Schule vorgestellt.

Diese Projektwoche hat einerseits zum Ziel, dass sich alle Schülerinnen und Schüler mit dem Thema auseinandersetzen. Durch Stufen und klassenübergreifende Ateliers wird auch die Anonymität auf dem Schulgelände abgebaut, was in grösseren Schulen spürbar die Gewalt auf dem Pausenplatz und dem Schulweg reduziert.

Ausbildung und Begleitung der Peacemaker

Im Rahmen dieser Projektwoche findet auch die Ausbildung der Peacemaker statt. Während dieser eineinhalb Tage treffen sich die als Peacemaker gewählten Schülerinnen und Schüler mit den Ausbilder und Ausbilderinnen von NCBI sowie den zuständigen Lehrpersonen. Die Ausbildung ist auf drei Schwerpunkte fokussiert: Zum ersten setzen sich die angehenden Peacemaker mit der Dynamik der Eskalation von Gewalt sowie den Rollen von Zeugen und Zeuginnen, Täter und Täterinnen und Opfern auseinander. Weiter erfolgt eine Auseinandersetzung mit den Ursachen der häufigsten Arten von Gewalt, die an dieser Schule auftreten, damit die Peacemaker die Motive der Beteiligten besser verstehen lernen. Und ausserdem wird natürlich anhand von praktischen Beispielen und Rollenspielen geübt, wie im Streitfall eingegriffen werden kann.

5.4 Wie greifen die Peacemaker ein?

Wie löst man Konflikte auf friedliche Art und Weise? Im hier vorgestellten Ansatz zur Gewaltprävention gehen wir mit dem Projekt Peacemaker von einer Art der Mediation aus, die fünf Schritten folgt:

1. *Was ist los?* „Braucht ihr Hilfe?", „Könnt ihr mir sagen, was passiert ist?", „Wer erzählt zuerst?" sind Fragen, die gestellt werden. Die Streitparteien sollen nacheinander schildern, worum es geht, und sich auch gegenseitig zuhören. Beleidigungen werden nicht erlaubt und von den Peacemakern unterbrochen. Die Peacemaker hören beiden Seiten aufmerksam zu.

2. *Peacemaker wiederholen.* Die Peacemaker wiederholen, was die Streitenden gesagt haben und fragen dann: „Habe ich das richtig verstanden?" Manchmal möchten die Streitenden ihre Aussagen ergänzen oder näher erklären. Die Peacemaker versuchen, unparteiisch zu bleiben. Wichtig ist, beide Seiten ernst zu nehmen.

3. *Wie ist es für dich, wenn das passiert?* Die Peacemaker fragen beide Seiten nach ihren Empfindungen, um herauszufinden, wo und wie tief die seelischen Verletzungen sind. „Was geht in dir vor, wenn so etwas passiert?" Und: „Wie geht's dir jetzt?" Die Streitenden erzählen, ob der Streit sie wütend oder traurig macht, inwiefern sie sich verletzt fühlen. Wichtig ist, dass jede Partei dann besser versteht, was die Auswirkung des Streits auf das Gegenüber ist.

4. *Lösungen suchen.* Die Streitenden – und nicht die Peacemaker – sollen Lösungsvorschläge suchen. Wenn niemand eine gute Idee hat, fragt man die Streitenden: „Was brauchst du vom anderen, damit ihr Frieden schliessen könnt? Kannst du machen, was die andere Partei von dir verlangt, um den Konflikt zu regeln?"

5. *Abmachung treffen.* Wenn eine gemeinsame Lösung gefunden wird, schliessen die Konfliktparteien Frieden. Im besten Fall reichen sie sich die Hände. Wenn der Konflikt nicht ganz gelöst werden kann, dann wurde immerhin die Eskalation verhindert.

In der Regel gefällt die neue Aufgabe den Schülerinnen und Schülern, die sich schon viele Gedanken über den Umgang miteinander an der Schule gemacht haben. Natürlich haben sie manchmal ein wenig Angst, in einen Streit einzugreifen. Obwohl sie am Anfang manchmal provoziert werden, steigt die Akzeptanz nach zwei oder drei Wochen. Besonders die jüngeren Schülerinnen und Schüler sind dankbar, wenn die Pausen friedlicher verlaufen. Für eine Schule bedeutet das, dass Gewaltprävention nach der Projektwoche nicht wieder aufgegeben wird, sondern mit einem kleinen Aufwand weiter getragen und institutionalisiert werden kann. Nach drei Jahren erinnert sich in der Regel niemand mehr daran, dass es früher keine Peacemaker gab. Das Projekt wird Teil der Schulhauskultur – wie der Sporttag oder das Klassenlager.

6 Schlussgedanken und Ausblick

Der vorliegende Text beinhaltet verschiedene Zugänge und Massnahmen zur Prävention von Mobbing und Gewalt in der Schule. Sie bauen auf (teilweise) verschiedenen Grundkonzepten auf, sie stellen Unterschiedliches in den Mittelpunkt. Aber sie haben auch viele Gemeinsamkeiten und diese sollen abschliessend betont werden.

Eine Schule völlig frei von Mobbing und Gewalt gibt es nicht. Mehr oder weniger offensichtliche, mehr oder weniger heftige Konflikte, Streit und Aggressionen gibt es immer. Aber diese müssen weder zu Mobbing noch zu Gewalt führen. Und zudem: Schulen können unterschiedlich professionell und erfolgreich mit diesen umgehen. Dabei ist es von grundsätzlicher Bedeutung, dass aktiv gehandelt wird, bevor es zu Mobbing und Gewalt kommt. Als Lehrerperson kann und muss man den Lern- und Lebensraum Schule sehr bewusst mitgestalten. Den Lehrpersonen stehen diesbezüglich viele Möglichkeiten offen. Voraussetzung dafür ist allerdings, dass Lehrpersonen an sich arbeiten – indem sie beispielsweise ihr Verhalten gegenüber den Schüler und Schülerinnen reflektieren und optimieren; dass Lehrpersonen neues Wissen und Handlungskompetenzen erwerben – indem sie beispielsweise lernen, das Phänomen Mobbing zu verstehen und zu erkennen sowie die Grundlagen einer erfolgreichen Prävention umzusetzen; dass Lehrpersonen eine grundsätzlich angenehme Lernatmosphäre in der Schule schaffen – indem sie beispielsweise einen guten Unterricht machen, der die Bedürfnisse und Empfindungen der Schüler und Schülerinnen mitberücksichtigt.

Wo Mobbing und Gewalt auftreten, bestehen Probleme auf der Beziehungsebene, die mit zum Teil heftigen Emotionen verbunden sind. Schüler und Schülerinnen können sich gegenseitig nicht leiden oder sie fühlen sich von anderen bedroht, von Lehrpersonen ungerecht behandelt oder zu wenig wert geschätzt usw. Lehrpersonen erleben sich als hilflos im Umgang mit den Schüler und Schülerinnen, sie fühlen sich von ihnen hintergangen, wenig respektiert. All dies führt dazu, dass Beziehungen zwischen Schüler und

Schülerinnen, zwischen Schüler und Schülerinnen und Lehrpersonen und innerhalb des Lehrerkollegiums in ihren Grundlagen erschüttert werden, vor allem in Hinblick auf gegenseitiges Vertrauen, aber auch Zutrauen.

Solche Problematiken haben System, d. h. sie haben sich systematisch entwickelt, haben eine Struktur und sind mit vielen anderen Abläufen innerhalb der Schule, z. B. mit der Leistungsmessung, verwoben. Prävention muss deshalb immer auf verschiedenen Ebenen ansetzen und das System von Mobbing und Gewalt im Blick behalten. Ein systemischer Blick auf Mobbing und Gewalt schliesst überdies mit ein, nicht nur die Perspektive der Schüler und Schülerinnen zu berücksichtigen, sondern sie explizit in die Prävention und Intervention einzubeziehen.

Ein System, bei dem auf mehreren Ebenen Probleme entstehen, beherbergt zugleich auch das Potenzial für Lösungen auf mehreren Ebenen. Es ist ein Teil des pädagogischen Auftrags von Lehrpersonen, dieses Potenzial auszuschöpfen.

7   Literatur

Alsaker, Françoise D. (2003), *Quälgeister und ihre Opfer. Mobbing unter Kindern – und wie man damit umgeht,* Bern: Verlag Hans Huber.

Averbeck, Mechtild; Thomas Bliesener, Anke Liehmann und Friedrich Lösel (1996), Gewalt in der Schule. Zusammenhänge von Schulklima und Schulleistungen mit unterschiedlichen Typen der Konfliktlösung, in: Evelin Witruk und Gisela Friedrich, *Pädagogische Psychologie im Streit um ein neues Selbstverständnis. Bericht über die 5. Tagung der Fachgruppe Pädagogische Psychologie in der Deutschen Gesellschaft für Psychologie e.V. in Leipzig 1995,* Landau: Empirische Pädagogik, 584–591.

Bergmann, Christian und Ferdinand Eder (1995), Das Befinden von Schülerinnen und Schülern. Eine Untersuchung mit dem Befindenstagebuch, in: Ferdinand Eder, *Das Befinden von Kindern und Jugendlichen in der Schule,* Innsbruck: Studienverlag, 169–207.

Beudels, Wolfgang und Wolfgang Anders (2001), *Wo rohe Kräfte sinnvoll walten. Handbuch zum Ringen, Rangeln und Raufen in Pädagogik und Therapie,* Dortmund: Borgmann.

Eder, Ferdinand (2004), Der Einfluss einzelner Lehrpersonen auf das Befinden von Schülerinnen und Schülern, in: Tina Hascher, *Schule positiv erleben. Ergebnisse und Erkenntnisse zum Wohlbefinden von Schülerinnen und Schülern,* Bern: Haupt, 91–112.

Gamper, Hans (2000), Gewaltphänomene in Schulen – Präventionsmöglichkeiten, *Rundbrief Schweizerisches Netzwerk Gesundheitsfördernder Schulen,* 11, 5–8.

Glasl, Friedrich (2004⁷), *Konfliktmanagement. Ein Handbuch für Führungskräfte, Beraterinnen und Berater,* Bern: Haupt.

Grob, Alexander (1997), *Kinder und Jugendliche heute: belastet – überbelastet?* Chur, Zürich: Rüegger.

Hascher, Tina (2004a), *Wohlbefinden in der Schule,* Münster: Waxmann.

Hascher, Tina (2004b), *Schule positiv erleben. Ergebnisse und Erkenntnisse zum Wohlbefinden von Schülerinnen und Schülern,* Bern: Haupt.

Hascher, Tina; Kathrin Hersberger und Stefan Valkanover (2003), Reaktionen auf Aggressionen und Gewalt in der Schule. Umsetzungsmöglichkeiten der Thematik in der Lehrerinnen- und Lehrerbildung, in: Tina Hascher, Kathrin Hersberger und Stefan Valkanover, *Reagieren – aber wie? Reaktionen auf Aggressionen und Gewalt in der Schule*, Bern: Haupt, 9–23.

Hascher, Tina und Karma Lobsang (2004), Das Wohlbefinden von Schülerinnen, in: Tina Hascher, *Schule positiv erleben. Ergebnisse und Erkenntnisse zum Wohlbefinden von Schülerinnen und Schülern*, Bern: Haupt, 203–228.

Herzog, Walter (1994), Gewalt als Herausforderung für den Sportunterricht, *Sporterziehung in der Schule*, 105, 5–9.

Herzog, Walter (1996), Vom Sinn und Unsinn des Sports, *Sporterziehung in der Schule*, 107, 44–47.

Lemish, Dafna (1998), „Girls Can Wrestle Too". Gender Differences in the Consumption of a Television Wrestling Series, *Sex Roles*, 38, 833–849.

Olweus, Dan (1995), *Gewalt in der Schule. Was Lehrer und Eltern wissen sollten und tun können*, Bern: Verlag Hans Huber.

Schierz, Matthias (1993), Sport als Kompensationsinstanz für Sinndefizite, *Sportwissenschaft*, 23, 35–48.

Schmidt-Millard, Torsten (1996), Gewaltprävention durch Sporterziehung?, *Sportpädagogik*, 20, 15–18.

Schneider, Franz J. (1996), Commedia dell'arte in neuer Besetzung: Ein Unterrichtsprojekt zum „Catchen" – Werteerziehung im Sportunterricht, *Sportunterricht*, 45, 477–484.

Sharp, Sonia und Peter K. Smith (1991), Bullying in UK schools: The DES Sheffield Bullying Project, *Early Child Development and Care*, 77, 47–55.

Skelton, Dennis L.; Michael A. Glynn und Susan M. Berta (1991), Aggressive Behavior as a Function of Taekwondo Ranking, *Perceptual and Motor Skills*, 72, 179–182.

Smith, Peter K.; Debra Pepler und Ken Rigby, Hrsg., (2004), *Bullying in school. How successful can interventions be?* Cambridge: Cambridge University Press.

Uslucan, Haci-Halil; Urs Fuhrer und Jeanne Rademacher (2003), Jugendgewalt und familiale Desintegration, *Psychologie in Erziehung und Unterricht*, 50, 281–293.

Valkanover, Stefan (2005), *Intrigenspiel und Muskelkraft. Aspekte der Psychomotorik im Zusammenhang mit Mobbing im Kindergarten*, Bern: Haupt.

Valkanover, Stefan; Françoise D. Alsaker, Andrea Svrcek und Marianne Kauer (2004), *Mobbing ist kein Kinderspiel. Arbeitsheft zur Prävention in Kindergarten und Schule*, Bern: BLMV.

Watzlawick, Paul; Janet H. Beavin, und Don D. Jackson (1990⁹), *Menschliche Kommunikation. Formen, Störungen, Paradoxien*, Bern: Verlag Hans Huber.

Wolters, Jörg-Michael (1992), „Shrinji-Ryu": Sportpraktisches soziales Lernen zum Abbau der Gewaltbereitschaft, *Soziale Arbeit*, 41, 235–238.

Zum Umgang mit Fremdenfeindlichkeit und Rassismus in der Schule

Miryam Eser Davolio

1 Untersuchungsergebnisse zu Ursachen von Fremdenfeindlichkeit und Rassismus

Was die Schulbildung betrifft, so erweisen sich die unteren Bildungsniveaus als besonders anfällig für fremdenfeindliche Haltungen (vgl. Fend, 1994; Kuhnke, 1995; Melzer & Schubarth, 1993; Zick, 1997). Eine höhere Schulbildung fördert die Distanzierungs-, Differenzierungs- und Reflexionsfähigkeit, was einhergeht mit einem besseren Verständnis demokratischer Werte und Strukturen sowie einer objektiveren Beurteilung gesellschaftlicher Vorgänge. Dabei gilt es aber die Schichtzugehörigkeit nicht zu vernachlässigen, ist doch eine höhere Bildungsaspiration in der Regel auch mit der Herkunft aus höheren Schichten verknüpft (Melzer, 1992). Besonders zu Gewalttätigkeit neigende Jugendliche gehören in der Schule häufiger zu den leistungsschwächeren Schülern (vgl. Kuhnke, 1995, 163). Grundsätzlich lässt sich aber aufgrund der aktuellen Datenlage festhalten, dass Fremdenfeindlichkeit und Rassismus kein eigentliches Unterschichtsproblem darstellen, sondern alle Schichten davon betroffen sind.

Interessante Hinweise liefern auch die Resultate des Euro-Barometer 30 (Zick, 1997), wonach Befragte mit höherem Bildungsniveau über mehr Kontakte zu Mitgliedern ethnischer Minderheiten verfügen als jene mit niedrigem Bildungsniveau, was zu einer differenzierteren Wahrnehmungs- und Beurteilungsweise führt. In Bezug auf den Einstieg ins Berufsleben scheinen nicht Konkurrenzerfahrungen um knappe Lehrstellen zur Enstehung ausländerfeindlicher Vorurteile beizutragen (Leiprecht, 1993), sondern vielmehr das Fehlen einer inhaltlich-sachlichen Arbeitsorientierung – Arbeit zum Geldverdienen und weniger als Selbstverwirklichung – (Heitmeyer, 1992) und ein verstärktes Kosten-Nutzen-Denken („wir müssen uns alles hart verdienen, während die auf der faulen Haut liegen und unterstützt werden").

Die Ausprägungen der Persönlichkeit scheinen in hohem Mass mitverantwortlich für die Bildung fremdenfeindlicher und rassistischer Denkmuster zu sein (Fend, 1994; Heitmeyer, 1987, 1992). Dabei kann nicht von Minderwertigkeitsgefühlen, sondern vielmehr von Überlegenheitsdenken und Selbstüberschätzung gesprochen werden (vgl. ebd.).

Hier spielt ein weiterer wichtiger Faktor hinein, nämlich die Genderdimension. So zeigen Mädchen im Gegensatz zu Jungen viel weniger ausgeprägt Vorurteile und Abwehrhaltungen gegenüber Ausländern oder Andersgläubigen und lehnen rassistisch motivierte Gewalt stärker ab (Heitmeyer, 1987; Schubarth, 1991). Der Grund für diese ausgeprägtere Immunität wird insbesondere in ihrer Empathiefähigkeit gesehen (Fend, 1994), weshalb sie sich eher mit Benachteiligten solidarisieren würden. Ausserdem konnten bei männlichen Jugendlichen signifikante Zusammenhänge zwischen Männlichkeitsdenken, Fremdenfeindlichkeit und Gewaltakzeptanz nachgewiesen werden (Eser Davolio, 2000). Auch Untersuchungsergebnisse aus einer repräsentativen Schülerbefragung im Kanton Graubünden (Sekundar- und Realschule, 3. Klassen, N = 226) widerspiegeln diese geschlechtsspezifischen Unterschiede (vgl. ebd.). Bezüglich der allgemeinen Fremdenfeindlichkeit sind die Unterschiede noch bescheiden (Jungen: 69.8%; Mädchen: 60.4%), während sie bei der Ablehnung von Asylbewerbern schon deutlicher (Jungen: 42.2%; Mädchen: 29.5%) und bei der Gewaltbefürwortung gegenüber Asylbewerbern eklatant werden (Jungen: 25.7%; Mädchen: 12.7%). Aber auch bei den Items zu Antisemitismus schnitten die Bündner Mädchen deutlich besser ab als ihre männlichen Mitschüler (Jungen: 51.1%; Mädchen: 37.7%) sowie bei der Holocaustverleugnung respektive -verharmlosung (Jungen: 14.3%; Mädchen: 5.9%).

Gerade letztere Werte bezüglich Antisemitismus, welche bei den Bündner Jungen mit 51.1% viel höher waren als die mit demselben Befragungsinstrument gemessenen Einstellungswerte bei männlichen Jugendlichen in den Kantonen Zürich und Bern (BE: 32.5%; ZH: 36.9%), erstaunten uns sehr, gibt es doch im Kanton Graubünden sozusagen keine jüdische Wohnbevölkerung. Die genauere Analyse zeigte, dass die Höchstwerte bezüglich antisemitischer Vorurteile von Jugendlichen aus Bündner Tourismuszentren stammten. Das Nachfragen unter Bündner Lehrkräften nach möglichen Gründen ergab, dass es in den Lokalmedien über Jahre eine grosse Polemik wegen unangemessenen Verhaltens jüdischer Feriengäste (Überbelegung von Ferienwohnungen, durchgebrannte Herdplatten usw.) geführt wurde, welche weite Bevölkerungskreise im Kanton mitbekommen hatten. Anhand dieses Beispiels lässt sich erkennen, wie stark sich lokalspezifische Diskurse auf die Vorurteilsbildung auswirken können, auch ohne direkte Erfahrungen mit der angefeindeten Outgroup.

Weitere Hinweise liefert die Stadt/Land Analyse der Untersuchungsdaten aus dem Kanton Bern (Eser Davolio, 2000), welche 1998 mit Berufsschülern durchgeführt worden war (N = 239). Lehrlinge aus ländlichen Wohnorten wiesen rund 13 Prozentpunkte höhere Fremdenfeindlichkeitswerte als ihre Mitschüler aus städtischem Umfeld auf. Diese Ergebnisse entsprechen auch anderen Studien (Schubarth, 1991; Zick, 1997), welche zeigen, dass Jugendliche aus „homogeneren" Milieus und weniger Kontakt mit Ausländern fremdenfeindlicher urteilen als solche, deren Wohnorte höhere Ausländeranteile aufweisen. Dies zeigen auch die Unterschiede zwischen Berner und Zürcher Lehrlingen (nur CH-Lehrlinge) bezüglich ihrer Zustimmung zu ausländerfeindlichen Items (BE: 77.6%; ZH: 62.2%), welche in Zusammenhang mit dem durchschnittlich rund dreimal höheren Ausländeranteil der Berufsschulklassen in Zürich (27.3%) als in Bern (9.5%) gesehen werden muss. Dies zeigt, dass Jugendliche in einem multikulturellen Umfeld positiver mit Heterogenität umgehen, vermutlich eher Freundschaften untereinander schliessen und sich ihre Meinungsbildung auch bezüglich ausländerfeindlichen Forderungen differenziert.

So weit zu den Ursachenzusammenhängen, um zu zeigen, welche individuellen Faktoren wie Bildungsniveau, inhaltlich-sachliche Arbeitsorientierung, Gender und Männlichkeitsdenken sich mit sozialen Faktoren wie Wohnort, lokalspezifische Diskurse, Schicht und Ausländeranteil bei der Ausbildung fremdenfeindlicher und rassistischer Einstellungen überlagern.

2 Erfolgschancen pädagogischer Interventionen

Vorurteile gegenüber einer Outgroup abzubauen ist kein einfaches Unterfangen, sind diese doch meist ziemlich resistent und setzen die Bereitschaft zur Reelaboration der Einstellungen voraus (Festinger, 1978). Aus der Forschung über die Wirksamkeit von Werbestrategien wissen wir, dass das Ausmass der Einstellungsänderung von verschiedenen Faktoren, wie etwa der Glaubwürdigkeit der Vermittlungsperson und der Sympathie, die zu ihr entsteht, aber auch von inhaltlichen Faktoren, wie die Überzeugungskraft von Argumenten abhängt (Petty und Cacioppo, 1986). Solche schlagenden Argumente kommen jedoch nur bei einem Zielpublikum an, das intellektuell ansprechbar ist. Dies hat auch wichtige Konsequenzen für Aufklärungsprojekte im schulischen Bereich, sind doch gerade Jugendliche der unteren Bildungsniveaus besonders anfällig für Vorurteile und Schwarz-Weiss-Schemata. Wie soll man sie nun nachhaltig sensibilisieren, wenn man sie mit Argumenten und kognitiven Inhalten nur ungenügend zu erreichen vermag?

Hier liefern Forschungsergebnisse wichtige Anhaltspunkte, dass nämlich emotionale Auslöser die Aufnahme- und Verarbeitungsfähigkeit insbesondere bei Jugendlichen der unteren Schulniveaus entscheidend verbessern können (ebd). Solche emotionale Auslöser können Erlebnisse und Kontakte sein, welche Sympathie entstehen lassen, denn Kontakt allein bringt noch keine positiven Einstellungsänderungen (Hewstone und Brown, 1986). Wichtig ist, dass solche Auslöser die Jugendlichen stark involvieren, ihnen neue Verhaltensdimensionen eröffnen und sie herausfordern, wie etwa durch Dilemmas (Eckmann, 2003). Lassen sie sich über die Erlebnisebene involvieren, werden sie in der Folge auch auf kognitiver Ebene offen für die

Verarbeitung von gut verständlichen und stichhaltigen Argumenten (Petty und Cacioppo, 1986). Was die Nachhaltigkeit der Einstellungsänderungen betrifft, so sind solche, welche nur durch erlebnisorientierte Auslöser erzielt wurden, weniger langanhaltend und weniger resistent als solche, welche durch stichhaltige Argumente ergänzt wurden (vgl. ebd.). Zudem ergibt sich über die Zeit wie bei jedem Lernen ein Abschleifungsprozess. So erzielen denn Interventionsprogramme zur Reduktion von Vorurteilen gegenüber Outgroups kurzfristig meist gute Resultate, doch können längerfristig fast keine oder nur stark abgeschwächte Lerneffekte ausgemacht werden (Bohn et al., 1993; Eser Davolio, 2000; Hill und Augoustinos, 2001). Wichtig ist auch zu beachten, dass die neuen Einstellungen besser verankert werden, wenn sie auch von anderen, insbesondere den Freunden, geteilt werden (Eise, 1994). Der Einfluss der Peers ist ungleich grösser als jeder Versuch von Erwachsenenebene aus Einstellungen von Jugendlichen zu verändern (Eser Davolio, 2000; Eckmann und Eser Davolio, 2003a). So muss denn über die individuelle Lernsituation hinaus auch die Intergruppen-Ebene in Betracht gezogen werden, insbesondere der Prozess zwischen Mehr- und Minderheit (Moscovici, 1985). Hier zeigt sich, dass es auch einer Minderheit gelingen kann, durch hartnäckiges, stichhaltiges Argumentieren die Mehrheit so weit zu beeinflussen, dass diese die Minderheitsposition beachten und ihre eigene Haltung überdenken muss (Moscovici, 1985; Mugny und Perez, 1991).

Oftmals riskieren Interventionsprogramme die Zielgruppe zu stigmatisieren, indem sich das Projekt offen gegen fremdenfeindliche und rassistische Haltungen richtet, worauf die Betroffenen jeden Überzeugungsversuch blockieren (Eckmann und Eser Davolio, 2003a). Gemäss der Theorie der Sozialen Identität (Tajfel und Turner, 1981) widerspricht ein solches Vorgehen dem Bedürfnis der Zielgruppe nach einer positiven Identität, weshalb der einzige Weg zur Einstellungsänderung über die Akzeptanz aller (Krafeld, 1993) und die Konfliktlösung zwischen allen Beteiligten der In- und Outgroup führt (Mugny und Perez, 1991).

Somit gilt es Situationen zu schaffen, bei denen Begegnungen eins zu eins erlebt werden können, etwa indem eine Schulklasse eine Gruppe asylsuchender Jugendlicher trifft, welche als Gruppe aber vor allem individuell Kontakt aufnehmen, indem sie verschiedene Aufgabenstellungen erhalten, die Interaktion und Kooperation fördern (Brislin, 1993; Cialdini, 1984) und Gemeinsamkeiten stärker als Unterschiede zwischen In- und Outgroup hervorheben (Duckitt, 1992). Dabei ist ein ähnliches Niveau bezüglich Alter, Bildungsniveau und Status dem Begegnungseffekt förderlich. Ebenso gilt es die Gruppendynamik zu beachten, denn wenn diese verhärtet und stark ablehnend ist, so dass in der Begegnung keine offene Auseinandersetzung möglich ist, entsteht klar weniger Sympathie und es kann zu Bumerangeffekten bezüglich der Einstellungen zur Outgroup kommen (Holzkamp, 1994; Kowalsky, 1993; Scherr, 1995; Eckmann und Eser Davolio, 2002, 2003a).

3 Erfahrungen aus Projektevaluationen

Können Einstellungen von Jugendlichen bezüglich Ausländern, Asylbewerbern und Andersgläubigen durch geeignete Lernsequenzen und Erfahrungsmöglichkeiten nachhaltig verändert werden? Diese Frage stellten wir uns im Rahmen des Nationalen Forschungsprogramms 40 und führten dazu ein Schulprojekt in 15 Berufsschulklassen (Kanton Zürich) handwerklicher Richtung durch. Bei der Erprobung der einstellungsverändernden Unterrichtsformen konzentrierten wir uns auf wenig schulmotivierte, männliche 17- bis 18-jährige Jugendliche, welche die hauptsächliche Risikogruppe für Fremdenfeindlichkeit und Gewalt darstellen. Weitere 15 Klassen wurden als Kontrollgruppe befragt, was ein Sample von 419 Lehrlingen ergab. Neben den vier Befragungen vor dem Projektunterricht, unmittelbar danach, nach drei Monaten und einem Jahr nach der Durchführung, wurden noch weitere Instrumente, wie eine unabhängige Unterrichtsbeobachtung und Interviews mit auffälligen Schülern zur Evaluation des Projekterfolges eingesetzt. Das eineinhalbtägige Projekt – mehr Zeit stand leider nicht zur Verfügung – bestand aus drei Teilen mit den Schwerpunkten „Flüchtlinge", „Ausländer" und „Juden" (genaue Beschreibung in Eser Davolio, 2000; Eckmann und Eser Davolio, 2003a).

Die Ergebnisse dieser Evaluationsstudie zeigen, dass der Programmteil „Asylbewerber", welcher auf direkten Begegnungen mit gleichaltrigen Flüchtlingen basierte, den grössten Aufklärungseffekt hatte, gefolgt vom Programmteil „Ausländer", wo die Einstellungen zwar nicht dauerhaft waren, aber im Vergleich mit der Zunahme an Fremdenfeindlichkeit der Kontrollgruppe über die gleiche Zeitspanne von einer präventiven Wirkung zeugen. Leider bewirkte der Programmteil „Juden" einen Bumerangeffekt. Zeitgleich zu diesen Befragungen fand in der Öffentlichkeit die Diskussion um die Holocaust-Gelder statt, welche sich negativ auf das Meinungsbild der Jugendlichen auswirkte. So erfahren sowohl die Kontroll- als auch die Experimentalgruppe eine Verschlechterung in Bezug auf die Holocaustverharmlosung und -verleugnung. Die ausländischen Schüler jedoch konnten durch die Projektinhalte gegenüber Antisemitismus und Holocaustverleugnung nachhaltig sensibilisiert werden. Sie hatten die grösseren Wissensdefizite als ihre Schweizer Mitschüler in diesem Bereich, waren auch offener als letztere und nahmen weniger Teil an der Diskussion um die Holocaustgelder, weshalb sie die Inhalte besser verarbeiten konnten.

Die Aufsplittung der 15 teilnehmenden Klassen in positive und negative Verarbeitung des Projekts, welche durch die Ergebnisse der unabhängigen Unterrichtsbeobachtung möglich wurde (erfasst wurden die Dimensionen Offenheit, Interesse und Betroffenheit), liess eine differenzierte Auswertung des Projekterfolgs zu. Durch die Isolierung der drei Klassen mit vorwiegend negativen Reaktionen zeigte sich, dass diese mit ihrem kontraproduktiven Ergebnis das positive Resultat der restlichen 12 Klassen erheblich abschwächten. Die drei problematischen Klassen waren weitgehend von fremdenfeindlichen und antisemitisch eingestellten Schülern dominiert, welche das Projekt als Plattform nutzten, ihre Vorurteile zu artikulieren. Andersdenkende Mitschüler getrauten sich kaum zu Wort und unterwarfen sich dem Gruppendruck. Dadurch wurde die Gruppendynamik kontraproduktiv, weshalb auch die Austauschmöglichkeiten mit Betroffenen ungenügend genutzt wurden. Die Ergebnisse der Nachbefragungen dieser drei Klassen müssen denn auch als eigentlich provokative Protestpotentiale gewertet werden. Die Ergebnisse der restlichen 12 Klassen hingegen machen deutlich, dass ohne einen solchen negativen Gruppendruck die teilnehmenden Jugendlichen erfolgreich zum Nachdenken und zur Auseinandersetzung mit den Projektinhalten gebracht werden konnten. Das bedeutet, dass nachhaltige politische Bildung in einer ansprechenden Form auch mit wenig schulmotivierten Jugendlichen des unteren Bildungsniveaus möglich ist.

Zu vergleichbaren Ergebnissen gelangten wir (Eckmann und Eser Davolio, 2003b) bei einer Evaluationsstudie im Auftrag der Schweizerischen Flüchtlingshilfe. Das von Animatoren geleitete eintägige Schulprojekt „Solidarität ist lernbar" macht die Asylthematik mit einem Simulationsspiel erlebbar, dessen Inhalte in der zweiten Hälfte mit verschiedenen Workshops und Flüchtlingserzählungen aufgearbeitet werden. Zur Auswertung der sensibilisierenden Effekte führten wir eine Vor- und zwei Nachbefragungen durch, machten einen Kontrollgruppenvergleich (insgesamt N = 339) und führten Unterrichtsbeobachtungen durch. Dabei stellten wir fest, dass durch das Simulationsspiel die anfänglich meist betont „coole" oder auch etwas skeptische Grundhaltung der Jugendlichen durchbrochen werden kann. Mit verbundenen Augen erleben sie individuell die Explosion von Knallkörpern und Gaspetarden und ergreifen dann mit ihren „Familienangehörigen" die Flucht, erleben Szenen der Verfolgung und die Aufnahme im Flüchtlingscamp, woran sie jeweils intensiv teilnehmen. Durch diese starke Involvierung kann die Gruppendynamik positiv für die Projektabsicht genutzt werden. Die Erfahrung, wie sich ihre Mitschüler und Mitschülerinnen in den anschliessenden Workshops über die durchlebten Situationen äussern und von ihrer Verunsicherung und Angstgefühlen sprechen, schafft bei den Einzelnen eine Bereitschaft, bisherige Vorurteile gegenüber Asylbewerbern zu überdenken und neue Informationen aufzunehmen.

In den Unterrichtsbeobachtungen konnten wir feststellen, dass sich Mädchen in den Diskussionen offener und einfühlender einbringen als Jungen, was vermutlich damit zusammenhängt, dass sie dem Gruppendruck, sich „cool" geben zu müssen, weniger unterliegen als ihre männlichen Mitschüler. Zudem haben sie eine eigentliche Katalysatorfunktion, indem sich durch ihre empathischen Stellungnahmen auch Jungen ermutigt fühlen, einfühlende Äusserungen zu machen. Insofern spielt es für eine Lehrperson eine grosse Rolle, ob er oder sie es mit einer gemischten Klasse oder einer reinen Jungenklasse zu tun hat. Schon ein einziges Mädchen in einer Klasse kann das Diskussionsniveau entscheidend verändern, wie auch die durchgeführten Unterrichtsbeobachtungen in Berufsschulklassen zeigten (Eser Davolio, 2000). Obwohl ein solches Schulprojekt jeweils nur einen Tag dauerte, waren die Effekte auch bei der zweiten Nachbefragung nach zwei Monaten nachweisbar. Gleichzeitig wies die Kontrollgruppe eine leichte Abnahme an Toleranz und Empathie gegenüber Asylsuchenden sowie eine erhöhte Befürwortung restriktiver Massnahmen auf, was den Sensibilisierungseffekt der Experimentalgruppe unterstreicht und zeigt, dass diese Effekte nicht auf äussere Einflüsse (Medienereignisse usw.) zurückgeführt werden können.

Für die Übertragung dieser Ergebnisse in den Unterricht oder für andere politische Themen muss jedoch festgehalten werden, dass es sich um einen Prozess handelt, weshalb nicht einfach Einzelteile aus einem solchen Programm herausgelöst werden können und dann dieselbe Wirkung entfalten würden. So kann mit auf Einzellektionen beschränkten Programmen nie eine solche Involvierung und Auseinandersetzung ausgelöst werden. Ausserdem wird in diesem Projekt weitgehend auf „Frontaleinwirkung" verzichtet, denn die Moderatorinnen sind lediglich Organisatorinnen und treten nur in einzelnen Workshops in offensichtlich leitender Funktion auf, aber ohne je belehrend zu wirken. Dieser Mix aus Zurückhaltung, Nutzung der Gruppendynamik, Legung des Schwergewichts auf direkt erlebbare Inhalte und authentische Informationen durch Betroffene hat sich auch in anderen evaluierten Programmen zur Verminderung von fremdenfeindlichen und rassistischen Vorurteilen bewährt (siehe Eckmann und Eser Davolio, 2003; Eser Davolio, 2000; Scherr, 1996) und scheint der wirkungsvollste Weg für Einstellungsveränderungen zu sein.

4 Die Schule und ihr Kontext

Wie reagieren Gemeinden auf Rechtsextremismus, wie und wann nehmen sie ihn wahr, welche Entwicklungsprozesse und unterschiedlichen Initiativen setzen sie um und was bewirken sie damit? Diesen Fragen gehen wir im Rahmen unseres laufenden Forschungsprojekts (NFP 40+) nach und befragten zehn Gemeinden mit Problemlagen bezüglich Rechtsextremismus in der Deutsch- und Westschweiz zu ihren Wahrnehmungen, Reaktionsweisen und Erfolg versprechenden Lösungsansätzen (Drilling und Eser Davolio, 2004). Ein erster Befund lautet: Wenn sich die Rechtsextremismusproblematik bei schulpflichtigen Jugendlichen zeigt, wird das Problem meist auf Schulebene angegangen und die weiteren Bereiche wie Polizei, Sozialdienst und politische Ebene werden nur begrenzt und punktuell einbezogen. Die Lehrkräfte sehen es denn zumeist als Aufgabe der Schule, hier inhaltlich und organisatorisch dem Phänomen entgegenzuwirken, was sicher begrüssenswert ist, doch gerät die Mitverantwortlichkeit des Kontexts (nicht nur die Eltern der betroffenen Schüler, sondern auch das vorherrschende Meinungsklima usw.) in den Hintergrund und wird weniger bearbeitet. Hier besteht somit die Gefahr, dass die Chance für einen umfassenden Bewusstwerdungsprozess aller Beteiligter und die Entwicklung und Umsetzung von Initiativen auf breiter Ebene vertan wird. Dies hat zum einen damit zu tun, dass sich die Schule für ihren Bereich stark verantwortlich fühlt, Lehrkräfte direkt im Unterricht mit den rechtsextremistischen Haltungen von Schülern konfrontiert sind und sich zusammen mit der Schulleitung gegen Gewalt im Schulbereich einsetzen, zum anderen scheinen aber auch z. B. Eltern einen Erwartungsdruck gegenüber den Lehrkräften auszuüben, im Sinne von „Da müsst ihr was machen" oder „*Ihr* unterrichtet ja schliesslich Geschichte".

Wenn die Jugendlichen hingegen älter sind, stellt sich das Problem komplexer dar und ist weniger klar lokalisierbar, da sie in Schule, Beruf und Freizeit mobiler sind. Zudem treten sie dann meist an öffentlichen Orten auf, sei das der Bahnhof, die Innenstadt oder ein Platz, so dass die Auswirkungen stärker gesamtgesellschaftlich wahrgenommen werden (Passanten, Ladenbesitzer, Jugendarbeit, Polizei usw.). Dadurch wird es zu einem politischen Problem und Initiativgruppen formieren sich mit Beteiligten aus allen relevanten Bereichen (Gemeindepolitiker, Lehrerschaft, Sozialdienst, evtl. auch Jugendarbeit und Kirchpflege usw.), welche ihr Vorgehen und ihre Massnahmen auch breit kommunizieren, was eine allgemeinere Sensibilisierung (z. B. Partizipation an Initiativen gegen Rechtsextremismus, Anzeigeverhalten, Leserbriefe) zur Folge hat. Diese breite Abstützung erfordert zwar einen längeren Anlaufweg, scheint aber dann eine nachhaltigere Wirkung entfalten zu können, da die geschaffenen Gremien auch nach Abebben der rechtsextremistischen Erscheinungen bestehen bleiben und ihr Potential für andere Gewaltphänomene genutzt werden kann.

Bleibt die Intervention auf den Schulbereich begrenzt, besteht das Risiko, dass nach dem Schulaustritt der problematischen Schüler oder deren Übertritt in die Berufsausbildung das Thema stark an Aktualität einbüsst. Auch wenn das Handlungsrepertoire und die Ressourcen, welche in der anspruchsvollen Situation von den Lehrkräften und Schulleitungen geschaffen wurden, weiterhin vorhanden oder abrufbar sind, ist die Breitenwirkung – in der Gemeinde und über die Gemeindegrenzen hinaus – und die Nachhaltigkeit der ergriffenen Massnahmen eindeutig geringer als wenn sich alle zivilgesellschaftlichen Kräfte einer Gemeinde miteinander vernetzen und gemeinsam vorgehen.

5 Heterogenität und Fragen um das Thema Rassismus im Alltag der Studierenden

Ausgangspunkt der Berner Studien- und Kongresswoche war ja der Umgang mit Heterogenität, weshalb ich einleitend im Workshop eine Aufstehübung mit den Anwesenden durchführte und nach ihren unterschiedlichen nationalen, sprachlichen und religiösen Zugehörigkeiten – auch solche, die weiter in der Familienbiographie zurückliegen – fragte („Alle, die eine andere Nationalität als die Schweizer Staatsangehörigkeit oder eine andere Religion als die christliche haben, sollen bitte aufstehen!"; „Alle deren Eltern …" usw.). Nur wenige erhoben sich jeweils, die die Fragen mit ja beantworten konnten, so dass ich am Schluss die Frage stellte, wer denn in einem als mehrheitlich homogen zu bezeichnenden Umfeld aufgewachsen sei, worauf sich fast alle der ca. 80 Anwesenden erhoben – was mich sehr erstaunte. Auch im späteren Gespräch mit Dozierenden erfuhr ich, dass diese Homogenität durchaus eine Realität in der Berner Lehrerbildung darstelle und dass viele Studierende es vermeiden würden, ihre Praktika in stark durchmischten Schulklassen zu absolvieren, was wiederum davon zeugt, dass Heterogenität als etwas eher Problematisches, Negatives und Beunruhigendes wahrgenommen wird. Dies ist kein Vorwurf, sondern eine Feststellung und hat mit der Konstellation des Umfelds der Studierenden zu tun, wie etwa der wirtschaftlichen Entwicklung und des Ausländeranteils des Kantons Bern, eine Konstellation, wie sie auch in anderen ländlichen Kantonen vorzufinden ist. Im nachfolgenden Workshop fragte ich die Teilnehmenden nach eigenen Erfahrungen bezüglich Rassismus, Diskriminierung und Gewalt, welche sie in Zweiergruppen miteinander besprachen. Beim Sammeln der Erlebnisse stellte sich heraus, dass die Mehrzahl der Berichte auf Ferien- oder Reiseerfahrungen bezogen und sehr wenige „Inlandfälle" zur Sprache kamen. Einzelne meinten auch, dass ihnen noch nie etwas Derartiges aufgefallen wäre, was ich nicht als Verdrängung oder fehlende Sensibilität deuten würde, sondern eher als Fehlen von Erfahrungsmöglichkeiten. Das grosse Interesse der Teilnehmenden am Thema Fremdenfeindlichkeit und Rassismus – der Saal war bis auf die letzten Sitzgelegenheiten besetzt – zeigt, dass sich die Studierenden der Wichtigkeit des Themas bewusst sind, was sehr erfreulich ist und zeigt, dass das Bedürfnis nach Information und Auseinandersetzung gross ist.

6 Literatur

Bohn, Irina; Dieter Kreft, Gerd Stüwe und Georg Weigel (1993), Das Aktionsprogramm gegen Aggression und Gewalt, in: Hans-Uwe Otto und Roland Merten, Hrsg., *Rechtsradikale Gewalt im vereinigten Deutschland: Jugend im gesellschaftlichen Umbruch*, Bonn: Bundeszentrale für politische Bildung, 301–309.

Brislin, Richard (1993), *Understanding Culture's Influence on Behaviour*, Fort Worth: Harcourt, Brace, Jovanovich.

Cialdini, Robert B. (1984), *Einfluss*, Landsberg: Moderne Verlagsgesellschaft.

Drilling, Matthias und Miryam Eser Davolio, Hrsg. (2004), *Rechtsextremismus und Soziale Arbeit*, Basel: Forschungsberichte des Moduls „Lernen und Forschen" an der Hochschule für Pädagogik und Soziale Arbeit beider Basel. Band 4, (online verfügbar unter http://www.forschen.ch).

Duckitt, John (1992), *The Social Psychology of Prejudice*, New York: Praeger.

Eckmann, Monique (2002), Agir contre le racisme: pour une nouvelle pratique pédagogique, in: Alexis le Blanc, Mohamed Doraï, Nicolas Roussiau und Christine Bonardi, Hrsg., *Psychologie sociale appliquée: Education, Justice et Politique,* Paris : In-Press.

Eckmann, Monique und Miryam Eser Davolio (2002), *La Pédagogie de l'antiracisme*, Genève et Lausanne: Editions ies et lep.

Eckmann, Monique und Miryam Eser Davolio (2003a), *Rassismus angehen statt übergehen – Theorie und Praxisanleitung für Schule, Jugendarbeit und Erwachsenenbildung*, Zürich: Pestalozzianum Verlag.

Eckmann, Monique und Miryam Eser Davolio (2003b), *Evaluationsbericht des Schulprojekts „Solidarität ist lernbar" der Schweizerischen Flüchtlingshilfe*, Genève: Institut des études sociales.

Eiser, J. Richard (1994), *Attitudes, chaos, and the connectionist mind*, Bodmin, Cornwall: Hartnolls.

Eser Davolio, Miryam (2000), *Fremdenfeindlichkeit, Rassismus und Gewalt – Festgefahrenes durch Projektunterricht verändern*, Bern: Haupt.

Fend, Helmut (1994), Ausländerfeindlich-nationalistische Weltbilder und Aggressionsbereitschaft bei Jugendlichen in Deutschland und der Schweiz – kontextuelle und personale Antecedensbedingungen, *Zeitschrift für Sozialisationsforschung und Erziehungssoziologie*, 2, 131–162.

Festinger, Leon (1978), *Theorie der kognitiven Dissonanz*, Hrsg. von Martin Irle und Volker Möntmann, Bern: Huber.

Heitmeyer, Wilhelm (1987), *Rechtsextremistische Orientierungen bei Jugendlichen. Empirische Ergebnisse und Erklärungsmuster einer Untersuchung zur politischen Sozialisation*, Weinheim: Juventa.

Heitmeyer, Wilhelm (1992), *Die Bielefelder Rechtsextremismus-Studie. Erste Langzeituntersuchung zur politischen Sozialisation männlicher Jugendlicher*, Weinheim: Juventa.

Hewstone, Miles und Rupert J. Brown (1986), Contact is not enough: an intergroup perspective on the ‚contact hypothesis', in: Miles Hewstone und Rupert J. Brown, Hrsg., *Contact and Conflict in Intergroup Encounters*, Oxford: Basil Blackwell, 1–44.

Hill, Miriam E.; Martha Augoustinos (2001), Stereotype Change and Prejudice Reduction: Short and Long-term Evaluation of a Cross-cultural Awareness Programme, *Journal of Community & Applied Social Psychology*, 11, 243–262.

Holzkamp, Christine (1994), Wir – nicht nur die anderen … Rassismus, Dominanzkultur, Geschlechterverhältnis, in: Christiane Tillner, Hrsg., *Frauen – Rechtsextremismus, Rassismus, Gewalt*, Münster: Feministische Beiträge. agenda Frauen 2, 37–48.

Kowalsky, Wolfgang (1993), Rechtsextremismus und Anti-Rechtsextremismus in der modernen Industriegesellschaft, *Aus Politik und Zeitgeschichte*, Bände 2–3, 14–25.

Krafeld, Franz Josef (1993), Jugendarbeit mit rechten Jugendszenen: konzeptionelle Grundlagen und praktische Erfahrungen, in: Hans-Uwe Otto und Roland Merten, Hrsg., *Rechtsradikale Gewalt im vereinigten Deutschland: Jugend im gesellschaftlichen Umbruch*, Bonn: Bundeszentrale für politische Bildung, 310–318.

Kuhnke, Ralf (1995), Gewalttätige Jugendliche, in: Siegfried Lamnek, Hrsg., *Jugend und Gewalt*, Opladen: Leske & Budrich, 155–170.

Leiprecht, R. (1993), Das Modell ‚unmittelbare und/oder direkte Konkurrenz‘: Erklärung von Rechtsextremismus oder Rechtfertigungsangebot? In: Institut für Sozialpädagogische Forschung Mainz (ISM) e.V., Hrsg., *Rassismus – Fremdenfeindlichkeit – Rechtsextremismus: Beiträge zu einem gesellschaftlichen Diskurs*, Bielefeld: Böllert KT-Verlag, 68–86.

Melzer, Wolfang (1992), *Jugend und Politik in Deutschland*, Opladen: Leske & Budrich.

Melzer, Wolfgang und Wilfried Schubarth (1993), Das Rechtsextremismussyndrom bei Schülerinnen und Schülern in Ost- und Westdeutschland, in: Wolfgang Melzer und Wilfried Schubarth, *Schule, Gewalt und Rechtsextremismus*, Opladen: Leske & Budrich, 57–79.

Moscovici, Serge (1985³), Social influence and conformity, in: Gardner Lindsay und Elliot Aronson, *The Handbook of Social Psychology*, New York: Academic Press.

Mugny, Gabriel und Juan A. Perez (1991), *The social psychology of minority influence*, Cambridge: Cambridge Press.

Petty, Richard E. und John T. Cacioppo (1986), *Communication and Persuasion: Central and Peripheral Routes to Attitude Change*, New York: Springer Verlag.

Scherr, Albert (1995), Jugendbildungsarbeit gegen Fremdenfeindlichkeit, in: Konrad Schacht, Thomas Leif und Hannelore Janssen, Hrsg., *Hilflos gegen Rechtsextremismus?* Köln: Kiepenhauer & Witsch.

Scherr, Albert (1996), Antirassistische Bildungsarbeit mit Hauptschülerinnen und Hauptschülern, *deutsche jugend*, 7–8, 310–315.

Schubarth, Wilfried (1991), Rechtsextremismus und Ausländerfeindlichkeit in den neuen Bundesländern, *Jugend, Beruf, Gesellschaft*, 4.

Tajfel, Henri; John Turner (1986), The social identity theory of intergroup behavior, in: Stephen Worchel und William G. Austin, *Psychology of intergroup relations,* Chicago: Neston-Hall.

Zick, Andreas (1997), Vorurteile und Rassismus. Eine sozialpsychologische Analyse, in: Ulrich Wagner, Hrsg., *Texte zur Sozialpsychologie*, Band I, Münster: Waxmann.

Interkulturelle Konflikte: Ursachen, Folgen und erste Handlungsansätze

Gabor Kis

1 Was ist TikK?

TikK bedeutet Taskforce interkulturelle Konflikte und ist eine Fach- und Beratungsstelle in Zürich mit dem Auftrag, zur Lösung von Konflikten zwischen einheimischer und ausländischer Bevölkerung sowie zwischen ethnischen Gruppen beizutragen. Initiiert wurde TikK als Projekt durch die Schweizerische Gemeinnützige Gesellschaft (SGG) von einer Gruppe um Frau Prof. Staub-Bernasconi, Ausschussmitglied in der SGG und Fachfrau für Sozialarbeit. Dies geschah aus Sorge um die zunehmende Zahl von Spannungen und teilweise gewalttätigen Konflikten zwischen der einheimischen und der zugewanderten Wohnbevölkerung – also der so genannten interkulturellen Konflikte – in unserem Land. Das Pilotprojekt TikK entstand unter dem Eindruck der Initianten, dass die Schweiz zwar auf das gelungene multikulturelle Zusammenleben von vier Sprachgruppen stolz sein kann, sich jedoch mit der Integration der neu Zugewanderten schwer tut. Angesichts der zunehmenden Fremdenfeindlichkeit, interethnischer Konflikte und Gewalt konnte nicht mehr davon ausgegangen werden, dass die Frage des Zusammenlebens von Menschen verschiedenster nationaler und ethnischer Herkunft im öffentlichen Bereich zufrieden stellend gelöst ist.

2 Praxisbeispiel

Nachfolgend wird ein Fallbeispiel vorgestellt, um dann wichtige Einflussgrössen bei interkulturellen Konflikten zu benennen und mögliche Ansätze im Umgang mit diesen Konflikten für den Arbeitsalltag in der Schule aufzuzeigen. In meinen Ausführungen werde ich der Einfachheit halber die männliche Form verwenden.

Auf dem Pausenplatz einer Oberstufenschule spielen die Buben Fussball. Als es zu einem Foul kommt, beginnt zwischen Christof, dem Schweizer und Afrim, dem Kosovo-Albaner, ein Streit. Christof beschimpft Afrim mit „du Jugo-Schläger", worauf Afrim mit Drohgebärden auf ihn losgeht. Es entwickelt sich eine Rauferei, Minuten später schlagen die Buben aufeinander ein. Die Lehrerin kommt dazu, schreit die beiden an, worauf die zwei aufhören. Sie zitiert die zwei einzeln zu sich: Sie erteilt Christof aufgrund seiner Tat eine Strafaufgabe, für die er nun seinen freien Nachmittag opfern muss. Sie stuft sein Vergehen als ernst ein, sollte er doch als guter Schüler und Sportler in der Lage sein, sich besser zu beherrschen. Afrim wird von der Lehrerin ermahnt und sie gibt ihm nach dem Unterricht einen kurzen Brief zuhanden der Eltern mit; sie sollen ihm bitte aufzeigen, dass man beim Fussball nicht aggressiv werden darf. Sie zeigt jedoch Verständnis für Afrims Tat, hatte er doch in seiner Heimat den Bürgerkrieg hautnah erlebt. Christof fühlt sich unfair behandelt und als Schweizer diskriminiert. Gegenüber der Lehrerin äussert er dies jedoch nur ansatzweise, aus Angst als Rassist dazustehen. Hingegen erzählt er das Geschehene seinen Eltern, die sich in ihrem Gefühl, ausländische Schüler würden in der Schule geschont, bestätigt sehen. Afrim staunt zunächst über die milde Reaktion der Lehrerin und zweifelt an ihrer Autorität. Den Brief an seine Eltern lässt er unterwegs in einem Abfallkorb verschwinden. Er denkt aber, dass es einfacher ist, mit seinen Landsleuten oder anderen Ausländern Fussball zu spielen. Die Schweizer Jungs möchte er lieber meiden.

Zunächst geht es nicht darum, die Intervention der Lehrerin zu bewerten, sondern um eine Analyse der Situation.

3 Situation der Lehrer

Wenn wir das Umfeld der Lehrerin – die Institution Schule – betrachten, stossen wir auf ein Spannungsfeld, in welchem Konflikte dazugehören beziehungsweise wo man mit Konflikten rechnen muss (vgl. Abbildung 1).

Im Hintergrund vieler Spannungen steht zudem das Faktum *Multikulturalität* – damit meine ich nicht nur die Zuwanderung aus dem Ausland, sondern auch die unterschiedlichen Lebenswelten der Einheimischen und auch die Beziehungen zwischen einzelnen Ethnien untereinander.

4 Die Situation der Schüler

Die Schulklassen in Gemeinden und Städten werden zunehmend multikulturell. In der Oberstufe kommt der Faktor Pubertät dazu, eine Entwicklungsphase, die durch Identitätssuche und Konflikte gekennzeichnet ist. Der eigene kulturelle Hintergrund gewinnt an Bedeutung: Die Migranten haben sich in diesem Alter nebst migrationsspezifischen Fragen auch mit der eigenen kulturellen Identität auseinander zu setzen.

Was hat sich im Fallbeispiel abgespielt? War das ein interkultureller Konflikt? Auf jeden Fall wurde dieser Konflikt auf der interkulturellen Ebene ausgetragen. Wenn zugewanderte und einheimische Personen in soziale

Abbildung 1:   Das Umfeld der Lehrperson

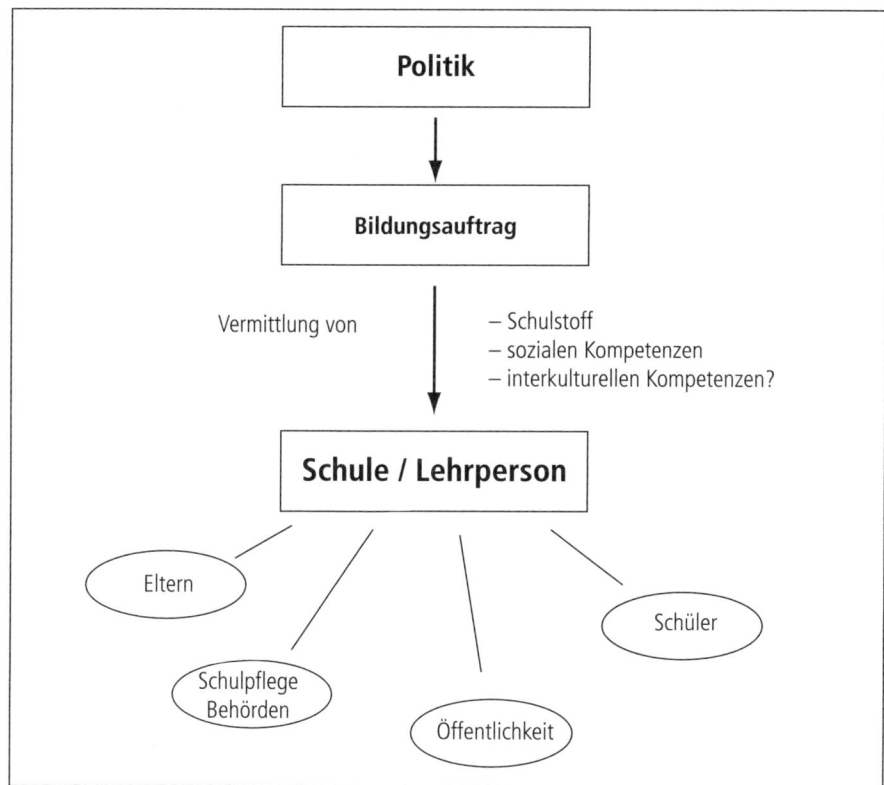

Konflikte involviert sind, besteht immer wieder die Tendenz, die Zugewanderten als alleinige „Verursacher" zu orten. Häufig wird argumentiert, deren „kulturelle Andersartigkeit" sei die eigentliche Konfliktursache, es handle sich also um Kulturkonflikte. Diese Betrachtungsweise berücksichtigt jedoch weder die strukturellen Rahmenbedingungen, in welchen sich ein Konflikt abspielt, noch das Verhalten der andern involvierten Akteure.

In unserem Fall ortet die Lehrerin den Grund für die Aggressionen auch bei Afrims Herkunft aus einem Kriegsgebiet. Aufgrund dieser Begründung schont sie ihn und zeigt Verständnis für sein problematisches Verhalten. Damit hat sie Afrim „positiv diskriminiert" und auch privilegiert. Hingegen erwartet sie von Christof sehr viel Toleranz und hat dementsprechend wenig Verständnis für sein Verhalten und seine fehlende Rücksicht auf Afrims biografischen Hintergrund. Einen Dialog zwischen den zerstrittenen Buben hat sie gar nicht erst ermöglicht.

Wir vom TikK gehen davon aus, dass ein grosser Teil dieser und ähnlicher Konflikte – wenn man sie genauer analysiert – keine eigentlichen interkulturellen Konflikte sind.

5 Konfliktdimensionen in so genannten „Kulturkonflikten"

Aus der Sicht des TikK können die folgenden Dimensionen den so genannten „Kulturkonflikten" zu Grunde liegen:

- *Interkulturell-ideelle Verständigungskonflikte*: interkulturelle Konflikte im engen Sinn, u. a. über die unterschiedliche Interpretation der Welt, der Natur, des Menschen, der Gesellschaft, der eigenen Situation und Probleme.
- *Verhaltenskonflikte:* Verletzung von Normen, Gesetzen und zwar seitens der Zugewanderten wie der Einheimischen – bis hin zur direkten Gewaltanwendung.
- *Knappheitskonflikte* aufgrund fehlender Ressourcen zur Befriedigung zentraler menschlicher Bedürfnisse, insbesondere fehlende Schul-, Ausbildungs- und Arbeitsplätze, Freizeiteinrichtungen, fehlender Wohnraum usw.
- *Mitgliedschafts- beziehungsweise Ausschlusskonflikte:* z. B. kein Zugang zu Peer-Gruppen, zu schweizerischen Organisationen, zum politischen System; Einbürgerungskonflikte.

Jedes Konfliktereignis sollte im Hinblick auf diese Dimensionen analysiert werden. In unserem Fall ist die Dimension der *Verhaltenskonflikte* sicher massgeblich: Aus Sicht der einen Seite hatte die andere Seite die Regeln der sportlichen Fairness verletzt, es kam zum Streit. Im Anschluss daran wurde das Gewaltverhalten von Christof und Afrim – die Schlägerei – ungleich geahndet. Afrim wurde nicht in gleicher Weise bestraft, sondern erntete Verständnis. So wurde seine Regelverletzung legitimiert. Die Lehrerin delegierte die Verantwortung an die Eltern, jedoch ohne die Wirkung der Intervention zu überprüfen.

Als Hintergrund für unseren Fall könnten auch *Knappheitskonflikte* – fehlende Spiel- und Sportplätze – sowie *Ausschlusskonflikte* – *„wir nehmen keine Kosovo-Albaner in den Fussballclub auf; die sind doch zu aggressiv"* – bestimmend sein.

6 Mögliche Gründe für Konflikte zwischen Einheimischen und Zugewanderten

Seitens der *einheimischen Bevölkerung* können diese Konflikte auf folgende Faktoren zurückgeführt werden:

1. Fehlende Information: Sprachbarrieren, Unverständnis für die Problemlagen von Eingewanderten.
2. Strukturelle Bedrohung: Die Ablehnung der Zugewanderten beziehungsweise Fremdenangst kann in vielen Fällen eine Reaktion auf die reale oder befürchtete Gefährdung des Schulerfolgs der eigenen Kinder, der Bedrohung von Bildungskarrieren, Ausbildungschancen, Arbeitsplätzen, Sozialhilfeansprüchen usw., aber auch von demokratischen Errungenschaften sein.
3. Subjektive Reaktionen auf die Bedrohung: Die Mitarbeitenden orientieren sich bei der Beurteilung von Fremdenfeindlichkeit an einer Skala[1].
4. Verständnis für abweichendes Verhalten und ein undifferenzierter Ruf nach Toleranz – wie im Beispiel – können wieder neuen Konfliktstoff beinhalten.

---

1   Skala des TikK zur Fremdenfeindlichkeit:
    Fremdenangst bei der Begegnung mit jemandem, der ganz anders aussieht als man selber, der sich ganz anders verhält, als einem vertraut ist, der ganz andere, unnachvollziehbare Ansichten vertritt.
    Fremdenfeindlichkeit: Die unguten Gefühle werden zu Bedrohungsängsten; diese Ängste können einen realen Aufhänger haben (z. B. Angst um den Arbeits- oder Studienplatz, die Zukunft der Kinder) oder auch nicht. Das Unvertraute ist jetzt klar negativ besetzt und muss abgespalten und abgewehrt werden. Kontakte und Auseinandersetzungen mit der „gehassten" bedrohlichen Gruppe werden vermieden; Fremdenfeindlichkeit zeigt sich auch in der Suche nach Sündenböcken.
    Ethnozentrismus: Diffuses Gefühl der Benachteiligung, der Ungleichbehandlung der eigenen Gruppe (Schweizer) gegenüber anderen (Nicht-Schweizern); Höherbewertung der eigenen Nation, ethnischen oder religiösen Gruppe; gleichzeitige Abwertung anderer Gruppen, Nationen.
    Rassismus als Ideologie: Die rassistische Ideologie geht davon aus, dass die biologische Verschiedenheit der Gruppen („Rassen") zugleich auch Einstellungs-, Denk- und Verhaltensmuster determiniert. Es gebe demzufolge biologisch bedingte Unterschiede in den intellektuellen und moralischen Leistungen zwischen den verschiedenen Gruppen. Aufgrund der biologisch bedingten Ungleichheit zwischen den „Rassen" existiere eine Hierarchie, so dass einige „Rassen" als höherwertig und überlegen anzusehen seien, andere dagegen als minderwertig und unterlegen.
    Es wird ebenfalls ausgegangen von einer unaufhebbaren, *kulturellen* Differenz zwischen Gruppen und Völkern. Man leitet daraus ein Recht auf kulturelle Integrität, Homogenität und Stabilität ab. Das heisst, der kulturalistische Rassismus vermag ebenso wie der biologische Rassismus Praktiken der Ausgrenzung und Abschiebung des Fremden/Andersartigen zum Zwecke der Bewahrung der eigenen Kultur zu legitimieren.

Seitens der *zugewanderten Bevölkerung* gibt es Konflikte im Zusammenhang mit:

1. fehlender Information, Nichtbeherrschung der Sprache des Einwanderungskontextes, dem oft ungewohnten Umgang mit den Behörden;
2. Integrationsschwierigkeiten in Schule, Beruf, Arbeit, Wohnumfeld, Politik;
3. Kultur-, Ehr- beziehungsweise Identitätsverlust;
4. unverarbeiteten Traumata aus Folter-, Flucht- und Kriegserfahrungen;
5. unverhandelbaren ethnisch-nationalen oder religiösen Loyalitäten;
6. rassistisch motivierten Diskriminierungs- und Ausgrenzungserfahrungen.

Diese letztgenannten Gründe können – prinzipiell bei allen Menschen welcher Herkunft auch immer – Resignation und Apathie, aber auch eine latente Gewaltbereitschaft bewirken; wenn sie gehäuft auftreten, können sie auch zu Gewalthandlungen führen.

Treffen – insbesondere im öffentlichen Raum – Faktoren aus beiden Konstellationen (seitens der Einheimischen wie auch der Zugewanderten) zusammen, genügt für das Ausbrechen eines offenen Konfliktes zwischen Einheimischen und Zugewanderten ein Auslöser („du Jugo-Schläger"), was in der Folge bis zu Gewalthandlungen eskalieren kann.

7   Handlungsansätze

Wahrscheinlich würde ein einziger Fall wie im Beispiel noch keinen Einbezug des TikK bedeuten. Würden sich jedoch ähnliche Schwierigkeiten häufen, könnte das TikK zum Zug kommen. Wie würde das TikK die Lehrerin beraten? – Durch die Analyse der Intervention und ihrer Auswirkungen. Positiv hervorgehoben würde, dass sich die Lehrerin engagiert in den Streit eingemischt, damit eine Eskalation verhindert und zudem die Situation sofort mit den Beteiligten thematisiert hat. Durch ihr Dazwischentreten zeigte sie, dass sie die Schlägerei als Form von Gewalt nicht toleriert.

Einschreiten, Intervenieren

Das A und O bei Konflikten im Schulalltag ist, dass die Lehrerschaft bei Verstössen gegen die Regeln nicht wegschaut, sondern eingreift. Selbstverständlich muss den Schülern ein Rahmen gegeben werden, in dem sie Auseinandersetzungen selber austragen lernen. Jedoch muss seitens der Lehrerschaft klar aufgezeigt werden, dass das Verletzen von Grenzen nicht toleriert wird. Ein Nichteingreifen bei Gewaltereignissen legitimiert und fördert sie sogar.

Erarbeiten von Regeln

Verbindliche Regeln können in drei Schritten erarbeitet werden:

1. Die Konfliktparteien beschreiben lassen, wie sie das Ereignis erlebt haben und wie es ihnen nun zumute ist.
2. Den Regelverstoss thematisieren und gemeinsam erarbeiten, wozu die Regeln dienen (Begründung und Verdeutlichung der Normen).
3. Herausarbeiten, wie man zukünftig handeln kann, damit Aggression nicht zu Gewalt wird.

In unserem Fallbeispiel wären Vereinbarungen über Tabu-Ausdrücke, wie z. B. Beleidigungen aufgrund der Herkunft, angebracht. Ein essentieller Schritt ist hier die Reflexion unserer eigenen kulturellen Hintergründe, der Werte und Normen.

Vermittlung beziehungsweise Mediation

1. Durch die Lehrer selber im Rahmen ihrer Möglichkeiten und ihrer Rolle. Das bedeutet, dass die Lehrer bei Konflikten ihre Stellung und Autorität zunächst einsetzen können, um eine Einigung zwischen den Konfliktparteien zu erzielen. Bei komplexer Problematik ist der Beizug von Mediatoren sinnvoll.
2. Durch den Einsatz von Schülern als Mediatoren. Für eine Peer-Mediation werden Gleichaltrige in Schulen ausgebildet, welche die informellen sozialen Normen der Peer-Gruppe aus eigener Erfahrung kennen.
3. Durch den Beizug von Fachleuten für Mediation und interkulturelle Vermittler. Interkulturelle Vermittler sind sowohl in der einheimischen wie auch in der zugewanderten Kultur heimisch, sie können die sprachliche wie auch die sinngemässe Übersetzung leisten und kennen die Grundregeln der Mediation.

Wichtig in der Mediation ist der Aspekt der Gerechtigkeit; oft besteht zwischen den Konfliktparteien eine Asymmetrie, was Macht und Ressourcen anbelangt. In diesen Fällen muss der Mediator seine neutrale Rolle aufgeben und die schwächere Partei stärken.

In unserem Fall wäre bei einer Zuspitzung der Aggressionen auf dem Pausenplatz eine Mediation zwischen den involvierten Gruppen nötig.

Zusammenarbeit mit Migranten-Eltern

Die Eltern sollen miteinbezogen und ausführlich informiert werden, auch wenn dies einen Mehraufwand bedeutet. Ein Gespräch bei der Familie zu Hause kann Vertrauen schaffen. Dabei muss man sich die Frage stellen, mit wem man es genau zu tun hat (Herkunft, soziale Schicht). Der Einbezug eines Kulturvermittlers hilft, die Sprach- und Verständigungsbarriere zu überwinden. Aufgaben, Pflichten und Erwartungen der Eltern und der Schule müssen klar definiert werden.

Ein bereits aufgebauter Kontakt zu den Eltern von Afrim bereits im Vorfeld hätte den direkten Weg zu ihnen im Konfliktfall ermöglicht.

Auseinandersetzung mit dem eigenen kulturellen Hintergrund

Die sorgfältige Entschlüsselung der tatsächlichen Konfliktursachen ist immer sehr wichtig. Hieraus kann abgeleitet werden, welche Interventionen angemessen und wirkungsvoll sind. In die Analyse muss auch der eigene kulturelle Hintergrund einbezogen werden. Möglicherweise kommen dabei auch Gefühle wie Fremdenangst und Fremdenfeindlichkeit zum Vorschein.

Die Lehrerin in unserem Beispiel muss sich die Frage stellen: Warum so viel Toleranz in dieser Situation? Wovon fürchte ich mich, wenn ich die beiden Buben gleich behandle?

Wenn man in ein Geschehen involviert und persönlich betroffen ist, besteht die Gefahr, dass einem diese Entschlüsselung selber nicht mehr gelingt. In diesem Fall können Aussenstehende (interkulturelle Vermittler, Schulsozialarbeiter) sehr behilflich sein. Überhaupt sollte die Lehrperson in Konfliktfällen die Zusammenarbeit mit Kollegen, der Schulleitung und anderen Fachleuten suchen. Durch dieses Netzwerk kann die Verantwortung geteilt werden, denn die Lehrperson kann nicht alle Probleme allein lösen.

8 Literatur

Bader, Veit-Michael (1995), *Rassismus, Ethnizität, Bürgerschaft. Soziologische und philosophische Überlegungen*, Münster: Westfälisches Dampfboot.

Banning, Han (1995), *Bessere Kommunikation mit Migranten*, Weinheim und Basel: Beltz Verlag.

Imhof, Kurt (1993), Nationalismus, Nationalstaat und Minderheiten. Zu einer Soziologie der Minoritäten, *Soziale Welt*, 3, 327–357.

Juhasz, Anne und Eva Mey (2003), *Die zweite Generation: Etablierte oder Aussenseiter? Biographien von Jugendlichen ausländischer Herkunft*, Wiesbaden: Westdeutscher Verlag.

Otto, Hans-Uwe und Roland Merten, Hrsg. (1993), *Rechtsradikale Gewalt im vereinigten Deutschland. Jugend im gesellschaftlichen Umbruch*, Bonn: Bundeszentrale für politische Bildung.

Sassen, Saskia (1997²), *Metropolen des Weltmarktes. Die neue Rolle der Global Cities*, Frankfurt/ New York: Campus.

Schiffauer, Werner (1997), *Die Gewalt der Ehre. Erklärungen zu einem türkisch-deutschen Sexualkonflikt*, Frankfurt/M.: Suhrkamp.

Staub-Bernasconi, Silvia (1995), Ethnospezifische, interkulturelle, transkulturelle Soziale Arbeit – mehr als ein Verwirrspiel? In: dies., *Systemtheorie, soziale Probleme und Soziale Arbeit: lokal, national, international*, Bern, Stuttgart, Wien: Haupt, 303–317.

Staub-Bernasconi, Silvia (1995), Auf der Suche nach einer „beidseits" akzeptierbaren Vorstellung der Integration von Flüchtlingen, in: dies.: *Systemtheorie, soziale Probleme und Soziale Arbeit: lokal, national, international,*: Bern, Stuttgart, Wien Haupt, 319–337.

Tillmann, Klaus-Jürgen; Birgit Holler-Nowitzki, Heinz Günter Holtappels et al. (1999), *Schülergewalt als Schulproblem. Verursachende Bedingungen, Erscheinungsformen und pädagogische Handlungsperspektiven*, Weinheim und München: Juventa.

von Hofstede, Geert (1997), *Lokales Denken, globales Handeln. Kulturen, Zusammenarbeit und Management*, München: Deutscher Taschenbuch Verlag.

Wicker, Hans-Rudolf, Hrsg. (1998), *Nationalismus, Multikulturalismus und Ethnizität. Beiträge zur Deutung von sozialer und politischer Einbindung und Ausgrenzung*, Bern, Stuttgart, Wien: Haupt.

Zusammenarbeit Regellehrkraft und Ambulant tätiger Heilpädagoge an der Tagesschule Bern-West

Zita Wigger und Ennio Gasparoli

1 Einleitung und Begründung zur Themenwahl

Die Erziehungsdirektion des Kantons Bern hält im Dokument „Der Spezialunterricht im Kindergarten und in der Volksschule. Richtlinien und Grundsätze" vom 24. März 1997 fest, dass „Schulschwierigkeiten, Beeinträchtigungen und Behinderungen mehr als ein individuelles Problem des betroffenen Kindes oder Jugendlichen sind" (Erziehungsdirektion, 1997, 6). In der Praxis sieht es aber oft so aus, dass die Kinder aus dem regulären Unterricht genommen und im Zimmer des Heilpädagogen oder der Heilpädagogin speziell gefördert werden. Da wir seit drei Jahren ein integratives Modell der Förderung praktizieren, sind wir von interessierten Kreisen angesprochen worden unsere Arbeit vorzustellen. Zwar ist das Modell nicht ohne weiteres auf die Regelschule übertragbar, ist doch das Feld der hier beschriebenen Zusammenarbeit keine klassische Regelklasse: Die Anzahl der Schülerinnen und Schüler liegt unter dem Durchschnitt, die Klasse ist mehrstufig und wird von einem stellenteilenden Zweierteam, einer Regellehrkraft und einer Heilpädagogin, geführt. Trotzdem erfüllt der hier nun schriftlich verfasste Bericht seinen Zweck, zeigt er doch auf, wie die Umsetzung klassenintegrierter Förderung von zwei Praktikern verstanden wird.

Der Begriff des Ambulanten Heilpädagogen beziehungsweise der Ambulanten Heilpädagogin wird in der Folge als AHP abgekürzt. Er wird in anderen Kantonen auch Schulischer Heilpädagoge/Schulische Heilpädagogin (SHP) genannt. Den Begriff Regelklassenlehrkraft kürzen wir mit RKL ab.

1.1 Ausgangslage zum Startzeitpunkt Januar 2002 aus der Sicht der Regelklassenlehrkraft Zita Wigger

Im Dezember 2001 kehrte ich nach einem fast zweijährigen Auslandaufenthalt in Lateinamerika in die Schweiz zurück. Ich fand sehr schnell eine Stellvertretung als Klassenlehrerin mit einem 50%-Pensum an der integrativen Tagesschule Bern-West. Obwohl ich schon vorher Klassenlehrerin an einer Kleinklasse A gewesen war, fiel mir der Wiedereinstieg ins bernische Schulsystem nicht leicht, da sich einiges (Lehrmittel, Ambulatorium) verändert hatte. Erschwerend kam hinzu, dass die Klasse vor meinem Stellenantritt den Wechsel einiger Lehrpersonen erlebt hatte. Meine Stellenpartnerin half mir zwar nach Kräften, jedoch war ich im Unterricht allein. Die vorherigen Stellvertretungen waren von Ennio Gasparoli, dem AHP des Schulhauses, unterstützt worden. Deshalb wurde schon vor meinem Stellenantritt beschlossen dieses Angebot weiterzuführen.

1.2 Ausgangslage zum Startzeitpunkt Januar 2002 aus der Sicht des Ambulanten Heilpädagogen Ennio Gasparoli

Der erhebliche Förderbedarf der SchülerInnen der Tagesschule Bern-West erfordert eine enge Zusammenarbeit mit den Fachinstanzen und dem Spezialunterricht. Es wurden mir SchülerInnen zugewiesen, die ich mehrheitlich ausserhalb des Unterrichts förderte. Der Klasse und den Bezugspersonen (Stellenpartnerin, Sozialpädagogen, Eltern, Schulleiter und Schulkommission) gelang es mit unterschiedlichem Erfolg, sich auf neue Lehrkräfte einzustellen. In der Folge wurde ich mal mehr, mal weniger von den jeweils unterrichtenden Lehrkräften auch zur Unterstützung in der Führung der Klasse beigezogen. In dieser Phase wurde meine Anwesenheit für alle eine Orientierungshilfe. Als dann Zita Wigger die Stelle übernahm, liess sie sich auf das Zusammenarbeitsangebot ein.

2 Das Modell Tagesschule Bern-West

Ich (Zita Wigger) unterrichte zur Zeit 13 SchülerInnen des 1.–4. Schuljahres an einer integrativen Regelklasse in Bern-West (Modell „Gemischte Regelklasse"). Das Quartier Tscharnergut ist sehr multikulturell und gilt als „sozialer Brennpunkt". Viele Kinder sind in ihrem Alltag mit schwierigen Situationen konfrontiert. Unser Angebot von morgens 8.00 Uhr bis abends 17.30 Uhr richtet sich somit an Kinder mit unterschiedlichsten Voraussetzungen, deren Eltern aus verschiedenen Gründen auf eine familienexterne Betreuung angewiesen sind. Rund die Hälfte der Kinder wurde der Tagesschule durch den Gesundheitsdienst der Stadt Bern oder die Erziehungsberatung des Kantons Bern zugewiesen. Die Eltern müssen mit dem Eintritt ihres Kindes in die Tagesschule aber einverstanden sein, denn es handelt sich um ein freiwilliges Angebot.

Ein wichtiger Teil des Projekts Tagesschule ist der Freizeitbereich: Alle 13 Kinder verbringen nach der Schule vom Mittagessen an bis am Abend die Zeit gemeinsam im Tagesheim. Hier werden sie von zwei Sozialpädagogen betreut. Zwischen der Schule und dem Tagesheim besteht eine rege Zusammenarbeit (Kinderbesprechungen, Anlässe, Elternarbeit, Landschulwoche, etc).

Die Kinder werden nach Möglichkeit nach den Regelklassenzielen des Lehrplans des Kantons Bern unterrichtet. In Absprache mit der Schulkommission werden Kinder, die in einzelnen Fächern Lernschwierigkeiten haben, nach reduzierten Lernzielen geschult.

3 Ambulante heilpädagogische Betreuung

Der Auftrag des AHP ist in den bereits erwähnten „Richtlinien und Grundsätzen" der Erziehungsdirektion des Kantons Bern geregelt. Ein darin beschriebenes Stufenmodell sieht den Beizug ambulanter heilpädagogischer Begleitung auf Stufe III vor, gesteht aber Abweichungen in begründeten Fällen zu. Die Lehrkräfte „behalten auch bei heilpädagogischer Intervention die Grundverantwortung für die ihnen anvertrauten Kinder und Klassen" (Erziehungsdirektion, 1997, 7). Bemerkenswert ist in diesem Zusammenhang auch, dass die „Lehrkräfte für Spezialunterricht (...) Kinder und Jugendliche (...) [beurteilen] und (...) die Kindergärtnerinnen, Regellehrkräfte und Eltern im Umgang mit Kindern und Jugendlichen mit Störungen und Beeinträchtigungen oder Behinderungen [beraten]" (ebd.). Der Lehrplan 1995 stützt sich in der Formulierung auf die gesetzlichen Grundlagen der Volksschule (Art. 17 VSG; Art. 2 „Dekret über die besonderen Klassen und den Spezialunterricht der Volksschule"; Art. 19–21 „Verordnung über die besonderen Klassen und den Spezialunterricht") und gibt im Kapitel 8 „Schwierige Situationen mit Schülerinnen und Schülern" vor, dass (8.3) „der Einsatz der Schulischen Heilpädagogin/des Heilpädagogen in erster Linie innerhalb der Klasse geschehen soll". Im Weiteren könne die Begleitung nur gelingen, „wenn sie in Zusammenarbeit mit der Lehrperson einer Klasse" und „mit den Eltern und den Fachinstanzen" (8.6) stattfinde.

4 Modelle der Zusammenarbeit in der Praxis

In der Regelschule werden verschiedene Modelle integrativer Schulung von Kindern mit besonderen Bedürfnissen angewendet:

Gemischte Regelklasse

In der gemischten Regelklasse werden Kinder mit und ohne Schulschwierigkeiten in einer Regelklasse mit reduzierter SchülerInnenzahl gemeinsam unterrichtet. Es eignen sich dazu besonders mehrstufige Klassen. (Wir gehen auf dieses Modell nicht näher ein.)

Regelklasse mit Fördergruppe

SchülerInnen mit Schulschwierigkeiten werden zeitweise in einer alters- und typengemischten Fördergruppe durch eine Förderlehrkraft individuell und in Gruppen unterstützt. Alle Kinder sind aber auch einer Regelklasse zugeteilt, in welcher sie einen Teil ihrer wöchentlichen Unterrichtszeit verbringen. Damit wird angestrebt, dass sie Anschluss an den regulären Schulbetrieb in einer Klasse gleichaltriger SchülerInnen finden.

Integrierte SchülerInnenhilfe

Integrierte SchülerInnenhilfe ist eine unterrichtsnahe Form der Unterstützung, Beratung und Zusammenarbeit des AHP mit der RKL.

4.1 Delegierte Betreuung von Schülerinnen und Schülern. Modell Fördergruppe

Diese Form (isolierter) Förderung eines Kindes beziehungsweise einer Gruppe strebt unter anderem Ziele auf vier Ebenen an:

–   Einerseits gilt es, das Arbeitsverhalten und das effektive Lernverhalten zu üben. Der Schüler wird beispielsweise aufgefordert, einen Schwerpunkt aus dem Wochenplan zu treffen, diesen mit einem roten Punkt zu markieren (damit ist auch die RKL ins Bild gesetzt und kann daran anknüpfen) und dazu Fragen zu formulieren.

–   Auf der Ebene des Sachbezugs erfolgt der Unterricht im Stil des Nachhilfeunterrichts. Der AHP fungiert hier als Stoffvermittler. Allerdings soll nicht mit „noch mehr desselben" auf das Kind eingewirkt werden, sondern vielmehr ist es ein Angebot vertiefter Lernerfahrung.

–   Auf der dritten Ebene werden lustbetonte Lernerfahrungen meist über das Spiel vermittelt. Möglicherweise lassen sie sich mit dem Geschehen in der Klasse verbinden. Ziel ist es, das Selbstkonzept des Kindes aufzuwerten. Zum Beispiel wird ein Lied auf dem Keyboard geübt, das in der Klasse gesungen wird.

–   Auf der vierten Ebene kann der AHP im begleitenden Beratungsgespräch mit der Lehrkraft im Sinne eines „Fürsprechers für das Kind" wirken.

4.2 Integrierte SchülerInnenhilfe. (Die Klasse begleitende Betreuung)

Es gelangen zwei unterschiedliche Betreuungsformen zur Anwendung:

– *Betreuungsform A: Teamteaching*
  Der Lernstoff wird von beiden Lehrkräften (RLK und AHP) vermittelt. In der Durchführung der Lektion sind verschiedenste, den Bedürfnissen der Klasse und des Sachverhalts angepasste Zusammenarbeits- und Lernformen möglich (Frontalunterricht, Halbklassenunterricht im Rollentausch, HauptlehrerIn und AssistentIn).

– *Betreuungsform B: Integrierte SchülerInnenhilfe*
  Es handelt sich hier um eine meist innerhalb des Klassenzimmers stattfindende delegierte Betreuung von Schülerinnen und Schülern. Die Lerngruppen und der Auftrag werden in der Regel von der Lehrkraft bestimmt. Innerhalb einer Lektion können höchstens zwei bis drei Gruppen rotierend vom AHP betreut werden. Er sorgt dafür, dass die Gruppe den Auftrag versteht und dann anschliessend selbständig bewältigen kann. Meistens geschieht dies in Form von dosierten Lernanstössen. Die Aufgabe des AHP könnte man mit jener einer Lehrer-Assistenz vergleichen. Zugleich ist er aber auch ins Geschehen integrierter Beobachter.
  Die Einflussnahme des allein fürsprechenden AHP (wie sie im Modell isolierter Förderung beschrieben wurde) kann hier unter Umständen vermieden werden. Das begleitende Beratungsgespräch mit der Lehrkraft wird zum Teamgespräch. Vorausgehend konnte der AHP nicht nur „für-sprechend„ sondern auch „für-handelnd" einwirken. Unter Umständen ist es gar nicht mehr nötig, auf alles gemeinsam Erlebte einzugehen, weil die Wirkung für sich spricht.

5 Voraussetzungen

5.1 Vereinbarungen

Vor der Zusammenarbeit müssen die Rollen geklärt werden und beide Seiten gewissen Rahmenbedingungen zustimmen:

– *Klärung der Rollen und Kompetenzen*
  RKL wie AHP sind sich ihrer Rolle gegenüber den SchülerInnen, den Eltern, der Schulleitung und den weiteren Bezugspersonen bewusst. Die eigenen Grenzen und gegenseitigen Erwartungen, Zeit- und Handlungskompetenzen sind geklärt. Wir stellten uns u. a. folgende Fragen: Um welche Ziele geht es? Sind es Ziele, welche die Schüler oder die Klasse betreffen? Sind es Ziele im Bereich „Praxisanleitung"? Wer ist

dafür verantwortlich? Ist ein Zuweisungsantrag an eine Fachinstanz nötig (Triage)? Wann soll das Ziel erreicht werden? Wer muss auch noch informiert werden?

– *Gemeinsame Eltern- und Teamgespräche*
Es werden Elterngespräche oder Gespräche mit Fachinstanzen oder dem Lehrteam vorbereitet, durchgeführt und ausgewertet. Auch wird der diesbezügliche Informationsaustausch gepflegt.

– *Regelmässige Besprechungen*
Wir haben wöchentliche Besprechungen vereinbart. Ziel der Besprechung waren die Situationsanalyse, der Informationsfluss, die Interventionsplanung und die Wahrung von Übersicht. Wir versuchten, Krisen und Abweichungen zu benennen und diese als Bestandteil einer dynamischen Entwicklung zu verstehen.

– *Protokollieren*
Die festgelegten Ziele, die operationalisierte Umsetzung und mögliche Kriterien einer Erfolgskontrolle werden protokolliert. Beide führen ein Arbeitstagebuch.

– *Evaluieren*
Es bewährt sich zudem, in grösseren Abständen Aufwand und Ertrag der Zusammenarbeit zu reflektieren und den Auftrag der neuen Situation anzupassen.

5.2 Voraussetzungen aus der Sicht des AHP

– *Verständigung*
Die Grundlage einer Zusammenarbeit ist gegeben, wenn sich die kooperierenden Personen auch auf der menschlichen Ebene verstehen. Eine gute Beziehung zwischen AHP und RLK ist Motivation für Kontinuität und Konfliktbereitschaft. Sie setzt Energien frei und stärkt den Rücken.

– *Bereitschaft zur Zusammenarbeit und spezielle Vorkenntnisse*
Beide Kooperationspartner sind an einem pädagogischen Austausch interessiert. Zudem verfügen sie über Vorerfahrungen im Bereich integrativer Schulung von Kindern mit besonderen Bedürfnissen.

– *Eigenständigkeit/Standfestigkeit*
Beide Kooperationspartner üben Flexibilität. Diese soll sich aber nicht auf Kosten der individuellen Standfestigkeit im Umgang mit den Schülerinnen und Schülern auswirken. Tut sie es dennoch und über längere Zeit, so ist dies ein Signal einer fraglichen Entwicklung.

5.3 Voraussetzungen aus der Sicht der RKL

– *Der AHP akzeptiert das Setting.*

Als RKL verbringe ich mehr Zeit mit der Klasse und führe sie in vielen Stunden alleine. Dementsprechend muss ich das Setting (Klassenregeln und Konsequenzen; Standards bezüglich Arbeitsformen, Ordnung, Lautstärke und Darstellung; die Einrichtung des Schulzimmers; die Sitzordnung; Anlässe und Elternkontakte) so gestalten, dass es mir dienlich und dabei wohl ist. Anregungen sind hier zwar wertvoll und willkommen; zu viele Grundsatzdiskussionen über Details würden mich in meiner Arbeit aber einschränken und ich würde es als Einmischung empfinden.

6 Verlauf der Zusammenarbeit

6.1 Verlauf der Zusammenarbeit aus der Sicht des AHP

Rückblickend erinnere ich mich, dass Zitas Anwesenheit die Klasse rasch beruhigte. Das erleichterte meine Arbeit massgeblich. Was anfänglich noch viel Zeit kostete, waren organisatorische Klärungen und Absprachen. Später verlagerte sich der Austausch vermehrt auf pädagogische Inhalte. Zita beanspruchte meine Unterstützung insbesondere in Mathematikdidaktik und bezüglich Schülerbeurteilung (individuelle Lernziele definieren und Angebote praktischer Umsetzung). Die dichte Besprechungsfrequenz wurde auch dann fortgesetzt, als sich die Wogen der Einarbeitung geglättet hatten. Einerseits gab es da und dort schwierige Situationen – insbesondere im Bereich Elternarbeit – zu meistern, andererseits war Zitas Interesse geweckt, über ihre Ausbildung am Institut für Heilpädagogik weitere Anregungen zur Optimierung des Unterrichts zu erhalten. Meine gewachsene Teilnahme am Unterrichtsgeschehen zeitigte Wirkung (vgl. Kapitel 7 und 8). Später ist die AHP-Betreuung der Tagesschule Bern-West von vier auf zwei Lektionen gesunken. Die Dauer und die Intensität der Besprechungen sind jedoch konstant geblieben.

6.2 Verlauf der Zusammenarbeit aus der Sicht der RKL

Da ich mehr oder weniger zum Konzept der integrativen Förderung überredet wurde, war ich anfangs Ennios Anwesenheit gegenüber noch etwas skeptisch. Da mir Teamteaching schon von früheren Stellen her vertraut war, liess ich mich mangels anderer Alternativen aber darauf ein. Sehr schnell merkte ich anhand von Ennios Erläuterungen zum Aufbau des Mathematiklehrmittels, dass ich mir so praktische Unterstützung holen konnte. Ich erlebte in der Zusammenarbeit auch einen Rollenkonflikt (wer führt nun hier die Klasse?). Die konstruktive Klärung motivierte mich, Ennio in einem heiklen Elterngespräch als Gesprächspartner beizuziehen. Mit dem neuen Schuljahr und der neuen Kinderkonstellation festigte sich meine Position als Klassenlehrerin. Dadurch änderten sich auch meine Bedürfnisse in der Zusammenarbeit: Immer weniger war ich auf den AHP als „Feuerwehrmann bei pädagogischen Bränden" angewiesen, sondern suchte vermehrt den Austausch mit einem Gleichgesinnten. Dementsprechend haben sich auch die Themen verändert, doch die Lust am Ausprobieren von Zusammenarbeitsformen und der Wunsch, auch weiterhin nicht als Einzelkämpferin tätig zu sein, sind geblieben.

7 Vorteile der integrierten Förderung

7.1 Vorteile für das Kind

– *Wirksamkeit*
Die engere Zusammenarbeit im Team ermöglicht einen Austausch der Beobachtungen. Dies öffnet das Spektrum der Beobachtungsvielfalt und schärft die Unterscheidung, wodurch die beobachtende Diagnostik entwickelt wird. Der Fokus beobachtender Diagnostik liegt in der Suche nach den Stärken und nach den Fördermöglichkeiten; sie bewertet nach qualitativen Aspekten, beachtet die individuellen Lernfortschritte der Lernenden und ist umfeldorientiert. Beobachtende Diagnostik ist geeignet, Lebens- und Lerngeschichten der Schülerinnen und Schüler anders zu begreifen als in anderen Settings. Obwohl sie sich vielleicht äusserlich nicht sonderlich von einem Pausengespräch unter Lehrkräften unterscheidet, beeinflusst sie den Schwerpunkt des Förderplans massgeblich.

– *Das Stigma entfällt*
Verteilt sich der Einsatz des AHP auf verschiedene Kinder und Gruppen im Klassenverband, wird die Intervention von den Schülerinnen und Schülern als Unterstützung anerkannt. Eine spätere partielle Förderung ausserhalb des Unterrichtsraumes erfährt dadurch auch keine negative Note, sondern ist für die Peergruppe selbstverständlich. Damit ist es auch möglich, angemessener auf die aktuelle Klassendynamik zu reagieren. Ein heute verhaltensauffälliges Kind kann morgen bei veränderter Klassendynamik unauffällig wirken. Wird es jedoch zum „Fall", den man dem AHP delegiert, kann diese Intervention sekundäre Devianz verstärken und die negative Dynamik der Gruppe stabilisieren. Das Stigma entfällt auch für die Eltern der Kinder, was die Schülerinnen

und Schüler selbst entlastet. Ich erlebe oft, dass Eltern anfänglich argwöhnisch auf Förderunterricht reagieren, wenn er ausserhalb der Klasse stattfinden soll, geschweige denn, wenn dies mit einem Zuweisungsprozedere über Fachinstanzen geschehen muss.

– *Die Binnendifferenzierung wird umsetzbar(er)*
Der im Lehrplan geforderte Anspruch innerer Differenzierung kann in „4-Hand-Lektionen" umgesetzt werden. Nicht nur bedeutet dies eine praktische Entlastung für die Lehrkraft, sondern sie zeitigt auch andere Früchte: Das Kind erfährt, dass sein Beitrag Wirkung erzielt: „Jetzt habe ich mich angestrengt und bin mit Zuwachs an Sachverstand belohnt." Dadurch ist es motiviert, auch weitere Gelegenheiten individueller Zuwendung in der Klasse zu seinem Vorteil zu nutzen.

– *Die Besprechungen erfolgen in kürzeren Abständen*
Gemeinsames Tun motiviert die Partner zur Koordination ihrer gemeinsamen Aufgabe, wogegen auf ausserhalb der Klasse delegierte Förderung dazu führen kann, dass die Zusammenarbeit erlahmt.

7.2 Vorteile aus der Sicht des AHP

– *Weiterbildung und Wissenstransfer*
Bei der Begleitung der Klasse ist auch der Austausch (heil-)pädagogischer Kompetenz mit der RKL eine Selbstverständlichkeit. Beide sind am gegenseitigen „Lernen" beteiligt. Darin erkenne ich den eigentlichen Wert integrierter SchülerInnenhilfe. Ich kann beispielsweise Erfahrungen mit der Realisierbarkeit praktischer Umsetzung der „inneren Differenzierung" sammeln. Diese Kalibrierungserfahrungen nutze ich für den Transfer in andere Klassen und Kontexte. Der Austausch findet aber nicht nur auf dieser Ebene statt. Ob ich im Unterricht auf Widerstand bei den Schülern stosse, oder ob es mir gelingt, daraus Lernen zu erzeugen, beides kann „Interventionskompetenz" weiterbilden: „Der richtige handwerkliche Kunstgriff, der richtige Schachzug, das richtige Segelmanöver, die richtige unternehmerische Entscheidung sowie die richtige pädagogische Intervention sind in erster Linie eine Frage von angemessener Situationserkenntnis, Entscheidungsfähigkeit und ‚Augenmass'. Die für diese Erfahrungsebene zentralen Kategorien sind ‚Kontextsensibilität', ‚Offenheit', ‚Flexibilität', ‚Urteilskraft' (nicht nur im ästhetischen Bereich), (durch Erfahrung geschulte) ‚Intuition', ‚Empathie' sowie die für das griechische Denken bedeutsamen Begriffe des ‚rechten Zeitpunktes' und des ‚Masses'" (Bürmann, 1992, 212). Schliesslich erlebe ich oft guten Unterricht und erkenne, was ihn auszeichnet. Dabei darf ich erfahren, dass auch die „Schlingel", fühlen sie

sich einmal schulisch und menschlich gut aufgehoben, zu konstruktiver Mitarbeit zu bewegen sind und sich verändern. Ich erlebe aber auch immer wieder neu, wie die Befindlichkeit und die individuellen Eigenheiten der Lehrpersonen „Lernen" begrenzen oder bereichern.

— *Nähe mit respektvollem Abstand*
Dass ich selber im System Klasse besser integriert bin (und zum Beispiel auch an Feierlichkeiten aktiv teilnehmen kann), empfinde ich als eine Verbreiterung des schmalen Streifens, auf dem ein AHP sich im Alltag bewegt. Damit meine ich den Spielraum, der dem AHP zwischen den Rollenträgern Lehrkraft und Experte übrigbleibt. „Er ist weder ein ‚richtiger' Lehrer noch ein voll ausgebildeter und qualifizierter Therapeut, Berater, Diagnostiker oder Supervisor. Er fristet sein Dasein auf einem schmalen ‚Streifen' dazwischen" (Karrer, 1997). Um es in eigenen Worten zu sagen: Der AHP darf nicht beliebig zum Fremdarbeiter mit „Saisonierstatus" degradiert werden. Er hat einen Anspruch auf Heimat.

7.3 Vorteile aus der Sicht der RKL

— *Teamteaching*
Es ist für mich interessant zu sehen, wie ein Kind bei einer anderen Person andere Verhaltensstrategien einsetzt, um zum Ziel zu kommen. Gleichzeitig kann ich aus solchen Beobachtungen auch mein eigenes Verhalten einem Kind gegenüber reflektieren. Es ist für mich in schwierigen Situationen eine wichtige Unterstützung zu zweit in einem Klassenzimmer zu sein. So ist es beispielsweise möglich, einen Pausenkonflikt zu besprechen, während gleichzeitig die anderen Kinder angemessen durch den RKL oder den AHP unterrichtet werden. Gerade im Umgang mit Kindern mit besonderen Bedürfnissen erweist sich dies als sehr wertvoll. Ausserdem sind die Kinder nicht nur auf eine erwachsene Person fixiert, sondern können sich der Lehrperson zuwenden, zu der sie momentan eine besonders gute Beziehung haben. Das kann gerade bei Konflikten viel Druck aus einer Situation nehmen.

— *Fachliche Unterstützung*
Gemeinsames Vorbereiten und Unterrichten bringt viele neue Ideen und auch den nötigen frischen Wind in den Schulalltag. Es ist ein wichtiger Schritt auf dem Weg vom Selbstbild der Lehrperson als AlleskönnerIn und EinzelkämpferIn zum gemeinsam verantworteten Tun. Weil der AHP die Klasse, das Schulzimmer, das vorhandene Mate-

rial und meine eigenen Fähigkeiten und Begrenzungen kennt, sind die Fördervorschläge den tatsächlichen Gegebenheiten angepasst.

8 Nachteile integrierter Förderung

8.1 Nachteile integrierter Förderung aus gemeinsamer Sicht

Wir sehen nur wenige Nachteile in diesem Modell. Da sie vor allem organisatorischer Natur sind, könnten sie durch verbesserte Rahmenbedingungen teilweise aufgehoben werden:

– *Zeitaufwand*
Für RKL und AHP bedeutet diese Art der Förderung einen grossen zusätzlichen Zeitaufwand – zum Beispiel durch das gemeinsame Definieren von individuellen Lernzielen oder durch den gemeinsam verantworteten und vorbereiteten Unterricht.

– *Der Schonraum wird reduziert*
Wird das Kind auf Kosten delegierter Förderung klassenintegriert begleitet, schmälert dies seinen Schonraum. Dies kann in gewissen Fällen eine Einbusse sein. Es gibt Kinder, die durch eine sture klassenintegrierte Förderung zu kurz kommen. Durch die Verkürzung individueller Förderung wird der Anteil an „Stützunterricht" oder therapeutischer Begleitung deutlich kleiner.

8.2 Nachteile aus der Sicht des AHP

– *Fragiles Gleichgewicht*
Es ist die RLK, die den AHP beizieht und nicht umgekehrt. Wenn ich als AHP das Klassenzimmer betrete, trete ich in gewissem Sinne in das „Hoheitsgebiet" der RKL ein und habe mich dort unterzuordnen.

– *Abgrenzung zum abteilungsweisen Unterricht*
Das Modell kann als Variante eines abteilungsweisen Unterrichts missverstanden werden.

– *Der AHP wird für alle angreifbarer*
Er kann sich nicht ins stille Kämmerlein der neutralen Fachperson zurückziehen. Er bezieht Stellung und trägt Mitverantwortung.

8.3 Nachteile aus der Sicht der RKL

Fixe Zeiten können den Unterrichtsfluss hemmen. Für die gemeinsame Durchführung und Weiterplanung von Fördermassnahmen ist es wichtig, dass die gemeinsamen Stunden einen festen Platz im Stundenplan einnehmen. Dies kann aber den freien Unterrichtsfluss hemmen. Dazu ein Beispiel: Eine spannende Diskussion zu einem NMM-Thema dauert länger als vorgesehen und ist noch in vollem Gange, als der AHP ins Zimmer tritt. Die SchülerInnen möchten weitermachen, abgemacht und vorbereitet ist aber eine Mathematiklektion.

Hier steht und fällt das System der integrativen Förderung mit der eigenen Flexibilität. Es gilt von Situation zu Situation gemeinsam abzuwägen, was im Interesse des Kindes Vorrang hat. Da ein solcher Entscheid jeweils sehr schnell gefällt werden muss, beinhaltet er auch die Gefahr, dass Unstimmigkeiten entstehen.

9 Schlussfolgerungen

„Nicht die Kinder mit Behinderungen und Lehrende mit einer sonderpädagogischer Kompetenz haben sich der Grundschule anzupassen, sondern die Schule muss sich dahingehend verändern, dass das Leben und Lernen für alle Kinder gleichermassen selbstverständlich ist" (Jaumann und Riedinger, 1996, 29). Diese Forderung könnte unserer Meinung nach nur durch einige heute utopisch anmutende Massnahmen erreicht werden:

– Rahmenbedingungen auch für Lehrkräfte der Regelklasse verbessern
– AHP-Personal aufstocken und grössere Pensen pro Schulkreis schaffen
– Lehrmittel zur Individualisierung bereitstellen.

Verbindliche und auch vielversprechende Grundsätze zur Förderung der Integrationsfähigkeit von Kindergarten und Schule sind in den „Empfohlene(n) Rahmenbedingungen" für „Integrative Schulungsformen in Kindergarten und Volksschule" des Netzwerks Integrative Schulungsformen vorgezeichnet:

„Der Prozess von Planung, Einführung und Reflexion von integrativen Schulungsformen ist eine dauernde Aufgabe des ganzen Schulteams. (…) Zwingend ist eine regelmässige und verbindliche Zusammenarbeit zwischen Kindergarten- beziehungsweise Regelklassenlehrperson, SHP und anderen Fachleuten. Diese Zusammenarbeit ist für alle Beteiligten Bestandteil des Berufsauftrages. Dazu sind feste Zeitgefässe erforderlich; in den Pflichtenheften sind Zeitanteile für Kooperation eingeplant. Die Formen der Zusammenarbeit bestimmen die Beteiligten selbstständig" (Netzwerk Integrative Schulungsformen, 2002, 5).

Nach unseren Erfahrungen sind schon heute folgende Schlussfolgerungen zu ziehen:

– *Binnendifferenzierung*
Binnendifferenzierung ist in mehrstufigen Klassen eine Selbstverständlichkeit (in einstufigen muss es dies noch werden) und darf nicht beim Definieren von individuellen Lernzielen stehen bleiben.

– *Zusammenarbeit*
Zusammenarbeit soll dort geübt werden, wo Bereitschaft und gute Voraussetzungen gegeben sind. Die „Grundsätze und Richtlinien" der Erziehungsdirektion legitimieren den AHP im Rahmen seines Pensums schon heute, die Zusammenarbeit zur RKL zu pflegen. Allerdings ist die daraus resultierende Erhöhung der Unterversorgung anderer Klassen beziehungsweise Schulen in Kauf zu nehmen.

– *LehrerInnenbildung*
In der LehrerInnenbildung (aber auch bei Schulbehörden, Erziehungsberatung, Gesundheitsdienst und politischen Gremien) ist die Teamarbeit und Teampflege zu fördern. Der Nutzen der bereitgestellten heilpädagogischen Instrumente soll den Studierenden näher gebracht werden – beispielsweise über Hospitationen und Praktika in integrativen Klassen. Auch sollen Angebote geschaffen werden, welche die diesbezügliche Fortbildung der AHP ermöglichen.

– *Richtlinien und Grundsätze*
Zusammenarbeit darf grundsätzlich nicht verordnet werden (auch wenn dieses Beispiel das Gegenteil beschreibt). Trotzdem soll in Richtlinien der Aspekt, dass erst ein integrierter AHP etwas zur Integration der SchülerInnen beitragen kann, deutlicher hervorgehoben werden. Solange der AHP in der Regel jedoch erst beigezogen wird, wenn das System Schule einen Schaden erkennt, bleibt die Aufgabe eines AHP reparativ, der Blickwinkel einseitig auf ein Defizit und mögliche Symptomträger ausgerichtet.

– *Schulleitbild und Stellenbeschrieb AHP*
Ein Schulleitbild einer Schule soll zum Paradigmawechsel Stellung beziehen. Der AHP kann dies nicht an ihrer Stelle tun. Entsprechend soll ein Stellenbeschrieb AHP an die Hand genommen werden, der von Schulen abgerufen werden kann, die bereit sind, sich über diesen Weg in Richtung einer integrativen Förderung von Kindern mit besonderen Bedürfnissen zu begeben.

10 Literatur

Bürmann Jörg (1992), *Gestaltpädagogik und Persönlichkeitsentwicklung. Theoretische Grundlagen und praktische Ansätze eines persönlich bedeutsamen Lernens*, Bad Heilbrunn: Klinkhardt.

Erziehungsdirektion des Kantons Bern (1995), *Lehrplan Volksschule*, Bern: Staatlicher Lehrmittelverlag Bern.

Erziehungsdirektion des Kantons Bern (1997), *Der Spezialunterricht im Kindergarten und in der Volksschule. Richtlinien und Grundsätze für Kindergärtner/innen, Lehrkräfte, Ausbildner/innen und Auszubildende, Behörden, Fachinstanzen und Verwaltung*, Bern: Erziehungsdirektion des Kantons Bern, http://www.erz.be.ch/site/fb-volksschule-schulleitungen-spezialunterricht-richtl-grundsaetze.pdf.

Jaumann Olga und Werner Riedinger (1996), *Integrativer Unterricht in der Grundschule. Gemeinsam leben und lernen – Unterrichtsbeispiele*, Frankfurt a.M.: Diesterweg.

Karrer, Othmar (1997), Der schulische Heilpädagoge: Hilfslehrer, Experte oder Narr? *Schweizerische Zeitschrift für Heilpädagogik*, 6.

Netzwerk Integrative Schulungsformen (2002³), *Integrative Schulungsformen in Kindergarten und Volksschule. Empfohlene Rahmenbedingungen*, http://www.szh.ch/d/pdf/isf-rahmenbedingungen.pdf.

Erfahrungen mit Integration in anderen Ländern

Eine Schule für alle – 25 Jahre Integration in Südtirol

Michaela Dorfmann

1 Historischer Überblick

Bereits vor nahezu 40 Jahren hat sich Italien dafür entschieden, auf Pflicht-schulebene ein einheitliches Schulsystem für die Gesamtheit der Schüler eines bestimmten Einzugsgebietes zu etablieren. Dieses sah die Einrichtung einer einheitlichen Grund- und Mittelschule für alle Schüler vor. Nach wie vor Be-stand hatten jedoch Sonderschulen und kooperative Klassen, in denen Schüler mit Behinderung betreut wurden. Der Druck, den Eltern und Psychologen auf die politische und schulische Führung ausübten, führte schliesslich dazu, dass das italienische Parlament 1977 beschloss, die schulische Integration staatsweit einzuführen (Staatsgesetz vom 4. August 1977).

Nach und nach wurden sodann alle bis dahin noch bestehenden Sonder-schulen und kooperativen Klassen aufgelöst und die Schüler in die Grund- und Mittelschulen ihres Wohnortes integriert. Im Jahre 1983 verabschiedete der Südtiroler Landtag schliesslich ein eigenes Landesgesetz (Landesgesetz vom 30. Juni 1983), das die gesundheitlich-soziale Betreuung, die Schulfürsorge und die Berufsbildung von Menschen mit Behinderung detailliert regelt.

Im Laufe der 80er Jahre wurden die unterstützenden Massnahmen immer stärker ausgebaut. 1998 wurde das geltende Landesgesetz novelliert und vor allem das Recht behinderter Menschen auf Erziehung und Bildung in den Vordergrund gerückt (Landesgesetz vom 8. April 1998).

2 Das Südtiroler Integrationsmodell

2.1 Rechtliche Rahmenbedingungen des Südtiroler Integrationsmodells

Das Südtiroler Landesgesetz von 1983 schreibt als Zielsetzung der Integration von Schülern mit Behinderung in die Regelschule die Förderung und Ent-wicklung der Fähigkeit des Menschen mit Behinderung im kommunikativen, sozialen, affektiven und kognitiven Bereich fest (Landesgesetz vom 30. Juni 1983, Art. 21 *bis* Abs. 1). Daneben soll das Recht auf Erziehung und Bildung des Menschen mit Behinderung in den Abteilungen des Kindergartens, in den allgemeinen Klassen der Schulen jeder Art und Stufe und an den Hoch-schulen gewährleistet werden (vgl. ebd., Art. 21 *bis* Abs. 3). Hervorgehoben wird, dass „die Wahrnehmung des Rechts auf Bildung und Erziehung durch

Lernschwierigkeiten oder Beeinträchtigungen, die sich aus der Behinderung ergeben, nicht geschmälert werden" darf (ebd., Art. 21 *bis* Abs. 2).

Gleichzeitig definiert das Landesgesetz den Begriff der Behinderung. Demnach sind Menschen mit Behinderung „Personen mit einer gleich bleibenden oder fortschreitenden Behinderung physischer, psychischer oder sensorischer Natur, die die Ursache für Lernschwierigkeiten, Beziehungsschwierigkeiten oder Schwierigkeiten bei der Eingliederung in die Arbeitswelt ist und deren Folgen soziale Nachteile oder Ausgrenzung sind" (ebd., Art. 1 Abs. 4). Eine schwerwiegende Behinderung ist dann gegeben, "falls eine oder mehrere Behinderungen die persönliche Selbstständigkeit, entsprechend dem Alter, derart beeinträchtigt haben, dass sich eine ständige, kontinuierliche und umfassende Betreuung auf individueller oder Beziehungsebene als nötig erweist" (ebd., Art. 1 Abs. 4 *ter*). Die Behinderung wird von einem Arzt oder Psychologen festgestellt und mündet in der sogenannten „Funktionsdiagnose", einem medizinisch-psychologischen Gutachten, aus welchem erst ein Anspruch auf besondere Fördermassnahmen folgt.

2.2 Personelle Aspekte

Das Südtiroler Schulsystem kennt drei Berufsbilder, welche mit der unmittelbaren Umsetzung der Integrationsmassnahmen betraut sind.

Die *Regellehrer* in integrierten Klassen haben die Aufgabe, bei der Planung der Unterrichtstätigkeit auch die besonderen Bedürfnisse der Schüler mit Funktionsdiagnose mit zu berücksichtigen, differenzierende Angebote bereit zu stellen und Unterrichtsformen sowohl gemeinsamen als auch individuellen Lernens anzubieten. Zu diesem Zweck ist es notwendig, dass Regellehrer über allgemeine Kenntnisse in Bezug auf schulische Integration verfügen, ein Umstand, der auch in der Südtiroler Lehrerausbildung verstärkt Berücksichtigung findet.

Dem Regellehrer zur Seite gestellt wird in allen integrierten Klassen ein *Integrationslehrer*. Sein Aufgabenbereich deckt sich im Wesentlichen mit jenem des Regellehrers. Der Integrationslehrer nimmt somit teil an der didaktischen und Erziehungsplanung und an der Erarbeitung und Überprüfung der Tätigkeiten im Kompetenzbereich der Klassenkonferenzen, der Klassenräte und der Lehrerkollegien (vgl. ebd., Art. 21 *ter*). Auf diese Weise wirkt er gleichermassen an Planung, Umsetzung und Überprüfung der pädagogisch-didaktischen Massnahmen mit. Zusätzlich zur herkömmlichen Lehrerausbildung verfügt der Integrationslehrer über eine zwei- bis dreijährige Zusatzausbildung, in welcher er sich vertieft mit verschiedenen Behinderungsformen, Differenzierungsmöglichkeiten und spezifischen Unterrichtsformen auseinandersetzt. Mit diesen Kenntnissen berät der Integrationslehrer den Klassenrat, wobei er sich besonders um die differenzierenden Fördermassnahmen kümmert.

Nicht der gesamten Klasse, sondern dem einzelnen Schüler wird schliesslich der *Behindertenbetreuer* zugewiesen. Anspruch auf einen Betreuer haben Schüler, die eine oder mehrere schwerwiegende Behinderungen aufweisen. In Zusammenarbeit mit dem Lehrpersonal fördert der Behindertenbetreuer durch fachgerechte Massnahmen die persönliche und soziale Selbstständigkeit und die Beziehungs- und Kommunikationsfähigkeit des Schülers mit Behinderung. So unterstützt der Betreuer den Schüler mit Behinderung bei der Bewältigung der Erfordernisse des täglichen Lebens, was vom Schuhe binden bis zum Packen der Schultasche reichen kann, und hilft ihm auf diese Weise, am schulischen Leben soweit als möglich teilzunehmen. Er begleitet den Schüler zu den verschiedenen schulischen, aber auch zu den therapeutischen Einrichtungen, die dieser bei externen Dienststellen besuchen kann. Darüber hinaus unterstützt er den Regel- und den Integrationslehrer bei der Umsetzung der individuellen Erziehungsziele, die für diesen Schüler erstellt wurden. Im Unterschied zum Integrationslehrer verfügt der Behindertenbetreuer im allgemeinen nicht über eine Lehrerausbildung, sondern über eine mehrjährige fachspezifische Berufsausbildung. Hervorzuheben ist der Umstand, dass die Tätigkeit des Behindertenbetreuers nicht an eine bestimmte Schulstufe gebunden ist. Um die Kontinuität der Entwicklung zu fördern, ist es für den Betreuer möglich, den Schüler während dessen gesamter Schullaufbahn – vom Vorschulalter bis zur Reifeprüfung – zu begleiten (Brugger Paggi, 2001, 9 ff.).

2.3   Pädagogisch-didaktische Aspekte

Planung

Jeder Schüler mit Funktionsdiagnose hat Anspruch auf einen *„Individuellen Erziehungsplan"*. Hierunter ist eine Art Jahresprogramm zu verstehen, welches für den einzelnen Schüler ausgearbeitet und auf seine besonderen Bedürfnisse abgestimmt wird. An der Erarbeitung des Individuellen Erziehungsplans wirken neben den Lehrern des Schülers auch dessen Eltern und der mit der Ausarbeitung der Funktionsdiagnose betraute Psychologe, Arzt oder Therapeut mit. Das gesamte Schuljahr über ist dieser Individuelle Erziehungsplan das grundlegende Planungsinstrument für die Förderung des Schülers. Aufbauend auf die Funktionsdiagnose erfasst der Individuelle Erziehungsplan die Ausgangslage des Schülers und listet die individuellen Unterrichts- und Erziehungsziele sowie die hierfür vorgesehenen organisatorischen und therapeutischen Massnahmen auf. Daneben finden auch die Beobachtung des Schülers, die Evaluation der durchgeführten Massnahmen sowie die Bewertungskriterien Berücksichtigung.

Gegenstand der individuellen Planung ist auch der Eintritt des Schülers mit Funktionsdiagnose in die Schule oder der Übertritt desselben von einer Schulstufe in die nächste. Zu diesem Zweck wird frühzeitig ein sog. *„Funktionelles Entwicklungsprofil"* erstellt. Dieses überprüft den aktuellen Entwicklungsstand des Schülers und vereinigt in sich alle Massnahmen personeller, didaktischer und organisatorischer Art, die für die Erziehungs- und Ausbildungskontinuität des Schülers notwendig sind. In die Ausarbeitung des Funktionellen Entwicklungsprofils sind wiederum Lehrer, Eltern und Vertreter der Sanitätsbetriebe eingebunden.

Auch im *Jahresplan der Klasse* finden die Besonderheiten der integrierten Klasse Berücksichtigung. In der *Wochenplanung*, welche Regel- und Integrationslehrer gemeinsam vornehmen, wird diesen Besonderheiten erneut Rechnung getragen.

Unterrichtsgestaltung

Hinsichtlich der Unterrichtsgestaltung weichen integrierte Klassen üblicherweise nicht wesentlich vom Unterricht in Regelklassen ab: Wichtig ist hierbei, dass offene Unterrichtsformen und -methoden sowie verschiedene Formen der inneren und äusseren Differenzierung angewandt werden. Auf diese Weise kann den Bedürfnissen aller Schüler, auch jener mit Beeinträchtigung, angemessen Rechnung getragen werden.

Bewertung

Besondere Grundsätze regeln die Bewertung von Schülern mit Funktionsdiagnose. Nicht der Leistungsstand der Klasse, sondern einzig und allein die im Individuellen Erziehungsplan festgelegten Lernziele werden als Massstab der Beurteilung herangezogen. Die Bewertung gründet in erster Linie auf der beobachteten Entwicklung des Schülers und umfasst neben kognitiven auch affektive, soziale und kommunikative Lernziele. Schüler mit Funktionsdiagnose haben die Möglichkeit, die für den Abschluss der Mittelschule vorgesehene Prüfung mit differenziertem Programm abzulegen, ohne dass sich dies auf die Qualität des Abschlussdiploms nachteilig auswirkt.

Orientierungshilfen bei der Berufsfindung

Den besonderen Bedürfnissen von Schülern mit Funktionsdiagnose wird auch bei der Begleitung im Berufsfindungsprozess Rechnung getragen. Während seiner gesamten schulischen Laufbahn, insbesondere jedoch in der Mittelschule wird der Schüler in verstärktem Masse auf seine besonderen Fähigkeiten hin beobachtet, um Eltern und Schüler bei der Berufswahl zu beraten. Vorgesehen sind zudem die Durchführung von Projekten und die Teilnahme an solchen Veranstaltungen, die als Orientierungshilfe bei der Berufsfindung sowohl von der Schule selbst als auch von anderen Einrichtungen und Berufsverbänden angeboten werden.

2.4 Strukturelle Aspekte

Neben den besonderen Anforderungen, die an Schulpersonal und Unterrichtsorganisation gestellt werden, erfordert die Integration von Schülern mit Funktionsdiagnose in den allermeisten Fällen auch die Anpassung schulorganisatorischer, baulicher und budgetärer Rahmenbedingungen.

Klassenbildung

Etwa 40% der Südtiroler Pflichtschulklassen sind integrierte Klassen (Deutsches Schulamt, 2004b, 21). Bei der Neubildung solcher Klassen werden die besonderen Bedürfnisse der Schüler mit Funktionsdiagnose berücksichtigt. So wird die Schülerzahl bewusst niedrig gehalten; in der Regel werden der Klasse nicht mehr als 20 Schüler zugeordnet. Im Falle mehrerer Schüler mit Funktionsdiagnose werden diese nach Möglichkeit nicht in einer Klasse zusammengenommen, sondern auf mehrere Klassenzüge aufgeteilt.

Räumlichkeiten und Ausstattung

Klassenräume von integrierten Klassen sind mit zusätzlichen Lehr- und Lernmitteln ausgestattet, welche differenzierendes und handlungsorientiertes Arbeiten und Lernen ermöglichen. An den Schulen werden Zusatzräume bereitgestellt, welche für die Arbeit in Kleingruppen, für offene Lernformen und individuelle Förderung von Schülern genutzt werden können. Sämtliche Räume und Einrichtungen der Schule müssen für körperbehinderte Schüler erreichbar und nutzbar sein, was die Schulen zu einem schrittweisen Abbau aller baulichen Barrieren verpflichtet. Bei der Ausstattung der Räumlichkeiten müssen die besonderen Bedürfnisse von Kindern mit Funktionsdiagnose berücksichtigt werden, so etwa durch die Bereitstellung von behindertengerechten Stühlen, Bänken oder auch Toiletten.

Im Finanzhaushalt jeder Schule sind eigene Mittel für die Umsetzung der Integration vorgesehen. Mit diesen können beispielsweise besondere Lehr- und Lernmittel, Verbrauchsmaterialien, Literatur und Ähnliches erworben werden (Deutsches Schulamt, 2004b, 99 ff.).

Fortbildung

Das Budget einer jeden Schule stellt Geldmittel für die Abhaltung integrationsspezifischer Fortbildungsveranstaltungen bereit. Diese richten sich an Lehrer, Behindertenbetreuer oder auch an Eltern.

Netzwerke

Innerhalb der Schule und ausserhalb derselben gibt es eine Reihe von Arbeitsgruppen und Kleinorganisationen, die sich mit dem Thema Integration befassen:

Klassenrat: Die Lehrkräfte, die im Klassenrat vereinigt sind, sind für die gesamte Klasse zuständig, mithin auch für den Schüler mit Funktionsdiagnose. Ihnen obliegt die Planung, Ausführung und Überprüfung der Integrationsmassnahmen. Vor diesem Hintergrund sind es zumeist die Lehrer im Klassenrat, die eventuelle Beeinträchtigungen des Schülers frühzeitig erkennen und an die zuständigen Stellen weiterleiten können.

Arbeitsgruppe Integration auf Direktionsebene: An jeder Schule ist die Einrichtung einer „Arbeitsgruppe Integration" gesetzlich vorgesehen. Diese befasst sich mit der Verbesserung der Rahmenbedingungen für schulische Integration und erarbeitet entsprechende Vorschläge. Der Arbeitsgruppe gehören neben dem Direktor der Schule auch Vertreter der Regel- und der Integrationslehrer, Mitarbeiter der Sanitätsbetriebe und der Sozialdienste sowie Elternvertreter an (Deutsches Schulamt, 2004a, 24 f.).

Fachgruppe Integration: In einigen Schulen haben sich Integrationslehrer und Behindertenbetreuer in einer gemeinsamen Fachgruppe organisiert, welche als Plattform für Erfahrungs- und Wissensaustausch fungiert.

Koordinatoren zur Umsetzung des Schulprogramms: Etliche Schulen haben Integration als einen der Schwerpunkte des Schulprogramms gewählt. Für die Umsetzung und Beachtung der in diesem Leitbild festgelegten Ziele, Werte und Regeln werden aus den Reihen der Lehrer eigene Koordinatoren bestellt, denen die Förderung und Überprüfung der Integrationsmassnahmen in besonderem Masse obliegt.

Tutoren: Die Einweisung und Fortbildung von Junglehrern und Lehramtspraktikanten im Bereich Integration wird durch erfahrene Integrationslehrer unterstützt, die für ihre Schützlinge die Funktion eines Tutors übernehmen.

Arbeitsgruppe Integration am Deutschen Schulamt: Südtirol hat für jede seiner drei Sprachgruppen – deutsch, italienisch und ladinisch – ein eigenes Schulamt. An jedem der drei Schulämter besteht eine Arbeitsgruppe, die unter anderem auf dem Gebiet der Integrativen Pädagogik, der Fortbildung des Schulpersonals und der Koordination von Schule und Landesverwaltung beratend und unterstützend tätig ist. Ausserdem überprüft die Arbeitsgruppe die diagnostischen und beschreibenden Unterlagen, die sich auf die Kinder beziehen und legt die ordentlichen und ausserordentlichen Massnahmen fest (ebd., 24).

Interinstitutionelle Arbeitsgruppe: Die Arbeitsgruppe, die für alle drei Schulämter gemeinsam errichtet wurde, dient einerseits der Beratung des Schulamtsleiters und sucht andererseits die Zusammenarbeit mit den lokalen Körperschaften, den Diensten der Sanitätsbetriebe, den Gemeinden und anderen öffentlichen und privaten Einrichtungen (ebd., 23 f.).

Verschiedene Formen der *Zusammenarbeit mit den Sanitätsbetrieben, Sozialdiensten und anderen Erziehungseinrichtungen und therapeutischen Dienststellen*: In Projekten, Arbeitsgruppen und verschiedenen Treffen werden die pädagogisch-didaktischen Aufgaben der Schule zusammengeführt und mit den Angeboten und Massnahmen der Dienste verbunden (ebd., 25).

Zusammenarbeit mit den Eltern: Für die optimale Förderung von Schülern mit Funktionsdiagnose ist die Zusammenarbeit zwischen Lehrern und Elternhaus von grösster Bedeutung. Regelmässige Treffen und Besprechungen, bei denen die wesentlichen Aspekte des Erziehungs- und Bildungsprogramms vereinbart werden, bilden hierfür die Grundlage. Als Erziehungsberechtigte sind die Eltern des Schülers die natürlichsten Gesprächspartner des Lehrers für den beiderseitigen Informationsaustausch.

2.5 Vorzüge und Grenzen des Südtiroler Integrationsmodells

Die volle Eingliederung von Schülern mit Funktionsdiagnose in die Regelklassen stellt eine der wirkungsvollsten Massnahmen zur Umsetzung des Grundrechts eines jeden Kindes auf Bildung dar. Über die reine Wissensvermittlung hinaus ermöglicht eine solche Integration ein Miteinander- und Voneinander-Lernen aller Schüler.

Grenzen weist das Südtiroler Integrationsmodell dort auf, wo es gilt, Behinderung zu definieren und hieraus einen Anspruch auf Fördermassnahmen abzuleiten: Italien wendet einen sehr eng gefassten Behinderungsbegriff an, sodass „moderne" Formen der Beeinträchtigung nicht darunter subsumiert werden. Weil nur solche Behinderungen einen Förderanspruch gewähren, die in Abhängigkeit einer medizinisch erfassbaren Schädigung stehen, fallen die „modernen", zeitgenössischen Beeinträchtigungen, die zahlreiche Schüler etwa in Verhalten, Aufmerksamkeit und Konzentrationsfähigkeit aufweisen, durch den Raster.

Ein weiteres Problem stellt der Mangel an ausgebildeten Integrationslehrkräften dar. Ein beträchtlicher Teil der gegenwärtig in Südtirol tätigen Integrationslehrer übt den Beruf ohne spezielle Berufsausbildung aus. Dies mag zum einen daran liegen, dass der Spezialisierungslehrgang für Integrationslehrer nicht regelmässig angeboten wurde. Darüber hinaus galt das Berufsbild des Integrationslehrers lange Zeit als wenig attraktiv und hat erst in den letzten Jahren an Ansehen gewonnen. Unmittelbare Folgen aus dem Mangel an Integrationslehrern sind eine zuweilen nicht optimale Unterrichtsqualität und ein häufiger Stellenwechsel bei den Integrationslehrern, worunter auch die Erziehungskontinuität bei den Schülern leidet.

Wie aus kürzlich durchgeführten Umfragen hervorgeht (Deutsches Schulamt, 2004b) wird das Südtiroler Integrationsmodell jedoch grundsätzlich von den meisten der in die Schule eingebundenen Personen gutgeheissen. Im Umgang mit Schülern mit Behinderungen lernen alle Beteiligten, insbesondere aber die Mitschüler solidarisches Denken und Handeln. Behinderungen und Anderssein werden zunehmend akzeptiert, die Beteiligten bemühen sich, tolerant und rücksichtsvoll miteinander umzugehen und auch das Einfühlungsvermögen und die Hilfsbereitschaft werden gestärkt. Gleichzeitig steigt das Selbstwertgefühl des Schwächeren, der Isolation desselben wird vorgebeugt oder sie wird überwunden. Neben den sozialen Aspekten spielt für Schüler mit Beeinträchtigungen der Umstand, dass sie durch diese Form der individuellen Förderung die Möglichkeit erhalten, einen regulären Pflichtschulabschluss zu erwerben und in dieser Zeit eine optimierte Förderung geniessen, eine nicht unwesentliche Rolle. Darüber hinaus gereichen die zusätzlichen personellen, finanziellen und materiellen Ressourcen, die für integrierte Klassen bereit gestellt werden, der gesamten Klasse zum Vorteil.

3 Literatur

Brugger Paggi, Edith (2001), Schulische Integration: Verschiedene Berufsbilder tragen zu deren Verwirklichung bei, *Info*, 1, 9–11.

Deutsches Schulamt, Hrsg. (2004a), *Handreichung zum Abkommen zwischen Kindergärten, Schulen und territorialen Diensten*, Bozen.

Deutsches Schulamt, Hrsg. (2004b), *Integration. Erhebung zur Qualität der schulischen Integration*, Bozen.

Landesgesetz vom 30. Juni 1983, Nr. 20, *Neue Massnahmen zugunsten der Behinderten*, kundgemacht im Ordentlichen Beiblatt Nr. 1 zum Abl, vom 12. Juli 1983, Nr. 35.

Landesgesetz vom 8. April 1998, Nr. 3, *Massnahmen in Bezug auf die Betreuung, soziale Integration und Rechte der Menschen mit Behinderung*, kundgemacht im Abl, vom 21. April 1998, Nr. 17.

Staatsgesetz vom 4. August 1977, Nr. 517, *Norme sulla valutazione degli alunni e sull'abolizione degli esami di riparazione nonché altre norme di modifica dell'ordinamento scolastico*, kundgemacht im Gesetzesanzeiger der Republik vom 18. August 1977, Nr. 224.

Zur Integration von SchülerInnen ausländischer Herkunft im schwedischen Schulsystem – Unterschiede und Gemeinsamkeiten mit dem Schulsystem in der Schweiz

Ingeborg Kriwet

Bei einer näheren Betrachtung der gegenwärtigen bildungspolitischen Diskussion in Europa drängt sich der Eindruck auf, dass Wissenschaftler und Bildungsexperten auf der Suche sind nach einer Schule für alle (vgl. Clark u. a., 1995; Ahlberg, 1999). Die Heterogenität der SchülerInnen, die Vielfalt der Kulturen belasten zunehmend die nationalen Bildungssysteme und stellen traditionelle Organisationsformen in Frage. Das Problem der Gleichwertigkeit wird zu einer Frage, wie mit Verschiedenheit umzugehen ist, um allen SchülerInnen gerecht zu werden. Die Pisa-Studie hat gezeigt, dass zum Beispiel Gesamtschulen in Skandinavien, die eine grössere Heterogenität zulassen, vor allem leistungsschwachen SchülerInnen mehr Förderung bieten als etwa das selektive Schulsystem in Deutschland und der Schweiz (vgl. Baumert u. a., 2001). Eines der wichtigsten Probleme in diesem Zusammenhang ist die Frage: Wieviel Heterogenität kann ein Schulsystem tolerieren, ohne bestimmte SchülerInnen zu benachteiligen?

Schweden gehört genau wie die Schweiz zu den Ländern Europas, die auf eine lange demokratische Tradition zurückblicken können. Darüber hinaus gehört Schweden zu den wenigen Ländern in der Welt, deren jahrhundertealte Geschichte geprägt ist durch weitgehende nationale Homogenität in Bezug auf Sprache und Religion. Eine Auseinandersetzung mit fremden Kulturen, Normen und Werten stösst daher – trotz aller demokratischen Offenheit und Toleranz der schwedischen Bevölkerung – auf die Grenzen dieser ethnozentrischen Tradition.

Im Gegensatz zu Schweden, wo die Aufsicht über das Schulwesen bis in die 80er Jahre hinein zentral von Stockholm geleitet wurde, organisieren die Schweizer Kantone ihr Bildungssystem jeweils autonom: „In der Schweiz gibt es effektiv 26 verschiedene Schulsysteme" (EDK, 2001, 8). Konfessionelle und sprachliche Vielfalt sind in der Geschichte der Schweiz fest verankert. Dies scheint zunächst einmal eine günstigere Ausgangssituation für die Offenheit und Toleranz gegenüber anderen Kulturen zu sein. Heute leben in der Schweiz ca. 19.8% Ausländer, fast 90% aus dem europäischen Ausland (vgl. ebd., 12).

In Schweden leben auf 450'000 qkm ca. neun Millionen Einwohner, davon sind mindestens 11% in einem anderen Land geboren. Hohe ökonomische Zuwachsraten und ein Mangel an Arbeitskräften führten in den 60er und 70er Jahren dazu, dass die Zahl der Einwanderer in Schweden zunahm. Bis Ende der 70er Jahre kamen die Einwanderer vorwiegend aus Finnland und Südeuropa. In den 80er Jahren und besonders seit 1985 nahm der Anteil aussereuropäischer Migranten rapide zu. Kamen die ersten Einwanderer nach Schweden, weil hier ausreichend Arbeitsplätze zur Verfügung standen, so bemühten sich in den letzten Jahrzehnten vor allem politisch Verfolgte und Kriegsflüchtlinge um eine Aufenthaltsgenehmigung. Ende der 80er Jahre stieg die Zahl der Asylsuchenden von 10'000 auf 30'000 jährlich; 1992 waren es sogar 84'000. Was diese Menschen vor allem in ihrem Gepäck haben, sind schreckliche und schmerzliche Erlebnisse, aber auch kulturelle und soziale Normen und Werte, die sich erheblich von denen unterscheiden, die schwedische Bürger gewohnt sind.

Ungefähr 15% aller SchülerInnen in der schwedischen „grundskola" sind im Ausland geboren oder haben ausländische Eltern (vgl. Skolverket, 2004a). Knapp die Hälfte der im Ausland geborenen SchülerInnen kam infolge der Familienzusammenführung nach Schweden, die andere Hälfte erhielt aus humanitären Gründen eine Aufenthaltsgenehmigung. Der grösste Prozentsatz an SchülerInnen aus dem europäischen Ausland stammt aus Jugoslawien (12,7%). Von den SchülerInnen, die aus Asien kommen, stammt der grösste Teil aus dem Irak (11,5%), dem Iran (5,8%) und dem Libanon (3,2%). Insgesamt kommen ca. 40% aller SchülerInnen, die im Ausland geboren sind, aus Jugoslawien, dem Irak, Bosnien-Hercegovina und dem Iran (vgl. Skolverket, 2004, 8).

Die schwedische Bildungspolitik war bemüht, rechtzeitig auf zunehmende Integrationsprobleme ausländischer SchülerInnen in der Einheitsschule zu reagieren. Die schwedische Schule ist konzipiert als Schule für alle, die allen Kindern einen gleichberechtigten Zugang zur schulischen Bildung gewähren soll, unabhängig von ihrer ethnischen und sozialen Herkunft, unabhängig von ihrem Wohnort und ihrem Leistungsvermögen.

Seit 1977 waren die Kommunen gehalten, allen ausländischen Kindern „nach ihrem Bedarf" muttersprachlichen Unterricht zu gewähren, um sozialen und pädagogischen Problemen vorzubeugen (vgl. Tuomela, 2002). Im selben Jahr wurde ein zweijähriger Studiengang für muttersprachliche LehrerInnen eingerichtet. 1985 beschloss der Reichstag, dass der Unterricht in allen Schulformen interkulturell geprägt sein soll (vgl. Arpi, 1996). Die Schulreform der 90er Jahre mit ihren Dezentralisierungs- und Effektivierungsbestrebungen, mit ihren Zielsetzungen der Wahlfreiheit und Privatisierung bedeutete zwar zunächst einen Einschnitt in der grosszügigen finanziellen Unterstützung von ausländischen SchülerInnen (vgl. Kriwet, 1995), aber bereits Ende der

90er Jahre stellte die schwedische Bildungsministerin Ylva Johansson wieder Extra-Mittel zur sprachlichen Förderung von ausländischen Kindern zur Verfügung (vgl. Ösgard, 1996). Heute haben ausländische SchülerInnen das Recht, sowohl in der „grundskola" als auch auf der gymnasialen Oberstufe muttersprachlichen Unterricht zu erhalten. Darüber hinaus können sie auch in anderen Fächern in ihrer Muttersprache unterrichtet werden, wenn es erforderlich ist. Muttersprachlicher Unterricht wird im Rahmen der schulischen Wahlfächer angeboten, kann von den Schülern als zusätzliches Sprachfach gewählt oder ausserhalb des Stundenplans in Anspruch genommen werden (vgl. Skolverket, 2004a). Bereits in der Vorschule wird Mehrsprachigkeit angestrebt, erhalten Kinder mit einer anderen Muttersprache als Schwedisch die Möglichkeit, ihre eigene Sprache zu entwickeln und gleichzeitig Schwedisch zu lernen.

Vor dem Hintergrund der gesetzlichen Regelungen, vielfältiger pädagogischer Massnahmen und grosszügiger finanzieller Unterstützung erscheint die Situation vieler SchülerInnen aus Migrantenfamilien niederschmetternd. Mehrere empirische Untersuchungen belegen, dass die Intentionen, die mit den staatlichen Empfehlungen und finanziellen Zuschüssen angestrebt wurden, sich nicht erfüllten. So ist der Prozentsatz an SchülerInnen ausländischer Herkunft, die den Schulabschluss nicht schaffen, unverhältnismässig gross (vgl. Skolverket, 2003). Vor allem SchülerInnen, die erst nach dem regulären Schuleintritt in die „grundskola" integriert werden, erreichen in der 9. Klasse weitaus geringere Durchschnittsleistungen als ihre schwedischen Klassenkameraden. Die Ursachen sehen die Forscher vor allem im sozio-ökonomischen Herkunftsmilieu. Das Ausbildungsniveau der Eltern und ihre berufliche Eingliederung stehen in engem Zusammenhang mit den Leistungen ihrer Kinder. Da das Einkommen und der Bildungsstand ausländischer Familien insgesamt geringer sind als das Einkommen und der Bildungsstand schwedischer Familien, sind die Ausgangsbedingungen ausländischer SchülerInnen für einen erfolgreichen Schulabschluss sehr viel ungünstiger. Eine besonders negative Voraussetzung stellt auch die isolierte Lebensweise vieler Einwandererfamilien dar. In der Regel wählen Ausländer, die sich um eine Aufenthaltsgenehmigung in Schweden bemühen, Wohnorte, in denen bereits ein hoher Prozentsatz von Menschen ausländischer Herkunft lebt oder sie erhalten von der Kommune diesen Wohnort zugewiesen. Es scheint nicht verwunderlich, wenn die Schulen, die von den Kindern dieser Familien besucht werden, einen hohen Prozentsatz ausländischer SchülerInnen aufweisen. Einige Studien gehen zwar davon aus, dass die Möglichkeit der Eltern, die Schule ihrer Kinder frei zu wählen, der Segregation entgegenwirken könnte, aber die meisten Forscher sind entgegengesetzter Meinung. Sie beziehen sich auf Forschungsergebnisse, die belegen, dass die Wahlfreiheit vor allem von Eltern mit hoher Schulbildung genutzt wird (vgl. Skolverket,

2003). Ein Vergleich der Schulleistungen von ausländischen SchülernInnen in Schulen mit einem hohen und niedrigen Prozentsatz an Ausländern zeigt deutlich, dass die SchülerInnen in Schulen, die überwiegend von ausländischen Kindern besucht werden, geringere Leistungen hervorbringen (vgl. Skolverket, 2001).

Die Entwicklung in der Schweiz weist im Hinblick auf den schulischen Erfolg von ausländischen SchülerInnen einige Parallelen auf. So hat sich der Bildungsabstand zwischen fremdsprachigen und einheimischen SchülerInnen in den letzten 20 Jahren vergrössert (vgl. Eser Davolio, 2001, 148). Dazu bemerkt Eser Davolio: „Diese Entwicklung lässt sich nicht nur mit der neuen Migration erklären, denn auch der Schulerfolg der schon länger anwesenden Migrantinnen und Migranten sinkt tendenziell. In Sekundarschulen und Gymnasien ist ihre Beteiligung weniger als halb so hoch wie bei Schweizer Jugendlichen. Hierzu belegen verschiedene Untersuchungen, dass ausländische Kinder für dieselben Leistungen bis zu einer halben Note tiefer bewertet werden" (ebd., 147).

Wie in anderen europäischen Ländern werden auch in der Schweiz die Schulklassen in den grösseren Städten zunehmend multikultureller. „88% der Klassen der obligatorischen Schule sind heterogen und in 34% sind mehr als ein drittel Kinder fremder Muttersprache und Kultur, was erhebliche Probleme verursacht" (EDK, 2001, 11). Wie das schwedische Schulamt hat die Schweizerische Konferenz der kantonalen Erziehungsdirektoren, die bemüht ist, das Schulwesen auf Bundesebene zu koordinieren, seit 1976 Empfehlungen zur Integration der ausländischen SchülerInnen in öffentlichen Schulen herausgegeben (vgl. Kronig, 2002, 116). So wird seit 1985 und seit 1991 verstärkt auf den Einbezug der interkulturellen Erziehung in Lehrplänen und Stundentafeln hingewiesen. Dennoch – so stellt Kronig fest – ist es fraglich, welche Verbindlichkeit diese Empfehlungen sowie das Leitprinzip, jede Diskriminierung zu vermeiden, in der Realität besitzen (ebd., 115). Viele Untersuchungen weisen in der Schweiz auf die Benachteiligung von Migrantenkindern im Schulsystem hin (vgl. Müller, 1998; Eser Davolio, 2001). So befindet sich ein überproportional hoher Anteil dieser SchülerInnen in Sonderklassen (vgl. Kronig, 2002). Empirische Daten belegen, dass eine Sonderklassenüberweisung nicht nur von der individuellen Leistungsfähigkeit des Kindes, sondern auch von den vorhandenen regionalen Ressourcen abhängig ist (vgl. ebd., 127). Es besteht der Verdacht, dass fremdsprachige Kinder vor allem wegen ihrer geringen Deutschkenntnisse der Sonderschule zugewiesen werden, denn in den Fächern Mathematik und Fremdsprache sind ihre Leistungen sogar besser als die Ergebnisse ihrer schweizerischen MitschülerInnen (vgl. Eser Davolio, 2001, 148). Kritik an Widersprüchen zu bildungspolitischen Absichtserklärungen, zunehmende Kosten für Sonderunterricht und Fördermassnahmen sowie empirische Untersuchungen, die

Leistungsvorteile von Migrantenkindern in Regelklassen belegen, drängen heute allerdings auch in der Schweiz darauf, jene Kinder, die einer fiktiven Norm nicht entsprechen – trotz aller Schwierigkeiten – in das Regelschulsystem zu integrieren (vgl. Kronig, 2002, 228). Ausdruck des zunehmenden Interesses an diesen SchülerInnen sind die wachsende Zahl von Klassen für Fremdsprachige, Weiterbildungsmassnahmen für LehrerInnen und eine Vielzahl theoretischer Publikationen (vgl. Müller, 1998).

Die Schwierigkeiten der ausländischen SchülerInnen werden in diesen Veröffentlichungen zwar auch im Zusammenhang mit ihrer sozialen Herkunft und dem geringen Bildungsstand der Eltern gesehen, aber daneben wird die Verantwortung der Schule stärker in den Vordergrund gerückt. So kann die Schule durchaus „eine Öffnung und eine aktive Haltung der Familien begünstigen, indem sie gezielt Verbindungssysteme zwischen Schule und Migrantenfamilien aufbaut" (Truninger, 1998, 6).

In ähnlicher Weise wird in jüngeren Veröffentlichungen des schwedischen Schulamtes betont, dass nicht nur die soziale Herkunft, die durch die Schule nicht zu beeinflussen ist, sondern ebenso Organisation und Inhalte des Unterrichts sowie das Schulklima mitverantwortlich für die mangelnden Lernerfolge vieler Ausländerkinder sind. Im Vergleich zur Schweiz muss hier allerdings berücksichtigt werden, dass es so offensichtliche Benachteiligungen, wie sie durch das selektive schweizerische Schulsystem entstehen, in der schwedischen Schule nicht gibt. Dennoch spiegelt sich auch in den jüngsten staatlichen Gutachten und Untersuchungen in Schweden ein verstärktes Bemühen wider, die Probleme ausländischer SchülerInnen besser verstehen zu können, um ihren Lernprozess positiv zu beeinflussen. Ich möchte das an zwei Beispielen illustrieren:

Im Jahre 2000 veröffentlichte die Zentrale Behörde für das Schulwesen (Skolverket) ein Gutachten, das als Grundlage für Empfehlungen zur Kinderfürsorge und Schule dienen sollte. Hier wird zwar einerseits auf die Bedeutung der sozialen Herkunft, vor allem den ökonomischen Status und das Bildungsniveau der Eltern für den Schulerfolg hingewiesen, auf der anderen Seite wird näher eingegangen auf Faktoren, die Heterogenität und das Zusammenleben unterschiedlicher Kulturen in der Schule günstig beeinflussen können. Genannt werden in diesem Zusammenhang vor allem:

– eine kompetente Leitung,
– eine Organisation, die Kontinuität und Stabilität gewährleistet,
– ein gemeinsames Ziel, das alle verbindet,
– Zeit und Engagement, um gemeinsame Wertvorstellungen zwischen Schule und Elternhaus zu entwickeln,
– flexible Organisationen für Sprachunterricht,
– den muttersprachlichen Unterricht als Ressource anerkennen,

- alternative Messinstrumente zur Bestimmung des Schulerfolgs,
- Sprachkenntnisse und Strategien, um Sprachen zu lehren.

Im selben Jahr beauftragte die Regierung die Zentrale Behörde für das Schulwesen, die pädagogischen Prozesse in Schulen mit einem hohen Ausländeranteil zu untersuchen. Diese Untersuchungsergebnisse belegen eindeutig, wie wichtig eine Verankerung in der eigenen Kultur sowie die Entwicklung des muttersprachlichen Unterrichts für das Erlernen der Landessprache und die Wissensentwicklung in unterschiedlichen Fächern ist (vgl. Skolverket, 2001). So stiegen beispielsweise die mathematischen Kenntnisse von SchülerInnen in Malmö merkbar an, als fremdsprachige LehrerInnen eingestellt wurden (vgl. Edlund, 2004a). Diese begannen ihre Arbeit mit Informationsveranstaltungen für Eltern, in denen sie die Eltern über die schwedische Schule und über ihre Möglichkeiten der Einflussnahme aufklärten. Dadurch, dass die Eltern sich in ihrer Kultur und Sprache respektiert fühlten, verbesserte sich die Kommunikation zwischen Schule und Elternhaus und das wiederum führte zum Erfolg des Förderunterrichts, weil die Kinder sich nicht mehr gegen das Lernen sperrten. Eine Konsequenz dieser und ähnlicher Erfahrungen ist das Bemühen des Schulamtes, Studierende ausländischer Herkunft für das Pädagogikstudium zu gewinnen (vgl. Edlund, 2004b).

Die Kriterien zur Beurteilung positiver Integrationsprozesse, die der Untersuchung der Schulen mit einem hohen Ausländeranteil zugrunde lagen, wurden gemeinsam mit den SchülerInnen entwickelt. Es sind Kriterien, die sich nicht unbedingt im Zensurensystem niederschlagen. Es wurden vor allem drei Aspekte beleuchtet:

- Sprache und Kommunikation
- Nähe zwischen LehrerInnen und SchülerInnen
- Schülerbild

Alle drei Aspekte müssen nach der Meinung der Gutachter berücksichtigt werden, wenn ausländische SchülerInnen in der Schule erfolgreich sein sollen. Das bedeutet jedoch auch, dass die Leistungsmessungen sich nicht mehr nur an den Ergebnissen ausrichten dürfen, sondern dass der pädagogische Prozess ein stärkeres Gewicht bei der Betrachtung des Schulerfolges erhält. Zur Anregung für die Entwicklung von Kriterien erfolgreicher Schulprozesse formulieren die Gutachter die folgenden Fragen:

- Wie wird *die Zeit* in der Schule verwandt, wie wechseln sich Fächer und Arbeitsformen ab?
- *Langfristige Ziele* – Wie werden sie im Schulalltag umgesetzt?
- *Soziale Beziehungen* – Welche Rolle spielen Respekt und Vertrauen zwischen Schülern und Lehrern?

– *Macht* – Wie sieht die Machtverteilung aus? Welchen Einfluss haben die Schüler?
– *Leitung* – Wie werden die Leitungsfunktionen im Klassenraum und in der Schulorganisation wahrgenommen?
– *Strukturelle Selektivität* – In welchem Masse und wie begünstigen oder benachteiligen die Prozesse in der Schule unterschiedliche Schülergruppen?
– *Beziehungen nach aussen* – zu Eltern und Gesellschaft.
– *Werte und Normen* – wessen Werte? Schulkultur und Jugendkultur.
– *Rückkopplung* – Was wird verstärkt? (vgl. Skolverket: Rapporten, 2001, 33, Übersetzung durch die Verfasserin)

Es besteht kein Zweifel daran, dass gerade in jüngster Zeit in der schwedischen Schule erhebliche Anstrengungen unternommen werden, um die ethnische Heterogenität besser zu bewältigen und die Chancen ausländischer SchülerInnen im Schulsystem zu erhöhen. Dafür sprechen nicht zuletzt die vielen Berichte der letzten Jahre in Lärarnas Tidning 2003/04, die verstärkten Kontrollen der Fördermassnahmen für ausländische SchülerInnen in den verschiedenen Schulformen und die vielen Gutachten und Empfehlungen, die vom Schulamt herausgegeben werden. Die jüngsten Gutachten gehen zwar immer noch davon aus, dass der Schulerfolg ausländischer SchülerInnen im Vergleich zu den schwedischen SchülerInnen geringer ist, aber sie weisen auch darauf hin, dass die Heterogenität der ausländischen SchülerInnen ausserordentlich gross ist. Ausländische SchülerInnen, die vor 1993 oder früher einwanderten, sind ähnlich erfolgreich wie ihre ausländischen MitschülerInnen, die in Schweden geboren sind. Am schlechtesten schneiden ausländische SchülerInnen ab, die nach 1993 nach Schweden kamen (vgl. Skolverket, 2004a).

Die empirischen Untersuchungen und statistischen Erhebungen der letzten Jahre haben dazu beigetragen, die Situation ausländischer SchülerInnen im schwedischen Schulsystem differenzierter beurteilen und Ressourcen zielgerichteter einsetzen zu können. Als benachteiligt werden heute vor allem die Gruppen von SchülerInnen angesehen, die Schulen mit einem hohen Ausländeranteil besuchen und die erst später in die „grundskola" eingeschult wurden. Diese Kinder bedürfen – nach Meinung der Gutachter – einer stärkeren Unterstützung, damit die Unterschiede im Leistungsniveau auf der gymnasialen Stufe nicht noch weiter auseinandergehen. Dazu gehört vor allem ein ausreichender und frühzeitiger Sprachunterricht, der auch auf der gymnasialen Stufe fortgesetzt werden sollte. Trotz der grosszügigen sprachlichen Fördermassnahmen werden unzureichende Sprachkenntnisse immer noch als Ursache für das Schulversagen angesehen (vgl. Skolverket, 2004a, 110). Die Lehrer kritisieren in diesem Zusammenhang besonders die mangelnde Koordination des muttersprachlichen Unterrichts mit dem übrigen Unterricht und die unzureichende Ausbildung und Kompetenz der LehrerInnen, Schwedisch als Zweitsprache zu unterrichten.

Aber alle spezifischen Massnahmen, die zur Förderung ausländischer SchülerInnen beitragen, reichen nicht aus, wenn nicht gleichzeitig übergreifende Massnahmen, die eine Integration ausländischer Familien in die Gesellschaft ermöglichen, angestrebt werden. Solange ausländische Familien mit geringem Bildungsniveau, die vorwiegend von der Sozialfürsorge leben, sich in bestimmten Wohngegenden konzentrieren, werden auch die Schulen dieses Einzugsgebietes gewisse „Kontexteffekte" aufzeigen, die sich negativ auf den Schulerfolg auswirken: „Unabhängig vom Migrationsgrund und dem Ausbildungsniveau der Eltern werden die Schüler ausserdem von dem gehäuft auftretenden Ausbildungsniveau der Eltern an der Schule beeinflusst ... und dieser Einfluss kann als Kontexteffekt angesehen werden" (Skolverket, 2004a, 113, Übersetzung durch die Verfasserin). Alle Gutachten kommen daher zu dem Schluss, dass es nicht nur eine Aufgabe der Schule sei, die Unterschiede im Leistungsniveau zu reduzieren. Sie halten fest, dass es schwierig sei nachzuweisen, welche Bedeutung die Schule für den unterschiedlichen Erfolg schwedischer und ausländischer SchülerInnen hat. Nicht nur der Unterricht, sondern viele andere Faktoren seien für den Schulerfolg massgeblich. So weisen die Untersuchungsergebnisse eindeutig nach, dass segregierende Wohnsituationen beziehungsweise die Integration der Familie in die schwedische Gesellschaft die Möglichkeiten der Kinder, die Ziele der schwedischen Schule zu erreichen, stark beeinflusse. Die Gutachten machen daher deutlich, dass es für komplexe gesellschaftliche Probleme, die das Schulsystem zu bewältigen hat, keine einfachen Lösungen gibt: „Aber weder auf lokaler noch auf nationaler Ebene kann die Schule alles ordnen. Es wird nicht möglich sein, einen Schüler zum Lernen zu motivieren, wenn er nicht klar sieht, welche Möglichkeiten die Ausbildung ihm in Form zukünftiger Berufstätigkeit, alltäglicher Kontrolle und Möglichkeit am gesellschaftlichen Leben teilzunehmen und es zu beeinflussen, bereitstellt. Veränderte Einstellungen und mehr Partizipation sind daher Fragen, die alle gesellschaftlichen Bereiche betreffen" (vgl. Skolverket, 2000, 29, Übersetzung durch die Verfasserin).

Wie andere europäische Länder ist auch Schweden noch weit vom demokratischen Ideal einer multikulturellen Gesellschaft entfernt. Selbst wenn es gelingt, durch Sprachförderung und soziale Anpassung die Bildungschancen der Migrantenkinder zu steigern, ist ihre gesellschaftliche Integration damit noch keineswegs gesichert. 40% der jugendlichen Migranten in Schweden sind hier geboren und besitzen den schwedischen Pass. Sie fühlen sich dennoch als „Ausländer" und als „Aussenstehende" wie Mauricio Rojas, der Verfasser des Buches „Schwedens ungeliebte Kinder" betont: „Die Segregation in Schweden ist extrem und wird es auch weiter bleiben. Und das trotz zwanzig Jahren aktiver Einwanderungspolitik und vieler Milliarden investierter Kronen" (zit. n. Arpi, 1996, 35).

In diesem Zusammenhang wird gegenwärtig in der schwedischen Öffentlichkeit die Frage heftig diskutiert, ob die radikale Dezentralisierung des Schulsystems in den 90er Jahren die Integration ausländischer SchülerInnen nicht eher verhindert als fördert. Zeigte bereits die Schulentwicklung vor der Reform, wie schwierig es ist, soziale Zielsetzungen und bildungspolitische Intentionen, die den herrschenden gesellschaftlichen Normen wirtschaftlicher Effektivität widersprechen, durchzusetzen, so häufen sich mit den gegenwärtigen Sparzwängen der Kommunen die Widersprüche zwischen staatlichen Intentionen und der tatsächlichen Ressourcenverteilung der Kommunen. Dazu schreibt Bohman in Lärarnas Tidning: „Nicht das pädagogische Bedürfnis jedes Schülers entscheidet über die Bereitstellung des heimatsprachlichen Unterrichts – wie das Gesetz es vorschreibt –, sondern die Finanzmittel der Kommune" (Bohman, 1996, 5, Übersetzung durch die Verfasserin). Allerdings lässt das dezentralisierte Schulwesen in Schweden eine Vielfalt unterschiedlicher pädagogischer Konzeptionen und Organisationen zu, unter denen es selbstverständlich auch viele Beispiele positiver Entwicklungen gibt. Es erscheint daher gegenwärtig schwer, eindeutige Trends abzulesen. Als gesichert gilt jedoch, dass trotz aller staatlichen Kontrollen die Segregation des Schulwesens voranschreitet: „Es gibt grosse Unterschiede zwischen den inspizierten Regel- und gymnasialen Schulen in den Voraussetzungen für die pädagogische Arbeit. Die Unterschiede beziehen sich auf die geografische Lage, Schülerzahl, Ausstattung der Schulen und die Wahl der Arbeitsformen" (Skolverket, 2004b, 7, Übersetzung durch die Verfasserin).

Im Vergleich zur Selektionspraxis in der Schweiz, die nach Kronig (2002, 133) zunehmend von ethnischen Komponenten geprägt ist, besuchen ausländische SchülerInnen in Schweden allerdings die Regelklasse. Damit ist zwar ihre soziale Integration noch keineswegs gewährleistet, aber ein wichtiger Schritt zu mehr Demokratie und grösserer Kompetenz im Umgang mit Heterogenität ist getan. Dieser dokumentiert sich meiner Meinung nach in dem Bemühen, den aufgespürten Schwachstellen im Ausbildungssystem mit pragmatischen bildungspolitischen Entscheiden zu begegnen:

– So trägt inzwischen die zunehmende Rekrutierung und Ausbildung ausländischer LehrerInnen für Vorschule und Schule in einigen Regionen zu einer besseren Kommunikation zwischen Eltern und Schule bei.

– Die meisten Schulen haben Methoden entwickelt, um Diskriminierung und kränkenden Behandlungen vorzubeugen.

– Das Recht ausländischer Kinder auf muttersprachlichen Unterricht wird durch ein flexibles System von Fördermassnahmen gewährleistet, das durch ständige Kontrollen verbessert wird.
– Zweisprachige Klassen finden immer stärkere Anerkennung in der Öffentlichkeit.
– Die Kritik an den Methoden der Leistungsmessung führt zur Forderung nach alternativen Messungen des pädagogischen Prozesses.

Es bleibt daher die Hoffnung, dass die schwedische Schule sich in Zukunft nicht auf die quantitative Messung der Gleichwertigkeit von ausländischen und schwedischen SchülerInnen beschränkt, sondern dass mit der Profilierung der Schulen auch eine Erweiterung des demokratischen Bewusstseins sowie der Akzeptanz vielfältiger menschlicher Lebensweisen und Normstrukturen angestrebt wird und neue pädagogische Techniken, didaktische Konzepte und Methoden den Umgang mit Heterogenität erleichtern.

Literatur

Ahlberg, Ann (1999), *Påspanning efter en skola för alla*, Göteborg: Institutionen för pedagogik och didaktik.

Arpi, Torsten (1996), Så ger vi invandrarna en bättre chans, *Lärarnas Tidnin*, 5, Stockholm: Lärarfärbundet.

Baumert, Jürgen; Eckhard Klieme, Michael Neubrand, Manfred Prenzel, Ulrich Schiefele, Wolfgang Schneider, Petra Stanat, Klaus-Jürgen Tillmann und Manfred Weiss, Hrsg. (2001), *PISA 2000: Basiskompetenzen von Schülerinnen und Schülern im internationalen Vergleich*, Opladen: Leske & Budrich.

Bohmann, B. (1996), Invandrarelever får extra stöd i svenska, *Lärarnas Tidning*, 16, Stockholm: Lärarförbundet.

Clark, Catherine; Alan Dyson und Alan Millward, Hrsg. (1995), *Towards Inclusive Schools*, London: Fulton.

EDK (Schweizerische Konferenz der kantonalen Erziehungsdirektoren) (2001), *Schweizer Beitrag für die Datenbank „Eurybase – the Information Database on Education Systems in Europe"*, Bern: Information Dokumentation Erziehung Schweiz (IDES).

Edlund, Ulf (2004a), Tvåspråkig undervisning föreslås, *Lärarnas Tidning*, 21, Stockholm: Lärarförbundet.

Edlund, Ulf (2004b): Nu växer intresset i hela landet, *Lärarnas Tidning*, 8. Stockholm: Lärarförbundet.

Eser Davolio, Miryam (2001), *Viele Sprachen – eine Schule. Über Schulen mit Kindern aus mehreren Kulturen*, Bern, Stuttgart, Wien: Haupt.

Kronig, Winfried (2000), *Die Integration von Immigrantenkindern mit Schulleistungsschwächen*, Zürich: ZSU.

Müller, Romano (1998), Ist das Schulversagen von zweisprachigen Migrantenkindern selbstverständlich? Oder: Was hat die Schule damit zu tun? In: Andrea Lanfranchi und Thomas Hagmann, Hrsg., *Migrantenkinder: Plädoyer für eine Pädagogik der Vielfalt*, Luzern: SZH (Schweizerische Zentralstelle für Heilpädagogik).

Ösgard, I. (1996), Skolverket vill stärka hemspråket, *Lärarnas Tidning*, 18, Stockholm: Lärarförbundet.

Skolverket (2000), *Barnomsorg och skola 2000. Skolverkets lägesbedömning*, Stockholm: Statens Skolverk.

Skolverket (2001), *Framgångsrikt pa skolor i utanförskapspräglade områden*, Stockholm: Statens skolverk.

Skolverket(2003), *Valfrihet och dess effekter på skolomradet*, Stockholm: Statens skolverk. Rapport nr 230.

Skolverket (2004a), *Elever med utländsk bakgrund*, Stockholm: Statens skolverk. Rapport till regeringen nr 545.

Skolverket (2004b), *Skolverkets aktuella Analyser 2004. Utbildningsinspektionen 2003 ur ett nationellt perspektiv*, Stockholm: Statens skolverk.

Truniger, Markus (1998), Immigrantenkinder und die Schule, in: Paul Hugger, Hrsg., *Kindsein in der Schweiz*, Zürich: Offizin Verlag.

Tuomela, Veli (2002), *Modersmålsundervisningen – en forskningsöversikt. Bilaga till rapporten: Flera språk – fler möjligheter – Utveckling av modersmålsstöd och modersmålsundervisning – ett regeringsuppdrag*, Stockholm: Skolverket Dnr 2001: 2751.

Integration von fremdsprachigen Kindern und Jugendlichen im Rahmen der Schule in Finnland[1]

Kaarina Kaunisaho

1 Einleitung

Zwei wichtige Merkmale der finnischen Schule sind die Idee des lebenslangen Lernens und die positive Grundhaltung. Diese sind besonders wichtig, wenn es um fremdsprachige Schülerinnen und Schüler geht, deren Anteil in Finnland nur 3% ausmacht. Darum betrachte ich die Handlungsperspektiven aus der Sicht einer HSK-Lehrerin, habe aber vor meinen Augen nicht nur die finnischen Kinder sondern ganz allgemein die vielen zwei- oder mehrsprachigen Kinder z. B. im Kanton Zürich, wo ich als HSK-Lehrerin tätig bin.

Finnland ist neuerdings auch ein Migrationsland, die Anzahl der fremdsprachigen Kinder ist heute dreimal so hoch wie vor zehn Jahren. Auch finnische Schulen mussten sich überlegen, wie die fremdsprachigen Kinder oder Jugendlichen am besten integriert werden können beziehungsweise sich integrieren können.

2 Vorbereitender Unterricht für neu Zugezogene

Vorbereitende Klassen gibt es vor allem in Süd- und Westfinnland, in grösseren Städten oder Gemeinden, die auch Flüchtlingsdurchgangsheime haben. In diesen Klassen werden ca. 7–8 SchülerInnen, auch Analphabeten, unterrichtet. Hier geht es vor allem darum, Finnisch kombiniert mit dem HSK-Unterricht zu lernen. Alle diese SchülerInnen erhalten einen persönlichen Lernplan, der gemeinsam durch die Klassenlehrerin, die HSK-Lehrperson, die Eltern, die Schulpsychologin und andere Fachleute des Schulhausteams geplant wird. Im Lernplan wird festgehalten, wann und in welchen Fächern die Integration in die Regelklasse erfolgen soll. 70% der Gemeinden geben an, dass die Integration in die Regelklasse in den Fächern Handarbeit, Zeichnen, Turnen und Musik möglichst früh beginnt. Englisch und Mathematik folgen auch relativ bald. Diese gestufte Integration hat sich bestens bewährt, da die persönlichen Interessen, sprachliche Fertigkeiten und die Lerngewohnheiten im Herkunftsland berücksichtigt werden können. Zur Unterstützung der Lehrpersonen stehen

---

1 Ich bedanke mich bei Herrn Magister Jorma Pollari für seine Auskünfte zu verschiedenen Detailfragen. Herr Pollari unterrichtet sowohl finnische Sprache und Literatur als auch Finnisch als Zweitsprache in der Oberstufe Voionmaa, Jyväskylä, und ist einer der regionalen Mentoren der Lehrkräfte für Finnisch als Zweitsprache.

zusätzlich SprachassistentInnen zur Verfügung, welche den Schulstoff in der jeweiligen Muttersprache erklären und ergänzen können.

3 Finnisch (beziehungsweise Schwedisch) als Zweitsprache

Wenn die Finnischkenntnisse der Schülerin/des Schülers in allen vier Fertigkeitsbereichen Sprechen, Hörverstehen, Schreiben und Lesen nicht auf dem Niveau eines Muttersprachlers sind, kann er/sie Finnisch (beziehungsweise Schwedisch) als Zweitsprache belegen. Dies gilt auch für die finnischen Kinder, die im Ausland gewohnt haben und wieder nach Finnland zurückkehren. Auch hier findet der persönliche Lernplan Anwendung. Das Ziel ist, dass jede Schülerin, jeder Schüler bis zum Ende der Grundschule (9 Jahre) so gute Finnischkenntnisse erworben hat, dass sie/er ohne Probleme alle Schulfächer lernen und ein weiterführendes Studium oder eine Berufsausbildung absolvieren kann. Ganz wichtig ist, dass *Finnisch als Zweitsprache mit dem HSK-Unterricht kombiniert wird.* So ist es möglich, dass die SchülerInnen ihre multikulturelle Identität finden und eine funktionale Zweisprachigkeit erreichen können.

Finnisch als Zweitsprache wird vom Staat separat finanziert und steht auch den Kindern im Vorschulalter zur Verfügung. 75% der fremdsprachigen SchülerInnen besuchen den Unterricht in Finnisch als Zweitsprache, in Lappland sogar 79%. Finnisch als Zweitsprache gehört auch zu den Maturitätsfächern, und diese Note wird vollwertig an die Aufnahmeprüfungen der Hochschulen angerechnet. Im Abschlusszeugnis der Grundschule kann eine Schülerin die Durchschnittsnote der Fächer HSK-Sprache und Finnisch als Zweitsprache erhalten. So erhalten die relativ neu in Finnland lebenden OberstufenschülerInnen eine faire Chance für die Berufsschule oder das Gymnasium.

4 HSK-Unterricht

Der HSK-Unterricht ergänzt sinnvoll den Grundschulunterricht. Er unterstützt das ganzheitliche Lernen, fördert die Identitätsbildung und hat als Ziel die funktionale Zweisprachigkeit. Die Gemeinden und Städte sind nicht verpflichtet, diesen Unterricht zu organisieren, tun es aber vorbildlich. In der Regel stehen 2 Wochenlektionen zur Verfügung, eine Gruppe soll aus mindestens 4 Schülerinnen und Schülern bestehen. Falls in einer Gemeinde diese Gruppengrösse nicht erreicht wird, arbeiten die Nachbargemeinden auch zusammen und die Kosten werden geteilt. In Südfinnland besuchen 86% der fremdsprachigen Schülerinnen und Schüler den HSK-Unterricht.

Der Landesdurchschnitt liegt bei 77%. Der Unterricht findet meistens vor oder nach der Schule statt. Im Jahr 2003 gab es 410 HSK-Lehrpersonen, davon 34% hauptberuflich und 66% nebenberuflich. Die Hauptberuflichen unterrichten vor allem Russisch, Kurdisch, Englisch, Arabisch, Somalisch und Persisch. HSK-Lehrpersonen arbeiten im Teamteaching in der Regelklasse mit, was zu guten Resultaten führt.

5 Weitere Massnahmen

- Bei Lern- und/oder Sprachschwierigkeiten erhalten die SchülerInnen Stützunterricht im Schulhaus.
- In gewissen Schulhäusern besteht für SchülerInnen, die sich erst kurze Zeit in Finnland aufhalten, die Möglichkeit, die Prüfungen in der Muttersprache abzulegen. So wird z. B. aus der Geografieprüfung nicht gleichzeitig eine Sprachprüfung. Die Schülerin kann dann zu Hause die Prüfung ins Finnische übersetzen, die HSK-Lehrperson kontrolliert, dass der Inhalt der gleiche ist.
- Persönlicher Lernplan und massgeschneiderte Lösungen für „schulmüde" oder volljährige Schüler beugen der Gefahr vor, dass diese Schüler nicht vor einer perspektivlosen Zukunft ohne Schulabschluss stehen.
- Schulhäuser bieten Gesundheitsberatung und Erziehungshilfe für Eltern aus anderen Kulturen an.
- Bei der Studienberatung auf der Oberstufe und auf dem Gymnasium stehen das Lernen mit klaren Zielvorstellungen, das Wohlbefinden im Schulhaus und die Gleichberechtigung der finnischen Schülerinnen und Migranten im Zentrum.
- Sonderklassen kommen nur in Ausnahmefällen vor, wenn der Schulbesuch in der Regelklasse trotz verschiedener Therapien keine gute Lösung bringt. Der Anteil der Migranten in den Sonderklassen ist leicht höher als in der gesamten Bevölkerung. In grösseren Städten gibt es allgemein weniger Sonderklassen, da die anderen Ressourcen dort besser ausgeschöpft werden können als in den Landgemeinden.

Die finnischen Lehrpersonen fühlen sich verantwortlich für jede einzelne Schülerin, jeden Schüler. Deshalb ist es wohl auch kein Zufall, dass die fremdsprachigen Jugendlichen gleich optimistische Zukunftspläne haben wie ihre finnischen Altersgenossen.

6 Literatur

Lipsanen, Sinikka (2004), *Maahanmuuttajaoppilaiden perusopetukseen valmistava opetus ja perusopetus syyslukukaudella 2003*, Opetushallitus.

Angaben zu den Autorinnen und Autoren

Prof. Dr. Cristina Allemann-Ghionda lehrt seit 2000 Allgemeine Pädagogik mit dem Schwerpunkt international vergleichende und interkulturelle Erziehungswissenschaft an der Philosophischen Fakultät der Universität zu Köln. Sie ist geschäftsführende Direktorin des Pädagogischen Seminars und Mitglied der Kommission für Lehre, Studium und Studienreform in der Philosophischen Fakultät. Sie ist Gastdozentin an der Università della Svizzera italiana.

Neuere Publikationen:
Allemann-Ghionda, Cristina (2004), *Einführung in die Vergleichende Erziehungswissenschaft*, Weinheim & Basel: Beltz (= Beltz-Studium).
Allemann-Ghionda, Cristina (2002²), *Schule, Bildung und Pluralität: Sechs Fallstudien im europäischen Vergleich*, Bern usw.: Lang.
E-Mail: Cristina.Allemann-Ghionda@uni-koeln.de

Prof. Dr. Françoise D. Alsaker ist Professorin in Entwicklungspsychologie an der Universität Bern. Ihre Lehr- und Forschungsschwerpunkte sind die sozial-emotionale Entwicklung, die Entwicklung von Störungen und ihre Prävention. Das Phänomen Mobbing unter Kindern sowie seine Prävention und die psychosoziale Gesundheit von Jugendlichen stehen im Zentrum ihrer Forschungsprojekte.

Neuere Publikationen:
Alsaker, Françoise D.; Andrea Bütikofer, Geschlechtsunterschiede im Auftreten von psychischen und Verhaltensstörungen im Jugendalter, erscheint in: *Entwicklung und Kindheit.*
Alsaker, Françoise D. (2003), *Quälgeister und ihre Opfer. Mobbing unter Kindern – und wie man damit umgeht*, Bern: Huber Verlag.
Flammer, August; Françoise D. Alsaker (2002), *Entwicklungspsychologie der Adoleszenz. Die Erschliessung innerer und äusserer Welten im Jugendalter*, Bern: Huber Verlag.
E-Mail: francoise.alsaker@psy.unibe.ch

Prof. Dr. Georg Auernheimer (geb. 1939), 1995–2005 Professor für Interkulturelle Pädagogik an der Erziehungswissenschaftlichen Fakultät der Universität Köln, seit Febr. 2005 emeritiert; Mitbegründer der Forschungsstelle für Interkulturelle Studien (FiSt) der Universität Köln. *Forschungsschwerpunkte:* Realisierung der Programmatik interkultureller Bildung, vor allem an Schulen, Fragen der Organisationsentwicklung und der interkulturellen Kompetenz, verschiedene Projekte über die interkulturelle Orientierung von Schulen und Lehrpersonen, zuletzt Projekt über Leistungsbeurteilung an Grundschulen

Neueste Publikationen:

Auernheimer, Georg (Hrsg.) (2004), *Schieflagen im Bildungssystem – die Benachteiligung der Migrantenkinder*, Opladen: Leske & Budrich.

Auernheimer, Georg (2003³), *Einführung in die Interkulturelle Pädagogik*, Darmstadt: Wissenschaftliche Buchgesellschaft.

Auernheimer, Georg (Hrsg.) (2002), *Interkulturelle Kompetenz und pädagogische Professionalität*, Opladen: Leske & Budrich.

E-Mail: georg.auernheimer@uni-koeln.de

Prof. Dr. Rolf Becker (geb. 1960), Ordinarius für Bildungssoziologie und Direktor der Abteilung Bildungssoziologie am Institut für Erziehungswissenschaft der Universität Bern. *Schwerpunkte in Lehre und Forschung:* Bildungssoziologie, Sozialstrukturanalyse, Methoden der empirischen Sozialforschung und statistische Verfahren, Lebensverlaufsforschung, Arbeitsmarkt- und Mobilitätsforschung, empirische Wahlforschung.

Neuere Publikationen:

Becker, Rolf und Wolfgang Lauterbach (Hrsg.) (2004), *Bildung als Privileg? Erklärungen und Befunde zu den Ursachen der Bildungsungleichheit*, Wiesbaden: VS-Verlag für Sozialwissenschaften.

Becker, Rolf (2004), Bildung, in: Statistisches Bundesamt (Hrsg.), *Datenreport 2004. Zahlen und Fakten über die Bundesrepublik Deutschland*, Bonn: Bundeszentrale für politische Bildung, 489–502.

Becker, Rolf (2003), Educational Expansion and Persistent Inequalities of Education: Utilising the Subjective Expected Utility Theory to Explain the Increasing Participation Rates in Upper Secondary School in the Federal Republic Of Germany, *European Sociological Review*, 19 (1), 1–24.

E-Mail: rolf.becker@sis.unibe.ch

Dr. Gerlind Belke (geb. 1939), 1970–1993 Akademische Rätin an der Universität Dortmund, mit dem Schwerpunkt Didaktik des Deutschen in der Primarstufe unter besonderer Berücksichtigung der Mehrsprachigkeit.

Publikationen:

Belke, Gerlind und Martin Geck (2004²), *Das Rumpelfax. Singen, Spielen, Üben im Grammatikunterricht. Handreichungen für den Deutschunterricht in mehrsprachigen Lerngruppen*, Baltmannnsweiler: Schneider Verlag Hohengehren.

Belke, Gerlind ([1999] 2003³), *Mehrsprachigkeit im Deutschunterricht: Sprachspiele, Spracherwerb und Sprachvermittlung*, Baltmannnsweiler: Schneider Verlag Hohengehren.

E-Mail: gerlind.belke@uni-dortmund.de

Ruth Bielmann-Gerber (geb. 1958), seit 1997 Schulleiterin im Schulkreis Schwabgut, Bern.

Publikation:
Bielmann, Ruth (2001), Meine Rolle als Schulleiterin, in: Susanne Rüegg, Hrsg., *Elternmitarbeit in der Schule*, Bern: Haupt, 84–85.

E-Mail: schwabgut_bi@swissonline.ch

Dr. Claudia Franziska Bruner, Erziehungswissenschaftlerin M.A. (1959–2004), seit 2000 Lehrbeauftragte der Fachhochschule Landshut; Gründungsmitglied der AG DisabilityStudies in Deutschland. *Forschungsschwerpunkte:* Kinder- und Jugendsoziologie, Gender Studies, Disability Studies, Cultural Studies, Biographieforschung

Publikation:
Bruner, Claudia Franziska (2005), *KörperSpuren. Zur Dekonstruktion von Körper und Behinderung in biografischen Erzählungen von Frauen,* Bielefeld: transcript-Verlag.

Prof. Dr. Clemens Dannenbeck geb. 1962, Diplom-Soziologe, seit Sommersemester 2003 Professor für Soziologie und sozialwissenschaftliche Methoden und Arbeitsweisen am Fachbereich Soziale Arbeit der Fachhochschule Landshut. *Forschungsschwerpunkte:* Cultural Studies, Kulturelle Differenz, Jugendforschung, Gender Studies

Neuere Publikationen:
Dannenbeck, Clemens; Hans Lösch und Felicitas Esser (2004), A study of quartered urban youth: origin and affiliation as imaginary boundaries? In: Sibylle Hübner-Funk (Hrsg.) *Research in Progress. Selected Studies of the German Youth Institute.* Opladen: DJI. International Series. Volume 1, 205–215.

Dannenbeck, Clemens (2002), *Selbst- und Fremdzuschreibungen als Aspekte kultureller Identitätsarbeit. Ein Beitrag zur Dekonstruktion kultureller Identität,* Opladen: Leske & Budrich. DJI-Reihe Jugend, Band 14.

E-Mail: dannenbeck@web.de

Michaela Dorfmann (geb. 1973) , seit 1996 Grundschullehrerin; seit 1998 Integrationslehrerin; Mitglied der Steuergruppe und Koordinatorin.

E-Mail: drfmhlr67@schule.suedtirol.it

Dr. Miryam Eser Davolio (geb. 1964), Erziehungswissenschaftlerin. Dissertation zu Möglichkeiten der Einstellungsänderung bezüglich Fremdenfeindlichkeit und Rassismus bei Jugendlichen und Einstieg in die Rechtsextremismusforschung (NFP 40). Als Mitglied der Stiftung Erziehung zur Toleranz (SET) Verfasserin und Redaktion von diversen Lehrmitteln zur antirassistischen und interkulturellen Bildung sowie Beratung von Bildungsprojekten des Fonds gegen Rassismus. Seit 2004 als wissenschaftliche Mitarbeiterin an der Hochschule für Pädagogik und Soziale Arbeit beider Basel (HPSABB) tätig mit einem Forschungsprojekt zu Rechtsextremismus und Soziale Arbeit (NFP 40+).

Publikationen:
Eckmann, Monique und Miryam Eser Davolio (2003), *Rassismus angehen statt übergehen – Theorie und Praxisanleitung für Schule, Jugendarbeit und Erwachsenenbildung*, Zürich: Pestalozzianum Verlag.
Eser Davolio, Miryam (2001), *Viele Sprachen – eine Schule. Über Schulen mit Kindern aus mehreren Kulturen*, Bern: Haupt.
Eser Davolio, Miryam (2000), *Fremdenfeindlichkeit, Rassismus und Gewalt. Festgefahrenes durch Projektunterricht bewegen*, Bern: Haupt.
E-Mail: miryame@tin.it

Prof. Dr. Georg Feuser (geb. 1941), Grund-, Haupt-, Real- und Sonderschullehrer, Sonderschulrektor a. D., ist seit 1978 Professor für Behindertenpädagogik an der Universität Bremen. Er vertritt in Forschung und Lehre die Bereiche „Behindertenpädagogik, Didaktik, Therapie und Integration bei geistiger Behinderung und schweren Entwicklungsstörungen". In seiner pädagogisch-therapeutischen Praxis befasst er sich seit 3 Jahrzehnten – mit dem Ziel weitestgehender Integration – mit Fragen der Krisenintervention, Therapie und der Rehabilitation von Kindern, Jugendlichen und Erwachsenen mit gravierenden Entwicklungsbeeinträchtigungen, mit schweren geistigen und psychischen Beeinträchtigungen/Behinderungen.

Neuere Publikationen:
Feuser, Georg (Hrsg.) (2003), *Integration heute – Perspektiven ihrer Weiterentwicklung in Theorie und Praxis*, Frankfurt/M. u. a.: Peter Lang (Bd. 1 der Reihe „Behindertenpädagogik und Integration").
Feuser, Georg (2002), Integration – fängt in den Köpfen an und hebt sich in einer „Allgemeinen Pädagogik" auf! In: Ewald Feyerer und Wilfried Prammer (Hrsg.), *Eine kindgerechte Schule für alle. Beiträge zum 7. Praktikerforum*, Linz: Universitätsverlag Rudolf Trauner, 312–324.
Feuser, Georg (2002), Qualitätsmerkmale integrativen Unterrichts, *Behinderte in Familie, Schule und Gesellschaft*, 2/3, 67–84.
E-Mail: georg.feuser@t-online.de

Beatrice Friedli, von 1987 an Unterricht an der Gesamtschule Schüpberg, an der die bereits bestehende „Stille Integration" konzeptuell weiterentwickelt wurde; seit 1997 im Schulleitungsteam; Arbeitsschwerpunkt ist die Integration an Mehrklassenschulen. Mitglied der „Kommission für Mehrklassenanliegen" (KoMA) des Verbandes Lehrerinnen- und Lehrer Bern (LEBE) und der Subkommission für „Altersgemischtes Lernen" des Dachverbands Schweizer Lehrerinnen und Lehrer (LCH).
E-Mail: beatrice_friedli@freesurf.ch

Ennio Gasparoli (geb. 1953), Primarlehrer und Schulischer Heilpädagoge, Graduierter Gestaltpädagoge Fritz Perls Institut in Düsseldorf; Ambulant tätiger Heilpädagoge an zwei Schulbezirken in der Stadt Bern; Mitglied Stellenleitungsteam Ambulant tätige Heilpädagoginnen und -pädagogen Stadt Bern; LehrerInnenfortbildner am Transnationalen Comenius-Projekt der EG „Gestaltpädagogik als Brücke zum Fremden" und im Projektteam „Schwierige Situationen – Raum für Lösungen" des Instituts für Weiterbildung der Pädagogischen Hochschule Bern.
E-Mail: gasparoli.ennio@swissonline.ch

Andi Geu, lic. phil., , leitet seit sieben Jahren Projekte an Schulen zu den Themen „Gewalt", „Geschlecht" und „Vorurteile" für das National Coalition Building Institute NCBI (http://www.ncbi.ch). Seit 2003 ist er verantwortlich für die Sektion Bern des NCBI, bei dem er auch Vorstandsmitglied ist. Weiter ist Andi Geu Vorstands- und Gründungsmitglied des Netzwerks Schulische Bubenarbeit NWSB (http://www.nwsb.ch).

Prof. Dr. Ingrid Gogolin, Professorin für international und interkulturell vergleichende Bildungsforschung an der Universität Hamburg, Leiterin der Arbeitsstelle und des Forschungsschwerpunkts „Interkulturelle Bildung" des Fachbereichs Erziehungswissenschaft; Mitinitiatorin und 3 Jahre Sprecherin des DFG-Schwerpunktprogramms FABER (Folgen der Arbeitsmigration für Bildung und Erziehung); Mitglied des DFG-Graduiertenkollegs „Bildungsgangforschung" an der Universität Hamburg; Sprecherin des Programmträgers des Modellversuchsprogramms „Förderung von Kindern und Jugendlichen mit Migrationshintergrund FörMig" der Bund-Länder-Kommission für Bildungsplanung und Forschungsförderung (www.blk-foermig.uni-hamburg.de); Präsidentin der European Educational Research Association (EERA; www.eera.ac.uk).
Publikationen:
Gogolin, Ingrid, Ursula Neumann und Hans-Joachim Roth (2003), *Förderung von Kindern und Jugendlichen mit Migrationshintergrund.*

Expertise für die Bund-Länder-Kommission für Bildungsplanung und Forschungsförderung, BLK- Materialien zur Bildungsplanung und Forschungsförderung, Heft 107.

Gogolin, Ingrid (1994), *Der monolinguale Habitus der multilingualen Schule*, Münster/New York: Waxmann [vergriffen].

E-Mail: gogolin@erzwiss.uni-hamburg.de

Denis Hänzi, wissenschaftlicher Mitarbeiter am Institut Sekundarstufe I der PHBern, Forschungsprojekt „Antinomien im Lehrerberuf. Deutungsmuster von Lehrpersonen zum Verhältnis von Fördern und Auslesen"; wissenschaftlicher Mitarbeiter am Institut für Theorie der Gestaltung und Kunst (ith) an der HGKZ.

Publikation:

Hänzi, Denis (2003), *„Machen Sie mal gar nichts – Seien Sie ein Mann". Inszenierungslogiken und Männlichkeitsrhetorik im Feld der Schweizer Männerbewegung*, Bern: Institut für Soziologie, Schriftenreihe Kultursoziologie.

E-Mail: denis.haenzi@phbern.ch

Prof. Dr. Tina Hascher, bis 2005 Direktorin des Sekundarlehramts und Leiterin der Forschungsstelle für Schulpädagogik und Fachdidaktik, Universität Bern. Seit Herbst 2005 Professorin am Fachbereich Erziehungswissenschaft der Universität Salzburg. *Arbeitsschwerpunkte:* Lehrerbildung, Emotionen und Motivation in Schule und Unterricht, Schulentwicklung.

Neuere Publikationen:

Hascher, Tina (2004), *Wohlbefinden in der Schule,* Münster: Waxmann.

Hascher, Tina (Hrsg.) (2004), *Schule positiv erleben*, Bern: Haupt.

Hascher, Tina; Kathrin Hersberger und Stefan Valkanover, Hrsg. (2003), *Reagieren, aber wie? Professioneller Umgang mit Aggression und Gewalt in der Schule*, Bern: Haupt.

E-Mail: tina.hascher@sgb.ac.at

Michaela Heid (geb. 1963), M. A., Dipl.-Ing.; seit 2003 Mitarbeit im Nationalen Forschungsprogramm NFP 51 *Integration und Ausschluss* sowie Doktorandin am Fachbereich Volkskunde der Universität Zürich. Arbeits- und Forschungsschwerpunkte: Jugendkulturforschung, ethnographisch-hermeneutische Forschungsmethoden, Integration, nationale Identität und Symbolik.

Aktuelle Publikation:

Heid, Michaela (2004), Marken, Mythen, Medien. Kulturwissenschaftliche Betrachtungen zum Schweizer Kreuz als Symbol, in: Elio Pellin und

Elisabeth Ryter (Hrsg.), *Weiss auf Rot. Das Schweizer Kreuz zwischen nationaler Identität und Corporate Identity*, Zürich: Verlag Neue Zürcher Zeitung, 53–65.

E-Mail: m.heid@access.unizh.ch

Kathrin Hersberger (geb. 1972), lic. phil. und Psychologin FSP, arbeitet als Erziehungsberaterin/Schulpsychologin und als Dozentin an der Pädagogischen Hochschule Bern.

Publikationen:
Hascher, Tina; Christine Knauss und Kathrin Hersberger (2005), *Retrospektive Evaluation der Massnahme „Unterrichtsausschluss gemäss Art. 28 VSG"*, Projektbericht der Forschungsstelle für Schulpädagogik und Fachdidaktik der Universität Bern.
Hascher, Tina; Kathrin Hersberger und Stefan Valkanover (Hrsg.) (2003), *Reagieren, aber wie? Professioneller Umgang mit Aggression und Gewalt in der Schule*, Bern: Haupt.

E-Mail: k_hersberger@bluewin.ch

Andrea Hungerbühler, wissenschaftliche Mitarbeiterin am Institut Sekundarstufe I der PHBern, Forschungsprojekt „Antinomien im Lehrerberuf. Deutungsmuster von Lehrpersonen zum Verhältnis von Fördern und Auslesen"; Dozentin für Soziologie an der Berufs-, Fach- und Fortbildungsschule BFF Bern.

Publikation:
Hungerbühler, Andrea (2003), *Bewährung im Spiegel. Eine fallrekonstruktive Annäherung an den Coiffeurberuf*, Bern: Institut für Soziologie, Schriftenreihe Kultursoziologie.

E-Mail: andrea.hungerbuehler@phbern.ch

Dr. Anne Juhasz (geb. 1973) ist Oberassistentin und Lehrbeauftragte an der Universität Zürich.

Publikationen:
Juhasz, Anne und Eva Mey (2003), „Desintegration" oder „gelungene Integration" der Zweiten Generation? *Schweizerische Zeitschrift für Soziologie*, 29 (1), 115–139.
Juhasz, Anne und Eva Mey (2003), *Die zweite Generation: Etablierte oder Aussenseiter? Biographien von Jugendlichen ausländischer Herkunft in der Schweiz*, Wiesbaden: Westdeutscher Verlag.

E-Mail: anne.juhasz@unine.ch

Prof. Dr. Walter Kälin (geb. 1951) ist seit 1985 Professor für Staats- und Völkerrecht an der Universität Bern. Er hat zahlreiche Bücher und Artikel zu Themen aus den Bereichen Flüchtlingsrecht, Menschenrechte, Rechte der Binnenvertriebenen und schweizerisches Verfassungsrecht veröffentlicht. Kälin ist Mitglied des UNO-Menschenrechtsausschusses (seit 2003) und Repräsentant des UNO-Generalsekretärs für die Menschenrechte von Binnenvertriebenen (seit 2004).

Publikationen:

Kälin, Walter und Jörg Künzli (2005), *Internationaler Menschenrechtsschutz*, Basel: Helbling & Lichtenhahn.

Kälin, Walter; Lars Müller und Judith Wyttenbach (2004), *Das Bild der Menschenrechte/The Face of Human Rights*, Baden: Lars Müller Publishers.

Kälin, Walter (2000), *The Guiding Principles on Internal Displacement: Annotations*, Washington: American Society of International Law/Brookings Institution.

Kälin, Walter (2000), *Grundrechte im Kulturkonflikt*, Zürich: Verlag Neue Zürcher Zeitung.

Kälin, Walter; Giorgio Malinverni und Manfred Nowak (1997²), *Die Schweiz und die UNO-Menschenrechtspakte/La Suisse et les Pactes des Nations Unies relatifs aux droits de l'homme*, Basel: Helbling & Lichtenhahn.

E-Mail: walter.kaelin@oefre.unibe.ch

Kaarina Kaunisaho ist Präsidentin des Vereins HSK (Heimatliche Sprache und Kultur)-Lehrerinnen und -Lehrer des Kantons Zürich; Lehrerin an der Oberstufe der Finnischen Schule Winterthur; Koordinatorin der Finnischen Schulen der Schweiz, insgesamt 9 Schulen, ca. 280 Schülerinnen und Schüler (HSK-Unterricht).

Publikation:

Arbeitsgruppe Kaarina Kaunisaho/Irmeli Hoznour (2003), *Sveitsin Suomikoulujen opetussuunnitelma* (Lehrplan der Finnischen Schulen der Schweiz für den HSK-Unterricht).

E-Mail: kaunisaho@bluewin.ch

Prof. Dr. Thomas Kesselring lehrt Ethik an der PHBern sowie an der Universität Bern.

Publikationen:

Kesselring, Thomas (2003), *Ethik der Entwicklungspolitik. Gerechtigkeit im Zeitalter der Globalisierung*, München: Beck.

Kesselring, Thomas (2002), Ethik und Lehrerbildung, *Beiträge zur Lehrerbildung*, 3, 329–338.

E-Mail: thomas.kesselring@phbern.ch

Gabor Kis, dipl. Sozialarbeiter HFS, dipl. Pflegefachmann Psychiatrie; Projektleiter im TikK (Taskforce interkulturelle Konflikte) Zürich. Langjährige Berufserfahrung in der Sozialarbeit, in psychosozialer Beratungs- und Betreuungstätigkeit (Schwerpunkt MigrantInnen), in ambulanter und stationärer Psychiatrie, sowie in Krisenintervention.

Publikation:
Kis, Gabor (2004), Rassismus und Fremdenfeindlichkeit – Ein Thema in der Jugendarbeit? *infoanimation* (Dachverband offene Jugendarbeit/DOJ), No. 02, 6/2004.

E-Mail: kis@tikk.ch

Prof. Dr. Ingeborg Kriwet (geb. 1940) lehrt am FB Erziehungswissenschaften der Universität Hannover. *Schwerpunkte in Lehre und Forschung:* vergleichende Sonderpädagogik (skandinavische Länder), Psychodrama als Erkenntnismethode, Beratungs- und Kooperationsprozesse, historische Rekonstruktion der Sonderpädagogik, wissenschaftstheoretische Positionen in der Sonderpädagogik.

Neuere Publikationen:
Kriwet, Ingeborg (2003), Normative Implikationen der Kooperationsdiskussion in der Sonderpädagogik, *Sonderpädagogik*, 3, 174–185.
Kriwet, Ingeborg (2002), Kritische Gedanken zur weiteren Entwicklung der Schule für Lernhilfe – Perspektiven im Rahmen der Integrationsdiskussion, *Zeitschrift für Heilpädagogik*, 53, 104–112.

E-Mail: kriwet@erz.uni-hannover.de

Prof. Dr. Winfried Kronig (geb. 1967), Forschungsschwerpunkten in den Bereichen Schulerfolg, Bildungsungleichheiten, Leistungsbewertung und schulische Integration von Kindern aus Zuwandererfamilien.

Neuere Publikationen:
Kronig, Winfried (2006), *Die systematische Zufälligkeit des Bildungserfolgs. Theoretische Erklärungen und empirische Untersuchungen zur Lernentwicklung und Leistungsbewertung von leistungsschwachen Kindern in unterschiedlichen Schulklassen.* [Habilitationsschrift, erscheint 2006]
Kronig, Winfried (2003), Das Konstrukt des leistungsschwachen Immigrantenkindes, *Zeitschrift für Erziehungswissenschaft (ZfE)*, 6 (1), 124–139.

Kronig, Winfried; Urs Haeberlin und Michael Eckhart (2000), *Immigrantenkinder und schulische Selektion. Pädagogische Visionen, theoretische Erklärungen und empirische Untersuchungen zur Wirkung integrierender und separierender Schulformen in den Grundschuljahren*, Bern und Stuttgart: Haupt.

E-Mail: winfried.kronig@phbern.ch

PD Dr. Manfred Lüders (geb. 1958), Universitätsprofessor für Schul- und Grundschulpädagogik an der Universität Erfurt.

Publikationen:

Lüders, Manfred und Udo Rauin (2004), Unterrichts- und Lehr-Lern-Forschung, in: Werner Helsper und Jeanette Böhme(Hrsg.), *Handbuch der Schulforschung*, Wiesbaden: VS Verlag für Sozialwissenschaften, 691–720.

Lüders, Manfred (2003), *Unterricht als Sprachspiel. Eine systematische und empirische Studie zum Unterrichtsbegriff und zur Unterrichtssprache*, Bad Heilbrunn/Obb.: Klinkhardt.

E-Mail: manfred.lueders@uni-erfurt.de

Xavier Monn (geb. 1960), 17 Jahre Berufserfahrung als Primarlehrer im Kanton Zürich: 5 Jahre Mittelstufe, 12 Jahre mehrklassige Unterstufe (1.–3. Klasse); studiert seit Herbst 2002 an der Universität Zürich Pädagogik, Sonderpädagogik und Europäische Volksliteratur. Er ist Präsident der LCH-Subkommission „Altersgemischtes Lernen". *Interessengebiete/Schwerpunkte:* Integration, altersgemischtes Lernen.

E-Mail: monago@bluewin.ch

Dr. Romano Müller, Primarlehrer, lehrt Didaktik, Psychologie und Erziehungswissenschaften am Institut Vorschulstufe und Primarstufe der PHBern. Arbeitet und publiziert im Bereich der Migrationsfragen und der Mehrsprachigkeitforschung. Er befasst sich zur Zeit mit einem Forschungsprojekt zur Situation ausländischer Lehrlinge in der Schweiz. Mitarbeit in Projekten der Pflegewissenschaft am Universitätsspital Insel Bern.

Neuere Publikationen:

Cignacco, Eva; Peter Gessler, Romano Müller und Jan P.H. Hamers (2004), Pain Assessment in the Neonates Using the Bernese Pain Scale for Neonates, *Early Human Development*, Heft 78, 125–132.

Müller, Romano (2003), Bildungserfolg und Integration, in: SAD(Hrsg.) (2003), *Integration an Kultur- und Sprachgrenzen. Tagungsbericht zum Kolloquium. Intégration aux frontières culturelles et linguistiques. Actes du colloque*, Bienne: Swiss Academy for Development SAD, 25–36.

Müller, Romano (2002), Bildungserfolg durch Integration. Zur Situation ausländischer Schüler in der Schweiz, *Schweizer Monatshefte für Politik, Wirtschaft, Kultur*, Heft 11, 24–27.

E-Mail: romano.mueller@phbern.ch

Prof. Dr. Ursula Streckeisen, Soziologiedozentin am Institut Sekundarstufe I der PHBern. Leiterin eines f+e-Forschungsprojekts zum Thema „Antinomien im Lehrerberuf. Deutungsmuster von Lehrpersonen zum Verhältnis von Fördern und Auslesen". Privatdozentin am Institut für Soziologie der Universität Bern.

Publikationen:
Streckeisen, Ursula (2003), Ein verwunderter Blick auf die Schule, *Reformatio. Zeitschrift für Kultur, Politik, Religion*, 3, 177–181.
Streckeisen, Ursula (2001), *Die Medizin und der Tod. Über berufliche Strategien zwischen Klinik und Pathologie*, Opladen: Leske & Budrich.
E-Mail: ursula.streckeisen@phbern.ch

Simone Suter (geb. 1968) ist wissenschaftliche Mitarbeiterin im Nationalfondsprojekt „Neue Formen gesellschaftlicher Arbeitsteilung in der Schweiz? Eine soziologische Studie zur Beziehung zwischen sozialer Identität und dem Wandel in der Arbeitswelt" am Institut für Soziologie der Universität Bern; Dozentin für Soziologie an der Berufs- Fach- und Fortbildungsschule Bern.

Publikationen:
Suter, Simone (2004), *Berufswahl und Lehrstellensuche*, Bern: Institut für Pädagogik und Schulpädagogik, Abt. Pädagogische Psychologie.
Suter, Simone (2002), *Rückzug in die Schulidylle*, Bern: Institut für Soziologie.
E-Mail: suter@soz.unibe.ch

Gisela Unterweger ist Oberassistentin am Volkskundlichen Seminar der Universität Zürich und wissenschaftliche Mitarbeiterin beim Projekt „Integrations- und Ausschlussprozesse bei Jugendlichen in Ausbildungsgruppen" im Rahmen des NFP 51 „Integration und Ausschluss". Ihre Forschungsschwerpunkte sind kulturelle Identität, Migration, Jugendkultur sowie ökonomisches Handeln in kulturwissenschaftlicher Perspektive.

Publikationen:
Unterweger, Gisela und Katrin Kalt (2004), Kulturwissenschaftliche Jugendforschung – Standpunkte und Perspektiven, *Schweizerisches Archiv für Volkskunde*, 100, 79–100.

Unterweger, Gisela (2003), Knüpfen – dehnen – reissen. Beziehungsnetze in der Schulklasse und die Auseinandersetzung mit Diversität, *Kuckuck. Notizen zur Alltagskultur*, 2, 24–29.

Unterweger, Gisela (2002), *Klasse und Kultur. Verhandelte Identitäten in der Schule*, Zürich: Zürcher Beiträge zur Alltagskultur, Bd. 12.

E-Mail: g.unterweger@access.unizh.ch

Dr. Stefan Valkanover (geb. 1965), Mitarbeiter am Institut für Sport und Sportwissenschaft der Universität Bern und Gymnasiallehrer für Sport, Pädagogik und Psychologie am Deutschen Gymnasium Biel. Kursleiter und Lehrbeauftragter in den Themenbereichen Gewalt in der Schule, Sportpädagogik und Sportpsychologie. *Forschungs- und Arbeitsschwerpunkte:* Mobbingprävention in der Schule; Körperwahrnehmung von Kindern und Jugendlichen.

Neuere Publikationen:

Valkanover, Stefan (2005), *Intrigenspiel und Muskelkraft. Aspekte der Psychomotorik im Zusammenhang mit Mobbing im Kindergarten,* Bern: Haupt.

Valkanover, Stefan; Françoise D. Alsaker, Andrea Svrcek und Marianne Kauer (2004), *Mobbing ist kein Kinderspiel. Arbeitsheft zur Prävention in Kindergarten und Schule,* Bern: Schulverlag.

Hascher, Tina; Kathrin Hersberger und Stefan Valkanover (Hrsg.) (2003), *Reagieren, aber wie? Professioneller Umgang mit Aggression und Gewalt in der Schule,* Bern: Haupt.

E-Mail: stefan.valkanover@issw.unibe.ch

Ruedi Welten (geb. 1941) ist seit 1981 Redaktor und Programmschaffender beim Schweizer Radio DRS/SRG und freier Filmautor mit den Schwerpunkten Familie/Erziehung/Psychologie/Gesundheit.

E-Mail: worlds@bluewin.ch

Zita Wigger (geb. 1973), Primarlehrerin und Schulische Heilpädagogin, Lehrtätigkeit in der Schweiz, Tschechien, Guatemala und Bolivien. Klassenlehrerin an der Tagesschule Bern-West.

E-Mail: uemili@yahoo.com

Judith Wyttenbach (geb. 1968), Fürsprecherin (Universität Bern), Dr. jur., arbeitet als Oberassistentin am Institut für öffentliches Recht der Universität Bern. Lehrauftrag an der HSA Luzern für das Modul „Recht und Kultur" im Rahmen von Nachdiplomstudien. Sie hat als Expertin zu Frauen- und Kinderrechten referiert und Gutachten verfasst, unter anderem im Auftrag der Subkommission „häusliche Gewalt" der Rechtskommission des Nationalrates.

Neuere Publikationen:

Wyttenbach, Judith (2005), Die Bedeutung des Kinderrechtsartikels in der Bundesverfassung und die neuere Rechtsprechung des Bundesgerichts zum Kindeswohl und zur Kenntnis der genetischen Herkunft, in: Institut für öffentliches Recht der Universität Bern (Hrsg.), *Herausforderungen am Beginn des 21. Jahrhunderts, Beiträge der Universitäten Bern und Prag zum öffentlichen Recht*, Bern.

Kälin, Walter; Lars Müller und Judith Wyttenbach (2004), *Das Bild der Menschenrechte/The Face of Human Rights*, Baden: Lars Müller Publishers.

Wyttenbach, Judith (2003), Gewaltfreie Erziehung. Grund- und Menschenrechtliche Anforderungen – Zivil- und strafrechtliche Umsetzung, *Zeitschrift Familienrechtspraxis*, 4, 769–794.

PD Dr. Erol Yildiz, seit April 2005 Vertretungsprofessur für interkulturelle Bildung an der Universität Hamburg.

Neuere Publikationen:

Ottersbach, Markus und Erol Yildiz, Hrsg. (2004), *Migration in der metropolitanen Gesellschaft: Zwischen Ethnisierung und globaler Neuorientierung*, Münster u. a.: Lit-Verlag.

Bukow, Wolf-Dietrich und Erol Yildiz, Hrsg. (2004), *Der Umgang mit der Stadtgesellschaft. Ist die multikulturelle Stadt gescheitert oder wird sie zu einem Erfolgsmodell?* Opladen: Leske & Budrich.

Bukow, Wolf-Dietrich und Erol Yildiz, Hrsg. (2003), *Islam und Bildung. Der Islam als dritte religiöse Säule in Deutschland*, Opladen: Leske & Budrich.

E-Mail: erol.yildiz@uni-koeln.de